中國國家圖書館編

國家圖書館藏敦煌遺書

第一百十四冊　北敦一三八三四號——北敦一三八六八號

北京圖書館出版社

圖書在版編目(CIP)數據

國家圖書館藏敦煌遺書・第一百十四册/中國國家圖書館編;任繼愈主編. —北京:北京圖書館出版社,2009. 7

ISBN 978 - 7 - 5013 - 3676 - 0

Ⅰ. 國…　Ⅱ. ①中…②任…　Ⅲ. 敦煌學—文獻　Ⅳ. K870. 6

中國版本圖書館 CIP 數據核字(2009)第 062892 號

ISBN 978-7-5013-3676-0

9 787501 336760 >

書　　名　國家圖書館藏敦煌遺書・第一百十四册

著　　者　中國國家圖書館編　任繼愈主編

責任編輯　徐　蜀　孫　彦

封面設計　李　璀

出　　版　北京圖書館出版社　(100034　北京西城區文津街 7 號)

發　　行　010 - 66139745　66151313　66175620　66126153

66174391(傳真)　66126156(門市部)

E-mail　btsfxb@ nlc. gov. cn(郵購)

Website　www. nlcpress. com → 投稿中心

經　　銷　新華書店

印　　刷　北京文津閣印務有限責任公司

開　　本　八開

印　　張　60

版　　次　2009 年 7 月第 1 版第 1 次印刷

印　　數　1 - 250 册(套)

書　　號　ISBN 978 - 7 - 5013 - 3676 - 0/K・1639

定　　價　990. 00 圓

目錄

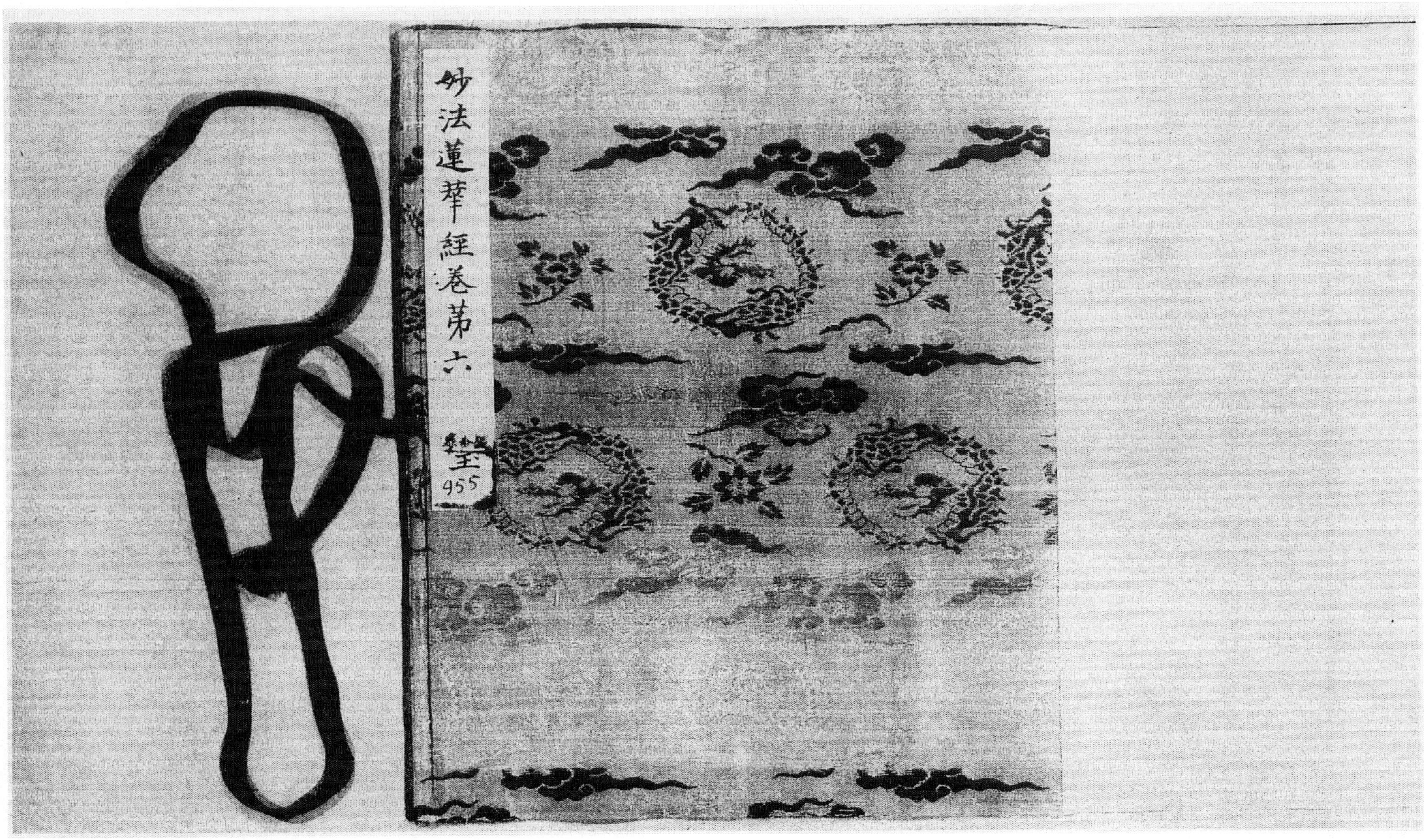

BD13834 號背　現代護首　　　　（1–1）

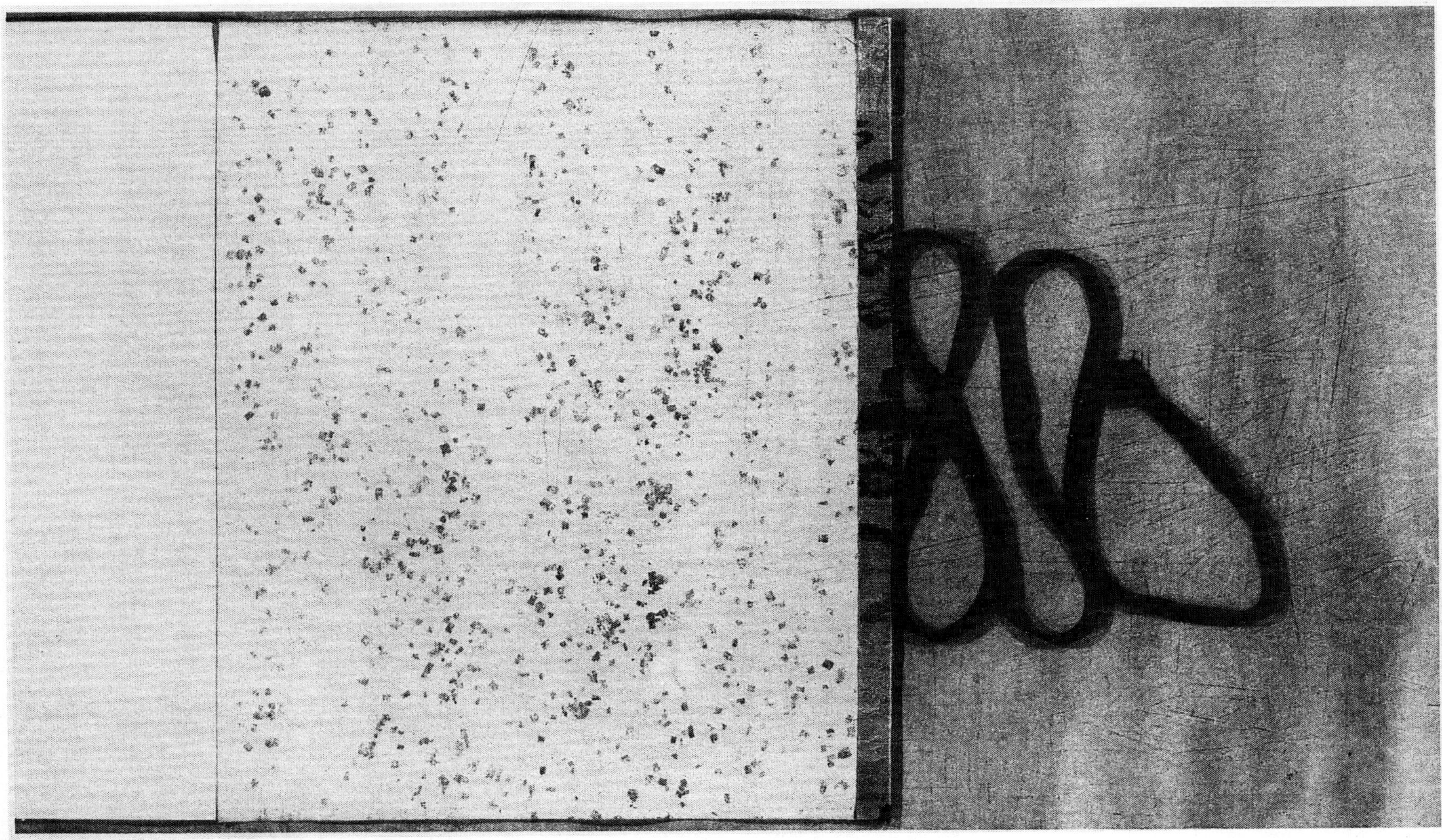

BD13834 號　妙法蓮華經卷六　　　　（25–1）

見悉知　尒時世尊欲重宣此
[illegible]言
若於大衆中　以无所畏心　説是法華經　汝聽其功德
是人得八百　功德殊勝眼　以是莊嚴故　其目甚清淨
父母所生眼　悉見三千界　内外彌樓山　須彌及鐵圍
并諸餘山林　大海江河水　下至阿鼻獄　上至有頂處
其中諸衆生　一切皆悉見　雖未得天眼　肉眼力如是
復次常精進　若善男子善女人受持此經　若
讀若誦若解説若書寫得千二百耳功德　以
是清淨耳聞三千大千世界下至阿鼻地獄
上至有頂其中内外種種語言音聲象聲馬
聲牛聲車聲啼哭聲愁歎聲螺聲鼓聲鍾聲
鈴聲咲聲語聲男聲女聲童子聲童女聲法

讀若誦若解説若書寫得千二百耳功德　以
是清淨耳聞三千大千世界下至阿鼻地獄
上至有頂其中内外種種語言音聲象聲馬
聲牛聲車聲啼哭聲愁歎聲螺聲鼓聲鍾聲
鈴聲咲聲語聲男聲女聲童子聲童女聲法
聲非法聲苦聲樂聲凡夫聲聖人聲喜聲不
喜聲天聲龍聲夜叉聲乾闥婆聲阿脩羅聲
迦樓羅聲緊那羅聲摩睺羅伽聲火聲水聲
風聲地獄聲畜生聲餓鬼聲比丘聲比丘尼
聲聲聞聲辟支佛聲菩薩聲佛聲　以要言之
三千大千世界中一切内外所有諸聲　雖未
得天耳　以父母所生清淨常耳皆悉聞知　如
是分別種種音聲而不壞耳根　尒時世尊欲
重宣此義而説偈言
父母所生耳　清淨无濁穢　以此常耳聞　三千世界聲
象馬車牛聲　鍾鈴螺鼓聲　琴瑟箜篌聲　簫笛之音聲
清淨好歌聲　聽之而不著　无數種人聲　聞悉能解了
又聞諸天聲　微妙之歌音　及聞男女聲　童子童女聲
山川嶮谷中　迦陵頻伽聲　命命等諸鳥　悉聞其音聲
地獄衆苦痛　種種楚毒聲　餓鬼飢渴逼　求索飲食聲
諸阿脩羅等　居在大海邊　自共言語時　出于大音聲
如是説法者　安住於此間　遥聞是衆聲　而不壞耳根
十方世界中　禽獸鳴相呼　其説法之人　於此悉聞之
其諸梵天上　光音及遍淨　乃至有頂天　言語之音聲
法師住於此　悉皆得聞之　一切比丘衆　及諸比丘尼
若讀誦經典　若為他人説　法師住於此　悉皆得聞之
復有諸菩薩　讀誦於經法　若為他人説　撰集解其義
如是諸音聲　悉皆得聞之　諸佛大聖尊　教化衆生者

法師住於此　悉皆得聞之　一切比丘衆　及諸比丘尼
若讀誦經典　若爲他人說　法師住於此　悉皆得聞之
復有諸菩薩　讀誦於經法　若爲他人說　撰集解其義
如是諸音聲　悉皆得聞之　諸佛大聖尊　教化衆生者
於諸大會中　演說微妙法　持此法華者　悉皆得聞之
三千大千界　內外諸音聲　下至阿鼻獄　上至有頂天
皆聞其音聲　而不壞耳根　其耳聰利故　悉能分別知
持是法華者　雖未得天耳　但用所生耳　功德已如是
復次常精進若善男子善女人受持是經若
讀若誦若解說若書寫成就八百鼻功德以
是清淨鼻根聞於三千大千世界上下內外
種種諸香須曼那華香闍提華香末利華香
瞻蔔華香波羅羅華香赤蓮華香青蓮華香
白蓮華香華樹香菓樹香栴檀香沉水香多
摩羅跋香多伽羅香及千万種和香若抹若
丸若塗香持是經者於此間住悉能分別又
復別知衆生之香象香馬香牛羊等香男香
女香童子香童女香及草木叢林香若近若
遠所有諸香悉皆得聞分別不錯持是經者
雖住於此亦聞天上諸天之香波利質多羅
拘鞞陀羅樹香及曼陀羅華香摩訶曼陀羅
華香曼殊沙華香摩訶曼殊沙華香栴檀沉
水種種抹香諸雜華香如是等天香和合所
出之香无不聞知又聞諸天身香釋提桓因
在勝殿上五欲娛樂嬉戲時香若在妙法堂
上爲忉利諸天說法時香若於諸園遊戲時
香及餘天等男女身香皆悉遙聞如是展轉

BD13834號　妙法蓮華經卷六　　（25–4）

在勝殿上五欲娛樂嬉戲時香若在妙法堂
上爲忉利諸天說法時香若於諸園遊戲時
香及餘天等男女身香皆悉遙聞如是展轉
乃至梵世上至有頂諸天身香亦皆聞之并
聞諸天所燒之香及聲聞香辟支佛香菩薩
香諸佛身香亦皆遙聞知其所在雖聞此香
然於鼻根不壞不錯若欲分別爲他人說憶
念不謬尒時世尊欲重宣此義而說偈言
是人鼻清淨　於此世界中　若香若臭物　種種悉聞知
須曼那闍提　多摩羅栴檀　沉水及桂香　種種華菓香
及知衆生香　男子女人香　說法者遠住　聞香知所在
大勢轉輪王　小轉輪及子　羣臣諸宮人　聞香知所在
身所著珎寶　及地中寶藏　轉輪王寶女　聞香知所在
諸人嚴身具　衣服及瓔珞　種種所塗香　聞香知其身
諸天若行坐　遊戲及神變　持是法華經　聞香悉能知
諸樹華菓實　及蘇油香氣　持經者住此　悉知其所在
諸山深嶮處　栴檀樹華敷　衆生在中者　聞香皆能知
鐵圍山大海　地中諸衆生　持經者聞香　悉知其所在
阿脩羅男女　及其諸眷屬　鬪諍遊戲時　聞香皆能知
曠野嶮隘處　師子象虎狼　野牛水牛等　聞香知所在
若有懷妊者　未辯其男女　无根及非人　聞香悉能知
以聞香力故　知其初懷妊　成就不成就　安樂產福子
以聞香力故　知男女所念　染欲癡恚心　亦知脩善者
地中衆伏藏　金銀諸珎寶　銅器之所盛　聞香悉能知
種種諸瓔珞　无能識其價　聞香知貴賤　出處及所在
天上諸華等　曼陀曼殊沙　波利質多樹　聞香悉能知
天上諸宮殿　上中下差別　衆寶華莊嚴　聞香悉能知
天園林勝殿　諸觀妙法堂　在中而娛樂　聞香悉能知

BD13834號　妙法蓮華經卷六　　（25–5）

以聞香力故　知男女所念　染欲癡恚心　亦知修善者
地中衆伏藏　金銀諸珎寶　銅器之所盛　聞香悉能知
種種諸瓔珞　无能識其價　聞香知貴賤　出處及所在
天上諸華等　曼陁曼殊沙　波利質多樹　聞香悉能知
天上諸宮殿　上中下差別　衆寶華莊嚴　聞香悉能知
天園林勝殿　諸觀妙法堂　在中而娛樂　聞香悉能知
諸天若聽法　或受五欲時　来往行坐卧　聞香悉能知
天女所著衣　好華香莊嚴　周旋遊戲時　聞香悉能知
如是展轉上　乃至於梵世　入禪出禪者　聞香悉能知
光音遍淨天　乃至于有頂　初生及退沒　聞香悉能知
諸比丘衆等　於法常精進　若坐若經行　及讀誦經法
或在林樹下　專精而坐禪　持經者聞香　悉知其所在
菩薩志堅固　坐禪若讀誦　或為人說法　聞香悉能知
在在方世尊　一切所恭敬　愍衆而說法　聞香悉能知
衆生在佛前　聞經皆歡喜　如法而修行　聞香悉能知
雖未得菩薩　无漏法生鼻　而是持經者　先得此鼻相
復次常精進若善男子善女人受持是經若
讀若誦若解說若書寫得千二百舌功德若
好若醜若美不美及諸苦澀物在其舌根皆
變成上味如天甘露无不美者若以舌根於
大衆中有所演說出深妙聲能入其心皆令
歡喜快樂又諸天子天女釋梵諸天聞是深
妙音聲有所演說言論次第皆悉来聽及諸
龍龍女夜叉夜叉女乾闥婆乾闥婆女阿脩
羅阿脩羅女迦樓羅迦樓羅女緊那羅緊那
羅女摩睺羅伽摩睺羅伽女為聽法故皆来
親近恭敬供養及比丘比丘尼優婆塞優婆
夷國王王子羣臣眷屬小轉輪王大轉輪王
七寶千子內外眷屬乘其宮殿俱来聽法以

BD13834號　妙法蓮華經卷六　　（25–6）

羅阿脩羅女迦樓羅迦樓羅女緊那羅緊那
羅女摩睺羅伽摩睺羅伽女為聽法故皆来
親近恭敬供養及比丘比丘尼優婆塞優婆
夷國王王子羣臣眷屬小轉輪王大轉輪王
七寶千子內外眷屬乘其宮殿俱来聽法以
是菩薩善說法故婆羅門居士國內人民盡
其形壽隨侍供養又諸聲聞辟支佛菩薩諸
佛常樂見之是人所在方面諸佛皆向其處
說法悉能受持一切佛法又能出於深妙法
音尒時世尊欲重宣此義而說偈言
是人舌根淨　終不受惡味　其有所食噉　悉皆成甘露
以深淨妙聲　於大衆說法　以諸因緣喻　引導衆生心
聞者皆歡喜　設諸上供養　諸天龍夜叉　及阿脩羅等
皆以恭敬心　而共来聽法　是說法之人　若欲以妙音
遍滿三千界　隨意即能至　大小轉輪王　及千子眷屬
合掌恭敬心　常来聽受法　諸天龍夜叉　羅剎毗舍闍
亦以歡喜心　常樂来供養　梵天王魔王　自在大自在
如是諸天衆　常来至其所　諸佛及弟子　聞其說法音
常念而守護　或時為現身
復次常精進若善男子善女人受持是經若
讀若誦若解說若書寫得八百身功德得清
淨身如淨琉璃衆生憙見其身淨故三千大
千世界衆生生時死時上下好醜生善處惡
處悉於中現及鐵圍大鐵圍彌樓山摩訶彌
樓山等諸山及其中衆生悉於中現下至阿
鼻地獄上至有頂所有及衆生悉於中現若
聲聞辟支佛菩薩諸佛說法皆於身中現其
色像尒時世尊欲重宣此義而說偈言

BD13834號　妙法蓮華經卷六　　（25–7）

千世界眾生生時死時上下好醜生善處惡
處悉於中現及鐵圍大鐵圍弥樓山摩訶弥
樓山等諸山及其中眾生悉於中現下至阿
鼻地獄上至有頂所有及眾生悉於中現若
聲聞辟支佛菩薩諸佛說法皆於身中現其
色像尒時世尊欲重宣此義而說偈言
若持法華者 其身甚清淨 如彼淨琉璃 眾生皆喜見
又如淨明鏡 悉見諸色像 菩薩於淨身 皆見世所有
唯獨自明了 餘人所不見 三千世界中 一切諸群萌
天人阿修羅 地獄鬼畜生 如是諸色像 皆於身中現
諸天等宮殿 乃至於有頂 鐵圍及弥樓 摩訶弥樓山
諸大海水等 皆於身中現 諸佛及聲聞 佛子菩薩等
若獨若在眾 說法悉皆現 雖未得无漏 法性之妙身
以清淨常體 一切於中現
復次常精進若善男子善女人如來滅後受
持是經若讀若誦若解說若書寫得千二百
意功德以是清淨意根乃至聞一偈一句通
達无量无邊之義解是義已能演說一句一
偈至於一月四月乃至一歲諸所說法隨其
義趣皆與實相不相違背若說俗間經書治
世語言資生業等皆順正法三千大千世界
六趣眾生心之所行心所動作心所戲論皆
悉知之雖未得无漏智慧而其意根清淨如
此是人有所思惟籌量言說皆是佛法无不
真實亦是先佛經中所說尒時世尊欲重宣
此義而說偈言
是人意清淨 明利无穢濁 以此妙意根 知上中下法
乃至聞一偈 通達无量義 次第如法說 月四月至歲

BD13834號　妙法蓮華經卷六　（25–8）

此是人有所思惟籌量言說皆是佛法无不
真實亦是先佛經中所說尒時世尊欲重宣
此義而說偈言
是人意清淨 明利无穢濁 以此妙意根 知上中下法
乃至聞一偈 通達无量義 次第如法說 月四月至歲
是世界內外 一切諸眾生 若天龍及人 夜叉鬼神等
其在六趣中 所念若干種 持法華之報 一時皆悉知
十方无數佛 百福莊嚴相 為眾生說法 悉聞能受持
思惟无量義 說法亦无量 終始不忘錯 以持法華故
悉知諸法相 隨義識次第 達名字語言 如所知演說
此人有所說 皆是先佛法 以演此法故 於眾无所畏
持法華經者 意根淨若斯 雖未得无漏 先有如是相
是人持此經 安住希有地 為一切眾生 歡喜而愛敬
能以千万種 善巧之語言 分別而說法 持法華經故
妙法蓮華經常不輕菩薩品第二十
尒時佛告得大勢菩薩摩訶薩汝今當知若
比丘比丘尼優婆塞優婆夷持法華經者若
有惡口罵詈誹謗獲大罪報如前所說其所
得功德如向所說眼耳鼻舌身意清淨得大
勢乃往古昔過无量无邊不可思議阿僧祇
劫有佛名威音王如來應供正遍知明行足
善逝世間解无上士調御丈夫天人師佛世
尊劫名離衰國名大成其威音王佛於彼世
中為天人阿修羅說法為求聲聞者說應四
諦法度生老病死究竟涅槃為求辟支佛者
說應十二因緣法為諸菩薩因阿耨多羅三
藐三菩提說應六波羅蜜法究竟佛慧得大
勢是威音王佛壽四十万億那由他恒河沙

BD13834號　妙法蓮華經卷六　（25–9）

中為天人阿修羅說法為求聲聞者說應四
諦法度生老病死究竟涅槃為求辟支佛者
說應十二因緣法為諸菩薩因阿耨多羅三
藐三菩提說應六波羅蜜法究竟佛慧得大
勢是威音王佛壽四十万億那由他恒河沙
劫正法住世劫數如一閻浮提微塵像法住
世劫數如四天下微塵其佛饒益衆生已然
後滅度正法像法滅盡之後於此國土復有
佛出亦号威音王如来應供正遍知明行足
善逝世間解无上士調御丈夫天人師佛世
尊如是次第有二万億佛皆同一号最初威
音王如来既已滅度正法滅後於像法中增
上慢比丘有大勢力尒時有一菩薩比丘名
常不輕得大勢以何因緣名常不輕是比丘
凡有所見若比丘比丘尼優婆塞優婆夷皆
悉礼拜讚嘆而作是言我深敬汝等不敢輕
慢所以者何汝等皆行菩薩道當得作佛而
是比丘不專讀誦經典但行礼拜乃至遠見
四衆亦復故往礼拜讚嘆而作是言我不敢
輕於汝等汝等皆當作佛四衆之中有生瞋
恚心不淨者惡口罵詈言是无智比丘從何
所来自言我不輕汝而與我等授記當得作
佛我等不用如是虛妄授記如此經歷多年
常被罵詈不生瞋恚常作是言汝當作佛說
是語時衆人或以杖木瓦石而打擲之避走
遠住猶高聲唱言我不敢輕汝汝等皆當作
佛以其常作是語故增上慢比丘比丘尼優
婆塞優婆夷号之為常不輕是比丘臨欲終
時於虛空中具聞威音王佛先所說法華經

BD13834號　妙法蓮華經卷六　(25-10)

常被罵詈不生瞋恚常作是言汝當作佛說
是語時衆人或以杖木瓦石而打擲之避走
遠住猶高聲唱言我不敢輕汝汝等皆當作
佛以其常作是語故增上慢比丘比丘尼優
婆塞優婆夷号之為常不輕是比丘臨欲終
時於虛空中具聞威音王佛先所說法華經
二十千万億偈悉能受持即得如上眼根清
淨耳鼻舌身意根清淨得是六根清淨已更
增壽命二百万億那由他歲廣為人說是法
華經於時增上慢四衆比丘比丘尼優婆塞
優婆夷輕賤是人為作不輕名者見其得大
神通力樂說辯力大善寂力聞其所說皆信
伏隨從是菩薩復化千万億衆令住阿耨多
羅三藐三菩提命終之後得值二千億佛皆
号日月燈明於其法中說是法華經以是因
緣復值二千億佛同号雲自在燈王於此諸
佛法中受持讀誦為諸四衆說此經典故得
是常眼清淨耳鼻舌身意諸根清淨於四衆
中說法心无所畏得大勢是常不輕菩薩摩
訶薩供養如是若干諸佛恭敬尊重讚嘆種
諸善根於後復值千万億佛亦於諸佛法中
說是經典功德成就當得作佛得大勢於意
云何尒時常不輕菩薩豈異人乎則我身是
若我於宿世不受持讀誦此經為他人說者
不能疾得阿耨多羅三藐三菩提我於先佛
所受持讀誦此經為人說故疾得阿耨多羅
三藐三菩提得大勢彼時四衆比丘比丘尼
優婆塞優婆夷以瞋恚意輕賤我故二百億

BD13834號　妙法蓮華經卷六　(25-11)

不能疾得阿耨多羅三藐三菩提我於先佛所受持讀誦此經為人說故疾得阿耨多羅三藐三菩提得大勢彼時四衆比丘比丘尼優婆塞優婆夷以瞋恚意輕賤我故二百億劫常不值佛不聞法不見僧千劫於阿鼻地獄受大苦惱畢是罪已復遇常不輕菩薩教化阿耨多羅三藐三菩提得大勢於汝意云何尒時四衆常輕是菩薩者豈異人乎今此會中跋陀婆羅等五百菩薩師子月等五百比丘尼思佛等五百優婆塞皆於阿耨多羅三藐三菩提不退轉者是得大勢當知是法華經大饒益諸菩薩摩訶薩能令至於阿耨多羅三藐三菩提是故諸菩薩摩訶薩於如來滅後常應受持讀誦解說書寫是經尒時世尊欲重宣此義而說偈言

過去有佛　號威音王　神智无量　將導一切
天人龍神　所共供養　是佛滅後　法欲盡時
有一菩薩　名常不輕　時諸四衆　計著於法
不輕菩薩　往到其所　而語之言　我不輕汝
汝等行道　皆當作佛　諸人聞已　輕毀罵詈
不輕菩薩　能忍受之　其罪畢已　臨命終時
得聞此經　六根清淨　神通力故　增益壽命
復為諸人　廣說是經　諸著法衆　皆蒙菩薩
教化成就　令住佛道　不輕命終　值无數佛
說是經故　得无量福　漸具功德　疾成佛道
彼時不輕　則我身是　時四部衆　著法之者
聞不輕言　汝當作佛　以是因緣　值无數佛
此會菩薩　五百之衆　并及四部　清信士女

BD13834號　妙法蓮華經卷六　（25–12）

教化成就　令住佛道　不輕命終　值无數佛
說是經故　得无量福　漸具功德　疾成佛道
彼時不輕　則我身是　時四部衆　著法之者
聞不輕言　汝當作佛　以是因緣　值无數佛
此會菩薩　五百之衆　并及四部　清信士女
今於我前　聽法者是　我於前世　勸是諸人
聽受斯經　第一之法　開示教人　令住涅槃
世世受持　如是經典　億億万劫　至不可議
時乃得聞　是法華經　億億万劫　至不可議
諸佛世尊　時說是經　是故行者　於佛滅後
聞如是經　勿生疑惑　應當一心　廣說此經
世世值佛　疾成佛道

妙法蓮華經如來神力品第二十一

尒時千世界微塵等菩薩摩訶薩從地踊出者皆於佛前一心合掌瞻仰尊顏而白佛言世尊我等於佛滅後世尊分身所在國土滅度之處當廣說此經所以者何我等亦自欲得是真淨大法受持讀誦解說書寫而供養之尒時世尊於文殊師利等无量百千万億舊住娑婆世界菩薩摩訶薩及諸比丘比丘尼優婆塞優婆夷天龍夜叉乾闥婆阿脩羅迦樓羅緊那羅摩睺羅伽人非人等一切衆前現大神力出廣長舌上至梵世一切毛孔放於无量无數色光皆悉遍照十方世界衆寶樹下師子座上諸佛亦復如是出廣長舌放无量光釋迦牟尼佛及寶樹下諸佛現神力時滿百千歲然後還攝舌相一時謦欬俱共彈指是二音聲遍至十方諸佛世界地皆六種震動其中衆生天龍夜叉乾闥婆

BD13834號　妙法蓮華經卷六　（25–13）

放於无量无數色光皆悉遍照十方世界衆
寶樹下師子座上諸佛亦復如是出廣長舌
放无量光釋迦牟尼佛及寶樹下諸佛現神
力時滿百千歳然後還攝舌相一時謦欬俱
共彈指是二音聲遍至十方諸佛世界地皆
六種震動其中衆生天龍夜叉乾闥婆阿脩
羅迦樓羅緊那羅摩睺羅伽人非人等以佛
神力故皆見此娑婆世界无量无邊百千万
億衆寶樹下師子座上諸佛及見釋迦牟尼
佛共多寶如来在寶塔中坐師子座又見无
量无邊百千万億菩薩摩訶薩及諸四衆恭
敬圍繞釋迦牟尼佛既見是已皆大歡喜得
未曾有即時諸天於虚空中高聲唱言過此
无量无邊百千万億阿僧祇世界有國名娑
婆是中有佛名釋迦牟尼今為諸菩薩摩訶
薩說大乘經名妙法蓮華教菩薩法佛所護
念汝等當深心隨喜亦當礼拜供養釋迦牟
尼佛彼諸衆生聞虚空中聲已合掌向娑婆
世界作如是言南无釋迦牟尼佛南无釋
迦牟尼佛以種種華香瓔珞幡蓋及諸嚴身
之具珎寶妙物皆共遥散娑婆世界所散諸
物從十方来譬如雲集變成寶帳遍覆此間
諸佛之上于時十方世界通達无礙如一佛土
尒時佛告上行等菩薩大衆諸佛神力如是
无量无邊不可思議若我以是神力於无量
无邊百千万億阿僧祇劫為囑累故說此經
功德猶不能盡以要言之如来一切所有之
法如来一切自在神力如来一切秘要之藏

BD13834號　妙法蓮華經卷六　（25–14）

无量无邊不可思議若我以是神力於无量
无邊百千万億阿僧祇劫為囑累故說此經
功德猶不能盡以要言之如来一切所有之
法如来一切自在神力如来一切秘要之藏
如来一切甚深之事皆於此經宣示顯說是
故汝等於如来滅後應一心受持讀誦解說
書寫如說脩行所在國土若有受持讀誦解
說書寫如說脩行若經卷所住之處若於園
中若於林中若於樹下若於僧坊若白衣舍
若在殿堂若山谷曠野是中皆應起塔供養
所以者何當知是處即是道場諸佛於此得
阿耨多羅三藐三菩提諸佛於此轉于法輪
諸佛於此而般涅槃尒時世尊欲重宣此義
而說偈言
諸佛救世者　住於大神通　為悅衆生故　現无量神力
舌相至梵天　身放无數光　為求佛道者　現此希有事
諸佛謦欬聲　及彈指之聲　周聞十方國　地皆六種動
以佛滅度後　能持是經故　諸佛皆歡喜　現无量神力
囑累是經故　讚美受持者　於无量劫中　猶故不能盡
是人之功德　无邊无有窮　如十方虚空　不可得邊際
能持是經者　則為已見我　亦見多寶佛　及諸分身者
又見我今日　教化諸菩薩　能持是經者　令我及分身
滅度多寶佛　一切皆歡喜　十方現在佛　并過去未来
亦見亦供養　亦令得歡喜　諸佛坐道場　所得秘要法
能持是經者　不久亦當得　能持是經者　於諸法之義
名字及言辭　樂說无窮盡　如風於空中　一切无障礙
於如来滅後　知佛所說經　因緣及次第　隨義如實說
如日月光明　能除諸幽冥　斯人行世間　能滅衆生暗

BD13834號　妙法蓮華經卷六　（25–15）

亦見亦供養　亦令得歡喜　諸佛坐道場　所得秘要法
能持是經者　不久亦當得　能持是經者　於諸法之義
名字及言辭　樂說无窮盡　如風於空中　一切无障礙
於如来滅後　知佛所說經　因緣及次第　隨義如實說
如日月光明　能除諸幽暝　斯人行世間　能滅衆生闇
教无量菩薩　畢竟住一乘　是故有智者　聞此功德利
於我滅度後　應受持斯經　是人於佛道　決定无有疑

妙法蓮華經囑累品第二十二

尒時釋迦牟尼佛從法座起現大神力以右
手摩无量菩薩摩訶薩頂而作是言我於无
量百千万億阿僧祇劫脩習是難得阿耨多
羅三藐三菩提法今以付囑汝等汝等應當
一心流布此法廣令增益如是三摩諸菩薩
摩訶薩頂而作是言我於无量百千万億阿
僧祇劫脩習是難得阿耨多羅三藐三菩提
法今以付囑汝等汝等當受持讀誦廣宣此
法令一切衆生普得聞知所以者何如来有
大慈悲无諸慳悋亦无所畏能與衆生佛之
智慧如来智慧自然智慧如来是一切衆生
之大施主汝等亦應隨學如来之法勿生慳
悋於未来世若有善男子善女人信如来智
慧者當為演說此法華經使得聞知為令其
人得佛慧故若有衆生不信受者當於如来
餘深妙法中示教利喜汝等若能如是則為
已報諸佛之恩時諸菩薩摩訶薩聞佛作是
說已皆大歡喜遍滿其身益加恭敬曲躬低
頭合掌向佛俱發聲言如世尊勑當具奉行
唯然世尊願不有慮諸菩薩摩訶薩衆如是

BD13834 號　妙法蓮華經卷六　　（25–16）

已報諸佛之恩時諸菩薩摩訶薩聞佛作是
說已皆大歡喜遍滿其身益加恭敬曲躬低
頭合掌向佛俱發聲言如世尊勑當具奉行
唯然世尊願不有慮諸菩薩摩訶薩衆如是
三反俱發聲言如世尊勑當具奉行唯然世
尊願不有慮尒時釋迦牟尼佛令十方来諸
分身佛各還本土而作是言諸佛各隨所安
多寶佛塔還可如故說是語時十方无量分
身諸佛坐寶樹下師子座上者及多寶佛并
上行等无邊阿僧祇菩薩大衆舍利弗等聲
聞四衆及一切世間天人阿脩羅等聞佛所
說皆大歡喜

妙法蓮華經藥王菩薩本事品第二十三

尒時宿王華菩薩白佛言世尊藥王菩薩云
何遊於娑婆世界世尊是藥王菩薩有若干
百千万億那由他難行苦行善哉世尊願少
解說諸天龍神夜叉乾闥婆阿脩羅迦樓羅
緊那羅摩睺羅伽人非人等又他國土諸来
菩薩及此聲聞衆聞皆歡喜尒時佛告宿王
華菩薩乃往過去无量恒河沙劫有佛号日
月淨明德如来應供正遍知明行足善逝世
間解无上士調御丈夫天人師佛世尊其佛
有八十億大菩薩摩訶薩七十二恒河沙大
聲聞衆佛壽四万二千劫菩薩壽命亦等彼
國无有女人地獄餓鬼畜生阿脩羅等及以
諸難地平如掌琉璃所成寶樹莊嚴寶帳覆
上垂寶華幡寶瓶香鑪周遍國界七寶為臺
一樹一臺其樹去臺盡一箭道此諸寶樹皆

BD13834 號　妙法蓮華經卷六　　（25–17）

聲聞衆佛壽四万二千劫菩薩壽命亦等彼
國无有女人地獄餓鬼畜生阿脩羅等及以
諸難地平如掌琉璃所成寶樹莊嚴寶帳覆
上垂寶華幡寶瓶香鑪周遍國界七寶為臺
一樹一臺其樹去臺盡一箭道此諸寶樹皆
有菩薩聲聞而坐其下諸寶臺上各有百億
諸天作天伎樂歌嘆於佛以為供養尒時彼
佛為一切衆生憙見菩薩及衆菩薩諸聲聞
衆說法華經是一切衆生憙見菩薩樂習苦
行於日月淨明德佛法中精進經行一心求
佛滿万二千歲已得現一切色身三昧得此
三昧已心大歡喜即作念言我得現一切色
身三昧皆是得聞法華經力我今當供養日
月淨明德佛及法華經即時入是三昧於虛
空中雨曼陀羅華摩訶曼陀羅華細末堅黑
栴檀滿虛空中如雲而下又雨海此岸栴檀
之香此香六銖價直娑婆世界以供養佛作
是供養已從三昧起而自念言我雖以神力
供養於佛不如以身供養即服諸香栴檀薰
陸兜樓婆畢力迦沈水膠香又飲瞻蔔諸華
香油滿千二百歲已香油塗身於日月淨明
德佛前以天寶衣而自纏身灌諸香油以神
通力願而自燃身光明遍照八十億恒河沙
世界其中諸佛同時讚言善哉善哉善男子
是真精進是名真法供養如來若以華香瓔
珞燒香末香塗香天繒幡蓋及海此岸栴檀
之香如是等種種諸物供養所不能及假使
國城妻子布施亦所不及善男子是名第一

BD13834 號　妙法蓮華經卷六　（25–18）

世界其中諸佛同時讚言善哉善哉善男子
是真精進是名真法供養如來若以華香瓔
珞燒香末香塗香天繒幡蓋及海此岸栴檀
之香如是等種種諸物供養所不能及假使
國城妻子布施亦所不及善男子是名第一
之施於諸施中最尊最上以法供養諸如來故
作是語已而各嘿然其身火燃千二百歲過
是已後其身乃盡一切衆生憙見菩薩作
如是法供養已命終之後復生日月淨明德
佛國中於淨德王家結跏趺坐忽然化生即
為其父而說偈言
大王今當知　我經行彼處　即時得一切　現諸身三昧
懃行大精進　捨所愛之身
說是偈已而白父言日月淨明德佛今故現
在我先供養佛已得解一切衆生語言陀羅
尼復聞是法華經八百千万億那由他甄迦
羅頻婆羅阿閦婆等偈大王我今當還供養
此佛白已即坐七寶之臺上昇虛空高七多
羅樹往到佛所頭面礼足合十指爪以偈讚
佛
容顏甚奇妙　光明照十方　我適曾供養　今復還親覲
尒時一切衆生憙見菩薩說是偈已而白佛
言世尊世尊猶故在世尒時日月淨明德佛
告一切衆生憙見菩薩善男子我涅槃時到
滅盡時至汝可安施床座我於今夜當般涅
槃又勅一切衆生憙見菩薩善男子我以佛
法囑累於汝及諸菩薩大弟子并阿耨多羅
三藐三菩提法亦以三千大千七寶世界諸
[illegible]

BD13834 號　妙法蓮華經卷六　（25–19）

槃又勅一切衆生憙見菩薩善男子我以佛
法囑累於汝及諸菩薩大弟子并阿耨多羅
三藐三菩提法亦以三千大千七寶世界諸
寶樹寶臺及給侍諸天悉付於汝我滅度後
所有舍利亦付囑汝當令流布廣設供養應
起若干千塔如是日月淨明德佛勅一切衆
生憙見菩薩已於夜後分入於涅槃尒時一
切衆生憙見菩薩見佛滅度悲感懊惱戀慕
於佛即以海此岸栴檀爲積供養佛身而以
燒之火滅已後收取舍利作八万四千寶缾
以起八万四千塔高三世界表刹莊嚴垂諸
幡蓋懸衆寶鈴尒時一切衆生憙見菩薩復
自念言我雖作是供養心猶未足我今當更
供養舍利便語諸菩薩大弟子及天龍夜叉
等一切大衆汝等當一心念我今供養日月
淨明德佛舍利作是語已即於八万四千塔
前燃百福莊嚴臂七万二千歲而以供養令
无數求聲聞衆无量阿僧祇人發阿耨多羅
三藐三菩提心皆使得住現一切色身三昧
尒時諸菩薩天人阿脩羅等見其无臂憂惱
悲哀而作是言此一切衆生憙見菩薩是我
等師教化我者而今燒臂身不具足于時一
切衆生憙見菩薩於大衆中立此誓言我捨
兩臂必當得佛金色之身若實不虛令我兩
臂還復如故作是誓已自然還復由斯菩薩
福德智慧淳厚所致當尒之時三千大千世
界六種震動天雨寶華一切人天得未曾有
佛告宿王華菩薩於汝意云何一切衆生憙

BD13834 號　妙法蓮華經卷六　（25–20）

兩臂必當得佛金色之身若實不虛令我兩
臂還復如故作是誓已自然還復由斯菩薩
福德智慧淳厚所致當尒之時三千大千世
界六種震動天雨寶華一切人天得未曾有
佛告宿王華菩薩於汝意云何一切衆生憙
見菩薩豈異人乎今藥王菩薩是也其所捨
身布施如是无量百千万億那由他數宿王
華若有發心欲得阿耨多羅三藐三菩提者
能燃手指乃至足一指供養佛塔勝以國城
妻子及三千大千國土山林河池諸珍寶物
而供養者若復有人以七寶滿三千大千世
界供養於佛及大菩薩辟支佛阿羅漢是人
所得功德不如受持此法華經乃至一四句
偈其福最多宿王華譬如一切川流江河諸
水之中海爲第一此法華經亦復如是於諸
如來所說經中最爲深大又如土山黑山小
鐵圍山大鐵圍山及十寶山衆山之中須弥
山爲第一此法華經亦復如是於諸經中最
爲其上又如衆星之中月天子最爲第一此
法華經亦復如是於千万億種諸經法中最
爲照明又如日天子能除諸暗此經亦復如
是能破一切不善之暗又如諸小王中轉輪
聖王最爲第一此經亦復如是於衆經中最
爲其尊又如帝釋於三十三天中王此經亦
復如是諸經中王又如大梵天王一切衆生
之父此經亦復如是一切賢聖學无學及發
菩薩心者之父又如一切凡夫人中須陁洹
斯陁含阿那含阿羅漢辟支佛爲第一此經

BD13834 號　妙法蓮華經卷六　（25–21）

復如是諸經中王又如大梵天王一切衆生
之父此經亦復如是一切賢聖學无學及發
菩薩心者之父又如一切凡夫人中須陁洹
斯陁含阿那含阿羅漢辟支佛爲第一此經
亦復如是一切如來所說若菩薩所說若聲
聞所說諸經法中㝡爲第一有能受持是經
典者亦復如是於一切衆生中亦爲第一一
切聲聞辟支佛中菩薩爲第一此經亦復如
是於一切諸經法中㝡爲第一如佛爲諸法
王此經亦復如是諸經中王宿王華此經能
救一切衆生者此經能令一切衆生離諸苦
惱此經能大饒益一切衆生充滿其願如清
涼池能滿一切諸渴之者如寒者得火如裸
者得衣如商人得主如子得母如渡得船如
病得醫如暗得燈如貧得寶如民得王如賈
客得海如炬除暗此法華經亦復如是能令
衆生離一切苦一切病痛能解一切生死之
縛若人得聞此法華經若自書若使人書所
得功德以佛智慧籌量多少不得其邊若書
是經卷華香瓔珞燒香抹香塗香幡蓋衣服
種種之燈蘇燈油燈諸香油燈瞻蔔油燈須
曼那油燈波羅羅油燈婆利師迦油燈那婆
摩利油燈供養所得功德亦復无量宿王華
若有人聞是藥王菩薩本事品者亦得无量
无邊功德若有女人聞是藥王菩薩本事品
能受持者盡是女身後不復受若如來滅後
後五百歲中若有女人聞是經典如說脩行
於此命終即往安樂世界阿弥陀佛大菩薩

BD13834號　妙法蓮華經卷六　（25–22）

无邊功德若有女人聞是藥王菩薩本事品
能受持者盡是女身後不復受若如來滅後
後五百歲中若有女人聞是經典如說脩行
於此命終即往安樂世界阿弥陀佛大菩薩
衆圍繞住處生蓮華中寶座之上不復爲貪
欲所惱亦復不爲瞋恚愚癡所惱亦復不爲
憍慢嫉妬諸垢所惱得菩薩神通无生法忍
得是忍已眼根清淨以是清淨眼根見七百
万二千億那由他恒河沙等諸佛如來是時
諸佛遥共讚言善哉善哉善男子汝能於釋
迦牟尼佛法中受持讀誦思惟是經爲他人
說所得福德无量无邊火不能焚水不能漂
汝之功德千佛共說不能令盡汝今已能破
諸魔賊壞生死軍諸餘怨敵皆悉摧滅善男
子百千諸佛以神通力共守護汝於一切世
間天人之中无如汝者唯除如來其諸聲聞
辟支佛乃至菩薩智慧禪定无有與汝等者
宿王華此菩薩成就如是功德智慧之力若
有人聞是藥王菩薩本事品能隨喜讚善者
是人現世口中常出青蓮華香身毛孔中常
出牛頭栴檀之香所得功德如上所說是故
宿王華以此藥王菩薩本事品囑累於汝我
滅度後後五百歲中廣宣流布於閻浮提无
令斷絕惡魔魔民諸天龍夜叉鳩槃荼等得
其便也宿王華汝當以神通之力守護是經
所以者何此經則爲閻浮提人病之良藥若
人有病得聞是經病即消滅不老不死宿王
華汝若見有受持是經者應以青蓮華盛滿

BD13834號　妙法蓮華經卷六　（25–23）

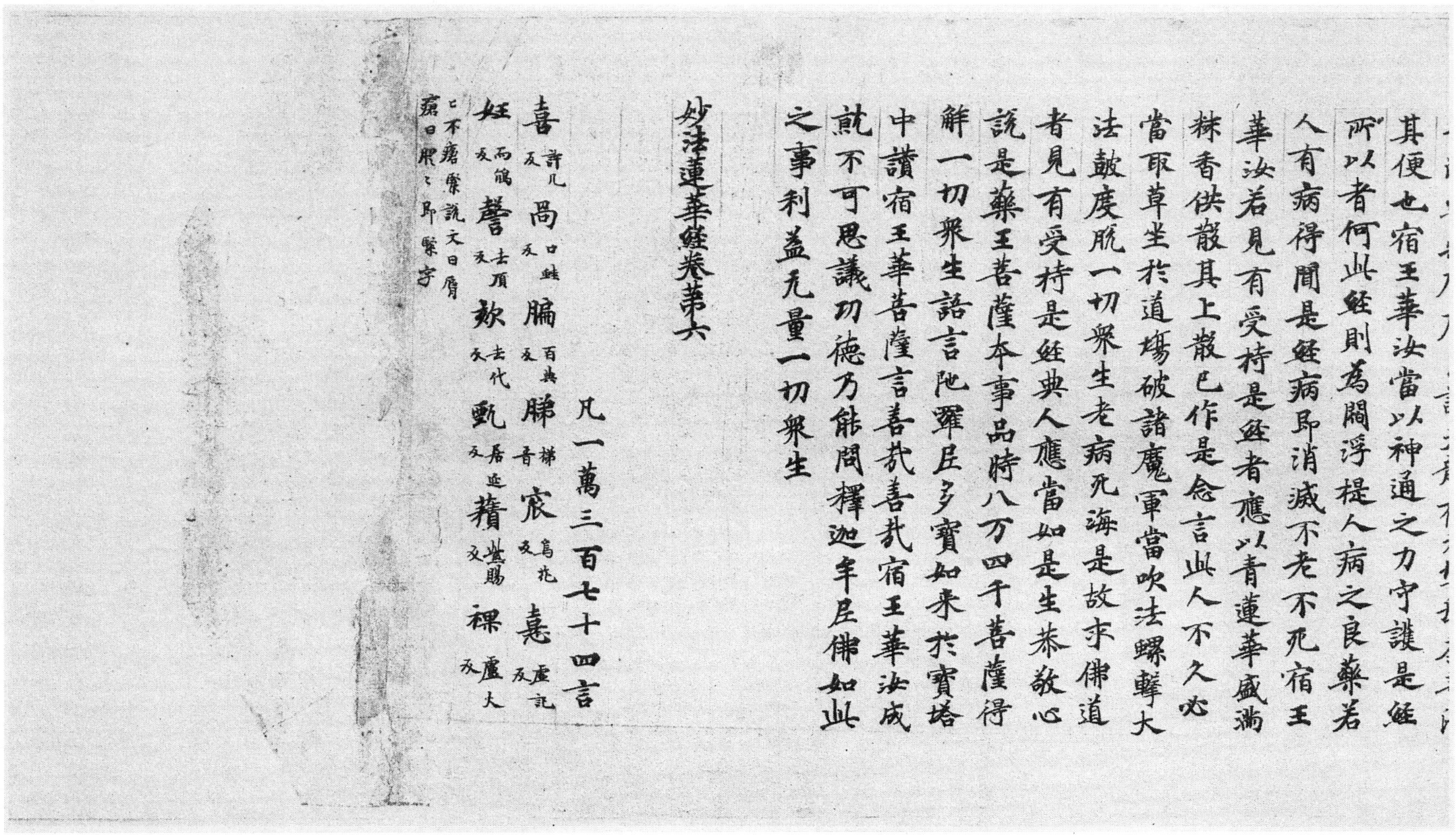
其便也宿王華汝當以神通之力守護是經
所以者何此經則為閻浮提人病之良藥若
人有病得聞是經病即消滅不老不死宿王
華汝若見有受持是經者應以青蓮華盛滿
抹香供散其上散已作是念言此人不久必
當取草坐於道場破諸魔軍當吹法螺擊大
法鼓度脫一切眾生老病死海是故求佛道
者見有受持是經典人應當如是生恭敬心
說是藥王菩薩本事品時八万四千菩薩得
解一切眾生語言陀羅尼多寶如來於寶塔
中讚宿王華菩薩言善哉善哉宿王華汝成
就不可思議功德乃能問釋迦牟尼佛如此
之事利益无量一切眾生

妙法蓮華經卷第六

凡一萬三百七十四言

喜許凡反　咼口蛙反　匾百典反　䏲音梯　窊烏瓜反　憙虛記反
妊而鴆反　謦去頂反　欬去代反　甄居延反　積紫賜反　裸盧大反
匕不磨麋說文曰脣瘡日肥匕即緊字

BD13834號　妙法蓮華經卷六

(25–24)

妙法蓮華經卷第六

凡一萬三百七十四言

喜許凡反　咼口蛙反　匾百典反　䏲音梯　窊烏瓜反　憙虛記反
妊而鴆反　謦去頂反　欬去代反　甄居延反　積紫賜反　裸盧大反
匕不磨麋說文曰脣瘡日肥匕即緊字

BD13834號　妙法蓮華經卷六

(25–25)

BD13835 號背　現代護首　　（1–1）

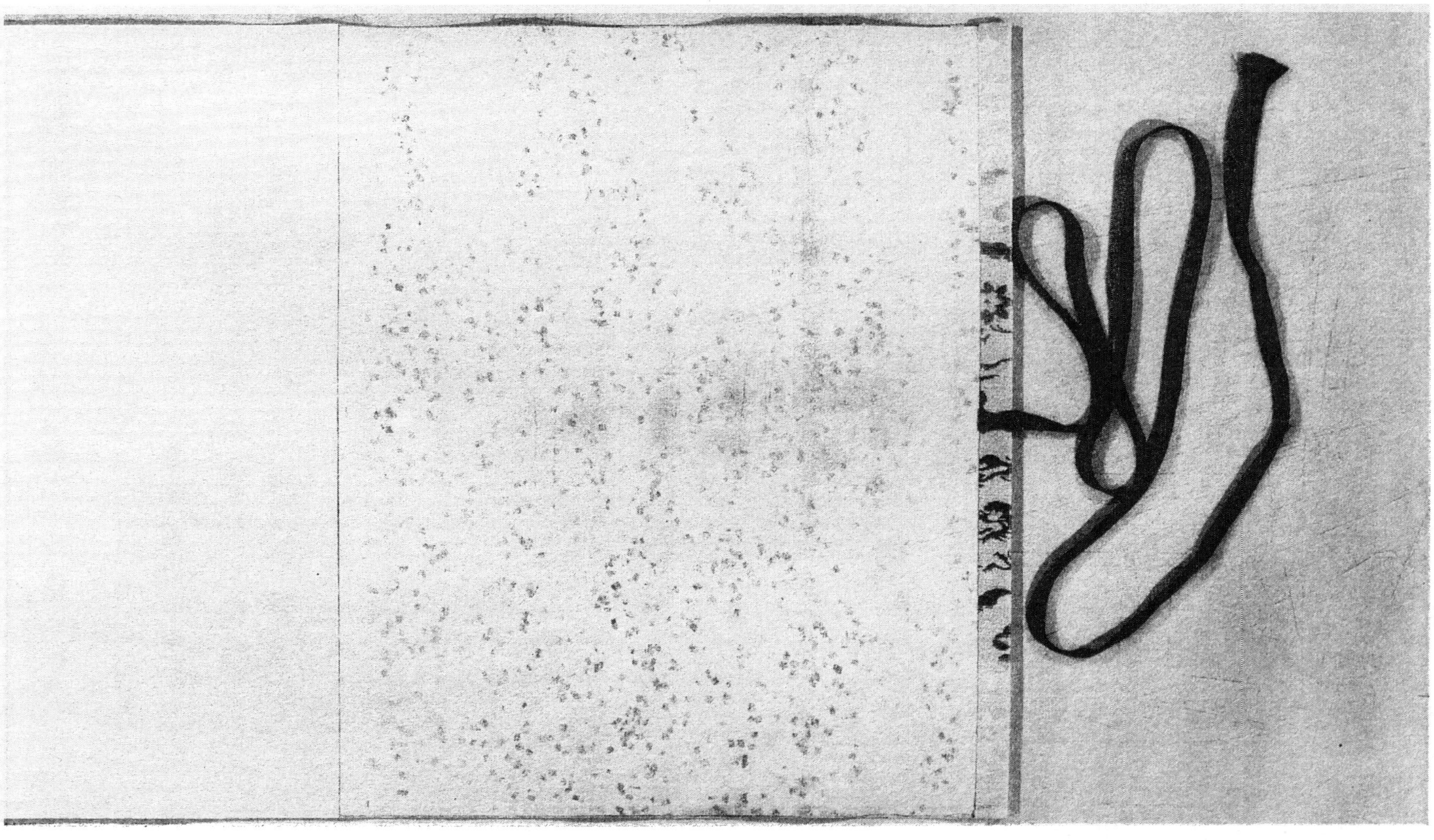

BD13835 號　妙法蓮華經卷六　　（19–1）

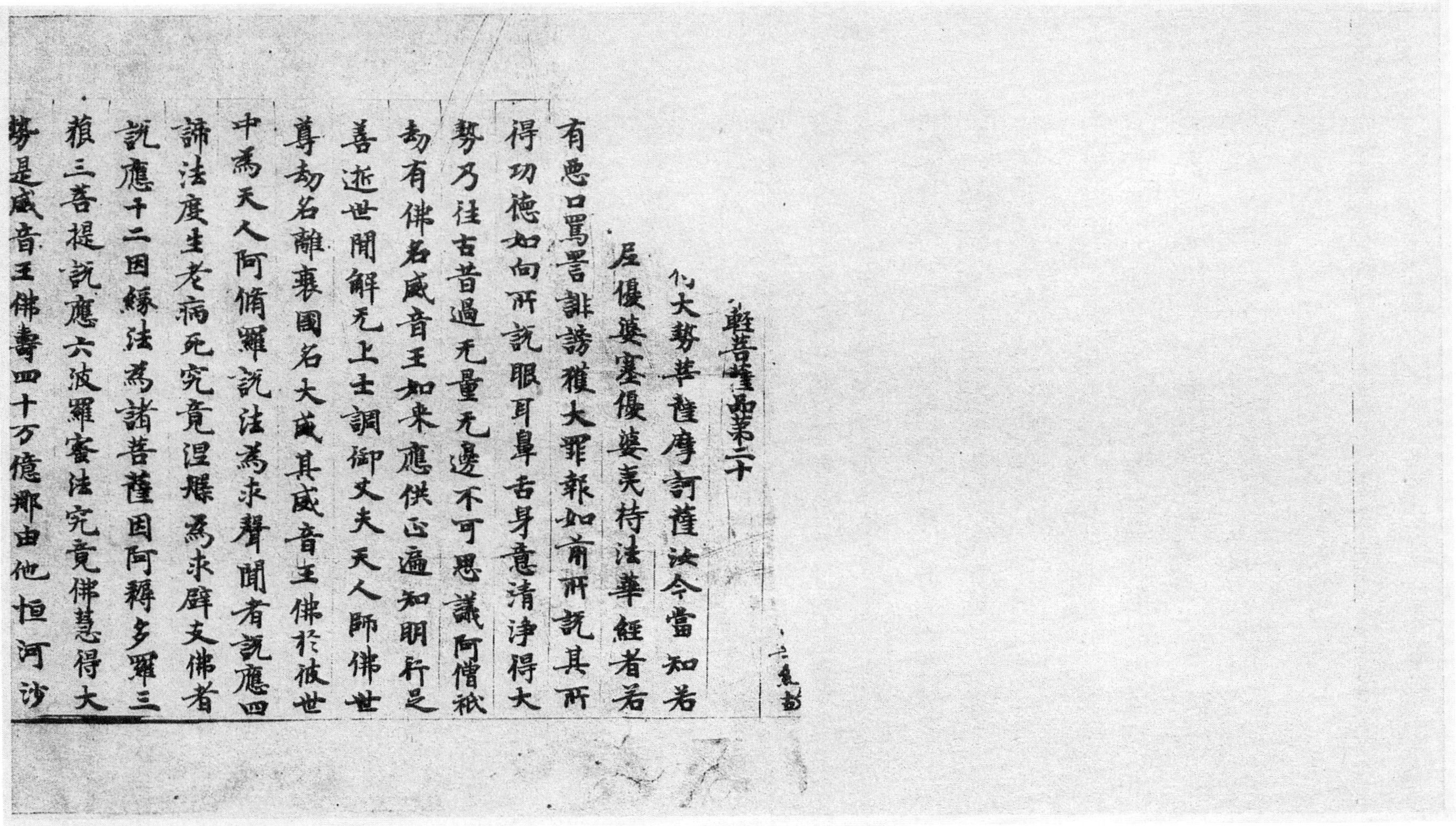

輕菩薩品第二十
佛大勢菩薩摩訶薩汝今當知若
尼優婆塞優婆夷持法華經者若
有惡口罵詈誹謗獲大罪報如前所説其所
得功德如向所説眼耳鼻舌身意清淨得大
勢乃往古昔過无量无邊不可思議阿僧祇
劫有佛名威音王如來應供正遍知明行足
善逝世間解无上士調御丈夫天人師佛世
尊劫名離衰國名大成其威音王佛於彼世
中為天人阿脩羅説法為求聲聞者説應四
諦法度生老病死究竟涅槃為求辟支佛者
説應十二因緣法為諸菩薩因阿耨多羅三
藐三菩提説應六波羅蜜法究竟佛慧得大
勢是威音王佛壽四十万億那由他恒河沙

BD13835號　妙法蓮華經卷六　（19–2）

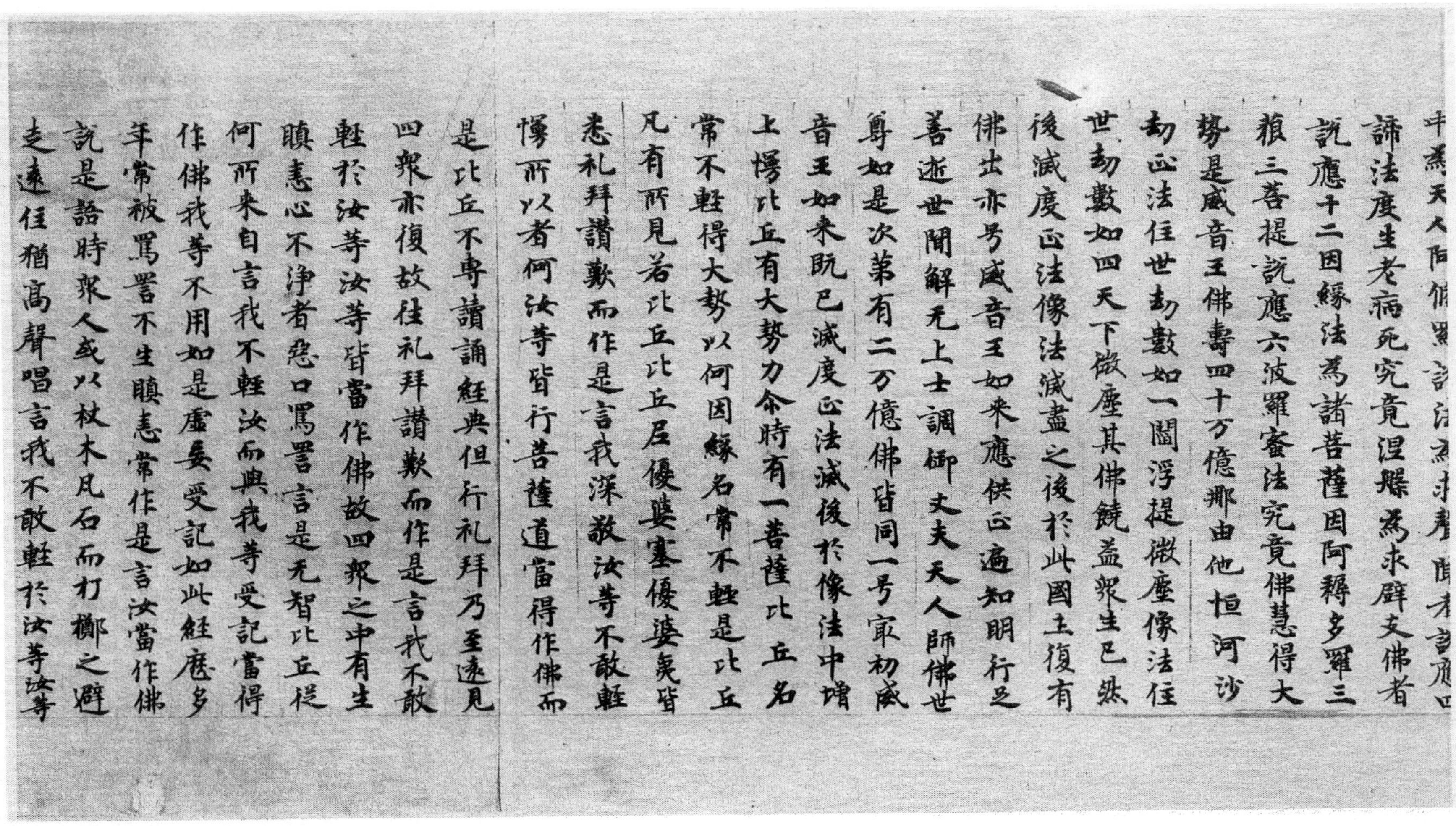

中為天人阿脩羅説法為求聲聞者説應四
諦法度生老病死究竟涅槃為求辟支佛者
説應十二因緣法為諸菩薩因阿耨多羅三
藐三菩提説應六波羅蜜法究竟佛慧得大
勢是威音王佛壽四十万億那由他恒河沙
劫正法住世劫數如一閻浮提微塵像法住
世劫數如四天下微塵其佛饒益衆生已然
後滅度正法像法滅盡之後於此國土復有
佛出亦号威音王如來應供正遍知明行足
善逝世間解无上士調御丈夫天人師佛世
尊如是次第有二万億佛皆同一号最初威
音王如來既已滅度正法滅後於像法中增
上慢比丘有大勢力尒時有一菩薩比丘名
常不輕得大勢以何因緣名常不輕是比丘
凡有所見若比丘比丘尼優婆塞優婆夷皆
悉礼拜讃歎而作是言我深敬汝等不敢輕
慢所以者何汝等皆行菩薩道當得作佛而
是比丘不專讀誦經典但行礼拜乃至遠見
四衆亦復故往礼拜讃歎而作是言我不敢
輕於汝等汝等皆當作佛故四衆之中有生
瞋恚心不淨者惡口罵詈言是无智比丘從
何所來自言我不輕汝而與我等受記當得
作佛我等不用如是虛妄受記如此經歷多
年常被罵詈不生瞋恚常作是言汝當作佛
説是語時衆人或以杖木瓦石而打擲之避
走遠住猶高聲唱言我不敢輕於汝等汝等

BD13835號　妙法蓮華經卷六　（19–3）

何所來自言我不輕汝而與我等受記當得
作佛我等不用如是虛妄受記如此經歷多
年常被罵詈不生瞋恚常作是言汝當作佛
說是語時衆人或以杖木瓦石而打擲之避
走遠住猶高聲唱言我不敢輕於汝等汝等
皆當作佛以其常作是語故增上慢比丘比
丘尼優婆塞優婆夷号之為常不輕是比丘
臨欲終時於虛空中具聞威音王佛先所說
法華經二十千万億偈悉能受持即得如上
眼根清淨耳鼻舌身意根清淨得是六根清
淨已更增壽命二百万億那由他歲廣為人
說是法華經於時增上慢四衆比丘比丘尼
優婆塞優婆夷輕賤是人為作不輕名者見
其得大神通力樂說辯力大善寂力聞其所
說皆信伏隨從是菩薩復化千万億衆令住
阿耨多羅三藐三菩提命終之後得值二千
億佛皆号日月燈明於其法中說是法華經
以是因緣復值二千億佛同号雲自在燈王
於此諸佛法中受持讀誦為諸四衆說此經
典故得是常眼清淨耳鼻舌身意諸根清淨
於四衆中說法心无所畏得大勢是常不輕
菩薩摩訶薩供養如是若干諸佛恭敬尊重
讚歎種諸善根於後復值千万億佛亦於諸
佛法中說是經典功德成就當得作佛得大
勢於意云何尒時常不輕菩薩豈異人乎則
我身是若我於宿世不受持讀誦此經為他
人說者不能疾得阿耨多羅三藐三菩提我

BD13835號　妙法蓮華經卷六　（19-4）

讚歎種諸善根於後復值千万億佛亦於諸
佛法中說是經典功德成就當得作佛得大
勢於意云何尒時常不輕菩薩豈異人乎則
我身是若我於宿世不受持讀誦此經為他
人說者不能疾得阿耨多羅三藐三菩提我
於先佛所受持讀誦此經為人說故疾得阿
耨多羅三藐三菩提得大勢彼時四衆比丘
比丘尼優婆塞優婆夷以瞋恚意輕賤我故
二百億劫常不值佛不聞法不見僧千劫於
阿鼻地獄受大苦惱畢是罪已復遇常不輕
菩薩教化阿耨多羅三藐三菩提得大勢於
汝意云何尒時四衆常輕是菩薩者豈異人
乎今此會中䟦陀婆羅等五百菩薩師子月
等五百比丘尼思佛等五百優婆塞皆於阿
耨多羅三藐三菩提不退轉者是得大勢當
知是法華經大饒益諸菩薩摩訶薩能令至
於阿耨多羅三藐三菩提是故諸菩薩摩訶
薩於如來滅後常應受持讀誦解說書寫是
經尒時世尊欲重宣此義而說偈言
過去有佛　号威音王　神智无量　將導一切
天人龍神　所共供養　是佛滅後　法欲盡時
有一菩薩　名常不輕　時諸四衆　計著於法
不輕菩薩　往到其所　而語之言　我不輕汝
汝等行道　皆當作佛　諸人聞已　輕毀罵詈
不輕菩薩　能忍受之　其罪畢已　臨命終時
得聞此經　六根清淨　神通力故　增益壽命
復為諸人　廣說是經　諸著法衆　皆蒙菩薩

BD13835號　妙法蓮華經卷六　（19-5）

不軽菩薩　往到其所　而語之言　我不軽汝
汝等行道　皆當作佛　諸人聞已　軽毀罵詈
不軽菩薩　能忍受之　其罪畢已　臨命終時
得聞此經　六根清淨　神通力故　增益壽命
復為諸人　廣説是經　諸著法衆　皆蒙菩薩
教化成就　令住佛道　不軽命終　值无數佛
説是經故　得无量福　漸具功德　疾成佛道
彼時不軽　則我身是　時四部衆　著法之者
聞不軽言　汝當作佛　以是因緣　值无數佛
此會菩薩　五百之衆　并及四部　清信士女
今於我前　聽法者是　我於前世　勸是諸人
聽受斯經　第一之法　開示教人　令住涅槃
世世受持　如是經典　億億万劫　至不可議
時乃得聞　是法華經　億億万劫　至不可議
諸佛世尊　時説是經　是故行者　於佛滅後
聞如是經　勿生疑惑　應當一心　廣説此經
世世值佛　疾成佛道
妙法蓮華經如來神力品第二十一
尒時千世界微塵等菩薩摩訶薩從地踊出
者皆於佛前一心合掌瞻仰尊顔而白佛言
世尊我等於佛滅後世尊分身所在國土滅
度之處當廣説此經所以者何我等亦自欲
得是真淨大法受持讀誦解説書寫而供養
之尒時世尊於文殊師利等无量百千万億
舊住娑婆世界菩薩摩訶薩及諸比丘比丘
尼優婆塞優婆夷天龍夜叉乾闥婆阿脩羅

BD13835號　妙法蓮華經卷六　（19–6）

得是真淨大法受持讀誦解説書寫而供養
之尒時世尊於文殊師利等无量百千万億
舊住娑婆世界菩薩摩訶薩及諸比丘比丘
尼優婆塞優婆夷天龍夜叉乾闥婆阿脩羅
迦樓羅緊那羅摩睺羅伽人非人等一切衆
前現大神力出廣長舌上至梵世一切毛孔
放於无量无數色光皆悉遍照十方世界衆
寶樹下師子座上諸佛亦復如是出廣長舌
放无量光釋迦牟尼佛及寶樹下諸佛現神
力時滿百千歲然後還攝舌相一時謦欬俱
共彈指是二音聲遍至十方諸佛世界地皆
六種震動其中衆生天龍夜叉乾闥婆阿脩
羅迦樓羅緊那羅摩睺羅伽人非人等以佛
神力故皆見此娑婆世界无量无邊百千万
億衆寶樹下師子座上諸佛及見釋迦牟尼
佛共多寶如來在寶塔中坐師子座又見无
量无邊百千万億菩薩摩訶薩及諸四衆恭
敬圍繞釋迦牟尼佛既見是已皆大歡喜得
未曾有即時諸天於虛空中高聲唱言過此
无量无邊百千万億阿僧祇世界有國名娑
婆是中有佛名釋迦牟尼今為諸菩薩摩訶
薩説大乘經名妙法蓮華教菩薩法佛所護
念汝等當深心隨喜亦當礼拜供養釋迦牟
尼佛彼諸衆生聞虛空中聲已合掌向娑婆
世界作如是言南无釋迦牟尼佛南无釋迦
牟尼佛以種種華香瓔珞幡蓋及諸嚴身之

BD13835號　妙法蓮華經卷六　（19–7）

念汝等當深心隨喜亦當礼拜供養釋迦牟
尼佛彼諸衆生聞虛空中聲已合掌向娑婆
世界作如是言南无釋迦牟尼佛南无釋迦
牟尼佛以種種華香瓔珞幡蓋及諸嚴身之
具珎寶妙物皆共遥散娑婆世界所散諸物
從十方來譬如雲集變成寶帳遍覆此間諸
佛之上于時十方世界通達无礙如一佛土
尒時佛告上行等菩薩大衆諸佛神力如是
无量无邊不可思議若我以是神力於无量
无邊百千万億阿僧祇劫為屬累故說此經
功德猶不能盡以要言之如來一切所有之
法如來一切自在神力如來一切祕要之藏
如來一切甚深之事皆於此經宣示顯說是
故汝等於如來滅後應一心受持讀誦解說
書寫如說脩行所在國土若有受持讀誦解
說書寫如說脩行若經卷所住之處若於園
中若於林中若於樹下若於僧坊若白衣舍
若在殿堂若山谷曠野是中皆應起塔供養
所以者何當知是處即是道場諸佛於此得
阿耨多羅三藐三菩提諸佛於此轉于法輪
諸佛於此而般涅槃尒時世尊欲重宣此義
而說偈言
諸佛救世者　住於大神通　為悅衆生故　現无量神力
舌相至梵天　身放无數光　為求佛道者　現此希有事
諸佛謦欬聲　及彈指之聲　周聞十方國　地皆六種動
以佛滅度後　能持是經故　諸佛皆歡喜　現无量神力

BD13835號　妙法蓮華經卷六　（19-8）

而說偈言
諸佛救世者　住於大神通　為悅衆生故　現无量神力
舌相至梵天　身放无數光　為求佛道者　現此希有事
諸佛謦欬聲　及彈指之聲　周聞十方國　地皆六種動
以佛滅度後　能持是經故　諸佛皆歡喜　現无量神力
屬累是經故　讚美受持者　於无量劫中　猶故不能盡
是人之功德　无邊无有窮　如十方虛空　不可得邊際
能持是經者　則為已見我　亦見多寶佛　及諸分身者
又見我今日　教化諸菩薩　能持是經者　令我及分身
滅度多寶佛　一切皆歡喜　十方現在佛　并過去未來
亦見亦供養　亦令得歡喜　諸佛坐道場　所得秘要法
能持是經者　不久亦當得　能持是經者　於諸法之義
名字及言辭　樂說无窮盡　如風於空中　一切无障礙
於如來滅後　知佛所說經　因緣及次第　隨義如實說
如日月光明　能除諸幽冥　斯人行世間　能滅衆生闇
教无量菩薩　畢竟住一乘　是故有智者　聞此功德利
於我滅度後　應受持斯經　是人於佛道　決定无有疑
妙法蓮華經屬累品第二十二
尒時釋迦牟尼佛從法座起現大神力以右
手摩无量菩薩摩訶薩頂而作是言我於无
量百千万億阿僧祇劫脩習是難得阿耨多
羅三藐三菩提法今以付屬汝等汝等應當
一心流布此法廣令增益如是三摩諸菩薩
摩訶薩頂而作是言我於无量百千万億阿
僧祇劫脩習是難得阿耨多羅三藐三菩提
法今以付屬汝等汝等當受持讀誦廣宣此

BD13835號　妙法蓮華經卷六　（19-9）

一心流布此法廣令增益如是三摩諸菩薩
摩訶薩頂而作是言我於无量百千万億阿
僧祇劫修習是難得阿耨多羅三藐三菩提
法今以付屬汝等汝等當受持讀誦廣宣此
法令一切衆生普得聞知所以者何如來有
大慈悲无諸慳悋亦无所畏能與衆生佛之
智慧如來智慧自然智慧如來是一切衆生
之大施主汝等亦應隨學如來之法勿生慳
悋於未來世若有善男子善女人信如來智
慧者當為演說此法華經使得聞知為令其
人得佛慧故若有衆生不信受者當於如來
餘深法中示教利喜汝等若能如是則為已
報諸佛之恩時諸菩薩摩訶薩聞佛作是說
已皆大歡喜遍滿其身益加恭敬曲躬低頭
合掌向佛俱發聲言如世尊勅當具奉行唯
然世尊願不有慮諸菩薩摩訶薩衆如是三
反俱發聲言如世尊勅當具奉行唯然世尊
願不有慮尒時釋迦牟尼佛令十方來諸分
身佛各還本土而作是言諸佛各隨所安多
寶佛塔還可如故說是語時十方无量分身
諸佛坐寶樹下師子座上者及多寶佛并上
行等无邊阿僧祇菩薩大衆舍利弗等聲聞
四衆及一切世間天人阿修羅等聞佛所說
皆大歡喜
妙法蓮華經藥王菩薩本事品第二十三
尒時宿王華菩薩白佛言世尊藥王菩薩云
何遊於娑婆世界世尊是藥王菩薩有若干

BD13835號　妙法蓮華經卷六　（19–10）

四衆及一切世間天人阿修羅等聞佛所說
皆大歡喜
妙法蓮華經藥王菩薩本事品第二十三
尒時宿王華菩薩白佛言世尊藥王菩薩云
何遊於娑婆世界世尊是藥王菩薩有若干
百千万億那由他難行苦行善哉世尊願少
解說諸天龍神夜叉乾闥婆阿修羅迦樓羅
緊那羅摩睺羅伽人非人等又他國土諸來
菩薩及此聲聞衆聞皆歡喜尒時佛告宿王
華菩薩乃往過去无量恒河沙劫有佛号日
月淨明德如來應供正遍知明行足善逝世
間解无上士調御丈夫天人師佛世尊其佛
有八十億大菩薩摩訶薩七十二恒河沙大
聲聞衆佛壽四万二千劫菩薩壽命亦等彼
國无有女人地獄餓鬼畜生阿修羅等及以
諸難地平如掌瑠璃所成寶樹莊嚴寶帳覆
上垂寶華幡寶瓶香爐周遍國界七寶為臺
一樹一臺其樹去臺盡一箭道此諸寶樹皆
有菩薩聲聞而坐其下諸寶臺上各有百億
諸天作天伎樂歌歎於佛以為供養尒時彼
佛為一切衆生憙見菩薩及衆菩薩諸聲聞
衆說法華經是一切衆生憙見菩薩樂習苦
行於日月淨明德佛法中精進經行一心求
佛滿万二千歲已得現一切色身三昧得此
三昧已心大歡喜即作念言我得現一切色
身三昧皆是得聞法華經力我今當供養日

BD13835號　妙法蓮華經卷六　（19–11）

行於日月淨明德佛法中精進經行一心求
佛滿万二千歲已得現一切色身三昧得此
三昧已心大歡喜即作念言我得現一切色
身三昧皆是得聞法華經力我今當供養日
月淨明德佛及法華經即時入是三昧於虛
空中雨曼陁羅華摩訶曼陁羅華細末堅黑
栴檀滿虛空中如雲而下又雨海此岸栴檀
之香此香六銖價直娑婆世界以供養佛作
是供養已從三昧起而自念言我雖以神力
供養於佛不如以身供養即服諸香栴檀薰
陸兜樓婆畢力迦沈水膠香又飲瞻蔔諸華
香油滿千二百歲已香油塗身於日月淨明
德佛前以天寶衣而自纏身灌諸香油以神
通力願而自然身光明遍照八十億恒河沙
世界其中諸佛同時讚言善哉善哉善男子
是真精進是名真法供養如來若以華香瓔
珞燒香末香塗香天繒幡蓋及海此岸栴檀
之香如是等種種諸物供養所不能及假使
國城妻子布施亦所不及善男子是名第一
之施於諸施中最尊最上以法供養諸如來
故作是語已而各默然其身火然千二百歲
過是已後其身乃盡一切衆生憙見菩薩作
如是法供養已命終之後復生日月淨明德
佛國中於淨德王家結跏趺坐忽然化生即
為其父而說偈言
大王今當知　我經行彼處　即時得一切　現諸身三昧

故作是語已而各默然其身火然千二百歲
過是已後其身乃盡一切衆生憙見菩薩作
如是法供養已命終之後復生日月淨明德
佛國中於淨德王家結跏趺坐忽然化生即
為其父而說偈言
大王今當知　我經行彼處　即時得一切　現諸身三昧
勤行大精進　捨所愛之身
說是偈已而白父言日月淨明德佛今故現
在我先供養佛已得解一切衆生語言陁羅
尼復聞是法華經八百千万億那由他甄迦
羅頻婆羅阿閦婆等偈大王我今當還供養
此佛白已即坐七寶之臺上昇虛空高七多
羅樹往到佛所頭面礼足合十指爪以偈讚佛
容顏甚奇妙　光明照十方　我適曾供養　今復還親近
尒時一切衆生憙見菩薩說是偈已而白佛
言世尊世尊猶故在世尒時日月淨明德佛
告一切衆生喜見菩薩善男子我涅槃時到
滅盡時至汝可安施床座我於今夜當般涅
槃又勅一切衆生憙見菩薩善男子我以佛
法屬累於汝及諸菩薩大弟子并阿耨多羅
三藐三菩提法亦以三千大千七寶世界諸
寶樹寶臺及給侍諸天悉付於汝我滅度後
所有舍利亦付囑汝當令流布廣設供養應
起若干千塔如是日月淨明德佛勅一切衆
生憙見菩薩已於夜後分入於涅槃尒時一
切衆生憙見菩薩見佛滅度悲感懊惱戀慕

起若千千塔如是日月淨明德佛勅一切衆
生憙見菩薩已於夜後分入於涅槃尒時一
切衆生憙見菩薩見佛滅度悲感懊惱戀慕
於佛即以海此岸栴檀為積供養佛身而以
燒之火滅已後收取舍利作八万四千寶瓶
以起八万四千塔高三世界表刹莊嚴垂諸
幡蓋懸衆寶鈴尒時一切衆生憙見菩薩復
自念言我雖作是供養心猶未足我今當更
供養舍利便語諸菩薩大弟子及天龍夜叉
等一切大衆汝等當一心念我今供養日月
淨明德佛舍利作是語已即於八万四千塔
前然百福莊嚴臂七万二千歲而以供養令
无數求聲聞衆无量阿僧祇人發阿耨多羅
三藐三菩提心皆使得住現一切色身三昧
尒時諸菩薩天人阿脩羅等見其无臂憂惱
悲哀而作是言此一切衆生憙見菩薩是我
等師教化我者而今燒臂身不具足于時一
切衆生憙見菩薩於大衆中立此誓言我捨
兩臂必當得佛金色之身若實不虛令我兩
臂還復如故作是誓已自然還復由斯菩薩
福德智慧淳厚所致當尒之時三千大千世
界六種震動天雨寶華一切人天得未曾有
佛告宿王華菩薩於汝意云何一切衆生憙
見菩薩豈異人乎今藥王菩薩是也其所捨
身布施如是无量百千万億那由他數宿王
華若有發心欲得阿耨多羅三藐三菩提者

BD13835號　妙法蓮華經卷六　（19–14）

界六種震動天雨寶華一切人天得未曾有
佛告宿王華菩薩於汝意云何一切衆生憙
見菩薩豈異人乎今藥王菩薩是也其所捨
身布施如是无量百千万億那由他數宿王
華若有發心欲得阿耨多羅三藐三菩提者
能然手指乃至足一指供養佛塔勝以國城
妻子及三千大千國土山林河池諸珍寶物
而供養者若復有人以七寶滿三千大千世
界供養於佛及大菩薩辟支佛阿羅漢是人
所得功德不如受持此法華經乃至一四句
偈其福最多宿王華譬如一切川流江河諸
水之中海為第一此法華經亦復如是於諸
如來所說經中最為深大又如土山黑山小
鐵圍山大鐵圍山及十寶山衆山之中須弥
山為第一此法華經亦復如是於諸經中最
為其上又如衆星之中月天子最為第一此
法華經亦復如是於千万億種諸經法中最
為照明又如日天子能除諸闇此經亦復如
是能破一切不善之闇又如諸小王中轉輪
聖王最為第一此經亦復如是於衆經中最
為其尊又如帝釋於三十三天中王此經亦
復如是諸經中王又如大梵天王一切衆生
之父此經亦復如是一切賢聖學无學及發
菩薩心者之父又如一切凡夫人中須陁洹
斯陁含阿那含阿羅漢辟支佛為第一此經
亦復如是一切如來所說若菩薩所說若聲
聞所說諸經法中最為第一有能受持是經
典者亦復如是於一切衆生中亦為第一

BD13835號　妙法蓮華經卷六　（19–15）

菩薩心者之父又如一切凡夫人中須陁洹
斯陁含阿那含阿羅漢辟支佛為第一此經
亦復如是一切如來所說若菩薩所說若聲
聞所說諸經法中最為第一有能受持是經
典者亦復如是於一切衆生中亦為第一一
切聲聞辟支佛中菩薩為第一此經亦復如
是於一切諸經法中最為第一如佛為諸法
王此經亦復如是諸經中王宿王華此經能
救一切衆生者此經能令一切衆生離諸苦
惱此經能大饒益一切衆生充滿其願如清
涼池能滿一切諸渴乏者如寒者得火如裸
者得衣如商人得主如子得母如渡得船如病
得醫如暗得燈如貧得寶如民得王如賈
客得海如炬除暗此法華經亦復如是能令
衆生離一切苦一切病痛能解一切生死之
縛若人得聞此法華經若自書若使人書所
得功德以佛智慧籌量多少不得其邊若書
是經卷華香瓔珞燒香末香塗香幡蓋衣服
種種之燈穌燈油燈諸香油燈瞻蔔油燈須
曼油燈波羅羅油燈婆利師迦油燈那婆摩
利油燈供養所得功德亦復无量宿王華若
有人聞是藥王菩薩本事品者亦得无量无
邊功德若有女人聞是藥王菩薩本事品能
受持者盡是女身後不復受若如來滅後後
五百歲中若有女人聞是經典如說脩行於
此命終即往安樂世界阿弥陁佛大菩薩衆
圍繞住處生蓮華中寶座之上不復為貪欲

BD13835號　妙法蓮華經卷六　(19–16)

受持者盡是女身後不復受若如來滅後後
五百歲中若有女人聞是經典如說脩行於
此命終即往安樂世界阿弥陁佛大菩薩衆
圍繞住處生蓮華中寶座之上不復為貪欲
所惱亦復不為瞋恚愚癡所惱亦復不為憍
慢嫉妬諸垢所惱得菩薩神通无生法忍得
是忍已眼根清淨以是清淨眼根見七百万
二千億那由他恒河沙等諸佛如來是時諸
佛遥共讚言善哉善哉善男子汝能於釋迦
牟尼佛法中受持讀誦思惟是經為他人說
所得福德无量无邊火不能燒水不能漂汝
之功德千佛共說不能令盡汝今已能破諸
魔賊壞生死軍諸餘怨敵皆悉摧滅善男子
百千諸佛以神通力共守護汝於一切世間
天人之中无如汝者唯除如來其諸聲聞辟
支佛乃至菩薩智慧禪定无有與汝等者宿
王華此菩薩成就如是功德智慧之力若有
人聞是藥王菩薩本事品能隨喜讚善者是
人現世口中常出青蓮華香身毛孔中常出
牛頭栴檀香所得功德如上所說是故宿王
華以此藥王菩薩本事品囑累於汝我滅度
後後五百歲中廣宣流布於閻浮提无令斷
絶惡魔魔民諸天龍夜叉鳩槃荼等得其便
也宿王華汝當以神通之力守護是經所以
者何此經則為閻浮提人病之良藥若人有
病得聞是經病即消滅不老不死宿王華汝
若見有受持是經者應以青蓮華盛滿末香

BD13835號　妙法蓮華經卷六　(19–17)

百千諸佛以神通力共守護汝於一切世間
天人之中无如汝者唯除如来其諸聲聞辟
支佛乃至菩薩智慧禪定无有與汝等者宿
王華此菩薩成就如是功德智慧之力若有
人聞是藥王菩薩本事品能隨喜讃善者是
人現世口中常出青蓮華香身毛孔中常出
牛頭栴檀香所得功德如上所說是故宿王
華以此藥王菩薩本事品屬累於汝我滅度
後後五百歲中廣宣流布於閻浮提无令斷
絶惡魔魔民諸天龍夜叉鳩槃荼等得其便
也宿王華汝當以神通之力守護是經所以
者何此經則為閻浮提人病之良藥若人有
病得聞是經病即消滅不老不死宿王華汝
若見有受持是經者應以青蓮華盛滿末香
供散其上散已作是念言此人不久必當取
草坐於道場破諸魔軍當吹法螺擊大法鼓
度脫一切衆生老病死海是故求佛道者見
有受持是經典人應當如是生恭敬心說是
藥王菩薩本事品時八万四千菩薩得解一
切衆生語言陁羅尼多寶如来於寶塔中讃
宿王華菩薩言善哉善哉宿王華汝成就不
可思議功德乃能問釋迦牟尼佛如此之事
利益无量一切衆生

妙法蓮華經卷第六

BD13835號　妙法蓮華經卷六　　(19–18)

供散其上散已作是念言此人不久必當取
草坐於道場破諸魔軍當吹法螺擊大法鼓
度脫一切衆生老病死海是故求佛道者見
有受持是經典人應當如是生恭敬心說是
藥王菩薩本事品時八万四千菩薩得解一
切衆生語言陁羅尼多寶如来於寶塔中讃
宿王華菩薩言善哉善哉宿王華汝成就不
可思議功德乃能問釋迦牟尼佛如此之事
利益无量一切衆生

妙法蓮華經卷第六

BD13835號　妙法蓮華經卷六　　(19–19)

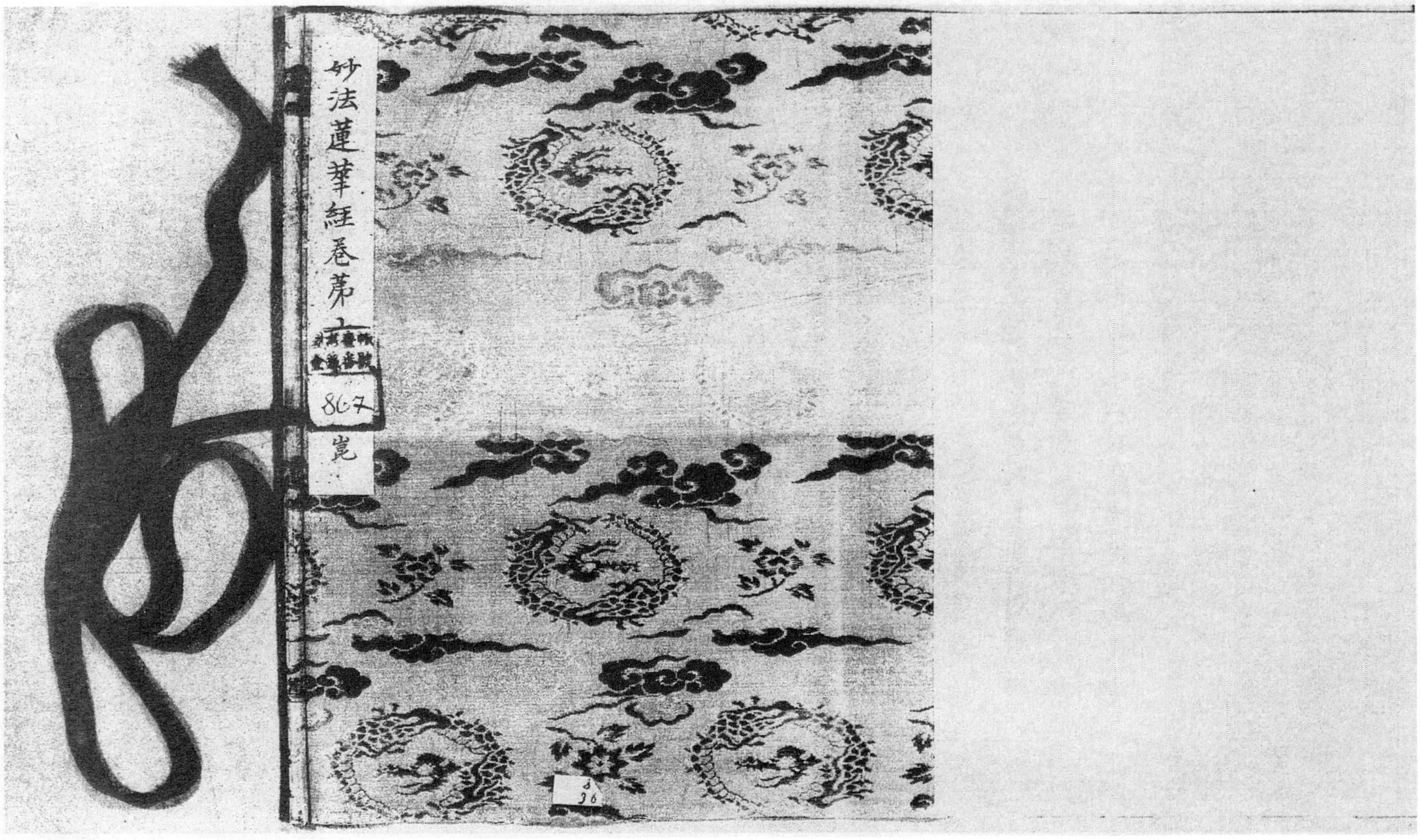

BD13836 號背　現代護首　　（1–1）

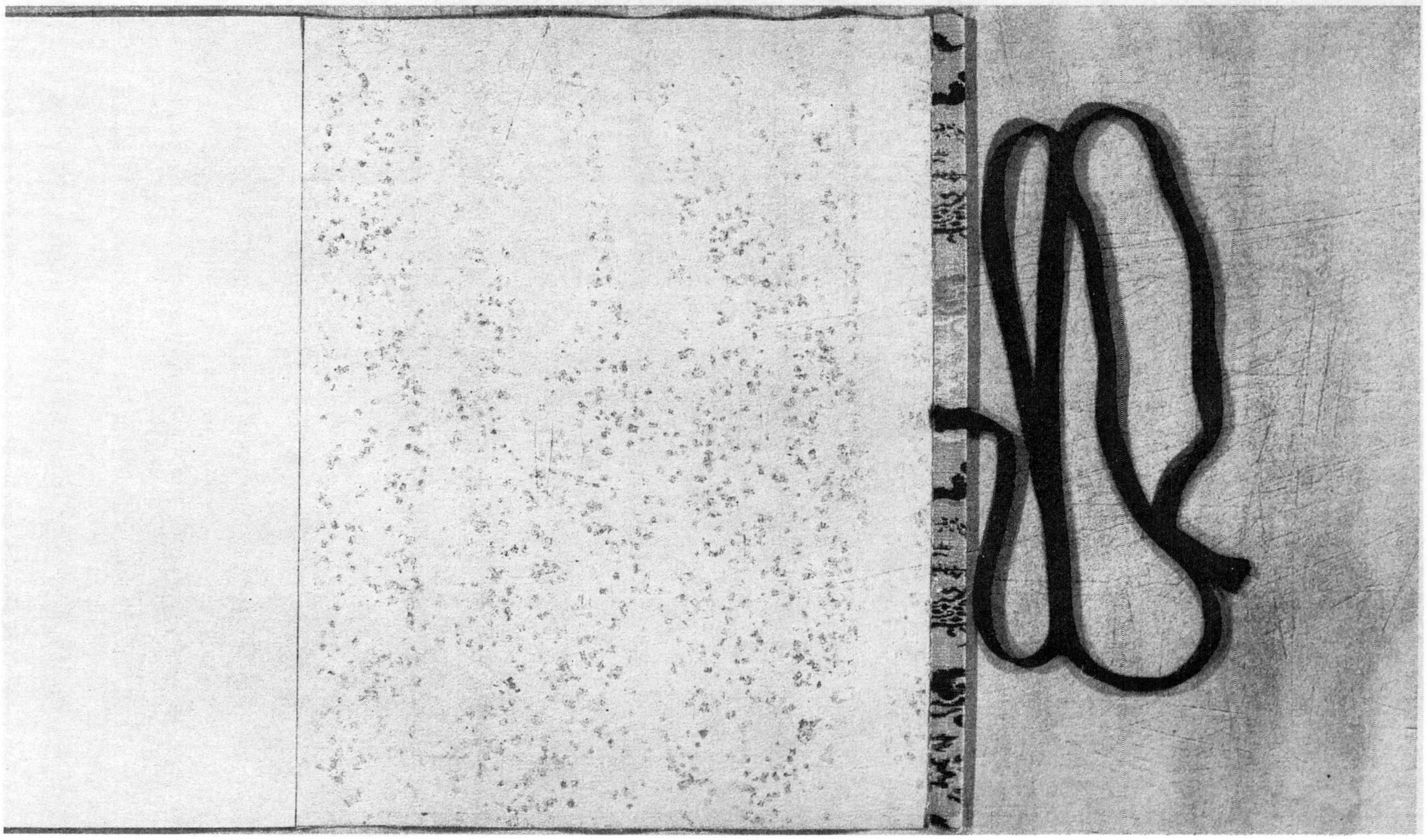

BD13836 號　妙法蓮華經卷六　　（22–1）

香及餘天等男女身[illegible]悉遙聞如是展轉
乃至梵世上至有頂諸天身香亦皆聞之并
聞諸天所燒之香及聲聞香辟支佛香菩薩
香諸佛身香亦皆遙聞知其所在雖聞此香
然於鼻根不壞不錯若欲分別為他人說憶
念不謬尒時世尊欲重宣此義而說偈言
是人鼻清淨 於此世界中 若香若臭物 種種悉聞知
須曼那闍提 多摩羅栴檀 沉水及桂香 種種華菓香
及知衆生香 男子女人香 說法者遠住 聞香知所在
大勢轉輪王 小轉輪及子 群臣諸宮人 聞香知所在
身所著珎寶 及地中寶藏 轉輪王寶女 聞香知所在
諸人嚴身具 衣服及瓔珞 種種所塗香 聞則知其身
諸天若行坐 遊戲及神變 持是法華者 聞香悉能知
諸樹華菓實 及蘇油香氣 持經者住此 悉知其所在

BD13836號　妙法蓮華經卷六　　（22–2）

及知衆生香 男子女人香 說法者遠住 聞香知所在
大勢轉輪王 小轉輪及子 群臣諸宮人 聞香知所在
身所著珎寶 及地中寶藏 轉輪王寶女 聞香知所在
諸人嚴身具 衣服及瓔珞 種種所塗香 聞則知其身
諸天若行坐 遊戲及神變 持是法華者 聞香悉能知
諸樹華菓實 及蘇油香氣 持經者住此 悉知其所在
諸山深嶮處 栴檀樹華敷 衆生在中者 聞香皆能知
鐵圍山大海 地中諸衆生 持經者聞香 悉知其所在
阿脩羅男女 及其諸眷屬 鬪諍遊戲時 聞香皆能知
曠野險隘處 師子象虎狼 野牛水牛等 聞香知所在
若有懷妊者 未辯其男女 无根及非人 聞香悉能知
以聞香力故 知其初懷妊 成就不成就 安樂產福子
以聞香力故 知男女所念 染欲癡恚心 亦知脩善者
地中衆伏藏 金銀諸珎寶 銅器之所盛 聞香悉能知
種種諸瓔珞 无能識其價 聞香知貴賤 出處及所在
天上諸華等 曼陁曼殊沙 波利質多樹 聞香悉能知
天上諸宮殿 上中下差別 衆寶華莊嚴 聞香悉能知
天園林勝殿 諸觀妙法堂 在中而娛樂 聞香悉能知
諸天若聽法 或受五欲時 來往行坐卧 聞香悉能知
天女所著衣 好華香莊嚴 周旋遊戲時 聞香悉能知
如是展轉上 乃至於梵世 入禪出禪者 聞香悉能知
光音遍淨天 乃至于有頂 初生及退沒 聞香悉能知
諸比丘衆等 於法常精進 若坐若經行 及讀誦經法
或在林樹下 專精而坐禪 持經者聞香 悉知其所在
菩薩志堅固 坐禪若讀誦 或為人說法 聞香悉能知
在在方世尊 一切所恭敬 愍衆而說法 聞香悉能知
衆生在佛前 聞經皆歡喜 如法而脩行 聞香悉能知
雖未得菩薩 无漏法生鼻 而是持經者 先得此鼻相
復次常精進若善男子善女人受持是經若

BD13836號　妙法蓮華經卷六　　（22–3）

菩薩志堅固 坐禪若讀誦 或為人說法 聞香悉能知
在在方世尊 一切所恭敬 愍衆而說法 聞香悉能知
衆生在佛前 聞經皆歡喜 如法而脩行 聞香悉能知
雖未得菩薩 无漏法生鼻 而是持經者 先得此鼻相
復次常精進若善男子善女人受持是經若
讀若誦若解說若書寫得千二百舌功德若
好若醜若美不美及諸苦澀物在其舌根皆
變成上味如天甘露无不美者若以舌根於
大衆中有所演說出深妙聲能入其心皆令
歡喜快樂又諸天子天女釋梵諸天聞是深
妙音聲有所演說言論次第皆悉來聽及諸
龍龍女夜叉夜叉女乾闥婆乾闥婆女阿脩
羅阿脩羅女迦樓羅迦樓羅女緊那羅緊那
羅女摩睺羅伽摩睺羅伽女為聽法故皆來
親近恭敬供養及比丘比丘尼優婆塞優婆
夷國王王子羣臣眷屬小轉輪王大轉輪王
七寶千子內外眷屬乘其宮殿俱來聽法以
是菩薩善說法故婆羅門居士國內人民盡
其形壽隨侍供養又諸聲聞辟支佛菩薩諸
佛常樂見之是人所在方面諸佛皆向其處
說法悉能受持一切佛法又能出於深妙法
音尒時世尊欲重宣此義而說偈言
是人舌根淨 終不受惡味 其有所食噉 悉皆成甘露
以清淨妙音 於大衆說法 以諸因緣喻 引導衆生心
聞者皆歡喜 設諸上供養 諸天龍夜叉 及阿脩羅等
皆以恭敬心 而共來聽法 是說法之人 若欲以妙音
遍滿三千界 隨意即能至 大小轉輪王 及千子眷屬
合掌恭敬心 常來聽受法 諸天龍夜叉 羅刹毗舍闍
亦以歡喜心 常樂來供養 梵天王魔王 自在大自在

BD13836 號 妙法蓮華經卷六 （22–4）

皆以恭敬心 而共來聽法 是說法之人 若欲以妙音
遍滿三千界 隨意即能至 大小轉輪王 及千子眷屬
合掌恭敬心 常來聽受法 諸天龍夜叉 羅刹毗舍闍
亦以歡喜心 常樂來供養 梵天王魔王 自在大自在
如是諸天衆 常來至其所 諸佛及弟子 聞其說法音
常念而守護 或時為現身
復次常精進若善男子善女人受持是經若
讀若誦若解說若書寫得八百身功德得清
淨身如淨瑠璃衆生憙見其身淨故三千大
千世界衆生生時死時上下好醜生善處惡
處悉於中現及鐵圍山大鐵圍山弥樓山摩
訶弥樓山等諸山及其中衆生悉於中現下
至阿鼻地獄上至有頂所有及衆生悉於中
現若聲聞辟支佛菩薩諸佛說法皆於身中
現其色像尒時世尊欲重宣此義而說偈言
若持法華者 其身甚清淨 如彼淨瑠璃 衆生皆憙見
又如淨明鏡 悉見諸色像 菩薩於淨身 皆見世所有
唯獨自明了 餘人所不見 三千世界中 一切諸羣萌
天人阿脩羅 地獄鬼畜生 如是諸色像 皆於身中現
諸天等宮殿 乃至於有頂 鐵圍及弥樓 摩訶弥樓山
諸大海水等 皆於身中現 諸佛及聲聞 佛子菩薩等
若獨若在衆 說法悉皆現 雖未得无漏 法性之妙身
以清淨常體 一切於中現
復次常精進若善男子善女人如來滅後受
持是經若讀若誦若解說若書寫得千二百
意功德以是清淨意根乃至聞一偈一句通
達无量无邊之義解是義已能演說一句一
偈至於一月四月乃至一歲諸所說法隨其
義趣皆與實相不相違背若說俗間經書治

BD13836 號 妙法蓮華經卷六 （22–5）

復次常精進若善男子善女人如来滅後受
持是經若讀若誦若解說若書寫得千二百
意功德以是清淨意根乃至聞一偈一句通
達无量无邊之義解是義已能演說一句一
偈至於一月四月乃至一歲諸所說法隨其
義趣皆與實相不相違背若說俗間經書治
世語言資生業等皆順正法三千大千世界
六趣衆生心之所行心所動作心所戲論皆
悉知之雖未得无漏智慧而其意根清淨如
此是人有所思惟籌量言說皆是佛法无不
真實亦是先佛經中所說尒時世尊欲重宣
此義而說偈言
是人意清淨　明利无穢濁　以此妙意根　知上中下法
乃至聞一偈　通達无量義　次第如法說　月四月至歲
是世界內外　一切諸衆生　若天龍及人　夜叉鬼神等
其在六趣中　所念若干種　持法華之報　一時皆悉知
十方无數佛　百福莊嚴相　為衆生說法　悉聞能受持
思惟无量義　說法亦无量　終始不忘錯　以持法華故
悉知諸法相　隨義識次第　達名字語言　如所知演說
此人有所說　皆是先佛法　以演此法故　於衆无所畏
持法華經者　意根淨若斯　雖未得无漏　先有如是相
是人持此經　安住希有地　為一切衆生　歡喜而愛敬
能以千万種　善巧之語言　分別而說法　持法華經故
妙法蓮華經常不輕菩薩品第二十
尒時佛告得大勢菩薩摩訶薩汝今當知若
比丘比丘尼優婆塞優婆夷持法華經者若
有惡口罵詈誹謗獲大罪報如前所說其所
得功德如向所說眼耳鼻舌身意清淨得大
勢乃往古昔過无量无邊不可思議阿僧祇

BD13836號　妙法蓮華經卷六　（22–6）

尒時佛告得大勢菩薩摩訶薩汝今當知若
比丘比丘尼優婆塞優婆夷持法華經者若
有惡口罵詈誹謗獲大罪報如前所說其所
得功德如向所說眼耳鼻舌身意清淨得大
勢乃往古昔過无量无邊不可思議阿僧祇
劫有佛名威音王如来應供正遍知明行足
善逝世間解无上士調御丈夫天人師佛世
尊劫名離衰國名大成其威音王佛於彼世
中為天人阿脩羅說法為求聲聞者說應四
諦法度生老病死究竟涅槃為求辟支佛者
說應十二因緣法為諸菩薩因阿耨多羅三
藐三菩提說應六波羅蜜法究竟佛慧得大
勢是威音王佛壽四十万億那由他恒河沙
劫正法住世劫數如一閻浮提微塵像法住
世劫數如四天下微塵其佛饒益衆生已然
後滅度正法像法滅盡之後於此國土復有
佛出亦号威音王如来應供正遍知明行足
善逝世間解无上士調御丈夫天人師佛世
尊如是次第有二万億佛皆同一号最初威
音王如来既已滅度正法滅後於像法中增
上慢比丘有大勢力尒時有一菩薩比丘名
常不輕得大勢以何因緣名常不輕是比丘
凡有所見若比丘比丘尼優婆塞優婆夷皆
悉礼拜讚嘆而作是言我深敬汝等不敢輕
慢所以者何汝等皆行菩薩道當得作佛而
是比丘不專讀誦經典但行礼拜乃至遠見
四衆亦復故往礼拜讚嘆而作是言我不敢
輕於汝等汝等皆當作佛故四衆之中有生瞋
恚心不淨者惡口罵詈言是无智比丘從何

BD13836號　妙法蓮華經卷六　（22–7）

慢所以者何汝等皆行菩薩道當得作佛而
是比丘不專讀誦經典但行礼拜乃至遠見
四衆亦復故往礼拜讚嘆而作是言我不敢
輕於汝等汝等皆當作佛故四衆之中有生瞋
恚心不淨者悪口罵詈言是无智比丘從何
所來自言我不輕汝而與我等受記當得
作佛我等不用如是虛妄受記如此經歷多
年常被罵詈不生瞋恚常作是言汝當作佛
說是語時衆人或以杖木瓦石而打擲之避
走遠住猶高聲唱言我不敢輕於汝等汝等
皆當作佛以其常作是語故增上慢比丘比
丘尼優婆塞優婆夷号之為常不輕是比丘
臨欲終時於虛空中具聞威音王佛先所說
法華經二十千万億偈悉能受持即得如上
眼根清淨耳鼻舌身意根清淨得是六根清
淨已更增壽命二百万億那由他歲廣為人
說是法華經於時增上慢四衆比丘比丘尼
優婆塞優婆夷輕賤是人為作不輕名者見
其得大神通力樂說辯力大善寂力聞其所
說皆信伏隨從是菩薩復化千万億衆令住
阿耨多羅三藐三菩提命終之後得值二千
億佛皆号日月燈明於其法中說是法華經
以是因緣復值二千億佛同号雲自在燈王
於此諸佛法中受持讀誦為諸四衆說此經
典故得是常眼清淨耳鼻舌身意諸根清淨
於四衆中說法心无所畏得大勢是常不輕
菩薩摩訶薩供養如是若干諸佛恭敬尊重
讚嘆種諸善根於後復值千万億佛亦於諸
佛法中說是經典功德成就當得作佛得大
勢於意云何尒時常不輕菩薩豈異人乎則

BD13836號　妙法蓮華經卷六　(22–8)

於四衆中說法心无所畏得大勢是常不輕
菩薩摩訶薩供養如是若干諸佛恭敬尊重
讚嘆種諸善根於後復值千万億佛亦於諸
佛法中說是經典功德成就當得作佛得大
勢於意云何尒時常不輕菩薩豈異人乎則
我身是若我於宿世不受持讀誦此經為他
人說者不能疾得阿耨多羅三藐三菩提我
於先佛所受持讀誦此經為人說故疾得阿
耨多羅三藐三菩提得大勢彼時四衆比丘
比丘尼優婆塞優婆夷以瞋恚意輕賤我故
二百億劫常不值佛不聞法不見僧千劫於
阿鼻地獄受大苦惱畢是罪已復遇常不輕
菩薩教化阿耨多羅三藐三菩提得大勢於
汝意云何尒時四衆常輕是菩薩者豈異人
乎今此會中跋陁婆羅等五百菩薩師子月
等五百比丘尼思佛等五百優婆塞皆於阿
耨多羅三藐三菩提不退轉者是得大勢當
知是法華經大饒益諸菩薩摩訶薩能令至
於阿耨多羅三藐三菩提是故諸菩薩摩訶
薩於如來滅後常應受持讀誦解說書寫是
經尒時世尊欲重宣此義而說偈言
過去有佛　号威音王　神智无量　將導一切
天人龍神　所共供養　是佛滅後　法欲盡時
有一菩薩　名常不輕　時諸四衆　計著於法
不輕菩薩　往到其所　而語之言　我不輕汝
汝等行道　皆當作佛　諸人聞已　輕毀罵詈
不輕菩薩　能忍受之　其罪畢已　臨命終時
得聞此經　六根清淨　神通力故　增益壽命
復為諸人　廣說是經　諸著法衆　皆蒙菩薩

BD13836號　妙法蓮華經卷六　(22–9)

汝等行道　皆當作佛　諸人聞已　輕毀罵詈
不輕菩薩　能忍受之　其罪畢已　臨命終時
得聞此經　六根清淨　神通力故　增益壽命
復為諸人　廣說是經　諸著法眾　皆蒙菩薩
教化成就　令住佛道　不輕命終　值无數佛
說是經故　得无量福　漸具功德　疾成佛道
彼時不輕　則我身是　時四部眾　著法之者
聞不輕言　汝當作佛　以是因緣　值无數佛
此會菩薩　五百之眾　并及四部　清信士女
今於我前　聽法者是　我於前世　勸是諸人
聽受斯經　第一之法　開示教人　令住涅槃
世世受持　如是經典　億億万劫　至于可議
時乃得聞　是法華經　億億万劫　至不可議
諸佛世尊　時說是經　是故行者　於佛滅後
聞如是經　勿生疑惑　應當一心　廣說此經
世世值佛　疾成佛道

妙法蓮華經如來神力品第二十一

尒時千世界微塵等菩薩摩訶薩從地踊出
者皆於佛前一心合掌瞻仰尊顏而白佛言
世尊我等於佛滅後世尊分身所在國土滅
度之處當廣說此經所以者何我等亦自欲
得是真淨大法受持讀誦解說書寫而供養
之尒時世尊於文殊師利等无量百千万億
舊住娑婆世界菩薩摩訶薩及諸比丘比丘
尼優婆塞優婆夷天龍夜叉乾闥婆阿脩羅
迦樓羅緊那羅摩睺羅伽人非人等一切眾
前現大神力出廣長舌上至梵世一切毛孔
放於无量无數色光皆悉遍照十方世界眾

BD13836號　妙法蓮華經卷六　（22–10）

迦樓羅緊那羅摩睺羅伽人非人等一切眾
前現大神力出廣長舌上至梵世一切毛孔
放於无量无數色光皆悉遍照十方世界眾
寶樹下師子座上諸佛亦復如是出廣長舌
放无量光釋迦牟尼佛及寶樹下諸佛現神
力時滿百千歲然後還攝舌相一時謦欬俱
共彈指是二音聲遍至十方諸佛世界地皆六
種震動其中眾生天龍夜叉乾闥婆阿脩羅
迦樓羅緊那羅摩睺羅伽人非人等以佛
神力故皆見此娑婆世界无量无邊百千万
億眾寶樹下師子座上諸佛及見釋迦牟尼
佛共多寶如來在寶塔中坐師子座又見无
量无邊百千万億菩薩摩訶薩及諸四眾恭
敬圍繞釋迦牟尼佛既見是已皆大歡喜得
未曾有即時諸天於虛空中高聲唱言過此
无量无邊百千万億阿僧祇世界有國名娑
婆是中有佛名釋迦牟尼今為諸菩薩摩訶
薩說大乘經名妙法蓮華教菩薩法佛所護
念汝等當深心隨喜亦當礼拜供養釋迦牟
尼佛彼諸眾生聞虛空中聲已合掌向娑婆
世界作如是言南无釋迦牟尼佛南无釋迦
牟尼佛以種種華香瓔珞幡蓋及諸嚴身之
具珍寶妙物皆共遙散娑婆世界所散諸物
從十方來譬如雲集變成寶帳遍覆此間諸
佛之上于時十方世界通達无礙如一佛土
尒時佛告上行等菩薩大眾諸佛神力如是
无量无邊不可思議若我以是神力於无量

BD13836號　妙法蓮華經卷六　（22–11）

從十方來譬如雲集變成寶帳遍覆此間諸
佛之上于時十方世界通達无礙如一佛土
尒時佛告上行等菩薩大衆諸佛神力如是
无量无邊不可思議若我以是神力於无量
无邊百千万億阿僧祇劫為囑累故說此經
功德猶不能盡以要言之如來一切所有之
法如來一切自在神力如來一切祕要之藏
如來一切甚深之事皆於此經宣示顯說是
故汝等於如來滅後應一心受持讀誦解說
書寫如說脩行所在國土若有受持讀誦解
說書寫如說脩行若經卷所住之處若於園
中若於林中若於樹下若於僧坊若白衣舍
若在殿堂若山谷曠野是中皆應起塔供養
所以者何當知是處即是道場諸佛於此得
阿耨多羅三藐三菩提諸佛於此轉于法輪
諸佛於此而般涅槃尒時世尊欲重宣此義
而說偈言
諸佛救世者　住於大神通　為悅衆生故　現无量神力
舌相至梵天　身放无數光　為求佛道者　現此希有事
諸佛謦欬聲　及彈指之聲　周聞十方國　地皆六種動
以佛滅度後　能持是經故　諸佛皆歡喜　現无量神力
囑累是經故　讚美受持者　於无量劫中　猶故不能盡
是人之功德　无邊无有窮　如十方虛空　不可得邊際
能持是經者　則為已見我　亦見多寶佛　及諸分身者
又見我今日　教化諸菩薩　能持是經者　令我及分身
滅度多寶佛　一切皆歡喜　十方現在佛　并過去未來
亦見亦供養　亦令得歡喜　諸佛坐道場　所得祕要法
能持是經者　不久亦當得　能持是經者　於諸法之義

BD13836號　妙法蓮華經卷六　（22–12）

是人之功德　无邊无有窮　如十方虛空　不可得邊際
能持是經者　則為已見我　亦見多寶佛　及諸分身者
又見我今日　教化諸菩薩　能持是經者　令我及分身
滅度多寶佛　一切皆歡喜　十方現在佛　并過去未來
亦見亦供養　亦令得歡喜　諸佛坐道場　所得祕要法
能持是經者　不久亦當得　能持是經者　於諸法之義
名字及言辭　樂說无窮盡　如風於空中　一切无障礙
於如來滅後　知佛所說經　因緣及次第　隨義如實說
如日月光明　能除諸幽冥　斯人行世間　能滅衆生闇
教无量菩薩　畢竟住一乘　是故有智者　聞此功德利
於我滅度後　應受持斯經　是人於佛道　決定无有疑
妙法蓮華經囑累品第二十二
尒時釋迦牟尼佛從法座起現大神力以右
手摩无量菩薩摩訶薩頂而作是言我於无
量百千万億阿僧祇劫脩習是難得阿耨多
羅三藐三菩提法今以付囑汝等汝等應當
一心流布此法廣令增益如是三摩諸菩薩
摩訶薩頂而作是言我於无量百千万億阿
僧祇劫脩習是難得阿耨多羅三藐三菩提
法今以付囑汝等汝等當受持讀誦廣宣此
法令一切衆生普得聞知所以者何如來有
大慈悲无諸慳悋亦无所畏能與衆生佛之
智慧如來智慧自然智慧如來是一切衆生
之大施主汝等亦應隨學如來之法勿生慳
悋於未來世若有善男子善女人信如來智
慧者當為演說此法華經使得聞知為令其
人得佛慧故若有衆生不信受者當於如來
餘深妙法中示教利喜汝等若能如是則為已
報諸佛之恩時諸菩薩摩訶薩聞佛作是說

BD13836號　妙法蓮華經卷六　（22–13）

慧者當為演說此法華經使得聞知為令其
人得佛慧故若有衆生不信受者當於如來
餘深妙法中示教利喜汝等若能如是則為已
報諸佛之恩時諸菩薩摩訶薩聞佛作是說
已皆大歡喜遍滿其身益加恭敬曲躬低頭
合掌向佛俱發聲言如世尊勅當具奉行唯
然世尊願不有慮諸菩薩摩訶薩衆如是三
反俱發聲言如世尊勅當具奉行唯然世尊
願不有慮尒時釋迦牟尼佛令十方來諸分
身佛各還本土而作是言諸佛各隨所安多
寶佛塔還可如故說是語時十方无量分身
諸佛坐寶樹下師子座上者及多寶佛并上
行等无邊阿僧祇菩薩大衆舍利弗等聲聞
四衆及一切世間天人阿脩羅等聞佛所說
皆大歡喜
妙法蓮華經藥王菩薩本事品第二十三
尒時宿王華菩薩白佛言世尊藥王菩薩云
何遊於娑婆世界世尊是藥王菩薩有若干
百千万億那由他難行苦行善哉世尊願少
解說諸天龍神夜叉乾闥婆阿脩羅迦樓羅
緊那羅摩睺羅伽人非人等又他方國土諸來
菩薩及此聲聞衆聞皆歡喜尒時佛告宿王
華菩薩乃往過去无量恒河沙劫有佛号日
月淨明德如來應供正遍知明行足善逝世
間解无上士調御丈夫天人師佛世尊其佛
有八十億大菩薩摩訶薩七十二恒河沙大
聲聞衆佛壽四万二千劫菩薩壽命亦等彼
國无有女人地獄餓鬼畜生阿脩羅等及以
諸難地平如掌琉璃所成寶樹莊嚴寶帳

BD13836號　妙法蓮華經卷六　（22–14）

聞解无上士調御丈夫天人師佛世尊其佛
有八十億大菩薩摩訶薩七十二恒河沙大
聲聞衆佛壽四万二千劫菩薩壽命亦等彼
國无有女人地獄餓鬼畜生阿脩羅等及以
諸難地平如掌琉璃所成寶樹莊嚴寶帳覆
上垂寶華幡寶瓶香爐周遍國界七寶為臺
一樹一臺其樹去臺盡一箭道此諸寶樹皆
有菩薩聲聞而坐其下諸寶臺上各有百億
諸天作天伎樂歌嘆於佛以為供養尒時彼
佛為一切衆生憙見菩薩及衆菩薩諸聲聞
衆說法華經是一切衆生憙見菩薩樂習苦
行於日月淨明德佛法中精進經行一心求
佛滿万二千歲已得現一切色身三昧得此
三昧已心大歡喜即作是言我得現一切色
身三昧皆是得聞法華經力我今當供養日
月淨明德佛及法華經即時入是三昧於虛
空中雨曼陀羅華摩訶曼陀羅華細末堅黑
栴檀滿虛空中如雲而下又雨海此岸栴檀
之香此香六銖價直娑婆世界以供養佛作
是供養已從三昧起而自念言我雖以神力
供養於佛不如以身供養即服諸香栴檀薰
陸兜樓婆畢力迦沉水膠香又飲瞻蔔諸華
香油滿千二百歲已香油塗身於日月淨明
德佛前以天寶衣而自纏身灌諸香油以神
通力願而自燃身光明遍照八十億恒河沙
世界其中諸佛同時讚言善哉善哉善男子
是真精進是名真法供養如來若以華香瓔
珞燒香末香塗香天繒幡蓋及海此岸栴檀
之香如是等種種諸物供養所不能及假使

BD13836號　妙法蓮華經卷六　（22–15）

通力願而自燃身光明遍照八十億恒河沙
世界其中諸佛同時讚言善哉善哉善男子
是真精進是名真法供養如來若以華香瓔
珞燒香末香塗香天繒幡蓋及海此岸栴檀
之香如是等種種諸物供養所不能及假使
國城妻子布施亦所不及善男子是名第一
之施於諸施中最尊最上以法供養諸如來
故作是語已而各嘿然其身火然千二百歲
過是已後其身乃盡一切衆生憙見菩薩作
如是法供養已命終之後復生日月淨明德
佛國中於淨德王家結跏趺坐忽然化生即
為其父而說偈言
大王今當知　我經行彼處　即時得一切　現諸身三昧
懃行大精進　捨所愛之身
說是偈已而白父言日月淨明德佛今故現
在我先供養佛已得解一切衆生語言陀羅
尼復聞是法華經八百千万億那由他甄迦
羅頻婆羅阿閦婆等偈大王我今當還供養
此佛白已即坐七寶之臺上昇虛空高七多
羅樹往到佛所頭面礼足合十指爪以偈讚
佛
容顏甚奇妙　光明照十方　我適曾供養　今復還親近
尒時一切衆生憙見菩薩說是偈已而白佛
言世尊世尊猶故在世尒時日月淨明德佛
告一切衆生憙見菩薩善男子我涅槃時到
滅盡時至汝可安施床座我於今夜當般涅
槃又勅一切衆生憙見菩薩善男子我以佛
法囑累於汝及諸菩薩大弟子并阿耨多羅
三藐三菩提法亦以三千大千七寶世界諸

BD13836 號　妙法蓮華經卷六　　(22-16)

告一切衆生憙見菩薩善男子我涅槃時至
滅盡時至汝可安施床座我於今夜當般涅
槃又勅一切衆生憙見菩薩善男子我以佛
法囑累於汝及諸菩薩大弟子并阿耨多羅
三藐三菩提法亦以三千大千七寶世界諸
寶樹寶臺及給侍諸天悉付於汝我滅度後
所有舍利亦付囑汝當令流布廣設供養應
起若干千塔如是日月淨明德佛勅一切衆
生憙見菩薩已於夜後分入於涅槃尒時一
切衆生憙見菩薩見佛滅度悲感懊惱戀慕
於佛即以海此岸栴檀為積供養佛身而以
燒之火滅已後收取舍利作八万四千寶瓶
以起八万四千塔高三世界表刹莊嚴垂諸
幡蓋懸衆寶鈴尒時一切衆生憙見菩薩復
自念言我雖作是供養心猶未足我今當更
供養舍利便語諸菩薩大弟子及天龍夜叉
等一切大衆汝等當一心念我今供養日月
淨明德佛舍利作是語已即於八万四千塔
前然百福莊嚴臂七万二千歲而以供養令
無數求聲聞衆無量阿僧祇人發阿耨多羅
三藐三菩提心皆使得住現一切色身三昧
尒時諸菩薩天人阿脩羅等見其無臂憂惱
悲哀而作是言此一切衆生憙見菩薩是我
等師教化我者而今燒臂身不具足于時一
切衆生憙見菩薩於大衆中立此誓言我捨
兩臂必當得佛金色之身若實不虛令我兩
臂還復如故作是誓已自然還復由斯菩薩
福德智慧淳厚所致當尒之時三千大千世
界六種震動天雨寶華一切人天得未曾有

BD13836 號　妙法蓮華經卷六　　(22-17)

切衆生喜見菩薩於大衆中立此誓言我捨
兩臂必當得佛金色之身若實不虛令我兩
臂還復如故作是誓已自然還復由斯菩薩
福德智慧淳厚所致當尒之時三千大千世
界六種震動天雨寶華一切人天得未曾有
佛告宿王華菩薩於汝意云何一切衆生憙
見菩薩豈異人乎今藥王菩薩是也其所捨
身布施如是无量百千万億那由他數宿王
華若有發心欲得阿耨多羅三藐三菩提者
能然手指乃至足一指供養佛塔勝以國城
妻子及三千大千國土山林河池諸珎寶物
而供養者若復有人以七寶滿三千大千世
界供養於佛及大菩薩辟支佛阿羅漢是人
所得功德不如受持此法華經乃至一四句
偈其福最多宿王華譬如一切川流江河諸
水之中海爲第一此法華經亦復如是於諸
如來所說經中最爲深大又如土山黑山小
鐵圍山大鐵圍山及十寶山衆山之中須弥
山爲第一此法華經亦復如是於諸經中最
爲其上又如衆星之中月天子最爲第一此
法華經亦復如是於千万億種諸經法中最
爲照明又如日天子能除諸闇此經亦復如
是能破一切不善之闇又如諸小王中轉輪
聖王最爲第一此經亦復如是於衆經中最
爲其尊又如帝釋於三十三天中王此經亦
復如是諸經中王又如大梵天王一切衆生
之父此經亦復如是一切賢聖學无學及發
菩薩心者之父又如一切凡夫人中須陁洹
斯陁含阿那含阿羅漢辟支佛爲第一此經

BD13836號　妙法蓮華經卷六　（22–18）

爲其尊又如帝釋於三十三天中王此經亦
復如是諸經中王又如大梵天王一切衆生
之父此經亦復如是一切賢聖學无學及發
菩薩心者之父又如一切凡夫人中須陁洹
斯陁含阿那含阿羅漢辟支佛爲第一此經
亦復如是一切如來所說若菩薩所說若聲
聞所說諸經法中最爲第一有能受持是經
典者亦復如是於一切衆生中亦爲第一一
切聲聞辟支佛中菩薩爲第一此經亦復如
是於一切諸經法中最爲第一如佛爲諸法
王此經亦復如是諸經中王宿王華此經能
救一切衆生者此經能令一切衆生離諸苦
惱此經能大饒益一切衆生充滿其願如清
涼池能滿一切諸渴乏者如寒者得火如裸
者得衣如商人得主如子得母如渡得舩如
病得醫如暗得燈如貧得寶如民得王如賈
客得海如炬除暗此法華經亦復如是能令
衆生離一切苦一切病痛能解一切生死之
縛若人得聞此法華經若自書若使人書所
得功德以佛智慧籌量多少不得其邊若書
是經卷華香瓔珞燒香末香塗香幡蓋衣服
種種之燈蘇燈油燈諸香油燈瞻蔔油燈須
曼油燈波羅羅油燈婆利師迦油燈那婆摩
利油燈供養所得功德亦復无量宿王華若
有人聞是藥王菩薩本事品者亦得无量无
邊功德若有女人聞是藥王菩薩本事品能
受持者盡是女身後不復受若如來滅後後
五百歲中若有女人聞是經典如說脩行於
此命終即往安樂世界阿弥陁佛大菩薩衆

BD13836號　妙法蓮華經卷六　（22–19）

邊功德若有女人聞是藥王菩薩本事品能
受持者盡是女身後不復受若如來滅後後
五百歲中若有女人聞是經典如說修行於
此命終即往安樂世界阿弥陁佛大菩薩衆
圍繞住處生蓮華中寶座之上不復為貪欲
所惱亦復不為瞋恚愚癡所惱亦復不為憍
慢嫉妬諸垢所惱得菩薩神通无生法忍得
是忍已眼根清淨以是清淨眼根見七百万
二千億那由他恒河沙等諸佛如來是時諸
佛遥共讚言善哉善哉善男子汝能於釋迦
牟尼佛法中受持讀誦思惟是經為他人說
所得福德无量无邊火不能燒水不能漂汝
之功德千佛共說不能令盡汝今已能破諸
魔賊壞生死軍諸餘怨敵皆悉摧滅善男子
百千諸佛以神通力共守護汝於一切世間
天人之中无如汝者唯除如来其諸聲聞辟
支佛乃至菩薩智慧禪定无有與汝等者宿
王華此菩薩成就如是功德智慧之力若有
人聞是藥王菩薩本事品能隨喜讚善者是
人現世口中常出青蓮華香身毛孔中常出
牛頭栴檀之香所得功德如上所說是故宿王
華以此藥王菩薩本事品囑累於汝我滅度後
後五百歲中廣宣流布於閻浮提无令斷絶
惡魔魔民諸天龍夜叉鳩槃荼等得其便
也宿王華汝當以神通之力守護是經所以
者何此經則為閻浮提人病之良藥若人有
病得聞是經病即消滅不老不死宿王華汝
若見有受持是經者應以青蓮華盛滿末香
供散其上散已作是念言此人不久必當取

BD13836號　妙法蓮華經卷六　（22–20）

者何此經則為閻浮提人病之良藥若人有
病得聞是經病即消滅不老不死宿王華汝
若見有受持是經者應以青蓮華盛滿末香
供散其上散已作是念言此人不久必當取
草坐於道場破諸魔軍當吹法螺擊大法鼓
度脫一切衆生老病死海是故求佛道者見
有受持是經典人應當如是生恭敬心說是
藥王菩薩本事品時八万四千菩薩得解一
切衆生語言陁羅尼多寶如来於寶塔中讚
宿王華菩薩言善哉善哉宿王華汝成就不
可思議功德乃能問釋迦牟尼佛如此之事
利益无量一切衆生

妙法蓮華經卷第六

寶應元年九月廿六日弟子楊大副為亡姊寫
法華經一部　尹巖書

BD13836號　妙法蓮華經卷六　（22–21）

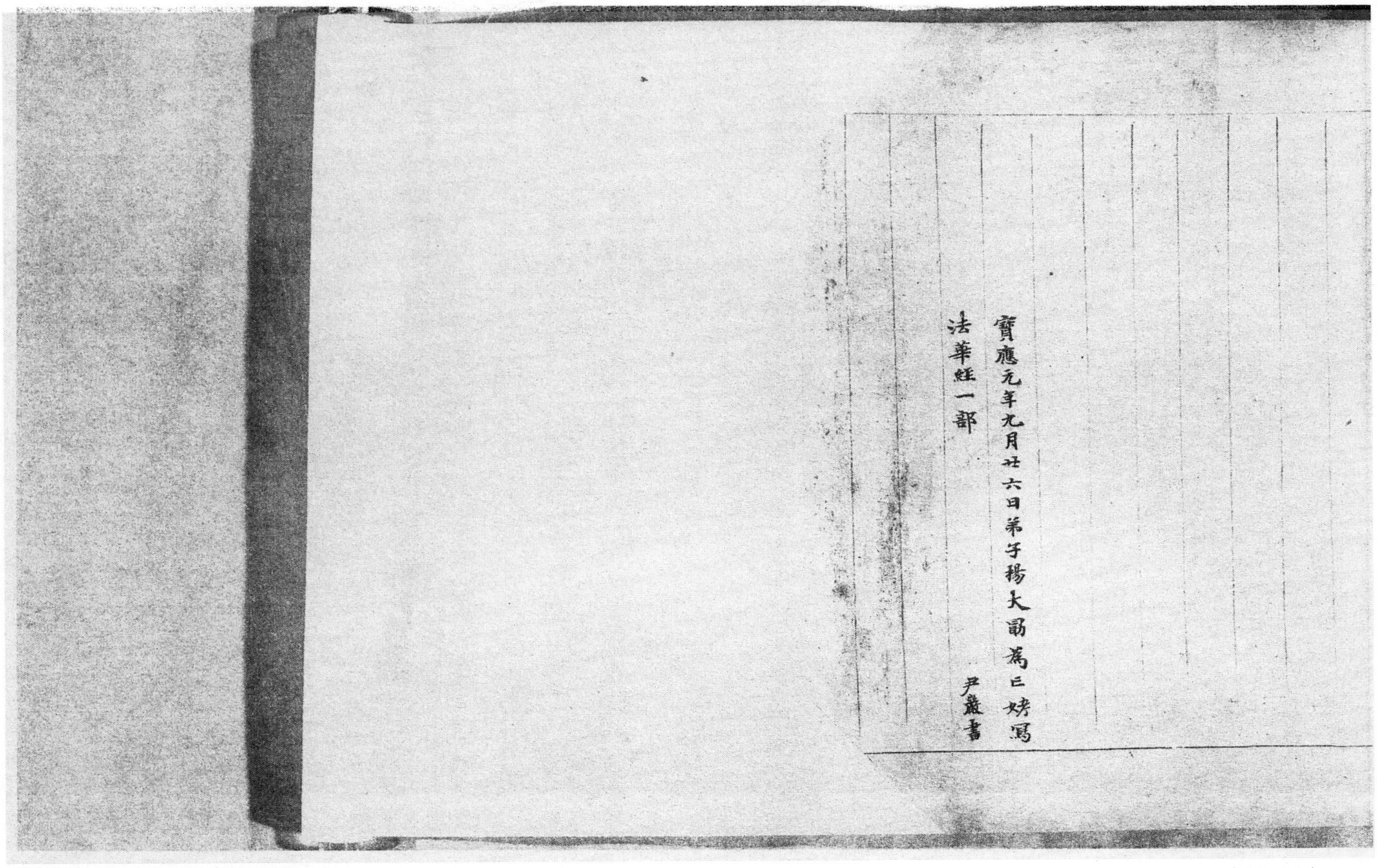

BD13836 號　妙法蓮華經卷六　　（22–22）

BD13837 號背　現代護首　　（1–1）

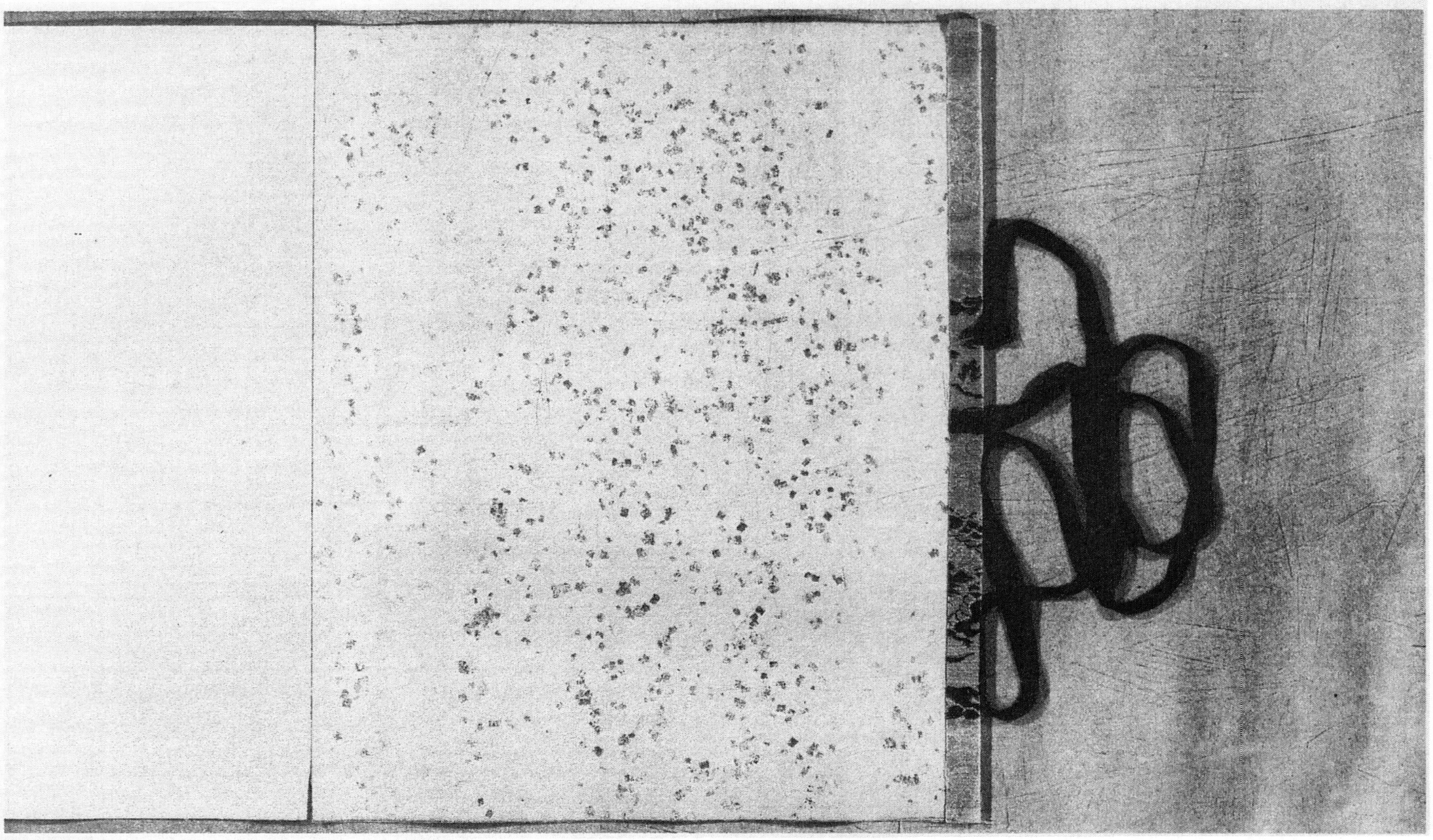

BD13837號　妙法蓮華經（八卷本）卷七　（25-1）

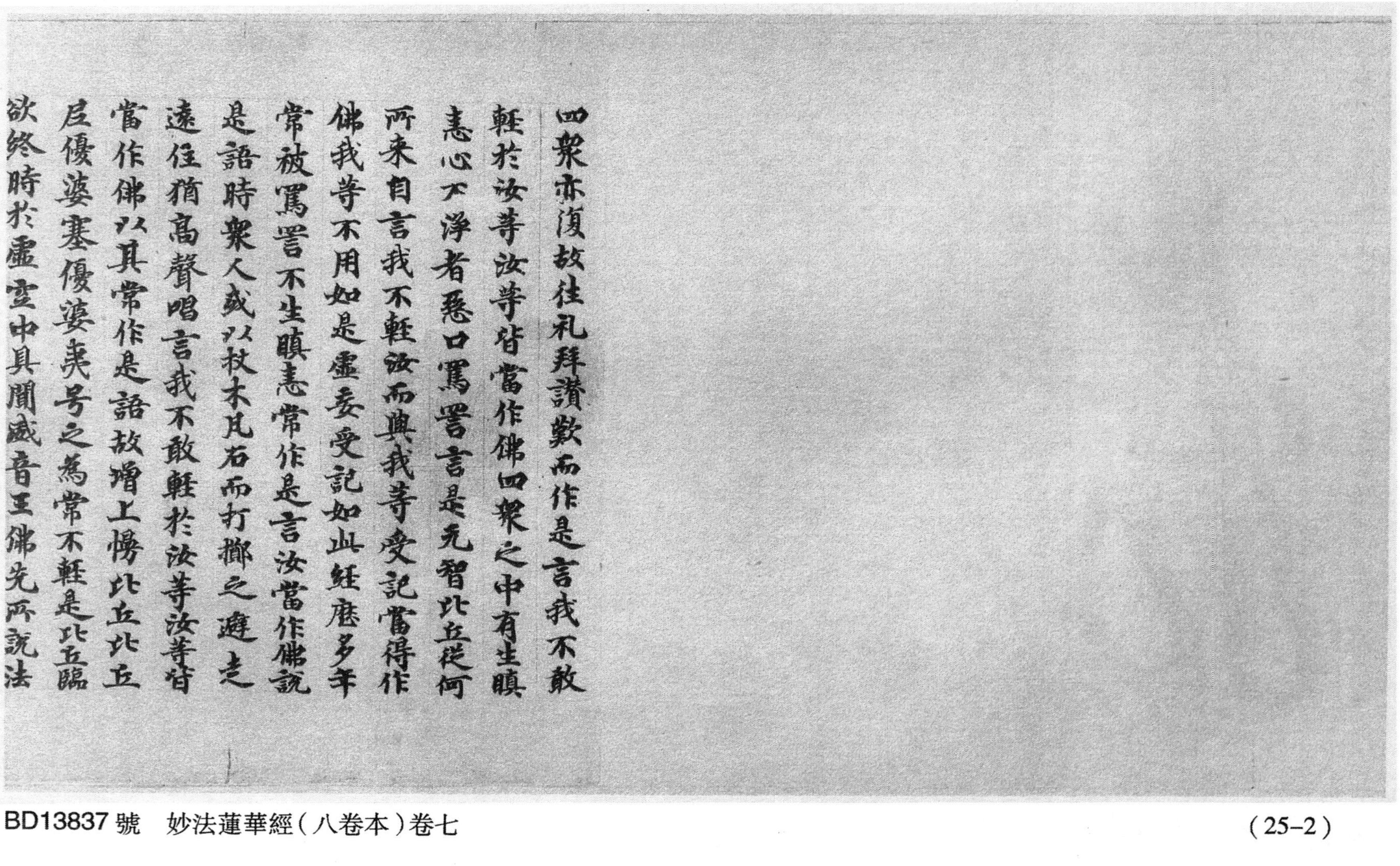

四衆亦復故往礼拜讚歎而作是言我不敢
輕於汝等汝等皆當作佛四衆之中有生瞋
恚心不淨者惡口罵詈言是无智比丘從何
所來自言我不輕汝而與我等受記當得作
佛我等不用如是虛妄受記如此經歷多年
常被罵詈不生瞋恚常作是言汝當作佛説
是語時衆人或以杖木瓦石而打擲之避走
遠住猶高聲唱言我不敢輕於汝等汝等皆
當作佛以其常作是語故增上慢比丘比丘
尼優婆塞優婆夷号之為常不輕是比丘臨
欲終時於虛空中具聞威音王佛先所説法

BD13837號　妙法蓮華經（八卷本）卷七　（25-2）

是語時衆人或以杖木瓦石而打擲之避走
遠住猶高聲唱言我不敢輕於汝等汝等皆
當作佛以其常作是語故增上慢比丘比丘
尼優婆塞優婆夷号之為常不輕是比丘臨
欲終時於虛空中具聞威音王佛先所說法
華經二十千万億偈悉能受持即得如上眼
根清淨耳鼻舌身意根清淨得是六根清淨
已更增壽命二百万億那由他歲廣為人說
是法華經於時增上慢四衆比丘比丘尼優
婆塞優婆夷輕賤是人為作不輕名者見
其得大神通力樂說辯力大善寂力聞其所
說皆信伏隨從是菩薩復化千万億衆令住
阿耨多羅三藐三菩提命終之後得值二千
億佛皆号日月燈明於其法中說是法華經
以是因緣復值二千億佛同号雲自在燈王
於此諸佛法中受持讀誦為諸四衆說此經
典故得是常眼清淨耳鼻舌身意諸根清
淨於四衆中說法心无所畏得大勢是常不
輕菩薩摩訶薩供養如是若干諸佛恭敬尊
重讚歎種諸善根於後復值千万億佛亦於
諸佛法中說是經典功德成就當得作佛得
大勢於意云何爾時常不輕菩薩豈異人乎
則我身是若我於宿世不受持讀誦此經為
他人說者不能疾得阿耨多羅三藐三菩提
我於先佛所受持讀誦此經為他人說故疾

BD13837號　妙法蓮華經（八卷本）卷七　　（25–3）

大勢於意云何爾時常不輕菩薩豈異人乎
則我身是若我於宿世不受持讀誦此經為
他人說者不能疾得阿耨多羅三藐三菩提
我於先佛所受持讀誦此經為他人說故疾
得阿耨多羅三藐三菩提得大勢彼時四衆比
丘比丘尼優婆塞優婆夷以瞋恚意輕賤我
故二百億劫常不值佛不聞法不見僧千劫
於阿鼻地獄受大苦惱畢是罪已復遇常不
輕菩薩教化阿耨多羅三藐三菩提得大勢
於汝意云何爾時四衆常輕是菩薩者豈異
人乎今此會中跋陀婆羅等五百菩薩師子
月等五百比丘尼思佛等五百優婆塞皆於
阿耨多羅三藐三菩提不退轉者是得大勢
當知是法華經大饒益諸菩薩摩訶薩能
令至於阿耨多羅三藐三菩提是故諸菩薩
摩訶薩於如來滅後常應受持讀誦解說
書寫是經爾時世尊欲重宣此義而說偈言
過去有佛号威音王神智无量將導一切
天人龍神所共供養
是佛滅後　法欲盡時　有一菩薩　名常不輕
時諸四衆　計著於法　不輕菩薩　往到其所
而語之言　我不輕汝　汝等行道　皆當作佛
諸人聞已　輕毀罵詈　不輕菩薩　能忍受之
其罪畢已　臨命終時　得聞此經　六根清淨
神通力故　增益壽命　復為諸人　廣說是經
諸著法衆　皆蒙菩薩　教化成就　令住佛道

BD13837號　妙法蓮華經（八卷本）卷七　　（25–4）

而語之言　我不輕汝　汝等行道　皆當作佛
諸人聞已　輕毀罵詈　不輕菩薩　能忍受之
其罪畢已　臨命終時　得聞此經　六根清淨
神通力故　增益壽命　復為諸人　廣說是經
諸著法衆　皆蒙菩薩　教化成就　令住佛道
不輕命終　值无數佛　說是經故　得无量福
漸具功德　疾成佛道　彼時不輕　則我身是
時四部衆　著法之者　聞不輕言　汝當作佛
以是因緣　值无數佛　此會菩薩　五百之衆
并及四部　清信士女　今於我前　聽法者是
我於前世　勸是諸人　聽受斯經　第一之法
開示教人　令住涅槃　世世受持　如是經典
億億万劫　至不可議　時乃得聞　是法華經
億億万劫　至不可議　諸佛世尊　時說是經
是故行者　於佛滅後　聞如是經　勿生疑惑
應當一心　廣說此經　世世值佛　疾成佛道

妙法蓮華經如來神力品第廿一

尒時千世界微塵等菩薩摩訶薩從地踊出
者皆於佛前一心合掌瞻仰尊顏而白佛言
世尊我等於佛滅後世尊分身所在國土滅
度之處當廣說此經所以者何我等亦自欲
得是真淨大法受持讀誦解說書寫而供養
之尒時世尊於文殊師利等无量百千万億
舊住娑婆世界菩薩摩訶薩及諸比丘比丘
尼優婆塞優婆夷天龍夜叉乹闥婆阿脩

BD13837號　妙法蓮華經（八卷本）卷七　（25-5）

度之處當廣說此經所以者何我等亦自欲
得是真淨大法受持讀誦解說書寫而供養
之尒時世尊於文殊師利等无量百千万億
舊住娑婆世界菩薩摩訶薩及諸比丘比丘
尼優婆塞優婆夷天龍夜叉乹闥婆阿脩
羅迦樓羅緊那羅摩睺羅伽人非人等一切
衆前現大神力出廣長舌上至梵世一切毛孔
放於无量无數色光皆悉遍照十方世界衆
寶樹下師子座上諸佛亦復如是出廣長舌
放无量光釋迦牟尼佛及寶樹下諸佛現神
力時滿百千歲然後還攝舌相一時謦欬俱
共彈指是二音聲遍至十方諸佛世界地皆
六種震動其中衆生天龍夜叉乹闥婆阿脩
羅迦樓羅緊那羅摩睺羅伽人非人等以佛
神力故皆見此娑婆世界无量无邊百千万
億衆寶樹下師子座上諸佛及見釋迦牟尼
佛共多寶如來在寶塔中坐師子座又見无
量无邊百千万億菩薩摩訶薩及諸四衆恭
敬圍遶釋迦牟尼佛既見是已皆大歡喜得
未曾有即時諸天於虛空中高聲唱言過此
无量无邊百千万億阿僧祇世界有國名娑
婆是中有佛名釋迦牟尼今為諸菩薩摩訶
薩說大乘經名妙法蓮華教菩薩法佛所護念
汝等當深心隨喜亦當礼拜供養釋迦牟尼
佛彼諸衆生聞虛空中聲已合掌向娑婆世

BD13837號　妙法蓮華經（八卷本）卷七　（25-6）

未曾有即時諸天於虛空中高聲唱言過此
无量无邊百千万億阿僧祇世界有國名娑
婆是中有佛名釋迦牟尼今為諸菩薩摩訶
薩說大乘經名妙法蓮華教菩薩法佛所護念
汝等當深心隨喜亦當礼拜供養釋迦牟尼
佛彼諸衆生聞虛空中聲已合掌向娑婆世
界作如是言南无釋迦牟尼佛南无釋迦牟尼
佛以種種華香瓔珞幡蓋及諸嚴身之具珎
寶妙物皆共遙散娑婆世界所散諸物從十
方來譬如雲集變成寶帳遍覆此間諸佛
之上于時十方世界通達无礙如一佛土
尒時佛告上行等菩薩大衆諸佛神力如是
无量无邊不可思議若我以是神力於无量
无邊百千万億阿僧祇劫為囑累故說此經
功德猶不能盡以要言之如來一切所有之法
如來一切自在神力如來一切秘要之藏如
來一切甚深之事皆於此經宣示顯說是
故汝等於如來滅後應一心受持讀誦解說
書寫如說脩行所在國土若有受持讀誦
解說書寫如說脩行若經卷所住之處若於
園中若於林中若於樹下若於僧坊若白衣
舍若在殿堂若山谷曠野是中皆應起塔供
養所以者何當知是處即是道場諸佛於此
得阿耨多羅三藐三菩提諸佛於此轉于法
輪諸佛於此而般涅槃尒時世尊欲重此
此義而說偈言

BD13837號　妙法蓮華經（八卷本）卷七　（25–7）

舍若在殿堂若山谷曠野是中皆應起塔供
養所以者何當知是處即是道場諸佛於此
得阿耨多羅三藐三菩提諸佛於此轉于法
輪諸佛於此而般涅槃尒時世尊欲重此
此義而說偈言
諸佛救世尊　住於大神通　為悅衆生故　現无量神力
舌相至梵天　身放无數光　為求佛道者　現此希有事
諸佛謦欬聲　及彈指之聲　周聞十方國　地皆六種動
以佛滅度後　能持是經故　諸佛皆歡喜　現无量神力
囑累是經故　讚美受持者　於无量劫中　猶故不能盡
是人之功德　无邊无有窮　如十方虛空　不可得邊際
能持是經者　則為已見我　亦見多寶佛　及諸分身者
又見我今日　教化諸菩薩
能持是經者　令我及分身　滅度多寶佛　一切皆歡喜
十方現在佛　并過去未來　亦見亦供養　亦令得歡喜
諸佛坐道場　所得秘要法　能持是經者　不久亦當得
能持是經者　於諸法之義　名字及言辭　樂說无窮盡
如風於空中　一切无鄣礙　於如來滅後　知佛所說經
因緣及次第　隨義如實說　如日月光明　能除諸幽冥
斯人行世間　能滅衆生闇　教无量菩薩　畢竟住一乘
是故有智者　聞此功德利　於我滅度後　應受持斯經
是人於佛道　決定无有疑
妙法蓮華經囑累品第廿二
尒時釋迦牟尼佛從法座起現大神力以右手
摩无量菩薩摩訶薩頂而作是言我於无

BD13837號　妙法蓮華經（八卷本）卷七　（25–8）

是故有智者　聞此功德利　於我滅度後　應受持斯經
是人於佛道　決定无有疑
妙法蓮華經囑累品第廿二
尒時釋迦牟尼佛從法座起現大神力以右手
摩无量菩薩摩訶薩頂而作是言我於无
量百千万億阿僧祇劫脩集是難得阿耨多
羅三藐三菩提法今以付囑汝等汝等應當
一心流布此法廣令增益如是三摩諸菩薩摩
訶薩頂而作是言我於无量百千万億阿僧
祇劫脩集是難得阿耨多羅三藐三菩提法
今以付囑汝等汝等當受持讀誦廣宣此法
令一切衆生普得聞知所以者何如來有大
慈悲无諸慳悋亦无所畏能與衆生佛之智
慧如來智慧自然智慧如來是一切衆生之
大施主汝等亦應隨學如來之法勿生慳悋
於未來世若有善男子善女人信如來智慧
者當為演說此法華經使得聞知為令其人
得佛慧故若有衆生不信受者當於如來
餘深法中示教利喜汝等若能如是則為已
報諸佛之恩時諸菩薩摩訶薩聞佛作是說
已皆大歡喜遍滿其身益加恭敬曲躬低頭
合掌向佛俱發聲言如世尊勅當具奉行唯
然世尊願不有慮諸菩薩摩訶薩衆如是三
反俱發聲言如世尊勅當具奉行唯然世尊
願不有慮尒時釋迦牟尼佛令十方來諸分
身佛各還本土而作是言諸佛各隨所安多

BD13837 號　妙法蓮華經（八卷本）卷七　　（25–9）

合掌向佛俱發聲言如世尊勅當具奉行唯
然世尊願不有慮諸菩薩摩訶薩衆如是三
反俱發聲言如世尊勅當具奉行唯然世尊
願不有慮尒時釋迦牟尼佛令十方來諸分
身佛各還本土而作是言諸佛各隨所安多
寶佛塔還可如故說是語時十方无量分身
諸佛坐寶樹下師子座上者及多寶佛并上
行等无邊阿僧祇菩薩大衆舍利弗等聲
聞四衆及一切世間天人阿脩羅等聞佛所
說皆大歡喜
妙法蓮華經藥王菩薩本事品第廿三
尒時宿王華菩薩白佛言世尊藥王菩薩云
何遊於娑婆世界世尊是藥王菩薩有若干
百千万億那由他難行苦行善哉世尊願少
解說諸天龍神夜叉乾闥婆阿脩羅迦樓羅
緊那羅摩睺羅伽人非人等又他國土諸來
菩薩及此聲聞衆聞皆歡喜尒時佛告宿王
華菩薩乃往過去无量恒河沙劫有佛号日
月淨明德如來應供正遍知明行足善逝世
間解无上士調御丈夫天人師佛世尊其佛
有八十億大菩薩摩訶薩七十二恒河沙大
聲聞衆佛壽四万二千劫菩薩壽命亦等
彼國无有女人地獄餓鬼畜生阿脩羅等及
以諸難地平如掌瑠璃所成寶樹莊嚴寶帳覆
上垂寶華幡寶瓶香爐周遍國界七寶為臺

BD13837 號　妙法蓮華經（八卷本）卷七　　（25–10）

聲聞衆佛壽四万二千劫菩薩壽命亦等
彼國无有女人地獄餓鬼畜生阿脩羅等及
以諸難地平如掌琉璃所成寶樹莊嚴寶帳覆
上垂寶華幡寶缾香爐周遍國界七寶爲臺
一樹一臺其樹去臺盡一箭道此諸寶樹皆
有菩薩聲聞而坐其下諸寶臺上各有百億
諸天作天伎樂歌歎於佛以爲供養尒時彼
佛爲一切衆生喜見菩薩及衆菩薩諸聲聞
衆說法華經是一切衆生憙見菩薩樂集苦
行於日月淨明德佛法中精進經行一心求
佛滿万二千歲已得現一切色身三昧得此
三昧已心大歡喜即作念言我得現一切色
身三昧皆是得聞法華經力我今當供養
日月淨明德佛及法華經即時入是三昧於虛
空中雨曼陁羅華摩訶曼陁羅華細末堅黑
旃檀滿虛空中如雲而下又雨海此岸旃檀
之香此香六銖價直娑婆世界以供養佛作
是供養已從三昧起而自念言我雖以神力
供養於佛不如以身供養即服諸香旃檀薰
陸兜樓婆畢力迦沈水膠香又飲瞻蔔諸華
香油滿千二百歲已香油塗身於日月淨明
德佛前以天寶衣而自纏身灌諸香油以神
通願力而自然身光明遍照八十億恒河沙
世界其中諸佛同時讚言善哉善哉善男
子是真精進是名真法供養如來若以華

BD13837號　妙法蓮華經（八卷本）卷七　（25-11）

香油滿千二百歲已香油塗身於日月淨明
德佛前以天寶衣而自纏身灌諸香油以神
通願力而自然身光明遍照八十億恒河沙
世界其中諸佛同時讚言善哉善哉善男
子是真精進是名真法供養如來若以華
香瓔珞燒香末香塗香天衣繒幡蓋及海此
岸旃檀之香如是等種種諸物供養所不能
及假使國城妻子布施亦所不及善男子是名
第一之施於諸施中冣尊冣上以法供養諸如
來故作是語已而各嘿然其身火然千二百
歲過是已後其身乃盡一切衆生憙見菩薩
作如是法供養已命終之後復生日月淨明
德佛國中於淨德王家結跏趺坐忽然化生
即爲其父而說偈言
大王今當知　我經行彼處　即時得一切　現諸身三昧
懃行大精進　捨所愛之身
說是偈已而白父言日月淨明德佛今故現
在我先供養佛已得解一切衆生語言陁羅
尼復聞是法華經八百千万億那由他甄迦
羅頻婆羅阿閦婆等偈大王我今當還供養
此佛白已即坐七寶之臺上昇虛空高七多
羅樹往到佛所頭面礼足合十指抓掌以偈
讚佛
容顏甚奇妙　光明照十方　我適曾供養　今復還親覲
尒時一切衆生憙見菩薩說是偈已而白佛言

BD13837號　妙法蓮華經（八卷本）卷七　（25-12）

此佛白已即坐七寶之臺上昇虛空高七多
羅樹往到佛所頭面礼足合十指爪掌以偈
讚佛
容顏甚奇妙　光明照十方　我適曾供養　今復還親覲
尒時一切衆生憙見菩薩說是偈已而白佛言
世尊世尊猶故在世尒時日月淨明德佛
告一切衆生憙見菩薩善男子我涅槃時到
滅盡時至汝可安施牀坐我於今夜當般涅
槃又勑一切衆生憙見菩薩善男子我以佛
法囑累於汝及諸菩薩大弟子并阿耨多羅
三藐三菩提法亦以三千大千七寶世界諸寶
樹寶臺及給侍諸天悉付於汝我滅度後
所有舍利亦付囑汝當令流布廣設供養應
起若干千塔如是日月淨明德佛勑一切衆
生憙見菩薩已於夜後分入於涅槃尒時一
切衆生憙見菩薩見佛滅度悲感懊惱戀慕
於佛即以海此岸栴檀為積供養佛身而以
燒之火滅已後收取舍利作八万四千寶瓶
以起八万四千塔高三世界表剎莊嚴垂諸
幡蓋懸衆寶鈴尒時一切衆生憙見菩薩復
自念言我雖作是供養心猶未足我今當更
供養舍利便語諸菩薩大弟子及天龍夜叉
等一切大衆汝等當一心念我今供養日月
淨明德佛舍利作是語已即於八万四千塔
前然百福莊嚴臂七万二千歲而以供養令

BD13837號　妙法蓮華經（八卷本）卷七　（25-13）

供養舍利便語諸菩薩大弟子及天龍夜叉
等一切大衆汝等當一心念我今供養日月
淨明德佛舍利作是語已即於八万四千塔
前然百福莊嚴臂七万二千歲而以供養令
无數求聲聞衆无量阿僧祇人發阿耨多羅
三藐三菩提心皆使得住現一切色身三昧
尒時諸菩薩大弟子天人阿脩羅等見其无
臂憂惱悲哀而作是言此一切衆生憙見菩
薩是我等師教化我者而今燒臂身不具足
于時一切衆生憙見菩薩於大衆中立此誓
言我捨兩臂必當得佛金色之身若實不虛
令我兩臂還復如故作是誓已自然還復由
斯菩薩福德智慧淳厚所致當尒之時三千
大千世界六種震動天雨寶華一切天人得
未曾有佛告宿王華菩薩於汝意云何一切
衆生憙見菩薩豈異人乎今藥王菩薩是也
其所捨身布施如是无量百千万億那由他
數宿王華若有發心欲得阿耨多羅三藐三
菩提者能然手指乃至足一指供養佛塔勝
以國城妻子及三千大千國土山林河池諸
珍寶物而供養者若復有人以七寶滿三千
大千世界供養於佛及大菩薩辟支佛阿羅
漢是人所得功德不如受持此法華經乃至
一四句偈其福最多宿王華譬如一切川流
江河諸水之中海為第一此法華經亦復如
是於諸如來所說經中最為深大又如土山

BD13837號　妙法蓮華經（八卷本）卷七　（25-14）

大千世界供養於佛及大菩薩辟支佛阿羅
漢是人所得功德不如受持此法華經乃至
一四句偈其福最多宿王華譬如一切川流
江河諸水之中海為第一此法華經亦復如
是於諸如來所說經中最為深大又如土山
黑山小鐵圍山大鐵圍山及十寶山眾山之
中須弥山為第一此法華經亦復如是於諸
經中最為其上又如眾星之中月天子最為
第一此法華經亦復如是於千万億種諸經
法中最為照明又如日天子能除諸闇此經
亦復如是能破一切不善之闇又如諸小王
中轉輪聖王最為第一此經亦復如是於眾
經中最為其尊又如帝釋於三十三天中王
此經亦復如是諸經中王又如大梵天王一
切眾生之父此經亦復如是一切賢聖學无
學及發菩薩心者之父又如一切凡夫人中
須陀洹斯陀含阿那含阿羅漢辟支佛為第
一此經亦復如是一切如來所說若菩薩所
說若聲聞所說諸經法中最為第一有能受
持是經典者亦復如是於一切眾生中亦復
第一一切聲聞辟支佛中菩薩為第一此經
亦復如是於一切諸經法中最為第一如佛
為諸法王此經亦復如是諸經中王宿王華
此經能救一切眾生者此經能令一切眾生
離諸苦惱此經能大饒益一切眾生充滿其
願如清涼池能滿一切諸渴之者如寒者得

BD13837號　妙法蓮華經（八卷本）卷七　（25–15）

亦復如是於一切諸經法中最為第一如佛
為諸法王此經亦復如是諸經中王宿王華
此經能救一切眾生者此經能令一切眾生
離諸苦惱此經能大饒益一切眾生充滿其
願如清涼池能滿一切諸渴之者如寒者得
火如裸者得衣如商人得主如子得母如度
得船如病得醫如闇得燈如貧得寶如民得
王如賈客得海如炬除闇此法華經亦復如
是能令眾生離一切苦一切病痛能解一切生
死之縛若人得聞此法華經若自書若使
人書所得功德以佛智慧籌量多少不得其
邊若書是經卷華香瓔珞燒香末香塗香
幡蓋衣服種種之燈蘇燈油燈諸香油燈瞻
蔔油燈須曼油燈波羅油燈婆利師迦油燈
那婆摩利油燈供養所得功德亦復无量宿
无量无邊功德若有女人聞是藥王菩薩本
事品能受持者盡是女身後不復受若如來
滅後後五百歲中若有女人聞是經典如說
脩行於此命終即往安樂世界阿弥陀佛大
菩薩眾圍繞住處生蓮華中寶座之上不
復為貪欲所惱亦復不為瞋恚愚癡所惱亦
復不為憍慢嫉妬諸垢所惱得菩薩神通无
生法忍得是忍已眼根清淨以是清淨眼根
見七百万二千億那由他恒河沙等諸佛如
來是時諸佛遙共讚言善哉善哉善男子

BD13837號　妙法蓮華經（八卷本）卷七　（25–16）

復為貪欲所惱亦復不為瞋恚愚癡所惱亦
復不為憍慢嫉妬諸垢所惱得菩薩神通无
生法忍得是忍已眼根清淨以是清淨眼根
見七百万二千億那由他恒河沙等諸佛如
来是時諸佛遥共讚言善哉善哉善男子
汝能於釋迦牟尼佛法中受持讀誦思惟是
經為他人說所得福德无量无邊火不能燒
水不能漂汝之功德千佛共說不能令盡汝今
已能破諸魔賊壞生死軍諸餘怨敵皆悉摧
滅善男子百千諸佛以神通力共守護汝於
一切世間天人之中无如汝者唯除如來其諸
聲聞辟支佛乃至菩薩智慧禪定无有與
汝等者宿王華此菩薩成就如是功德智慧
之力若有人聞是藥王菩薩本事品能隨喜
讚善者是人現世口中常出青蓮華香身毛
孔中常出牛頭栴檀香所得功德如上所說
是故宿王華以此藥王菩薩本事品囑累於
汝我滅度後後五百歲中廣宣流布於閻浮
提无令斷絕惡魔魔民諸天龍夜叉鳩槃荼
等得其便也宿王華汝當以神通之力守護
是經所以者何此經則為閻浮提人病之良
藥若人有病得聞是經病即消滅不老不死
宿王華汝若見有受持是經者應以青蓮華
盛滿末香供散其上散已作是念言此人不
久必當取草坐於道場破諸魔軍當吹法

BD13837號　妙法蓮華經（八卷本）卷七　（25–17）

藥若人有病得聞是經病即消滅不老不死
宿王華汝若見有受持是經者應以青蓮華
盛滿末香供散其上散已作是念言此人不
久必當取草坐於道場破諸魔軍當吹法
蠡擊大法鼓度脫一切衆生老病死海是故
求佛道者見有受持是經典人應當如是生
恭敬心說是藥王菩薩本事品時八万四千菩
薩得解一切衆生語言陁羅尼多寶如來於
寶塔中讚宿王華菩薩言善哉善哉宿王華
汝成就不可思議功德乃能問釋迦牟尼佛
如此之事利益无量一切衆生

妙法蓮華經妙音菩薩品第廿四

尒時釋迦牟尼佛放大人相肉髻光明及放
眉間白豪相光遍照東方百八万億那由他
恒河沙等諸佛世界過是數已有世界名淨
光莊嚴其國有佛号淨華宿王智如來應供
正遍知明行足善逝世間解无上士調御大
夫天人師佛世尊為无量无邊菩薩大衆恭
敬圍遶而為說法釋迦牟尼佛白豪光明遍
照其國尒時一切淨光莊嚴國中有一菩薩名
曰妙音久已殖衆德本供養親近无量百千
万億諸佛而悉成就甚深智慧得妙幢相三
昧法華三昧淨德三昧宿王戲三昧无緣三
昧智印三昧解一切衆生語言三昧集一切
功德三昧清淨三昧神通遊戲三昧慧炬三

BD13837號　妙法蓮華經（八卷本）卷七　（25–18）

万億諸佛而悉成就甚深智慧得妙幢相三
昧法華三昧淨德三昧宿王戲三昧无緣三
昧智印三昧解一切衆生語言三昧集一切
功德三昧清淨三昧神通遊戲三昧慧炬三
昧莊嚴王三昧淨光明三昧淨藏三昧不共
三昧日旋三昧得如是等百千万億恒河沙
等諸大三昧釋迦牟尼佛光照其身即白淨
華宿王智佛言世尊我當往詣娑婆世界
礼拜親近供養釋迦牟尼佛及見文殊師利
法王子菩薩藥王菩薩勇施菩薩宿王華
菩薩上行意菩薩莊嚴王菩薩藥上菩薩
尒時淨華宿王智佛告妙音菩薩汝莫輕彼
國生下劣想善男子彼娑婆世界高下不平
土石諸山穢惡充滿佛身卑小諸菩薩衆其
形亦小而汝身四万二千由旬我身六百八十
万由旬汝身第一端正百千万福光明殊妙是
故汝往莫輕彼國若佛菩薩及國土生下
劣想妙音菩薩白其佛言世尊我今詣娑
婆世界皆是如來之力如來神通遊戲如來
功德智慧莊嚴於是妙音菩薩不起于坐身
不動搖而入三昧以三昧力於耆闍崛山去法
座不遠化作八万四千衆寶蓮華閻浮檀金
為莖白銀為葉金剛為鬚甄叔迦寶以為
其臺尒時文殊師利法王子見是蓮華而白
佛言世尊是何因緣先現此瑞有若干千万

BD13837號　妙法蓮華經（八卷本）卷七　（25–19）

不動搖而入三昧以三昧力於耆闍崛山去法
座不遠化作八万四千衆寶蓮華閻浮檀金
為莖白銀為葉金剛為鬚甄叔迦寶以為
其臺尒時文殊師利法王子見是蓮華而白
佛言世尊是何因緣先現此瑞有若干千万
蓮華閻浮檀金為莖白銀為葉金剛為鬚
甄叔迦寶以為其臺
尒時釋迦牟尼佛告文殊師利是妙音菩薩
摩訶薩欲從淨華宿王智佛國與八万四千
菩薩圍遶而來至此娑婆世界供養親近礼
拜於我亦欲供養聽法華經文殊師利白佛
言世尊是菩薩種何善本脩何功德而能有
是大神通力行何三昧願為我等說是三昧
名字我等亦欲勤脩行之行此三昧乃能見
是菩薩色相大小威儀進止唯願世尊以神
通力彼菩薩來令我得見尒時釋迦牟尼佛
告文殊師利此久滅度多寶如來當為汝等
而現其相時多寶佛告彼菩薩善男子來
文殊師利法王子欲見汝身
于時妙音菩薩於彼國沒與八万四千菩薩
俱共發來所經諸國六種震動皆悉雨於七
寶蓮華百千天樂不鼓自鳴是菩薩目如廣
大青蓮華葉政使和合百千万月其面貌端
正復過於此身真金色无量百千功德莊嚴
威德熾盛光明照曜諸相具足如那羅延堅
固之身入七寶臺上昇虛空去地七多羅樹

BD13837號　妙法蓮華經（八卷本）卷七　（25–20）

寶蓮華百千天樂不鼓自鳴是菩薩目如廣
大青蓮華葉正使和合百千万月其面貌端
正復過於此身真金色无量百千功德莊嚴
威德熾盛光明照曜諸相具足如那羅延堅
固之身入七寶臺上昇虛空去地七多羅樹
諸菩薩眾恭敬圍遶而來詣此娑婆世界耆
闍崛山到已下七寶臺以價直百千瓔珞持
至釋迦牟尼佛所頭面礼足奉上瓔珞而白
佛言世尊淨華宿王智佛問訊世尊少病少
惱起居輕利安樂行不四大調和不世事可
忍不眾生易度不无多貪欲瞋恚愚癡嫉妬
慳慢不无不孝父母不敬沙門邪見不善心
不攝五情不世尊眾生能降伏諸魔怨不久
滅度多寶如來在七寶塔中來聽法不又問
訊多寶如來安隱少惱堪忍久住不世尊我
今欲見多寶佛身唯願世尊示我令見尒時
釋迦牟尼佛語多寶佛是妙音菩薩欲得相
見時多寶佛告妙音言善哉善哉汝能為供
養釋迦牟尼佛及聽法華經并見文殊師
利等故來至此
尒時華德菩薩白佛言世尊是妙音菩薩種
何善根脩何功德有是神力佛告華德菩薩
過去有佛名雲雷音王多陀阿伽度阿羅訶
三藐三佛陀國名現一切世間劫名喜見妙
音菩薩於万二千歲以十万種伎樂供養

BD13837號　妙法蓮華經（八卷本）卷七　（25–21）

何善根脩何功德有是神力佛告華德菩薩
過去有佛名雲雷音王多陀阿伽度阿羅訶
三藐三佛陀國名現一切世間劫名喜見妙
音菩薩於万二千歲以十万種伎樂供養
雲雷音王佛并奉上八万四千七寶鉢以是因
緣果報今生淨華宿王智佛國有是神力華
德於汝意云何尒時雲雷音王佛所妙音菩
薩伎樂供養奉上寶器者豈異人乎今此妙
音菩薩摩訶薩是華德是妙音菩薩已曾
供養親近无量諸佛久殖德本又值恒河
沙等百千万億那由他佛
華德汝但見妙音菩薩其身在此而是菩薩
現種種身處處為諸眾生說是經典或現梵
王身或現帝釋身或現自在天身或現大自
在天身或現天大將軍身或現毗沙門身
或現轉輪聖王身或現諸小王身或現長者
身或現居士身或現宰官身或現婆羅門身
或現比丘比丘尼優婆塞優婆夷身或現長
者居士婦女身或現宰官婦女身或現婆羅
門婦女身或現童男童女身或現天龍夜叉
乾闥婆阿脩羅迦樓羅緊那羅摩睺羅伽
人非人等身而說是經諸有地獄餓鬼畜生及
眾難處皆能救濟乃至於王後宮變為女
身而說是經華德是妙音菩薩能救護娑婆
世界諸眾生者是妙音菩薩如是種種變化

BD13837號　妙法蓮華經（八卷本）卷七　（25–22）

乾闥婆阿脩羅迦樓羅緊那羅摩睺羅伽
人非人等身而說是經諸有地獄餓鬼畜生及
眾難處皆能救濟乃至於王後宮變為女
身而說是經華德是妙音菩薩能救護娑婆
世界諸眾生者是妙音菩薩如是種種變化
現身在此娑婆國土為諸眾生說是經典於
神通變化智慧无所損減是菩薩以若干智
慧明照娑婆世界令一切眾生各得所知於十
方恒河沙世界中亦復如是若應以聲聞形
得度者現聲聞形而為說法應以辟支佛形
得度者現辟支佛形而為說法應以菩薩形
得度者現菩薩形而為說法應以佛形得度
者即現佛形而為說法如是種種隨所應度
而為現形乃至應以滅度而得度者示現滅
度華德妙音菩薩摩訶薩成就大神通智
慧之力其事如是
尒時華德菩薩白佛言世尊是妙音菩薩深
種善根世尊是菩薩住何三昧而能如是在
所變現度脫眾生佛告華德菩薩善男子
其三昧名現一切色身妙音菩薩住是三昧中
能如是饒益无量眾生說是妙音菩薩品時
與妙音菩薩俱來者八万四千人皆得現一
切色身三昧此娑婆世界无量菩薩亦得是
三昧及陀羅尼尒時妙音菩薩摩訶薩供養
釋迦牟尼佛及多寶佛塔已還歸本土所經
諸國六種震動而寶蓮華作百千万億種

BD13837 號　妙法蓮華經（八卷本）卷七　（25–23）

能如是饒益无量眾生說是妙音菩薩品時
與妙音菩薩俱來者八万四千人皆得現一
切色身三昧此娑婆世界无量菩薩亦得是
三昧及陀羅尼尒時妙音菩薩摩訶薩供養
釋迦牟尼佛及多寶佛塔已還歸本土所經
諸國六種震動而寶蓮華作百千万億種
種伎樂既到本國與八万四千菩薩圍遶至淨
華宿王智佛所白佛言世尊我到娑婆世
界饒益眾生見釋迦牟尼佛及見多寶佛
塔礼拜供養又見文殊師利法王子菩薩及
見藥王菩薩得勤精進力菩薩勇施菩薩
等亦令八万四千菩薩得現一切色身三昧說
是妙音菩薩來往品時四万二千天子得无
生法忍華德菩薩得法華三昧

妙法蓮華經卷第七

BD13837 號　妙法蓮華經（八卷本）卷七　（25–24）

生法忍華德菩薩得法華三昧
妙法蓮華經卷第七

BD13837 號　妙法蓮華經（八卷本）卷七　　　　（25–25）

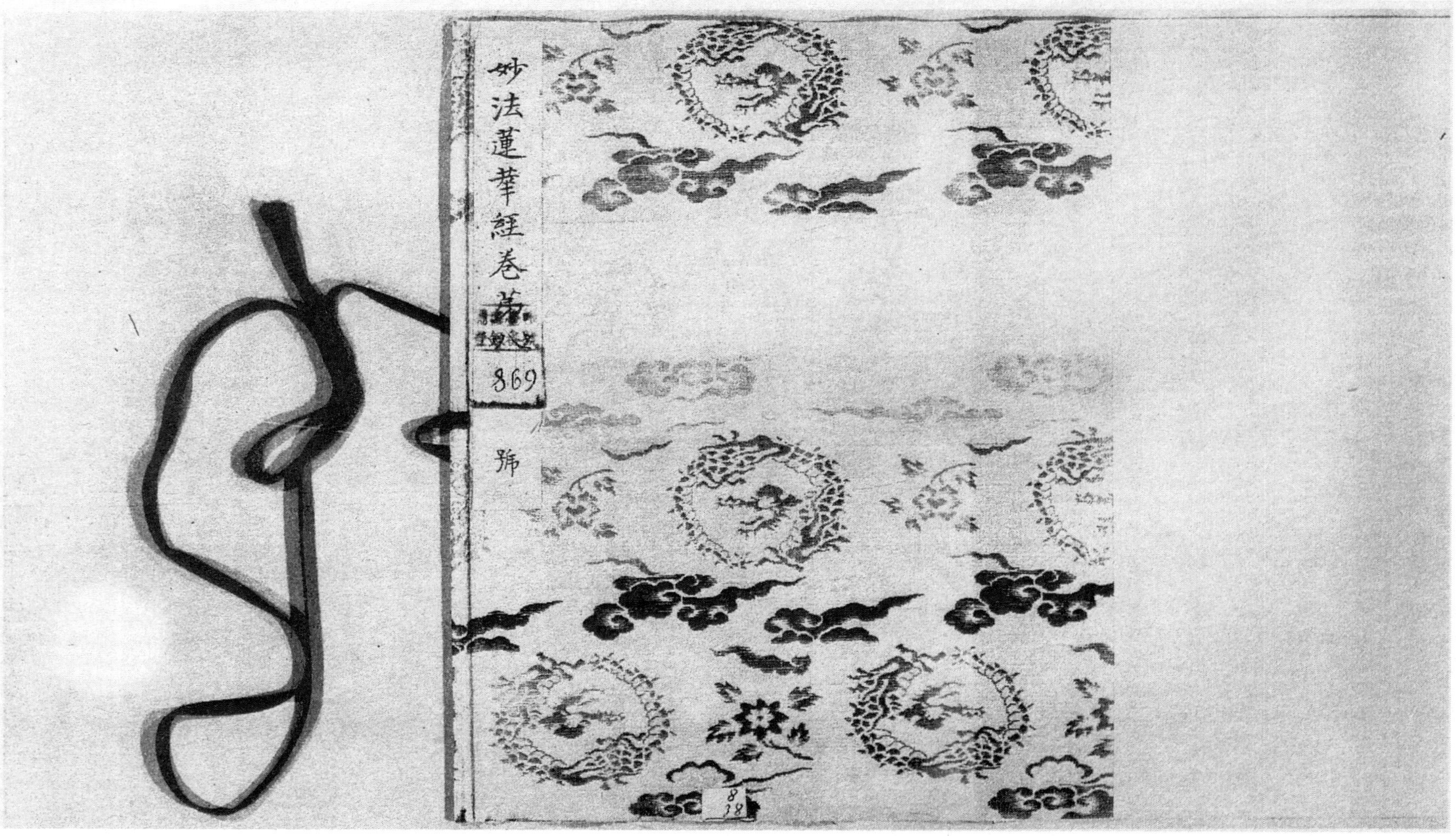

BD13838 號背　現代護首　　　　（1–1）

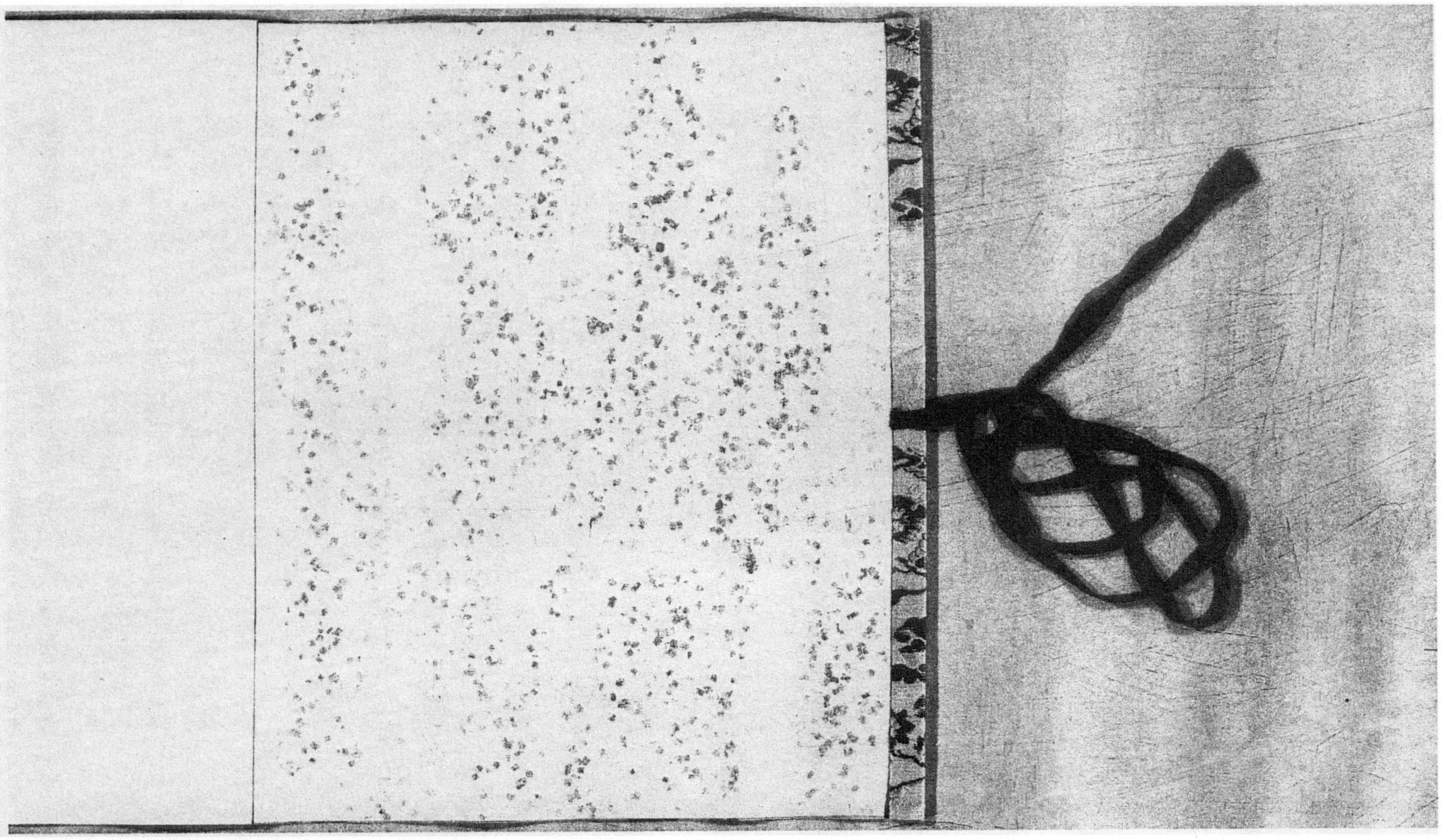

BD13838號　妙法蓮華經（八卷本）卷八　（16–1）

伽婆娑蘇柰反駄蔗𠯆上叉臧
都餓反邏袮履剃廿四阿置
𠯆卑奈車多五𠯆究隸廿六牟究隸廿七阿羅
隸廿八波羅隸廿九首迦差初義反卅阿三摩三履卅一佛
馱毗吉利袠帝卅二達摩波利差精離反帝卅三僧
伽涅瞿沙袮卅四婆〻舍〻輸地卅五曼哆邏卅六
曼哆邏叉〻夜〻多〻卅七郵樓哆卅八郵樓哆憍舍
略卅九惡叉邏卌惡叉冶多冶卌一阿婆盧卌二阿
摩若荏蔗反那多夜卌三
世尊是陁羅尼神呪六十二恒河沙等諸佛
所說若有侵毀此法師者則為侵毀是諸佛
已時釋迦牟尼佛讚藥王菩薩言善𢦏善
𢦏藥王汝愍念擁護此法師故說是陁羅尼
於諸衆生多所饒益

BD13838號　妙法蓮華經（八卷本）卷八　（16–2）

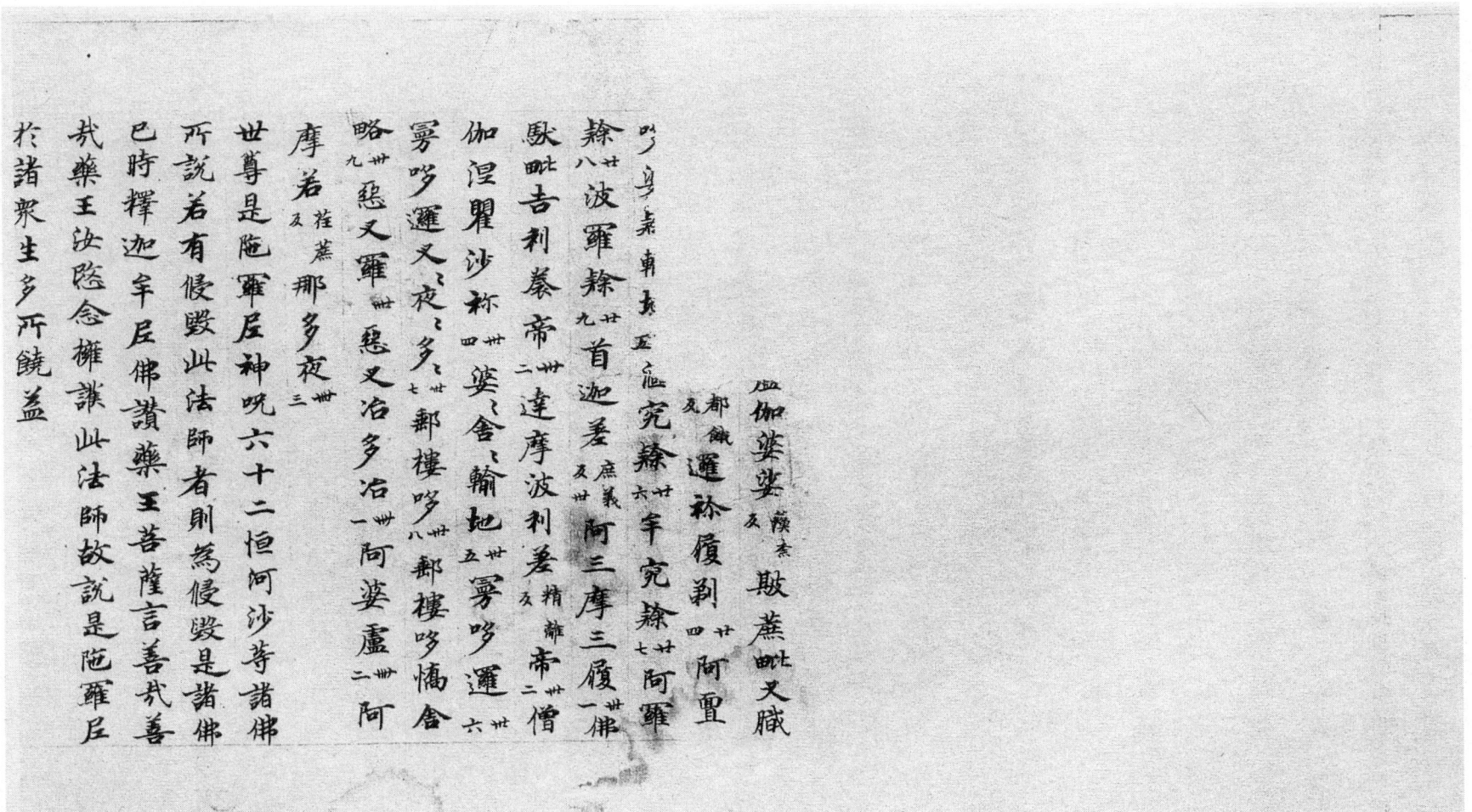

世尊是陁羅尼神呪六十二恒河沙等諸佛
所說若有侵毀此法師者則為侵毀是諸佛
已時釋迦牟尼佛讚藥王菩薩言善哉善
哉藥王汝愍念擁護此法師故說是陁羅尼
於諸眾生多所饒益
尒時勇施菩薩白佛言世尊我亦為擁護讀
誦受持法華經者說陁羅尼若此法師得是
陁羅尼若夜叉若羅剎若富單那若吉蔗若
鳩槃荼若餓鬼等伺求其短无能得便即於
佛前而說呪曰
座摿叠又隸一摩訶痤隸二郁枳三目枳四阿隸五
阿羅婆剃六涅隸剃七涅隸多婆剃八伊緻
猪履又抳九韋緻抳十旨緻抳十一涅隸墀抳十二
涅梨墀婆底十三
世尊是陁羅尼神呪恒河沙等諸佛所說亦
皆隨喜若有侵毀此法師者則為侵毀是
諸佛已
尒時毗沙門天王護世者白佛言世尊我亦為愍
念眾生擁護此法師故說是陁羅尼即說呪曰
阿梨一那梨二㝹那梨三阿那盧四那履五拘
那履六
世尊以是神呪擁護法師我亦自當擁護持
是經者令百由旬內无諸衰患
尒時持國天王在此會中與千万億那由他
乾闥婆眾恭敬圍遶前詣佛所合掌白佛言
世尊我亦以陁羅尼神呪擁護持法華經者

BD13838號　妙法蓮華經（八卷本）卷八　（16-3）

世尊以是神呪擁護法師我亦自當擁護持
是經者令百由旬內无諸衰患
尒時持國天王在此會中與千万億那由他
乾闥婆眾恭敬圍遶前詣佛所合掌白佛言
世尊我亦以陁羅尼神呪擁護持法華經者
即說呪曰
阿伽祢一伽祢二瞿利三乾陁利四栴陁利五摩
蹬耆六常求利七浮樓莎柅八頞底九
世尊是陁羅尼神呪卌二億諸佛所說若有
侵毀此法師者即為侵毀是諸佛已
尒時有十羅剎女等一名藍婆二名毗藍婆
三名曲齒四名華齒五名黑齒六名多髮七
名无猒足八名持瓔珞九名睪帝十名奪一
切眾生精氣是十羅剎女與鬼子母并其子
及眷屬俱詣佛所同聲白佛言世尊我等亦
欲擁護讀誦受持法華經者除其衰患若有
伺求法師短者令不得便即於佛前而說呪
曰
伊提履一伊提泯二伊提履三阿提履四伊提
履五泥履六泥履七泥履八泥履九泥履十樓
醯十一樓醯十二樓醯十三樓醯十四多醯十五多醯十六多醯
十七兜醯十八㝹醯十九
寧上我頭上莫惱於法師若夜叉若羅剎若
餓鬼若富單那若吉遮若毗陁羅若揵陁若
烏摩勒伽若阿跋摩羅若夜叉吉遮若人吉
遮若熱病若一日若二日若三日若四日乃至

BD13838號　妙法蓮華經（八卷本）卷八　（16-4）

七　㝹醯八　㝹醯九

寧上我頭上莫惱於法師若夜叉若羅剎若
餓鬼若富單那若吉遮若毗陀羅若犍陀若
烏摩勒伽若阿跋摩羅若夜叉吉遮若人吉
遮若熱病若一日若二日若三日若四日乃至
七日若常熱病若男形若女形若童男形若
童女形乃至夢見亦復莫惱即於佛前而說
偈言
若不順我呪　惱亂說法者　頭破作七分　如阿梨樹枝
如殺父害母　亦如押油殃　斗稱欺誑人　調達破僧罪
犯此法師者　當獲如此殃
諸羅剎女說此偈已白佛言世尊我等亦當
身自擁護受持讀誦修行是經者令得安隱
離諸衰患消衆毒藥佛告諸羅剎女善哉善
哉汝等但能擁護受持法華名者福不可量
何況擁護具足受持供養經卷華香瓔珞末
香塗香燒香幡蓋伎樂然種種燈蘇燈油燈
諸香油燈蘇摩那華油燈瞻蔔華油燈婆師
迦華油燈優鉢羅華油燈如是等百千種供
養者皐諦汝等及眷屬應當擁護如是法師
說此陀羅尼品時六万八千人得无生法忍
妙法蓮華經妙莊嚴王本事品第廿七
尒時佛告諸大衆乃往古世過无量无邊不
可思議阿僧祇劫有佛名雲雷音宿王華智
多陀阿伽度阿羅呵三藐三佛陀國名光明
莊嚴劫名喜見彼佛法中有王名妙莊嚴其

BD13838號　妙法蓮華經（八卷本）卷八　（16–5）

妙法蓮華經妙莊嚴王本事品第廿七
尒時佛告諸大衆乃往古世過无量无邊不
可思議阿僧祇劫有佛名雲雷音宿王華智
多陀阿伽度阿羅呵三藐三佛陀國名光明
莊嚴劫名喜見彼佛法中有王名妙莊嚴其
王夫人名曰淨德有二子一名淨藏二名淨
眼是二子有大神力福德智慧久修菩薩所
行之道所謂檀波羅蜜尸波羅蜜羼提波羅
蜜毗梨耶波羅蜜禪波羅蜜般若波羅蜜方
便波羅蜜慈悲喜捨乃至卅七品助佛道法皆
悉明了通達又得菩薩淨三昧日星宿三昧
淨光三昧淨色三昧淨照明三昧長莊嚴三
昧大威德藏三昧於此三昧亦悉通達尒時
彼佛欲引導妙莊嚴王及愍念衆生故說是
法華經時淨藏淨眼二子到其母所合十指
抓掌白言願母往詣雲雷音宿王華智佛所
我等亦當侍從親覲供養礼拜所以者何此
佛於一切天人衆中說法華經宜應聽受母
告子言汝父信受外道深著婆羅門法汝等
應往白父與共俱去淨藏淨眼合十指抓掌
白母我等是法王子而生此邪見家母告子
言汝等當憂念汝父爲現神變若得見者心
必清淨或聽我等往至佛所於是二子念其
父故踊在虛空高七多羅樹現種種神變於
虛空中行住坐臥身上出水身下出火身下
出水身上出火或現大身滿虛空中而復現

BD13838號　妙法蓮華經（八卷本）卷八　（16–6）

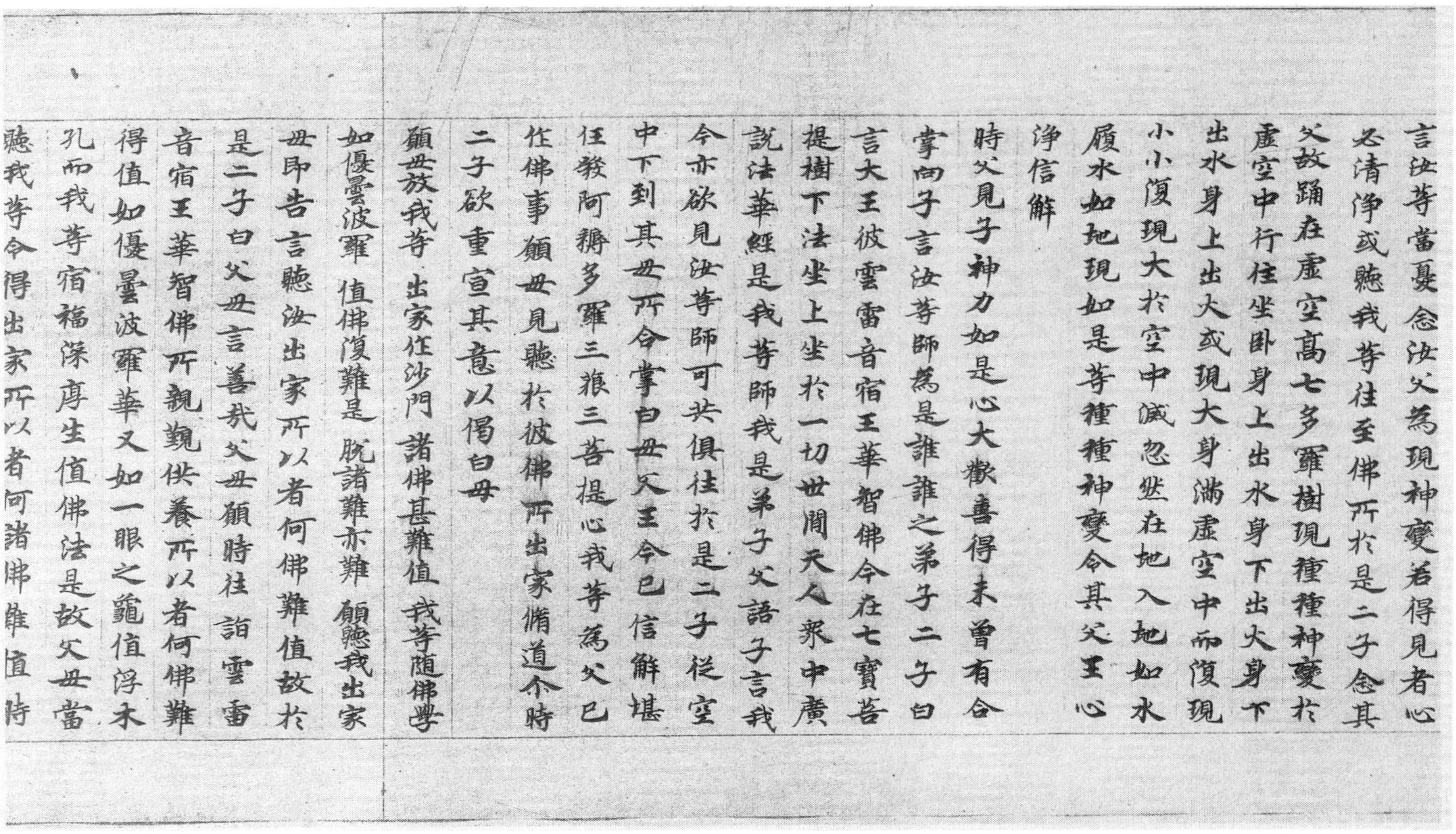

言汝等當憂念汝父為現神變若得見者心
必清淨或聽我等往至佛所於是二子念其
父故踊在虛空高七多羅樹現種種神變於
虛空中行住坐卧身上出水身下出火身下
出水身上出火或現大身滿虛空中而復現
小小復現大於空中滅忽然在地入地如水
履水如地現如是等種種神變令其父王心
淨信解
時父見子神力如是心大歡喜得未曾有合
掌向子言汝等師為是誰誰之弟子二子白
言大王彼雲雷音宿王華智佛今在七寶菩
提樹下法坐上坐於一切世間天人眾中廣
說法華經是我等師我是弟子父語子言我
今亦欲見汝等師可共俱往於是二子從空
中下到其母所合掌白母父王今已信解堪
任發阿耨多羅三藐三菩提心我等為父已
作佛事願母見聽於彼佛所出家脩道尒時
二子欲重宣其意以偈白母
願母放我等　出家作沙門　諸佛甚難值　我等隨佛學
如優曇波羅　值佛復難是　脫諸難亦難　願聽我出家
母即告言聽汝出家所以者何佛難值故於
是二子白父母言善哉父母願時往詣雲雷
音宿王華智佛所親覲供養所以者何佛難
得值如優曇波羅華又如一眼之龜值浮木
孔而我等宿福深厚生值佛法是故父母當
聽我等令得出家所以者何諸佛難值時

BD13838 號　妙法蓮華經（八卷本）卷八　（16-7）

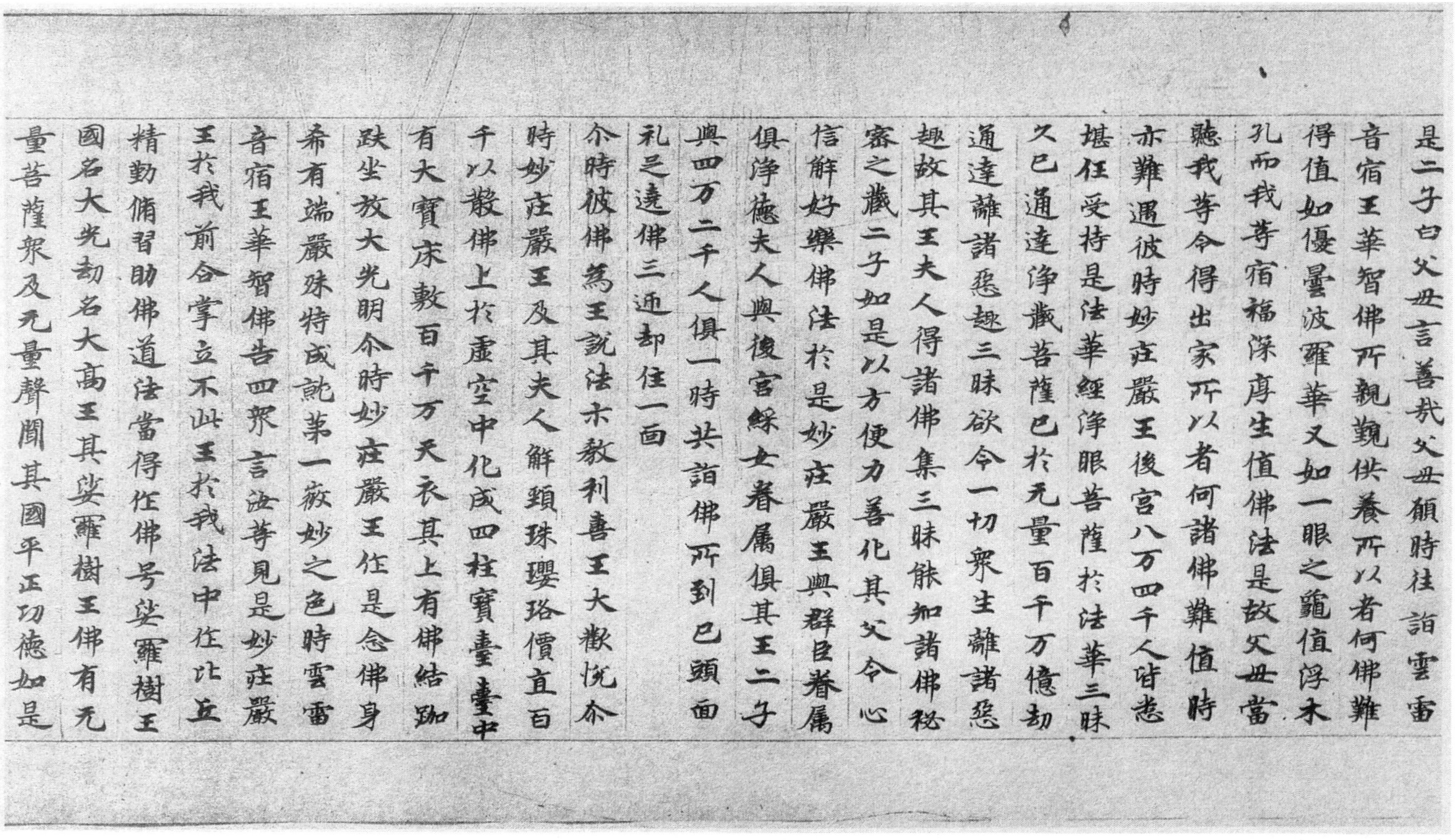

是二子白父母言善哉父母願時往詣雲雷
音宿王華智佛所親覲供養所以者何佛難
得值如優曇波羅華又如一眼之龜值浮木
孔而我等宿福深厚生值佛法是故父母當
聽我等令得出家所以者何諸佛難值時
亦難遇彼時妙莊嚴王後宮八万四千人皆悉
堪任受持是法華經淨眼菩薩於法華三昧
久已通達淨藏菩薩已於无量百千万億劫
通達離諸惡趣三昧欲令一切眾生離諸惡
趣故其王夫人得諸佛集三昧能知諸佛秘
密之藏二子如是以方便力善化其父令心
信解好樂佛法於是妙莊嚴王與群臣眷屬
俱淨德夫人與後宮婇女眷屬俱其王二子
與四万二千人俱一時共詣佛所到已頭面
礼足遶佛三匝却住一面
尒時彼佛為王說法示教利喜王大歡悅尒
時妙莊嚴王及其夫人解頸珠瓔珞價直百
千以散佛上於虛空中化成四柱寶臺臺中
有大寶床敷百千万天衣其上有佛結跏
趺坐放大光明尒時妙莊嚴王作是念佛身
希有端嚴殊特成就第一微妙之色時雲雷
音宿王華智佛告四眾言汝等見是妙莊嚴
王於我前合掌立不此王於我法中作比丘
精勤脩習助佛道法當得作佛号娑羅樹王
國名大光劫名大高王其娑羅樹王佛有无
量菩薩眾及无量聲聞其國平正功德如是

BD13838 號　妙法蓮華經（八卷本）卷八　（16-8）

王於我前合掌立不此王於我法中作比丘
精勤脩習助佛道法當得作佛号娑羅樹王
國名大光劫名大高王其娑羅樹王佛有无
量菩薩衆及无量聲聞其國平正功德如是
其王即時以國付弟與夫人二子并諸眷屬
於佛法中出家脩道王出家已於八万四千歲
常懃精進脩行妙法華經過是已後得一切
淨功德莊嚴三昧即昇虛空高七多羅樹而
白佛言世尊此我二子已作佛事以神通變
化轉我邪心令得安住於佛法中得見世尊
此二子者是我善知識為欲發起宿世善根
饒益我故來生我家
尒時雲雷音宿王華智佛告妙莊嚴王言如
是如是如汝所言若善男子善女人種善根
故世世得善知識其善知識能作佛事示教
利喜令入阿耨多羅三藐三菩提大王當知
善知識者是大因緣所謂化導令得見佛發
阿耨多羅三藐三菩提心大王汝見此二子
不此二子已曾供養六十五百千万億那由
他恒河沙諸佛親覲恭敬於諸佛所受持法
華經愍念邪見衆生令住正見妙莊嚴王即
從虛空中下而白佛言世尊如來甚希有以
功德智慧故頂上肉髻光明顯照其眼長廣
而紺青色眉間豪相白如珂月齒白齊密常
有光明脣色赤好如頻婆菓

BD13838 號　妙法蓮華經（八卷本）卷八　（16–9）

從虛空中下而白佛言世尊如來甚希有以
功德智慧故頂上肉髻光明顯照其眼長廣
而紺青色眉間豪相白如珂月齒白齊密常
有光明脣色赤好如頻婆菓
尒時妙莊嚴王讚歎佛如是等无量百千万
億功德已於如來前一心合掌復白佛言世
尊未曾有也如來之法具足成就不可思議
微妙功德教戒所行安隱快善我從今日不
復自隨心行不生邪見憍慢瞋恚諸惡之心
說是語已礼佛而出佛告大衆於意云何妙
莊嚴王豈異人乎今華德菩薩是其淨德夫
人今佛前光照莊嚴相菩薩是哀愍妙莊嚴
王及諸眷屬故於彼中生其二子者今藥王
菩薩藥上菩薩是是藥王藥上菩薩成就如
此諸大功德已於无量百千万億諸佛所殖
衆德本成就不可思議諸善功德若有人識
是二菩薩名字者一切世間諸天人民亦應
礼拜佛說是妙莊嚴王本事品時八万四千
人遠塵離垢於諸法中得法眼淨
妙法蓮華經普賢菩薩勸發品第廿八
尒時普賢菩薩以自在神通威德名聞與大
菩薩无量无邊不可稱數從東方來所逕諸
國普皆震動雨寶蓮華作无量百千万億種
種伎樂又與无數諸天龍夜叉乾闥婆阿脩
羅迦樓羅緊那羅摩睺羅伽人非人等大衆

BD13838 號　妙法蓮華經（八卷本）卷八　（16–10）

介時普賢菩薩以自在神通威德名聞與大
菩薩无量无邊不可稱數從東方來所逕諸
國普皆震動雨寶蓮華作无量百千万億種
種伎樂又與无數諸天龍夜叉乾闥婆阿脩
羅迦樓羅緊那羅摩睺羅伽人非人等大衆
圍遶各現威德神通之力到娑婆世界耆闍
崛山中頭面礼釋迦牟尼佛右遶七迊白佛
言世尊我於寶威德上王佛國遥聞此娑婆
世界說法華經與无量无邊百千万億諸菩
薩衆共來聽受唯願世尊當為說之若善男
子善女人於如來滅後云何能得是法華經
佛告普賢菩薩若有善男子善女人成就四
法於如來滅後當得是法華經一者為諸佛
護念二者殖諸德本三者入正定聚四者發
救一切衆生之心善男子善女人如是成就
四法於如來滅後必得是經
介時普賢菩薩白佛言世尊於後五百歲濁
惡世中其有受持是經典者我當守護除其
衰患令得安隱使无伺求得其便者若魔若
魔子若魔女若魔民若為魔所著者若夜叉
若羅刹若鳩槃茶若毗舍闍若吉蔗若富單
那若韋陁羅等諸惱人者皆不得便是人若
行若立讀誦此經我介時乘六牙白象王與
大菩薩衆俱詣其所而自現身供養守護安
慰其心亦為供養法華經故是人若坐思惟

BD13838號　妙法蓮華經（八卷本）卷八　　（16–11）

那若韋陁羅等諸惱人者皆不得便是人若
行若立讀誦此經我介時乘六牙白象王與
大菩薩衆俱詣其所而自現身供養守護安
慰其心亦為供養法華經故是人若坐思惟
此經介時我復乘白象王現其人前其人若
於法華經有所忘失一句一偈我當敎之與
共讀誦還令通利介時受持讀誦法華經者
得見我身甚大歡喜轉復精進以見我故即
得三昧及陁羅尼名為旋陁羅尼百千万億
旋陁羅尼法音方便陁羅尼得如是等陁羅
尼世尊若後世後五百歲濁惡世中比丘比
丘尼優婆塞優婆夷求索者受持者讀誦者
書寫者欲脩習是法華經於三七日中應一
心精進滿三七日已我當乘六牙白象與无
量菩薩而自圍遶以一切衆生所憙見身現
其人前而為說法示教利喜亦復與其陁羅
尼呪得是陁羅尼故无有非人能破壞者亦
不為女人之所惑亂我身亦自常護是人唯
願世尊聽我說此陁羅尼呪即於佛前而說呪曰
阿檀地（途賣反）一　檀陁婆地二　檀陁婆帝三　檀陁究舍隸四
檀陁脩陁隸五　脩陁隸六　脩陁羅婆底七　佛馱婆
檀祢八　薩婆陁羅尼阿婆多尼九　薩婆婆阿婆
多尼十　脩阿婆多尼十一　僧伽婆履叉尼十二　僧伽涅伽
陁尼十三　阿僧祇十四　僧伽婆伽地十五　帝隸阿惰僧伽
兜略（盧遮反）婆羅帝十六　薩婆僧伽三摩地伽蘭地

BD13838號　妙法蓮華經（八卷本）卷八　　（16–12）

檀陁脩陁隸　脩陁隸　脩陁羅婆底　佛馱波
檀祢八薩婆陁羅尼阿婆多尼九薩婆婆阿婆
多尼十脩阿婆多尼十一僧伽婆履叉尼十二僧伽涅伽
陁尼十三阿僧祇十四僧伽婆伽地十五帝隸阿惰僧伽
兜略盧遮反婆羅帝十六薩婆僧伽三摩地伽蘭地
十七薩婆達摩脩婆利剎帝十八薩婆薩埵樓馱
憍舍略阿㝹伽地十九辛阿略吉利地帝廿
世尊若有菩薩得聞是陁羅尼者當知普賢
神通之力若法華經行閻浮提有受持者應
作此念皆是普賢威神之力若有受持讀誦
正憶念解其義趣如說脩行當知是人行普
賢行於无量无邊諸佛所深種善根為諸如
來手摩其頭若但書寫是人命終當生忉利
天上是時八万四千天女作衆伎樂而來迎
之其人即著七寶冠於婇女中娛樂快樂何
況受持讀誦正憶念解其義趣如說脩行若
有人受持讀誦解其義趣是人命終為千佛
授手令不恐怖不墮惡趣即往兜率天上彌
勒菩薩所彌勒菩薩有卅二相大菩薩衆所
共圍遶有百千万億天女眷屬而於中生有
如是等功德利益是故智者應當一心自書
若使人書受持讀誦正憶念如說脩行世尊
我今以神通力守護是經於如來滅後閻浮
提內廣令流布使不斷絕
尒時釋迦牟尼佛讚言善哉善哉普賢汝能
護助是經令多所衆生安樂利益汝已成就

BD13838號　妙法蓮華經（八卷本）卷八

（16–13）

如是等功德利益是故智者應當一心自書
若使人書受持讀誦正憶念如說脩行世尊
我今以神通力守護是經於如來滅後閻浮
提內廣令流布使不斷絕
尒時釋迦牟尼佛讚言善哉善哉普賢汝能
護助是經令多所衆生安樂利益汝已成就
不可思議功德深大慈悲從久遠來發阿耨
多羅三藐三菩提意而能作神通之願守護
是經我當以神通力守護能受持普賢菩薩
名者普賢若有受持讀誦正憶念脩習書寫
是法華經者當知是人則見釋迦牟尼佛如
從佛口聞此經典當知是人供養釋迦牟尼
佛當知是人佛讚善哉當知是人為釋迦牟
尼佛手摩其頭當知是人為釋迦牟尼佛衣
之所覆如是之人不復貪著世樂不好外道
經書手筆亦復不憙親近其人及諸惡者若
屠兒若畜猪羊雞狗若獵師若衒賣女色是
人心意質直有正憶念有福德力是人不為三
毒所惱亦復不為嫉妬我慢邪慢增上慢所
惱是人少欲知足能脩普賢之行
普賢若如來滅後後五百歲若有人見受持
讀誦法華經者亦應作是念此人不久當詣道
場破諸魔衆得阿耨多羅三藐三菩提轉法
輪擊法鼓吹法蠡雨法雨當坐天人大衆中
師子法坐上普賢若於後世受持讀誦是經
典者是人不復貪著衣服臥具飲食資生之

BD13838號　妙法蓮華經（八卷本）卷八

（16–14）

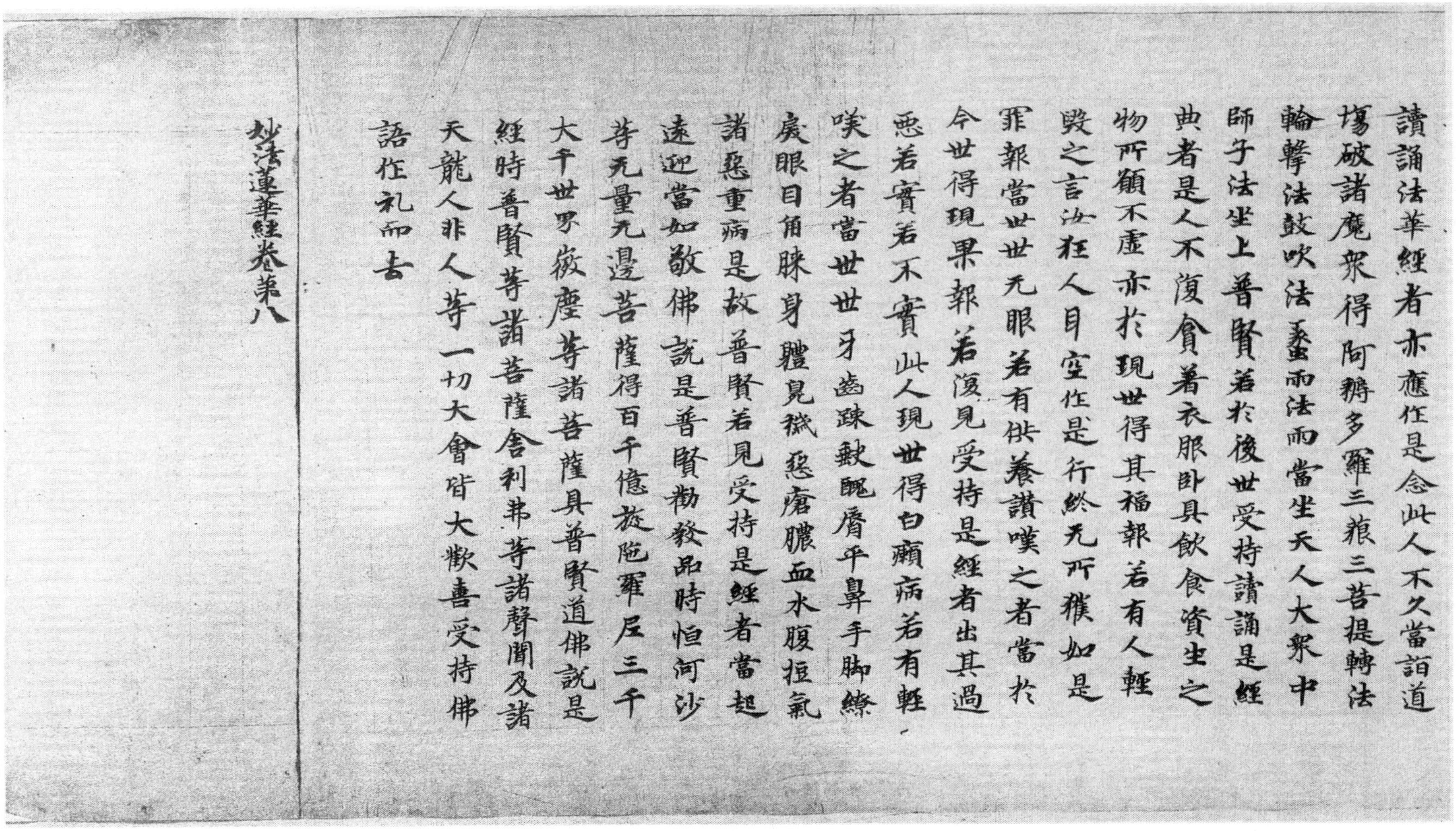
讀誦法華經者亦應作是念此人不久當詣道
場破諸魔衆得阿耨多羅三藐三菩提轉法
輪擊法鼓吹法蠡雨法雨當坐天人大衆中
師子法坐上普賢若於後世受持讀誦是經
典者是人不復貪著衣服卧具飲食資生之
物所願不虛亦於現世得其福報若有人輕
毀之言汝狂人耳空作是行終无所獲如是
罪報當世世无眼若有供養讚歎之者當於
今世得現果報若復見受持是經者出其過
惡若實若不實此人現世得白癩病若有輕
咲之者當世世牙齒踈缺醜脣平鼻手脚繚
戾眼目角睞身體臭穢惡瘡膿血水腹短氣
諸惡重病是故普賢若見受持是經者當起
遠迎當如敬佛說是普賢勸發品時恒河沙
等无量无邊菩薩得百千億旋陁羅尼三千
大千世界微塵等諸菩薩具普賢道佛說是
經時普賢等諸菩薩舍利弗等諸聲聞及諸
天龍人非人等一切大會皆大歡喜受持佛
語作礼而去

妙法蓮華經卷第八

BD13838 號　妙法蓮華經（八卷本）卷八　（16–15）

大千世界微塵等諸菩薩具普賢道佛說是
經時普賢等諸菩薩舍利弗等諸聲聞及諸
天龍人非人等一切大會皆大歡喜受持佛
語作礼而去

妙法蓮華經卷第八

BD13838 號　妙法蓮華經（八卷本）卷八　（16–16）

BD13839 號背　現代護首　　（1–1）

BD13839 號　妙法蓮華經度量天地品　　（15–1）

妙法蓮華經度量天地品第廿九
尒時觀世音菩薩摩訶薩從座而起整理衣
服偏袒右肩頭面著地為佛作礼胡跪合掌
而白佛言世尊我无量諸菩薩并及一切諸
天人等以於佛前廣聞諸法教說妙法華經
心淨踊躍得未曾有重白世尊我常晝夜周
旋往返十方一切无量世界教化衆生未知
天地深淺近遠唯願世尊為我解說令我
大衆悉皆得聞
尒時佛告觀世音菩薩摩訶薩及於恒河沙
諸菩薩等汝今諦聽善思念之吾當為汝分
别解說如此大地深廿億万里次有鋼亦

BD13839號　妙法蓮華經度量天地品　（15–2）

旋往返十方一切无量世界教化衆生未知
天地深淺近遠唯願世尊為我解說令我
大衆悉皆得聞
尒時佛告觀世音菩薩摩訶薩及於恒河沙
諸菩薩等汝今諦聽善思念之吾當為汝分
别解說如此大地深廿億万里次有鋼亦
深十億万里次有金銀琉璃車𤦲馬瑙珊瑚
虎珀諸妙珎寶深卌億万里次有金粟深八
十億万里次有銀剛亦深八十億万里次有
銀粟深百億万里
次有金剛深二百億万里下有无緣大風輪
其天地不使傾動其大地者是天之梁棟
以故天下所有一切万物皆因於地及餘一
切山林江河大海小海坑澗井谷卉木藂林
藥草諸樹皆因地生長土山黑山小鐵圍山
及弥樓山金剛山須弥山等如是一切衆妙
寶山諸山中王四寶踊成高出一切諸妙寶
山皆因大地踊出珎寶而共合成又須弥山
王四寶踊成高出一切諸世間上
何等為四南名瑠璃西名頗梨北名馬瑙東
名黃金四寶光焰照曜四方天下衆生共相
瞻視謂名為天須弥山者是四天王主護世
四鎮依止而住何等為四須弥山南有无量
七寶宮殿去地百万里中有天王名毗留勒
叉身長卌里壽命八万七千歲衣食自然其
中男女壽命俱等亦身長卌里衣食自然閻
浮提内一切衆生有能受持三歸五戒孝養

BD13839號　妙法蓮華經度量天地品　（15–3）

四鎮依止而住何等為四須弥山南有无量
七寶宮殿去地百万里中有天王名毗留勒
叉身長卌里壽命八万七千歲衣食自然其
中男女壽命俱等亦身長卌里衣食自然閻
浮提內一切衆生有能受持三歸五戒孝養
父母恭敬師長奉持三尊无違失者得生其
中須弥山西亦有无量七寶宮殿去地百万
里中有天王名毗留博叉亦身長卌里壽命
八万七千歲衣食自然其中亦有男女身長
卌里閻浮提內一切衆生能受持三歸五戒
孝養父母奉事三尊者得生其中須弥山北
皆有无量七寶宮殿去地亦尒中有天王名
毗沙門身長卌里壽命八万七千歲亦衣食
自然其中亦有男女身長卌里閻浮提內一
切衆生有能受持三歸五戒孝養父母恭敬
師長奉事三尊者得生其中須弥山東有无
量七寶宮殿亦去地百万里中有天王名提
頭賴吒天王及諸男女壽命多少人身長短
及諸衣食皆悉同等閻浮提衆生有能修
行三歸五戒恭敬父母者得生其中轉輪
聖王所住之處亦有无量七寶宮殿去 地
百万里中有天王名毗留博叉亦身長 卌
里壽命八万七千歲衣食自然其中亦 有
男女身長卌里閻浮提內一切衆生 有能
受持三歸五戒孝養父母奉事三尊者得生
其中轉輪聖王所住之處亦有无量七寶宮
殿去地二百万里時轉輪王及諸男女并及

BD13839號　妙法蓮華經度量天地品　（15–4）

百万里中有天王名毗留博叉亦身長卌
里壽命八万七千歲衣食自然其中亦有
男女身長卌里閻浮提內一切衆生有能
受持三歸五戒孝養父母奉事三尊者得生
其中轉輪聖王所住之處亦有无量七寶宮
殿去地二百万里時轉輪王及諸男女并及
切切羣臣眷屬皆身長卌里壽命卌五万歲
衣食自然轉輪王及諸王子一切皆乘七寶
大鳥遊行四天下教化衆生一切衆生有能
受持三歸五戒修十善行不犯諸惡受持讀
誦妙法華經隨意所願得生其中亦身長卌
里壽命卌五万歲衣食自然无所乏少
須弥山上名忉利天此天第一壽命一劫其
中天人亦身長卌里一切皆受自然快樂衣
食自然閻浮提內一切衆生若有受持五戒
十善勤行精進供養諸佛受持讀誦妙法華
經晝夜一心護持經戒清淨具足无違失者
盡其壽命隨意所願得生其中亦受无量自
在快樂其第二天壽命二劫衣食自然其中
亦有男女身長卌里受持五戒十善得生
其中第三天壽命四劫衣食自然其中亦有
男女身長卌里受持五戒十善者得生其
中第四天壽命八劫衣食自然其中亦有男
女身長卌里受持五戒十善得生其中其
第五天壽命十六劫衣食自然其中亦有男
女身卌里受持五戒十善得生其中其第六
天壽命卅二劫衣食自然其中亦有男女身

BD13839號　妙法蓮華經度量天地品　（15–5）

中苐四天壽命八劫衣食自然其中亦有男
女身長廿里受持五戒十善得生其中其
苐五天壽命十六劫衣食自然其中亦有男
女身廿里受持五戒十善得生其中其苐六
天壽命卌二劫衣食自然其中亦有男女身
長廿里受持五戒十善得生其中其苐七天
壽命六十四劫其中天人見食即飽亦有男
女身長廿里受持五戒十善得生其中其苐
八天壽命一百廿八劫見食即飽其中亦有
男女身長廿里壽持五戒十善得生其中其
苐九天壽命二百五十六劫見食即飽其中
亦有男女身長廿里受持五戒十善得生其
中其苐十天壽命五百卌二劫見食即飽其
中亦有男女身長廿里受持五戒十善得生
其中其苐十一天壽命一千六十四劫見食即
飽其中亦有男女身長廿里受持五戒十善得
生其中其苐十二天壽命二千一百廿八劫聞
食即飽其中亦有男女身長廿里受持五戒十
善得生其中其苐十三天壽命四千四百劫聞
食即飽其中亦有男女身長廿里受持五戒
十善得生其中其苐十四天壽命一万劫聞
食即飽其中亦有男女身長廿里受持五戒
十善得生其中其苐十五天壽命二万劫聞
食即飽其中亦有男女身長廿里受持五
戒十善得生其中其苐十六天壽命四万
劫憶食即飽其中亦有男女身長廿里受
持五戒十善得生其中其苐十七天壽命八

BD13839 號　妙法蓮華經度量天地品　（15–6）

食即飽其中亦有男女身長廿里受持五戒
十善得生其中其苐十五天壽命二万劫聞
食即飽其中亦有男女身長廿里受持五
戒十善得生其中其苐十六天壽命四万
劫憶食即飽其中亦有男女身長廿里受
持五戒十善得生其中其苐十七天壽命八
万劫憶食即飽其中亦有男女身長廿里受
持五戒十善得生其中其苐十八天壽命八
万大劫憶食即飽其中亦有男女身長廿里
受持五戒十善得生其中
其苐十九天壽命三十二万劫憶食即飽其
中亦有男女身長廿里受持五戒十善得生
其中其苐廿天壽命六十四万劫其中天人
无有煩惱心身清淨无有所味著神通自
在无有障礙如諸菩薩同等无異其苐廿一
天乃至有頂天三十三天人唯有諸佛神王
金剛蜜迹等以為止住壽命劫數无量不可
思議
又忉利天相去地百万億由旬日月去地八十
億万里星宿去地七十億万里須弥山縱廣
三百三十六万里高下亦尒閻浮提福地亦
縱廣三百三十六万里西居耶尼縱廣四百
四十八万里北欝單越縱廣六百四十万里東
弗于逮縱廣五百五十三万里
金剛圍山高二百万里大鐵圍山高二百万
里小鐵圍山高一百廿万里其大海廣五壹
深三千里其小海廣一千五百里深一千里其

BD13839 號　妙法蓮華經度量天地品　（15–7）

四十八万里北鬱單越縱廣六百四十万里東
弗于逮縱廣五百五十三万里
金剛圍山高二百万
里小鐵圍山高一百廿万里其大海廣一千里
深三千里其小海廣一千五百里深一千里其
大江廣八十里深四十里小江廣卌里深廿里
其盟津廣三里深一里半
如是三千大千世界有百億大海江河各百
億四天王百億轉輪聖王百億忉利天乃至
各百億三十三天身長短壽劫數次第多狹
若有食不食見色聞憶悉同等无有異也
諸須弥山高下大小四方大地闊狹多少諸
鐵圍山及與大海小海江河高下深淺皆悉
同等无有別異日月去地亦復如是
又諸日月悉皆周圍一千七百里大星周圍
百廿里中星周圍八十里小星周圍卌五里
氷車火車亦周圍一千七百里天下四時冬天
轍寒夏天轍熱春秋調和何以故日行道冬行
南道夏行北道春秋行中道黃金水精爲日
白銀瑠璃爲月及餘星宿悉皆白銀諸星宿
上各各諸天皆自隨身隨星大小以爲居止
皆受快樂自在无礙黃金水精爲日夏天之
時水精盡退黃金正現火車助之其須弥山
有百億金剛皆共助熱夏行北道當人之上
是故天下悉皆大熱冬天之時穪去火車黃
金盡退水精正現氷車助之冬行南道氷山
之上是故天下悉皆大寒月在天中照曜天

BD13839號　妙法蓮華經度量天地品　（15–8）

時水精盡退黃金正現火車助之其須弥山
有百億金剛皆共助熱夏行北道當人之上
是故天下悉皆大熱冬天之時穪去火車黃
金盡退水精正現氷車助之冬行南道氷山
之上是故天下悉皆大寒月在天中照曜天
下一月之中而有生滅明時極明暗時極暗
所以者何白銀瑠璃爲月阿修輪王而與之白
以身手番覆轉側初生之時現於瑠璃少白
銀如是日月漸至十五日瑠璃隱沒白銀正現
是故天下一切皆明過十五日已漸漸而轉至
三十日白銀盡瑠璃正現是故天下悉皆大
暗
佛告觀世音菩薩天下一切四方衆生各有
差別汝今諦聽當爲汝說何以故閻浮提內
一切衆生身長八尺壽命百歲西瞿耶尼
衆生等身長十里壽命千二百歲北鬱單
越所有衆生身長廿里壽命千歲東弗于
逮衆生之類身長九里壽命五百歲閻浮
提內衆生多受苦惱多有憂悲煩惱患難
受百歲夜消其半長命者得壽命百歲
命者胞胎傷墮兼復中夭人生之時父母養
育年幾長大自將强健擔輕負重不自栽
量勤身苦務以自給濟如是日不自足衣不
蓋形食不充口兼復王調於時課願方復橫
爲水火之所焚漂劫奪如是憂惱勤苦无量
此中衆生雖受苦惱有能修行五戒十善受
持讀誦妙法華經勤修精進供養諸佛晝夜

BD13839號　妙法蓮華經度量天地品　（15–9）

量勤身苦務以自給濟如是日不自足衣不
蓋形食不充口兼復王調於時課傾方復横
為水火之所焚漂劫奪如是憂惱勤苦无量
此中衆生雖受苦惱有能修行五戒十善受
持讀誦妙法華經勤修精進供養諸佛晝夜
一心奉持經戒清淨具足无缺漏者因是果
報得成佛身
西居耶尼諸衆生等一切皆受无量快樂无
有一人苦惱者皆不由父母胞胎各各皆當
蓮華化生珂玻油衣食自然著體若食[illegible]有
七寶塔器所謂金銀琉璃車𤦲馬瑙珊瑚虎珀
諸妙珎寶如是之鉢隨其時節自然而現百
味天厨充滿其中馨香芬馥食之甘美身心柔
軟氣力調和身體平正端嚴俠妙聰明智慧
高才明達神通功德不可思議初生之時各各
皆有珂玻油衣在其體又其衣者隨身長
大至於年老不著餘衣如是清淨寶是大
樂
北欝單越一切衆生雖有男女无有婬欲男
從父膝而生女從母膝而生須衣架上而取
食有粳米飯皆長七寸隨其時節自生器
如是諸食不功力食之甘美氣力充實其身
體安寧无有病苦如是清淨亦為大樂東弗
婆提无量衆生雖為田殖耕種佐无有王調
於時課傾亦无寃家水火賊盗自佐自得无
有棄者如是安隱亦无憂惱
西瞿耶尼閻浮提內一切衆生[illegible]

BD13839 號　妙法蓮華經度量天地品　（15–10）

體安寧无有病苦如是清淨亦為大樂東弗
婆提无量衆生雖為田殖耕種佐无有王調
於時課傾亦无寃家水火賊盗自佐自得无
有棄者如是安隱亦无憂惱
西瞿耶尼閻浮提內一切衆生不問貧富貴
賤好醜有能端心捨家弃俗業行[illegible]行修四
過讃持禁戒清淨具足无缺漏者上品生蓮花
中證无生忍下品生隨意所願得生其中北欝
單越及閻浮提衆生亦復不問貧窮貴賤好
醜能修行受持五戒一月六齋一年三長齋供
養諸佛常无闕時修口攝意不犯五戒者盡
其壽命畢得往生東弗婆提閻浮提衆生亦
復不問貧富貴賤善惡好醜有能信心歸佛
菩薩兼持妙行現身捨凡超成佛果如是三
千大千世界百億閻浮提百億西瞿耶尼百
億北欝單越百億東弗婆提百億无量四方
衆生貧富貴賤善惡好醜衣食性分大小壽
命長短皆悉同等无有別異隨本業力生於
四方尒時世尊欲重宣此義而說偈言
佛告觀世音　及諸菩薩衆　并及於一切　諸天人民衆
汝等今諦聽　當為汝分別　令汝諸大衆　一切皆得聞
吾今說實事　勿得有疑惑　此大地深遠　二十億万里
次有香潤澤　亦二十万里　其次有雜寶　金銀及頗梨
車𤦲與馬瑙　玫瑰瑠璃珠　是諸珎寶等　四十億万里
金粟及銀粟　皆八十万億　銀粟百万億　金剛三百億
无極大風持　不使得傾動　如是諸大地　是天之梁柱
天下一切物　皆因衆[illegible]　一切著下流　大海[illegible]下海

BD13839 號　妙法蓮華經度量天地品　（15–11）

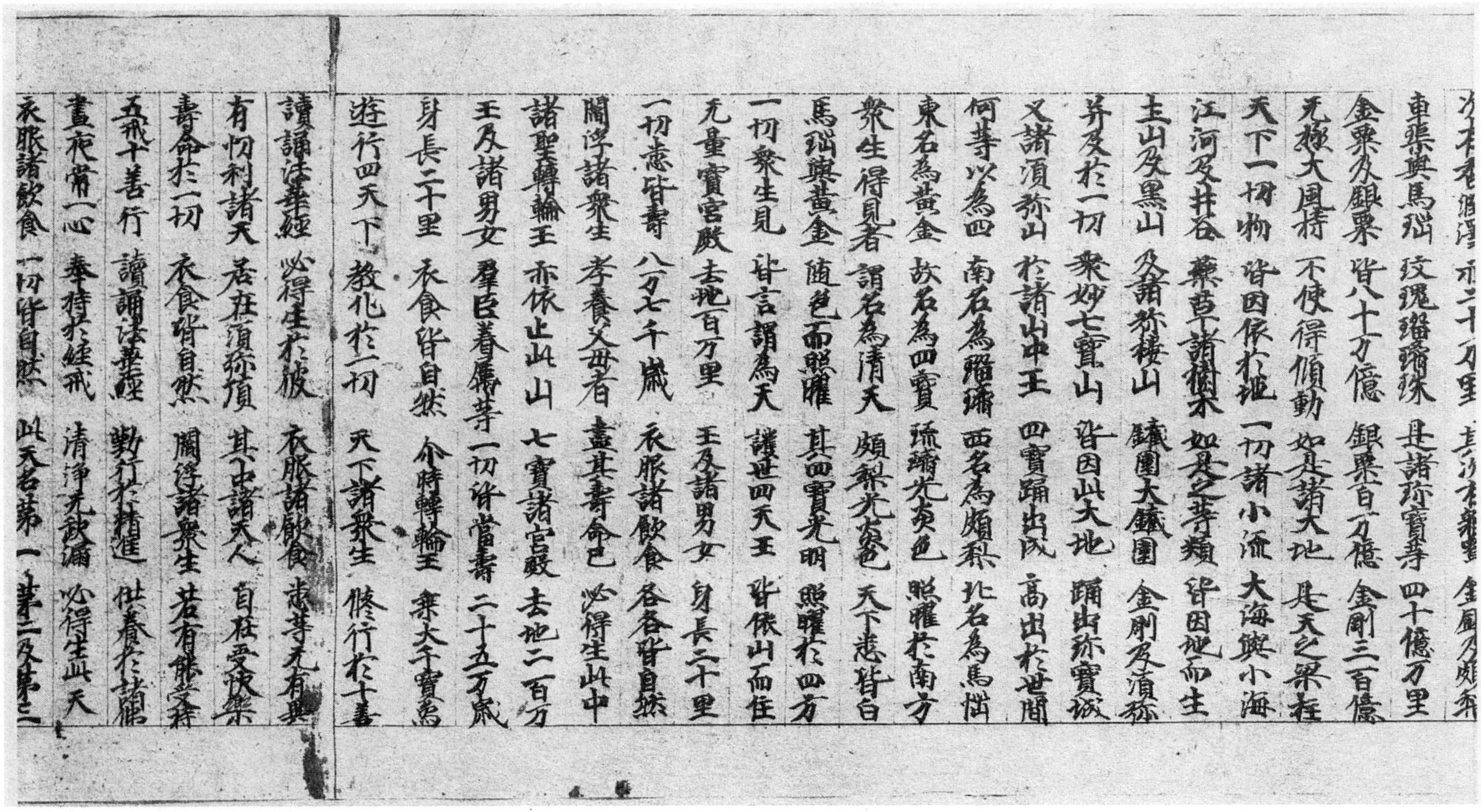

次有香酒海 亦二十万里 其次有雜寶 金剛及頗梨
車璖與馬瑙 玫瑰瑠璃珠 是諸珎寶等 四十億万里
金粟及銀粟 皆八十万億 銀粟百万億 金剛三百億
无極大風持 不使得傾動 如是諸大地 是天之界極
天下一切物 皆因依於地 一切諸小流 大海與小海
江河及井谷 藥草諸樹木 如是之等類 皆因地而生
土山及黑山 及諸弥樓山 鐵圍大鐵圍 金剛及須弥
并及於一切 衆妙七寶山 皆因此大地 踊出弥寶城
又諸須弥山 於諸山中王 四寶踊出成 高出於世間
何等以為四 南名為瑠璃 西名為頗梨 北名為馬瑙
東名為黃金 故名為四寶 琉璃光靑色 照曜於南方
衆生得見者 謂名為清天 頗梨光白色 天下悉皆白
馬瑙與黃金 隨色而照曜 其四寶光明 照曜於四方
一切衆生見 皆言謂為天 護世四天王 皆依山而住
无量寶宮殿 去地百万里 王及諸男女 身長二十里
一切悉皆壽 八万七千歲 衣服諸飲食 各各皆自然
閻浮諸衆生 孝養父母者 盡其壽命已 必得生此中
諸聖轉輪王 亦依止此山 七寶諸宮殿 去地二百万
王及諸男女 群臣眷屬等 一切皆當壽 二十五万歲
身長二十里 衣食皆自然 今時轉輪王 乘大千寶為
遊行四天下 教化於一切 天下諸衆生 脩行於十善
讀誦法華經 必得生於彼 衣服諸飲食 悉等无有異
有悕利諸天 居在須弥頂 其中諸天人 自在受快樂
壽命於一切 衣食皆自然 閻浮諸衆生 若有能受持
五戒十善行 讀誦法華經 勤行於精進 供養於諸佛
晝夜常一心 奉持於經戒 清淨无缺漏 必得生此天
衣服諸飲食 一切皆自然 此天名第一 第二及第三

BD13839號　妙法蓮華經度量天地品　（15–12）

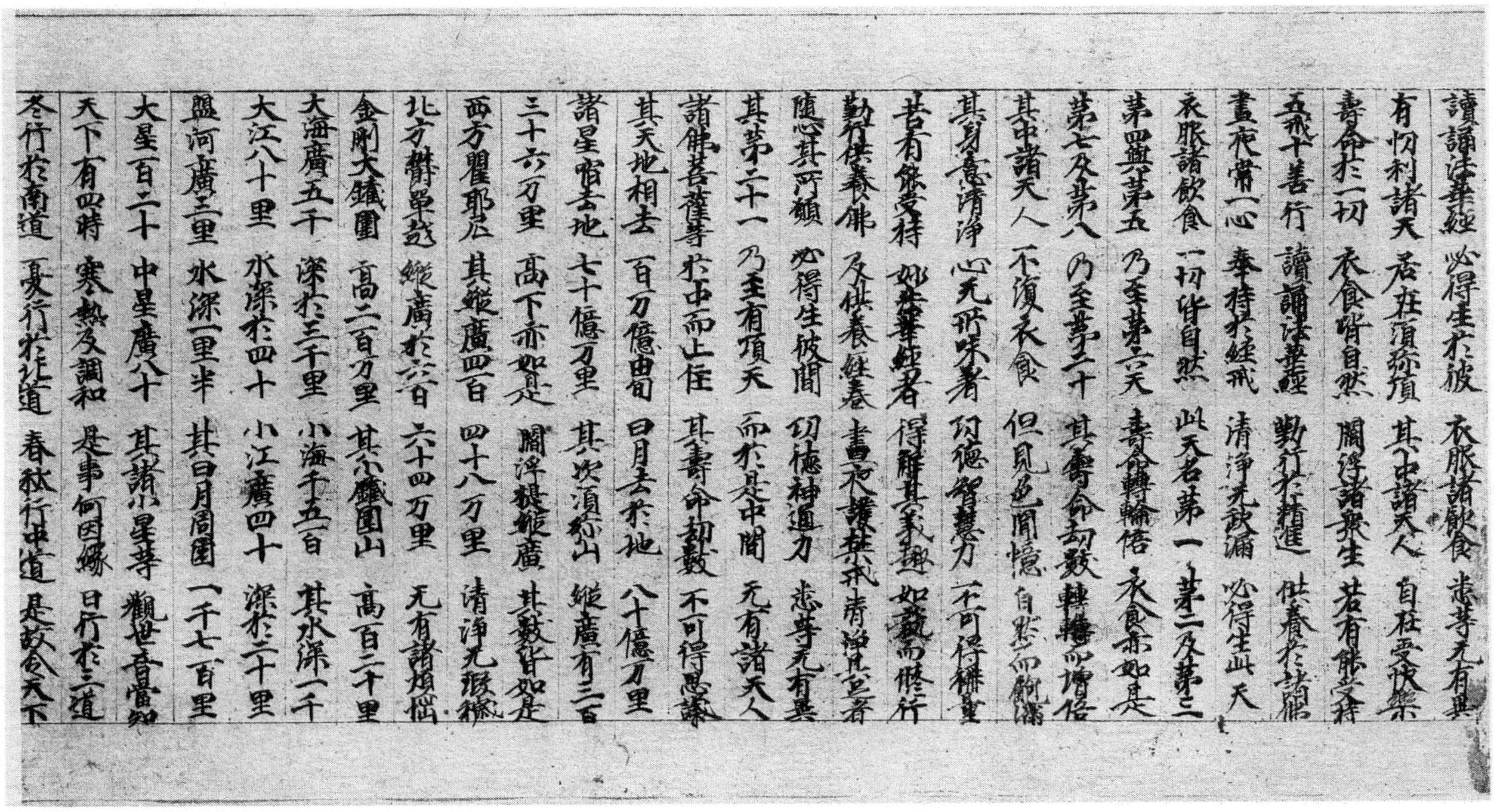

讀誦法華經 必得生於彼 衣服諸飲食 悉等无有異
有悕利諸天 居在須弥頂 其中諸天人 自在受快樂
壽命於一切 衣食皆自然 閻浮諸衆生 若有能受持
五戒十善行 讀誦法華經 勤行於精進 供養於諸佛
晝夜常一心 奉持於經戒 清淨无缺漏 必得生此天
衣服諸飲食 一切皆自然 此天名第一 第二及第三
第四與第五 乃至第六天 壽命轉輪倍 衣食亦如是
第七及第八 乃至第二十 其壽命劫數 轉轉而增倍
其中諸天人 不復衣食 但見色聞憶 自然而飽滿
其身意清淨 心无所味著 功德智慧力 不可得稱量
若有能受持 妙法華經者 得解其義趣 如說而脩行
勤行供養佛 及供養經卷 晝夜護持戒 清淨其意者
隨心其所願 必得生彼間 功德神通力 悉等无有異
其第二十一 乃至有頂天 而於是中間 无有諸天人
諸佛菩薩等 於中而止住 其壽命劫數 不可得思議
其天地相去 百万億由旬 日月去於地 八十億万里
諸星宿去地 七十億万里 其次須弥山 縱廣有三百
三十六万里 高下亦如是 閻浮提縱廣 其數皆如是
西方瞿耶尼 其縱廣四百 四十八万里 清淨无瑕穢
北方鬱單越 縱廣於六百 六十四万里 无有諸煩惱
金剛大鐵圍 高二百万里 其小鐵圍山 高百二十里
大海廣五千 深於三千里 小海千五百 其水深一千
大江八十里 水深於四十 小江廣四十 深於二十里
盟河廣三里 水深一里半 其日月周圍 一千七百里
大星百二十 中星廣八十 其諸小星等 觀世音當知
天下有四時 寒熱及調和 是事何因緣 日行於三道
冬行於南道 夏行於北道 春秋行中道 是故令天下

BD13839號　妙法蓮華經度量天地品　（15–13）

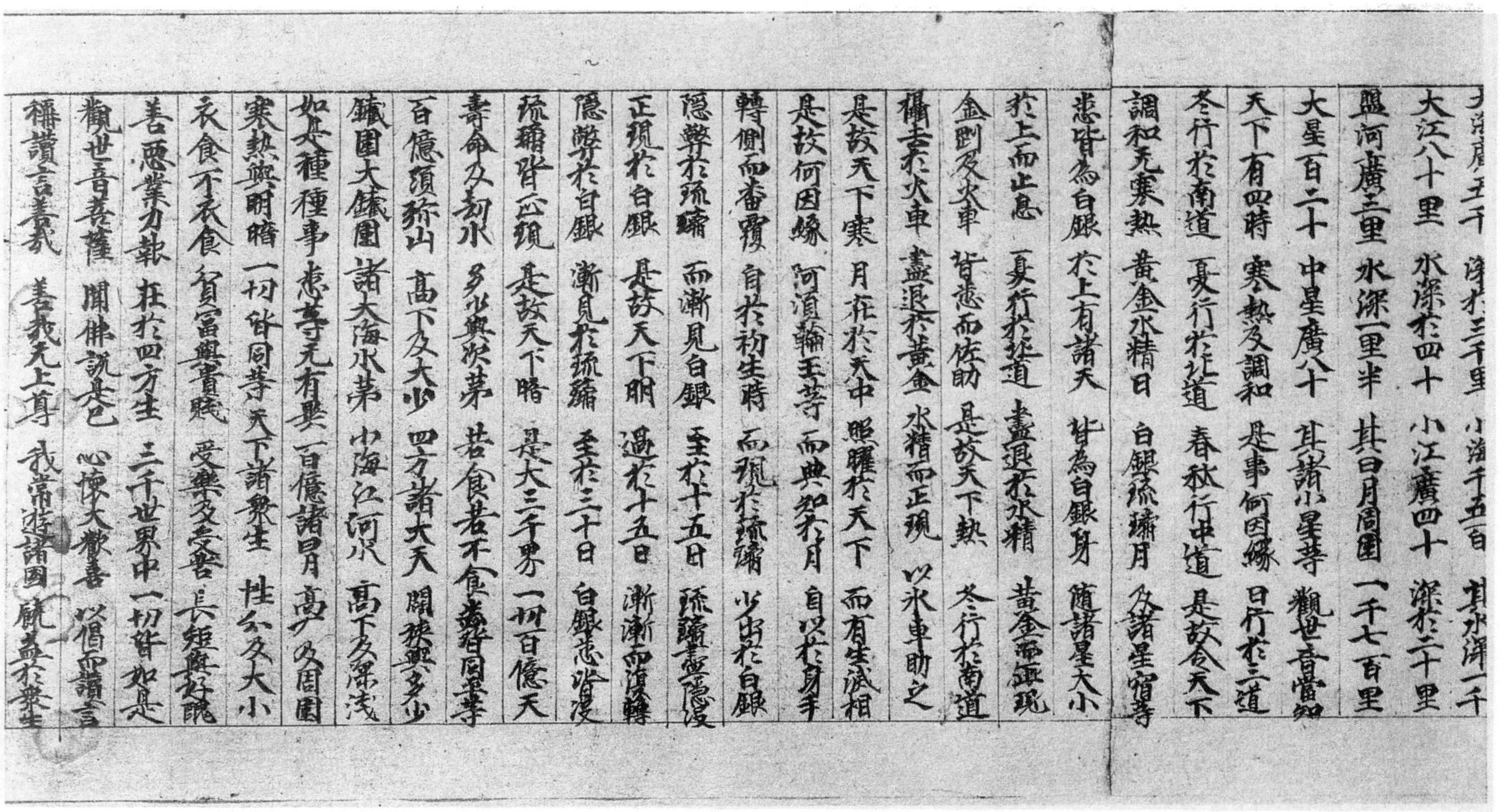
大海廣五千 深於三千里 小海廣千五百 其水深一千
大江八十里 水深於四十 小江廣四十 深於二十里
恒河廣三里 水深一里半 其日月周圍 一千七百里
大星百二十 中星廣八十 其諸小星等 觀世音當知
天下有四時 寒熱及調和 是事何因緣 日行於三道
冬行於南道 夏行於北道 春秋行中道 是故令天下
調和无寒熱 黃金水精日 白銀琉璃月 及諸星宿等
悉皆為白銀 於上有諸天 皆為白銀身 隨諸星大小
於上而止息 夏行於北道 盡退於水精 黃金而正現
金剛及火車 皆悉而依助 是故天下熱 冬行於南道
攝去於火車 盡退於黃金 水精而正現 以氷車助之
是故天下寒 月在於天中 照曜於天下 而有生滅相
是故何因緣 阿須輪王等 而與知於月 自以於身手
轉側而奄覆 自於初生時 而現於琉璃 少出於白銀
隱弊於琉璃 而漸見白銀 至於十五日 琉璃盡隱沒
正現於白銀 是故天下明 過於十五日 漸漸而復轉
隱弊於白銀 漸見於琉璃 至於三十日 白銀悉皆沒
琉璃皆正現 是故天下暗 是大三千界 一切百億天
壽命及劫水 多少與次第 若食若不食 為皆同平等
百億須弥山 高下及大少 四方諸大天 闊狹與多少
鐵圍大鐵圍 諸大海水等 小海江河水 高下及深淺
如是種種事 悉等无有異 百億諸日月 高下及周圍
寒熱與明暗 一切皆同等 天下諸衆生 性分及大小
衣食不衣食 貧富與貴賤 受樂及受苦 長短與好醜
善惡業力報 往於四方生 三千世界中 一切皆如是
觀世音菩薩 聞佛說是已 心懷大歡喜 以偈而讚言
稱讚言善哉 善哉无上尊 我常遊諸國 饒益於衆生

BD13839 號　妙法蓮華經度量天地品　（15–14）

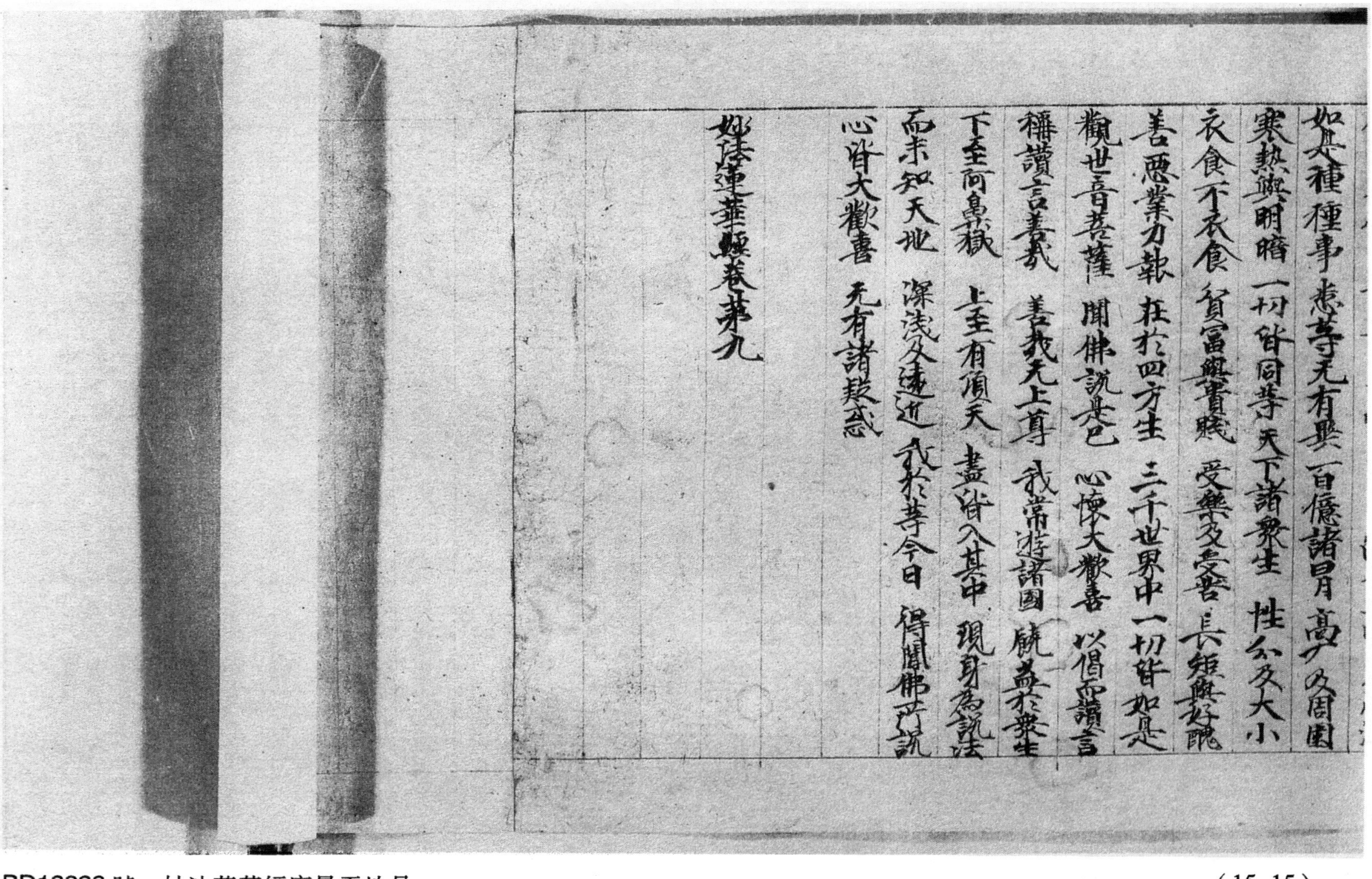
如是種種事 悉等无有異 百億諸日月 高下及周圍
寒熱與明暗 一切皆同等 天下諸衆生 性分及大小
衣食不衣食 貧富與貴賤 受樂及受苦 長短與好醜
善惡業力報 往於四方生 三千世界中 一切皆如是
觀世音菩薩 聞佛說是已 心懷大歡喜 以偈而讚言
稱讚言善哉 善哉无上尊 我常遊諸國 饒益於衆生
下至阿鼻獄 上至有頂天 盡皆入其中 現身為說法
而未知天地 深淺及遠近 我於等今日 得聞佛所說
心皆大歡喜 无有諸疑惑

妙法蓮華經卷第九

BD13839 號　妙法蓮華經度量天地品　（15–15）

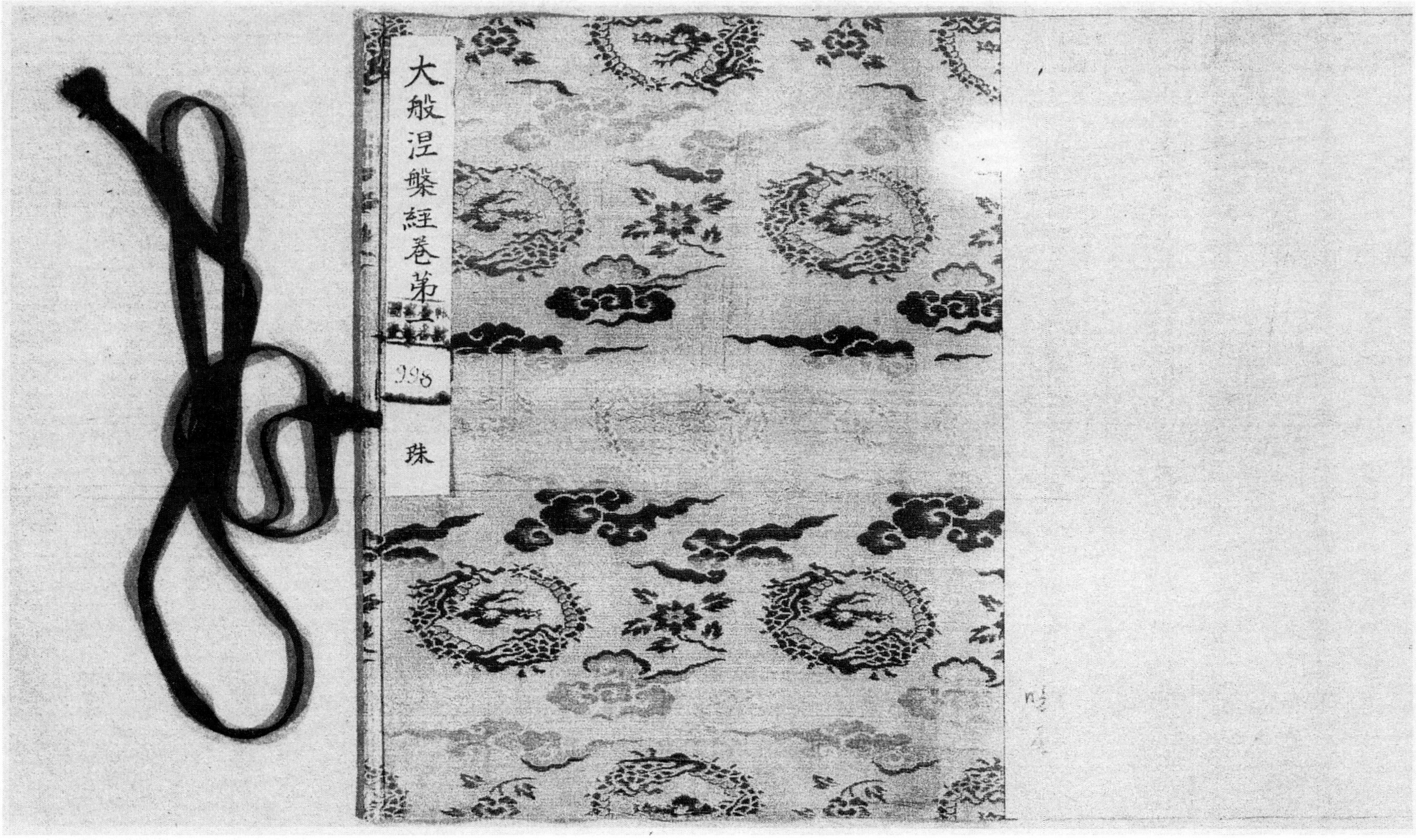

BD13840 號背　現代護首　　　　（1–1）

BD13840 號　大般涅槃經（北本）卷一　　　　（26–1）

大般涅槃經壽命品第一
如是我聞一時佛在拘尸那國力士生地阿
利羅跋提河邊娑羅雙樹間尒時世尊與大
比丘八十億百千人俱前後圍遶二月十五
日臨涅槃時以佛神力出大音聲其聲遍滿
乃至有頂隨其類音普告衆生今日如來應
正遍知憐愍衆生覆護衆生等視衆生如羅
睺羅爲作歸依屋舍室宅大覺世尊將欲涅
槃一切衆生若有所疑今悉可問爲最後問
尒時世尊於晨朝時從其面門放種種光其
明雜色青黃赤白頗梨馬瑙光遍照此三千
大千佛之世界乃至十方亦復如是其中所
有六趣衆生遇斯光者罪垢煩惱一切消除
是諸衆生見聞是已心大愁憂同時舉聲悲
啼號哭嗚呼慈父痛哉苦哉舉手拍頭搥胸
叫喚其中或有身體戰慄涕泣哽咽尒時大

BD13840號　大般涅槃經（北本）卷一　（26–2）

明雜色青黃赤白頗梨馬瑙光遍照此三千
大千佛之世界乃至十方亦復如是其中所
有六趣衆生遇斯光者罪垢煩惱一切消除
是諸衆生見聞是已心大愁憂同時舉聲悲
啼號哭嗚呼慈父痛哉苦哉舉手拍頭搥胸
叫喚其中或有身體戰慄涕泣哽咽尒時大
地諸山大海皆悉震動時諸衆生共相謂言
且各裁抑莫大愁苦當疾往詣拘尸那城力
士生處至如來所頭面礼敬勸請如來莫般
涅槃住世一劫若減一劫互相執手復作是
言世間空虛衆生福盡不善諸業增長出世
仁等今當速往速往如來不久必入涅槃復
作是言世間空虛世間空虛我等從今無有
救護無所宗仰貧窮孤露一旦遠離無上世
尊設有疑惑當復問誰時有無量諸大弟子
尊者摩訶迦旃延尊者薄拘羅尊者優波難
陁如是等諸大比丘遇佛光者其身戰掉乃
至大動不能自持心濁迷悶發聲大喚生如
是等種種苦惱尒時復有八十百千諸比丘
等皆阿羅漢心得自在所作已辦離諸煩惱
調伏諸根如大龍王有大威德成就空慧逮
得己利如栴檀林栴檀圍遶如師子王師子
圍遶成就如是無量功德一切皆是佛之真
子於其晨朝日始初出離常住處當楊枝時
遇佛光明並相謂言仁等速疾澡口漱手作
是言已舉身毛竪遍體血現如波羅奢華涕
泣盈目生大苦惱爲欲利益安樂衆生成就

BD13840號　大般涅槃經（北本）卷一　（26–3）

圍遶成就如是無量功德一切皆是佛之真
子於其晨朝日始初出離常住處嚼楊枝時
遇佛光明並相謂言仁等速疾漱口澡手作
是言已舉身毛竪遍體血現如波羅奢華涕
泣盈目生大苦惱為欲利益安樂衆生成就
大乘第一空行顯發如來方便密教為不斷
絕種種說法為諸衆生調伏因緣故疾至佛
所稽首佛足遶百千匝合掌恭敬却坐一面
尒時復有拘陀羅女善賢比丘尼優波難陀
比丘尼海意比丘尼與六十億比丘尼等一
切亦是大阿羅漢諸漏已盡心得自在所作
已辦離諸煩惱調伏諸根猶如大龍有大威
德成就空慧亦於晨朝日初出時舉身毛竪
遍體血現如波羅奢華涕泣盈目生大苦惱
亦欲利益安樂衆生成就大乘第一空行顯
發如來方便密教為不斷絕種種說法為諸
衆生調伏因緣故疾至佛所稽首佛足遶百
千匝合掌恭敬却坐一面於比丘尼衆中復
有諸比丘尼皆是菩薩人中之龍位階十地
安住不動為化衆生現受女身而常修習四
無量心得自在力能化作佛尒時復有一恒
河沙菩薩摩訶薩人中之龍位階十地安住
不動方便現身其名曰海德菩薩無盡意菩
薩如是等菩薩摩訶薩而為上首其心皆悉
敬重大乘安住大乘深解大乘愛樂大乘守
護大乘善能隨順一切世間作是誓言諸未
度者當令得度已於過去無數劫中修持淨

BD13840號　大般涅槃經（北本）卷一　　（26–4）

不動方便現身其名曰海德菩薩無盡意菩
薩如是等菩薩摩訶薩而為上首其心皆悉
敬重大乘安住大乘深解大乘愛樂大乘守
護大乘善能隨順一切世間作是誓言諸未
度者當令得度已於過去無數劫中修持淨
戒善持所行解未解者紹三寶種使不斷絕
於未來世當轉法輪以大莊嚴而自莊嚴成
就如是無量功德等觀衆生如視一子亦於
晨朝日初出時遇佛光明舉身毛竪遍體血
現如波羅奢華涕泣盈目生大苦惱亦為利
益安樂衆生成就大乘第一空行顯發如來
方便密教為不斷絕種種說法為諸衆生調
伏因緣故疾至佛所稽首佛足遶百千匝合
掌恭敬却坐一面尒時復有二恒河沙等諸
優婆塞受持五戒威儀具足其名曰威德無
垢稱王優婆塞善德優婆塞等而為上首深
樂觀察諸對治門所謂苦樂常無常淨不淨
我無我實不實歸依非歸依衆生非衆生恒
非恒安非安為無為斷不斷涅槃非涅槃增
上非增上常樂觀察如是等法對治之門亦
欲樂聞無上大乘如所聞已能為他說善持
淨戒渴仰大乘既自充足復能充足餘渴仰
者善能攝取無上智慧愛樂大乘守護大乘
善能隨順一切世間度未度者解未解者紹
三寶種使不斷絕於未來世當轉法輪以大
莊嚴而自莊嚴心常深味清淨戒行悉能成
就如是功德於諸衆生生大悲心平等無二

BD13840號　大般涅槃經（北本）卷一　　（26–5）

者善能攝取無上智慧愛樂大乘守護大乘
善能隨順一切世間度未度者解未解者紹
三寶種使不斷絕於未來世當轉法輪以大
莊嚴而自莊嚴心常深味清淨戒行悉能成
就如是功德於諸眾生生大悲心平等無二
如視一子亦於晨朝日初出時為欲闍毗如
來身故人人各取香木万束栴檀沈水牛頭
栴檀天木香等是一一木文理及附皆有七
寶微妙光明譬如種種雜綵畫飾以佛力故
有是妙色青黃赤白為諸眾生之所樂見諸
木皆以種種香塗鬱金沈水及膠香等散以
諸華而為莊嚴優鉢羅華拘物頭華波頭摩
華分陀利華諸香木上懸五色幡柔軟微妙
猶如天衣憍奢耶衣芻摩繒綵是諸香木載
以寶車是諸寶車出種種光青黃赤白轅插
皆以七寶廁填是一一車駕以四馬是一一
馬駿疾如風一一車前竪五十七寶妙幢
真金羅網彌覆其上一一寶車復有五十微
妙寶蓋一一車上垂諸華鬘優鉢羅華拘物
頭華波頭摩華分陀利華其華純以真金為
葉金剛為臺是華臺中多有黑蜂遊集其中
歡娛受樂又出妙音所謂無常苦空無我是
音聲中復說菩薩本所行道復有種種歌舞
伎樂箏笛箜篌簫瑟鼓吹是樂音中復出是
言苦哉苦哉世間空虛一一車前有優婆塞
擎四寶案是諸案上有種種華優鉢羅華拘
物頭華波頭摩華分陀利華鬱金諸香及

BD13840號　大般涅槃經（北本）卷一　（26-6）

伎樂箏笛箜篌簫瑟鼓吹是樂音中復出是
言苦哉苦哉世間空虛一一車前有優婆塞
擎四寶案是諸案上有種種華優鉢羅華拘
物頭華波頭摩華分陀利華鬱金諸香及
餘薰香微妙第一諸優婆塞為佛及僧辦諸食
具種種備足皆是栴檀沈水香薪八功德水
之所成熟其食甘美有六種味一苦二醋三
甘四辛五鹹六淡復有三德一者輕軟二者
淨潔三者如法作如是等種種莊嚴至力士
生處娑羅雙樹間復以金沙遍布其地以迦
陵伽衣欽婆羅衣及繒綵衣而覆沙上周匝
遍滿十二由旬為佛及僧敷置七寶師子之
座其座高大如須彌山是諸座上皆有寶帳
垂諸瓔珞諸娑羅樹悉懸種種微妙幡蓋種
種好香以塗樹身種種名華以散樹間諸優
婆塞各作是念一切眾生若有所乏須食與
食須飲與飲須頭與頭須目與目隨諸眾生
所須之物皆悉給與作是施時離欲瞋恚穢
濁毒心無餘思惟求世福樂唯期無上清淨
菩提是優婆塞等皆已安住於菩提道復作
是念如來今者受我食已當入涅槃作是念
已身毛皆竪遍體血現如波羅奢華涕泣盈
目生大苦惱各各齎持供養之具載以寶車
香木幢幡寶蓋飲食疾至佛所稽首佛足以
其所持供養之具供養如來遶百千匝舉聲
號泣哀動天地椎胸大叫淚下如雨復相謂
言苦哉仁者世間空虛世間空虛便自舉身

BD13840號　大般涅槃經（北本）卷一　（26-7）

香木[illegible]稽首佛足以
其所持供養之具供養如來遶百千匝舉聲
號泣哀動天地推胸大叫淚下如雨復相謂
言苦哉仁者世間空虛世間空虛便自舉身
投如來前而白佛言唯願如來哀受我等最
後供養世尊知時嘿然不受如是三請悉皆
不許諸優婆塞不果所願心懷悲惱嘿然而
住猶如慈父唯有一子卒病喪亡送其屍骸
置於冢間歸還悵恨愁憂苦惱諸優婆塞憂
愁苦惱亦復如是以諸供具安置一處却在
一面嘿然而坐
尒時復有三恒河沙諸優婆夷受持五戒威
儀具足其名曰壽德優婆夷德鬘優婆夷毗
舍佉優婆夷等八万四千而為上首悉能堪
任護持正法為度無量百千衆生故現女身
呵責家法自觀己身如四毒虵是身常為無
量諸虫之所唼食是身臭穢貪欲獄縛是身
可惡猶如死狗是身不淨九孔常流是身如
城血肉筋骨皮裹其上手足以為却敵樓櫓
目為竅孔頭為殿堂心王處中如是身城諸
佛世尊之所棄捨凡夫愚人常所味著貪婬
瞋恚愚癡羅刹止住其中是身不堅猶如蘆
葦伊蘭水沫芭蕉之樹是身無常念念不住
猶如電光暴水幻炎亦如畫水隨畫隨合是
身易壞猶如河岸臨峻大樹是身不久當為
狐狼鵄梟鵰鷲烏鵲餓狗之所食噉誰有智
者當樂此身寧以牛跡盛大海水不能具說

BD13840號　大般涅槃經（北本）卷一　（26–8）

葦伊蘭水沫芭蕉之樹是身無常念念不住
猶如電光暴水幻炎亦如畫水隨畫隨合是
身易壞猶如河岸臨峻大樹是身不久當為
狐狼鵄梟鵰鷲烏鵲餓狗之所食噉誰有智
者當樂此身寧以牛跡盛大海水不能具說
是身無常不淨臭穢寧丸大地使如棗等漸
漸轉小猶葶藶子乃至微塵不能具說是身
過患是故當捨如棄涕唾以是因緣諸優婆
夷以空無相無願之法常脩其心深樂諮受
大乘經典聞已亦能為他演說護持本願毀
呰女身甚可患厭性不堅牢心常脩習如是
正觀破壞生死無際輪轉渴仰大乘既自充
足復能充足餘渴仰者深樂大乘守護大乘
雖現女身實是菩薩善能隨順一切世間度
未度者解未解者紹三寶種使不斷絕於未
來世當轉法輪以大莊嚴而自莊嚴堅持禁
戒皆悉成就如是功德於諸衆生生大悲心
平等無二如視一子亦於晨朝日初出時各
相謂言今日宜應至雙樹間諸優婆夷所設
供具倍勝於前持至佛所稽首佛足遶百千
匝而白佛言世尊我等今者為佛及僧辦諸
供具唯願如來哀受我供如來嘿然而不許
可諸優婆夷不果所願心懷惆悵却住一面
尒時復有四恒河沙毗耶離城諸離車等男
女大小妻子眷屬及閻浮提諸王眷屬為求
法故善脩戒行威儀具足摧伏異學壞正法
者常相謂言我等當以金銀倉庫為令甘

BD13840號　大般涅槃經（北本）卷一　（26–9）

[illegible]一面
尒時復有四恒河沙毗耶離城諸離車等男
女大小妻子眷屬及閻浮提諸王眷屬為求
法故善脩戒行威儀具足摧伏異學壞正法
者常相謂言我等當以金銀倉庫為令甘露
無盡正法深奧之藏久住於世願令我等常
得脩學若有誹謗佛正法者當斷其舌復作
是願若有出家毀禁戒者我當罷令還俗策
使有能深樂護持正法我當敬重如事父母
若有衆僧能脩正法我當隨喜令得勢力常
欲樂聞大乘經典聞已亦能為人廣說皆悉
成就如是功德其名曰淨無垢藏離車子淨
不放逸離車子恒水無垢淨德離車子如是
等各相謂言仁等今可速往佛所所辦供養
種種具足一一離車各嚴八万四千大象八
万四千四馬寶車八万四千明月寶珠天木
栴檀沉水薪束種種各有八万四千一一象
前有寶幢幡蓋其蓋小者周匝縱廣滿一由
旬幡最短者長三十二由旬寶幢卑者高百
由旬持如是等供養之具往至佛所稽首佛
足遶百千匝而白佛言世尊我等今者為佛
及僧辦諸供具唯願如來哀受我供如來嘿
然而不許可諸離車等不果所願心懷悲惱
以佛神力去地七多羅樹於虛空中嘿然而
住尒時復有五恒河沙大臣長者敬重大乘
若有異學謗正法者是諸人等力能摧伏猶
如雹雨摧折草木其名曰日光長者護世長
者護法長者如是之等而為上首所設供具

BD13840號　大般涅槃經（北本）卷一　（26–10）

以佛神力去地七多羅樹於虛空中嘿然而
住尒時復有五恒河沙大臣長者敬重大乘
若有異學謗正法者是諸人等力能摧伏猶
如雹雨摧折草木其名曰日光長者護世長
者護法長者如是之等而為上首所設供具
五倍於前俱共往詣娑羅雙樹間稽首佛足
遶百千匝而白佛言世尊我等今者為佛及
僧設諸供具唯願哀愍受我等供如來嘿然
而不受之諸長者等不果所願心懷悲惱以
佛神力去地七多羅樹於虛空中嘿然而住
尒時復有毗舍離王及其後宮夫人眷屬閻
浮提內所有諸王除阿闍世并及城邑聚落
人民其名曰月無垢王等各嚴四兵欲往佛
所是一一王各有一百八十万億人民眷屬
是諸車兵駕以象馬象有六牙馬疾如風莊
嚴供具六倍於前寶蓋之中有極小者周匝
從廣滿八由旬幡最短者十六由旬寶幢卑
者卅六由旬是諸王等皆以安住於正法中
惡賤邪法敬重大乘深樂大乘憐愍衆生等
如一子所持飲食香氣流布滿四由旬亦於
晨朝日初出時持種種上妙甘饍詣雙樹
間至如來所而白佛言世尊我等為佛及比
丘僧設是供具唯願如來哀愍受我最後供
養如來知時亦不許可是諸王等不果所願
心懷愁惱却住一面
尒時復有七恒河沙諸王夫人唯除阿闍世
王夫人為度衆生現受女身常觀身行以空

BD13840號　大般涅槃經（北本）卷一　（26–11）

丘僧設是供具唯願如來哀受我等最後供
養如來知時亦不許可是諸王等不果所願
心懷愁惱却住一面
尒時復有七恒河沙諸王夫人唯除阿闍世
王夫人爲度衆生現受女身常觀身行以空
無相無願之法勲脩其心其名曰三界妙夫
人愛徳夫人如是等諸王夫人皆悉安住於
正法中脩行禁戒威儀具足憐愍衆生等如
一子各相謂言今宜速往詣世尊所諸王夫
人所設供養七倍於前香華寶幢繒綵幡蓋
上妙飲食寶蓋小者周迊縱廣十六由旬幡
冣短者三十六由旬寶幢卑者六十八由旬
飲食香氣周遍流布滿八由旬持如是等供
養之具往如來所稽首佛足遶百千迊而白
佛言世尊我等爲佛及比丘僧設是供具唯
願如來哀愍受我冣後供養如來知時嘿然
不受時諸夫人不果所願心懷愁惱自㧞頭
髮搥胷大哭猶如新喪所愛之子却在一面
嘿然而住
尒時復有八恒河沙諸天女等其名曰廣目
天女而爲上首作如是言汝等諸姊諦觀諦
觀是諸人衆所設種種上妙供具欲供如來
及比丘僧我等亦當如是嚴設微妙供具供
養如來如來受已當入涅槃諸姊諸佛如來
出世甚難冣後供養亦復倍難若佛涅槃
世間空虛是諸天女愛樂大乘欲聞大乘聞已
亦能爲人廣説渴仰大乘既自充足復能充

BD13840 號　大般涅槃經（北本）卷一　（26–12）

及比丘僧我等亦當如是嚴設微妙供具供
養如來如來受已當入涅槃諸姊諸佛如來
出世甚難冣後供養亦復倍難若佛涅槃
世間空虛是諸天女愛樂大乘欲聞大乘聞已
亦能爲人廣説渴仰大乘既自充足復能充
足餘渴仰者守護大乘若有異學憎嫉大乘
勢能摧滅如雹摧草護持戒行威儀具足善
能隨順一切世間度未度者脫未脫者於未
來世當轉法輪紹三寶種使不斷絶脩學大
乘以大莊嚴而自莊嚴成就如是無量功德
等慈衆生如視一子亦於晨朝日初出時各
取種種天木香等倍於人間所有香木其木
香氣能滅人中種種臭穢白車白蓋駕四白
馬一一車上皆張白帳其帳四邊懸諸金鈴
種種香華寶幢幡蓋上妙甘膳種種伎樂敷
師子座其座四足純紺瑠璃於其座後各各
皆有七寶倚牀一一座前復有金机復以七
寶而爲燈樹種種寶珠以爲燈明微妙天華
遍布其地是諸天女設是供已心懷哀慼涕
淚交流生大苦惱亦爲利益安樂衆生成就
大乘第一空行顯發如來方便密教亦爲不
斷種種説法往詣佛所稽首佛足遶百千迊
而白佛言世尊唯願如來哀受我等冣後供
養如來知時嘿然不受諸天女等不果所願
心懷愁惱却在一面嘿然而住
尒時復有九恒河沙諸龍王等住於四方其
名曰和脩吉龍王難陀龍王婆難陀龍王而

BD13840 號　大般涅槃經（北本）卷一　（26–13）

而白佛言世尊唯願如來哀受我等最後供
養如來知時嘿然不受諸天女等不果所願
心懷愁惱却在一面嘿然而住
尒時復有九恒河沙諸龍王等住於四方其
名曰和脩吉龍王難陁龍王婆難陁龍王而
為上首是諸龍王亦於晨朝日初出時設諸
供具倍於人天持至佛所稽首佛足遶百千
匝而白佛言唯願如來哀受我等最後供養
如來知時嘿然不受是諸龍王不果所願心
懷愁惱却住一面
尒時復有十恒河沙等諸鬼神王毗沙門王
而為上首各相謂言仁等今者可速詣佛所
設供具倍於諸龍持詣佛所稽首佛足遶百
千匝而白佛言唯願如來哀受我等最後供
養如來知時嘿然不許是諸鬼王不果所願
心懷愁惱却住一面
尒時復有廿恒河沙金翅鳥王降怨鳥王而
為上首復有卅恒河沙乾闥婆王那羅達王
而為上首復有卌恒河沙緊那羅王善見王
而為上首復有五十恒河沙摩睺羅伽王大
善見王而為上首復有六十恒河沙阿脩羅
王睒婆利王而為上首復有七十恒河沙陁
那婆王無垢河水王跋提達多王等而為上
首復有八十恒河沙等羅剎王可畏王而為
上首捨離惡心更不食人於怨憎中生慈悲
心其形醜陋以佛神力皆悉端政復有九十
恒河沙樹林神王樂香王而為上首復有

BD13840號　大般涅槃經（北本）卷一　（26–14）

首復有八十恒河沙等羅剎王可畏王而為
上首捨離惡心更不食人於怨憎中生慈悲
心其形醜陋以佛神力皆悉端政復有九十
恒河沙樹林神王樂香王而為上首復有千
恒河沙持呪王大幻持呪王而為上首復有
一億恒河沙貪色鬼魅善見王而為上首復
有百億恒河沙天諸婇女藍婆女欝婆尸女
帝路沾女毗舍佉女而為上首復有千億恒
河沙地諸鬼王白濕王而為上首復有十万
億恒河沙等諸天子及諸天王四天王等復
有十万億恒河沙等四方風神吹諸樹上時
非時華散雙樹間復有十万億恒河沙澍雲
雨神皆作是念如來涅槃焚身之時我當澍
雨令火時滅衆中熱悶為作清涼復有廿恒
河沙大香象王羅睺象王金色象王甘味象
王紺眼象王欲香象王等而為上首敬重大
乘愛樂大乘知佛不久當般涅槃各各拔取
無量無邊諸妙蓮華來至佛所頭面禮佛却
住一面復有廿恒河沙等師子獸王師子吼
王而為上首施與一切衆生無畏持諸華菓
來至佛所稽首佛足却住一面復有廿恒河
沙等諸飛鳥王鳬鴈鴛鴦孔雀諸鳥揵闥
婆鳥迦蘭陁鳥鸜鵒鸚鵡俱翅羅鳥婆嘻伽鳥
迦陵頻伽鳥耆婆耆婆鳥如是等諸鳥持諸
華菓來至佛所稽首佛足却住一面復有廿
恒河沙等水牛牛羊往至佛所出妙香乳其
乳流滿拘尸那城所有溝坑色香美味悉皆

BD13840號　大般涅槃經（北本）卷一　（26–15）

婆鳥迦蘭陁鳥鸜鵒鸚鵡俱翅羅鳥婆嘻伽鳥
迦陵頻伽鳥耆婆耆婆鳥如是等諸鳥持諸
華菓來至佛所稽首佛足却住一面復有廿
恒河沙等水牛牛羊往至佛所出妙香乳其
乳流滿拘尸那城所有溝坑色香美味悉皆
具足成是事已却住一面復有廿恒河沙等
四天下中諸神仙人忍辱仙等而爲上首持
諸香華及諸甘菓來詣佛所稽首佛足遶佛
三匝而白佛言唯願世尊哀受我等最後供
養如來知時默然不許時諸仙人不果所願
心懷愁惱却住一面閻浮提中一切蜂王妙
香蜂王而爲上首持種種華來詣佛所稽首
佛足遶佛一匝却住一面尒時閻浮提中比
丘比丘尼一切皆集唯除尊者摩訶迦葉阿
難二衆復有無量阿僧祇恒河沙等世界中間
及閻浮提所有諸山須弥山王而爲上首 其
山莊嚴藂林蓊欝諸樹茂盛枝葉扶踈蔭翳
日光種種妙華周遍而有龍泉流水清淨香
潔諸天龍神乾闥婆阿脩羅迦樓羅緊那羅
摩睺羅伽神仙呪術作倡伎樂如是等衆充
滿其中是諸山神亦來詣佛稽首佛足却 住
一面復有阿僧祇恒河沙等四大海神及諸
河神有大威德具大神足所設供養倍勝於
前諸神身光伎樂燈明悉蔽日月令不復現
以上婆華散熈連河來至佛所稽首佛足却
住一面尒時拘尸那城娑羅樹林其林變白
猶如白鶴於虛空中自然而有七寶堂閣彫

BD13840號　大般涅槃經（北本）卷一　（26-16）

前諸神身光伎樂燈明悉蔽日月令不復現
以上婆華散熈連河來至佛所稽首佛足却
住一面尒時拘尸那城娑羅樹林其林變白
猶如白鶴於虛空中自然而有七寶堂閣彫
文刻鏤綺飾分明周匝欄楯衆寶雜廁堂下多
有流泉浴池上妙蓮華弥滿其中猶如北方
欝單越國亦如忉利歡喜之園尒時娑羅樹
林中閒種種莊嚴甚可愛樂亦復如是是諸
天人阿脩羅等咸覩如來涅槃之相悉皆悲
感愁憂不樂尒時四天王釋提桓因各相謂
言汝等觀察諸天世人及阿脩羅大設供養
欲於最後供養如來我等亦當如是供養若
我最後得供養者檀波羅蜜則爲成就滿足
不難尒時四天王所設供養倍勝於前持曼
陁羅華摩訶曼陁羅華迦枳樓伽華摩訶迦
枳樓伽華曼殊沙華摩訶曼殊沙華散多尼
迦華摩訶散多尼迦華愛樂華大愛樂華普
賢華大普賢華時華大時華香城華大香城
華歡喜華大歡喜華發欲華大發欲華香醉
華大香醉華普香華大普香華天金葉華龍
華波利質多樹華拘毗羅樹華復持種種上
妙甘膳來至佛所稽首佛足是諸天人所有
光明能蔽日月令不復現以是供具欲供養
佛如來知時默然不受尒時諸天不果所願
愁憂苦惱却住一面
尒時釋提桓因及三十三天設諸供具亦倍

BD13840號　大般涅槃經（北本）卷一　（26-17）

妙甘膳來至佛所稽首佛足是諸天人所有
光明能覆日月令不復現以是供具欲供養
佛如來知時默然不受尒時諸天不果所願
愁憂苦惱却住一面
尒時釋提桓因及三十三天設諸供具亦倍
勝前及所持華亦復如是香氣微妙甚可愛
樂持得勝堂并諸小堂來至佛所稽首佛足
而白佛言世尊我等深樂愛護大乘唯願如
來哀受我食如來知時默然不受時諸釋天
不果所願心懷愁惱却住一面乃至第六天
所設供養展轉勝前寶幢幡蓋寶蓋小者覆
四天下幡冣短者周圍四海幢冣卑者至自
在天微風吹幡出妙音聲持上甘膳來詣佛
所稽首佛足白佛言世尊唯願如來哀受我
等冣後供養如來知時默然不受是諸天等
不果所願心懷愁惱却住一面上至有頂其
餘梵衆一切來集尒時大梵天王及餘梵衆
放身光明遍四天下欲界人天日月光明悉
不復現持諸寶幢繒綵幡蓋幡極短者懸於
梵宮至娑羅樹間來詣佛所稽首佛足白佛
言世尊唯願如來哀受我等冣後供養如來
知時默然不受尒時諸梵不果所願心懷愁
惱却住一面尒時毗摩質多羅阿修羅王與
無量阿修羅大眷屬俱身諸光明勝於梵天
持諸寶幢繒綵幡蓋其蓋小者覆千世界上
妙甘膳來詣佛所稽首佛足而白佛言唯願
如來哀受我等冣後供養如來知時默然不

BD13840 號　大般涅槃經（北本）卷一　　（26–18）

惱却住一面尒時毗摩質多羅阿修羅王與
無量阿修羅大眷屬俱身諸光明勝於梵天
持諸寶幢繒綵幡蓋其蓋小者覆千世界上
妙甘膳來詣佛所稽首佛足而白佛言唯願
如來哀受我等冣後供養如來知時默然不
受諸阿修羅不果所願心懷愁惱却住一面
尒時欲界魔王波旬與其眷屬諸天婇女無
量無邊阿僧祇衆開地獄門施清淨水因而
告曰汝等今者無所能爲唯當專念如來應
正遍知建立冣後隨喜供養當令汝等長夜
獲安時魔波旬於地獄中悉除刀劍無量苦
毒熾然炎火澍雨滅之以佛神力復發是心
令諸眷屬皆捨刀劍弓弩鎧仗鉾矟長鉤金
推鉞斧鬪輪羂索所持供養倍勝一切人天
所設其蓋小者覆中千界來至佛所稽首佛
足而白佛言我等今者愛樂大乘守護大乘
世尊若有善男子善女人爲供養故爲怖畏
故爲誑他故爲財利故爲隨他故受是大乘
或真或僞我等尒時當爲是人除滅怖畏說
如是呪
啅枳　咤咤羅　啅枳　盧呵隸　摩訶盧呵隸
阿羅　遮羅　多羅　莎呵
是呪能令諸失心者怖畏者說法者不斷正
法者爲伏外道故護己身故護正法故護大
乘故說如是呪若有能持如是呪者無惡象
怖若至曠野空澤嶮處不生怖畏亦無水火
師子虎狼盜賊王難世尊若有能持如是呪

BD13840 號　大般涅槃經（北本）卷一　　（26–19）

是呪能令諸失心者怖畏者説法者不斷正
法者為伏外道故護己身故護正法故護大
乘故説如是呪若有能持如是呪無惡象
怖若至曠野空澤險處不生怖畏亦無水火
師子虎狼盜賊王難世尊若有能持如是呪
者悉能除滅如是等怖世尊持是呪者我當
護之如龜藏六世尊我等今者不以諛諂説
如是事持是呪者我當至誠益其勢力唯願
如來哀受我等最後供養尒時佛告魔波旬
言我不受汝飲食供養我已受汝所説神呪
為欲安樂一切衆生四部衆故佛説是已嘿
然不受如是三請皆亦不受時魔波旬不果
所願心懷愁惱却住一面
尒時大自在天王與其眷屬無量無邊及諸
天衆所設供具悉覆梵釋護世四王人天八
部及非人等所有供具梵釋所設猶如聚墨
在珂貝邊悉不復現寶蓋小者能覆三千大
千世界持如是等供養之具來詣佛所稽首
佛足遶無數匝白佛言世尊我等所獻微末
供具喻於蚊子供養於我亦如有人以一掬
水投於大海然一小燈助百千日春夏之月
衆華茂盛有持一華益於衆華以亭歷子益
須弥山豈當有益大海日明衆華須弥世尊
我今所奉微末供具亦復如是若以三千大
千世界滿中香華伎樂幡蓋供養如來尚不
足言何以故如來為諸衆生常於地獄餓鬼
畜生諸惡趣中受諸苦惱是故世尊應見哀

BD13840號　大般涅槃經（北本）卷一　（26–20）

衆華茂盛有持一華益於衆華以亭歷子益
須弥山豈當有益大海日明衆華須弥世尊
我今所奉微末供具亦復如是若以三千大
千世界滿中香華伎樂幡蓋供養如來尚不
足言何以故如來為諸衆生常於地獄餓鬼
畜生諸惡趣中受諸苦惱是故世尊應見哀
愍受我等供尒時東方去此無量無數阿僧
祇恒河沙微塵等世界彼有佛土名意樂美
音佛号虛空等如來應正遍知明行足善逝
世間解無上士調御丈夫天人師佛世尊尒
時彼佛即告第一大弟子言善男子汝今宜
往西方娑婆世界彼土有佛号釋迦牟尼如
來應正遍知明行足善逝世間解無上士調
御丈夫天人師佛世尊彼佛不久當般涅槃
善男子汝可持此世界香飯其飯香美食之
安隱可以奉獻彼佛世尊世尊食已入般涅
槃善男子并可禮敬請決所疑尒時無邊身
菩薩摩訶薩即受佛教從坐而起稽首佛足
右遶三匝與無量阿僧祇菩薩俱從彼國發
來至此娑婆世界應時此間三千大千世界
大地六種振動於是衆中梵釋四天王魔王
波旬魔醯首羅如是大衆見是地動舉身毛
竪喉舌枯燥驚怖戰慄各欲四散自見其身
無復光明所有威德殄滅無餘是時文殊師
利法王子即從坐起告諸大衆諸善男子汝
等勿怖汝等勿怖何以故東方去此無量無
數阿僧祇恒河沙微塵等世界有世界名意

BD13840號　大般涅槃經（北本）卷一　（26–21）

波旬魔醯首羅如是大衆見是地動舉身毛
竪唯舌粘燥驚怖戰慄各欲四散自見其身
無復光明所有威德殄滅無餘是時文殊師
利法王子即從坐起告諸大衆諸善男子汝
等勿怖汝等勿怖何以故東方去此無量無
數阿僧祇恒河沙微塵等世界有世界名意
樂美音佛号虛空等如來應正遍知十号具
足彼有菩薩名無邊身與無量菩薩欲來至
此供養如來以彼菩薩威德力故令汝身光
悉不復現是故汝等應生歡喜勿懷恐怖尒
時大衆悉皆遙見彼佛大衆如明鏡中自覩
己身時文殊師利復告大衆汝今所見彼佛
大衆如見此佛以佛神力復當如是得見九
方無量諸佛尒時大衆各相謂言苦哉苦哉
世間空虛如來不久當般涅槃是
時大衆一切悉見無邊身菩薩及其眷屬
是菩薩身一一毛孔各各出生一大蓮華一
一蓮華各有七万八千城邑縱廣正等如毗
耶離城墻壁諸塹七寶雜廁多羅寶樹七重
行列人民熾盛安隱豐樂閻浮檀金以為却
敵一一却敵各有種種七寶林樹華菓茂盛
微風吹動出微妙音其聲和雅猶如天樂城
中人民聞是音聲即得受於上妙快樂是諸
壍中妙水盈滿清淨香潔如真琉璃是諸水
中有七寶船諸人乘之遊戲沐浴共相娛樂
快樂無極復有無量雜色蓮華優鉢羅華拘
物頭華波頭摩華分陁利華其華縱廣猶如

壍中妙水盈滿清淨香潔如真琉璃是諸水
中有七寶船諸人乘之遊戲沐浴共相娛樂
快樂無極復有無量雜色蓮華優鉢羅華拘
物頭華波頭摩華分陁利華其華縱廣猶如
車輪其塹岸上多有園林一一園中有五泉
池是諸池中復有諸華優鉢羅華拘物頭華
波頭摩華分陁利華其華縱廣亦如車輪香
氣芬馥甚可愛樂其水清淨柔軟第一鳧鴈
鴛鴦遊戲其中其園各有衆寶宮宅一一宮
宅縱廣正等滿四由旬所有墻壁四寶所成
所謂金銀琉璃頗梨真金為向周匝欄楯玫
瑰為地金沙布上是宮宅中多有七寶流泉
浴池一一池邊各有八十黃金梯橙閻浮檀
金為芭蕉樹如忉利天歡喜之園是一一城
各有八万四千人王一一諸王各有無量夫
人婇女共相娛樂歡喜受樂其餘人民亦復
如是各於住處共相娛樂是中衆生不聞餘
名純聞無上上大乘之聲是諸華中一一各有
師子之座其座四足皆紺琉璃柔軟素衣以
敷座上其衣微妙出過三界一一座上有一
王坐以大乘法教化衆生或有衆生書持讀
誦如說脩行如是流布大乘經典尒時無邊
身菩薩安止如是無量衆生於自身已令捨
世樂皆作是言苦哉苦哉世間空虛如來不
久當般涅槃尒時無邊身菩薩與無量菩薩
周匝圍遶示現如是神通力已持是種種無

王坐以大乘法教化衆生亦有衆生書持讀
誦如說脩行如是流布大乘經典尒時無邊
身菩薩安止如是無量衆生於自身已令捨
世樂皆作是言苦哉苦哉世間空虛如來不
久當般涅槃尒時無邊身菩薩與無量菩薩
周遍圍遶示現如是神通力已持是種種無
量供具及以上妙香美飲食若有得聞是食
香氣煩惱諸垢皆悉消滅以是菩薩神通力
故一切大衆悉皆得見如是變化無邊身菩
薩身大無邊量同虛空唯除諸佛餘無能見
是菩薩身其量邊際尒時無邊身菩薩及其
眷屬所設供養倍勝於前來至佛所稽首佛
足合掌恭敬白佛言世尊唯願哀愍受我等
食如來知時嘿然不受如是三請悉亦不受
尒時無邊身菩薩及其眷屬却住一面南西
北方諸佛世界亦有無量無邊身菩薩所持
供養倍勝於前來至佛所乃至却住一面皆
亦如是
尒時娑羅雙樹吉祥福地縱廣三十二由旬
大衆充滿間無空缺尒時四方無邊身菩薩
及其眷屬所坐之處或如錐頭針鋒微塵十
方如微塵等諸佛世界諸大菩薩悉來集會
及閻浮提一切大衆亦悉來集唯除尊者摩
訶迦葉阿難二衆阿闍世王及其眷屬乃至
毒蛇視能殺人蜣蜋蝮蠍及十六種行惡業
者一切來集陁那婆神阿脩羅等悉捨惡念
皆生慈心如父如母如姊如妹三千大千世

BD13840 號　大般涅槃經（北本）卷一　（26–24）

亦如是
尒時娑羅雙樹吉祥福地縱廣三十二由旬
大衆充滿間無空缺尒時四方無邊身菩薩
及其眷屬所坐之處或如錐頭針鋒微塵十
方如微塵等諸佛世界諸大菩薩悉來集會
及閻浮提一切大衆亦悉來集唯除尊者摩
訶迦葉阿難二衆阿闍世王及其眷屬乃至
毒蛇視能殺人蜣蜋蝮蠍及十六種行惡業
者一切來集陁那婆神阿脩羅等悉捨惡念
皆生慈心如父如母如姊如妹三千大千世
界衆生慈心相向亦復如是除一闡提尒時
三千大千世界以佛神力故地皆柔軟無有
丘墟土沙礫石荊蕀毒草衆寶莊嚴猶如西
方無量壽佛極樂世界是時大衆悉見十方
如微塵等諸佛世界如於明鏡自觀己身見
諸佛土亦復如是尒時如來面門所出五色光
明其光明曜覆諸大會令彼身光悉不復現所
應作已還從口入時諸天人及諸會衆阿
脩羅等見佛光明還從口入皆大恐怖身毛
爲竪復作是言如來光明出已還入非無因
緣必於十方所作已辦將是最後涅槃之相何
其苦哉如何世尊一旦捨離四無
量心不受人天所奉供養聖慧日月從今永
滅無上法船於斯沉沒嗚呼痛哉世間大苦
舉手推胸悲號啼哭支節戰動不能自持身
諸毛孔流血灑地

BD13840 號　大般涅槃經（北本）卷一　（26–25）

諸佛土亦復如是。尒時如來面門所出五色光
明，其光明曜覆諸大會，令彼身光悉不復現。所
應作已，還從口入。時諸天人及諸會衆阿
脩羅等，見佛光明還從口入，皆大恐怖，身毛
為豎，復作是言：如來光明出已還入，非無因
緣，必於十方所作已辦，將是最後涅槃之相。何
其苦哉！何其苦哉！如何世尊一旦捨離四無
量心，不受人天所奉供養？聖慧日月從今永
滅，無上法船於斯沉沒。嗚呼痛哉！世間大苦。
舉手推胸，悲號啼哭，支節戰動，不能自持，身
諸毛孔流血灑地。

大般涅槃經卷第一

BD13840 號　大般涅槃經（北本）卷一　（26–26）

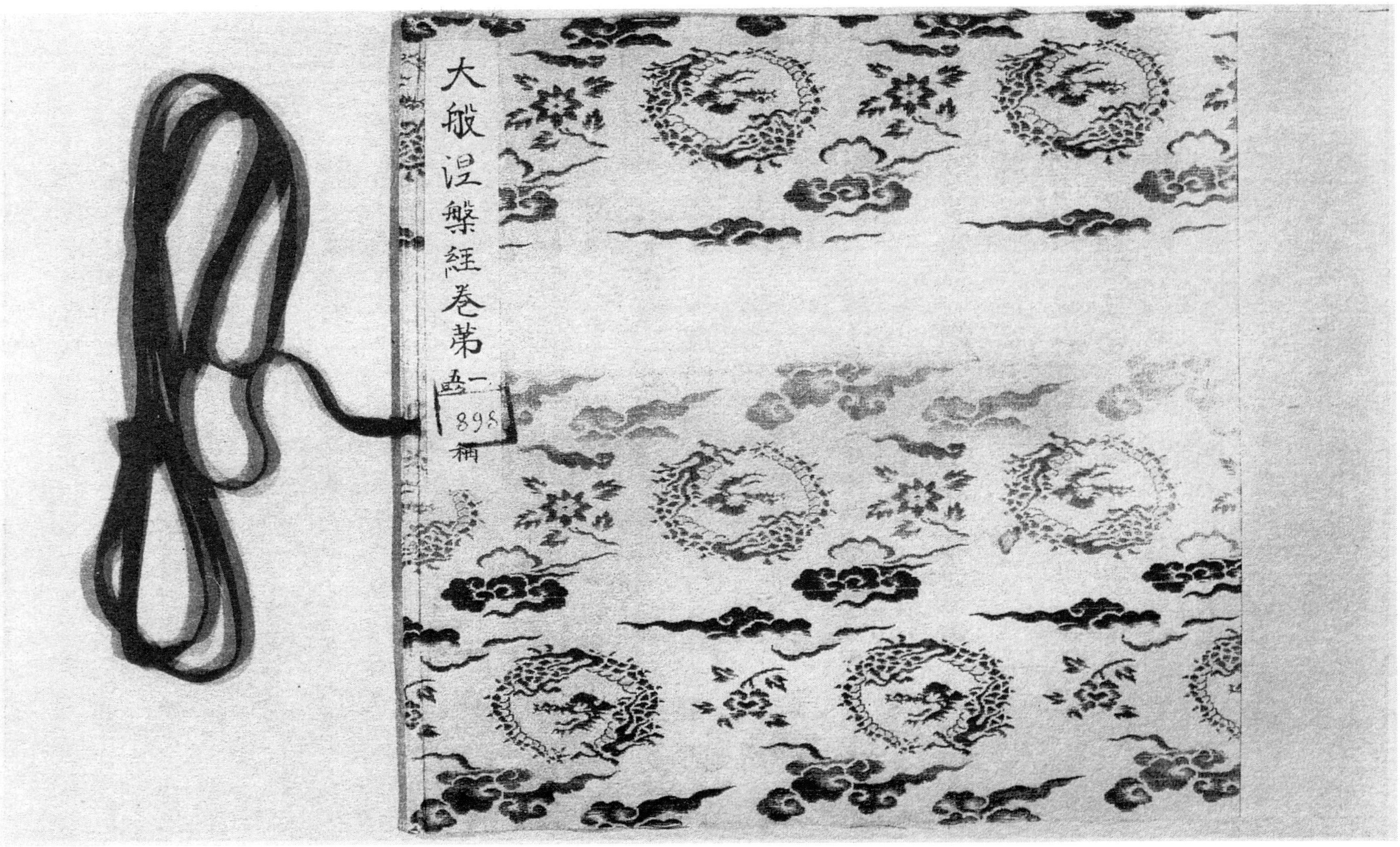

BD13841 號背　現代護首　（1–1）

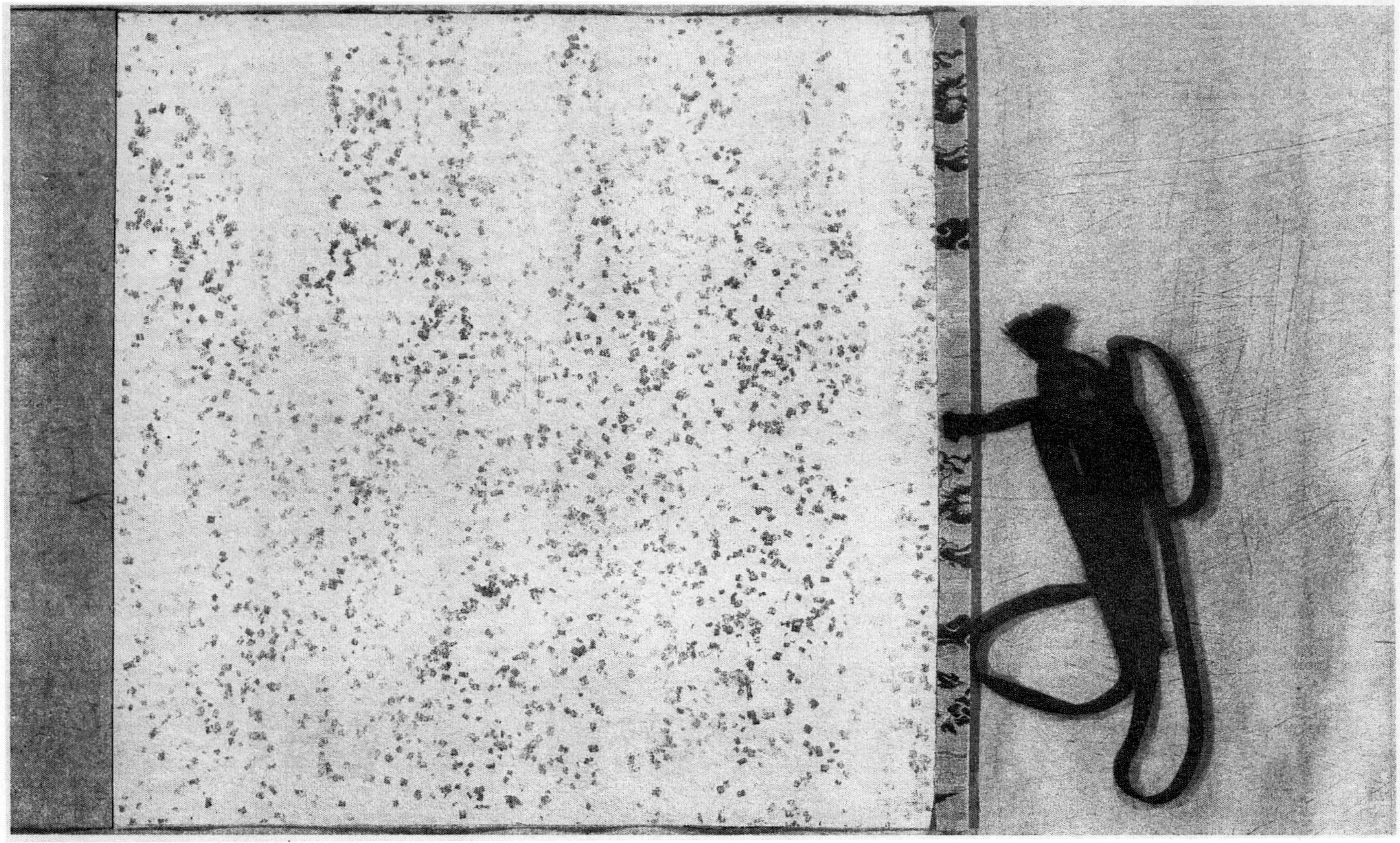

BD13841 號 1　大般涅槃經（北本）卷一　（52–1）

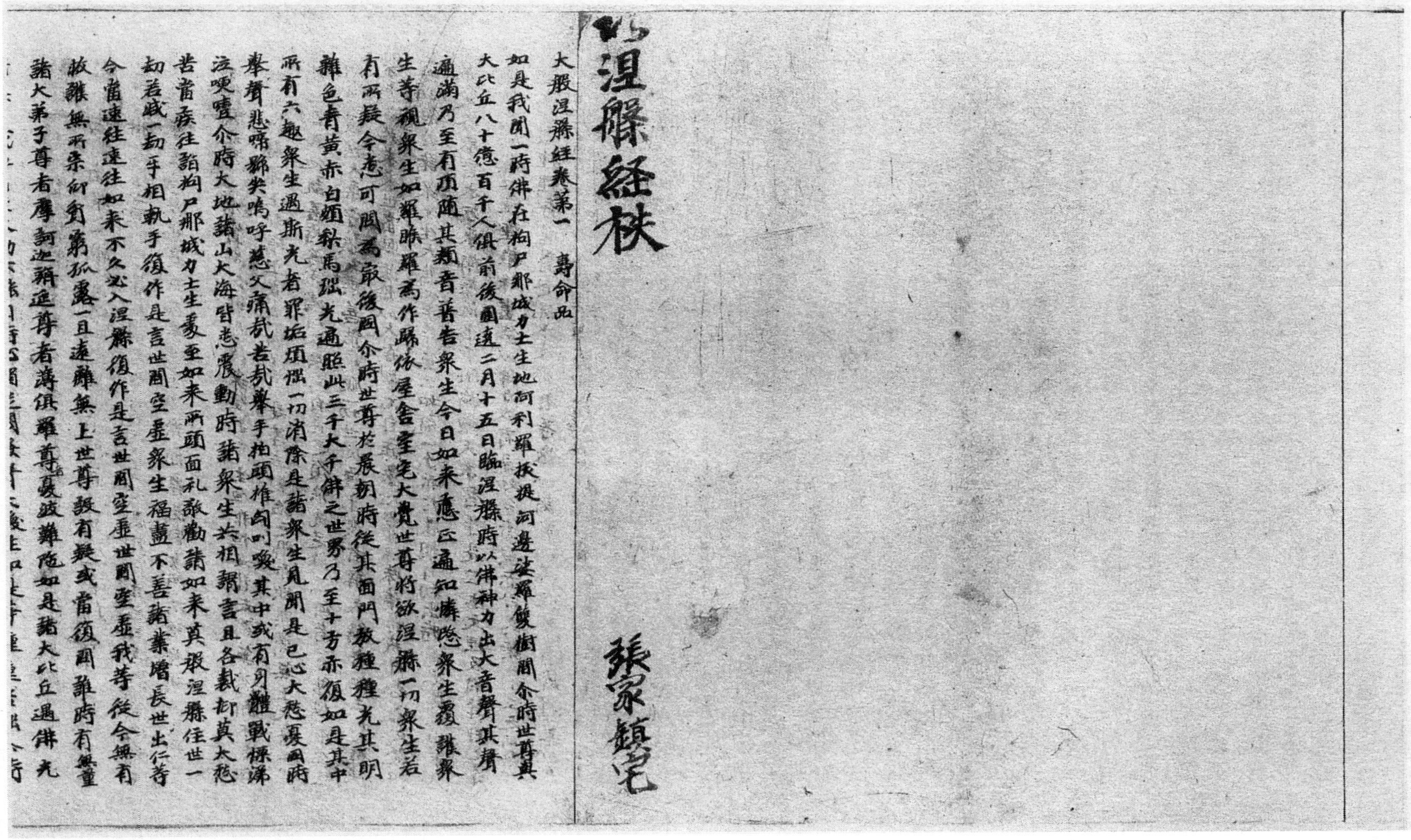

涅槃經袟

張家鎮宅

大般涅槃經卷第一　壽命品

如是我聞一時佛在拘尸那城力士生地阿利羅拔提河邊娑羅雙樹間尒時世尊與

大比丘八十億百千人俱前後圍遶二月十五日臨涅槃時以佛神力出大音聲其聲

遍滿乃至有頂隨其類音普告衆生今日如來應正遍知憐愍衆生覆護衆

生等視衆生如羅睺羅為作歸依屋舍室宅大覺世尊將欲涅槃一切衆生若

有所疑今悉可問為最後問尒時世尊於晨朝時從其面門放種種光其明

雜色青黃赤白頗梨馬瑙光遍照此三千大千佛之世界乃至十方亦復如是其中

所有六趣衆生遇斯光者罪垢煩惱一切消除是諸衆生見聞是已心大憂愁同時

舉聲悲啼號哭嗚呼慈父痛哉苦哉舉手拍頭搥胸叫喚其中或有身體戰慄涕

泣哽咽尒時大地諸山大海皆悉震動時諸衆生共相謂言且各裁抑莫大愁

苦當共疾往拘尸那城力士生處至如來所頭面礼敬勸請如來莫般涅槃住世一

劫若減一劫互相執手復作是言世間空虛衆生福盡不善諸業增長出世仁者

今當速往速往如來不久必入涅槃復作是言世間空虛世間空虛我等從今無有

救護無所宗仰貧窮孤露一旦遠離無上世尊設有疑惑當復問誰尒時有無量

諸大弟子尊者摩訶迦旃延尊者薄拘羅尊者優波難陀如是等諸大比丘遇佛光

BD13841 號 1　大般涅槃經（北本）卷一　（52–2）

舉聲悲啼號哭嗚呼慈父痛哉苦哉舉手拍頭搥胸叫喚其中或有身體戰慄涕
泣哽咽尒時大地諸山大海皆悉震動時諸衆生共相謂言且各裁抑莫大愁
苦當疾往詣拘尸那城力士生處至如來所頭面礼敬勸請如來莫般涅槃住世一
劫若減一劫互相執手復作是言世間空虛衆生福盡不善諸業增長出世仁等
今當速往速往如來不久必入涅槃復作是言世間空虛世間空虛我等從今無有
救護無所宗仰貧窮孤露一旦遠離無上世尊設有疑惑當復問誰時有無量
諸大弟子尊者摩訶迦旃延尊者薄俱羅尊者優波難陀如是諸大比丘遇佛光
者其身戰掉乃至大動不能自持心濁迷悶發聲大喚生如是等種種苦惱尒時
復有八十百千諸比丘等皆阿羅漢心得自在所作已辦離諸煩惱調伏諸根如大
龍王有大威德成就空慧逮得己利如栴檀林栴檀圍遶如師子王師子圍遶成
就如是無量功德一切皆是佛之真子於其晨朝日初出時離常住處嚼楊枝
時遇佛光明並相謂言仁等速疾澡口漱手作是言已舉身毛竪遍體血現
如波羅奢華涕泣盈目生大苦惱為欲利益安樂衆生成就大乘第一空行顯發如
來方便密教為不斷絕種種說法為諸衆生調伏因緣故疾至佛所稽首佛足
遶百千匝合掌恭敬却坐一面尒時復有拘陀羅女善賢比丘尼優波難陀比丘尼海
意比丘尼與六十億比丘尼等一切亦是大阿羅漢諸漏已盡心得自在所作已辦
離諸煩惱調伏諸根猶如大龍有大威德成就空慧亦於晨朝日初出時舉身毛竪
遍體血現如波羅奢華涕泣盈目生大苦惱亦欲利益安樂衆生成就大乘第一空
行顯發如來方便密教為不斷絕種種說法為諸衆生調伏因緣故疾至佛所稽
首佛足遶百千匝合掌恭敬却坐一面於比丘尼衆中復有諸比丘尼皆是菩薩人中
之龍位階十地安住不動為化衆生現受女身而常修習四無量心得自在力能化作
佛尒時復有一恒河沙菩薩摩訶薩人中之龍位階十地安住不動方便現身其名
曰海德菩薩無盡意菩薩如是等菩薩摩訶薩而為上首其心皆悉敬重大乘安
住大乘深解大乘愛樂大乘守護大乘善能隨順一切世間作是誓言諸未度者當
令得度已於過去無數劫中修持淨戒善持所行解未解者紹三寶種使不斷絕於
未來世當轉法輪以大莊嚴而自莊嚴成就如是無量功德等觀衆生如視一子
亦於晨朝日初出時遇佛光明舉身毛竪遍體血現如波羅奢華涕泣盈目生大
苦惱亦為利益安樂衆生成就大乘第一空行顯發如來方便密教為不斷絕種
種說法為諸衆生調伏因緣故疾至佛所稽首佛足遶百千匝合掌恭敬却坐
一面尒時復有二恒河沙諸優婆塞受持五戒威儀具足其名曰威德無垢稱王
優婆塞善德優婆塞等而為上首深樂觀察諸對治門所謂苦樂常無常淨
不淨我無我實不實歸依非歸依衆生非衆生恒非恒安非安為無為斷不斷涅
槃非涅槃增上非增上常樂觀察如是等法對治之門亦欲樂聞無上大乘如所
聞已能為他說善持淨戒渴仰大乘既自充足復能充足餘渴仰者善能攝取無上
智慧愛樂大乘守護大乘善能隨順一切世間度未度者解未解者紹三寶種使
不斷絕於未來世當轉法輪以大莊嚴而自莊嚴心常深味清淨戒行悉能成就如
是功德於諸衆生生大悲心平等無二如視一子亦於晨朝日初出時為欲闍比如來身

BD13841 號 1　大般涅槃經（北本）卷一　（52-3）

不淨我無我實不實歸依非歸依衆生非衆生恒非恒安非安為無為斷不斷涅
槃非涅槃增上非增上常樂觀察如是等法對治之門亦欲樂聞無上大乘如所
聞已能為他說善持淨戒渴仰大乘既自充足復能充足餘渴仰者善能攝取無上
智慧愛樂大乘守護大乘善能隨順一切世間度未度者解未解者紹三寶種使
不斷絕於未來世當轉法輪以大莊嚴而自莊嚴心常深味清淨戒行悉能成就如
是功德於諸衆生生大悲心平等無二如視一子亦於晨朝日初出時為欲闍毗如來身
故人人各取香木萬束栴檀沉水牛頭栴檀天木香等是一一木文理及附皆有七寶
微妙光明譬如種種雜綵畫飾以佛力故有是妙色青黃赤白為諸衆生之所樂見
諸木皆以種種香塗鬱金沉水及膠香等散以諸華而為莊嚴優鉢羅華拘物
頭華波頭摩華分陀利華諸香木上懸五色幡柔軟微妙猶如天衣憍奢耶衣
芻摩繒綵是諸香木載以寶車是諸寶車出種種光青黃赤白轅輞皆以七寶
廁填是一一車駕以四馬是一一馬駿疾如風一一車前竪立五十七寶妙幢真金羅網彌覆
其上一一車上復有五十微妙寶蓋一一車上垂諸華鬘優鉢羅華拘物頭華波頭
摩華分陀利華其華純以真金為葉金剛為臺是華臺中多有黑蜂遊集其中
歡娛受樂又出妙音所謂無常苦空無我是音聲中復說菩薩本所行道復有種
種歌舞伎樂箏笛箜篌簫瑟鼓吹是樂音中復出是言苦哉苦哉世間空虛一一
車前有優婆塞擎四寶案是諸案上有種種華優鉢羅華拘物頭華波頭摩
華分陀利華鬱金諸香及餘薰香微妙第一諸優婆塞為佛及僧辦諸食具種
種備足皆是栴檀沉水香薪八功德水之所成熟其食甘美有六種味一苦二醋三甘四
辛五鹹六淡復有三德一者輕軟二者淨潔三者如法作如是等種種莊嚴至力士生
處娑羅雙樹間復以金沙遍布其地以迦陵伽衣欽婆羅衣及繒綵衣而覆沙上
周匝遍滿十二由旬為佛及僧敷置七寶師子之座其座高大如須彌山是諸座上皆有
寶帳垂諸瓔珞諸娑羅樹悉懸種種微妙幢蓋種種好香以塗樹身種種名華
以散樹間諸優婆塞各作是念一切衆生若有所乏須食與食須飲與飲須頭與
頭須目與目隨諸衆生所須之物皆悉給與作是施時離欲瞋恚穢濁心毒無
餘思惟求世福樂唯期無上清淨菩提是優婆塞等皆已安住於菩提道復作
是念如來今者受我食已當入涅槃作是念已身毛皆竪遍體血現如波羅奢華涕
泣盈目生大苦惱各各賫持供養之具載以寶車香木幢幡寶蓋飲食疾至佛所稽
首佛足以其所持供養之具供養如來遶百千匝舉聲號泣哀動天地椎胸大叫
淚下如雨復相謂言苦哉仁者世間空虛世間空虛便自舉身投如來前而白佛言唯願
如來哀受我等最後供養世尊知時默然不受如是三請悉皆不許諸優婆
塞不果所願心懷悲惱默然而住猶如慈父唯有一子卒病喪亡送其屍骸置於冢間
歸還悵恨愁憂苦惱諸優婆塞憂愁苦惱亦復如是以諸供具安置一處却在一
面默然而坐　　尒時復有三恒河沙諸優婆夷受持五戒威儀具足其名曰壽德
優婆夷德鬘優婆夷毗舍佉優婆夷等八萬四千而為上首悉能堪任護持正法為度
無量百千衆生故現女身呵責家法自觀己身如四毒蛇是身常為無量諸蟲之

BD13841 號 1　大般涅槃經（北本）卷一　（52-4）

如來哀受我等最後供養世尊知時默然不受如是三請悉皆不許諸優婆
塞不果所願心懷悲惱默然而住猶如慈父唯有一子卒病喪亡送其屍骸置於冢間
歸還悵恨愁憂苦惱諸優婆塞憂愁苦惱亦復如是以諸供具安置一處却在一
面默然而坐　爾時復有三恒河沙諸優婆夷受持五戒威儀具足其名曰壽德
優婆夷德鬘優婆夷毗舍佉優婆夷等八萬四千而為上首悉能堪任護持正法為度
無量百千眾生故現女身呵責家法自觀己身如四毒蛇是身常為無量諸蟲之
所唼食是身臭穢貪欲獄縛是身可惡猶如死狗是身不淨九孔常流是身如城血
肉筋骨皮裹其上手足以為却敵樓櫓目為竅孔頭為殿堂心王處中如是身城諸
佛世尊之所棄捨凡夫愚人常所味著貪婬瞋恚愚癡羅剎止住其中是身不
堅猶如蘆葦伊蘭水沫芭蕉之樹是身無常念念不住猶如電光暴水幻炎亦
如畫水隨畫隨合是身易壞猶如河岸臨峻大樹是身不久當為狐狼鵄梟鵰鷲
烏鵲餓狗之所食噉誰有智者當樂此身寧以牛跡盛大海水不能具說是身無
常不淨臭穢寧丸大地使如棗等漸漸轉小猶葶藶子乃至微塵不能具說是
身過患是故當捨如棄涕唾以是因緣諸優婆夷以空無相無願之法常修其
心深樂諮受大乘經典聞已亦能為他演說護持本願毀呰女身甚可患厭性
不堅牢心常修習如是正觀破壞生死無際輪轉渴仰大乘既自充足復能充足餘
渴仰者深樂大乘守護大乘雖現女身實是菩薩善能隨順一切世間度未度
者解未解者紹三寶種使不斷絕於未來世當轉法輪以大莊嚴而自莊嚴堅
持禁戒皆悉成就如是功德於諸眾生生大悲心平等無二如視一子亦於晨朝
日初出時各相謂言今日宜應至雙樹間諸優婆夷所設供具倍勝於前持至
佛所稽首佛足遶百千匝而白佛言世尊我等今者為佛及僧辦諸供具唯願
如來哀受我供如來默然而不許可諸優婆夷不果所願心懷惆悵却住一面爾時復
有四恒河沙毗耶離城諸離車等男女大小妻子眷屬及閻浮提諸王眷屬為求
法故善修戒行威儀具足摧伏異學壞正法者常相謂言我等當以金銀倉庫
為令甘露無盡正法深奧之藏久住於世願令我等常得修學若有誹謗佛
正法者當斷其舌復作是願若有出家毀禁戒者我當罷令還俗策使有能
深樂護持正法我當敬重如事父母若有眾僧能修正法我當隨喜令得勢力常
欲樂聞大乘經典聞已亦能為人廣說皆悉成就如是功德其名曰淨無垢藏離
車子淨不放逸離車子恒水無垢淨德離車子如是等各相謂言仁等今可速往佛
所所辦供養種種具足一一離車各嚴八萬四千大象八萬四千駟馬寶車八萬四千明
月寶珠天木栴檀沈水薪束種種各有八萬四千一一象前有寶幢幡蓋其蓋小
者周匝縱廣滿一由旬幡最短者長三十二由旬寶幢卑者高百由旬持如是供養之
具往至佛所稽首佛足遶百千匝而白佛言世尊我等今者為佛及僧辦諸供
具唯願如來哀受我供如來默然而不許可諸離車等不果所願心懷悲惱以佛
神力去地七多羅樹於虛空中默然而住爾時復有五恒河沙大臣長者敬重大乘
若有異學謗正法者是諸人等力能摧伏猶如雹雨摧折草木其名曰日光長者
護世長者護法長者如是之等而為上首所設供具五倍於前俱共往詣娑羅雙

BD13841號1　大般涅槃經（北本）卷一　（52–5）

具往至佛所稽首佛足遶百千匝而白佛言世尊我等今者為佛及僧辦諸供
具唯願如來哀受我供如來默然而不許可諸離車等不果所願心懷悲惱以佛
神力去地七多羅樹於虛空中默然而住爾時復有五恒河沙大臣長者敬重大乘
若有異學謗正法者是諸人等力能摧伏猶如雹雨摧折草木其名曰日光長者
護世長者護法長者如是之等而為上首所設供具五倍於前俱共往詣娑羅雙
樹間稽首佛足遶百千匝而白佛言世尊我等今者為佛及僧設諸供具唯願哀
愍受我等供如來默然而不受之諸長者等不果所願心懷悲惱以佛神力去地七多羅
樹於虛空中默然而住爾時復有毗舍離王及其後宮夫人眷屬閻浮提內所有諸王
除阿闍世并及城邑聚落人民其名曰月無垢王等各嚴四兵欲往佛所是一一王各有
一百八十萬億人民眷屬是諸車兵駕以象馬象有六牙馬疾如風莊嚴供具六倍於
前寶蓋之中有極小者周匝縱廣滿八由旬幡極短者十六由旬寶幢卑者卅六由旬是
諸王等皆以安住於正法中惡賤邪法敬重大乘深樂大乘憐愍眾生等如一子所持
飲食香氣流布滿四由旬亦於晨朝日初出時持是種種上妙甘膳詣雙樹間至如
來所而白佛言世尊我等為佛及比丘僧設是供具唯願如來哀愍受我最後供養
如來知時亦不許可是諸王等不果所願心懷愁惱却住一面　爾時復有七恒
河沙諸王夫人唯除阿闍世王夫人為度眾生現受女身常觀身行以空無相無願
之法熏修其心其名曰三界妙夫人愛德夫人如是等諸王夫人皆悉安住於正法中修
行禁戒威儀具足憐愍眾生等如一子各相謂言今宜速往詣世尊所諸王夫人所設
供養七倍於前香華寶幢繒綵幡蓋上妙飲食寶蓋小者周匝縱廣十六由旬幡
最短者三十六由旬寶幢卑者六十八由旬飲食香氣周匝流布滿八由旬持如是等供
養之具往如來所稽首佛足遶百千匝而白佛言世尊我等為佛及比丘僧設是供
具唯願如來哀愍受我最後供養如來知時默然不受時諸夫人不果所願心懷愁
惱自拔頭髮搥胸大哭猶如新喪所愛之子却在一面默然而住　爾時復有八恒河
沙諸天女等其名曰廣目天女而為上首作如是言汝等諸姊諦觀諦觀是諸人眾
所設種種上妙供具欲供如來及比丘僧我等亦當如是嚴設微妙供具供養如來如來受
已當入涅槃諸姊諸佛如來出世甚難最後供養亦復倍難若佛涅槃世間空虛
是諸天女愛樂大乘欲聞大乘聞已亦能為人廣說渴仰大乘既自充足復能充足
餘渴仰者守護大乘若有異學憎嫉大乘勢能摧滅如雹摧草護持戒行威儀具
足善能隨順一切世間度未度者脫未脫者於未來世當轉法輪紹三寶種使不斷
絕修學大乘以大莊嚴而自莊嚴成就如是無量功德等慈眾生如視一子亦於晨朝
日初出時各取種種天木香等倍於人間所有香木其木香氣能滅人中種種臭穢
白車白蓋駕四白馬一一車上皆張白帳其帳四邊懸諸金鈴種種香華寶幢幡蓋上妙
甘膳種種伎樂敷師子座其座四足純紺琉璃於其座後各各皆有七寶倚牀一一座前
復有金机復以七寶而為燈樹種種寶珠以為燈明微妙天華遍布其地是諸天女
設是供已心懷哀感涕淚交流生大苦惱亦為利益安樂眾生成就大乘第一空行
顯發如來方便密教亦為不斷種種說法往詣佛所稽首佛足遶百千匝而白佛

BD13841號1　大般涅槃經（北本）卷一　（52–6）

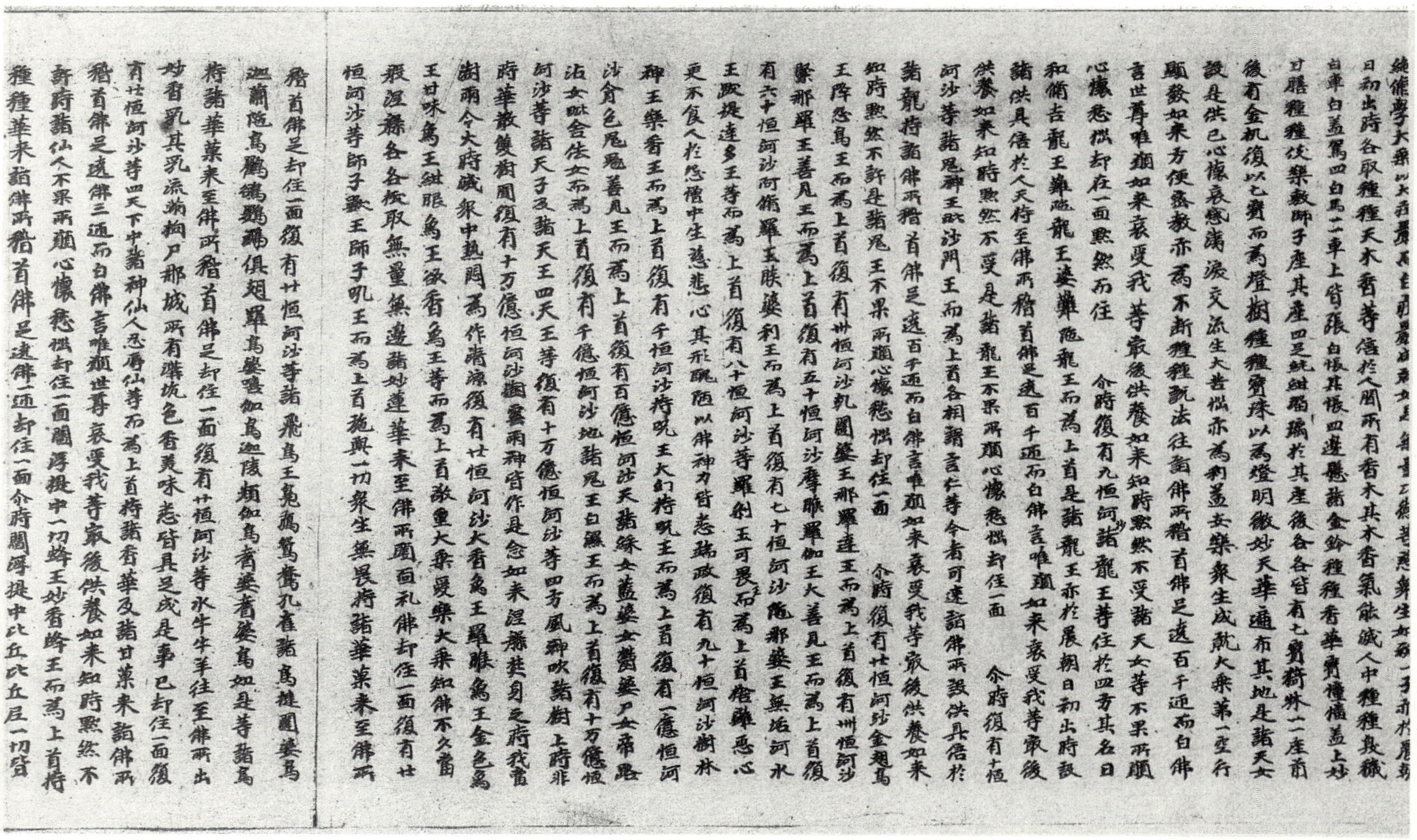

純修學大乘以大乘[illegible]亦於晨朝
日初出時各取種種天木香等倍於人間所有香木其木香氣能滅人中種種臭穢
白車白蓋駕四白馬一一車上皆張白帳其帳四邊懸諸金鈴種種香華寶幢幡蓋上妙
甘膳種種伎樂敷師子座其座四足純紺琉璃於其座後各各皆有七寶倚牀一一座前
復有金机復以七寶而為燈樹種種寶珠以為燈明微妙天華遍布其地是諸天女
設是供已心懷哀感涕淚交流生大苦惱亦為利益安樂眾生成就大乘第一空行
顯發如來方便密教亦為不斷種種說法往詣佛所稽首佛足遶百千匝而白佛
言世尊唯願如來哀受我等最後供養如來知時默然不受諸天女等不果所願
心懷愁惱却在一面默然而住　爾時復有九恒河沙諸龍王等住於四方其名曰
和脩吉龍王難陁龍王婆難陁龍王而為上首是諸龍王亦於晨朝日初出時設
諸供具倍於人天持至佛所稽首佛足遶百千匝而白佛言唯願如來哀受我等最後
供養如來知時默然不受是諸龍王不果所願心懷愁惱却住一面　爾時復有十恒
河沙等諸鬼神王毗沙門王而為上首各相謂言仁等今者可速詣佛所設供具倍於
諸龍持詣佛所稽首佛足遶百千匝而白佛言唯願如來哀受我等最後供養如來
知時默然不許是諸鬼王不果所願心懷愁惱却住一面　爾時復有廿恒河沙金翅鳥
王降怨鳥王而為上首復有卅恒河沙乾闥婆王那羅達王而為上首復有卌恒河沙
緊那羅王善見王而為上首復有五十恒河沙摩睺羅伽王大善見王而為上首復
有六十恒河沙阿脩羅王睒婆利王而為上首復有七十恒河沙陁那婆王無垢河水
王跋提達多王等而為上首復有八十恒河沙等羅剎王可畏王而為上首捨離惡心
更不食人於怨憎中生慈悲心其形醜陋以佛神力皆悉端政復有九十恒河沙樹林
神王樂香王而為上首復有千恒河沙持呪王大幻持呪王而為上首復有一億恒河
沙貪色鬼魅善見王而為上首復有百億恒河沙天諸婇女藍婆女鬱婆尸女帝路
沾女毗舍佉女而為上首復有千億恒河沙地諸鬼王白濕王而為上首復有十万億恒
河沙等諸天子及諸天王四天王等復有十万億恒河沙等四方風神吹諸樹上時非
時華散雙樹間復有十万億恒河沙主雨神皆作是念如來涅槃焚身之時我當
澍雨令火時滅眾中熱悶為作清涼復有廿恒河沙大香象王羅睺象王金色象
王甘味象王紺眼象王欲香象王等而為上首敬重大乘愛樂大乘知佛不久當
般涅槃各各拔取無量無邊諸妙蓮華來至佛所頭面禮佛却住一面復有廿
恒河沙等師子獸王師子吼王而為上首施與一切眾生無畏持諸華菓來至佛所
稽首佛足却住一面復有廿恒河沙等諸飛鳥王鳧鴈鴛鴦孔雀諸鳥揵闥婆鳥
迦蘭陁鳥鸜鵒鸚鵡俱翅羅鳥婆嘻伽鳥迦陵頻伽鳥耆婆耆婆鳥如是等諸鳥
持諸華菓來至佛所稽首佛足却住一面復有廿恒河沙等水牛牛羊往至佛所出
妙香乳其乳流滿拘尸那城所有溝坑色香美味悉皆具足成是事已却住一面復
有廿恒河沙等四天下中諸神仙人忍辱仙等而為上首持諸香華及諸甘菓來詣佛所
稽首佛足遶佛三匝而白佛言唯願世尊哀受我等最後供養如來知時默然不
許時諸仙人不果所願心懷愁惱却住一面閻浮提中一切蜂王妙香蜂王而為上首持
種種華來詣佛所稽首佛足遶佛一匝却住一面爾時閻浮提中比丘比丘尼一切皆

BD13841 號 1　大般涅槃經（北本）卷一　（52–7）

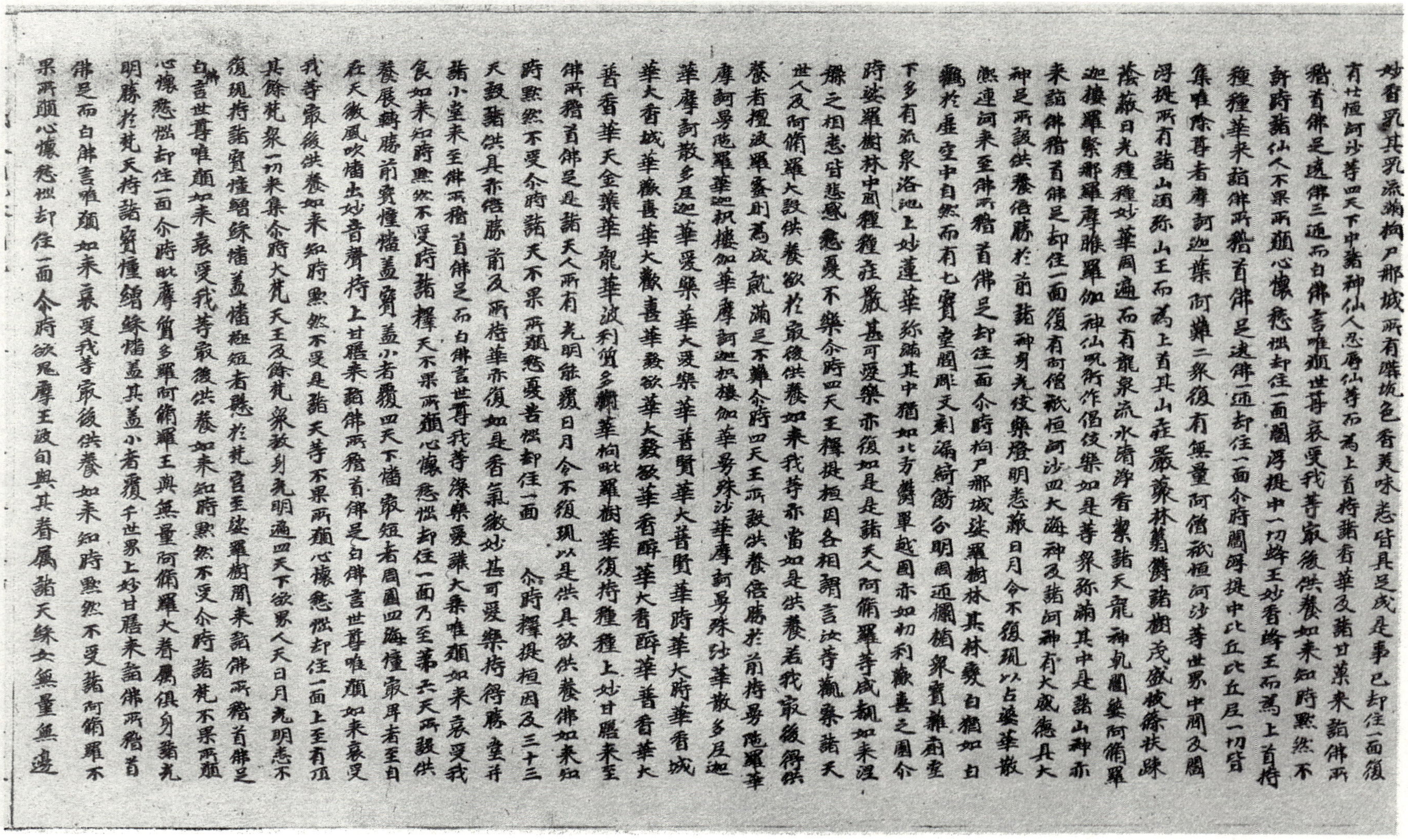

妙香乳其乳流滿拘尸那城所有溝坑色香美味悉皆具足成是事已却住一面復
有廿恒河沙等四天下中諸神仙人忍辱仙等而為上首持諸香華及諸甘菓來詣佛所
稽首佛足遶佛三匝而白佛言唯願世尊哀受我等最後供養如來知時默然不
許時諸仙人不果所願心懷愁惱却住一面閻浮提中一切蜂王妙香蜂王而為上首持
種種華來詣佛所稽首佛足遶佛一匝却住一面爾時閻浮提中比丘比丘尼一切皆
集唯除尊者摩訶迦葉阿難二眾復有無量阿僧祇恒河沙等世界中間及閻
浮提所有諸山須彌山王而為上首其山莊嚴叢林蓊欝諸樹茂盛枝條扶踈
蔭蔽日光種種妙華周遍而有龍泉流水清淨香潔諸天龍神乾闥婆阿脩羅
迦樓羅緊那羅摩睺羅伽神仙呪術作倡伎樂如是等眾彌滿其中是諸山神亦
來詣佛稽首佛足却住一面復有阿僧祇恒河沙四大海神及諸河神有大威德具大
神足所設供養倍勝於前諸神身光伎樂燈明悉蔽日月令不復現以占婆華散
熙連河來至佛所稽首佛足却住一面爾時拘尸那城娑羅樹林其林變白猶如白
鶴於虛空中自然而有七寶堂閣雕文刻鏤綺飾分明周匝欄楯眾寶雜廁堂
下多有流泉浴池上妙蓮華彌滿其中猶如北方欝單越國亦如忉利歡喜之園爾
時娑羅樹林中間種種莊嚴甚可愛樂亦復如是是諸天人阿脩羅等咸覩如來涅
槃之相悉皆悲感愁憂不樂爾時四天王釋提桓因各相謂言汝等觀察諸天
世人及阿脩羅大設供養欲於最後供養如來我等亦當如是供養若我最後得供
養者檀波羅蜜則為成就滿足不難爾時四天王所設供養倍勝於前持曼陁羅華
摩訶曼陁羅華迦枳樓伽華摩訶迦枳樓伽華曼殊沙華摩訶曼殊沙華散多尼迦
華摩訶散多尼迦華愛樂華大愛樂華普賢華大普賢華時華大時華香城
華大香城華歡喜華大歡喜華發欲華大發欲華香醉華大香醉華普香華大
普香華天金葉華龍華波利質多樹華拘毗羅樹華復持種種上妙甘膳來至
佛所稽首佛足是諸天人所有光明能蔽日月令不復現以是供具欲供養佛如來知
時默然不受爾時諸天不果所願愁憂苦惱却住一面　爾時釋提桓因及三十三
天設諸供具亦倍勝前及所持華亦復如是香氣微妙甚可愛樂持得勝堂并
諸小堂來至佛所稽首佛足而白佛言世尊我等深樂愛護大乘唯願如來哀受我
食如來知時默然不受時諸釋天不果所願心懷愁惱却住一面乃至第六天所設供
養展轉勝前寶幢幡蓋寶蓋小者覆四天下幡最短者周匝四海幢最卑者至自
在天微風吹幡出妙音聲持上甘膳來詣佛所稽首佛足白佛言世尊唯願如來哀受
我等最後供養如來知時默然不受是諸天等不果所願心懷愁惱却住一面上至有頂
其餘梵眾一切來集爾時大梵天王及餘梵眾放身光明遍四天下欲界人天日月光明悉不
復現持諸寶幢繒綵幡蓋幡極短者懸於梵宮至娑羅樹間來詣佛所稽首佛足
白佛言世尊唯願如來哀受我等最後供養如來知時默然不受爾時諸梵不果所願
心懷愁惱却住一面爾時毗摩質多羅阿脩羅王與無量阿脩羅大眷屬俱身諸光
明勝於梵天持諸寶幢繒綵幡蓋其蓋小者覆千世界上妙甘膳來詣佛所稽首
佛足而白佛言唯願如來哀受我等最後供養如來知時默然不受諸阿脩羅不
果所願心懷愁惱却住一面爾時欲界魔王波旬與其眷屬諸天婇女無量無邊

BD13841 號 1　大般涅槃經（北本）卷一　（52–8）

復持諸寶幢幡繒蓋其蓋小者覆中千世界來至佛所稽首佛足
而白佛言世尊唯願如來哀受我等最後供養如來知時默然不受爾時諸梵不果所願
心懷愁惱却住一面爾時毗摩質多羅阿脩羅王與無量阿脩羅大眷屬俱身諸光
明勝於梵天持諸寶幢繒綵幡蓋其蓋小者覆千世界上妙甘膳來詣佛所稽首
佛足而白佛言唯願如來哀受我等最後供養如來知時默然不受諸阿脩羅不
果所願心懷愁惱却住一面爾時欲界魔王波旬與其眷屬諸天婇女無量無邊
阿僧祇眾開地獄門施清淨水因而告曰汝等今者無所能為唯當專念如來
應正遍知建立最後隨喜供養當令汝等長夜獲安時魔王波旬於地獄中悉除
刀劍無量苦毒熾然炎火澍雨滅之以佛神力復發是心令諸眷屬皆捨刀劍弓弩
鎧仗矛矟長鉤金椎鉞斧鬪輪羂索所持供養倍勝一切人天所設其蓋小者覆
中千界來至佛所稽首佛足而白佛言我等今者愛樂大乘守護大乘世尊若有善
男子善女人為供養故為怖畏故為誑他故為財利故為隨他故受是大乘或真或
偽我等爾時當為是人除滅怖畏說如是呪
咤枳　吒吒羅　咤枳　盧呵隸
摩訶盧呵隸　阿羅　遮羅　多羅　莎呵　是呪能令諸失心者怖畏者說
法者不斷正法者為伏外道故護己身故護正法故護大乘故說如是呪若有能
持如是呪者無惡象怖若至曠野空澤險處不生怖畏亦無水火師子虎狼盜
賊王難世尊若有能持如是呪者悉能除滅如是等怖世尊持是呪者我當護
之如龜藏六世尊我等今者不以諂說如是事持是呪者我當至誠益其勢力
唯願如來哀受我等最後供食爾時佛告魔波旬言我不受汝飲食供養我已
受汝所說神呪為欲安樂一切眾生四部眾故佛說是已默然不受如是三請皆亦不受
時魔波旬不果所願心懷愁惱却住一面　爾時大自在天王與其眷屬無量無
邊及諸天眾所設供具悉覆梵釋護世四王人天八部及非人等所有供具梵釋
所設猶如聚墨在珂貝邊悉不復現寶蓋小者能覆三千大千世界持如是等供
養之具來詣佛所稽首佛足遶無數匝白佛言世尊我等所獻微末供具喻於
蚊子供養於我亦如有人以一掬水投於大海然一小燈助百千日春夏之月眾華茂盛
有持一華益於眾華以葶藶子益須彌山豈當有益大海日明眾華須彌世尊我
今所奉微末供具亦復如是若以三千大千世界滿中香華伎樂幡蓋供養如來
尚不足言何以故如來為諸眾生常於地獄餓鬼畜生諸惡趣中受諸苦惱是故
世尊應見哀愍受我等供爾時東方去此無量無數阿僧祇恒河沙微塵等世界
彼有佛土名意樂美音佛號虛空等如來應正遍知明行足善逝世間解無上士
調御丈夫天人師佛世尊爾時彼佛即告第一大弟子言善男子汝今宜往西方娑
婆世界彼土有佛號釋迦牟尼如來應正遍知明行足善逝世間解無上士調御
丈夫天人師佛世尊彼佛不久當般涅槃善男子汝可持此世界香飯其食香美食
之安隱可以奉獻彼佛世尊世尊食已入般涅槃善男子并可禮敬請決所疑爾
時無邊身菩薩摩訶薩即受佛教從坐而起稽首佛足右遶三匝與無量阿僧
祇菩薩俱從彼國發來至此娑婆世界應時此間三千大千世界大地六種振動於
是眾中釋梵四天王魔王波旬魔醯首羅如是大眾見是地動舉身毛竪喉舌乾

BD13841號1　大般涅槃經（北本）卷一　（52–9）

婆世界彼土有佛號釋迦牟尼如來應正遍知明行足善逝世間解無上士調御
丈夫天人師佛世尊彼佛不久當般涅槃善男子汝可持此世界香飯其食香美食
之安隱可以奉獻彼佛世尊世尊食已入般涅槃善男子并可禮敬請決所疑爾
時無邊身菩薩摩訶薩即受佛教從坐而起稽首佛足右遶三匝與無量阿僧
祇菩薩俱從彼國發來至此娑婆世界應時此間三千大千世界大地六種振動於
是眾中釋梵四天王魔王波旬魔醯首羅如是大眾見是地動舉身毛竪喉舌乾
燥驚怖戰慄各欲四散自見其身無復光明所有威德殄滅無餘是時文殊師
利法王子即從座起告諸大眾諸善男子汝等勿怖汝等勿怖何以故東方去此無
量無數阿僧祇恒河沙微塵等世界有世界名意樂美音佛號虛空等如來應
正遍知十號具足彼有菩薩名無邊身與無量菩薩欲來至此供養如來以彼菩
薩威德力故令汝身光悉不復現是故汝等應生歡喜勿懷恐怖爾時大眾悉皆遙
見彼佛大眾如明鏡中自觀己身時文殊師利復告大眾汝今所見彼佛大眾如見
此佛以佛神力復當如是得見九方無量諸佛爾時大眾各相謂言苦哉苦哉世
間虛空世間空虛如來不久當般涅槃是時大眾一切悉見無邊身菩薩及
其眷屬是菩薩身一一毛孔各各出生一大蓮華一一蓮華各有七萬八千城邑縱廣
正等如毗耶離城牆壁諸塹七寶雜廁多羅寶樹七重行列人民熾盛安隱豐樂
閻浮檀金以為却敵一一却敵各有種種七寶林樹華菓茂盛微風吹動出微
妙音其聲和雅猶如天樂城中人民聞是音聲即得受於上妙快樂是諸塹
中妙水盈滿清淨香潔如真琉璃是諸水中有七寶船諸人乘之遊戲澡浴共
相娛樂快樂無極復有無量雜色蓮華優鉢羅華拘物頭華波頭摩華分陀
利華其華縱廣猶如車輪其塹岸上多有園林一一園中有五泉池是諸池中復
有諸華優鉢羅華拘物頭華波頭摩華分陀利華其華縱廣亦如車輪香氣
馚馥甚可愛樂其水清淨柔軟第一鳧鴈鴛鴦遊戲其中其國各有眾寶宮
宅一一宮宅縱廣正等滿四由旬所有牆壁四寶所成所謂金銀琉璃頗梨真金為窗
周匝欄楯玫瑰為地金沙布上是宮宅中多有七寶流泉浴池一一池邊各有八十黃金
梯陛閻浮檀金為芭蕉樹如忉利天歡喜之園是一一城各有八萬四千人王一一諸王
各有無量夫人婇女共相娛樂歡喜受樂其餘人民亦復如是各於住處共相娛
樂是中眾生不聞餘名純聞無上大乘之聲是諸華中一一各有師子之座其座
四足皆紺琉璃柔軟素衣以敷座上其衣微妙出過三界一一座上有一王坐以大乘
法教化眾生或有眾生書持讀誦如說修行如是流布大乘經典爾時無邊身
菩薩安止如是無量眾生於自身已令捨世樂皆作是言苦哉苦哉世間空虛
如來不久當般涅槃爾時無邊身菩薩與無量菩薩周匝圍遶示現如是神
通力已持是種種無量供具及以上妙香美飲食若有得聞是食香氣煩惱諸
垢皆悉消滅以是菩薩神通力故一切大眾悉皆得見如是變化無邊身菩薩
身大無邊量同虛空唯除諸佛餘無能見是菩薩身其量邊際爾時無邊
身菩薩及其眷屬所設供養倍勝於前至來佛所稽首佛足合掌恭敬白佛
言世尊唯願哀愍受我等食如來知時默然不受如是三請悉亦不受爾時無

BD13841號1　大般涅槃經（北本）卷一　（52–10）

通力已持是種種無量供具及以上妙香美飲食若有得聞是食香氣煩惱諸
垢皆悉消滅以是菩薩神通力故一切大衆悉皆得見如是變化無邊身菩薩
身大無邊量同虛空唯除諸佛餘無能見是菩薩身其量邊際尒時無邊
身菩薩及其眷屬所設供養倍勝於前至来佛所稽首佛足合掌恭敬白佛
言世尊唯願哀愍受我等食如来知時默然不受如是三請悉亦不受尒時無
邊身菩薩及其眷屬却住一面南西北方諸佛世界亦有無量無邊身菩薩
所持供養倍勝於前来至佛所乃至却住一面皆亦如是　尒時娑羅雙樹吉祥
福地縱廣三十二由旬大衆充滿間无空缺尒時四方無邊身菩薩及其眷屬所坐
之處或如錐頭針鋒微塵十方如微塵等諸佛世界諸大菩薩悉来集會及閻
浮提一切大衆亦悉来集唯除尊者摩訶迦葉阿難二衆阿闍世王及其眷屬
乃至毒虵視能煞人蜣蜋蝮蝎及十六種行惡業者一切来集陁那婆神阿脩羅
等悉捨惡念皆生慈心如父如母如姉如妹三千大千世界衆生慈心相向亦復如是除
一闡提尒時三千大千世界以佛神力故地皆柔軟無有丘墟土沙礫石荊蕀毒草
衆寶莊嚴猶如西方無量壽佛極樂世界是時大衆悉見十方如微塵等諸
佛世界如於明鏡自觀己身見諸佛土亦復如是尒時如来面門所出五色光明
其光明曜覆諸大會令彼身光悉不復現所應作已還從口入時諸天人及諸會
衆阿脩羅等見佛光明還從口入皆大恐怖身毛為竪復作是言如来光明出已
還入非無因緣必於十方所作已辦將是最後涅槃之相何其苦哉何其苦哉如
何世尊一旦捨離四無量心不受人天所奉供養聖慧日月從今永滅無上法船於
斯沉沒嗚呼痛哉世間大苦舉手推匈悲號啼哭支節戰動不能自持身諸
毛孔流血灑地　卷第一

大般涅槃經卷第二

尒時會中有優婆塞是拘尸那工巧之子名曰純陁與其同類十五人俱為令
世間得善果故捨身威儀從坐而起偏袒右肩右膝著地合掌向佛悲涕盈
目頂礼佛足而白佛言唯願世尊及比丘僧哀受我等最後供養為度無量諸
衆生故世尊我等從今无主无親无救无護无歸无趣貧窮飢困欲從如来求
將来食唯願哀愍受我微供然後乃入於般涅槃世尊譬如剎利若婆羅門
毗舍首陁以貧窮故遠至他國役力農作得好調牛良田平正无諸沙鹵惡草株
杌唯希天雨言調牛者喻身口七良田平正喻於智慧除去沙鹵惡草株杌喻
諸煩惱世尊我今身有調牛良田除去株杌唯希如来甘露法雨貧四姓者即
我身是貧於无上法之財寶唯願哀愍除斷我等貧窮困苦拯及无量苦
惱衆生我今所供雖復微少兾得充足如来大衆我今无主无親无歸願垂矜
愍如羅睺羅尒時世尊一切種智无上調御告純陁曰善哉善哉我今為汝除
斷貧窮无上法雨雨汝身田令生法牙汝今於我欲求壽命色力安樂无导辯才
我當施汝常命色力安无导辯何以故純陁施食有二果報无差何等為二一者受
已得阿耨多羅三藐三菩提二者受已入於涅槃我今受汝最後供養令汝
具足檀波羅蜜尒時純陁即白佛言如佛所說二施果報无差別

BD13841 號 1　大般涅槃經（北本）卷一　（52–11）
BD13841 號 2　大般涅槃經（北本）卷二

惱衆生我今所供雖復微少兾得充足如来大衆我今无主无親无歸願垂矜
愍如羅睺羅尒時世尊一切種智无上調御告純陁曰善哉善哉我今為汝除
斷貧窮无上法雨雨汝身田令生法牙汝今於我欲求壽命色力安樂无导辯才
我當施汝常命色力安无导辯何以故純陁施食有二果報无差何等為二一者受
已得阿耨多羅三藐三菩提二者受已入於涅槃我今受汝最後供養令汝
具足檀波羅蜜尒時純陁即白佛言如佛所說二施果報无差別者是義不然
何以故先受施者煩惱未盡未得成就一切種智亦未能令衆生具足檀波羅蜜
後受施者煩惱已盡已得成就一切種智能令衆生普得具足檀波羅蜜先
受施者直是衆生後受施者是天中天先受施者是雜食身煩惱之身是後邊
身是无常身後受施者无煩惱身金剛之身法身常身无邊之身云何而言
二施果報等无差別先受施者未能具足檀波羅蜜乃至般若波羅蜜唯得
宍眼未得佛眼乃至慧眼後受施者已得具足檀波羅蜜乃至般若波羅蜜具
足佛眼乃至慧眼云何而言二施果報等无差別世尊先受施者受已食噉入
腹消化得命得色得力得安得无导辯後受施者不食不消无五事果云何而
言二施果報等无差別佛言善男子如来已於无量无邊阿僧祇劫无有食身
煩惱之身无後邊身常身法身金剛之身善男子未見佛性者名煩惱身雜食
之身是後邊身菩薩尒時受飲食已入金剛三昧此食消已即見佛性得阿耨多
羅三藐三菩提是故我言二施果報等无差別菩薩尒時破壞四魔今入涅槃亦
破四魔是故我言二施果報等无差別菩薩尒時雖不廣說十二部經先已通達
今入涅槃廣為衆生分別演說是故我言二施果報等无差別善男子如来之身
已於无量阿僧祇劫不受飲食為諸聲聞說言先受難陁難陁波羅二牧牛女
所奉乳糜然後乃得阿耨多羅三藐三菩提我實不食我今為此會大衆是故
受汝最後所奉實亦不食尒時大衆聞佛世尊普為大會受於純陁最後供
養歡喜踊躍同聲讚言善哉善哉希有純陁汝今立字名不虛稱言純陁者
名解妙義汝今建立如是大義是故依實從義立名故名純陁汝今現世得大
名利得願滿足甚奇純陁生在人中復得難得无上之利善哉純陁如優曇華
世間希有佛出於世亦復甚難值佛生信聞法復難佛臨涅槃最後供養能
辦是事復難於是南无純陁南无純陁汝今已具檀波羅蜜猶如秋月十五日夜
清淨圓滿无諸雲翳一切衆生无不瞻仰汝亦如是而為我等之所瞻仰佛已受
汝最後供養令汝具足檀波羅蜜南无純陁是故說汝如月盛滿一切衆生无不
瞻仰南无純陁雖受人身心如佛心汝今純陁真是佛子如羅睺羅等无有異尒
時大衆即說偈言　汝雖生人道　已超第六天　我及一切衆　今故稽首請
人中最勝尊　今當入涅槃　汝應愍我等　唯願速請佛　久住於世間
利益无量衆　演說智所讚　无上甘露法　汝若不請佛　我命將不全
是故應見為　稽請調御師　尒時純陁歡喜踊躍譬如有人父母卒喪忽
然還活純陁歡喜亦復如是復起礼佛而說偈言
快哉獲己利　善得於人身　蠲除貪恚等　永離三惡道　快哉獲己利　遇得金寶聚

BD13841 號 2　大般涅槃經（北本）卷二　（52–12）

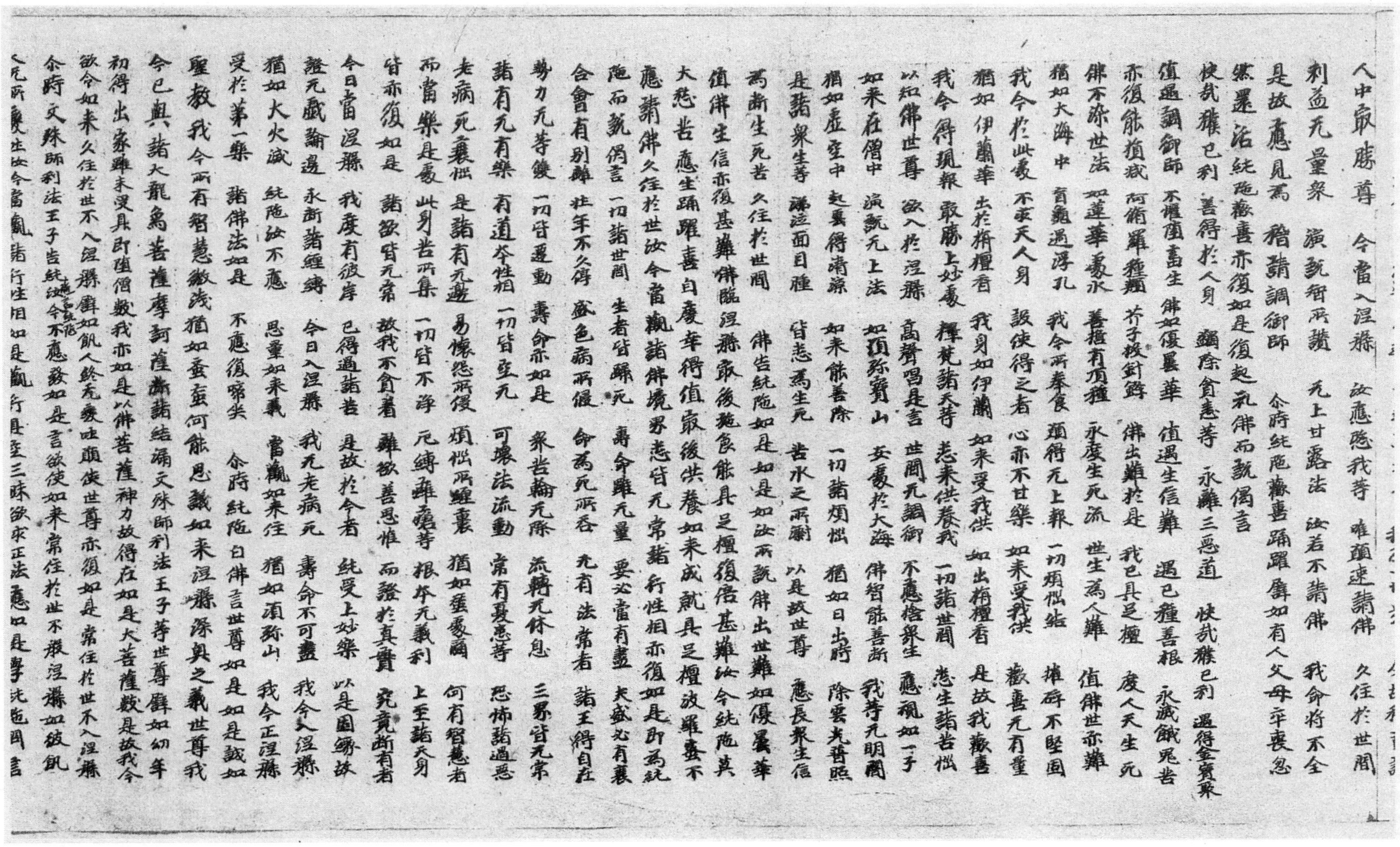
人中最勝尊　今當入涅槃　汝應愍我等　唯願速請佛　久住於世間
利益无量衆　演說智所讚　无上甘露法　汝若不請佛　我命將不全
是故應見爲　稽請調御師　尒時純陀歡喜踊躍　譬如有人父母卒喪忽
然還活　純陀歡喜亦復如是　復起礼佛而說偈言
快哉獲已利　善得於人身　蠲除貪恚等　永離三惡道　快哉獲已利　遇得金寶聚
值遇調御師　不懼墮畜生　佛如優曇華　值遇生信難　遇已種善根　永滅餓鬼苦
亦復能損減　阿修羅種類　芥子投針鋒　佛出難於是　我已具足檀　度人天生死
佛不染世法　如蓮華處水　善斷有頂種　永度生死流　世生爲人難　值佛世亦難
猶如大海中　盲龜遇浮孔　我今所奉食　願得无上報　一切煩惱結　摧破不堅固
我今於此處　不求天人身　設使得之者　心亦不甘樂　如來受我供　歡喜无有量
猶如伊蘭華　出於栴檀香　我身如伊蘭　如來受我供　如出栴檀香　是故我歡喜
我今得現報　最勝上妙處　釋梵諸天等　悉來供養我　一切諸世間　悉生諸苦惱
以知佛世尊　欲入於涅槃　高聲唱是言　世間无調御　不應捨衆生　應視如一子
如來在僧中　演說无上法　如須彌寶山　安處於大海　佛智能善斷　我等无明闇
猶如虛空中　起雲得清涼　如來能善除　一切諸煩惱　猶如日出時　除雲光普照
是諸衆生等　啼泣面目腫　皆悉爲生死　苦水之所漂　以是故世尊　應長衆生信
爲斷生死苦　久住於世間　佛告純陀如是如是如汝所說佛出世難如優曇華
值佛生信亦復甚難佛臨涅槃最後施食能具足檀復倍甚難汝今純陀莫
大愁苦應生踊躍喜自慶幸得值最後供養如來成就具足檀波羅蜜不
應請佛久住於世汝今當觀諸佛境界悉皆无常諸行性相亦復如是即爲純
陀而說偈言　一切諸世間　生者皆歸死　壽命雖无量　要必當有盡　夫盛必有衰
合會有別離　壯年不久停　盛色病所侵　命爲死所吞　无有法常者　諸王得自在
勢力无等雙　一切皆遷動　壽命亦如是　衆苦輪无際　流轉无休息　三界皆无常
諸有无有樂　有道本性相　一切皆空无　可壞法流動　常有憂患等　恐怖諸過惡
老病死衰惱　是諸有无邊　易壞怨所侵　煩惱所纏裹　猶如蠶處繭　何有智慧者
而當樂是處　此身苦所集　一切皆不淨　扼縛癰瘡等　根本无義利　上至諸天身
皆亦復如是　諸欲皆无常　故我不貪著　離欲善思惟　而證於真實　究竟斷有者
今日當涅槃　我度有彼岸　已得過諸苦　是故於今者　純受上妙樂　以是因緣故
證无戲論邊　永斷諸纏縛　今日入涅槃　我无老病死　壽命不可盡　我今入涅槃
猶如大火滅　純陀汝不應　思量如來義　當觀如來住　猶如須彌山　我今正涅槃
受於第一樂　諸佛法如是　不應復啼哭　尒時純陀白佛言世尊如是如是誠如
聖教我今所有智慧微淺猶如蚊虻何能思議如來涅槃深奧之義世尊我
今已與諸大龍象菩薩摩訶薩斷諸結漏文殊師利法王子等世尊譬如幼年
初得出家雖未受具即墮僧數我亦如是以佛菩薩神力故得在如是大菩薩數是故我今
欲令如來久住於世不入涅槃譬如飢人終无有吐願使世尊亦復如是常住於世不入涅槃
尒時文殊師利法王子告純陀汝今不應發如是言欲使如來常住於世不般涅槃如彼飢
人无所食吐汝今當觀諸行性相如是觀行具空三昧欲求正法應如是學純陀問言

BD13841 號 2　大般涅槃經（北本）卷二　（52–13）

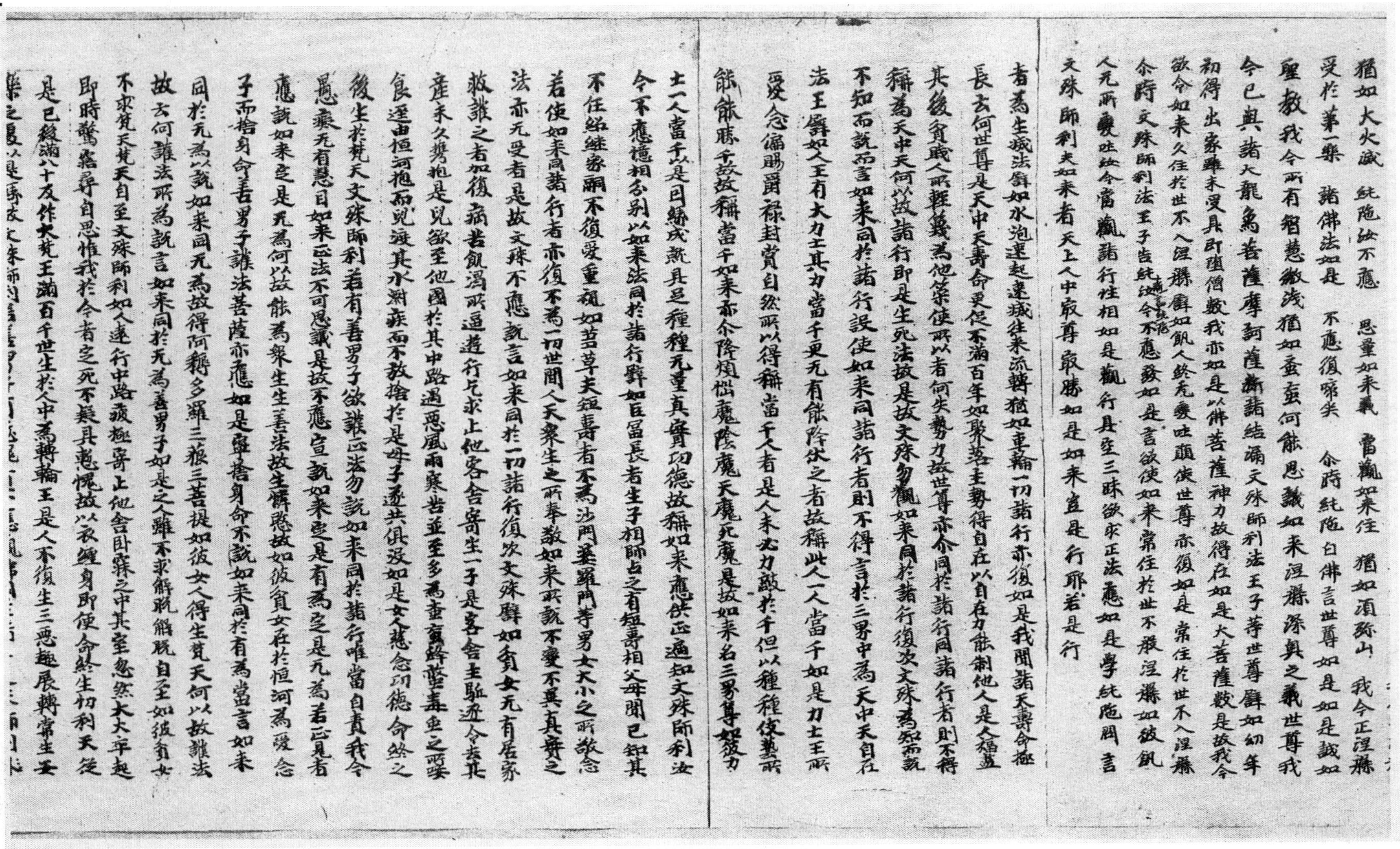
猶如大火滅　純陀汝不應　思量如來義　當觀如來住　猶如須彌山　我今正涅槃
受於第一樂　諸佛法如是　不應復啼哭　尒時純陀白佛言世尊如是如是誠如
聖教我今所有智慧微淺猶如蚊虻何能思議如來涅槃深奧之義世尊我
今已與諸大龍象菩薩摩訶薩斷諸結漏文殊師利法王子等世尊譬如幼年
初得出家雖未受具即墮僧數我亦如是以佛菩薩神力故得在如是大菩薩數是故我今
欲令如來久住於世不入涅槃譬如飢人終无有吐願使世尊亦復如是常住於世不入涅槃
尒時文殊師利法王子告純陀汝今不應發如是言欲使如來常住於世不般涅槃如彼飢
人无所食吐汝今當觀諸行性相如是觀行具空三昧欲求正法應如是學純陀問言
文殊師利夫如來者天上人中最尊最勝如是如來豈是行耶若是行
者爲生滅法譬如水泡速起速滅往來流轉猶如車輪一切諸行亦復如是我聞諸天壽命極
長云何世尊是天中天壽命更促不滿百年如聚落主勢得自在以自在力能制他人是人福盡
其後貧賤人所輕蔑爲他策使所以者何失勢力故世尊亦尒同於諸行同諸行者則不得
稱爲天中天何以故諸行即是生死法故是故文殊勿觀如來同於諸行復次文殊爲知而說
不知而說而言如來同於諸行設使如來同諸行者則不得言於三界中爲天中天自在
法王譬如人王有大力士其力當千更无有能降伏之者故稱此人一人當千如是力士王所
愛念偏賜爵祿封賞自然所以得稱當千人者是人未必力敵於千但以種種伎藝所
能能勝千故故稱當千如來亦尒降煩惱魔陰魔天魔死魔是故如來名三界尊如彼力
士一人當千以是因緣成就具足種種无量真實功德故稱如來應供正遍知文殊師利汝
今不應憶想分別以如來法同於諸行譬如巨富長者生子相師占之有短壽相父母聞已知其
不任紹繼家嗣不復愛重視如草芥夫短壽者不爲沙門婆羅門等男女大小之所敬念
若使如來同諸行者亦復不爲一切世間人天衆生之所奉敬如來所說不變不異真實之
法亦无受者是故文殊不應說言如來同於一切諸行復次文殊譬如貧女无有居家
救護之者加復病苦飢渴所逼遊行乞求止他客舍寄生一子是客舍主驅逐令去其
產未久攜抱是兒欲至他國於其中路遇惡風雨寒苦並至多爲蚊虻蜂螫毒虫之所唼
食逕由恒河抱兒而渡其水漂疾而不放捨於是母子遂共俱沒如是女人慈念功德命終之
後生於梵天文殊師利若有善男子欲護正法勿說如來同於諸行唯當自責我今
愚癡无有慧目如來正法不可思議是故不應宣說如來定是有爲定是无爲若正見者
應說如來定是无爲何以故能爲衆生生善法故生憐愍故如彼貧女在於恒河爲愛念
子而捨身命善男子護法菩薩亦應如是寧捨身命不說如來同於有爲當言如來
同於无爲以說如來同无爲故得阿耨多羅三藐三菩提如彼女人得生梵天何以故護法
故云何護法所謂說言如來同於无爲善男子如是之人雖不求解脫解脫自至如彼貧女
不求梵天梵天自至文殊師利如人遠行中路疲極寄止他舍臥寐之中其室忽然大火卒起
即時驚寤尋自思惟我於今者定死不疑具慚愧故以衣纏身即便命終生忉利天從
是已後滿八十反作大梵王滿百千世生於人中爲轉輪王是人不復生三惡趣展轉常生安
樂之處以是因緣[illegible]

BD13841 號 2　大般涅槃經（北本）卷二　（52–14）

菩薩亦應如是寧捨身命不説如来同於有為當言如来
同於无為以説如来同无為故得阿耨多羅三藐三菩提如彼女人得生梵天何以故護法
故云何護法所謂説言如来同於无為善男子如是之人雖不求解脫解脫自至如彼貧女
不求梵天梵天自至文殊師利如人遠行中路疲極寄止他舍卧寐之中其室忽然大火卒起
即時驚寤尋自思惟我於今者定死不疑具慚愧故以衣纏身即便命終生忉利天從
是已後滿八十反作大梵王滿百千世生於人中為轉輪王是人不復生三惡趣展轉常生安
樂之處以是緣故文殊師利若善男子有慚愧者不應觀佛同於諸行文殊師利外
道邪見可説如来同於有為持戒比丘不應如是於如来所生有為想若言如来是
有為者即是妄語當知是人死入地獄如人自處於己舍宅文殊師利如来真實是无
為法不應復言是有為也汝從今日於生死中應捨无智求於正智當知如来即是无為若
能如是觀如来者具足當得三十二相速疾成就阿耨多羅三藐三菩提
尒時文殊師利法王子讚純陀言善哉善哉善男子汝今已作長壽因緣能知
如来是常住法不變易法无為之法汝今如是善覆如来有為之相彼如火人為慚
愧故以衣覆身以善心故生忉利天復為梵王轉輪聖王不至惡趣常受安
樂汝亦如是善覆如来有為相故於未来世必定當得三十二相八十種好十八不
共法无量壽命不在生死常受安樂不久得成應正遍知純陀如来次後自
當廣説我之與汝俱亦當覆如来有為有為无為且共置之汝可隨時速施
飲食如是施者諸施中最若比丘比丘尼優婆塞優婆夷遠行疲極所須之物
應當清淨隨時給與如是速施即是具足檀波羅蜜根本種子純陀若有最後
施佛及僧若多若少若足不足宜速及時如来正尒當般涅槃純陀答言文殊
師利汝今何故貪為此食而言多少足與不足令我時施文殊師利如来昔日苦
行六年尚自支持況於今日須臾間耶文殊師利汝今實謂如来正覺受斯食耶
然我定知如来身者即是法身非為食身尒時佛告文殊師利如是如是如純陀言
善哉純陀汝已成就微妙大智善入甚深大乘經典文殊師利語純陀言汝謂
如来是无為者如来之身即是長壽若作是知佛所悦可純陀答言如来非獨
悦可於我亦復悦可一切衆生文殊師利言如来於汝及以於我一切衆生皆悉悦
可純陀答言汝不應言如来悦可夫悦可者則是倒想若有倒想則是生死有
生死者即有為法是故文殊勿謂如来是有為也若言如来是有為者我與仁
者俱行顛倒文殊師利如来无有愛念之想夫愛念者如彼母牛愛念其子雖
復飢渴行求水草若足不足忽然還歸諸佛世尊无有是念等視一切如羅睺
羅如是念者即是諸佛智慧境界文殊師利譬如國王調御駕駟欲令驢車
車而及之者无有是處我與仁者亦復如是欲盡如来微密深奥亦无是處文
殊師利如金翅鳥王上昇虛空无量由旬下觀大海悉見水性魚鼈黿鼉龜龍之
屬及見己影如於明鏡見諸色像凡夫少智不能籌量如是所見我與仁者亦復
如是不能籌量如来智慧文殊師利語純陀言如是如是如汝所説我於此事非

BD13841 號 2　大般涅槃經（北本）卷二　（52–15）

者俱行顛倒文殊師利如来无有愛念之想夫愛念者如彼母牛愛念其子雖
復飢渴行求水草若足不足忽然還歸諸佛世尊无有是念等視一切如羅睺
羅如是念者即是諸佛智慧境界文殊師利譬如國王調御駕駟欲令驢車
車而及之者无有是處我與仁者亦復如是欲盡如来微密深奥亦无是處文
殊師利如金翅鳥王上昇虛空无量由旬下觀大海悉見水性魚鼈黿鼉龜龍之
屬及見己影如於明鏡見諸色像凡夫少智不能籌量如是所見我與仁者亦復
如是不能籌量如来智慧文殊師利語純陀言如是如是如汝所説我於此事非
為不達直欲試汝諸菩薩事　尒時世尊從其面門出種種光其光明曜照
文殊身文殊師利遇斯光已即知是事尋告純陀如来今者現是瑞相不久必
當入於涅槃汝先所設最後供養宜時奉獻佛及大衆純陀當知如来放是
種種光明非无因緣純陀聞已情塞默然佛告純陀汝所奉施佛及大衆今正是時
如来正尒當般涅槃第二第三亦復如是尒時純陀聞佛語已舉聲啼哭悲
噎而言苦哉苦哉世間空虛復白大衆我等今者一切當共五體投地同聲勸佛
莫般涅槃尒時世尊復告純陀莫大啼哭令心擾亂當觀是身猶如芭蕉熱
時焰水泡幻化乾闥婆城坯器電光亦如畫水臨死之囚熟果段肉如織經盡如
碓上下當觀諸行猶雜毒食有為之法多諸過患於是純陀復白佛言如来不
欲久住於世我當云何而不啼哭哉苦苦哉世間空虛唯願世尊憐愍我等及諸
衆生久住於世勿般涅槃佛告純陀汝今不應發如是言憐愍我故久住於世
我以憐愍汝及一切是故今欲入於涅槃何以故諸佛法尒有為亦然是故諸佛
而説是偈　有為之法　其性无常　生已不住　寂滅為樂
純陀汝今當觀一切行雜諸法无我无常不得久住此身多有无量過患猶如
水泡是故汝今不應啼泣尒時純陀復白佛言如是如是誠如尊教雖知如
来方便示現入於涅槃而我不能不懷苦惱覆自思惟復生慶悦佛讚純陀善
哉善哉能知如来示同衆生方便涅槃純陀汝今當聽如娑羅娑鳥春陽之
月皆共集彼阿耨達池諸佛亦尒皆至是處純陀汝今不應思惟諸佛長壽
短壽一切諸法皆如幻相如来在中以方便力无所染著何以故諸佛法尒純陀我今
受汝所獻供養為欲令汝度於生死諸有流故若諸人天於此最後供養我者悉
皆當得不動果報常受安樂何以故我是衆生良福田故汝若復欲為諸衆生
作福田者速辦所施不宜久停尒時純陀為諸衆生得度脫故低頭飲淚而白佛
言善哉世尊我若堪任為福田者則能了知如来涅槃及非涅槃我等今者及
諸聲聞緣覺智慧猶如蚊蟻不能量如来涅槃及非涅槃尒時純陀及其眷
屬愁憂啼泣圍遶如来燒香散華盡心敬奉尋與文殊從座而去供辦食具其
去未久是時此地六種震動乃至梵世亦復如是地動有二或有地動或大地動小動
者名為地動大動者名大地動有小聲者名曰地動有大聲者名大地動獨地動
者名曰地動山河樹木及大海水一切動者名大地動一向動者名曰地動周迴旋
轉名大地動動名地動動時能令衆生心動名大地動菩薩初從兜率天

BD13841 號 2　大般涅槃經（北本）卷二　（52–16）

善言哉世尊我等堪任為福田乃能了知如來涅槃及非涅槃我等今者及
諸聲聞緣覺智慧猶如蚊蟻實不能量如來涅槃及非涅槃爾時無邊身菩薩及其眷
屬悉見帝釋圍遶如來燒香散華盡心敬奉尋與文殊從座而去供辦食具其
去未久是時此地六種震動乃至梵世亦復如是地動有二或有地動或大地動小動
者名為地動大動者名大地動有小聲者名曰地動有大聲者名大地動獨地動
者名曰地動山河樹木及大海水一切動者名大地動一向動者名曰地動周迴旋
轉名大地動動名地動動時能令眾生心動名大地動菩薩初從兜率天
下閻浮提時名大地動從初生出家成阿耨多羅三藐三菩提轉於法輪及
般涅槃名大地動今日如來將入涅槃是故此地如是大動時諸天龍乾闥婆
阿脩羅迦樓羅緊那羅摩睺羅伽人及非人聞是語已身毛皆竪同聲哀泣
而說偈言
稽首禮調御　我等今勸請　遠離於人仙　故無有救護　今見佛涅槃
我等沒苦海　愁憂懷悲惱　猶如犢失母　貧窮無救護　猶如困病人　無醫隨自心
食所不應食　眾生煩惱病　常為諸見害　遠離法醫師　服食邪毒藥　是故佛世尊
不應見捨離　如國無君主　人民皆飢餓　我等亦如是　失蔭及法味　今聞佛涅槃
我等心迷亂　如彼大地動　迷失於諸方　大仙入涅槃　佛日墜於地　法水悉枯涸
我等定當死　如來般涅槃　眾生極苦惱　譬如長者子　新喪於父母　如來入涅槃
如其不還者　我等及眾生　悉無有救護　如來入涅槃　乃至諸畜生　一切皆愁怖
苦惱焦其心　我等於今日　云何不愁惱　如來見放捨　猶如棄涕唾　譬如日初出
光明甚暉赫　既能還自照　亦滅一切闇　如來神通光　能除我苦惱　處在大眾中
譬如須彌山　世尊譬如國王生育諸子形貌端正心常愛念先教伎藝悉
令通利然後將付旃陀令煞世尊我等而今為法王子蒙佛教誨已具正
見願莫放捨如其放捨則同王子唯願久住不入涅槃世尊譬如有人善學論諸
復於此論而生怖畏如來亦爾通達諸法（於諸法）而生怖畏若使如來久住於世說甘露
味充足一切如是眾生則不復畏墮於地獄世尊譬如有人初學作務為官所
收閉之囹圄有人問之汝受何事答言我今受大憂苦如其得脫則得安樂
世尊亦爾為我等故脩諸苦行我等今者猶未得免生死苦惱云何如來得受
安樂世尊譬如醫王善解方藥偏以秘方教授其子不教其餘外受學者如來
亦爾獨以甚深秘密之藏偏教文殊遺棄我等不見顧念如來於法應無
慳悋如彼醫王偏教其子不教外來諸受學者彼醫所以不能普教情存
勝負故有祕惜如來之心終無勝負何故如是不見教誨唯願久住莫般涅槃
世尊譬如老少病苦之人離於善任行於險路路險艱難多受苦惱更有異人
見之憐愍即便示以坦平好道世尊我亦如是所謂少者喻未增長法身之人老
者喻重煩惱病者喻未解脫生死險路者喻二十五有唯願如來示導我等甘
露正道久住於世勿入涅槃爾時世尊告諸比丘汝等比丘莫如凡夫諸天人等愁

BD13841 號 2　大般涅槃經（北本）卷二　　（52–17）

慳悋如彼醫王偏教其子不教外來諸受學者彼醫所以不能普教情存
勝負故有祕惜如來之心終無勝負何故如是不見教誨唯願久住莫般涅槃
世尊譬如老少病苦之人離於善任行於險路路險艱難多受苦惱更有異人
見之憐愍即便示以坦平好道世尊我亦如是所謂少者喻未增長法身之人老
者喻重煩惱病者喻未解脫生死險路者喻二十五有唯願如來示導我等甘
露正道久住於世勿入涅槃爾時世尊告諸比丘汝等比丘莫如凡夫諸天人等愁
憂啼哭當勤精進繫心正念時諸天人阿脩羅等聞佛所說止不啼哭猶　如
有人喪其子已止不啼哭爾時世尊為諸大眾說是偈言
汝等當開意　不應大愁苦　諸佛法皆爾　是故當默然　樂不放逸行　守心正憶念
遠離諸非法　慰意受歡樂　復次比丘若有疑惑今皆當問若空不空若常
無常若苦非苦若依非依若去不去若歸非歸若恒非恒若斷若常若眾
生非眾生若有若無若實不實若真不真若滅不滅若密不密若二不二如
是等種種法中有所疑者今應諮問我當隨順為汝斷之亦當為汝先說甘
露然後乃當入於涅槃諸比丘佛出世難人身難得值佛生信是事亦難
能忍難忍是亦復難成就禁戒具足無缺得阿羅漢果是事亦難如求金沙憂
曇鉢華汝諸比丘離於八難得人身難汝等遇我不應空過我於往昔種種
苦行今得如是無上方便為汝等故無量劫中捨身手足頭目髓腦是故汝等不
應放逸汝等比丘云何莊嚴正法寶城具足種種功德珍寶戒定智慧為牆
塹埤倪汝今遇是佛法寶城不應取此虛偽之物譬如商主遇真寶城取
諸凡藥而便還家汝亦如是值遇寶城取虛偽物汝諸比丘勿以下心而生知足汝
等今者雖得出家於此大乘不生貪慕汝諸比丘身雖得服袈裟染衣其心猶
未得染大乘清淨之法汝諸比丘雖行乞食遊歷多處初未曾乞大乘法食汝
諸比丘雖除鬚髮未為正法除諸結使汝諸比丘今當真實教勅汝等我今現
在大眾和合如來法性真實不倒是故汝等應當精進攝心勇猛摧諸結
使十力慧日既潛沒已汝等當為無明所覆汝諸比丘譬如大地諸山藥草為眾
生用我法亦爾出生妙善甘露法味而為眾生種種煩惱病之良藥我今當令
一切眾生及以我子四部之眾悉皆安住祕密藏中我亦復當安住是中入於
涅槃何等名為祕密之藏猶如伊字三點若並則不成伊縱亦不成如摩醯首
羅面上三目乃成伊字三點若別亦不得成我亦如是解脫之法亦非涅槃
如來之身亦非涅槃摩訶般若亦非涅槃三法各異亦非涅槃我今安住如是
三法為眾生故名入涅槃如世伊字爾時諸比丘聞佛世尊定當涅槃皆悉憂
愁身毛為竪涕淚盈目稽首佛足遶無量匝白佛言世尊快說無常苦空無我
世尊譬如一切眾生跡中象跡為上是無常想亦復如是於諸想中最為第一若
有精勤脩習之者能除一切欲界欲愛色無色愛無明憍慢及無常想世尊如來
若離無常想者今則不應入於般涅槃若不離者云何說言脩無常想離三界

BD13841 號 2　大般涅槃經（北本）卷二　　（52–18）

如来之身亦非涅槃摩訶般若亦非涅槃三法各異亦非涅槃我今安住如是
三法為衆生故名入涅槃如世伊字介時諸比丘聞佛世尊定當涅槃皆悉憂
慼身毛為豎涕淚盈目稽首佛足遶无量迊白佛言世尊快說无常苦空无我
世尊譬如一切衆生跡中象跡為上是无常想亦復如是於諸想中最為第一若
有精勤脩習之者能除一切欲界欲愛色无色愛无明憍慢及无常想世尊如来
若離无常想者今則不應入於涅槃若不離者云何說言脩无常想離三界
愛无明憍慢及无常想世尊譬如農夫秋月之時深耕其地能除穢草是无常
想亦復如是能除一切欲界欲愛色无色愛无明憍慢及无常想世尊譬如耕
田秋耕為勝如是跡中象跡為勝於諸想中无常為勝世尊譬如帝王知命將終恩
赦天下獄因繫閉悉令得脫然後捨命如来今者亦應如是度諸衆生一
切无智无明繫閉皆令解脫然後乃入於般涅槃我等今者皆未得度云何如
来便欲放捨入於涅槃世尊譬如有人為鬼所持遇良呪師以呪力故便得除差如
来亦介為諸聲聞除无明鬼令得安住摩訶般若解脫等法如世伊字世尊譬如香
象為人所縛雖有良師不能禁制頓絕羈鎖自恣而去我未如是脫五十七煩惱
繫縛云何如来便欲放捨入於涅槃世尊如人病瘧值遇良醫所苦得差我亦如
是多諸患苦邪命熱病雖遇如来病未除愈未得无上安隱常樂云何如来便
欲放捨入於涅槃世尊譬如醉人不自覺知不識親踈母女姊妹迷荒婬乱言語
放逸臥臭穢中時有良師与藥令服服已吐酒還自憶識心懷慙愧深自剋責酒
為不善諸惡根本若能除斷則遠衆罪世尊我亦如是往昔已来輪轉生死情色
所醉貪嗜五欲非母母想非姊姊想非女女想於非衆生生衆生想是故輪轉受
生死苦如彼醉人臥臭穢中如来今當施我法藥令我還吐煩惱惡酒而我未
得醒悟之心云何如来便欲放捨入於涅槃世尊譬如有人歎芭蕉樹以為堅實
无有是處世尊衆生亦介若歎我人衆生壽命養育知見作者受者是真實
者亦无是處我等如是脩无我想世尊譬如漿滓无所復用是身亦介无我无
主世尊如七葉華无有香氣是身亦介无我无主我等如是心常脩習无我之
想如佛所說一切諸法无我我所汝諸比丘應當脩習如是脩已則除我慢離
我慢已便入涅槃世尊譬如鳥跡空中現者无有是處有能脩習无我想者而有諸
見亦无是處介時世尊讚諸比丘善哉善哉汝等善能脩无我想時諸比丘即白
佛言世尊我等不但脩无我想亦更脩習其餘諸想所謂苦想空无常无我想世尊
譬如人醉其心顛眩見諸山河石壁草木宮殿屋舍日月星辰皆悉迴轉世尊若
有不脩苦无常想无我等想如是之人不名為聖多諸放逸流轉生死世尊以是因
緣我等善脩如是諸想介時佛告諸比丘言諦聽諦聽汝向所引醉人喻者但知
文字未達其義何等為義如彼醉人見上日月實非迴轉生迴轉想衆生亦介為諸
煩惱无明所覆生顛倒心我計无我常計无常淨計不淨樂計為苦以為煩惱之
所覆故雖生此想

BD13841號2　大般涅槃經（北本）卷二

（52–19）

佛言世尊我等不但脩无我想亦更脩習其餘諸想所謂苦想空无常无我想世尊
譬如人醉其心顛眩見諸山河石壁草木宮殿屋舍日月星辰皆悉迴轉世尊若
有不脩苦无常想无我等想如是之人不名為聖多諸放逸流轉生死世尊以是因
緣我等善脩如是諸想介時佛告諸比丘言諦聽諦聽汝向所引醉人喻者但知
文字未達其義何等為義如彼醉人見上日月實非迴轉生迴轉想衆生亦介為諸
煩惱无明所覆生顛倒心我計无我常計无常淨計不淨樂計為苦以為煩惱之
所覆故雖生此想不達其義如彼醉人於非轉處而生轉想我者即是佛義常者
是法身義樂者是涅槃義淨者是法義汝等比丘云何而言有我想者憍慢
貢高流轉生死汝等若言我亦脩習无常苦无我等想是三種脩无有實義
我今當說勝三脩法苦者計樂樂者計苦是顛倒法无常計常常計无常
是顛倒法无我計我我計无我是顛倒法不淨計淨淨計不淨是顛倒法有如是
等四顛倒法是人不知正脩諸法汝諸比丘於苦法中生於樂想於无常中生於
常想於无我中生於我想於不淨中生於淨想世間亦有常樂我淨出世亦有常
樂我淨世間法者有字无義出世間者有字有義何以故世間之法有四顛倒故不
知義所以者何有想顛倒心倒見倒以三倒故世間之人樂中見苦常見无常我見
无我淨見不淨是名顛倒以顛倒故世間知字而不知義何等為義无我者名為
生死我者名為如来无常者聲聞緣覺常者如来法身苦者一切外道樂者即是
涅槃不淨者即有為法淨者諸佛菩薩所有正法是名不顛倒以不顛倒故知字
知義若欲遠離四顛倒者應知如是常樂我淨時諸比丘白佛言世尊如佛所說離四倒
者則得了知常樂我淨如来今者永无四倒則已了知常樂我淨何故不住一劫若
已了知常樂我淨何故不住一劫半劫教導我等令離四倒而見放捨欲入涅槃
如来若見顧念教勅我當至心頂受脩習如来若入於涅槃者我等云何與是
毒身同共止住脩於梵行我等亦當隨佛世尊入於涅槃介時佛告諸比丘言汝
等不應作如是語我今所有无上正法悉已付囑摩訶迦葉是迦葉者當為汝
等作大依止猶如如来為諸衆生作依止處摩訶迦葉亦復如是當為汝等
作依止處譬如大王多所綜領若遊巡時悉以國事付囑大臣如来亦介所有正
法亦以付囑摩訶迦葉汝等當知先所脩習无常苦想非是真實譬如春時
有諸人等在大池浴乘船遊戲失瑠璃寶沒深水中是時諸人悉共入水求覓
是寶競捉瓦石草木沙礫各各自謂得瑠璃珠歡喜持出乃知非真是時寶珠
猶在水中以珠力故水皆澄清於是大衆乃見寶珠故在水下猶如仰觀虛空
月形是時衆中有一智人以方便力安徐入水即便得珠汝等比丘不應如是脩
習无常苦无我想不淨想等以為實義如彼諸人各以瓦石草木沙礫而為寶
珠汝等應當善學方便在在處處常脩我想常樂淨想復應當知先所脩
習四法相貌悉是顛倒欲得真實脩諸想者如彼智人巧出寶珠所謂我想常
樂淨想介時諸比丘白佛言世尊如佛先說諸法无我汝當脩學脩學是已則離我

BD13841號2　大般涅槃經（北本）卷二

（52–20）

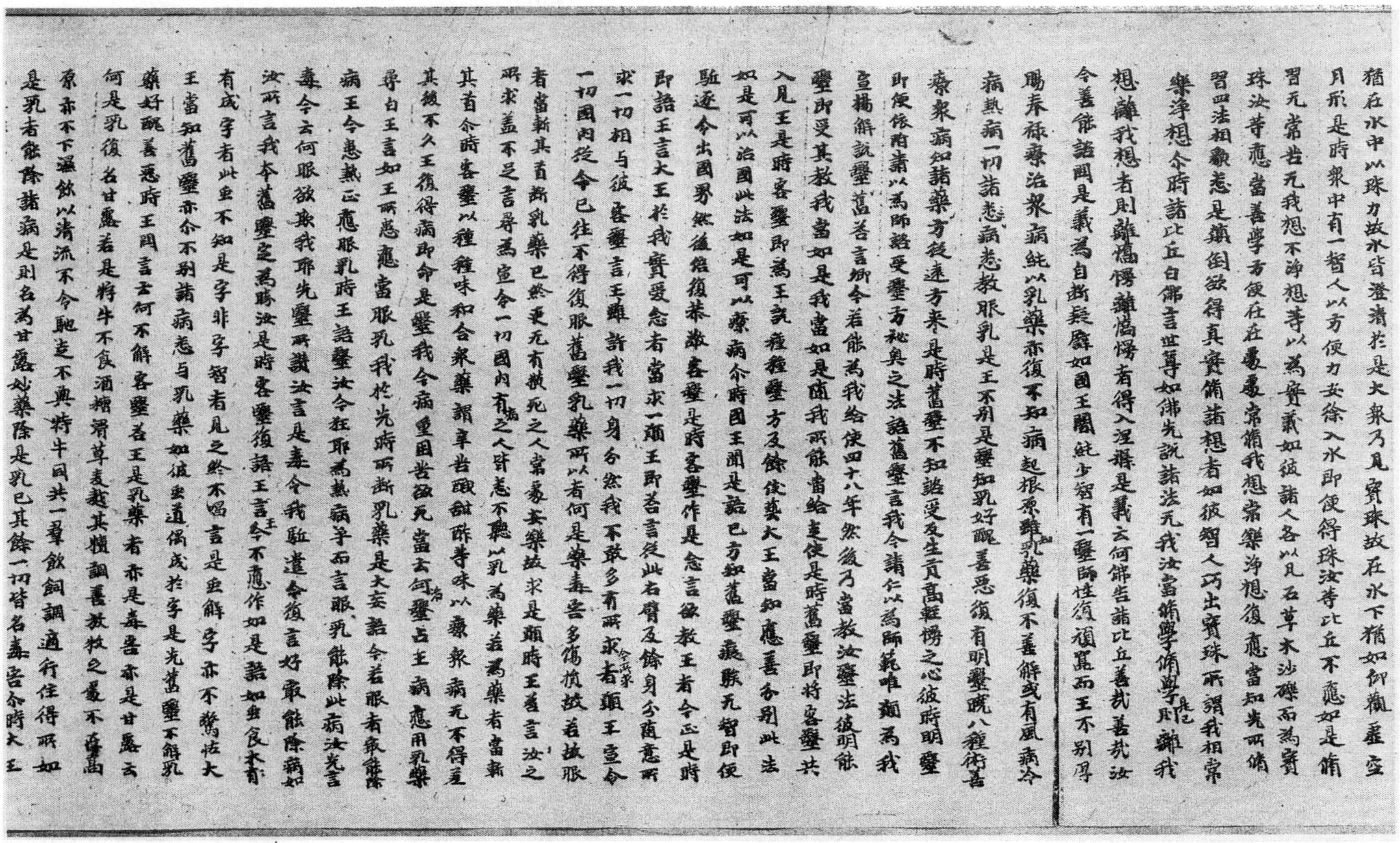

猶在水中以珠力故水皆澄清於是大衆乃見寶珠故在水下猶如仰觀虛空
月形是時衆中有一智人以方便力安徐入水即便得珠汝等比丘不應如是脩
習无常苦无我想不淨想等以為實義如彼諸人各以瓦石草木沙礫而為寶
珠汝等應當善學方便在在處處常脩我想常樂淨想復應當知先所脩
習四法相貌悉是顛倒欲得真實脩諸想者如彼智人巧出寶珠所謂我想常
樂淨想尒時諸比丘白佛言世尊如佛先說諸法无我汝當脩學脩學是已則離我
想離我想者則離憍慢離憍慢者得入涅槃是義云何佛告諸比丘善哉善哉汝
今善能諮問是義為自斷疑譬如國王闇鈍少智有一醫師性復頑嚚而王不別厚
賜俸祿療治衆病純以乳藥亦復不知病起根原雖知乳藥復不善解或有風病冷
病熱病一切諸病悉教服乳是王不別是醫知乳好醜善惡復有明醫曉八種術善
療衆病知諸藥方從遠方來是時舊醫不知諮受反生貢高輕慢之心彼時明醫
即便依附請以為師諮受醫方祕奧之法語舊醫言我今請仁以為師範唯願為我
宣暢解說舊醫答言卿今若能為我給使四十八年然後乃當教汝醫法彼明醫
即受其教我當如是我當隨我所能當給走使是時舊醫即將客醫共
入見王是時客醫即為王說種種醫方及餘伎藝大王當知應善分別此法
如是可以治國此法如是可以療病尒時國王聞是語已方知舊醫癡騃无智即便
驅逐令出國界然後倍復恭敬客醫是時客醫作是念言欲教王者今正是時
即語王言大王於我實愛念者當求一願王即答言從此右臂及餘身分隨意所
求一切相與彼客醫言王雖許我一切身分然我不敢多有所求今所求者願王宣令
一切國內從今已往不得復服舊醫乳藥所以者何是藥毒害多傷損故若故服
者當斬其首斷乳藥已終更无有橫死之人常處安樂故求是願時王答言汝之
所求蓋不足言尋為宣令一切國內有病之人皆悉不聽以乳為藥若為藥者當斬
其首尒時客醫以種種味和合衆藥謂辛苦醎甜酢等味以療衆病无不得差
其後不久王復得病即命是醫我今病重困苦欲死當云何治醫占王病應用乳藥
尋白王言如王所患應當服乳我於先時所斷乳藥是大妄語今若服者最能除
病王今患熱正應服乳時王語醫汝今狂耶為熱病乎而言服乳能除此病汝先言
毒今云何服欲欺我耶先醫所讚汝言是毒令我驅遣今復言好最能除病如
汝所言我本舊醫定為勝汝是時客醫復語王言王今不應作如是語如虫食木有
有成字者此虫不知是字非字智者見之終不唱言是虫解字亦不驚怪大
王當知舊醫亦尒不別諸病悉與乳藥如彼虫道偶成於字是先舊醫不解乳
藥好醜善惡時王問言云何不解客醫答王是乳藥者亦是毒害亦是甘露云
何是乳復名甘露若是特牛不食酒糟滑草麥麩其犢調善放牧之處不在高
原亦不下溼飲以清流不令馳走不與特牛同共一羣飲飼調適行住得所如
是乳者能除諸病是則名為甘露妙藥除是乳已其餘一切皆名毒害尒時大王

BD13841號 2　大般涅槃經（北本）卷二　　（52–21）

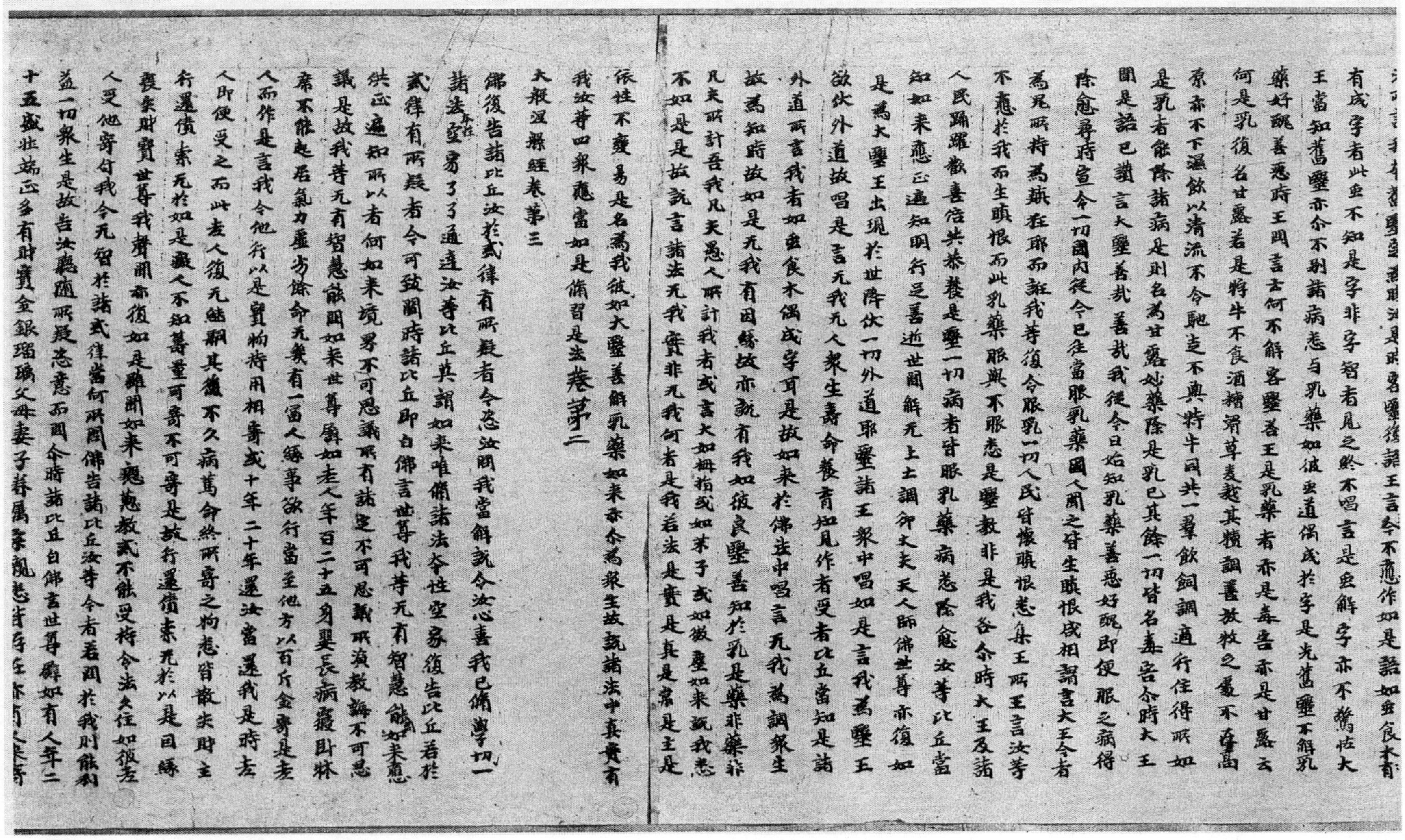

汝所言我本舊醫定為勝汝是時客醫復語王言王今不應作如是語如虫食木有
有成字者此虫不知是字非字智者見之終不唱言是虫解字亦不驚怪大
王當知舊醫亦尒不別諸病悉與乳藥如彼虫道偶成於字是先舊醫不解乳
藥好醜善惡時王問言云何不解客醫答王是乳藥者亦是毒害亦是甘露云
何是乳復名甘露若是特牛不食酒糟滑草麥麩其犢調善放牧之處不在高
原亦不下溼飲以清流不令馳走不與特牛同共一羣飲飼調適行住得所如
是乳者能除諸病是則名為甘露妙藥除是乳已其餘一切皆名毒害尒時大王
聞是語已讚言大醫善哉善哉我從今日始知乳藥善惡好醜即便服之病得
除愈尋時宣令一切國內從今已往當服乳藥國人聞之皆生瞋恨咸相謂言大王今者
為鬼所持為顛狂耶而誑我等復令服乳一切人民皆懷瞋恨悉集王所王言汝等
不應於我而生瞋恨如此乳藥服與不服悉是醫教非是我咎尒時大王及諸
人民踊躍歡喜倍共恭養是醫一切病者皆服乳藥病悉除愈汝等比丘當
知如來應正遍知明行足善逝世間解无上士調御丈夫天人師佛世尊亦復如
是為大醫王出現於世降伏一切外道邪醫諸王衆中唱如是言我為醫王
欲伏外道故唱是言无我无人衆生壽命養育知見作者受者比丘當知是諸
外道所言我者如虫食木偶成字耳是故如來於佛法中唱言无我為調衆生
故為知時故如是无我有因緣故亦說有我如彼良醫善知於乳是藥非藥非
凡夫所計吾我凡夫愚人所計我者或言大如母指或如芥子或如微塵如來說我悉
不如是是故說言諸法无我實非无我何者是我若法是實是真是常是主是
依性不變易是名為我彼如大醫善解乳藥如來亦尒為衆生故說諸法中真實有
我汝等四衆應當如是脩習是法卷第二
大般涅槃經卷第三
佛復告諸比丘汝於戒律有所疑者今恣汝問我當解說令汝心喜我已脩學一切
諸法本性空寂了了通達汝等比丘莫謂如來唯脩諸法本性空寂復告比丘若於
戒律有所疑者今可致問時諸比丘即白佛言世尊我等无有智慧能問如來應
供正遍知所以者何如來境界不可思議所有諸定不可思議所演教誨不可思
議是故我等无有智慧能問如來世尊譬如老人年百二十五身嬰長病寢臥牀
席不能起居氣力虛劣餘命无幾有一富人緣事欲行當至他方以百斤金寄是老
人而作是言我今他行以是寶物持用相寄或十年二十年還汝當還我是時老
人即便受之而此老人復无繼嗣其後不久病篤命終所寄之物悉皆散失財主
行還債索无於如是癡人不知籌量可寄不可寄是故行還債索无於以是因緣
喪失財寶世尊我等聞亦復如是雖聞如來慇懃教戒不能受持令法久住如彼老
人受他寄付我今无智於諸戒律當何所問佛告諸比丘汝等今者若問於我則能利
益一切衆生是故告汝隨所疑惑恣意而問尒時諸比丘白佛言世尊譬如有人年二
十五盛壯端正多有財寶金銀琉璃父母妻子眷屬家親悉皆存在亦有人來寄

BD13841號 2　大般涅槃經（北本）卷二　　（52–22）
BD13841號 3　大般涅槃經（北本）卷三

人即便受之而此老人復无繼嗣其後不久病篤命終所寄之物悉皆散失財主
行還債索无於如是癡人不知籌量可寄不可寄是故行還債索无於以是因緣
喪失財寶世尊我等聞亦復如是雖聞如來慇懃教戒不能受持令法久住如彼老
人受他寄付我今无智於諸戒律當何所問佛告諸比丘汝等今者若問於我則能利
益一切衆生是故告汝聽隨所疑悉意而問尒時諸比丘白佛言世尊譬如有人年二
十五盛壯端正多有財寶金銀瑠璃父母妻子眷屬宗親悉皆存在亦有人來寄
其寶物語其人言我有緣事欲至他處事訖當還汝當還我是時壯人守護是
物如自己有其人遇病即命家屬如是金寶是他所寄彼若來索悉皆還之
智者如是善知籌量行還索物皆悉得之无所亡失世尊亦尒若以法寶付囑阿難
及諸比丘不得久住何以故一切聲聞及大迦葉悉當无常如彼老人受他寄物是故應以
无上佛法付諸菩薩以諸菩薩善能問答如是法寶則得久住无量千世增益熾
盛利安衆生如彼壯人受他寄物以是義故諸大菩薩乃能問耳我等智慧猶如
蚉䖟何能諮請如來深法尒時諸聲聞衆默然而住尒時佛讚諸比丘言善哉善哉
汝等善得无漏之心阿羅漢心我亦曾念以此二緣應以大乘付諸菩薩令是妙法
久住於世尒時佛告一切大衆善男子善女人我之壽命不可稱量樂說之辯
亦不可盡汝等宜可隨意諮問若戒若歸第二第三亦復如是尒時衆中有一菩
薩摩訶薩本是多羅聚落人也姓大迦葉婆羅門種年在幼稚以佛神力即從坐
起偏袒右肩遶百千匝右膝著地合掌向佛而白佛言世尊我於今者欲少諮
問若佛聽者乃敢發言佛告迦葉如來應正遍知恣汝所問當為汝說斷汝所疑
令汝歡喜尒時迦葉菩薩摩訶薩白佛言世尊如來哀愍已垂聽許今當問
之然我所有智慧微少猶如蚉䖟如來世尊道德巍巍純以旃檀師子難伏不
可壞衆而為眷屬如來之身猶真金剛色如瑠璃真實難壞復為如是大智慧海
之所圍遶是衆會中諸大菩薩摩訶薩等皆悉成就无量无邊深妙功德猶如
香象於如是等大衆之前豈敢發問為當承佛神通之力及因衆大善根威德
少發問耳即於佛前說偈問曰 云何得長壽 金剛不壞身 復以何因緣 得大堅固力
云何於此經 究竟到彼岸 願佛開微密 廣為衆生說 云何得廣大 為衆作依止
實非阿羅漢 而與羅漢等 云何知天魔 為衆作留難 佛說波旬說 云何分別知
云何諸調御 心喜說真諦 正善具成就 演說四顛倒 云何作善業 大仙今當說
云何諸菩薩 能見難見性 云何解滿字 及與半字義 云何共聖行 如娑羅娑鳥
迦隣提日月 太白與歲星 云何未發心 而名為菩薩 云何於大衆 而得无所畏
猶如閻浮金 无能說其過 云何處濁世 不污如蓮華 云何處煩惱 煩惱不能染
如醫療衆病 不為病所污 生死大海中 而作大船師 云何捨生死 如蛇脫故皮
云何觀三寶 猶如天意樹 三乘若无性 云何而得說 猶如樂未生 云何名受樂
云何諸菩薩 而得不壞衆 云何為生盲 而作眼目導 云何示多頭 唯願大仙說

BD13841號3 大般涅槃經(北本)卷三 (52-23)

迦隣提日月 太白與歲星 云何未發心 而名為菩薩 云何於大衆 而得无所畏
猶如閻浮金 无能說其過 云何處濁世 不污如蓮華 云何處煩惱 煩惱不能染
如醫療衆病 不為病所污 生死大海中 而作大船師 云何捨生死 如蛇脫故皮
云何觀三寶 猶如天意樹 三乘若无性 云何而得說 猶如樂未生 云何名受樂
云何諸菩薩 而得不壞衆 云何為生盲 而作眼目導 云何示多頭 唯願大仙說
云何說法者 增長如初月 云何復示現 究竟於涅槃 云何勇進者 示人天魔道
云何知法性 而受於法樂 云何諸菩薩 遠離一切病 云何為衆生 演說於秘密
云何說畢竟 及與不畢竟 如其斷疑网 云何不定說 云何而得近 最勝无上道
我今請如來 為諸菩薩故 願為說甚深 微妙諸行等 一切諸法中 悉有安樂性
唯願大仙尊 為我分別說 衆生大依止 兩足尊妙藥 今欲問諸陰 而我无智慧
精進諸菩薩 亦復不能知 如是等甚深 諸佛之境界
尒時佛讚迦葉菩薩善哉善哉善男子汝今未得一切種智我已得之然汝所問甚
深秘藏如一切智之所諮問等无有異善男子我坐道場菩提樹下初成正覺尒
時无量阿僧祇恒河沙等諸佛世界有諸菩薩亦曾問我是甚深義然其所問句
義功德亦皆如是等无有異如是問者則能利益无量衆生尒時迦葉菩薩復
白佛言世尊我无智力能問如來如是深義世尊譬如蚉䖟不能飛過大海彼
岸周遍虛空我亦如是不能諮問如來如是智慧大海法性虛空甚深之義世
尊譬如國王髻中明珠付典藏臣藏臣得已頂戴恭敬增加守護我亦如是頂
戴恭敬增加守護如來所說方等深義何以故令我廣得深智慧故尒時佛
告迦葉菩薩善男子諦聽諦聽當為汝說如來所得長壽之業菩薩以是業
因緣故得壽命長是故應當至心聽受若業能為菩提因者應當誠心聽受
是義既聽受已轉為人說善男子我已修習如是業故今得阿耨多羅三藐三菩
提今復為人廣說是義善男子譬如王子犯罪繫獄王甚憐愍受念子故躬自
迴駕至其繫所菩薩亦尒欲得長壽應當護念一切衆生同於子想生大慈
大悲大喜大捨授不煞戒教脩善法亦當安止一切衆生於五戒十善復入地獄餓
鬼畜生阿脩羅等一切諸趣拔濟是中苦惱衆生脫未脫者度未度者未得涅
槃者令得涅槃安慰一切諸恐怖者以如是等業因緣故菩薩則得壽命長遠於
諸智慧而得自在隨所壽終生於天上尒時迦葉菩薩復白佛言世尊菩薩摩
訶薩等視衆生同於子想是義深隱我未能解世尊如來不應說言菩薩於諸衆生脩平
等心同於子想所以者何於佛法中有破戒者作逆罪者毀正法者云何當於如是等
人同子想耶佛告迦葉如是如是我於衆生實作子想如羅睺羅迦葉菩薩復白佛
言世尊昔十五日僧布薩時實於受具清淨衆中有一童子不善修習身口意業在屏
處處盜聽說戒密迹力士承佛神力以金剛杵碎之令塵世尊是金剛神極成暴惡乃
能斷是童子命根云何如來視諸衆生同於子想如羅睺羅佛告迦葉汝今不應
作如是言是童子者即是化人非真實也為欲驅遣破戒毀法令出衆故金剛密迹

BD13841號3 大般涅槃經(北本)卷三 (52-24)

等心同於子想所以者何於佛法中有破戒者作逆罪者毀正法者云何當於如是等
人同子想耶佛告迦葉如是如是我於衆生實作子想如羅睺羅迦葉菩薩復白佛
言世尊昔十五日僧布薩時寶於受具清淨衆中有一童子不善脩習身口意業在屏
處處盜聽說戒密迹力士承佛神力以金剛杵碎之塵世尊是金剛神極成暴惡乃
能斷是童子命根云何如來視諸衆生同於子想如羅睺羅佛告迦葉汝今不應
作如是言是童子者即是化人非真實也爲欲驅遣破戒毀法令出衆故金剛密迹
亦是化耳迦葉毀謗正法及一闡提或有煞生乃至邪見及故犯禁我於是等悉生
悲心同於子想如羅睺羅善男子譬如國王諸羣臣等有犯王法隨罪誅戮而不捨置
如來世尊不如是也於毀法者與驅遣羯磨呵責羯磨置羯磨舉罪羯磨不可見
羯磨滅羯磨未捨惡見羯磨善男子如來所以與謗法者作如是等降伏羯磨爲欲
示諸行惡之人有果報故善男子汝今當知如來即是施惡衆生无恐畏者若放
一光若二若五或有遇者悉令遠離一切諸惡如來今者具有如是无量勢力善
男子未可見法汝欲見者今當爲汝說其相貌我涅槃後隨其方面有持戒比
丘威儀具足護持正法見壞法者即能驅遣呵責徵治當知是人得福无量不
可稱計善男子譬如有王專行暴惡會遇重病有隣國王聞其名聲興兵而
來規欲殄滅是時病王无力勢故方乃恐怖改心脩善而是隣王得无量福持法比
丘亦復如是驅遣呵責壞法之人令行善法得福无量善男子譬如長者所居之處田
宅屋舍生諸毒樹長者知已即便斫伐永令滅盡又如壯人首生白髮愧而剪拔不
令生長持法比丘亦復如是見有破戒壞正法者即應驅遣呵責舉處若善比
丘見壞法者置不呵責驅遣舉處當知是人佛法中怨若能驅遣呵責舉處是
我弟子真聲聞也迦葉菩薩復白佛言世尊如佛所言則不等視一切衆生同於子
想如羅睺羅世尊若有一人以刀害佛復有一人持栴檀塗佛佛於此二若生等心
云何復言當治毀禁若治毀禁是言則失佛告迦葉菩薩善男子譬如國王大
臣宰相產育諸子顏貌端正聰明黠慧若二三四將付嚴師而作是言君可爲
我教誨諸子威儀礼節伎藝書疏校計筭數悉令成就我今四子就君受學
假使三子病杖而死餘有一子必當苦治要令成就雖喪三子我終不恨迦葉
是父及師得煞罪不不也世尊何以故以愛念故爲欲成就无有惡心如是教誨
得无福量善男子如來亦尒視壞法者等如一子如來今以无上正法付囑諸王
大臣宰相比丘比丘尼優婆塞優婆夷是諸國王及四部衆應當勸厲諸學人
等令得增長戒定智慧若有不學是三品法懈怠破戒毀正法者王者大臣四部
之衆應當苦治善男子是諸國王及四部衆當有罪不不也世尊善男子是
諸國王及四部衆尚无有罪何況如來善男子如來善脩如是平等於諸衆
生同一子想如是脩者是名菩薩脩平等心於諸衆生同一子想善男子菩薩
如是脩習此業得壽命長亦能善知宿世之事迦葉菩薩復白佛言世尊如佛
所說菩薩若有脩平等心視諸衆生同於子想得壽命長如來不應作如是

BD13841號3　大般涅槃經（北本）卷三　（52–25）

等令得增長戒定智慧若有不學是三品法懈怠破戒毀正法者王者大臣四部
之衆應當苦治善男子是諸國王及四部衆當有罪不不也世尊善男子是
諸國王及四部衆尚无有罪何況如來善男子如來善脩如是平等於諸衆
生同一子想如是脩者是名菩薩脩平等心於諸衆生同一子想善男子菩薩
如是脩習此業得壽命長亦能善知宿世之事迦葉菩薩復白佛言世尊如佛
所說菩薩若有脩平等心視諸衆生同於子想得壽命長如來不應作如是
說何以故如知法人能說種種孝順之法還至家中以諸瓦石打擲父母而是父
母是良福田多所利益難遇應好供養反生惱害是知法人言行相違如來
所言亦復如是菩薩脩習等心衆生同子想者應得長壽善知宿命常住於世
无有變易今者世尊以何因緣壽命極短同人間耶如來將无於諸衆生生怨憎
想世尊昔日作何惡業斷幾命根得是短壽不滿百年佛告迦葉善男子汝今何
緣於如來前發是麁言如來長壽於諸壽中最上最勝所得常法於諸常中
最爲第一迦葉菩薩復白佛言世尊云何如來得壽命長佛告迦葉善男子如
八大河一名恒河二名閻摩羅三名薩羅四名阿夷羅拔提五名摩訶六名辛頭
七名博叉八名悉陀是八大河及諸小河悉入大海迦葉如是一切人中天上地及虛空
壽命大河悉入如來壽命海中是故如來壽命无量復次迦葉譬如阿耨婆達多
池出四大河如來亦尒出一切命迦葉譬如一切諸常法中虛空第一如來亦尒於
諸常中最爲第一迦葉譬如諸藥醍醐第一如來亦尒於衆生中壽命第一迦葉
菩薩復白佛言世尊如來壽命若如是者應住一劫若減一劫常宣妙法如澍大雨
迦葉汝今不應於如來所生滅盡想迦葉若有比丘比丘尼優婆塞優婆夷乃
至外道五通神仙得自在者若住一劫若減一劫經行空中坐臥自在左脅出火
右脅出水身出烟炎猶如火聚若欲住壽能得如意於壽命中脩短自在如是
五通尚得如是隨意神力豈况如來於一切法得自在力而當不能住壽半劫若
一劫若百劫若百千劫若无量劫以是義故當知如來是常住法不變易法如来
此身是變化身非雜食身爲度衆生示同毒樹是故現捨入於涅槃迦葉當知
佛是常法不變易法汝等於是第一義中應勤精進一心脩習既脩習已廣爲
人說尒時迦葉菩薩白佛言世尊出世之法與世間法有何差別如佛言曰佛
是常法不變易法世間亦說梵天是常自在天常无有變易我常性常微
塵亦常若言如來是常法者如來何故不常現耶若不常現有何差別何
以故梵天乃至微塵世性亦不現故佛告迦葉譬如長者多有諸牛色雖種
種同共一羣付牧牛人令逐水草但爲醍醐不求乳酪彼牧牛者搆已自食長者命
終所有諸牛悉爲羣賊之所抄掠賊得牛已无有婦女即自搆捋得已而食尒
時羣賊各相謂言彼大長者畜養此牛不期乳酪但爲醍醐我等今者當設
何方而得之耶夫醍醐者名爲世間第一上味我等无器設使得乳无安置處復
共相謂唯有皮囊[illegible]

BD13841號3　大般涅槃經（北本）卷三　（52–26）

以故梵天乃至微塵世性亦不現故佛告迦葉譬如長者多有諸牛色雖種
種同共一羣付牧牛人令逐水草但為提湖不求酪乳彼牧牛者搆已自食長者命
終所有諸牛悉為羣賊之所抄掠賊得牛已无有婦女即自搆㨾得已而食尒
時羣賊各相謂言彼大長者畜養此牛不期乳酪但為提湖我等今者當設
何方而得之耶夫提湖者名為世間第一上味我等无器設使得乳无安置處復
共相謂唯有皮囊可以盛之雖有盛處不知攢搖漿猶難得況復生蘇尒時諸賊
以提湖故加之以水以水多故乳酪提湖一切俱失凡夫亦尒雖有善法皆是如來正
法之餘何以故如來世尊入涅槃後盜竊如來遺餘善法若戒定慧如彼諸賊劫
掠羣牛諸凡夫人雖復得是戒定智慧无有方便不能解說以是義故不能獲
得常戒常定常慧解脫如彼羣賊不知方便喪失提湖如彼羣賊為提湖故加
之以水凡夫亦尒為解脫故說我眾生壽命士夫梵天自在天微塵世性戒定智慧
及與解脫非想非非想天即是涅槃實亦不得解脫涅槃如彼羣賊不得提湖
是諸凡夫有少梵行供養父母以是因緣得生天上受少安樂如彼羣賊加水之乳而
是凡夫實不知因脩少梵行供養父母得生天上又不能知戒定智慧歸依三寶以
不知故說常樂我淨雖復說之而實不知是故如來出世之後乃為演說常樂
我淨如轉輪大王出現於世福德力故羣賊退散牛无損命時轉輪王即以諸牛
付一牧人多巧便者是人方便即得提湖以提湖故一切眾生无有患苦法輪聖王
出現世時諸凡夫人不能演說戒定慧者即便退散如賊退散尒時如來善說
世法及出世法為眾生故令諸菩薩隨而演說菩薩摩訶薩既得醍醐復
令无量无邊眾生雖得无上甘露法味所謂如來常樂我淨以是義故善
男子如來是常不變易法非如世間凡夫愚人謂梵天等是常法也此常法稱要
是如來非是餘法迦葉應當如是知如來身迦葉諸善男子善女人常當繫
心脩此二字佛是常住迦葉若有善男子善女人脩此二字當知是人隨我所行
至我至處善男子若有脩習如此二字為滅相者當知如來則於其人為般涅槃善
男子涅槃義者即是諸佛之法性也迦葉菩薩白佛言世尊佛法性者其義云
何世尊我今欲知法性之義唯願如來哀愍廣說夫法性者即是捨身捨身者
名无所有若无所有身云何存身若存者云何而言身有法性身有法性云何得
存我今云何當知是義佛告迦葉菩薩善男子汝今不應作如是說滅是法性
夫法性者无有滅也善男子譬如无想天成就色陰而无色想不應問言是
諸天等云何而住歡娛受樂云何行想云何見聞善男子如來境界非諸聲
聞緣覺所知善男子不應說言如來身者是滅法也善男子如是滅是佛境
界非諸聲聞緣覺所及善男子汝今不應思量如來何處住何處行何處見何處
樂善男子如是之義亦非汝等之所知及諸佛法身種種方便不可思議復次善男子
應當脩習佛法及僧而作常想是三法者无有異想无无常想无變異[illegible]

BD13841號3　大般涅槃經（北本）卷三　（52–27）

諸天等云何而住歡娛受樂云何行想云何見聞善男子如來境界非諸聲
聞緣覺所知善男子不應說言如來身者是滅法也善男子如是滅是佛境
界非諸聲聞緣覺所及善男子汝今不應思量如來何處住何處行何處見何處
樂善男子如是之義亦非汝等之所知及諸佛法身種種方便不可思議復次善男子
應當脩習佛法及僧而作常想是三法者无有異想无无常想无變異相若於三法
脩異想者當知是輩清淨三歸則无依處所有禁戒皆不具足終不能證聲聞緣
覺菩提之果若能於是不可思議脩常想者則有歸處善男子譬如因樹則有
樹影如來亦尒有常法故則有依歸非是无常若言如來是无常者如來則非
諸天世人所歸依處迦葉菩薩白佛言世尊譬如闇中有樹无影迦葉汝不應言
有樹无影但非肉眼之所見耳善男子如來亦尒其性常住是不變異无智慧眼
不能得見如彼闇中不見樹影凡夫之人於佛滅後說言如來是无常法亦復如是
若言如來異法僧者則不能成三歸依處如汝父母各各異故故使无常迦葉菩薩
復白佛言世尊我從今始當以佛法僧三事常住諮悟父母乃至七世皆令奉持甚奇
世尊我今當學如來法僧不可思議既自學已亦當為人廣說是義若有諸
人不能信受當知是輩久脩无常如是之人我當為其而作霜雹尒時佛讚迦
葉菩薩善哉善哉汝今善能護持正法如是護法不欺於人以不欺故善業緣
故而得長壽善知宿命

大般涅槃經金剛身品第二

尒時世尊復告迦葉善男子如來身者是常住身不可壞身金剛之身非雜食身
即是法身迦葉菩薩白佛言世尊如佛所說如是等身我悉不見唯見无常破壞
微塵雜食等身何以故如來當入於涅槃故佛言迦葉汝今莫謂如來之身不堅
可壞如凡夫身善男子汝今當知如來之身无量億劫堅牢難壞非人天身非
恐怖身非雜食身如來之身非身是身不生不滅不集不脩无量无邊无有
足迹无知无形畢竟清淨无有動搖无受无行不住不作无味无雜非是有為非
業非果非行非滅非心非數不可思議常不可思議无識離心亦不離心其心平等无
有亦有无有去來而亦去來不破不壞不斷不絕不出不滅非主亦主非有非无非
覺非觀非字非不字非定非不定不可見了了見无處亦處无宅亦宅无闇无明
无有寂靜而亦寂靜是无所有不受不施清淨无垢无諍斷諍住无住處不取不墮非
法非非法非福田非不福田无盡不盡離一切盡是空離空雖非常住非念念滅无
有垢濁无字離字非聲非說亦非脩習非稱非量非一非異非像非相諸相莊嚴
非勇非畏无寂亦寂无熱不熱不可覩見无有相貌如來度脫一切眾生无度脫
故能解眾生无有解故覺了眾生无覺了故如實說法无有二故不可量无等
等平如虛空无有形貌同无生性不斷不常常行一乘眾生見三不退不轉斷一
切結不戰不觸非性住性非合非散非長非短非圓非方非陰入界亦陰入界非增
非損非勝非負如來之身成就如是无量功德无有知者无不知者无有見者无不見

BD13841號3　大般涅槃經（北本）卷三　（52–28）

[illegible]寂无熱不熱不可覩見无有相貌如来度脫一切衆生无度脫
故能解衆生无有解故覺了衆生无覺了故如實説法无有二故不可量无等
等平如虛空无有形貌同无生性不斷不常行一乘衆生見三不退不轉斷一
切結不戰不觸非性住性非合非散非長非短非圓非方非陰入界亦陰入界非增
非損非勝非負如来之身成就如是无量功德无有知者无不知者无有見者无不見
者非有為非无為非世非不世非作非不作非依非不依非四大非不四大非因非不因
非衆生非不衆生非沙門非婆羅門是師子大師子非身非不身不可宣説除一法相
不可筭數般涅槃時不般涅槃如来法身皆悉成就如是无量微妙功德迦葉唯
有如来乃知是相非諸聲聞緣覺所知迦葉如是功德成如来身非是雜食所長養
身迦葉如来真身功德如是云何復得諸疾患苦危脆不堅如坏器乎迦葉如来
所以示病苦者為欲調伏諸衆生故善男子汝今當知如来之身即金剛身汝
從今日常當專心思惟此義莫念食身亦當為人説如来身即是法身迦葉菩薩
白佛言世尊如来成就如是功德其身云何當有病苦无常破壞我從今日常當思
惟如来之身是常法身安樂之身亦當為他如是廣説唯然世尊如来法身金
剛不壞而未能知所因云何佛言迦葉以能護持正法因緣故得成就是金剛身
迦葉我於往昔護法因緣今得成就是金剛身常住不壞善男子護持正法者
不受五戒不脩威儀應持刀劍弓箭鉾槊守護持戒清淨比丘迦葉菩薩白佛言世尊
若有比丘離於守護獨處空閑塚間樹下當説是人為真比丘若有隨逐守護行
者當知是輩是禿居士佛告迦葉莫作是語言禿居士若有比丘隨所至處供身趣
足讀誦經典思惟坐禪有来問法即為宣説所謂布施持戒福德少欲知足雖能如
是種種説法然故不能作師子吼不為師子之所圍遶不能降伏非法惡人如是比丘
不能自利及利衆生當知是輩懈怠懶惰雖能持戒守護淨行當知是人无所能
為若有比丘供身之具亦常豐足復能護持所受禁戒能師子吼廣説妙法謂脩
多羅祇夜受記伽陁優陁那伊帝目多伽闍陁伽毗佛略阿浮陁達磨以如是等九部經典
為他廣説利益安樂諸衆生故唱如是言涅槃經中制諸比丘不應畜養奴婢牛羊
非法之物若有比丘畜如是等不淨之物應當治之如来先於異部經中説有比丘畜如
是等非法之物某甲國王如法治之驅令還俗若有比丘能作如是師子吼時有破戒
戒者聞是語已咸共瞋恚害是法師是説法者設復命終故名持戒自利利他以
是緣故我聽國主群臣宰相諸優婆塞護説法人若有欲得護正法者當如是學
迦葉如是破戒不護法者名禿居士非持戒者得如是名善男子過去之世无量无邊
阿僧祇劫於此拘尸那城有佛出世号歡喜增益如来應正遍知明行足善逝世間解无
上士調御丈夫天人師佛世尊尒時世界廣博嚴淨豐樂安隱人民熾盛无有飢渴如安
樂國諸菩薩等彼佛世尊住世无量化衆生已然後乃於娑羅雙樹入般涅槃佛涅槃
後正法住世无量億歲餘卌年佛法未滅尒時有一持戒比丘名曰覺德多有徒衆眷
屬圍遶能師子吼頒宣廣説九部經典制諸比丘不得畜養奴婢牛羊非法之物

BD13841 號 3　大般涅槃經（北本）卷三　　（52–29）

迦葉如是破戒不護法者名禿居士非持戒者得如是名善男子過去之世无量无邊
阿僧祇劫於此拘尸那城有佛出世号歡喜增益如来應正遍知明行足善逝世間解无
上士調御丈夫天人師佛世尊尒時世界廣博嚴淨豐樂安隱人民熾盛无有飢渴如安
樂國諸菩薩等彼佛世尊住世无量化衆生已然後乃於娑羅雙樹入般涅槃佛涅槃
後正法住世无量億歲餘卌年佛法未滅尒時有一持戒比丘名曰覺德多有徒衆眷
屬圍遶能師子吼頒宣廣説九部經典制諸比丘不得畜養奴婢牛羊非法之物尒
時多有破戒比丘聞作是説皆生惡心執持刀杖逼是法師是時國王名曰有德
聞是事已為護法故即便往至説法者所與是破戒諸惡比丘極共戰鬭令説
法者得免危害王於尒時身被刀劍箭槊之瘡體无完處如芥子許尒時覺
德尋讚王言善哉善哉王今真是護正法者當来之世此身當為无量法器王
於是時得聞法已心大歡喜尋即命終生阿閦佛國而為彼佛作第一弟子其王
將從人民眷屬有戰鬭者有隨喜者一切不退菩提之心命終悉生阿閦佛國覺德
比丘却後壽終亦得往生阿閦佛國而為彼佛作聲聞衆中第二弟子若有正
法欲滅盡時應當如是受持擁護迦葉尒時王者則我身是説法比丘迦葉佛
是迦葉護正法者得如是等无量果報以是因緣我於今日得種種相以自莊嚴成
就法身不可壞身迦葉菩薩復白佛言世尊如来常身猶如畫石佛告迦葉菩
薩善男子以是因緣比丘比丘尼優婆塞優婆夷應當勤加護持正法護法果
報廣大无量善男子是故護法優婆塞等應執刀杖擁護如是持法比丘若有
受持五戒之者不得名為大乘人也不受五戒為護正法乃名大乘護正法者應
當執持刀劍器仗侍説法者迦葉白佛言世尊若諸比丘與如是等諸優婆塞
持刀杖者共為伴侶為有師耶為无師乎為是持戒為是破戒佛告迦葉莫謂
是等為破戒人善男子我涅槃後濁惡之世國土荒亂互相抄掠人民飢餓尒時
多有為飢餓故發心出家如是之人名為禿人是禿人輩見有持戒威儀具足清
淨比丘護持正法驅逐令出若殺若害迦葉菩薩復白佛言世尊是持戒人
護正法者云何當得遊行村落城邑教化善男子是故我今聽持戒人依諸白衣
持刀杖者以為伴侶若諸國王大臣長者優婆塞等為護法故雖持刀杖我説是
等名為持戒雖持刀杖不應斷命若能如是即得名為第一持戒迦葉言護法者
謂具正見能廣宣説大乘經典終不捉持王者寶蓋油瓶穀米種種果蓏不為利
養親近國王大臣長者於諸檀越心无諂曲具足威儀摧伏破戒諸惡人等是名持
戒護法之師能為衆生真善知識其心弘廣譬如大海迦葉若有比丘以利養故為
他説法是人所有徒衆眷屬亦効是師貪求利養是人如是便自壞衆迦葉衆有
三種一者犯戒雜僧二者愚癡僧三者清淨僧破戒雜僧則易可壞持戒淨僧利
養因緣所不能壞云何破戒雜僧若有比丘雖持禁戒為利養故與破戒者坐起
行来共相親附同其事業是名破戒亦名雜僧云何愚癡僧若有比丘在阿蘭若處
諸根不利闇鈍蹇澀少欲乞食於説戒日及自恣時教諸弟子清淨懺悔見非弟子

BD13841 號 3　大般涅槃經（北本）卷三　　（52–30）

[illegible]破戒諸惡人等是名持
戒雜法之師能為眾生真善知識其心弘廣譬如大海迦葉若有比丘以利養故為
他說法是人所有徒眾眷屬亦効是師貪求利養是人如是便自壞眾迦葉眾有
三種一者犯戒雜僧二者愚癡僧三者清淨僧破戒雜僧則易可壞持戒淨僧利
養因緣所不能壞云何破戒雜僧若有比丘雖持禁戒為利養故與破戒者坐起
行來共相親附同其事業是名破戒亦名雜僧云何愚癡僧若有比丘在阿蘭若處
諸根不利闇鈍蹇澀少欲乞食於說戒日及自恣時教諸弟子清淨懺悔見非弟子
多犯禁戒不能教令清淨懺悔而便與共說戒自恣是名愚癡僧云何名清淨僧
有比丘僧不為百千億數諸魔之所沮壞是菩薩眾本性清淨能調如上二部之
眾悉令安住清淨眾中是名護法无上大師善持律者為欲調伏利眾生故知諸
戒相若輕若重非是律者則不證知若是律者則便證知云何調眾生故若諸
菩薩為化眾生常入聚落不擇時節或至寡婦婬女舍宅與同住止經歷多年若
是聲聞所不應為是名調伏利益眾生云何知重若見如來因事制戒汝從今日
慎莫更犯如四重禁出家之人所不應作而便故作非是沙門非釋種子是名為
重云何為輕若犯輕事如是三諫若能捨者是名為輕非律不證者若有讚
說不清淨物應受用者不共同止是律應證者善學戒律不近破戒見有所行
隨順戒律心生歡喜如是能知佛法所作善能解說是名律師善解一字善持契
經亦復如是如是善男子佛法无量不可思議如來亦尔不可思議迦葉菩薩
白佛言世尊如是如是誠如聖教佛法无量不可思議如來亦尔不可思議故知
如來常住不壞无有變異我今善學亦當為人廣宣是義尔時佛讚迦
葉菩薩善哉善哉如來身者即是金剛不可壞身菩薩應當如是善學正見
正知若能如是了了知見即是佛見金剛之身不可壞身如於鏡中見諸色像

大般涅槃經名字功德品第三

尔時如來復告迦葉善男子汝今應當善持是經文字章句所有功德若有
善男子善女人聞是經名生四趣者无有是處何以故如是經典乃是无量无邊諸
佛之所脩習所得功德我今當說迦葉菩薩白佛言世尊當何名此經菩薩摩訶
薩云何奉持佛告迦葉是經名為大般涅槃上語亦善中語亦善下語亦善義
味深邃其文亦善純備具足清淨梵行金剛寶藏滿足无缺汝今善聽我今當說
善男子所言大者名之為常如八大河悉歸大海此經如是降伏一切諸結煩惱及諸魔
性然後要於大般涅槃放捨身命是故名曰大般涅槃善男子又如醫師有一祕方
悉攝一切所有醫方善男子如來亦尔所說種種妙法祕密深奧藏門悉皆入
於大般涅槃是故名為大般涅槃善男子譬如農夫春月下種常有希望既收果實
眾望都息善男子一切眾生亦復如是脩學餘經常悕滋味若得聞是大般涅槃
悕望諸經所有滋味悉皆永斷是大般涅槃能令眾生度諸有流善男子如諸跡

BD13841 號 3　大般涅槃經（北本）卷三　（52–31）

善男子所言大者名之為常如八大河悉歸大海此經如是降伏一切諸結煩惱及諸魔
性然後要於大般涅槃放捨身命是故名曰大般涅槃善男子又如醫師有一祕方
悉攝一切所有醫方善男子如來亦尔所說種種妙法祕密深奧藏門悉皆入
於大般涅槃是故名為大般涅槃善男子譬如農夫春月下種常有希望既收果實
眾望都息善男子一切眾生亦復如是脩學餘經常悕滋味若得聞是大般涅槃
悕望諸經所有滋味悉皆永斷是大般涅槃能令眾生度諸有流善男子如諸跡
中為象跡為最此經如是於諸經三昧最為第一善男子譬如耕田秋耕為勝此經如
是諸經中勝善男子如諸藥中醍醐第一善治眾生熱惱亂心是大涅槃為最第
一善男子譬如甜酥八味具足大般涅槃亦復如是八味具足云何為八一者常二者恒
三者安四者清涼五者不老六者不死七者无垢八者快樂是為八味具足是故
名為大般涅槃若諸菩薩摩訶薩等安住是中復能處處示現涅槃是故名
為大般涅槃迦葉善男子善女人若欲於此大般涅槃而涅槃者當如是學如來
常住法僧亦然迦葉菩薩復白佛言甚奇世尊如來功德不可思議法僧亦尔不
可思議是大涅槃亦不可思議若有脩學是經典者得正法門能為良醫若未學
者當知是人盲无慧明无明所覆　卷第三

大般涅槃經如來性品卷第四

佛復告迦葉善男子菩薩摩訶薩分別開示大般涅槃有四相義何等為四一者自
正二者正他三者能隨問答四者善解因緣義云何自正若佛如來見諸因緣
而有所說譬如比丘見大火聚便作是言我寧抱是熾然大聚終不敢於如
來所說十二部經及祕密藏謗言是波旬所說若言如來法僧无常如是說者
為自侵欺亦欺於人寧以利刀自斷其舌終不說言如來法僧无常若聞他說亦不
信受於此說者應生憐愍如來法僧不可思議應如是持自觀己身猶如火聚是
名自正云何正他佛說法時有一女人乳養嬰兒來詣佛所稽首佛足有所顧念心自
思惟便坐一面尔時世尊知而故問汝以愛念多舍兒酥不知籌量消與不消尔
時女人即白佛言甚奇世尊善能知我心中所念唯願如來教我多少世尊我於
今朝多與兒酥恐不能消將无夭壽唯願如來為我解說佛言汝兒所食尋即
消化增益壽命女人聞已心大踊躍復作是言如來實說故我歡喜世尊如是
為欲調伏諸眾生故善能分別說消不消亦說諸法无我无常若佛世尊先說
常者受化之徒當言此法與外道同即便捨去復告女人若兒長大能自行來凡
所食噉能消難消本所與酥則不供足我之所有聲聞弟子亦復如是如汝嬰
兒不能消是常住之法是故我先說苦无常若我聲聞諸弟子等功德已備堪
任脩習大乘經典我於是經為說六味云何六味說苦醋味无常鹹味无我苦味樂如
甜味我如辛味常如淡味彼世間中有三種味所謂无常无我无樂煩惱為薪智
慧為火以是因緣成涅槃飯謂常樂我今諸弟子悉皆甘嗜復告女人汝若有
緣欲至他處應驅惡子令出其舍悉以寶藏付示善子女人白佛實如聖教珍寶

BD13841 號 3　大般涅槃經（北本）卷三　（52–32）
BD13841 號 4　大般涅槃經（北本）卷四

□食可消難消本所與乳則不供足我之所有聲聞弟子亦復如是如汝嬰
兒不能消是常住之法是故我先說苦无常若我聲聞諸弟子等功德已備堪
任脩習大乘經典我於是經為說六味云何六味說苦醋味无常鹹味无我苦味樂如
甜味我如辛味常如淡味彼世間中有三種味所謂无常无我无樂煩惱為薪智
慧為火以是因緣成涅槃飯謂常樂我令諸弟子悉皆甘嗜復告女人汝若有
緣欲至他處應驅惡子令出其舍悉以寶藏付示善子女人白佛實如聖教珍寶
之藏應示善子不示惡子姊妹我亦如是般涅槃時如來微密无上法藏不與
聲聞諸弟子等如汝寶藏不示惡子要當付囑諸菩薩等如汝寶藏委付
善子何以故聲聞弟子生變異想謂佛如來真實滅度然我真實不滅度也
如汝遠行未還之頃汝之惡子便言汝死汝實不死諸菩薩等說言如來常不變易
如汝善子不言汝死以是義故我以无上祕密之藏付諸菩薩善男子若有眾
生謂佛常住不變異者當知是家則為有佛是名正他能隨問荅者若有人
來問佛世尊我當云何不捨錢財而得名為大施檀越佛言若有沙門婆羅門等
少欲知足不受不畜不淨物者當施其人奴婢僕使脩梵行者施與女人斷酒肉者
施以酒肉不過中食施過中食不著華香施以華香如是施者施名流布遍至他方
財寶之費不失毫釐是則名為能隨問荅尒時迦葉菩薩白佛言世尊食肉之
人不應施肉何以故我見不食肉者有大功德佛讚迦葉善哉善哉汝今乃能善知我
意護法菩薩應當如是善男子從今日始不聽聲聞弟子食肉若受檀越信施之
時應觀是食如子肉想迦葉菩薩復白佛言世尊云何如來不聽食肉善男子夫
食肉者斷大慈種迦葉又言如來何故先聽比丘食三種淨肉迦葉是三種淨肉隨事
漸制迦葉菩薩復白佛言世尊何因緣故十種不淨乃至九種清淨而復不聽佛告
迦葉亦是因事漸次而制當知即是現斷肉義迦葉菩薩復白佛言云何如來稱讚魚
肉為美食耶善男子我亦不說魚肉之屬為美食也我說甘蔗粳米石蜜一切穀
麥及黑石蜜乳酪蘇油以為美食雖說應畜種種衣服所應畜者要是壞色
何況貪著是魚肉味迦葉復言如來若制不食肉者彼五種味乳酪酪漿生蘇熟
蘇胡麻油等及諸衣服憍奢耶衣珂貝皮革金銀盂器如是等物亦不應受善男子
不應同彼尼乾所見如來所制一切禁戒各有異意異意故聽食三種淨肉異想故斷
十種肉異想故一切悉斷及自死者迦葉我從今日制諸弟子不得食一切肉也迦
葉其食肉者若行若住若坐若卧一切眾生聞其肉氣悉生恐怖譬如有人近
師子已眾人見之聞師子臭亦生恐怖善男子如人噉蒜臭穢可惡餘人見
之聞臭捨去設遠見者猶不欲視況當近之諸食肉者亦復如是一切眾生
聞其肉氣悉皆恐怖生畏死想水陸空行有命之類悉捨之走咸言此人是我等怨
是故菩薩不習食肉為度眾生示現食肉雖現食之其實不食善男子如是菩
薩清淨之食猶尚不食況當食肉善男子我涅槃後无量百歲四道聖人悉復
涅槃正法滅後於像法中當有比丘似像持律少讀誦經貪嗜飲食長養其

BD13841 號 4　大般涅槃經（北本）卷四　　（52–33）

葉其食肉者若行若住若坐若卧一切眾生聞其肉氣悉生恐怖譬如有人近
師子已眾人見之聞師子臭亦生恐怖善男子如人噉蒜臭穢可惡餘人見
之聞臭捨去設遠見者猶不欲視況當近之諸食肉者亦復如是一切眾生
聞其肉氣悉皆恐怖生畏死想水陸空行有命之類悉捨之走咸言此人是我等怨
是故菩薩不習食肉為度眾生示現食肉雖現食之其實不食善男子如是菩
薩清淨之食猶尚不食況當食肉善男子我涅槃後无量百歲四道聖人悉復
涅槃正法滅後於像法中當有比丘似像持律少讀誦經貪嗜飲食長養其
身身所被服麤陋醜惡形容憔悴无有威德放畜牛羊擔負薪草頭鬚爪髮悉
皆長利雖服袈裟猶如獵師細視徐行如猫伺鼠常唱是言我得羅漢多諸病苦眠
卧糞穢外現賢善內懷貪嫉如受瘂法婆羅門等實非沙門現沙門像邪見熾盛誹謗
正法如是等人破壞如來所制戒律正行威儀說解脫果離不淨法及壞甚深祕密
之教各自隨意反說經律而作是言如來皆聽我等食肉自生此論言是佛說互共
諍訟各自稱是沙門釋子善男子尒時復有諸沙門等貯聚生穀受取魚肉手自
作食執持油瓶寶蓋革屣親近國王大臣長者占相星宿勤脩醫道畜養奴婢
金銀瑠璃車璩馬瑙頗梨真珠珊瑚虎珀璧玉珂貝種種菓蓏學諸伎藝畫師
泥作造書教學種植根栽蠱道呪幻和合諸藥作倡伎樂香華治身樗蒱圍碁
學諸工巧若有比丘能離如是諸惡事者當說是人真我弟子尒時迦葉復白佛
言世尊諸比丘比丘尼優婆塞優婆夷因他而活若乞食時得雜肉食云何得食
應清淨法佛言迦葉當以水洗令與肉別然後乃食若其食器為肉所汙但使无
味聽用无罪若見食中多有肉者則不應受一切現肉悉不應食食者得罪我
今唱是斷肉之制若廣說者則不可盡涅槃時到是故略說是則名為能隨問
荅迦葉云何善解因緣義如有四部之眾來問我言世尊如是之義如來初出何故
不為波斯匿王說是法門深妙之義或時說深或時說淺或名為犯或名不犯
云何名墮云何名律云何名波羅提木叉義佛言波羅提木叉者名為知足成
就威儀无所受畜亦名淨命墮者名四惡趣又復墮者墮於地獄乃至阿鼻論
其遲速過於暴雨聞者驚怖堅持禁戒不犯威儀脩習知足不受一切不淨之
物又復墮者長養地獄畜生餓鬼以是諸義故名曰墮波羅提木叉者離身口
意不善邪業律者入戒威儀深經善義遮受一切不淨之物及不淨因緣亦遮四
重十三僧殘二不定法卅捨墮九十一墮四悔過法眾多學法七滅諍等或有人盡
破一切戒云何一切謂四重法乃至七滅諍法或復有人誹謗正法甚深經典及一闡
提具足成就盡一切相无有因緣如是等人自言我是聰明利智輕重之罪悉皆
覆藏覆藏諸惡如龜藏六如是眾罪長夜不悔以不悔故日夜增長是諸比
丘所犯眾罪終不發露是使所犯遂復滋蔓是故如來知是事已漸次而制
不得一時尒時有善男子善女人白佛言世尊如來久知如是之事何不先制將

BD13841 號 4　大般涅槃經（北本）卷四　　（52–34）

破一切戒云何一切謂四重法乃至七滅諍法或復有人誹謗正法甚深經典及一闡
提具足成就盡一切相无有因緣如是等人自言我是聰明利智輕重之罪悉皆
覆藏覆藏諸惡如龜藏六如是衆罪長夜不悔以不悔故日夜增長是諸比
丘所犯衆罪終不發露是使所犯遂復滋蔓是故如来知是事已漸次而制
不得一時尒時有善男子善女人白佛言世尊如来久知如是之事何不先制將
无世尊欲令衆生入阿鼻獄譬如多人欲至他方迷失正路隨逐邪道是諸人等
不知迷故皆謂是道復不見人可問是非衆生如是迷於佛法不見正真如来
應為先說正道勅諸比丘此是犯戒此是持戒當如是制何以故如来正覺是
真實者知見正道唯有如来天中之天能說十善增上功德及其義味是故
啓請應先制戒佛言善男子若言如来能為衆生宣說十善增上功德是
則如来視諸衆生如羅睺羅云何難言將无世尊欲令衆生入於地獄我
見一人有墮阿鼻地獄因緣尚為是人住世一劫若減一劫我於衆生有大慈悲何
緣當誑如子想者令入地獄善男子如王國内有納衣者見衣有孔然後方補
如来亦尒見諸衆生有入阿鼻地獄因緣即以戒善而為補之善男子譬如轉
輪聖王先為衆生說十善法其後漸漸有行惡者王即隨事漸漸而斷斷諸惡已
然後自行聖王之法善男子我亦如是雖有所說不得先制要因比丘漸行非法
然後方乃隨事制之樂法衆生隨教脩行如是等衆乃能得見如来法身如轉
輪王所有輪寶不可思議如来亦尒不可思議法僧二寶亦不可思議能說法
者及聞法者皆不可思議是名善解因緣義也菩薩如是分別開示四種相義
是名大乘大涅槃中因緣義也復次自正者所謂得是大般涅槃正他者我為
比丘說言如来常存不變隨問答者迦葉因汝所問故得廣為菩薩摩訶
薩比丘比丘尼優婆塞優婆夷說是甚深微妙義理因緣義者聲聞緣覺不解
如是甚深之義不聞伊字三點而成解脫涅槃摩訶般若成祕密藏我今於此
闡揚分別為諸聲聞開發慧眼假使有人作如是言如是四事云何為一非虛妄
耶即應反質是虛空无所有不動无閡如是四事有何等異是豈得名為虛妄
乎不也世尊如是諸句即是一義所謂空義自正正他能隨問答解因緣義亦復如
是即大涅槃等无有異佛告迦葉若有善男子善女人作如是言如来无常云何
當知是无常耶如佛所言滅諸煩惱名為涅槃猶如火滅悉无所有滅諸煩惱亦
復如是故名涅槃云何如来為常住法不變易耶如佛言曰離諸有者乃名涅槃
是涅槃中无有諸有云何如来為常住法不變易耶如衣壞盡不名為物涅
槃亦尒滅諸煩惱不名為物云何如来為常住法不變易耶如佛言曰離欲寂滅
名曰涅槃如人斬首則无有首離欲寂滅亦復如是空无所有故名涅槃云何
如来為常住法不變易耶如佛言曰　譬如熱鐵　搥打星流　散已尋滅

BD13841 號 4　大般涅槃經（北本）卷四　（52–35）

當知是无常耶如佛所言滅諸煩惱名為涅槃猶如火滅悉无所有滅諸煩惱亦
復如是故名涅槃云何如来為常住法不變易耶如佛言曰離諸有者乃名涅槃
是涅槃中无有諸有云何如来為常住法不變易耶如衣壞盡不名為物涅
槃亦尒滅諸煩惱不名為物云何如来為常住法不變易耶如佛言曰離欲寂滅
名曰涅槃如人斬首則无有首離欲寂滅亦復如是空无所有故名涅槃云何
如来為常住法不變易耶如佛言曰　譬如熱鐵　搥打星流　散已尋滅
莫知所在　得正解脫　亦復如是　已度婬欲諸有淤泥　得无動處　不知所至
云何如来為常住法不變易耶迦葉若有人作如是難者名為邪難迦葉
汝亦不應作是憶想謂如来性是滅盡也迦葉滅煩惱者不名為物何以故永畢
竟故是故名常是句寂靜為无有上滅盡諸相无有遺餘是句鮮白常住不
退是故涅槃名曰常住如来亦尒常住无變言星流者謂煩惱也散已尋滅
莫知所在者謂諸如来煩惱滅已不在五趣是故如来是常住法无有變易復次
迦葉諸佛所師所謂法也是故如来恭敬供養以法常故諸佛亦常迦葉菩薩
復白佛言若煩惱火滅如来亦滅是則如来无常住處如彼迸鐵赤色滅已莫知所
至如来煩惱亦復如是滅无所至又如彼鐵熱與赤色滅已无有如来亦尒滅已
无常滅煩惱火便入涅槃當知如来即是无常善男子所言鐵者名諸凡夫凡夫
之人雖滅煩惱滅已復生故名无常如来不尒滅已不生是故名常迦葉復言如鐵
色滅已還置火中赤色復生如来若尒應還生結若結還生即是无常佛言
迦葉汝今不應作如是言如来无常何以故如来是常善男子如彼然木滅已有
灰煩惱滅已便有涅槃壞衣斬首破瓶等喻亦復如是如是等物各有名字名
曰壞衣斬首破瓶迦葉如鐵冷已可使還熱如来不尒斷煩惱已畢竟清涼煩
惱熾火更不復生迦葉當知无量衆生猶如彼鐵我以无漏智慧熾火燒彼衆生
諸煩惱結迦葉復言善哉善哉我今諦知如来所說諸佛是常佛言迦葉譬如聖
王素在後宮或時遊觀在於後園王雖不在諸婇女中亦不得言聖王命終善男
子如来亦尒雖不現於閻浮提界入涅槃中不名无常如来出於无量煩惱入于涅槃安
樂之處遊諸覺華歡娛受樂迦葉復問如佛言曰我已久度煩惱大海若佛已度煩
惱海者何緣復共耶輸陀羅生羅睺羅以是因緣當知如来未度煩惱諸結大海唯
願如来說其因緣佛告迦葉汝不應言如来久度煩惱大海何緣復共耶輸陀
羅生羅睺羅以是因緣當知如来未度煩惱諸結大海善男子是大涅槃能建
大義汝等今當至心諦聽廣為人說莫生驚疑若有菩薩摩訶薩住大涅槃須弥
山王如是高廣悉能令入芥子之中其諸衆生依須弥者亦不迫迮无往来想如本
不異唯應度者見是菩薩以須弥山内芥子中還復安止本所住處善男子復
有菩薩摩訶薩住大涅槃能以三千大千世界置芥子中其中衆生亦无迫迮及往来想
如本不異唯應度者見是菩薩以此三千大千世界置芥子中還復安止本

BD13841 號 4　大般涅槃經（北本）卷四　（52–36）

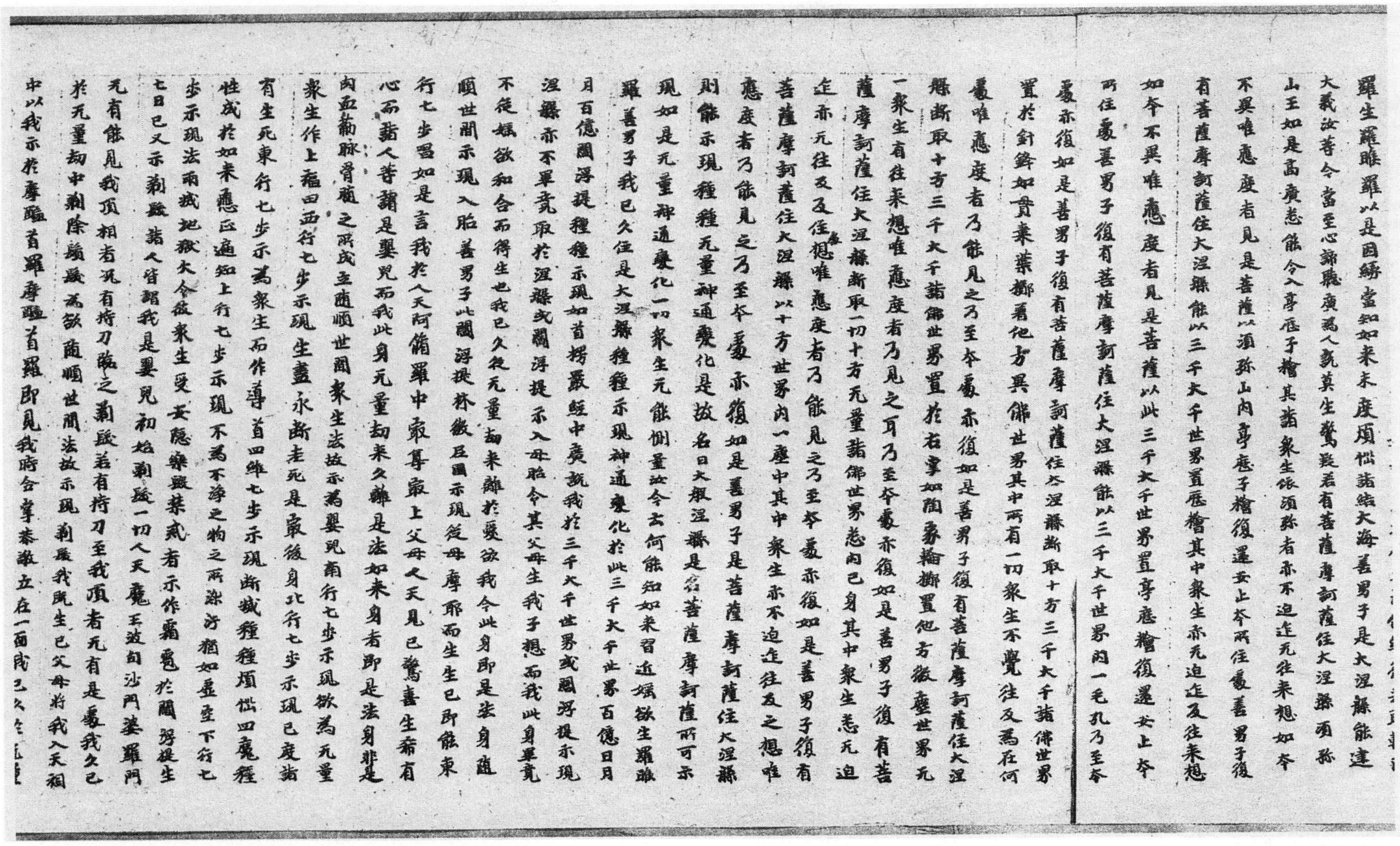
羅生羅睺羅以是因緣當知如来未度煩惱諸結大海善男子是大涅槃能建
大義汝等今當至心諦聽廣為人說莫生驚疑若有菩薩摩訶薩住大涅槃須弥
山王如是高廣悉能令入亭厯子檜其諸衆生依須弥者亦不迫迮无往来想如本
不異唯應度者見是菩薩以須弥山内亭厯子檜復還安止本所住處善男子復
有菩薩摩訶薩住大涅槃能以三千大千世界置亭厯檜其中衆生亦无迫迮及往来想
如本不異唯應度者見是菩薩以此三千大千世界置亭厯檜復還安止本
所住處善男子復有菩薩摩訶薩住大涅槃能以三千大千世界内一毛孔乃至本
處亦復如是善男子復有菩薩摩訶薩住大涅槃斷取十方三千大千諸佛世界
置於針鋒如貫棗葉擲著他方異佛世界其中所有一切衆生不覺往反為在何
處唯應度者乃能見之乃至本處亦復如是善男子復有菩薩摩訶薩住大涅
槃斷取十方三千大千諸佛世界置於右掌如陶家輪擲置他方微塵世界无
一衆生有往来想唯應度者乃見之耳乃至本處亦復如是善男子復有菩
薩摩訶薩住大涅槃斷取一切十方无量諸佛世界悉内己身其中衆生悉无迫
迮亦无往反及住處想唯應度者乃能見之乃至本處亦復如是善男子復有
菩薩摩訶薩住大涅槃以十方世界内一塵中其中衆生亦不迫迮往反之想唯
應度者乃能見之乃至本處亦復如是善男子是菩薩摩訶薩住大涅槃
則能示現種種无量神通變化是故名曰大般涅槃是名菩薩摩訶薩所可示
現如是无量神通變化一切衆生无能惻量汝今云何能知如来習近婬欲生羅睺
羅善男子我已久住是大涅槃種種示現神通變化於此三千大千世界百億日
月百億閻浮提種種示現如首楞嚴經中廣說我於三千大千世界或閻浮提示現
涅槃亦不畢竟取於涅槃或閻浮提示入母胎令其父母生我子想而我此身畢竟
不從婬欲和合而得生也我已久從无量劫来離於婬欲我今此身即是法身隨
順世間示現入胎善男子此閻浮提林微尼園示現從母摩耶而生生已即能東
行七步唱如是言我於人天阿脩羅中最尊最上父母人天見已驚喜生希有
心而諸人等謂是嬰兒而我此身无量劫来久離是法如来身者即是法身非是
肉血筋脉骨髓之所成立隨順世間衆生法故示為嬰兒南行七步示現欲為无量
衆生作上福田西行七步示現生盡永斷老死是最後身北行七步示現已度諸
有生死東行七步示為衆生而作導首四維七步示現斷滅種種煩惱四魔種
姓成於如来應正遍知上行七步示現不為不淨之物之所染汙猶如虛空下行七
步示現法雨滅地獄火令彼衆生受安隱樂毀禁戒者示作霜雹於閻浮提生
七日已又示剃髮諸人皆謂我是嬰兒初始剃髮一切人天魔王波旬沙門婆羅門
无有能見我頂相者況有持刀臨之剃髮若有持刀至我頂者无有是處我久已
於无量劫中剃除鬚髮為欲隨順世間法故示現剃髮我既生已父母將我入天祠
中以我示於摩醯首羅摩醯首羅即見我時合掌恭敬立在一面我已久[illegible]

BD13841號4　大般涅槃經（北本）卷四　　（52–37）

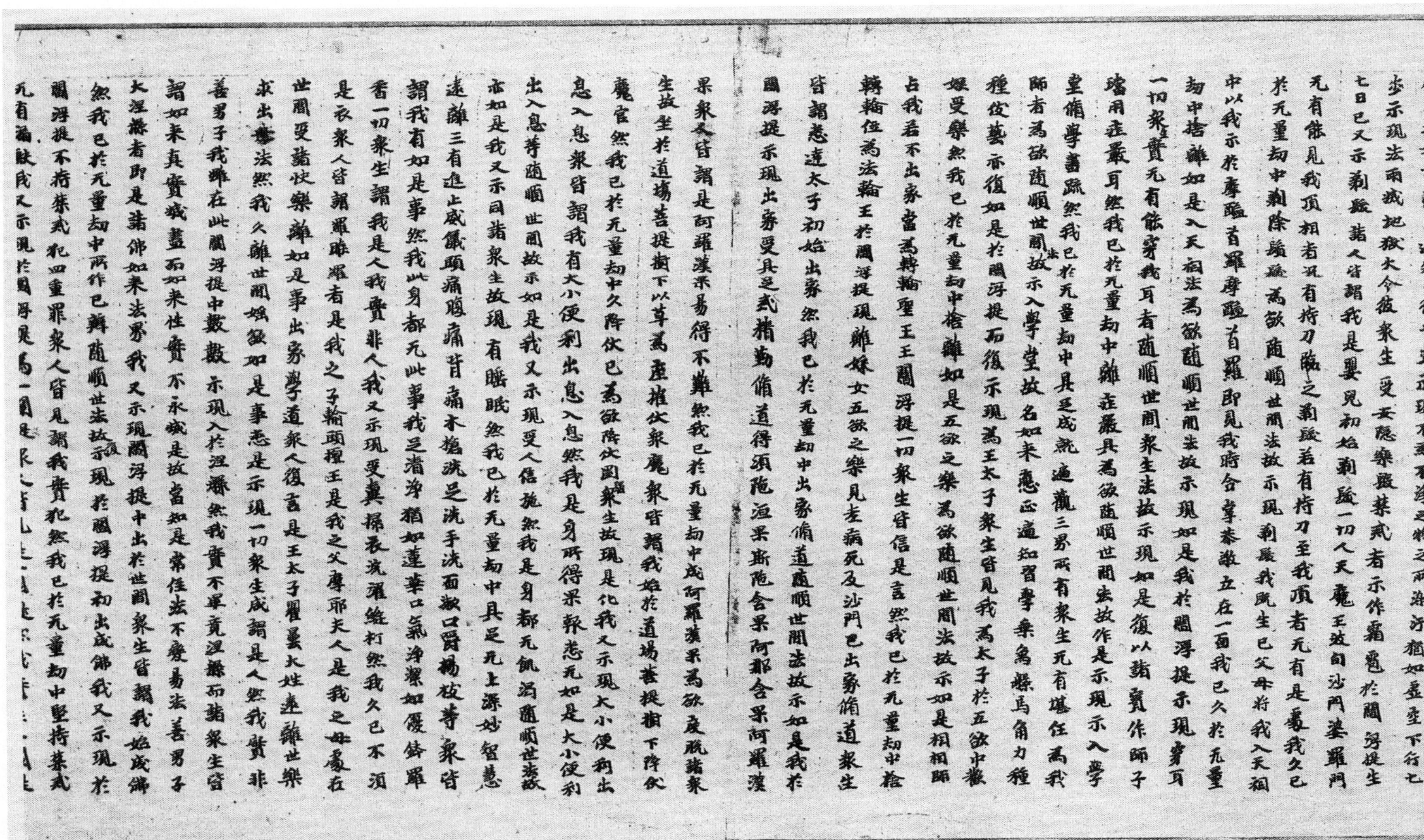
姓成於如来應正遍知上行七步示現不為不淨之物之所染汙猶如虛空下行七
步示現法雨滅地獄火令彼衆生受安隱樂毀禁戒者示作霜雹於閻浮提生
七日已又示剃髮諸人皆謂我是嬰兒初始剃髮一切人天魔王波旬沙門婆羅門
无有能見我頂相者況有持刀臨之剃髮若有持刀至我頂者无有是處我久已
於无量劫中剃除鬚髮為欲隨順世間法故示現剃髮我既生已父母將我入天祠
中以我示於摩醯首羅摩醯首羅即見我時合掌恭敬立在一面我已久於无量
劫中捨離如是入天祠法為欲隨順世間法故示現如是我於閻浮提示現穿耳
一切衆生實无有能穿我耳者隨順世間衆生法故示現如是復以諸寶作師子
璫用莊嚴耳然我已於无量劫中離莊嚴具為欲隨順世間法故作是示現示入學
堂脩學書疏然我已於无量劫中具足成就遍觀三界所有衆生无有堪任為我
師者為欲隨順世間法故示入學堂故名如来應正遍知習學乘象盤馬角力種
種伎藝亦復如是於閻浮提而復示現為王太子衆生皆見我為太子於五欲中歡
娛受樂然我已於无量劫中捨離如是五欲之樂為欲隨順世間法故示如是相相師
占我若不出家當為轉輪聖王王閻浮提一切衆生皆信是言然我已於无量劫中捨
轉輪位為法輪王於閻浮提現離婇女五欲之樂見老病死及沙門已出家脩道衆生
皆謂悉達太子初始出家然我已於无量劫中出家脩道隨順世間法故示如是我於
閻浮提示現出家受具足戒精勤脩道得須陁洹果斯陁含果阿那含果阿羅漢
果衆人皆謂是阿羅漢果易得不難然我已於无量劫中成阿羅漢果為欲度脫諸衆
生故坐於道場菩提樹下以草為座摧伏衆魔衆皆謂我始於道場菩提樹下降伏
魔官然我已於无量劫中久降伏已為欲降伏剛強衆生故現是化我又示現大小便利出
息入息衆皆謂我有大小便利出息入息然我是身所得果報悉无如是大小便利
出入息等隨順世間故示如是我又示現受人信施然我是身都无飢渴隨順世法故
亦如是我又示同諸衆生故現有睡眠然我已於无量劫中具足无上深妙智慧
遠離三有進止威儀頭痛腹痛背痛木槍洗足洗手洗面漱口嚼楊枝等衆皆
謂我有如是事然我此身都无此事我足清淨猶如蓮華口氣淨潔如優鉢羅
香一切衆生謂我是人我實非人我又示現受糞掃衣浣濯縫打然我久已不須
是衣衆人皆謂羅睺羅者是我之子輸頭檀王是我之父摩耶夫人是我之母處在
世間受諸快樂離如是事出家學道衆人復言是王太子瞿曇大姓遠離世樂
求出世法然我久離世間婬欲如是等事悉是示現一切衆生咸謂是人然我實非
善男子我雖在此閻浮提中數數示現入於涅槃然我實不畢竟涅槃而諸衆生皆
謂如来真實滅盡而如来性實不永滅是故當知是常住法不變易法善男子
大涅槃者即是諸佛如来法界我又示現閻浮提中出於世間衆生皆謂我始成佛
然我已於无量劫中所作已辦隨順世法故示現於閻浮提初出成佛我又示現於
閻浮提不持禁戒犯四重罪衆人皆見謂我實犯然我已於无量劫中堅持禁戒
无有漏缺我又示現於閻浮提為一闡提[illegible]

BD13841號4　大般涅槃經（北本）卷四　　（52–38）

求出要法然我久離世間嫉妬如是事悉是示現一切衆生咸謂是人然我實非
善男子我雖在此閻浮提中數數示現入於涅槃然我實不畢竟涅槃而諸衆生皆
謂如来真實滅盡而如来性實不永滅是故當知是常住法不變易法善男子
大涅槃者即是諸佛如来法界我又示現閻浮提中出於世間衆生皆謂我始成佛
然我已於无量劫中所作已辦隨順世法故復示現於閻浮提初出成佛我又示現於
閻浮提不持禁戒犯四重罪衆人皆見謂我實犯然我已於无量劫中堅持禁戒
无有漏缺我又示現於閻浮提為一闡提衆人皆見是一闡提然我實非一闡提
也一闡提者云何能成阿耨多羅三藐三菩提我又示現於閻浮提破和合僧衆
生皆謂我是破僧我觀人天无有能破和合僧者我又示現於閻浮提護持正法衆
人皆謂我是護法悉生驚怪諸佛法尒不應驚怪我又示現於閻浮提為魔波
旬衆人皆謂我是波旬然我久於无量劫中離於魔事清淨无染猶如蓮華我
又示現於閻浮提女身成佛衆人皆言甚奇女人能成阿耨多羅三藐三菩提如
来畢竟不受女身為欲調伏无量衆生故現女像憐愍一切諸衆生故而復示現種
種色像我又示現閻浮提中生於四趣然我久已斷諸趣因以業因故墮於四趣
為度衆生故生是中我又示現閻浮提中作梵天王令事梵者安住正法然我實
非而諸衆生咸皆謂我為真梵天示現天像遍諸天廟亦復如是我又示現於
閻浮提入婬女舍然我實无貪婬之想清淨不汙猶如蓮華為諸貪婬嗜色
衆生於四衢道宣說妙法然我實无欲穢之心衆人謂我守護女人我又示現
於閻浮提入青衣舍為教諸婢令住正法然我實无如是惡業墮在青衣
我又示現閻浮提中而作傳士為教童蒙令住正法我又示現於閻浮提入諸酒
會博弈之處示種種勝負鬪諍為欲拔濟彼諸衆生而我實无如是惡業而
諸衆生皆謂我作如是之業我又示現久住冢間作大鷲身度諸飛鳥而諸衆
生皆謂我是真實鷲身然我久已離於是業為欲度彼諸鳥鷲故示如
是身我又示現閻浮提中作大長者為欲安立无量衆生住於正法又復示作
諸王大臣王子輔相於是衆中各為第一為脩正法故住是王位我又示現閻浮
提中疫病劫起多有衆生為病所惱先施醫藥然後為說微妙正法令其安
住无上菩提衆人皆謂是病劫起又復示現閻浮提中飢饉劫起隨其所須供
給飲食然後為說微妙正法令其安住无上菩提又復示現閻浮提中刀兵劫起即
為說法令離怨害使得安住无上菩提又復示現為計常者說无常想計樂
想者為說苦想計我想者說无我想計淨想者說不淨想若有衆生貪著
三界即為說法令離是處度衆生故為說无上微妙法藥為斷一切煩惱樹故種
殖无上法藥之樹為欲拔濟諸外道故說於正法雖復示現為衆生師而心初无
衆生師想為欲拔濟諸下賤故現入其中而為說法非是惡業受是身也如来
正覺如是安住於大涅槃是故名為常住无變如閻浮提東弗于逮西

BD13841 號 4　大般涅槃經（北本）卷四　　（52–39）

給飲食然後為說微妙正法令其安住无上菩提又復示現閻浮提中刀兵劫起即
為說法令離怨害使得安住无上菩提又復示現為計常者說无常想計樂
想者為說苦想計我想者說无我想計淨想者說不淨想若有衆生貪著
三界即為說法令離是處度衆生故為說无上微妙法藥為斷一切煩惱樹故種
殖无上法藥之樹為欲拔濟諸外道故說於正法雖復示現為衆生師而心初无
衆生師想為欲拔濟諸下賤故現入其中而為說法非是惡業受是身也如来
正覺如是安住於大涅槃是故名為常住无變如閻浮提東弗于逮西瞿耶尼
北欝單越亦復如是如四天下三千大千世界亦尒二十五有如首楞嚴經中廣說
以是故名大般涅槃若有菩薩摩訶薩安住如是大般涅槃能亦如是神通變
化而无所畏迦葉以是緣故汝不應言羅睺羅者是佛之子何以故我於往昔无
量劫中已離欲有是故如来名曰常住无有變易迦葉復言如来云何名曰常
住如佛言曰如燈滅已无有方所如来亦尒既滅度已亦无方所佛言迦葉善男
子汝今不應作如是言燈滅盡已无有方所如来亦尒既滅度已无有方所善男
子譬如男女然燈之時燈爐大小悉滿中油隨有油在其明猶存若油盡已明亦俱盡
其明滅者喻煩惱滅明雖滅盡燈爐猶存如来亦尒煩惱雖滅法身常存善男
子於意云何明與燈爐為俱滅不迦葉菩言不也世尊雖不俱滅然是无常若
以法身喻燈爐者燈爐无常法身亦尒應是无常善男子汝今不應作如是
難如世間言器如来世尊无上法器而器无常非如来也一切法中涅槃為常如
来體之故名為常復次善男子言燈滅者即羅漢所證涅槃以滅貪愛諸煩惱
故喻之燈滅阿那含者名曰有貪以有貪故不得說言同於燈滅是故我昔覆相說
言喻如燈滅非大涅槃同於燈滅阿那含者非數數来又不還来二十五有更不受於
臭身虫身食身毒身是則名為阿那含也若更受身名為那含不受身者名阿那含
有去来者名曰那含无去来者名阿那含
大般涅槃經卷第五
尒時迦葉菩薩白佛言世尊如佛所說諸佛世尊有秘密藏是義不然何以故諸佛世
尊唯有密語无有密藏譬如幻主機關木人人雖覩見屈申俯仰莫知其内而使然
之佛法不尒咸令衆生悉得知見云何當言諸佛世尊有秘密藏佛讚迦葉善
哉善哉善男子如汝所言如来實无秘密之藏何以故如秋滿月處空顯露清
淨无翳人皆覩見如来之言亦復如是開發顯露清淨无翳愚人不解謂之
秘藏智者了達則不名藏善男子譬如有人多積金銀至无量億其心慳悋
不肯惠施拯濟貧窮如是積聚乃名秘藏如来不尒於无量劫積聚无量
妙法珍寶心不慳悋常以惠施一切衆生云何當言如来秘藏善男子譬如有
人身根不具或无一目一手一足以羞恥故不令人見人不見故名為秘藏如来不尒
所有正法具足无缺令人覩見云何當言如来秘藏善男子譬如貧人多負
人財怖畏債主隱不欲現故名為藏如来不尒不負一切衆生世法雖負衆

BD13841 號 4　大般涅槃經（北本）卷四　　（52–40）
BD13841 號 5　大般涅槃經（北本）卷五

哉善哉善男子如汝所言如来實无秘密之藏何以故如秋滿月處空顯露清
淨无翳人皆覩見如来之言亦復如是開發顯露清淨无翳愚人不解謂之
秘藏智者了達則不名藏善男子譬如有人多積金銀至无量億其心慳悋
不肯惠施拯濟貧窮如是積聚乃名秘藏如来不尒於无量劫積聚无量
妙法亦無貪心不慳悋常以惠施一切衆生云何當言如来秘藏善男子譬如有
人身根不具或无一目一手一足以羞恥故不令人見人不見故名為秘藏如来不尒
所有正法具足无缺令人覩見云何當言如来秘藏善男子譬如貧人多負
人財怖畏債主隱不欲現故名為藏如来不尒不負一切衆生世法雖負衆
生出世之法而亦不藏何以故恒於衆生生一子想而為演說无上法故善男
子譬如長者多有財寶唯有一子心甚愛重情不捨離所有珎寶悉用示
之如来亦尒視諸衆生同於一子善男子如世間人以男女根醜陋鄙惡以衣覆
弊故名為藏如来不尒永断此根以无根故无所覆藏善男子如婆羅門所
有論語終不欲令剎利毗舍首陀等聞何以故以此論中有過惡故如来正法則
不如是初中後善是故不得名之秘藏善男子譬如長者唯有一子心常憶念
憐愛无已將詣師所欲令受學懼不速成尋便將還以愛念故晝夜慇懃教
其半字而不教誨毗伽羅論何以故以其幼稚力未堪故善男子假使長者教
半字已是兒即時能得了知毗伽羅論不不也世尊如是長者於是子所有秘藏
不不也世尊何以故以子年幼故不為說不以秘故悋而不說所以者何若有嫉妬秘悋
之心乃名為藏如来不尒云何當言如来秘藏佛言善哉善哉善男子如汝所言
若有瞋心嫉妬慳悋乃名為藏如来无有瞋心嫉妬云何名藏善男子長者謂如
来也所言一子者謂一切衆生如来視於一切衆生猶如一子教一子者謂聲聞弟子
半字者謂九部經毗伽羅論者所謂方等大乘經典以諸聲聞无有慧力是故
如来為說半字九部經典而不為說毗伽羅論方等大乘善男子如彼長者子
既長大堪任讀學若不為說毗伽羅論可名為藏若諸聲聞有堪任力能受大
乘毗伽羅論如来秘惜不為說者可言如来有秘密藏如来不尒是故如来无有
秘藏如彼長者教半字已次為演說毗伽羅論我今亦尒為諸弟子說於半字
九部經已次為演說毗伽羅論所謂如来常存不變復次善男子譬如夏月
興大雲雷降澍大雨令諸農夫下種之者多獲果實不下種者无所剋獲无所
獲者非龍王咎而此龍王亦无所藏我今如来亦復如是降大法雨大涅槃經若
諸衆生種善男子者得慧牙果无善子者則无所獲无所獲者非如来咎然
佛如来實无所藏迦葉復言我今定知如来世尊无所秘藏如佛所說毗伽羅
論謂佛如来常存不變是義不然何以故佛昔說偈
諸佛與緣覺　及以弟子衆　猶捨无常身　何況諸凡夫　今者乃說常存无變是
義云何佛言善男子我為一切聲聞弟子教半字故而說是偈善男子波斯匿

BD13841號 5　大般涅槃經（北本）卷五　（52–41）

獲者非龍王咎而此龍王亦无所藏我今如来亦復如是降大法雨大涅槃經若
諸衆生種善男子者得慧牙果无善子者則无所獲无所獲者非如来咎然
佛如来實无所藏迦葉復言我今定知如来世尊无所秘藏如佛所說毗伽羅
論謂佛如来常存不變是義不然何以故佛昔說偈
諸佛與緣覺　及以弟子衆　猶捨无常身　何況諸凡夫　今者乃說常存无變是
義云何佛言善男子我為一切聲聞弟子教半字故而說是偈善男子波斯匿
王其母命終悲號戀慕不能自勝来至我所我即問言大王何以悲苦懊惱乃至
於此王言世尊國大夫人是日命終假使有能令我母命還如本者我當捨國象
馬七珎乃以身命悉以賞之我復語言大王且莫愁惱憂悲啼哭一切衆生壽命
盡者名之為死諸佛緣覺聲聞弟子尚捨此身况復凡夫善男子我為波斯
匿王教半字故而說是偈我今為諸聲聞弟子說毗伽羅論謂如来常存无
有變易若有人言如来无常云何是人舌不墮落迦葉復言如佛所說
无所聚積　於食知足　如鳥飛空　跡不可尋　是義云何世尊於此衆中誰得
名為无所積聚誰復得名於食知足誰行於空跡不可尋而此去者為至何方
佛言迦葉夫積聚者名為財寶善男子積聚有二種一者有為二者无為有為
積聚者即聲聞行无為積聚者即如来行善男子僧亦有二種有為无為有為
僧者名曰聲聞聲聞僧者无有積聚所為奴婢非法之物庫藏穀米鹽豉胡
麻大小諸豆若有說言如来聽畜奴婢僕使如是之物舌則卷縮我諸所有聲聞
弟子名无積聚亦得名為於食知足若有貪食名不知足不貪食者是名知
足跡難尋者則近无上菩提之道我說是人雖去无至迦葉復言若有為德尚
无積聚況无為僧无為僧者即是如来如来云何當有積聚夫積聚者名為藏
匿是故如来凡有所說无所悋惜云何名藏跡不可尋者所謂涅槃涅槃之中
无有日月星辰諸宿寒熱風雨生老病死廿五有離諸憂苦及諸煩惱如是
涅槃如来住處常不變易以是因緣如来至是娑羅樹間於大涅槃而般涅槃佛告
迦葉所言大者其性廣博猶如有人壽命无量名大丈夫是人若能安住正法
名人中勝如我所說八大人覺為一人有為多人有若一人具八則為最勝所言涅槃
者无諸瘡疣善男子譬如有人為毒箭所射多受苦痛値遇良醫為拔毒箭傅以
妙藥令其離苦得受安樂是醫即便遊於城邑及諸聚落隨有患苦瘡疣之
處即往其所為療衆苦善男子如来亦尒成等正覺為大醫王見閻浮提苦惱
衆生无量劫中被淫怒癡煩惱毒箭受大苦切為如是等說大乘經甘露法
藥療治此已復至他方諸有煩惱毒箭之處示現作佛為其療治是故名曰大般
涅槃大般涅槃者名解脫處隨有調伏衆生之處如来於中而作示現以是真實
甚深義故名大涅槃迦葉菩薩復白佛言世尊世間醫師悉能療治一切衆生瘡
疣病不善男子世間瘡疣凡有二種一者可治二不可治凡可治者醫則能治不
可治者則不能治迦葉復言

BD13841號 5　大般涅槃經（北本）卷五　（52–42）

屬即往其所為療衆苦善男子如来亦尒成等正覺為大醫王見閻浮提苦惱
衆生无量劫中被淫怒癡煩惱毒箭受大苦切為如是等說大乘經甘露法
藥療治此已復至他方諸有煩惱毒箭之處示現作佛為其療治是故名曰大般
涅槃大般涅槃者名解脫處隨有調伏衆生之處如来於中而作示現以是真實
甚深義故名大涅槃迦葉菩薩復白佛言世尊世閒醫師悉能療治一切衆生瘡
疣病不善男子世閒瘡疣凡有二種一者可治二不可治凡可治者醫則能治不
可治者則不能治迦葉復言如佛言者如来則為於閻浮提治衆生已若言治已
是諸衆生其中云何復有未能得涅槃者若未悉得云何如来說言治竟欲至
他方善男子閻浮提內衆生有二種一者有信二者无信有信之人則名可治何
以故定得涅槃无瘡疣故是故我說治閻浮提諸衆生已无信之人名一闡提一闡
提者名不可治除一闡提餘悉治已是故涅槃名无瘡疣世尊何等名涅槃善
男子夫涅槃者名為解脫迦葉復言所言解脫為是色耶為非色乎佛言善男
子或有是色或非是色言非色者即是聲聞緣覺解脫言是色者即是諸佛
如来解脫善男子是故解脫亦色非色如来為諸聲聞弟子說為非色世尊
聲聞緣覺若非色者云何得住善男子如非想非非想天亦色非色我亦說為非
色若人難言非想非非想天若非色者云何得住去来進止如是之義諸佛境界非
諸聲聞緣覺所知解脫亦尒亦色非色說為非色亦想非想說為非想如是之
義諸佛境界非諸聲聞緣覺所知尒時迦葉菩薩復白佛言世尊唯願哀愍重
垂廣說大涅槃行解脫之義佛讚迦葉善哉善哉善男子真解脫者名曰
遠離一切繫縛若真解脫離諸繫縛則无有生亦无和合譬如父母和合生子真
解脫者則不如是是故解脫名曰不生迦葉譬如醍醐其性清淨如来亦尒非因
父母和合而生其性清淨所以示現有父母者為欲化度諸衆生故真解脫者即是
如来如来解脫无二无別譬如春月下諸種子得暖氣已尋便出生真解脫者
則不如是又解脫者名曰虛无虛无即是解脫解脫即是如来如来即是虛
无非作所作凡是作者猶如城郭樓觀却敵真解脫者則不如是是故解脫即
是如来又解脫者即无為法譬如陶師作已還破解脫不尒真解脫者不生不
滅是故解脫即是如来如来亦尒不生不滅不老不死不破不壞非有為法以
是義故名曰如来入大涅槃不老不死有何等義老者名為遷變髮白面皺死
者身壞命終如是等法解脫中无以是事故名解脫如来亦无髮白面皺
有為之法是故如来无有老也无有老故則无有死又解脫者名曰无病所謂病
者四百四病及餘外来侵損身者是處无故故名解脫无疾病者即真解脫真
解脫者即是如来无病是故法身亦无有病如是无病即是如来死者名曰身
壞命終是處无死即是甘露是甘露者即真解脫真解脫者即是如来如来
成就如是功德云何當言如来无常若言无常无有是處是金剛身云何无常

有為之法是故如来无有老也无有老故則无有死又解脫者名曰无病所謂病
者四百四病及餘外来侵損身者是處无故故名解脫无疾病者即真解脫真
解脫者即是如来无病是故法身亦无有病如是无病即是如来死者名曰身
壞命終是處无死即是甘露是甘露者即真解脫真解脫者即是如来如来
成就如是功德云何當言如来无常若言无常无有是處是金剛身云何无常
是故如来不名命終如来清淨无有垢穢如来之身非胎所污如分陀利本性
清淨如来解脫亦復如是如是解脫即是如来是故如来清淨无垢又解脫者諸
漏瘡疣永无遺餘如来亦尒无有一切諸漏瘡疣又解脫者无有鬪諍譬如飢人
見他飲食生貪奪想解脫不尒又解脫者名曰安靜凡夫人言夫安靜者謂摩
醯首羅如是之言即是虛妄真安靜者畢竟解脫畢竟解脫即是如来又
解脫者名曰安隱如多賊處不名安隱清夷之處乃名安隱是解脫中无有怖畏故
名安隱是故安隱即真解脫真解脫者即是如来如来者即是法也又解脫者无有
等侶有等侶者如有國王有隣國等夫解脫者則无如是无等侶者謂轉輪聖王
无有能與作儔等者解脫亦尒无有等侶无等侶者即真解脫真解脫者即是
如来轉法輪王是故如来无有侶等有等侶者无有是處又解脫者名无憂愁有
憂愁者譬如國王畏難強隣而生憂愁夫解脫者則无是事譬如壞怨則无憂
慮解脫亦尒无憂畏无憂畏者即是如来又解脫者名无憂喜譬如女人正有
一子從役遠行卒得凶問聞之愁苦後復聞活便生歡喜夫解脫中无如是事无
憂喜者即解脫真解脫者即是如来又解脫者无有塵垢譬如春月日沒之後風
起塵霧夫解脫中无如是事无塵霧者喻真解脫真解脫者即是如来譬如聖
王髻中明珠无有垢穢夫解脫性亦復如是无有垢穢无垢穢者喻真解脫真解
脫者即是如来如真金性不雜沙石乃名真寶有人得之生於財想解脫性亦
復如是如彼真實彼真實者喻真解脫真解脫者即是如来譬如瓦瓶破而
聲嘶金剛寶瓶則不如是夫解脫者亦无破壞金剛寶瓶喻真解脫真解脫者
即是如来是故如来身不可壞其聲嘶者如萞麻子盛熱之時置之日暴出聲撥
爆夫解脫者无如是事如彼金剛真寶之瓶无爆破聲假使无量百千之人悉共射
之无能壞者无爆破聲者喻真解脫真解脫者即是如来如貧窮人負他物故為他所
繫枷鎖策罰受諸苦毒夫解脫中无如是事无有負責喻如長者多有財寶无量
億數勢力自在不負他物夫解脫者亦復如是多有无量法財珍寶勢力自在无所
負也无所負者喻真解脫真解脫者即是如来又解脫者名无逼切如春涉熱夏日
食甜冬日冷觸真解脫中无有如是不適意事无逼切者喻真解脫真解脫者即是如来
又无逼切者譬如有人飽食魚肉而復飲乳是人則為近死不久真解脫中无如是事
是人若得甘露良藥所患得除真解脫者亦復如是甘露良藥喻真解脫真解
脫者即是如来云何逼切不逼切也譬如凡夫我慢自高而作是念一切衆中誰能害我

德勢力自在不負他物夫解脫者亦復如是多有无量法財珍寶勢力自在无所
負也无所負者喻真解脫真解脫者即是如來又解脫者名无逼切如春涉熱夏日
食甜冬日除鹹真解脫中无有如是不適意事无逼切者喻真解脫真解脫者即是如來
又无逼切者譬如有人飽食魚肉而復飲乳是人則為近死不久真解脫中无如是事
是人若得甘露良藥所患得除真解脫者亦復如是甘露良藥喻真解脫真解
脫者即是如來云何逼切不逼切也譬如凡夫我慢自高而作是念一切衆中誰能害我
即便執持蛇虎毒虫當知是人不盡壽命則為橫死真解脫中无如是事不逼切者
如轉輪王所有神珠能伏蜿蜒九十六種諸毒虫等若有聞是神珠香者諸毒消
滅真解脫者亦復如是皆悉遠離廿五有毒消滅者喻真解脫真解脫者即是
如來又不逼切者譬如虛空解脫亦尒彼虛空者喻真解脫真解脫者即是如來又逼
切者如近乾草然諸燈火近則熾然真解脫中无如是事又不逼切者譬如日月不逼
衆生解脫亦尒於諸衆生无有逼切无有逼切喻真解脫真解脫者即是如來

又解脫者名无動法喻如怨親真解脫中无如是事又不動者如轉輪王更无聖王
以為親友若更有親則无是處解脫亦尒更无有親若有親者亦无是處彼王
无親喻真解脫真解脫者即是如來如來者即是法也又无動者譬如素衣易受
染色解脫不尒又無動者如婆師華欲令有臭及青色者无有是處解脫亦尒欲
令有臭及諸色者亦无是處是故解脫即是如來又解脫者名為希有譬如水
中生於蓮華非為希有火中生者是乃希有有人見之便生歡喜真解脫者亦復
如是其有見者心生歡喜故希有者喻真解脫真解脫者即是如來其如來者
即是法身又希有者譬如嬰兒其齒未生漸漸長大然後乃生解脫不尒无有
生與不生又解脫者名曰虛寂无有不定不定者如一闡提究竟不移犯重禁者不
成佛道无有是處何以故是人若於佛正法中心得淨信尒時即便滅一闡提若復
得作優婆塞者亦得斷滅於一闡提犯重禁者滅此罪已則得成佛是故若言畢定
不移不成佛道无有是處真解脫中都无如是滅盡之事又虛寂者墮於法界如
法界性即真解脫真解脫者即是如來又一闡提若盡滅者則不得稱一闡提也何等
名為一闡提耶一闡提者斷滅一切諸善根本心不攀緣一切善法乃至不生一念之善
真解脫中都无是事无是事故即真解脫真解脫者即是如來又解脫者名不可量
譬如穀聚其量可知真解脫者則不如是譬如大海不可度量解脫亦尒不可度量
不可量者即真解脫真解脫者即是如來又解脫者名无量法如一切衆生多有業
報解脫亦尒有无量報无量報者即真解脫真解脫者即是如來又解脫者
名為廣大譬如大海无與等者解脫亦尒无能與等者即真解脫真解脫
者即是如來又解脫者名曰最上譬如虛空最高无比解脫亦尒最高
无比高无比者即真解脫真解脫者即是如來又解脫者名无能過譬如師
子所住之處一切百獸无能過者解脫亦尒无有能過无能過者即真解脫
真解脫者即是如來又解脫者[illegible]

BD13841號5　大般涅槃經（北本）卷五　（52–45）

不可量者即真解脫真解脫者即是如來又解脫者名无量法如一切衆生多有業
報解脫亦尒有无量報无量報者即真解脫真解脫者即是如來又解脫者
名為廣大譬如大海无與等者解脫亦尒无能與等者即真解脫真解脫
者即是如來又解脫者名曰最上譬如虛空最高无比解脫亦尒最高
无比高无比者即真解脫真解脫者即是如來又解脫者名无能過譬如師
子所住之處一切百獸无能過者解脫亦尒无有能過无能過者即真解脫
真解脫者即是如來又解脫者名為无上譬如北方諸方中上解脫亦尒為无有上
无有上者即真解脫真解脫者即是如來又解脫者名曰无上上譬如北方之於
東方為无上上解脫亦尒无有上上无上上者即真解脫真解脫者即是如來
又解脫者名曰恒法譬如人天身壞命終是名曰恒非不恒也解脫亦尒非是
不恒非不恒者即真解脫真解脫者即是如來又解脫者名曰堅住如佉陀羅
栴檀沉水其性堅實解脫亦尒其性堅實堅實者即真解脫真解脫者即是
如來又解脫者名曰不虛譬如竹葦其體空疏解脫不尒當知解脫即是如來
又解脫者名不可汙譬如墻壁未見塗治蚊虻在上遊戲若以塗治綵畫
飾蚉聞綵香即便不住如是不住喻真解脫真解脫者即是如來又解脫者名曰
无邊譬如村落有邊表解脫不尒譬如虛空无有邊際解脫亦尒樂无
邊際如是解脫即是如來又解脫者名不可見譬如空中鳥跡難見如是難見喻
真解脫真解脫者即是如來又解脫者名曰甚深何以故聲聞緣覺所不能入
不能入者即真解脫真解脫者即是如來又甚深者諸佛菩薩之所恭敬譬如孝
子供養父母功德甚深功德甚深喻真解脫真解脫者即是如來又解脫者名不
可見譬如有人不見自頂解脫亦尒聲聞緣覺所不能見不能見者即真解脫真
解脫者即是如來又解脫者名无屋宅譬如虛空无有屋宅解脫亦尒言屋宅
者喻廿五有无有屋宅喻真解脫真解脫者即是如來又解脫者名不可取如阿摩勒菓
人可取持解脫不尒不可取持不可取持者即真解脫真脫解者即是如來又
解脫者名不可執譬如幻物不可執持解脫亦尒不可執持不可執持即真解
脫真解脫者即是如來又解脫者无有身體譬如有人體生瘡癩及諸癰疽
癲狂乾枯真解脫中无如是事无如是病喻真解脫真解脫者即是如來又解
脫者名為一味如乳一味解脫亦尒唯有一味如是一味即真解脫真解脫者即是
如來又解脫者名曰清淨如水无泥澄靜清淨解脫亦尒澄靜清淨澄淨清即
喻真解脫真解脫者即是如來又解脫者名曰一味如空中雨一味清淨一味清淨
真解脫真解脫者即是如來又解脫者名曰除却譬如滿月无諸雲翳解脫亦
尒无諸雲翳无諸雲翳即真解脫真解脫者即是如來又解脫者名曰寂靜譬
如有人熱病除愈身得寂靜解脫亦尒身得寂靜身得寂靜即真解脫真解
脫者即是如來又解脫者即是平等譬如田野毒蛇鼠狼俱有殺心解脫不尒无
有殺心无殺心者即真解脫真解脫者即是如來又解[illegible]

BD13841號5　大般涅槃經（北本）卷五　（52–46）

真解脫真解脫者即是如来又解脫者名曰一味如空中雨一味清淨一味清淨
喻真解脫真解脫者即是如来又解脫者名曰除却譬如滿月无諸雲翳解脫亦
尒无諸雲翳无諸雲翳即真解脫真解脫者即是如来又解脫者名曰寂靜譬
如有人熱病除愈身得寂靜解脫亦尒身得寂靜身得寂靜即真解脫真解
脫者即是如来又解脫者即是平等譬如田野毒蛇鼠狼俱有殺心解脫不尒无
有殺心无殺心者即真解脫真解脫者即是如来又平等者譬如父母等心於子解
脫亦尒其心平等平等者即真解脫真解脫者即是如来又解脫者名无異處譬如有
人唯居上妙清淨屋宅更无異處解脫亦尒无有異處无異處者即真解脫真
解脫者即是如来又解脫者名曰知足譬如飢人值遇甘饌食之无猒解脫不尒如食
乳糜更无所須更无所須喻真解脫真解脫者即是如来又解脫者名曰斷絕如
人被縛斷縛得脫解脫亦尒斷絕一切疑心結縛如是斷疑即真解脫真解脫者即
是如来又解脫者名到彼岸譬如大河有此彼岸解脫不尒雖无此岸而有彼岸
彼岸者即真解脫真解脫者即是如来又解脫者名曰默然譬如大海其水汎長
多諸音聲解脫不尒如是解脫即是如来又解脫者名曰美妙譬如衆藥雜呵梨
勒其味則苦解脫不尒味如甘露味如甘露喻真解脫真解脫者即是如来又解
脫者除諸煩惱譬如良醫和合諸藥善療衆病解脫亦尒能除煩惱除煩惱
者即真解脫真解脫者即是如来又解脫者名曰无迮譬如小舍不容多人解脫
不尒多所容受多所容受即真解脫真解脫者即是如来又解脫者名滅諸受
不淨婬欲譬如女人多諸愛欲解脫不尒如是解脫即是如来如来如是无有貪欲
瞋恚愚癡憍慢等結又解脫者名曰无憂憂有二種一餓鬼憂二者法憂真解脫
者離餓鬼憂憐愍衆生故有法憂如是法憂即真解脫真解脫者即是如来又
解脫者離我我所如是解脫即是如来如来者即是法也又解脫者即是滅盡離諸
有貪如是解脫即是如来如来者即是法也又解脫者即是救護能救一切諸怖畏者如
是解脫即是如来如来者即是法也又解脫者即是歸處若有歸依如是解脫不求
餘依譬如有人依恃於王不求餘依雖復依王則有動轉依解脫者无有動轉无
動轉者即真解脫真解脫者即是如来如来者即是法也又解脫者名為屋宅
譬如有人行於曠野則有嶮難解脫不尒无有嶮難无嶮難者即真解脫真解脫者
即是如来又解脫者是无所畏如師子王於諸百獸不生怖畏解脫亦尒於諸魔衆
不生怖畏无怖畏者即真解脫真解脫者即是如来又解脫者无有迮陿譬如陿路
乃至不受二人並行解脫不尒如是解脫即是如来又有不迮譬如有人畏虎墮井解
脫不尒如是解脫即是如来又有不迮如大海中捨壞小舩得堅牢舩乘之度海
到安隱處心得快樂解脫亦尒心得快樂得快樂者即真解脫真解脫者即是
如来又解脫者拔諸因緣譬如因乳得酪因酪得蘇因蘇得醍醐真解脫中都
无是因无是因者即真解脫真解脫者即是如来又解脫者能伏憍慢譬如大
王憍於小王解脫不尒如是解脫即是如来

BD13841 號 5　大般涅槃經(北本)卷五　(52–47)

乃至不受二人並行解脫不尒如是解脫即是如来又有不迮譬如有人畏虎墮井解
脫不尒如是解脫即是如来又有不迮如大海中捨壞小舩得堅牢舩乘之度海
到安隱處心得快樂解脫亦尒心得快樂得快樂者即真解脫真解脫者即是
如来又解脫者拔諸因緣譬如因乳得酪因酪得蘇因蘇得醍醐真解脫中都
无是因无是因者即真解脫真解脫者即是如来又解脫者能伏憍慢譬如大
王憍於小王解脫不尒如是解脫即是如来如来者即是法也又解脫者伏諸放
逸放逸者多有貪欲真解脫中无有是名无是名者即真解脫真解脫者即
是如来又解脫者能除无明如上妙蘇除諸滓穢乃名醍醐解脫亦尒除无明
滓生於真明如是真明即真解脫真解脫者即是如来又解脫者名為寂靜純
一无二如空野象獨一无侶解脫亦尒獨一无二獨一无二即真解脫真解脫者即
是如来又解脫者名為堅實竹葦蓖麻莖幹虛空而子堅實除佛如来其餘
人天皆不堅實真解脫者遠離一切諸有流等如是解脫即是如来又解脫者
名覺了增益於我真解脫者亦復如是如是解脫即是如来又解脫者名捨
諸有譬如有人食已而吐解脫亦尒捨於諸有捨諸有者即真解脫真解脫
者即是如来又解脫者名曰決定如婆師華香七葉中无解脫亦尒如是解脫
即是如来又解脫者名曰水大譬如水大於諸大勝能潤一切草木種子解脫亦
尒能潤一切有生之類如是解脫即是如来又解脫者名曰為入如有門戶則通入
路金性之處金則得解脫亦尒如彼門戶脩无我者則得入中如是解脫即是
如来又解脫者名曰為善譬如弟子隨逐於師善奉教勅得名為善解脫亦尒
如是解脫即是如来又解脫者名出世法於一切法最為出過如蘇味中醍醐最
勝解脫亦尒如是解脫即是如来又解脫者名曰不動譬如門閫風不能動
真解脫者亦復如是如是解脫即是如来又解脫者名无濤波如彼大海其水
濤波解脫不尒如是解脫即是如来又解脫者譬如宮殿解脫亦尒當知解脫
即是如来又解脫者名曰所用如閻浮檀金多有所任无有能說是金過惡解
脫亦尒无有過惡无有過惡即真解脫真解脫者即是如来又解脫者捨嬰兒行
譬如大人捨小兒行解脫亦尒除捨五陰除捨五陰即真解脫真解脫者即是如来
又解脫者名曰究竟如被繫者從繫得脫洗浴清淨然後還家解脫亦尒畢竟
清淨畢竟清淨即真解脫真解脫者即是如来又解脫者名无作樂无作樂者
貪欲瞋恚愚癡吐故喻如有人誤飲蛇毒為除毒故即服吐藥既得吐已毒即除愈
身得安樂解脫亦尒吐於煩惱諸結縛毒身得安樂名无作樂无作樂者即真解
脫真解脫者即是如来又解脫者名斷四種毒蛇煩惱斷煩惱者即真解脫真解
脫者即是如来又解脫者名離諸有滅一切苦得一切樂永斷貪欲瞋恚愚癡
拔斷一切煩惱根本拔根本者即真解脫真解脫者即是如来又解脫者名斷一
切有為之法出生一切无漏善法斷塞諸道所謂若我无我非我非无我唯斷
取著不斷我見我見者名為佛性佛性者即真解脫真解脫者即是如来

BD13841 號 5　大般涅槃經(北本)卷五　(52–48)

[illegible]毒身得安寧名无作樂无作樂者即真解
脫真解脫者即是如来又解脫者名斷四種毒蛇煩惱斷煩惱者即真解脫真解
脫者即是如来又解脫者名離諸有滅一切苦得一切樂永斷貪欲瞋恚愚癡
拔斷一切煩惱根本拔根本者即真解脫真解脫者即是如来又解脫者名斷一
切有為之法出生一切无漏善法斷塞諸道所謂若我无我非我非无我唯斷
取著不斷我見我見者名為佛性佛性者即真解脫真解脫者即是如来又解脫者
名不空空空空者名无所有无所有者即是外道尼揵子等所計解脫而是
尼揵實无解脫故名空空真解脫者則不如是故不空空不空空者即真解
脫真解脫者即是如来又解脫者名曰不空如水酒酪蘇蜜等瓶雖无水酒酪
蘇蜜時猶故得名為水等瓶而是瓶等不可說空及以不空若言空者則不
得有色香味觸若言不空而復无有水酒等實解脫亦尒不可說色及以非
色不可說空及以不空若言空者則不得有常樂我淨若言不空誰受是常樂
我淨者以是義故不可說空及以不空空者謂无廿五有及諸煩惱一切苦一切相
一切有為行如瓶无酪則名為空不空者謂真實善色常樂我淨不動不變猶如
彼瓶色香味觸故名不空是故解脫喻彼如瓶彼瓶遇緣則有破壞解脫不尒不
可壞破不可破壞即真解脫真解脫者即是如来又解脫者名曰離愛譬如有
人愛心希望釋提桓因大梵天王自在天王解脫不尒若得成於阿耨多羅三藐
三菩提已无愛无疑无愛无疑即真解脫真解脫者即是如来若言解脫有愛疑
者无有是處又解脫者斷諸有貪斷一切相一切繫縛一切煩惱一切生死一切因緣
一切果報如是解脫即是如来如来即是涅槃一切衆生怖畏生死諸煩惱故受
三歸譬如群鹿怖畏獵師既得免離若得一跳則喻一歸如是三跳則喻三歸以
三跳故得受安樂衆生亦尒怖畏四魔惡獵師故受三歸依三歸依故則得安
樂受安樂者即真解脫真解脫者即是如来如来者即是涅槃涅槃者即是
无盡无盡者即是佛性佛性者即是決定決定者即是阿耨多羅三藐三菩提
迦葉菩薩白佛言世尊若涅槃佛性決定如来是一義者云何說言有三歸
依佛告迦葉善男子一切衆生怖畏生死故求三歸以三歸故則知佛性決定涅槃
善男子有法名一義異有法名義俱異名一義異者佛常法常比丘僧常涅
槃虛空皆亦是常是名名一義異名義俱異者佛名為覺法名不覺僧名和合
涅槃名解脫虛空名非善亦名无礙是名名義俱異善男子三依歸者亦復
如是名義俱異云何為一是故我告摩訶波闍波提憍曇彌莫供養我當供養
僧若供養僧則得具足供養三歸摩訶波闍波提即答我言衆僧之中无佛无法
云何說言供養衆僧則得具足供養三歸我復告言汝隨我語則供養佛為解
脫故即供養法衆僧受者則供養僧善男子是故三歸不得為一善男子如来或
時說一為三說三為一如是之義諸佛境界非諸聲聞緣覺所知迦葉復言如
佛所說畢竟安樂名涅槃者是義云何夫涅槃者捨身捨智若捨身智誰當受

BD13841 號 5　大般涅槃經（北本）卷五　（52–49）

[illegible]虛空名非善亦名无礙是名名義俱異善男子三依歸者亦復
如是名義俱異云何為一是故我告摩訶波闍波提憍曇彌莫供養我當供養
僧若供養僧則得具足供養三歸摩訶波闍波提即答我言衆僧之中无佛无法
云何說言供養衆僧則得具足供養三歸我復告言汝隨我語則供養佛為解
脫故即供養法衆僧受者則供養僧善男子是故三歸不得為一善男子如来或
時說一為三說三為一如是之義諸佛境界非諸聲聞緣覺所知迦葉復言如
佛所說畢竟安樂名涅槃者是義云何夫涅槃者捨身捨智若捨身智誰當受
樂佛言善男子譬如有人食已心悶出外欲吐既得吐已而復迴還同伴問之汝今所
患竟為差不而復来還若言已差身得安隱如来亦尒畢竟遠離廿五有永
得涅槃安樂之處不可動轉无有盡滅斷一切受名无受樂如是无受名為常樂
若言如来有受樂者无有是處是故畢竟樂者即是涅槃涅槃者即真解脫
真解脫者即是如来迦葉復言不生不滅是解脫耶如是如是善男子不生不
滅即是解脫如是解脫即是如来迦葉復言若不生不滅是解脫者虛空之性亦
无生滅應是如来如来性即是解脫佛告迦葉善男子是事不然世尊何故不
然善男子如迦蘭伽鳥及命命鳥其聲清妙寧可同於烏鵲音不不也世尊烏
鵲之聲比命命等百千万倍不可為比迦葉復言迦蘭伽等其聲微妙身亦
不同如来云何比之烏鵲无異亭歷比須弥山佛與虛空亦復如是迦蘭伽聲
可喻佛聲不可以喻烏鵲之音尒時佛讚迦葉菩薩善哉善哉汝今善解
甚深難解如来有時以因緣故引彼虛空以喻解脫如是解脫即是如来真
解脫者一切人天无能為匹而此虛空實非其喻為化衆生故以虛空非喻為
喻當知解脫即是如来如来之性即是解脫解脫如来无二无別善男子非
喻者如无比之物不可引喻有因緣故可得引喻如經中說面貌端正猶月盛
滿白象鮮潔猶如雪山滿月不得即同於面雪山不得即是白象善男子不
可以喻喻真解脫為化衆生故作喻耳以諸譬喻知諸法性皆亦如是迦葉復言云
何如来作二種說佛言善男子譬如有人執持刀劍以瞋恚心欲害如来如来和悅
无恚恨色是人當得壞如来身成逆罪不不也世尊何以故如来身界不可壞
故所以者何以无身聚唯有法性法性之性理不可壞是人云何能壞佛身直以
惡心故成无間以是因緣引諸譬喻得知實法尒時佛讚迦葉菩薩善哉善哉
善男子我所欲說汝今已說又善男子譬如惡人欲害其母住於野田在穀積
下母為送食其人見已尋生害心便前磨刀母時知已逃入積中其人持刀繞遶
斫斫已歡喜生已然想其母尋復從穀積出還至家中於意云何是人成就
无間罪不世尊不可定說何以故若說有罪母身應壞身若不壞云何言
有若說无罪生已然想心懷歡喜云何言无是人雖不具足逆罪而亦是逆
以是因緣引諸譬喻得知實法佛讚迦葉善哉善哉善男子以是因緣我
[illegible]

BD13841 號 5　大般涅槃經（北本）卷五　（52–50）

无恚恨色是人當得壞如来身或造罪不不也世尊何以故如来身界不可壞
故所以者何以无身聚唯有法性法性之性理不可壞是人云何能壞佛身直以
惡心故成无間以是因緣引諸譬喻得知喻法尒時佛讚迦葉菩薩善哉善哉
善男子我所欲說汝今已說又善男子譬如惡人欲害其母住於野田在穀積
下母為送食其人見已尋生害心便前磨刀母時知已逃入積中其人持刀繞遍
斫斫已歡喜生已然想其母尋復從穀積出還至家中於意云何是人成就
无間罪不世尊不可定說何以故若說有罪母身應壞身若不壞云何言
有若說无罪生已然想心懷歡喜云何言无是人雖不具足逆罪而亦是逆
以是因緣引諸譬喻得知實法佛讚迦葉善哉善哉善男子以是因緣我
說種種方便譬喻以喻解脫雖以无量阿僧祇喻而實不可以喻為比或有因
緣亦可喻說或有因緣不可喻說是故解脫成就如是无量功德趣涅槃者涅
槃如来亦有如是无量功德以如是等无量功德成就滿故名大涅槃
迦葉菩薩白佛言世尊我今始知如来至處為无有盡處若无盡當知壽命
亦應无盡佛言善哉善哉善男子汝今善能護持正法若有善男子善女
人欲斷煩惱諸結縛者當作如是護持正法卷第六

大般涅槃經　第一　第二　第三　第四　第五　已上五卷共成一袟

BD13841 號 5　大般涅槃經（北本）卷五　（52–51）

大般涅槃經　第一　第二　第三　第四　第五　已上五卷共成一袟

BD13841 號 5　大般涅槃經（北本）卷五　（52–52）

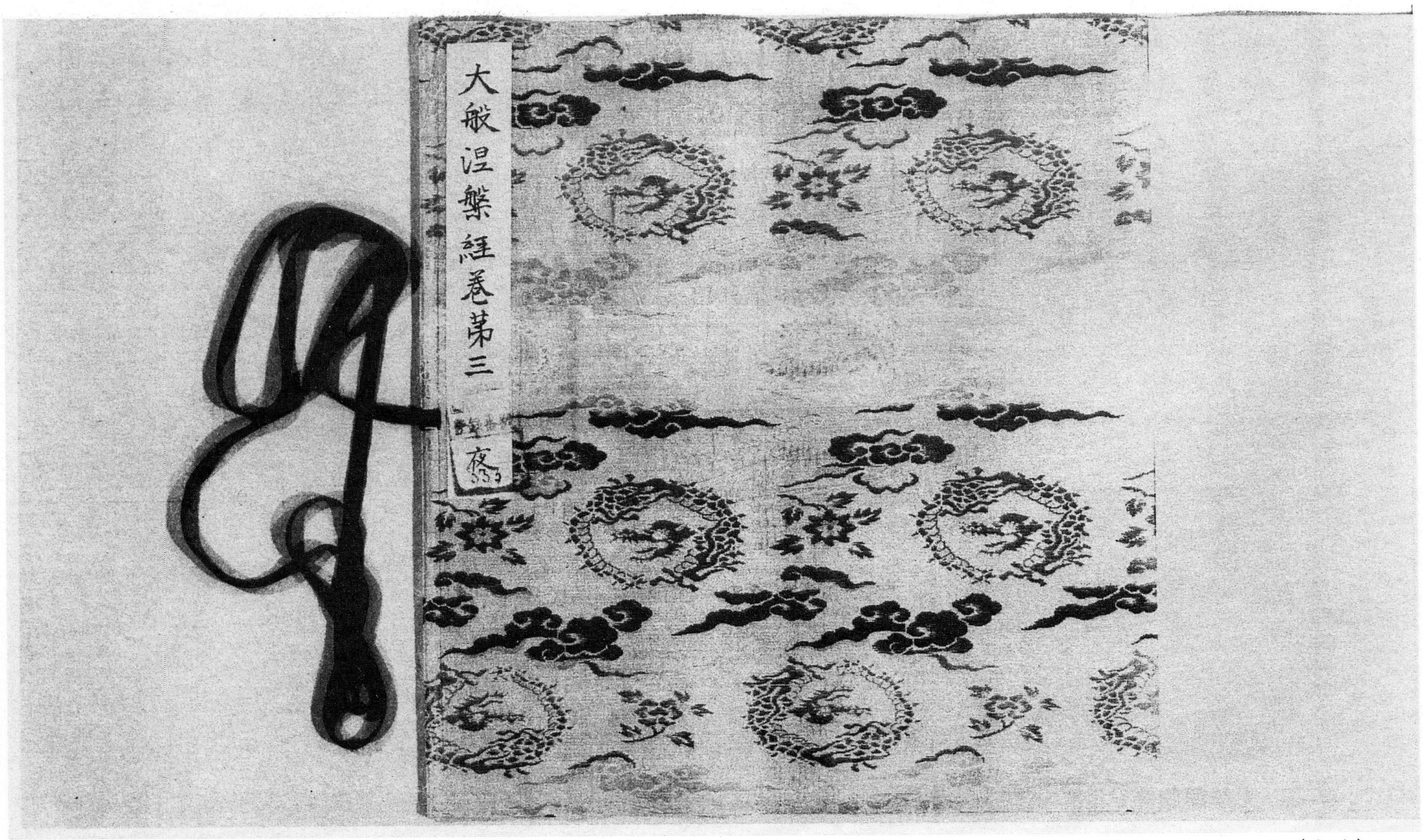

BD13842 號背　現代護首　　　　（1–1）

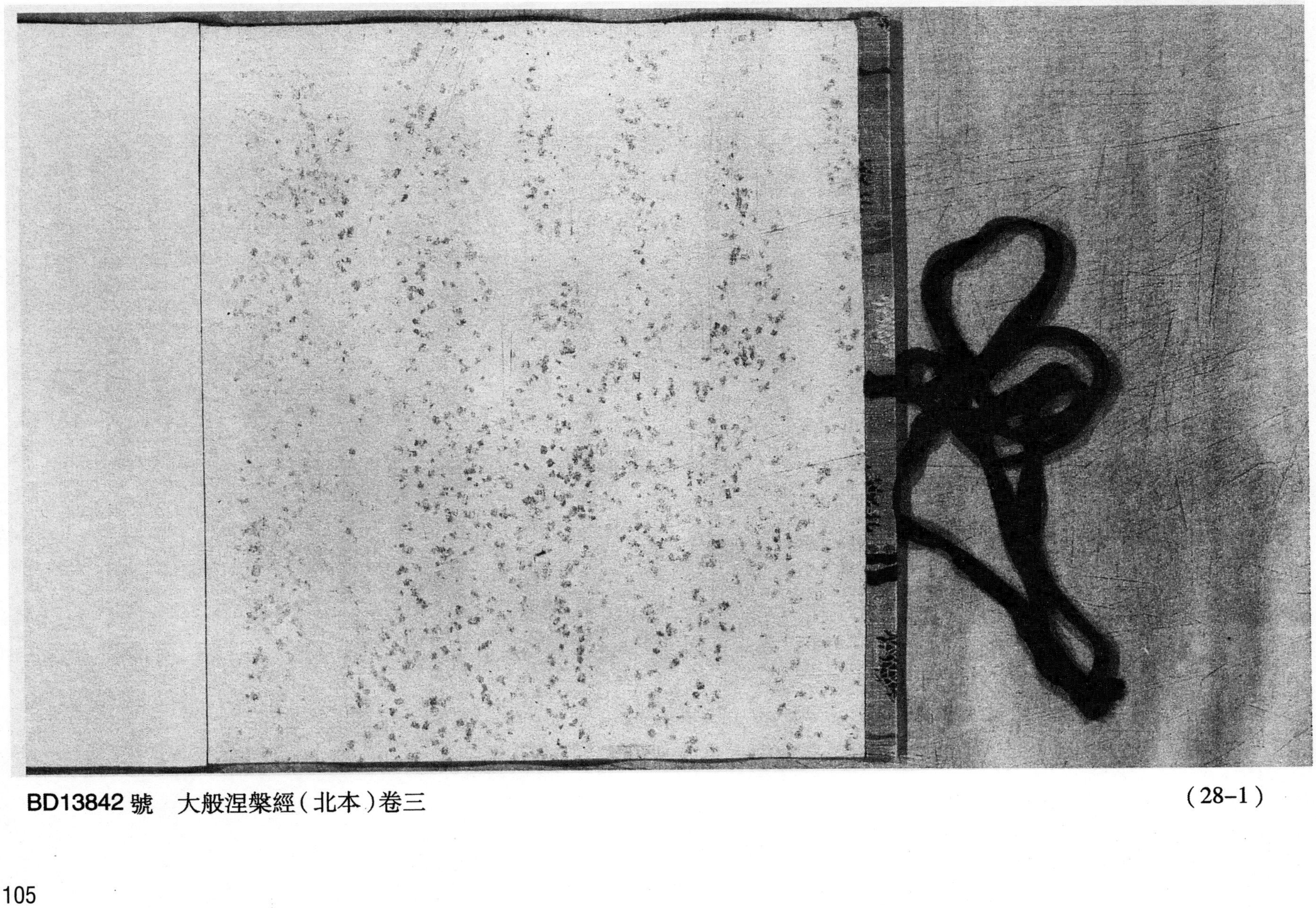

BD13842 號　大般涅槃經（北本）卷三　　　　（28–1）

大般涅槃經壽命品之三
佛復告諸比丘汝於戒律有所疑者今恣汝
問我當解說令汝心喜
我已修學一切諸法本性空寂了了通達
汝等比丘莫謂如來唯修諸法本性空寂
復告比丘若於戒律有所疑者今可致問
時諸比丘即白佛言世尊我等无有智慧能
問如來應正遍知所以者何如來境界不可
思議所有諸定不可思議所演教誨不可思

BD13842 號　大般涅槃經（北本）卷三　（28–2）

復告比丘若於戒律有所疑者今可致問
時諸比丘即白佛言世尊我等无有智慧能
問如來應正遍知所以者何如來境界不可
思議所有諸定不可思議所演教誨不可思
議是故我等无有智慧能問如來世尊譬如
老人年百二十身嬰長病寢臥床席不能起
居氣力虛劣餘命无幾有一富人緣事欲行
當至他方以百斤金寄是老人而作是言我
今他行以是寶物持用相寄或十年還二十
年還汝當還我是時老人即便受之而此老
人復无繼嗣其後不久病篤命終所寄之物
悉皆散失財主行還責索无所如是癡人不
知籌量可寄不可寄是故行還責索无所以
是因緣喪失財寶世尊我等聲聞亦復如是
雖聞如來慇懃教戒不能受持令法久住如
彼老人受他寄付我今无智於諸戒律當何
所問佛告諸比丘汝等今者若問於我則能
利益一切衆生是故告汝聽隨所疑恣意而
問
尒時諸比丘白佛言世尊譬如有人年二十
五盛壯端正多有財寶金銀瑠璃父母妻子
眷屬宗親悉皆存在亦有人來寄其寶物
語其人言我有緣事欲至他處事訖當還汝
當還我是時壯人守護是物如自己有其人
遇病即命家屬如是金寶是他所寄彼若
來索悉皆還之智者如是善知籌量行還索

BD13842 號　大般涅槃經（北本）卷三　（28–3）

眷屬宗親悉皆存在亦有人來寄其寶物
語其人言我有緣事欲至他處事訖當還汝
當還我是時壯人守護是物如自己有其人
遇病即命家屬如是金寶是他所寄彼若
來索悉皆還之智者如是善知籌量行還索
物皆悉得之无所亡失世尊亦尒若以法寶付
囑阿難及諸比丘不得久住何以故一切聲聞
及大迦葉悉當无常如彼老人受他寄物是
故應以无上佛法付諸菩薩以諸菩薩善能
問荅如是法寶則得久住无量千世增益熾
盛利安衆生如彼壯人受他寄物以是義故
諸大菩薩乃能問耳我等智慧猶如蚊虻何
能諮請如來深法時諸聲聞嘿然而住
尒時佛讚諸比丘言善哉善哉汝等善得无
漏之心阿羅漢心我亦曾念以此二緣應以大
乘付諸菩薩令是妙法久住於世
尒時佛告一切大衆善男子善女人我之壽
命不可稱量樂說之辯亦不可盡汝等宜可
隨意諮問若貳若歸第二第三亦復如是
尒時衆中有一菩薩摩訶薩本是多羅聚
落人也姓大迦葉婆羅門種年在幼稚以佛神
力即從座起偏袒右肩遶百千迊右膝著地
合掌向佛而白佛言世尊我於今者欲少諮
問若佛聽者乃敢發言
佛告迦葉如來應正遍知恣汝所問當為汝
說斷汝所疑令汝歡喜

BD13842號　大般涅槃經（北本）卷三　（28–4）

落人也姓大迦葉婆羅門種年在幼稚以佛神
力即從座起偏袒右肩遶百千迊右膝著地
合掌向佛而白佛言世尊我於今者欲少諮
問若佛聽者乃敢發言
佛告迦葉如來應正遍知恣汝所問當為汝
說斷汝所疑令汝歡喜
尒時迦葉菩薩摩訶薩白佛言世尊如來
哀愍已垂聽許令當問之然我所有智慧微
少猶如蚊虻如來世尊道德巍巍純以栴檀
師子難伏不可壞衆而為眷屬如來之身猶
真金剛色如瑠璃真寶難壞復為如是大智
慧海之所圍遶是衆會中諸大菩薩摩訶薩
等皆悉成就无量无邊深妙功德猶如香象
於如是等大衆之前豈敢發問為當承佛神
通之力及因大衆善根威德少發問耳即於
佛前說偈問曰
云何得長壽　金剛不壞身　復以何因緣　得大堅固力
云何於此經　究竟到彼岸　願佛開微密　廣為衆生說
云何得廣大　為衆作依止　實非阿羅漢　而與羅漢等
云何知天魔　為衆作留難　佛說波旬說　云何分別知
云何諸調御　心喜說真諦　正善具成就　演說四顛倒
云何作善業　大仙今當說　云何諸菩薩　能見難見性
云何解滿字　及與半字義　云何共聖行　如娑羅娑鳥
迦隣提日月　太白與歲星　云何未發心　而名為菩薩
云何於大衆　而得无所畏　猶如閻浮金　无能說其過
云何處濁世　不汙如蓮華　云何處煩惱　煩惱不能染

BD13842號　大般涅槃經（北本）卷三　（28–5）

云何解滿字　及與半字義　云何共聖行　如娑羅娑鳥
迦隣提日月　大白與歲星　云何未發心　而名為菩薩
云何於大眾　而得无所畏　猶如閻浮金　无能說其過
云何處濁世　不污如蓮華　云何處煩惱　煩惱不能污
如醫療眾病　不為病所污　生死大海中　云何作船師
云何捨生死　如蛇脫故皮　云何觀三寶　猶如天意樹
三乘若无性　云何而得說　猶如樂未生　云何名受樂
云何諸菩薩　而得不壞眾　云何為生盲　而作眼目導
云何示多頭　唯願大仙說　云何說法者　增長如月初
云何復示現　究竟於涅槃　云何勇進者　示人天魔道
云何知法性　而受於法樂　云何諸菩薩　遠離一切病
云何為眾生　演說於祕密　云何說畢竟　及與不畢竟
如其斷疑網　云何不定說　云何而得近　最勝无上道
我今請如來　為諸菩薩故　願為說甚深　微妙諸行等
一切諸法中　悉有安樂性　唯願大仙尊　為我分別說
眾生大依止　兩足尊妙藥　今欲問諸陰　而我无智慧
精進諸菩薩　亦復不能知　如是等甚深　諸佛之境界
尒時佛讚迦葉菩薩善哉善哉善男子汝今
未得一切種智我已得之然汝所問甚深祕藏
如一切智之所諮問等无有異善男子我坐
道場菩提樹下初成正覺尒時无量阿僧祇
恒河沙等諸佛世界有諸菩薩亦曾問我是
甚深義然其所問句義功德亦皆如是等无
有異如是問者則能利益无量眾生
尒時迦葉菩薩復白佛言世尊我无智力能
問如來如是深義世尊譬如蚊虻不能飛過

BD13842號　大般涅槃經（北本）卷三　（28–6）

恒河沙等諸佛世界有諸菩薩亦曾問我是
甚深義然其所問句義功德亦皆如是等无
有異如是問者則能利益无量眾生
尒時迦葉菩薩復白佛言世尊我无智力能
問如來如是深義世尊譬如蚊虻不能飛過
大海彼岸周遍虛空我亦如是不能諮問如
來如是智慧大海法性虛空甚深之義世尊
譬如國王髻中明珠付典藏臣藏臣得已頂
戴恭敬增加守護我亦如是頂戴恭敬增加
守護如來所說方等深義何以故令我廣得
深智慧故
尒時佛告迦葉菩薩善男子諦聽諦聽當為
汝說如來所得長壽之業菩薩以是業因緣
故得壽命長是故應當至心聽受若業能為
菩提因者應當誠心聽受是義既聽受已轉
為人說善男子我以脩習如是業故得阿耨
多羅三藐三菩提今復為人廣說是義善男
子譬如王子犯罪繫獄王甚憐愍愛念子故
躬自迴駕至其繫所菩薩亦尒欲得長壽應
當護念一切眾生同於子想生大慈大悲大喜
大捨授不殺戒教脩善法亦當安止一切眾
生於五戒十善復入地獄餓鬼畜生阿脩羅
等一切諸趣拔濟是中苦惱眾生脫未脫者
度未度者未涅槃者令得涅槃安慰一切諸
恐怖者以如是等業因緣故菩薩則得壽命
命長遠於諸智慧而得自在隨所壽終　生

BD13842號　大般涅槃經（北本）卷三　（28–7）

生於五戒十善復入地獄餓鬼畜生阿脩羅
等一切諸趣拔濟是中苦惱衆生脫未脫者
度未度者未涅槃者令得涅槃 安慰一切諸
恐怖者以如是等業因緣故菩薩則得壽命
命長遠於諸智慧而得自在隨所壽終 生
於天上
尒時迦葉菩薩復白佛言 世尊菩薩摩訶薩
等視衆生同於子想是義深隱我未能解
世尊如來不應說言菩薩於諸衆生脩平等
心同於子想所以者何於佛法中有破戒者
作逆罪者毀正法者云何當於如是等人同
子想耶
佛告迦葉如是如是我於衆生實作子想
如羅睺羅迦葉菩薩復白佛言 世尊昔十五
日僧布薩時曾於受具清淨衆中有一童子
不善脩習身口意業在屏覆盜聽說戒
密迹力士承佛神力以金剛杵碎之如塵世尊
是金剛神極成暴惡乃能斷是童子命根云
何如來視諸衆生同於子想如羅睺羅
佛告迦葉汝今不應作如是言是童子者即
是化人非真實也為欲驅遣破戒毀法令出
衆故金剛密迹示是化耳迦葉毀謗正法及
一闡提或有殺生乃至邪見及故犯禁我於
是等悉生悲心同於子想如羅睺羅
善男子譬如國王諸群臣等有犯王法隨罪
誅戮而不捨置如來世尊不如是也於毀法

BD13842號　大般涅槃經（北本）卷三　　（28–8）

衆故金剛密迹示是化耳迦葉毀謗正法及
一闡提或有殺生乃至邪見及故犯禁我於
是等悉生悲心同於子想如羅睺羅
善男子譬如國王諸群臣等有犯王法隨罪
誅戮而不捨置如來世尊不如是也於毀法
者與驅遣羯磨呵責羯磨置羯磨舉罪羯
磨不可見羯磨滅羯磨未捨惡見羯磨善男子
如來所以與謗法者作如是等降伏羯磨 為
欲示諸行惡之人有果報故善男子汝今當
知如來即是施惡衆生无恐畏者若放一光
若二若五或有遇者悉令遠離一切諸惡如
來今者具有如是无量勢力善男子未可見
法汝欲見者今當為汝說其相貌我涅槃已
隨其方面有持戒比丘威儀具足護持正法
見壞法者即能驅遣呵責徵治當知是人
得福无量不可稱計善男子譬如有王專
行暴惡會遇重病有隣國王聞其名聲興兵
規欲殄滅是時病王无力勢故方乃恐怖改心
脩善而是隣王得无量福持法比丘亦復如
是驅遣呵責壞法之人令行善法得福无
量善男子譬如長者所居之處田宅屋舍
生諸毒樹長者知已即便斫伐永令滅盡又
如壯人首生白髮愧而剪拔不令生長持法
比丘亦復如是見有破戒壞正法者即應驅
遣呵責舉處若善比丘見壞法者置不呵
責驅遣舉處當知是人佛法中怨若能驅遣

BD13842號　大般涅槃經（北本）卷三　　（28–9）

生諸毒樹長者知已即便斫伐永令滅盡又
如壯人首生白髮愧而剪拔不令生長持法
比丘亦復如是見有破戒壞正法者即應駈
遣呵責舉處若善比丘見壞法者置不呵
責駈遣舉處當知是人佛法中怨若能駈遣
呵責舉處是我弟子真聲聞也
迦葉菩薩復白佛言世尊如佛所言則不等
視一切衆生同於子想如羅睺羅世尊若有
一人以刀害佛復有一人持栴檀塗佛佛於此
二若生等心云何復言當治毀禁若 治毀禁
是言則失
佛告迦葉善男子譬如國王大臣宰相
産育諸子顔貌端正聰明黠慧若二三四將付
嚴師而作是言君可為我教詔諸子威儀
礼節伎藝書疏校計筭數悉令成就我今
四子就君受學假使三子痛杖而死餘有一子
必當苦治要令成就雖喪三子我終不恨迦
葉是父及師得煞罪不不也世尊何以故以
愛念故為欲成就无有惡心如是教誨得福
无量善男子如來亦尒視壞法者等如一子
如來今以无上正法付囑諸王大臣宰相比
丘比丘尼優婆塞優婆夷是諸國王及四部
衆應當勸勵諸學人等令得增上戒定智慧
若有不學是三品法懈怠破戒毀正法者王
者大臣四部之衆應當苦治善男子是諸國
王及四部衆當有罪不不也世尊善男子是

BD13842號　大般涅槃經（北本）卷三　（28–10）

丘比丘尼優婆塞優婆夷是諸國王及四部
衆應當勸勵諸學人等令得增上戒定智慧
若有不學是三品法懈怠破戒毀正法者王
者大臣四部之衆應當苦治善男子是諸國
王及四部衆當有罪不不也世尊善男子是
諸國王及四部衆尚无有罪何況如來善男
子如來善脩如是平等於諸衆生同一子想如
是脩者是名菩薩脩平等心於諸衆生同一
子想善男子菩薩如是脩習此業得壽命長
亦能善知宿世之事
迦葉菩薩復白佛言世尊如佛所說菩薩若
有脩平等心視諸衆生同於子想得壽命長
如來不應作如是說何以故如知法人能說種
種孝順之法還至家中以諸瓦石打擲父母
而是父母是良福田多所利益難遭難遇應
好供養反生惱害是知法人言行相違如來
所言亦復如是菩薩脩習等心衆生同子想
者應得長壽善知宿命常住於世无有變
易今者世尊以何因緣壽命極短同人間耶
如來將无於諸衆生生怨憎想世尊昔日作
何惡業斷幾命根得是短壽不滿百年
佛告迦葉善男子汝今何緣於如來前發是
麁言如來長壽於諸壽中最上最勝所得常
法於諸常中最為第一
迦葉菩薩復白佛言世尊云何如來得壽命
長

BD13842號　大般涅槃經（北本）卷三　（28–11）

應言如來長壽於諸壽中最上最勝所得常
法於諸常中最為第一
迦葉菩薩復白佛言世尊云何如來得壽命
長
佛告迦葉善男子如八大河一名恒河二名
閻摩羅三名薩羅四名阿黎跋提五名摩
訶六名辛頭七名博叉八名悉陁是八大河及
諸小河悉入大海迦葉如是一切人中天上地及
虛空壽命大河悉入如來壽命海中是故
如來壽命无量復次迦葉譬如阿耨達池出
四大河如來亦尒出一切命迦葉譬如一切諸
常法中虛空第一如來亦尒於諸常中最
為第一迦葉譬如諸藥醍醐第一如來亦尒
於衆生中壽命第一
迦葉菩薩復白佛言世尊如來壽命若如是
者應住一劫若減一劫常宣妙法如霔大雨
迦葉汝今不應於如來所生滅盡想迦葉若
有比丘比丘尼優婆塞優婆夷乃至外道五通
神仙得自在者若住一劫若減一劫經行空中
坐卧自在左脇出火右脇出水身出烟炎
猶如火聚若欲住壽能得如意於壽命中脩
短自在如是五通尚得如是隨意神力豈況
如來於一切法得自在力而當不能住壽半
劫若一劫若百劫若百千劫若无量劫以是
義故當知如來是常住法不變易法如來此
身是變化身非雜食身為度衆生示同毒

短自在如是五通尚得如是隨意神力豈況
如來於一切法得自在力而當不能住壽半
劫若一劫若百劫若百千劫若无量劫以是
義故當知如來是常住法不變易法如來此
身是變化身非雜食身為度衆生示同毒
樹是故現捨入於涅槃迦葉當知佛是常法
不變易法汝等於是第一義中應懃精進一
心脩習既脩習已廣為人說
尒時迦葉菩薩白佛言世尊出世之法與世
間法有何差別如佛言曰佛是常法不變易
法世間亦說梵天是常自在天常无有變易
我常性常微塵亦常若言如來是常法者
如來何故不常現耶若不常現有何差別何以
故梵天乃至微塵世性亦不現故
佛告迦葉譬如長者多有諸牛色雖種種同
共一羣付放牧人令逐水草但為醍醐不求乳
酪彼牧牛者搆已自食長者命終所有諸牛
悉為羣賊之所抄掠賊得牛已无有婦女即
自搆捋得已而食尒時羣賊各相謂言彼大
長者畜養此牛不期乳酪但為醍醐我等今
者當設何方而得之耶夫醍醐者名為世間
第一上味我等无器設使得乳无安置處復
共相謂唯有皮囊可以盛之雖有盛處不知
攢搖將水猶難得況復生蘇尒時諸賊以醍醐
故加之以水以水多故乳酪醍醐一切俱失凡
夫亦尒雖有善法皆是如來正法之餘何以

苐一上味我等无器設使得乳无安置處復
共相謂唯有皮囊可以盛之雖有盛處不知
攢搖漿猶難得況復生蘇尒時諸賊以醍醐
故加之以水以水多故乳酪醍醐一切俱失凡
夫亦尒雖有善法皆是如來正法之餘何以
故如來世尊入涅槃後盜竊如來遺餘善法
若戒定慧如彼諸賊劫掠羣牛諸凡夫人雖
復得是戒定智慧无有方便不能解說以
是義故不能獲得常戒常定常慧解脫如
彼羣賊不知方便喪失醍醐亦如羣賊為
醍醐故加之以水凡夫亦尒為解脫故說我
衆生壽命士夫梵天自在天微塵世性戒定
智慧及與解脫非想非非想天即是涅槃實
亦不得解脫涅槃如彼羣賊不得醍醐是諸凡
夫有少梵行供養父母以是因緣得生天上
受少安樂如彼羣賊加水之乳而是凡夫實
不知因脩少梵行供養父母得生天上又不
能知戒定智慧歸依三寶以不知故說常樂
我淨雖復說之而實不知是故如來出世之
後乃為演說常樂我淨如轉輪王出現於世
福德力故羣賊退散牛无損命時轉輪王即
以諸牛付一牧人多巧便者是人方便即得醍
醐以醍醐故一切衆生无有患苦法輪聖王
出現世時諸凡夫人不能演說戒定慧者即
便退散如賊退散尒時如來善說世法及出
世法為衆生故令諸菩薩隨而演說菩薩
摩訶薩既得醍醐復令无量衆生穫得

BD13842 號　大般涅槃經（北本）卷三　（28–14）

以諸牛付一牧人多巧便者是人方便即得醍
醐以醍醐故一切衆生无有患苦法輪聖王
出現世時諸凡夫人不能演說戒定慧者即
便退散如賊退散尒時如來善說世法及出
世法為衆生故令諸菩薩隨而演說菩薩
摩訶薩既得醍醐復令无量衆生穫得
无上甘露法味所謂如來常樂我淨以是義
故善男子如來是常不變易法非如世間凡
夫愚人謂梵天等是常法也此常法稱要是
如來非是餘法迦葉應當如是知如來身迦
葉諸善男子善女人常當繫心脩此二字佛
是常住迦葉若有善男子善女人脩此二字
當知是人隨我所行至我至處善男子若有
脩習如是二字為滅相者當知如來則於其
人為般涅槃善男子涅槃義者即是諸佛之
法性也
迦葉菩薩白佛言世尊佛法性者其義云何
世尊我今欲知法性之義唯願如來哀愍廣
說夫法性者即是捨身捨身者名无所有
若无所有身云何存身若存者云何而言身
有法性身有法性云何得存我今云何當知
是義佛告迦葉菩薩善男子汝今不應作如
是說滅是法性夫法性者无有滅也善男子
辟如无想天成就色陰而无色想不應問言
是諸天等云何而住歡娛受樂云何行想云
何見聞善男子如來境界非諸聲聞緣覺所
知善男子不應說言如來身者是滅法也善男

BD13842 號　大般涅槃經（北本）卷三　（28–15）

是說滅是法性夫法性者无有滅也善男子
辟如无想天成就色陰而无色想不應問言
是諸天等云何而住歡娱受樂云何行想云
何見聞善男子如来境界非諸聲聞緣覺所
知善男子不應說言如来身者是滅法也善男
子如来滅法是佛境界非諸聲聞緣覺所及
善男子汝今不應思量如来何處住何處行
何處見何處樂善男子如是之義亦非汝等
之所知及諸佛法身種種方便不可思議
復次善男子應當脩習佛法及僧而作常想
是三法者无有異想无无常想无變異想若
於三法脩異想者當知是輩清淨三歸則无
依處所有禁戒皆不具足終不能證聲聞緣
覺菩提之果若能於是不可思議脩常想者
則有歸處善男子辟如因樹則有樹影如来
亦尒有常法故則有歸依非是无常若言如
来是无常者如来則非諸天世人所歸依處
迦葉菩薩白佛言世尊辟如闇中有樹无影
迦葉汝不應言有樹无影但非肉眼之所見
耳善男子如来亦尒其性常住是不變異无
智慧眼不能得見如彼闇中不見樹影凡夫
之人於佛滅後說言如来是无常法亦復如
是若言如来異法僧者則不能成三歸依處
如汝父母各各異故故使无常
迦葉菩薩復白佛言世尊我從今始當以佛

BD13842號　大般涅槃經（北本）卷三　（28-16）

之人於佛滅後說言如来是无常法亦復如
是若言如来異法僧者則不能成三歸依處
如汝父母各各異故故使无常
迦葉菩薩復白佛言世尊我從今始當以佛
法衆僧三事常住啓悟父母乃至七世皆令
奉持甚奇世尊我今當學如来法僧不可思
議既自學已亦當為人廣說是義若有諸人
不能信受當知是輩久脩无常如是之人我
當為其而作霜雹
尒時佛讚迦葉菩薩善哉善哉汝今善能護
持正法如是護法不欺於人以不欺人善業緣
故而得長壽善知宿命
大般涅槃經金剛身品第二
尒時世尊復告迦葉善男子如来身者是常
住身不可壞身金剛之身非雜食身即是法
身
迦葉菩薩白佛言世尊如佛所說如是等身
我悉不見唯見无常破壞微塵雜食等身
何以故如来當入於涅槃故
佛言迦葉汝今莫謂如来之身不堅可壞如
凡人身善男子汝今當知如来之身无量億
劫堅牢難壞非人天身非恐怖身非雜食
身如来之身非身是身不生不滅不習不脩
无量无邊无有足迹无知无形畢竟清淨无
有動搖无受无行不住不作无味无雜非是
有為非業非果非行非滅非心非數不可思議

BD13842號　大般涅槃經（北本）卷三　（28-17）

凡人身善男子汝今當知如來之身无量億
劫堅牢難壞非人天身非恐怖身非雜食
身如來之身非身是身不生不滅不習不脩
无量无邊无有足跡无知无形畢竟清淨无
有動搖无受无行不住不作无味无雜非是
有為非業非果非行非滅非心非數不可思議
常不可議无識離心亦不離心其心平等无
有亦有无有去來而亦去來不破不壞不斷
不絕不出不滅非主亦主非有非无非覺非
觀非字非不字非定非不定不可見了了見
无處亦處无宅亦宅无闇无明无有寂靜
而亦寂靜是无所有不受不施清淨无垢
无諍斷諍住无住處不取不墮非法非非法
非福田非不福田无盡不盡離一切盡是空離
空雖不常住非念念滅无有垢濁无字離字
非聲非說亦非脩習非稱非量非一非異非像
非相諸相莊嚴非勇非畏无寂不寂无熱
不熱不可覩見无有相貌如來度脫一切衆
生无度脫故能解衆生无有解故覺了衆生
无覺了故如實說法无有二故不可量无等
等平如虛空无有形貌同无生性不斷不常
常行一乘衆生見三不退不轉斷一切結不戰
不觸非性住性非合非散非長非短非圓
非方非陰入界亦陰入界非增非損非勝非負
如來之身成就如是无量功德无有知者无
不知者无有見者无不見者非有為非无為

BD13842號　大般涅槃經（北本）卷三　（28–18）

常行一乘衆生見三不退不轉斷一切結不戰
不觸非性住性非合非散非長非短非圓
非方非陰入界亦陰入界非增非損非勝非負
如來之身成就如是无量功德无有知者无
不知者无有見者无不見者非有為非无為
非世非不世非作非不作非依非不依非四
大非不四大非因非不因非衆生非不衆生
非沙門非婆羅門是師子大師子非身非不
身不可宣說除一法相不可筭數般涅槃時
不般涅槃如來法身皆悉成就如是无量微
妙功德迦葉唯有如來乃知是相非諸聲聞
緣覺所知迦葉如是功德成如來身非是雜
食所長養身迦葉如來真身功德如是云何
復得諸疾患苦危脆不堅如坏器乎迦葉如
來所以示病苦者為欲調伏諸衆生故善男
子汝今當知如來之身即金剛身汝從今日
常當專心思惟此義莫念食身亦當為人說
如來身即是法身
迦葉菩薩白佛言世尊如來成就如是功德
其身云何當有病苦无常破壞我從今日常
當思惟如來之身是常法身安樂之身亦當
為他如是廣說
唯然世尊如來法身金剛不壞而未能知所
因云何
佛言迦葉以能護持正法因緣故得成就是
金剛身迦葉我於往昔護法因緣今得成就

BD13842號　大般涅槃經（北本）卷三　（28–19）

為他如是廣說
唯然世尊如来法身金剛不壞而未能知所
因云何
佛言迦葉以能護持正法因緣故得成就是
金剛身迦葉我於往昔護法因緣今得成就
是金剛身常住不壞善男子護持正法者不
受五戒不脩威儀應持刀劒弓箭鉾矟守
護持戒清淨比丘
迦葉菩薩白佛言世尊若有比丘離於守護
獨處空閑冢間樹下當說是人為真比丘若
有隨逐守護者行當知是輩是秃居士
佛告迦葉莫作是語言秃居士若有比丘
隨所至處供身趣足讀誦經典思惟坐禪有
来問法即為宣說所謂有施持戒福德少欲
知足雖能如是種種說法然故不能作師子吼
不為師子之所圍遶不能降伏非法惡人如
是比丘不能自利及利衆生當知是輩懈怠
懶惰雖能持戒守護淨行當知是人无所能
為若有比丘供身之具亦常豊足復能護持
所受禁戒能師子吼廣說妙法謂脩多羅祇
耶受記伽陁優陁那伊帝日多伽闍陁伽毗
佛略阿浮陁達磨以如是等九部經典為他
廣說利益安樂諸衆生故唱如是言涅槃
經中制諸比丘不應畜養奴婢牛羊非法之物
若有比丘畜如是等不淨之物應當治之如来
来先於異部經中說有比丘畜如是等非法

廣說利益安樂諸衆生故唱如是言涅槃
經中制諸比丘不應畜養奴婢牛羊非法之物
若有比丘畜如是等不淨之物應當治之如来
来先於異部經中說有比丘畜如是等非法
之物某甲國王如法治之駈令還俗若有比丘
能作如是師子吼時有破戒者聞是語已咸
共瞋恚害是法師是說法者設復命終故
名持戒自利利他以是緣故我聽國主羣臣
宰相諸優婆塞護說法人若有欲得護正法
者當如是學迦葉如是破戒不護法者名秃
居士非持戒者得如是名善男子過去之世
无量无邊阿僧祇劫於此拘尸那城有佛出
世号歡喜增益如来應正遍知明行足善逝
世間解无上士調御丈夫天人師佛世尊尒
時世界廣博嚴淨豊樂安隱人民熾盛无有
飢渴如安樂國諸菩薩等彼佛世尊住世无
量化衆生已然後乃於娑羅雙樹入般涅槃
佛涅槃後正法住世无量億歲餘四十年尒
時有一持戒比丘名曰覺德多有徒衆眷屬
圍遶能師子吼班宣廣說九部經典制諸比
丘不得畜養奴婢牛羊非法之物尒時多有
破戒比丘聞作是說皆生惡心執持刀仗
逼是法師是時國王名曰有德聞是事已
為護法故即便往至說法者所與是破戒諸惡
比丘極共戰鬪令說法者得免危害王於尒時
身被刀劒箭矟之瘡體无完處如芥子許尒

破戒比丘聞作是說皆生惡心執持刀杖
逼是法師是時國王名曰有德聞是事已
為護法故即便往至說法者所與是破戒諸惡
比丘極共戰鬪令說法者得免危害王於尒時
身被刀劍箭矟之瘡體无完處如芥子許尒
時覺德尋讚王言善哉善哉王今真是護正
法者當來之世此身當為无量法器王於是
時得聞法已心大歡喜尋即命終生阿閦佛
國而為彼佛作第一弟子其王將從人民眷
屬有戰鬪者有隨喜者一切不退菩提之心
命終悉生阿閦佛國覺德比丘却後命終亦
得往生阿閦佛國而為彼佛作聲聞眾中第
二弟子若有正法欲滅盡時應當如是受持
擁護迦葉尒時王者則我身是說法比丘迦
葉佛是迦葉護正法者得如是等无量果報
以是因緣我於今日得種種相以自莊嚴成
就法身不可壞身
迦葉菩薩復白佛言世尊如來常身猶如畫
石
佛告迦葉菩薩善男子以是因緣故比丘比
丘尼優婆塞優婆夷應當懃加護持正法
護法果報廣大无量善男子是故護法優婆
塞等應執刀杖擁護如是持法比丘若有受
持五戒之者不得名為大乘人也不受五戒為
護正法乃名大乘護正法者應當執持刀劍
器仗侍說法者
迦葉白佛言世尊若諸比丘與如是等諸優

BD13842號　大般涅槃經（北本）卷三　（28–22）

塞等應執刀杖擁護如是持法比丘若有受
持五戒之者不得名為大乘人也不受五戒為
護正法乃名大乘護正法者應當執持刀劍
器仗侍說法者
迦葉白佛言世尊若諸比丘與如是等諸優
婆塞持刀杖者共為伴侶為有師耶為无師
乎為是持戒為是破戒
佛告迦葉莫謂是等為破戒人善男子我涅
槃後濁惡之世國土荒亂手相抄掠人民飢
餓尒時多有為飢餓故發心出家如是之人
名為禿人是禿人輩見有持戒威儀具足清
淨比丘護持正法驅逐令出若煞若害
迦葉菩薩復白佛言世尊是持戒人護正法
者云何當得遊行村落城邑教化善男子是
故我今聽持戒人依諸白衣持刀杖者以為
伴侶若諸國主大臣長者優婆塞等為護
法故雖持刀杖我說是等名為持戒雖持刀
杖不應斷命若能如是即得名為第一持戒
迦葉言護法者謂具正見能廣宣說大乘經
典終不捉持王者寶蓋油瓶穀米種種菓
蓏不為利養親近國王大臣長者於諸檀
越心无諂曲具足威儀摧伏破戒諸惡人等是
名持戒護法之師能為眾生真善知識其心弘
廣譬如大海迦葉若有比丘以利養故為他
說法是人所有徒眾眷屬亦効是師貪求利
養是人如是便自壞眾迦葉眾有三種一者

BD13842號　大般涅槃經（北本）卷三　（28–23）

越心无諂曲具足威儀摧伏破戒諸惡人等是
名持戒護法之師能爲衆生真善知識其心弘
廣譬如大海迦葉若有比丘以利養故爲他
說法是人所有徒衆眷屬亦効是師貪求利
養是人如是便自壞衆迦葉衆有三種一者
犯戒雜僧二者愚癡僧三者清淨僧破戒雜
僧則易可壞持戒淨僧利養因緣所不能壞
云何破戒雜僧若有比丘雖持禁戒爲利養
故與破戒者坐起行来共相親附同其事業
是名破戒亦名雜僧云何愚癡僧若有比丘
在阿蘭若處諸根不利闇鈍矇瞢少欲乞
食於說戒日及自恣時教諸弟子清淨懺悔見
非弟子多犯禁戒不能教令清淨懺悔而便
與共說戒自恣是名愚癡僧云何名清淨僧
有比丘僧不爲百千億數諸魔之所沮壞是
菩薩衆本性清淨能調如上二部之衆悉令
安住清淨衆中是名護法无上大師善持律
者爲欲調伏利衆生故知諸戒相若輕若重
非是律者則不證知若是律者則便證知云
何調衆生故若諸菩薩爲化衆生常入聚落
不擇時節或至寡婦婬女舍宅與同住止經
歷多年若是聲聞所不應爲是名調伏利
益衆生云何知重若見如来因事制戒汝從今
日慎更莫犯如四重禁出家之人所不應作
而便故作非是沙門非釋種子是名爲重云
何爲輕若犯輕事如是三諫若能捨者是名

BD13842號　大般涅槃經（北本）卷三　（28–24）

益衆生云何知重若見如来因事制戒汝從今
日慎更莫犯如四重禁出家之人所不應作
而便故作非是沙門非釋種子是名爲重云
何爲輕若犯輕事如是三諫若能捨者是名
爲輕非律不證者若有讃說不清淨物應受
用者不共同止是律應證者善學戒律不近
破戒見有所行隨順戒律心生歡喜如是能
知佛法所作善能解說是名律師善解一字
善持契經亦復如是如是善男子佛法无量
不可思議如来亦尒不可思議
迦葉菩薩白佛言世尊如是如是誠如聖教
佛法无量不可思議如来亦尒不可思議故
知如来常住不壞无有變異我今善學亦當
爲人廣宣是義
尒時佛讃迦葉菩薩善哉善哉如来身者
即是金剛不可壞身菩薩應當如是善學正
見正知若能如是了了知見即是見佛金剛
之身不可壞身如於鏡中見諸色像
大般涅槃經名字功德品第三
尒時如来復告迦葉善男子汝今應當善持
是經文字章句所有功德若有善男子善女
人聞是經名生四趣者无有是處何以故如
是經典乃是无量无邊諸佛之所脩習所得
功德我今當說
迦葉菩薩白佛言世尊當何名此經菩薩
摩訶薩云何奉持

BD13842號　大般涅槃經（北本）卷三　（28–25）

是經典乃是无量无邊諸佛之所備習所得
功德我今當說
迦葉菩薩白佛言世尊當何名此經菩薩
摩訶薩云何奉持
佛告迦葉是經名爲大般涅槃上語亦善中
語亦善下語亦善義味深邃其文亦善純備
具足清淨梵行金剛寶藏滿足无缺汝今善
聽我今當說善男子所言大者名之爲常如
八大河悉歸大海此經如是降伏一切諸結
煩惱及諸魔性然後要於大般涅槃放捨身
命是故名曰大般涅槃善男子又如醫師有
一秘方悉攝一切所有醫方善男子如來亦
尒所說種種妙法秘密深奧藏門悉皆入於
大般涅槃是故名爲大般涅槃善男子譬如
農夫春月下種常有悕望旣收菓實衆望
都息善男子一切衆生亦復如是脩學餘經
常悕滋味若得聞是大般涅槃悕望諸經所
有滋味悉皆永斷是大涅槃能令衆生度諸
有流善男子如諸跡中鳥跡爲最此經如是
於諸經三昧最爲第一善男子譬如耕田秋
耕爲勝此經如是諸經中勝善男子如諸藥中
醍醐第一善治衆生熱惱亂心是大涅槃爲
最第一善男子譬如甜蘇八味具足大般涅
槃亦復如是八味具足云何爲八一者常二
者恒三者安四者清涼五者不老六者不
死七者无垢八者快樂是爲八味具足具是

BD13842號　大般涅槃經（北本）卷三　（28–26）

農夫春月下種常有悕望旣收菓實衆望
都息善男子一切衆生亦復如是脩學餘經
常悕滋味若得聞是大般涅槃悕望諸經所
有滋味悉皆永斷是大涅槃能令衆生度諸
有流善男子如諸跡中鳥跡爲最此經如是
於諸經三昧最爲第一善男子譬如耕田秋
耕爲勝此經如是諸經中勝善男子如諸藥中
醍醐第一善治衆生熱惱亂心是大涅槃爲
最第一善男子譬如甜蘇八味具足大般涅
槃亦復如是八味具足云何爲八一者常二
者恒三者安四者清涼五者不老六者不
死七者无垢八者快樂是爲八味具足具是
八味是故名爲大般涅槃若諸菩薩摩訶薩等
安住是中復能處處示現涅槃是故名爲
大般涅槃迦葉善男子善女人若欲於此大般
涅槃而涅槃者當如是學如來常住法僧
亦然
迦葉菩薩復白佛言甚奇世尊如來功德不
可思議法僧亦尒不可思議是大涅槃亦不
可思議若有脩學是經典者得正法門能
爲良醫若未學者當知是人盲无慧眼无明
所覆

大般涅槃經卷第三

BD13842號　大般涅槃經（北本）卷三　（28–27）

大般涅槃迦葉善男子善女人若欲於此大般
涅槃而涅槃者當如是學如来常住法僧
亦然
迦葉菩薩復白佛言甚奇世尊如来功德不
可思議法僧亦尒不可思議是大涅槃亦不
可思議若有脩學是經典者得正法門能
為良醫若未學者當知是人盲无慧眼无明
所覆

大般涅槃經卷第三

BD13842 號　大般涅槃經（北本）卷三　（28–28）

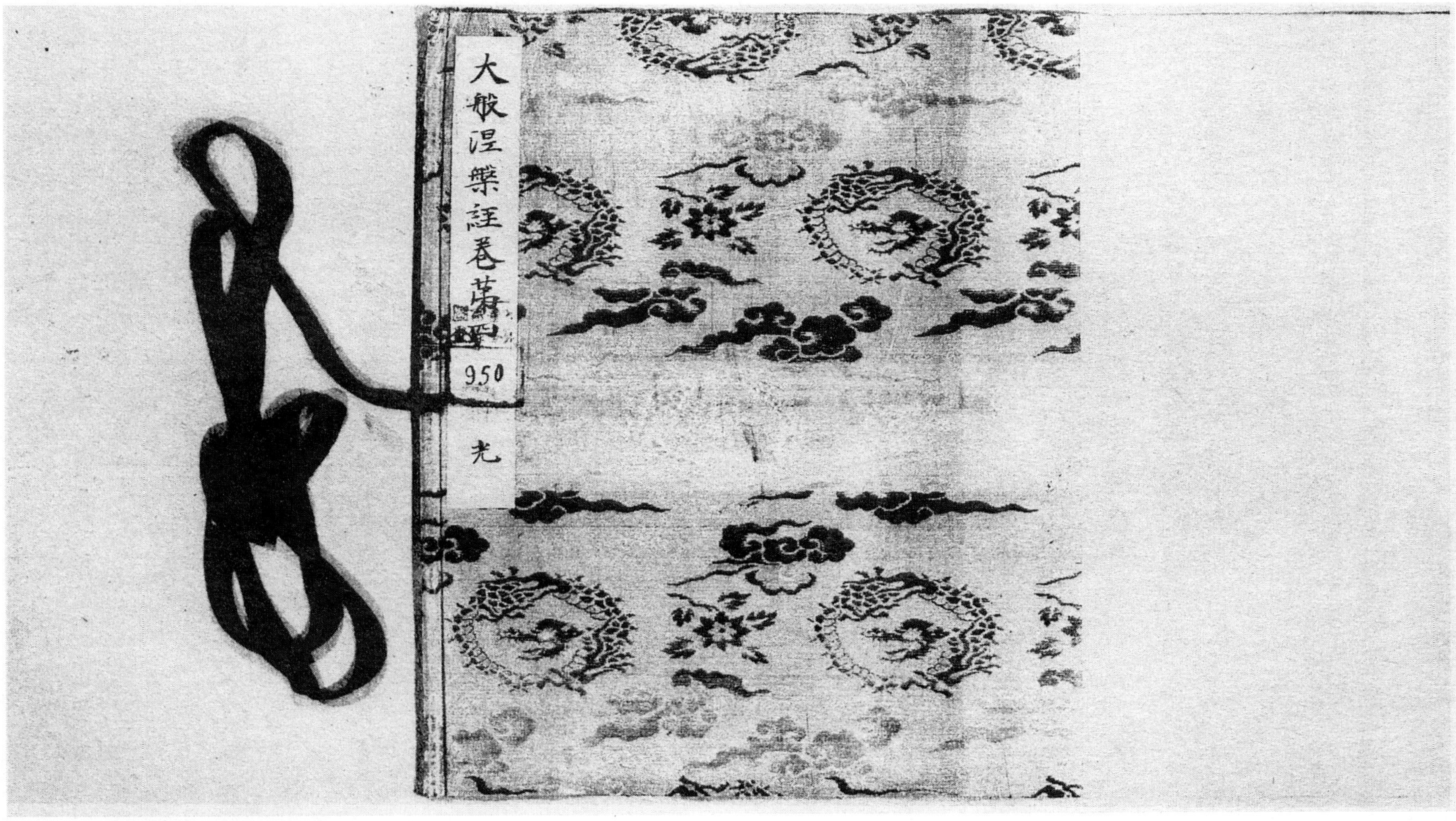

BD13843 號背　現代護首　（1–1）

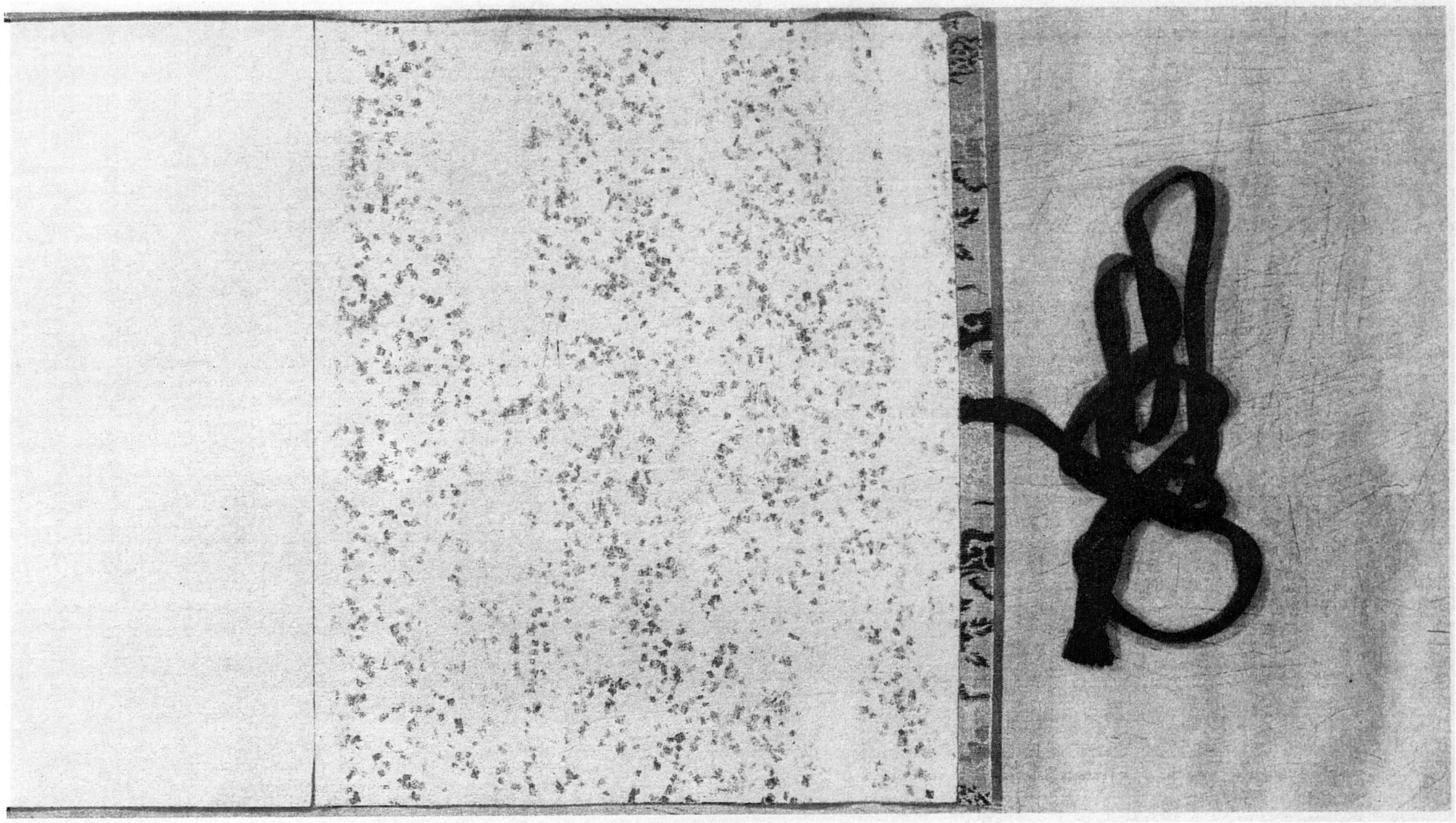

BD13843號　大般涅槃經（北本）卷四　（21–1）

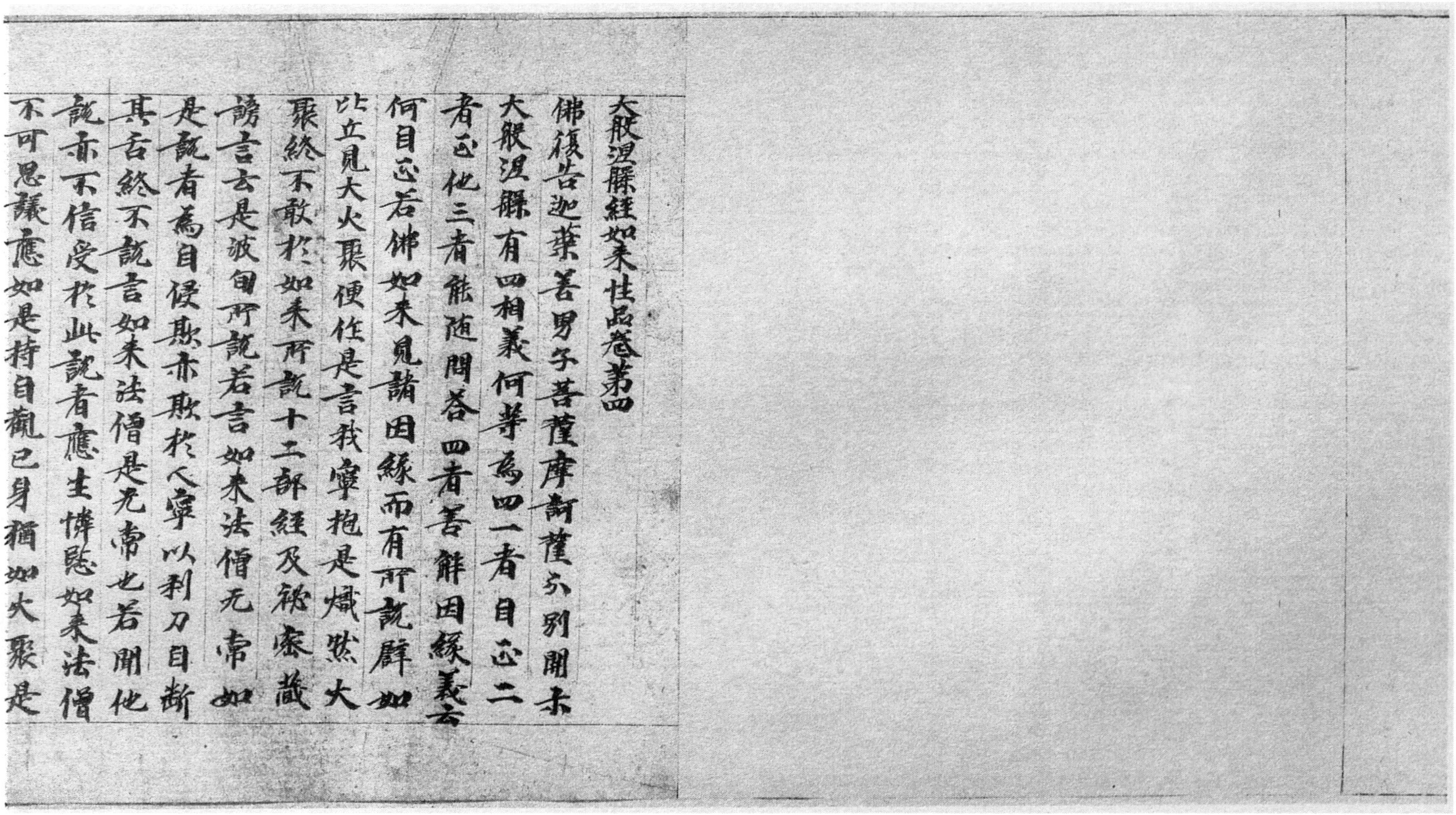

大般涅槃經如來性品卷第四
佛復告迦葉菩薩摩訶薩亦別開示
大般涅槃有四相義何等為四一者自正二
者正他三者能隨問荅四者善解因緣義云
何自正若佛如來見諸因緣而有所說譬如
比丘見大火聚便作是言我寧抱是熾然大
聚終不敢於如來所說十二部經及祕密藏
謗言云是波旬所說若言如來法僧无常如
是說者為自侵欺亦欺於人寧以利刀自斷
其舌終不說言如來法僧是无常也若聞他
說亦不信受於此說者應生憐愍如來法僧
不可思議應如是持自觀己身猶如大聚是

BD13843號　大般涅槃經（北本）卷四　（21–2）

誑言云是波旬所說若言如來法僧无常如
是說者爲自侵欺亦欺於人寧以利刀自斷
其舌終不說言如來法僧是无常也若聞他
說亦不信受於此說者應生憐愍如來法僧
不可思議應如是持自觀己身猶如火聚是
名自正云何正他佛說法時有一女人乳
養嬰兒來詣佛所稽首佛足有所顧念心自
思惟便坐一面尒時世尊知而故問汝以愛
念多含兒穌不知籌量消與不消尒時女人
即白佛言甚奇世尊善能知我心中所念
惟願如來教我多少世尊我於今朝多與兒
穌恐不能消將无夭壽唯願如來爲我解說佛
言汝兒所食尋即消化增益壽命女人聞已
心大踊躍復作是言如來實說故我歡喜世
尊如是爲欲調伏諸衆生故善能分別說消
不消亦說諸法无我无常若佛世尊先說常
者受化之徒當言此法與外道同即便捨去
復告女人若兒長大能自行來凡所食噉能
消難消本所與穌則不供足我之所有聲聞
弟子亦復如是如汝嬰兒不能消是常住之
法是故我先說苦无常若我聲聞諸弟子等
功德已備堪任脩習大乘經典我於是經爲
說六味云何六味說苦酢味无常醎味无我
苦味樂如甜味我如辛味常如淡味彼世間
中有三種味所謂无常无我无樂煩惱爲薪
智慧爲火以是因緣成涅槃飯謂常樂我淨
令諸弟子悉皆甘嗜復告女人汝若有緣欲

BD13843號　大般涅槃經（北本）卷四　（21-3）

說六味云何六味說苦酢味无常醎味无我
苦味樂如甜味我如辛味常如淡味彼世間
中有三種味所謂无常无我无樂煩惱爲薪
智慧爲火以是因緣成涅槃飯謂常樂我淨
令諸弟子悉皆甘嗜復告女人汝若有緣欲
至他處應驅惡子令出其舍悉以寶藏付示善
子女人白佛實如聖教珎寶之藏應示善子
不示惡子姊妹我亦如是般涅槃時如來微
密无上法藏不與聲聞諸弟子等如汝寶
藏不示惡子要當付囑諸菩薩等如汝寶藏
委付善子何以故聲聞弟子生變異想謂佛
如來真實滅度然我真實不滅度也如汝遠
行未還之頃汝之惡子便言汝死汝實不死
諸菩薩等說言如來常不變易如汝善子不
言汝死以是義故我以无上祕密之藏付諸
菩薩善男子若有衆生謂佛常住不變異者
當知是家則爲有佛是名正他能隨問荅者
若有人來問佛世尊我當云何不捨錢財而
得名爲大施檀越佛言若有沙門婆羅門等少
欲知足不受不畜不淨物者當施其人奴婢
僕使脩梵行者施與女人斷酒肉者施以酒
肉不過中食施過中食不著華香施以華香
如是施者施名流布遍至他方財寶之費不
失豪釐是則名爲能隨問荅尒時迦葉菩
薩白佛言世尊食肉之人不應施肉何以故我
見不食肉者有大功德佛讚迦葉善哉善哉
汝今乃能善知我意護法菩薩應當如是善

BD13843號　大般涅槃經（北本）卷四　（21-4）

如是施者施名流布遍至他方財寶之費不
失豪釐是則名為能隨問荅尒時迦葉菩
薩白佛言世尊食肉之人不應施肉何以故我
見不食肉者有大功德佛讚迦葉善哉善哉
汝今乃能善知我意護法菩薩應當如是善
男子從今日始不聽聲聞弟子食肉若受檀
越信施之時應觀是食如子肉想迦葉菩薩
復白佛言世尊云何如來不聽食肉善男子
夫食肉者斷大慈種迦葉又言如來何故先
聽比丘食三種淨肉迦葉是三種淨肉隨事
漸制迦葉菩薩復白佛言世尊何因緣故十
種不淨乃至九種清淨而復不聽佛告迦葉
亦是因事漸次而制當知即是現斷肉義迦
葉菩薩復白佛言云何如來稱讚魚肉為美
食耶善男子我亦不說魚肉之屬為美食也
我說甘蔗粳米石蜜一切穀麥及黑石蜜乳
酪蘇油以為美食雖說應畜種種衣服所應
畜者要是壞色何況貪著是魚肉味迦葉復
言如來若制不食肉者彼五種味乳酪酪漿
生蘇熟蘇胡麻油等及諸衣服憍奢耶衣珂
貝皮革金銀盂器如是等物亦不應受善男
子不應同彼尼乾所見如來所制一切禁戒
各有異意異意故聽食三種淨肉異想故斷
十種肉異想故一切悉斷及自死者迦葉我
從今日制諸弟子不得復食一切肉也迦葉
其食肉者若行若住若坐若卧一切衆生聞
其肉氣悉生恐怖譬如有人近師子已衆人

BD13843號　大般涅槃經（北本）卷四　（21-5）

十種肉異想故一切悉斷及自死者迦葉我
從今日制諸弟子不得復食一切肉也迦葉
其食肉者若行若住若坐若卧一切衆生聞
其肉氣悉生恐怖譬如有人近師子已衆人
見之聞師子臭亦生恐怖善男子如人噉蒜
臭穢可惡餘人見之聞臭捨去設遠見者猶
不欲視况當近之諸食肉者亦復如是一切
衆生聞其肉氣悉皆恐怖生畏死想水陸空
行有命之類悉捨之走咸言此人是我等怨
是故菩薩不習食肉為度衆生示現食肉雖
現食之其實不食善男子如是菩薩清淨之
食猶尚不食况當食肉善男子我涅槃後无
量百歲四道聖人悉復涅槃正法滅後於像
法中當有比丘似像持律少讀誦經貪嗜飲
食長養其身身所被服麁陋醜惡形容憔悴
无有威德放畜牛羊擔負薪草頭鬚髮爪悉
皆長利雖服袈裟猶如獵師細視徐行如猫
伺鼠常唱是言我得羅漢多諸病苦眠卧糞
穢外現賢善內懷貪嫉如受啞法婆羅門等
實非沙門現沙門像邪見熾盛誹謗正法如
是等人破壞如來所制戒律正行威儀說解
脫果離不淨法及壞甚深秘密之教各自隨
意反說經律而作是言如來皆聽我等食肉
自生此論言是佛說互共諍訟各自稱是沙
門釋子善男子尒時復有諸沙門等貯聚生
穀受取魚肉手自作食執持油瓶寶蓋革屣
親近国王大臣長者占相星宿勤修醫道畜

BD13843號　大般涅槃經（北本）卷四　（21-6）

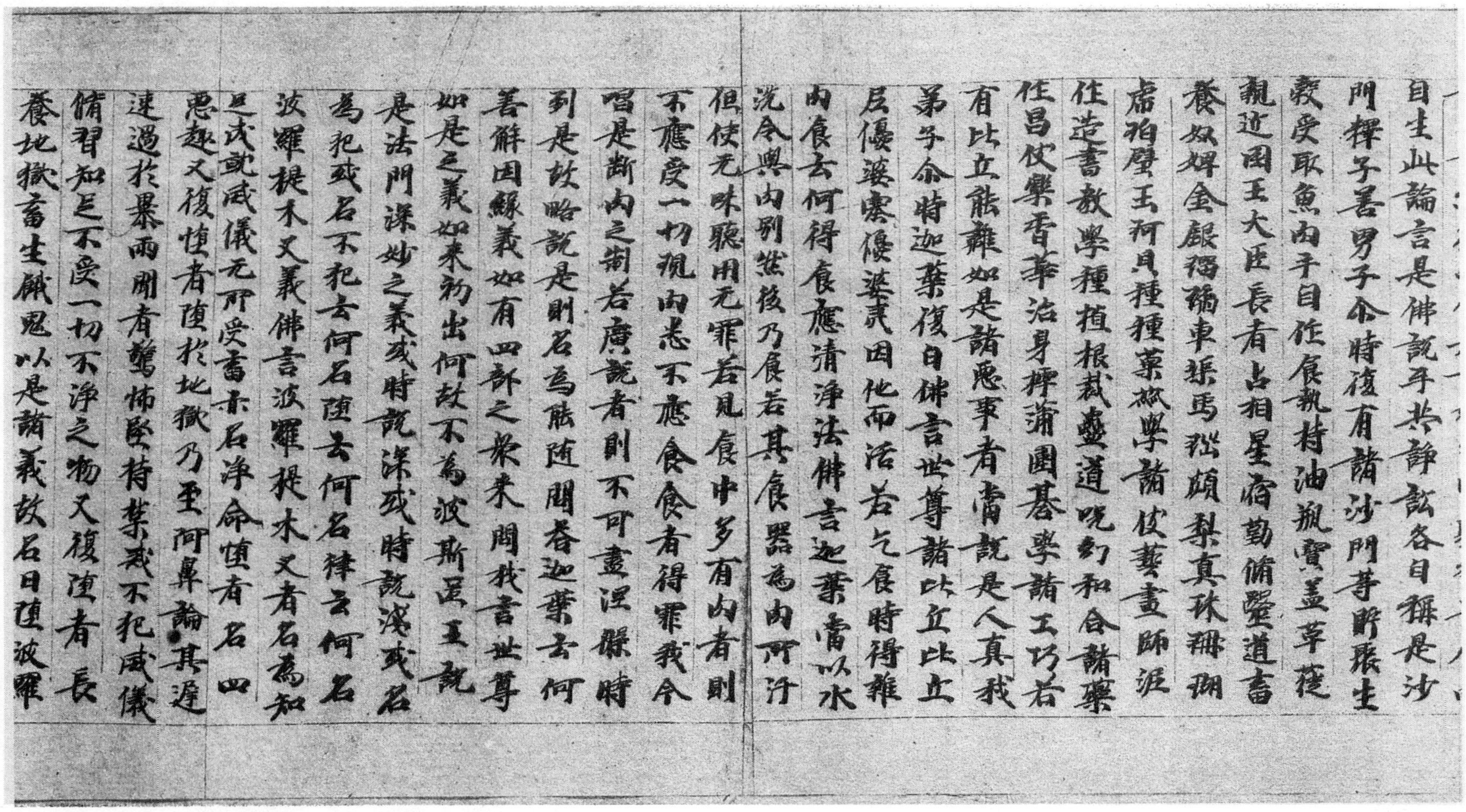
自生此論言是佛說乎共諍訟各自稱是沙
門釋子善男子尒時復有諸沙門等貯聚生
穀受取魚肉手自作食執持油瓶寶蓋革屣
親近國王大臣長者占相星宿勤脩醫道畜
養奴婢金銀琉璃車𤦲馬瑙頗梨真珠珊瑚
虎珀璧玉珂貝種種菓蓏學諸伎藝畫師泥
作造書教學種植根栽蠱道呪幻和合諸藥
作倡伎樂香華治身樗蒱圍碁學諸工巧若
有比丘能離如是諸惡事者當說是人真我
弟子尒時迦葉復白佛言世尊諸比丘比丘
尼優婆塞優婆夷因他而活若乞食時得雜
肉食云何得食應清淨法佛言迦葉當以水
洗令與肉別然後乃食若其食器為肉所汙
但使无味聽用无罪若見食中多有肉者則
不應受一切現肉悉不應食食者得罪我今
唱是斷肉之制若廣說者則不可盡涅槃時
到是故略說是則名為能隨問荅迦葉云何
善解因緣義如有四部之衆來問我言世尊
如是之義如來初出何故不為波斯匿王說
是法門深妙之義或時說深或時說淺或名
為犯或名不犯云何名墮云何名律云何名
波羅提木叉義佛言波羅提木叉者名為知
足成就威儀无所受畜亦名淨命墮者名四
惡趣又復墮者墮於地獄乃至阿鼻論其遲
速過於暴雨聞者驚怖堅持禁戒不犯威儀
脩習知足不受一切不淨之物又復墮者長
養地獄畜生餓鬼以是諸義故名曰墮波羅

BD13843號　大般涅槃經（北本）卷四

（21-7）

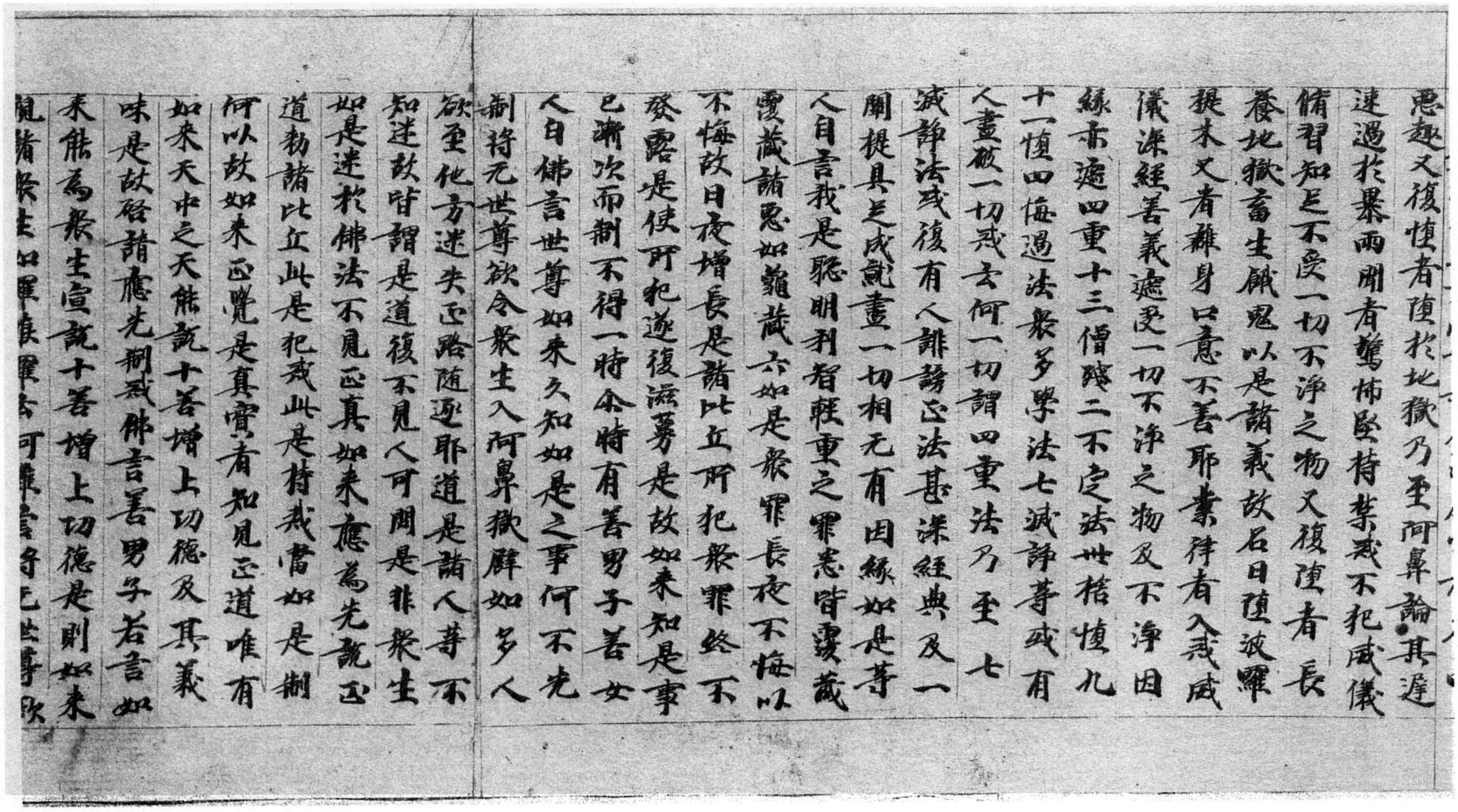
惡趣又復墮者墮於地獄乃至阿鼻論其遲
速過於暴雨聞者驚怖堅持禁戒不犯威儀
脩習知足不受一切不淨之物又復墮者長
養地獄畜生餓鬼以是諸義故名曰墮波羅
提木叉者離身口意不善邪業律者入戒威
儀深經善義遮受一切不淨之物及不淨因
緣亦遮四重十三僧殘二不定法卅捨墮九
十一墮四悔過法衆多學法七滅諍等或有
人盡破一切戒云何一切謂四重法乃至七
滅諍法或復有人誹謗正法甚深經典及一
闡提具足成就盡一切相无有因緣如是等
人自言我是聰明利智輕重之罪悉皆覆藏
覆藏諸惡如龜藏六如是衆罪長夜不悔以
不悔故日夜增長是諸比丘所犯衆罪終不
發露是使所犯遂復滋長是故如來知是事
已漸次而制不得一時尒時有善男子善女
人白佛言世尊如來久知如是之事何不先
制將无世尊欲令衆生入阿鼻獄譬如多人
欲至他方迷失正路隨逐邪道是諸人等不
知迷故皆謂是道復不見人可問是非衆生
如是迷於佛法不見正真如來應為先說正
道勑諸比丘此是犯戒此是持戒當如是制
何以故如來正覺是真實者知見正道唯有
如來天中之天能說十善增上功德及其義
味是故啓請應先制戒佛言善男子若言如
來能為衆生宣說十善增上功德是則如來
視諸衆生如羅睺羅云何難言將无世尊欲

BD13843號　大般涅槃經（北本）卷四

（21-8）

何以故如來正覺是真實者知見正道唯有
如來天中之天能說十善增上功德及其義
味是故啟請應先制戒佛言善男子若言如
來能為衆生宣說十善增上功德是則如來
視諸衆生如羅睺羅云何難言將无世尊欲
令衆生入於地獄我見一人有墮阿鼻地獄
因緣尚為是人住世一劫若減一劫我於衆
生有大慈悲何緣當誑如子想者令入地獄
善男子如王國內有納衣者見衣有孔然後
方補如來亦尒見諸衆生有入阿鼻地獄因
緣即以戒善而為補之善男子譬如轉輪聖
王先為衆生說十善法其後漸漸有行惡者
王即隨事漸漸而斷斷諸惡已然後自行聖
王之法善男子我亦如是雖有所說不得先
制要因比丘漸行非法然後方乃隨事制之
樂法衆生隨教脩行如是等衆乃能得見如
來法身如轉輪王所有輪寶不可思議如來
亦尒不可思議法僧二寶亦不可思議能說
法者及聞法者皆不可思議是名善解因緣
義也菩薩如是分別開示四種相義是名大
乘大涅槃中因緣義也復次自正者所謂得
是大般涅槃正他者我為比丘說言如來常
存不變隨問答者迦葉因汝所問故得廣為
菩薩摩訶薩比丘比丘尼優婆塞優婆夷說
是甚深微妙義理因緣義者聲聞緣覺不解
如是甚深之義不聞伊字三點而成解脫涅
槃摩訶般若成秘密藏我今於此闡揚分別

BD13843號　大般涅槃經（北本）卷四　（21–9）

存不變隨問答者迦葉因汝所問故得廣為
菩薩摩訶薩比丘比丘尼優婆塞優婆夷說
是甚深微妙義理因緣義者聲聞緣覺不解
如是甚深之義不聞伊字三點而成解脫涅
槃摩訶般若成秘密藏我今於此闡揚分別
為諸聲聞開發慧眼假使有人作如是言如
是四事云何為一非虛妄耶即應反質是虛
空无所有不動无閡如是四事有何等異是
豈得名為虛妄乎不也世尊如是諸句即是
一義所謂空義自正正他能隨問答解因緣
義亦復如是即大涅槃等无有異佛告迦葉
若有善男子善女人作如是言如來无常云
何當知是无常耶如佛所言滅諸煩惱名為
涅槃猶如大滅悉无所有滅諸煩惱亦復如是
故名涅槃云何如來為常住法不變易耶
如佛言曰離諸有者乃名涅槃是涅槃中无
有諸有云何如來為常住法不變易耶如衣
壞盡不名為物涅槃亦尒滅諸煩惱不名為
物云何如來為常住法不變易耶如佛言曰
離欲寂滅名曰涅槃如人斬首則无有首離
欲寂滅亦復如是空无所有故名涅槃云何
如來為常住法不變易耶如佛言曰
辟如熱鐵　搥打星流　散已尋滅　莫知所在
得正解脫　亦復如是　已度婬欲　諸有淤泥
得无動處　不知所至
云何如來為常住法不變易耶迦葉若有人
作如是難者名為邪難迦葉汝亦不應作是

BD13843號　大般涅槃經（北本）卷四　（21–10）

[illegible]
得正解脫　亦復如是　已度婬欲　諸有淤泥
得无動處　不知所至
云何如來爲常住法不變易耶迦葉若有人
作如是難者名爲邪難迦葉汝亦不應作是
憶想謂如來性是滅盡也迦葉滅煩惱者不
名爲物何以故永畢竟故是故名常是句寂
靜爲无有上滅盡諸相无有遺餘是句鮮白
常住无退是故涅槃名曰常住如來亦尒常
住无變言星流者謂煩惱也散已尋滅莫知
所在者謂諸如來煩惱滅已不在五趣是故
如來是常住法无有變易復次迦葉諸佛所
師所謂法也是故如來恭敬供養以法常故諸
佛亦常迦葉菩薩復白佛言若煩惱火滅
如來亦滅是則如來无常住處如彼迸鐵赤
色滅已莫知所至如來煩惱亦復如是滅无
所至又如彼鐵熱與赤色滅已无有如來亦
尒滅已无常滅煩惱火便入涅槃當知如來
即是无常善男子所言鐵者名諸凡夫凡夫
之人雖滅煩惱滅已復生故名无常如來不
尒滅已不生是故名常迦葉復言如鐵色滅
已還置火中亦色復生如來若尒應還生結
若結還生即是无常佛言迦葉汝今不應作
如是言如來无常何以故如來是常善男子
如彼然木滅已有灰煩惱滅已便有涅槃壞
衣斬首破瓶等喻亦復如是如是等物各有
名字名曰壞衣斬首破瓶迦葉如鐵冷已可

BD13843號　大般涅槃經（北本）卷四　（21–11）

如是言如來无常何以故如來是常善男子
如彼然木滅已有灰煩惱滅已便有涅槃壞
衣斬首破瓶等喻亦復如是如是等物各有
名字名曰壞衣斬首破瓶迦葉如鐵冷已可
使還熱如來不尒斷煩惱已畢竟清涼煩惱
熾火更不復生迦葉當知无量衆生猶如彼
鐵我以无漏智慧熾火燒彼衆生諸煩惱結
迦葉復言善哉善哉我今諦知如來所說諸
佛是常佛言迦葉譬如聖王素在後宮或時
遊觀在於後園王雖不在諸綵女中亦不得
言聖王命終善男子如來亦尒雖不現於閻
浮提界入涅槃中不名无常如來出於无量
煩惱入于涅槃安樂之處遊諸覺華歡娛受
樂迦葉復問如佛言曰我已久度煩惱大海
若佛已度煩惱海者何緣復共耶輸陀羅生
羅睺羅以是因緣當知如來未度煩惱諸結
大海唯願如來說其因緣佛告迦葉汝不應
言如來久度煩惱大海何緣復共耶輸陀羅
生羅睺羅以是因緣當知如來未度煩惱諸
結大海善男子是大涅槃能建大義汝等今
當至心諦聽廣爲人說莫生驚疑若有菩薩
摩訶薩住大涅槃須弥山王如是高廣悉能
令入亭歷子糩其諸衆生依須弥者亦不迫
迮无往來想如本不異唯應度者見是菩薩
以須弥山内亭歷糩復還安止本所住處善
男子復有菩薩摩訶薩住大涅槃能以三千
大千世界置亭歷糩其中衆生亦无迫迮及

BD13843號　大般涅槃經（北本）卷四　（21–12）

迮无往來想如本不異唯應度者見是菩薩
以須弥山内亭應稽復還安止本所住處善
男子復有菩薩摩訶薩住大涅槃能以三千
大千世界置亭歷稽其中衆生亦无迫迮及
往來想如本不異唯應度者見是菩薩以此
三千大千世界置亭應稽復還安止本所住
處善男子復有菩薩摩訶薩住大涅槃能以
三千大千世界内一毛孔乃至本處亦復如是
善男子復有菩薩摩訶薩住大涅槃斷取十
方三千大千諸佛世界置於鍼鋒如貫棗葉
擲著他方異佛世界其中所有一切衆生不
覺往反為在何處唯應度者乃能見之乃至
本處亦復如是善男子復有菩薩摩訶薩住
大涅槃斷取十方三千大千諸佛世界置於右
掌如陶家輪擲置他方微塵世界无一衆生
有往來想唯應度者乃見之耳乃至本處亦
復如是善男子復有菩薩摩訶薩住大涅槃
斷取一切十方无量諸佛世界悉内已身其
中衆生悉无迫迮亦无往反及住處想唯應
度者乃能見之乃至本處亦復如是善男子
復有菩薩摩訶薩住大涅槃以十方世界内
一塵中其中衆生亦无迫迮往反之想唯應
度者乃能見之乃至本處亦復如是善男子
是菩薩摩訶薩住大涅槃則能示現種種无
量神通變化是故名曰大般涅槃是菩薩摩
訶薩所可示現如是无量神通變化一切衆
生无能測量汝今云何能知如來習近婬欲

BD13843號　大般涅槃經（北本）卷四　（21–13）

度者乃能見之乃至本處亦復如是善男子
是菩薩摩訶薩住大涅槃則能示現種種无
量神通變化是故名曰大般涅槃是菩薩摩
訶薩所可示現如是无量神通變化一切衆
生无能測量汝今云何能知如來習近婬欲
生羅睺羅善男子我已久住是大涅槃種種
示現神通變化於此三千大千世界百億日
月百億閻浮提種種示現如首楞嚴經中廣
說我於三千大千世界或閻浮提示現涅槃
亦不畢竟取於涅槃或閻浮提示入母胎令
其父母生我子想而我此身畢竟不從婬欲
和合而得生也我已久從无量劫來離於愛
欲我今此身即是法身隨順世間示現入胎
善男子此閻浮提林微尼園示現從母摩耶
而生生已即能東行七步唱如是言我於人天
阿脩羅中最尊最上父母人天見已驚喜生
希有心而諸人等謂是嬰兒而我此身无
量劫來久離是法如來身者即是法身非是
肉血筋脉骨髓之所成立隨順世間衆生法
故示為嬰兒南行七步示現欲為无量衆生
作上福田西行七步示現生盡永斷老死是
最後身北行七步示現已度諸有生死東行
七步示為衆生而作導首四維七步示現斷
滅種種煩惱四魔種性成於如來應正遍知
上行七步示現不為不淨之物之所染汙猶
如虛空下行七步示現法雨滅地獄火令彼
衆生受安隱樂毀禁戒者示作霜雹於閻浮

BD13843號　大般涅槃經（北本）卷四　（21–14）

七步亦爲衆生而作導首四維七步示現滅
壞種種煩惱四魔種性成於如來應正遍知
上行七步示現不爲不淨之物之所染汙猶
如虛空下行七步示現法雨滅地獄火令彼
衆生受安隱樂毀禁戒者示作霜雹於閻浮
提生七日已又示剃髮諸人皆謂我是嬰兒
初始剃髮一切人天魔王波旬沙門婆羅門
无有能見我頂相者況有持刀臨之剃髮若
有持刀至我頂者无有是處我久已於无量
劫中剃除鬚髮爲欲隨順世間法故示現剃
髮我既生已父母將我入天祠中以我示於
摩醯首羅摩醯首羅即見我時合掌恭敬立
在一面我已久於无量劫中捨離如是入天
祠法爲欲隨順世間法故示現如是我於閻
浮提示現穿耳一切衆生實无有能穿我耳
者隨順世間衆生法故示現如是復以諸寶
作師子璫用莊嚴耳然我已於无量劫中離
莊嚴具爲欲隨順世間法故作是示現亦入
學堂修學書疏然我已於无量劫中具足成
就遍觀三界所有衆生无有堪任爲我師者
爲欲隨順世間法故示入學堂故名如來應
正遍知習學乘象盤馬角力種種伎藝亦復
如是於閻浮提而復示現爲王太子衆生皆
見我爲太子於五欲中歡娛受樂然我已於
无量劫中捨離如是五欲之樂爲欲隨順世
間法故示如是相相師占我若不出家當爲
轉輪聖王王閻浮提一切衆生皆信是言然

BD13843號　大般涅槃經（北本）卷四　（21–15）

如是於閻浮提而復示現爲王太子衆生皆
見我爲太子於五欲中歡娛受樂然我已於
无量劫中捨離如是五欲之樂爲欲隨順世
間法故示如是相相師占我若不出家當爲
轉輪聖王王閻浮提一切衆生皆信是言然
我已於无量劫中捨轉輪位爲法輪王於閻
浮提現離婇女五欲之樂見老病死及沙門
已出家修道衆生皆謂悉達太子初始出家
然我已於无量劫中出家修道隨順世法故
示如是我於閻浮提示現出家受具足戒精
勤修道得須陁洹果斯陁含果阿那含果阿
羅漢果衆人皆謂是阿羅漢果易得不難然
我已於无量劫中成阿羅漢果爲欲度脫諸
衆生故坐於道場菩提樹下以草爲座摧伏
衆魔衆皆謂我始於道場菩提樹下降伏魔
官然我已於无量劫中久降伏已爲欲降伏
剛强衆生故現是化我又示現大小便利出
息入息衆皆謂我有大小便利出息入息然
我是身所得果報悉无如是大小便利出入
息等隨順世間故示如是我又示現受人信
施然我是身都无飢渴隨順世法故示如是
我又示同諸衆生故現有睡眠然我已於无
量劫中具足无上深妙智慧遠離三有進止
威儀頭痛腹痛背痛木槍洗足洗手洗面漱
口嚼楊枝等衆皆謂我有如是事然我此身
都无此事我足清淨猶如蓮華口氣淨潔如
優鉢羅香一切衆生謂我是人我實非人我

BD13843號　大般涅槃經（北本）卷四　（21–16）

我又亦同諸衆生故現有睡眠然我已於无
量劫中具足无上深妙智慧遠離三有進止
威儀頭痛腹痛背痛木槍洗足洗手洗面漱
口嚼楊枝等衆皆謂我有如是事然我此身
都无此事我足清淨猶如蓮華口氣淨潔如
優鉢羅香一切衆生謂我是人我實非人我
又亦現受糞掃衣浣濯縫打然我久已不須
是衣衆人皆謂羅睺羅者是我之子輸頭檀
王是我之父摩耶夫人是我之母處在世間
受諸快樂離如是事出家學道衆人復言是
王太子瞿曇大姓遠離世樂求出世法然我
久離世間婬欲如是等事悉是示現一切衆
生咸謂是人然我實非善男子我雖在此閻
浮提中數數示現入於涅槃然我實不畢竟
涅槃而諸衆生皆謂如來真實滅盡而如來
性實不永滅是故當知是常住法不變易法
善男子大涅槃者即是諸佛如來法界我又
示現閻浮提中出於世間衆生皆謂我始成
佛然我已於无量劫中所作已辦隨順世法
故復示現於閻浮提初出成佛我又示現於
閻浮提不持禁戒犯四重罪衆人皆見謂我
實犯然我已於无量劫中堅持禁戒无有漏
缺我又示現於閻浮提為一闡提衆人皆見
是一闡提然我實非一闡提也一闡提者云
何能成阿耨多羅三藐三菩提我又示現於
閻浮提破和合僧衆生皆謂我是破僧我觀
人天无有能破和合僧者我又示現於閻浮

BD13843號　大般涅槃經（北本）卷四　（21–17）

實犯然我已於无量劫中堅持禁戒无有漏
缺我又示現於閻浮提為一闡提衆人皆見
是一闡提然我實非一闡提也一闡提者云
何能成阿耨多羅三藐三菩提我又示現於
閻浮提破和合僧衆生皆謂我是破僧我觀
人天无有能破和合僧者我又示現於閻浮
提護持正法衆人皆謂我是護法悉生驚怪
諸佛法尒不應驚怪我又示現於閻浮提為
魔波旬衆人皆謂我是波旬然我久於无量
劫中離於魔事清淨无染猶如蓮華我又示
現於閻浮提女身成佛衆人皆言甚奇女人
能成阿耨多羅三藐三菩提如來畢竟不受
女身為欲調伏无量衆生故現女像憐愍一
切諸衆生故而復示現種種色像我又示現
閻浮提中生於四趣然我久已斷諸趣因以
業因故墮於四趣為度衆生故生是中我又
示現閻浮提中作梵天王令事梵者安住正
法然我實非而諸衆生咸皆謂我為真梵天
示現天像遍諸天廟亦復如是我又示現於
閻浮提入婬女舍然我實无貪欲之想清淨
不汙猶如蓮華為諸貪婬嗜色衆生於四衢
道宣說妙法然我實无欲穢之心衆人謂我
守護女人我又示現於閻浮提入青衣舍為
教諸婢令住正法然我實无如是惡業墮在
青衣我又示現閻浮提中而作博士為教童
蒙令住正法我又示現於閻浮提入諸酒會
博弈之處示受種種勝負鬬諍為欲拔濟彼

BD13843號　大般涅槃經（北本）卷四　（21–18）

教諸婬令住正法然我實无如是惡業墮在
青衣我又亦現閻浮提中而作博士爲教童
蒙令住正法我又亦現於閻浮提入諸酒會
博弈之處亦受種種勝負鬪諍爲欲拔濟彼
諸衆生而我實无如是惡業而諸衆生皆謂
我作如是之業我又亦現久住冢間作大鷲鳥
身度諸飛鳥而諸衆生皆謂我是真實鷲身
然我久已離於是業爲欲度彼諸鳥鷲故亦
如是耳我又亦現閻浮提中作大長者爲欲
安立无量衆生住於正法又復亦作諸王大
臣王子輔相於是衆中各爲第一爲脩正法
故住王位我又亦現閻浮提中疫病劫起多
有衆生爲病所惱先施醫藥然後爲說微妙
正法令其安住无上菩提衆人皆謂是病劫
起又復亦現閻浮提中飢饉劫起隨其所須
供給飲食然後爲說微妙正法令其安住无
上菩提又復亦現閻浮提中刀兵劫起即爲
說法令離怨害使得安住无上菩提又復亦
現爲計常者說无常想計樂想者爲說苦想
計我想者說无我想計淨想者說不淨想若
有衆生貪著三界即爲說法令離是處度衆
生故爲說无上微妙法藥爲斷一切煩惱樹
故種殖无上法藥之樹爲欲拔濟諸外道故
說於正法雖復亦現爲衆生師而心初无衆
生師想爲欲拔濟諸下賤故現入其中而爲
說法非是惡業受是身也如來正覺如是安
住於大涅槃是故名爲常住无變如閻浮提

BD13843號　大般涅槃經（北本）卷四　（21–19）

故種殖无上法藥之樹爲欲拔濟諸外道故
說於正法雖復亦現爲衆生師而心初无衆
生師想爲欲拔濟諸下賤故現入其中而爲
說法非是惡業受是身也如來正覺如是安
住於大涅槃是故名爲常住无變如閻浮提
東弗于逮西瞿耶尼北欝單越亦復如是如
四天下三千大千世界亦尒二十五有如首
楞嚴經中廣說以是故名大般涅槃若有菩
薩摩訶薩安住如是大般涅槃能示如是神
通變化而无所畏迦葉以是緣故汝不應言
羅睺羅者是佛之子何以故我於往昔无量
劫中已離欲有是故如來名曰常住无有變
易迦葉復言如來云何名曰常住如佛言曰
如燈滅已无有方所如來亦尒既滅度已亦
无方所佛言迦葉善男子汝今不應作如是
言燈滅盡已无有方所如來亦尒既滅度已
无有方所善男子譬如男女然燈之時燈爐
大小悉滿中油隨有油在其明猶存若油盡
已明亦俱盡其明滅者喻煩惱滅明雖滅盡
燈爐猶存如來亦尒煩惱雖滅法身常存善
男子於意云何明與燈爐爲俱滅不迦葉答
言不也世尊雖不俱滅然是无常若以法身
喻燈爐者燈爐无常法身亦尒應是无常善
男子汝今不應作如是難如世間言器如來
世尊无上法器而器无常非如來也一切法
中涅槃爲常如來體之故名爲常復次善男
子言燈滅者即是羅漢所證涅槃以滅貪愛

BD13843號　大般涅槃經（北本）卷四　（21–20）

男子於意云何明與燈爐為俱滅不迦葉荅
言不也世尊雖不俱滅然是无常若以法身
喻燈爐者燈爐无常法身亦尒應是无常善
男子汝今不應作如是難如世間言器如來
世尊无上法器而器无常非如來也一切法
中涅槃為常如來體之故名為常復次善男
子言燈滅者即是羅漢所證涅槃以滅貪愛
諸煩惱故喻之燈滅阿那含者名曰有貪以
有貪故不得說言同於燈滅是故我昔覆相
說言喻如燈滅非大涅槃同於燈滅阿那含
者非數數來又不還來二十五有更不受於臭
身虫身食身毒身是則名為阿那含也若
更受身名為那含不受身者名阿那含有去
來者名曰那含无去來者名阿那含

大般涅槃經卷第四

BD13843 號　大般涅槃經（北本）卷四　　（21–21）

BD13844 號背　現代護首　　（1–1）

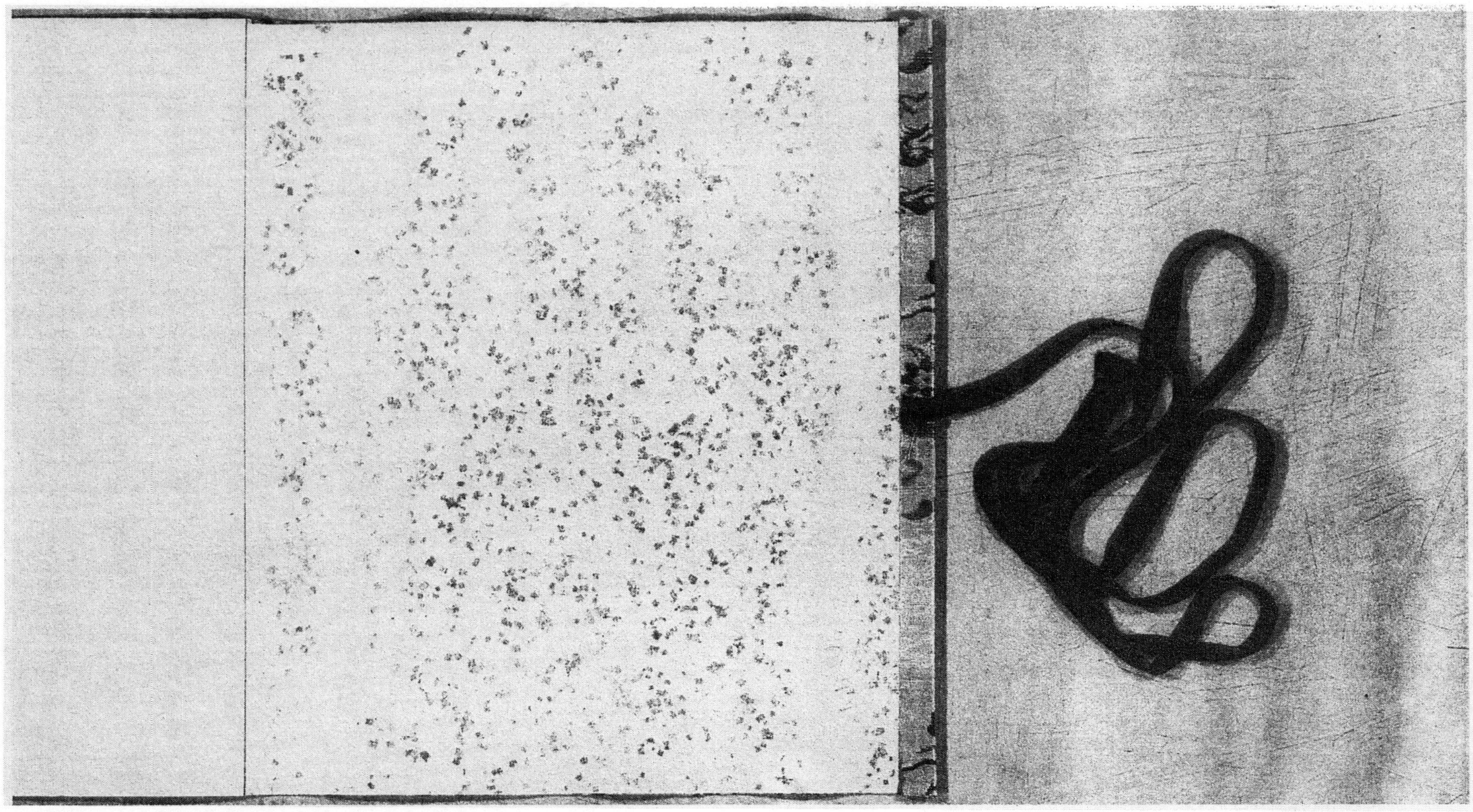

BD13844號　大般涅槃經（北本）卷六　（25－1）

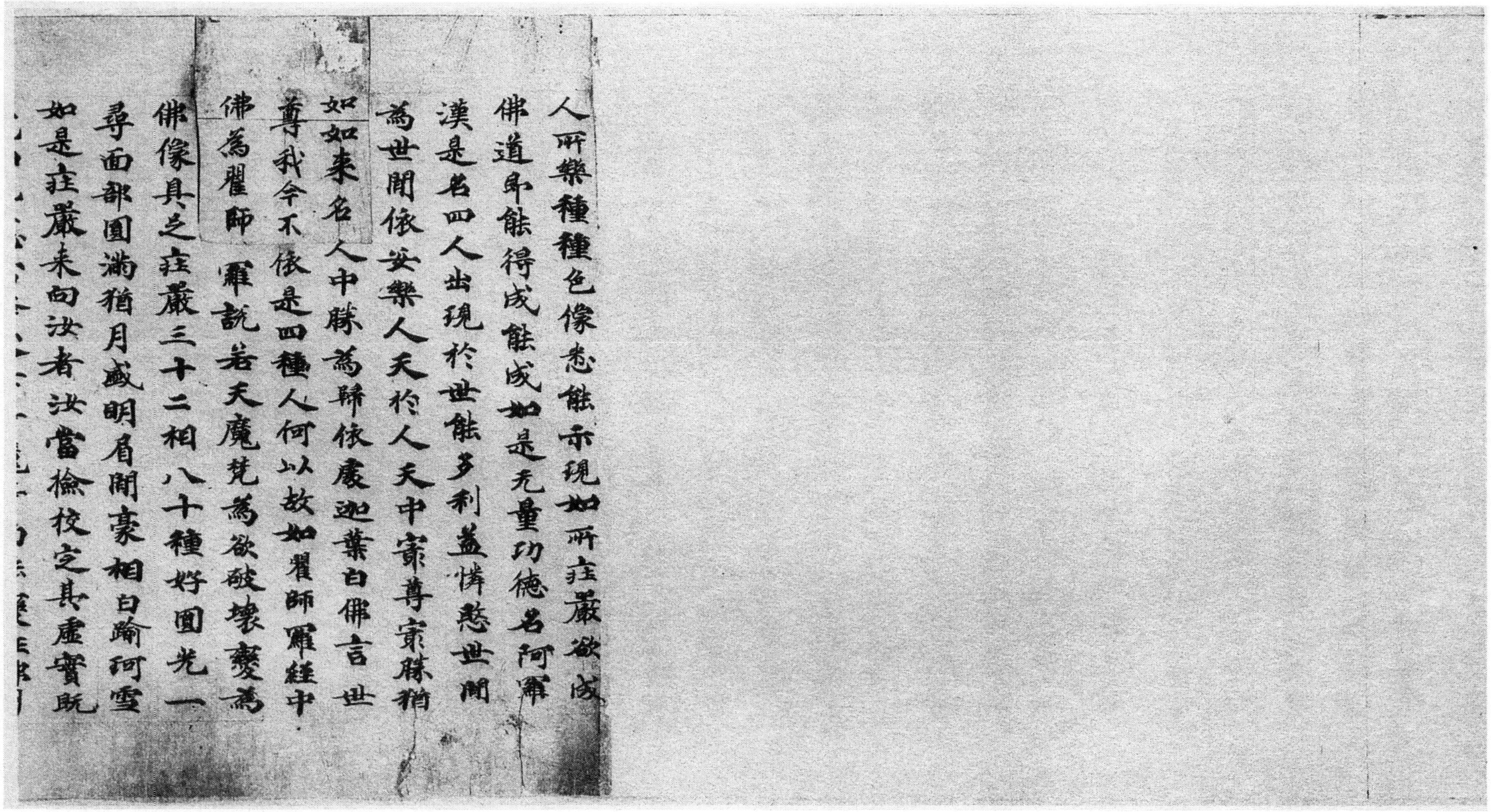

人所樂種種色像悉能示現如所莊嚴欲成
佛道即能得成能成如是无量功德名阿羅
漢是名四人出現於世能多利益憐愍世間
為世間依安樂人天於人天中最尊最勝猶
如如來名人中勝為歸依處迦葉白佛言世
尊我今不依是四種人何以故如瞿師羅經中
佛為瞿師羅說若天魔梵為欲破壞變為
佛像具足莊嚴三十二相八十種好圓光一
尋面部圓滿猶月盛明眉間豪相白踰珂雪
如是莊嚴來向汝者汝當檢校定其虛實既

BD13844號　大般涅槃經（北本）卷六　（25－2）

佛像具足莊嚴三十二相八十種好圓光一
尋面部圓滿猶月盛明眉間豪相白踰珂雪
如是莊嚴来向汝者汝當撿挍定其虛實既
覺知已應當降伏世尊魔等尚能變作佛身
況當不能作羅漢等四種之身坐卧空中左脅
出水右脅出火身出烟焰猶如火聚以是因
緣我於是中心不生信或有所說不能稟
受亦无敬念而作依止佛言善男子於我所
說若生疑者尚不應受況如是等是故應當
善分別善不善可作不可作如是作已
長夜受樂善男子譬如偷狗夜入人舍其家
婢使若覺知者即應驅罵汝疾出去若不出
者當奪汝命時狗聞之即去不還汝等從
今亦應如是降伏波旬應作是言波旬汝今
不應作如是像若故作者當以五繫繫縛於汝
魔聞是已便當還去如彼偷狗更不復還迦
葉白佛言世尊如佛為瞿師羅長者說若能
如是降伏魔者亦可得近大般涅槃如來何
必說是四人為依止處如是四人所可言說未
必可信佛言迦葉善男子如我所說亦復
如是非為不尒善男子我為聲聞有肉眼者
說言降魔不為脩學大乘人說聲聞之人雖
有天眼故名肉眼學大乘者雖有肉眼乃名
佛眼何以故是大乘經名為佛乘而此佛乘
最上最勝善男子譬如有人勇健威猛有怯

BD13844 號　大般涅槃經（北本）卷六　（25–3）

如是非為不尒善男子我為聲聞有肉眼者
說言降魔不為脩學大乘人說聲聞之人雖
有天眼故名肉眼學大乘者雖有肉眼乃名
佛眼何以故是大乘經名為佛乘而此佛乘
最上最勝善男子譬如有人勇健威猛有怯
弱者常来依附其勇健人常教怯者汝當如
是持弓執箭脩學矟道長鉤羂索又復告言
夫鬪戰者雖如履刃不應生於怖畏之想當
視人天生輕弱想應自生心作勇健想或時
有人素无膽勇詐作健相執持弓刀種種器
仗以自莊嚴来至陣中唱呼大喚汝於是人
亦復不應生於憂怖如是輩人若見汝時不
怖畏者當知是人不久散壞如彼偷狗善男
子如來亦尒告諸聲聞汝等不應畏魔波
旬若魔波旬化作佛身至汝所者汝當精勤堅
固其心降伏於魔時魔即當愁憂不樂復道
而去善男子如彼健人不從他習學大乘者
亦復如是得聞種種深密經典其心欣樂不
生驚怖何以故如是脩學大乘之人已曾供
養恭敬礼拜過去无量万億佛故雖有无量
億千魔衆欲来侵嬈於是事中終不驚畏善
男子譬如有人得阿竭陁藥不畏一切毒虵
等畏是藥力故亦能消除一切毒等是大乘
經亦復如是如彼藥力不畏一切諸魔毒等
亦能降伏令更不起復次善男子譬如有龍
性甚尪憋欲害人時或以眼視或以氣噓是

BD13844 號　大般涅槃經（北本）卷六　（25–4）

男子譬如有人得阿竭陀藥不畏一切毒虵
等畏是藥力故亦能消除一切毒等是大乘
經亦復如是如彼藥力不畏一切諸魔毒等
亦能降伏令更不起復次善男子譬如有龍
性甚妬慭欲害人時或以眼視或以氣噓是
故一切師子虎豹豺狼猶犬皆生怖畏是等
惡獸或聞聲見形或觸其身无不喪命有善
呪者以呪力故能令如是諸惡毒龍金翅鳥
等惡鳥師子虎豹豺狼皆悉調善任為御乘
如是等獸見彼善呪即便調伏聲聞緣覺亦
復如是見魔波旬皆生恐怖而魔波旬亦復
不生畏懼之心猶行魔業學大乘者亦復如
是見諸聲聞怖畏魔事於此大乘不生信樂
先以方便降伏諸魔悉令調善堪任為乘因
為廣說種種妙法聲聞緣覺見調魔已乃生
怖畏於此大乘无上正法方生信樂作如是言
我從等今不應於此正法之中而作鄣閡
復次善男子聲聞緣覺於諸煩惱而生怖畏
學大乘者都无恐懼修學大乘有如是力以
是因緣先所說者為欲令彼聲聞緣覺調伏
諸魔非為大乘是大涅槃微妙經典不可消
伏甚奇甚特若有聞者聞已信受能信如來
是常住法如是之人甚為希有如優曇華我
涅槃後若有得聞如是大乘微妙經典生信
敬心當知是等於未來世百千億劫不墮惡
道尒時佛告迦葉菩薩善男子我涅槃後當

BD13844 號　大般涅槃經（北本）卷六　　（25–5）

伏甚奇甚特若有聞者聞已信受能信如来
是常住法如是之人甚為希有如優曇華我
涅槃後若有得聞如是大乘微妙經典生信
敬心當知是等於未来世百千億劫不墮惡
道尒時佛告迦葉菩薩善男子我涅槃後當
有百千无量衆生誹謗不信是大涅槃微妙
經典迦葉菩薩復白佛言世尊是諸衆生於
佛滅後久近便當誹謗是經世尊復有何等
純善衆生當能扶濟是謗法者佛告迦葉善
男子我般涅槃後卌年中於閻浮提廣行流
布然後乃當隱沒於地善男子譬如甘蔗稻
米石蜜乳酥醍醐隨有之處其土人民皆言
是味味中第一或復有人純食粟米及以稗
子是人亦言我所食者最為第一是薄福人
受業報故若是福人耳初不聞粟稗之名所
食唯是粳粮甘蔗石蜜醍醐是大涅槃微妙
經典亦復如是鈍根薄福不樂聽聞如彼薄
福憎惡粳粮及石蜜等二乘之人亦復如是
憎惡无上大涅槃經或有衆生其心甘樂聽
受是經聞已歡喜不生誹謗如彼福人食於
稻粮善男子譬如有王居在山中嶮難惡處
雖有甘蔗稻粮石蜜以其難得貪惜積聚不
敢噉食懼其有盡唯食粟稗有異國王聞之
憐愍即以車載稻粮甘蔗而送與之其王得
已即便分張舉國共食民既食已皆生歡喜
咸作是言因彼王故令我得是希有之食善

BD13844 號　大般涅槃經（北本）卷六　　（25–6）

雖有甘蔗稻粱石蜜以其難得貪惜積聚不
敢噉食懼其有盡唯食粟稗有異國王聞之
憐愍即以車載稻粮甘蔗而送與之其王得
已即便分張舉國共食民既食已皆生歡喜
咸作是言因彼王故令我得是希有之食善
男子是四種人亦復如是為此无上大法之將
是四種中或有一人見於他方无量菩薩雖
學如是大乘經典若自書寫若令他書為
利養故為稱譽故為了法故為依止故為用
博易其餘經故不能廣為他人宣說是故持
是微妙經典送至彼方與彼菩薩令發无上
菩提之心安住菩提是菩薩得是經已即便
廣為他人演說令无量眾生得受如是大乘
法味皆悉是此一菩薩力所未聞經悉令得
聞如彼人民因王力故得希有食又善男子
是大涅槃微妙經典所流布處當知其地即
是金剛是中諸人亦如金剛若有能聽如是
經者即不退轉於阿耨多羅三藐三菩提隨
其所願悉得成就如我今日所可宣說汝等
比丘當善受持若有眾生不能聽聞如是經
典當知是人甚可憐愍何以故是人不能受
持如是大乘經典甚深義故迦葉菩薩白佛
言世尊如來滅後卌年中是大乘典大涅槃
經於閻浮提廣行流布過是已後沒於地者
當後久近復當還出佛言善男子若我正法
餘八十年前卌年是經復當於閻浮提雨大

BD13844號　大般涅槃經（北本）卷六　（25-7）

持如是大乘經典甚深義故迦葉菩薩白佛
言世尊如來滅後卌年中是大乘典大涅槃
經於閻浮提廣行流布過是已後沒於地者
當後久近復當還出佛言善男子若我正法
餘八十年前卌年是經復當於閻浮提雨大
法雨迦葉菩薩復白佛言世尊如是經典正
法滅時正戒毀時非法增長時无如法眾生
時誰能聽受奉持讀誦令其通利供養恭
敬書寫解說唯願如來憐愍眾生分別廣說
令諸菩薩聞已受持持已即得不退阿耨多
羅三藐三菩提心
尒時佛讚迦葉菩薩善哉善哉善男子汝今善能
問如是義善男子若有眾生於熈連河沙等
諸佛所發菩提心乃能於是惡世受持如是
經典不生誹謗善男子若有能於一恒河沙
等諸佛世尊發菩提心然後乃能於惡世中
不謗是法愛樂是典不能為人分別廣說善
男子若有眾生於二恒河沙等佛所發菩提
心然後乃能於惡世中不謗是法正解信樂受
持讀誦亦不能為他人廣說若有眾生於三
恒河沙等佛所發菩提心然後乃能於惡世
世中不謗是法受持讀誦書寫經卷雖為他說
未解深義若有眾生於四恒河沙等佛所發
菩提心然後乃能於惡世中不謗是法受持
讀誦書寫經卷為他廣說十六分中一分之
義雖復演說亦不具之若有眾生於五恒河

BD13844號　大般涅槃經（北本）卷六　（25-8）

世中不謗是法受持讀誦書寫經卷雖為他說
未解深義若有衆生於四恒河沙等佛所發
菩提心然後乃能於惡世中不謗是法受持
讀誦書寫經卷為他廣說十六分中一分之
義雖復演說亦不具足若有衆生於五恒河
沙等佛所發菩提心然後乃能於惡世中不
謗是法受持讀誦書寫經卷廣為人說十六
分中八分之義若有於六恒河沙等佛所發
菩提心然後乃能於惡世中不謗是法受持
讀誦書寫經卷為他廣說十六分中十二分
義若有於七恒河沙等佛所發菩提心然後
乃能於惡世中不謗是法受持讀誦書寫經
卷為他廣說十六分中十四分義若有於八
恒河沙等佛所發菩提心然後乃能於惡世
中不謗是法受持讀誦書寫經卷亦勸他人
令得書寫自能聽受復勸他人令得聽受讀
誦通利擁護堅持憐愍世間諸衆生故供養
是經亦勸他人令其供養恭敬尊重讀誦礼
拜亦復如是具足能解盡其義味所謂如來
常住不變畢竟安樂廣說衆生悉有佛性善
知如來所有法藏供養如是諸佛等已建立
如是无上正法受持擁護若有始發阿耨多
羅三藐三菩提心當知是人未來之世必能
建立如是正法受持擁護是故汝今不應不知
未來世中護法之人何以故是發心者於未
來世必能護持无上正法善男子有惡比

BD13844號　大般涅槃經（北本）卷六　（25–9）

如是无上正法受持擁護若有始發阿耨多
羅三藐三菩提心當知是人未來之世必能
建立如是正法受持擁護是故汝今不應不知
未來世中護法之人何以故是發心者於未
來世必能護持无上正法善男子有惡比
丘聞我涅槃不生憂愁今日如來入般涅槃
何其快哉如來在世遮我等利今入涅槃誰
復當有遮奪我者若无遮奪我則還得如本
利養如來在世禁戒嚴峻今入涅槃悉當放
捨所受袈裟本為法式今當廢壞如木頭幡
如是等人誹謗拒逆是大乘經善男子汝今
應當如是憶持若有衆生成就具足无量功
德乃能信是大乘經典信已受持其餘衆生
有樂法者若能廣為解說此經其人聞已過
去无量阿僧祇劫所作惡業皆悉除滅若有
不信是經典者現身當為无量病苦之所惱
害多為衆人所見罵辱命終之後人所輕賤
顏貌醜陋資生艱難常不供足雖復少得麁
澁弊惡生生常處貧窮下賤誹謗正法邪見
之家若臨終時或值荒亂刀兵競起帝王暴
虐怨家讎隟之所侵逼雖有善友而不遭遇
資生所須求不能得雖少得利常患飢渴唯
為凡下之所顧識國王大臣悉不齒錄設復聞
其有所宣說正使是理終不信受如是之
人不至善處如折翼鳥不能飛行是人亦尒

BD13844號　大般涅槃經（北本）卷六　（25–10）

[illegible]
資生所須求不能得雖少得利常患飢渴唯
為凡下之所顧識國王大臣悉不齒錄設復聞
其有所宣說正使是理終不信受如是之
人不至善處如折翼鳥不能飛行是人亦尒
於未來世不能得至人天善處若復有人能
信如是大乘經典本所受形雖復麤陋以經
功德即便端正威顏色力日更增多常為人
天之所樂見恭敬愛戀情无捨離國王大臣
及家親屬聞其所說悉皆敬信若我聲聞弟
子之中欲行第一希有事者當為世間廣宣
如是大乘經典善男子譬如霧露勢雖欲住
不過日出日既出已消滅无餘善男子是諸
衆生所有惡業亦復如是住世勢力不過得
見大涅槃日是日既出悉能除滅一切惡業
復次善男子譬如有人出家剃髮雖服袈裟
故未得受沙彌十戒或有長者來請衆僧未
受戒者即與大衆俱共受請雖未受戒已墮
僧數善男子若有衆生發心始學是大乘典
大涅槃經書持讀誦亦復如是雖未具足位
階十住則已墮於十住數中或有衆生是佛
弟子或非弟子若因貪怖或因利養聽受
是經乃至一偈聞已不謗當知是人則為已近
阿耨多羅三藐三菩提善男子以是因緣我
說四人為世間依善男子如是四人若以佛說
言非佛說无有是處是故我說如是四人

BD13844號　大般涅槃經（北本）卷六　（25-11）

是經乃至一偈聞已不謗當知是人則為已近
阿耨多羅三藐三菩提善男子以是因緣我
說四人為世間依善男子如是四人若以佛說
言非佛說无有是處是故我說如是四人
為世間依善男子汝應供養如是四人世尊
我當云何識知是人而為供養佛告迦葉若
有建立護持正法如是之人應從啓請當捨
身命而供養之如我於是大乘經說
有知法者　若老若少　故應供養　恭敬礼拜
猶如事火　婆羅門等
有知法者　若老若少　故應供養　恭敬礼拜
亦如諸天　奉事帝釋
迦葉菩薩白佛言世尊如佛所說供養師長
正應如是今有所疑唯願廣說若有長宿護
持禁戒從年少邊諮受未聞云何是人當礼
敬不若當礼敬是則不名為持戒也若是年
少護持禁戒從諸宿舊破戒人邊諮受未聞
復應礼不若出家人從在家人諮受未聞復
當礼不然出家人不應礼敬在家人也然佛法
中年少幼小應當恭敬耆舊長宿以是長
宿先受具戒成就威儀是故應當供養恭敬
如佛言曰其破戒者是佛法中所不容受　猶
如良田多有稊稗又如佛說有知法者若老
若少故應供養如事帝釋如是二句其義云
何將非如來虛妄說耶如佛言曰持戒比丘
[illegible]

BD13844號　大般涅槃經（北本）卷六　（25-12）

如佛言曰其破戒者是佛法中所不容受猶
如良田多有稊稗又如佛說有知法者若老
若少故應供養如事帝釋如是二句其義云
何將非如來虛妄說耶如佛言曰持戒比丘
亦有所犯何故如來而作是說世尊亦於餘
經中說聽治破戒如是所說其義未了佛告
迦葉善男子我為未來諸菩薩等學大乘者
說如是偈不為聲聞弟子說也善男子如我
先說正法滅已毀正戒時增長破戒非法盛
時一切聖人隱不現時受畜奴婢不淨物時
是四人中當有一人出現於世剃除鬚髮出
家脩道見諸比丘各各受畜奴婢僕使不淨
之物淨與不淨一切不知是律非律亦復不
識是人為欲調伏如是諸比丘故與共和光
不同其塵自所行處及佛行處善能別知雖
見諸人犯波羅夷默然不舉何以故我出於
世為欲建立護持正法是故默然而不舉處
善男子如是之人為護法故雖有所犯不名
破戒善男子如有國王遇病崩亡儲君稚小
未任紹繼有旃陁羅豐饒財寶巨富无量多
有眷屬自以強力伺國虛弱篡居王位治化
未久國人居士婆羅門等亡叛逃走遠投他
國雖有在者乃至不欲眼見是王或有長者
婆羅門等不離本土譬如諸樹隨其生處即
是中死旃陁羅王知其國人逃叛者眾尋即
還遣諸旃陁羅守邏諸道復於七日擊鼓唱

BD13844號　大般涅槃經（北本）卷六　（25–13）

未久國人居士婆羅門等亡叛逃走遠投他
國雖有在者乃至不欲眼見是王或有長者
婆羅門等不離本土譬如諸樹隨其生處即
是中死旃陁羅王知其國人逃叛者眾尋即
還遣諸旃陁羅守邏諸道復於七日擊鼓唱
令諸婆羅門有能為我作灌頂師者當以半
國而為爵賞諸婆羅門聞是語已悉无來者
各作是言何處當有婆羅門種作如是事
旃陁羅王復作是言婆羅門中若无一人為
我師者我要當令諸婆羅門與旃陁羅共住
食宿同其事業若有能來灌我頂者半國之
封此言不虛呪術所致三十三天上妙甘露不死
之藥亦當共分而服食之尒時有一婆羅門
子年在弱冠脩治淨行長髮為相善知呪術
往至王所白言大王王所勑使我悉能為尒
時大王心生歡喜受此童子作灌頂師諸婆
羅門聞是事已皆生瞋恚責此童子汝婆
羅門云何乃作旃陁羅師尒時其王即分半國
與是童子因共治國逕歷多時尒時童子語
其王言我捨家法來作王師然教大王微密
呪術而今大王猶不見親時王答言我今云
何不親汝耶童子答言先王所有不死之藥
猶未共食王言善哉善哉大師我實不知師
若須者唯願持去是時童子聞王語已即取
歸家請諸大臣而共食之諸臣食已即共白

BD13844號　大般涅槃經（北本）卷六　（25–14）

何不親汝那童子荅言先王所有不死之藥
猶未共食王言善哉善哉大師我實不知師
若須者唯願持去是時童子聞王語已即取
歸家請諸大臣而共食之諸臣食已即共白
王快哉大師有是甘露不死之藥王既知已
語其師言去何大師獨與諸臣服食甘露而
不見分尒時童子更以其餘雜毒之藥與王
令服王既服已須臾藥發悶亂躃地无所覺
知猶如死人尒時童子立本儲君還以為王作
如是言師子御座法不應令旃陁羅昇我
從昔來未曾聞見旃陁羅種而為王也若旃
陁羅治國理民无有是處汝今應還紹繼先
王正法治國尒時童子經理是已復以解藥
與旃陁羅令其醒寤既醒寤已驅令出國是
時童子雖為是事猶故不失婆羅門法其餘
居士婆羅門等聞其所作歎未曾有讚言善
哉善哉仁者善能驅遣旃陁羅王善男子我
涅槃後護持正法諸菩薩等亦復如是以方
便力與彼破戒假名受畜一切不淨物僧同
其事業尒時菩薩若見有人雖多犯戒能治
毀禁諸惡比丘即往其所恭敬礼拜四事供
養經書什物悉以奉上如其自无要當方便
從諸檀越求覓而與為是事故應畜八種不
淨之物何以故是人為治諸惡比丘如彼童子
駈旃陁羅尒時菩薩雖復恭敬礼拜是人受

BD13844號　大般涅槃經（北本）卷六　（25–15）

毀禁諸惡比丘即往其所恭敬礼拜四事供
養經書什物悉以奉上如其自无要當方便
從諸檀越求覓而與為是事故應畜八種不
淨之物何以故是人為治諸惡比丘如彼童子
駈旃陁羅尒時菩薩雖復恭敬礼拜是人受
畜八種不淨之物悉无有罪何以故以是
菩薩為欲儐治諸惡比丘令清淨僧得安隱
住流布方等大乘經典利益一切諸天人故
善男子以是因緣我於經中說是二偈令諸
菩薩皆共讚歎護法之人如彼居士婆羅門
等稱讚童子善哉善哉護法菩薩正應如
是若有人見護法之人與破戒者同其事業說
有罪者當知是人自受其殃是護法者實无
有罪善男子若有比丘犯禁戒已憍慢心故
覆藏不悔當知是人名真破戒菩薩摩訶薩
為護法故雖有所犯不名破戒何以故以无
憍慢發露悔故善男子是故我於經中覆
相說如是偈
有知法者　若老若少　故應供養　恭敬礼拜
猶如事火　婆羅門等　如第二天　奉事帝釋
以是因緣我亦不為學聲聞人但為菩薩而
說是偈迦葉菩薩白佛言世尊如是等菩薩
摩訶薩於戒極緩本所受戒為具在不佛言
善男子汝今不應作如是說何以故本所受
戒如本不失設有所犯即應懺悔悔已清淨

BD13844號　大般涅槃經（北本）卷六　（25–16）

摩訶薩於戒極緩本所受戒為具在不佛言
善男子汝今不應作如是說何以故本所受
戒如本不失設有所犯即應懺悔悔已清淨
善男子如故隄塘穿決有孔水則淋漏何以
故无人治故若有人治水則不出菩薩亦尒雖
與破戒共作布薩受戒自恣同其僧事所
有戒律不如隄塘穿決淋漏何以故若无清
淨持戒之人僧則損減慢緩懈怠日有增長
若有清淨持戒之人即能具足不失本戒善
男子於乘緩者乃名為緩於戒緩者不名為
緩菩薩摩訶薩於此大乘心不懈慢是名本
戒為護正法以大乘水而自澡浴是故菩薩
雖現破戒不名為緩迦葉菩薩白佛言眾僧
之中有四種人如菴羅菓生熟難知破戒持
戒云何可識佛言善男子因大涅槃微妙經
典則易可知云何因是大涅槃經可得知也
譬如田夫種稻穀等耘除稊稗以肉眼觀名
為淨田至其成實草穀各異如是八事能汙
染僧若能除却以肉眼觀則知清淨若有持
戒破戒不作惡時以肉眼觀難可分別若惡
彰露則易可知如彼稊稗易可分別僧中
亦尒若能遠離八不淨毒虵之法是名清
淨聖眾福田應為人天之所供養清淨果報
非是肉眼所能分別復次善男子如迦羅迦
林其樹眾多於是林中唯有一樹名鎮頭迦

BD13844號　大般涅槃經（北本）卷六　（25–17）

彰露則易可知如彼稊稗易可分別僧中
亦尒若能遠離八不淨毒虵之法是名清
淨聖眾福田應為人天之所供養清淨果報
非是肉眼所能分別復次善男子如迦羅迦
林其樹眾多於是林中唯有一樹名鎮頭迦
是迦羅迦樹鎮頭迦樹二菓相似不可分別
其菓熟時有一女人悉皆拾取鎮頭迦菓纔
有一分迦羅迦菓乃有十分是女不識賷來
詣市而衒賣之凡愚小兒復不別故買迦羅
迦菓噉已命終有智人輩聞是事已即問女
人姊於何處持是菓來是時女人即示方所
諸人即言如是方所多有无量迦羅迦樹唯
有一根鎮頭迦樹諸人知已咲而捨去善男
子大眾之中八不淨法亦復如是於是眾中
多有受用如是八法唯有一人清淨持戒不
受如是八不淨法而知諸人受畜非法然與
同事不相捨離如彼林中一鎮頭迦樹有優
婆塞見是諸人多有非法并不恭敬供養是
人若欲供養應先問言大德如是八事為受
畜不佛所聽不若言佛聽如是之人得共布
薩羯磨自恣不是優婆塞如是問已眾皆答
言如是八事如來憐愍皆悉聽畜優婆塞言
祇洹精舍有諸比丘或言金銀佛所聽畜或
言不聽有言聽者是不聽者不與共住說戒
自恣乃至不共一河飲水利養之物悉不共

BD13844號　大般涅槃經（北本）卷六　（25–18）

[illegible]
言如是八事如来憐愍皆悉聽畜優婆塞言
祇洹精舍有諸比丘或言金銀佛所聽畜或
言不聽有言聽者是不聽者不與共住說戒
自恣乃至不共一河飲水利養之物悉不共
之汝等云何言佛聽許佛天中天雖復受之
汝等衆僧亦不應畜若有受者乃至不應與
共說戒自恣羯磨同其事業若共說戒自恣
羯磨同僧事者命終即當墮於地獄如破諸
人食迦羅葉已而便命終
復次善男子辟如城市有賣藥人有妙甘藥
出於雪山亦復多賣其餘雜藥味甘相似時
有諸人咸皆欲買然不識別至賣藥所問言
汝有雪山藥不其賣藥人即答言有是人欺
誑以餘雜藥語買者言此是雪山甘好妙藥
時買藥者以肉眼故不能善別即買持去復
作是念我今已得雪山甘藥迦葉若聲聞僧
中有假名僧有真實僧有和合僧若持戒破
戒於是衆中等應供養恭敬礼拜是優婆塞
以肉眼故不能分別喻如彼人不能分別雪山
甘藥誰是持戒誰是破戒誰是真僧誰是
假僧有天眼者乃能分別迦葉若優婆塞知
是比丘是破戒人不應給施礼拜供養若知
是人受畜八法亦復不應給施所須礼拜供
養若於僧中有破戒者不應以被袈裟因緣
恭敬礼拜迦葉菩薩復白佛言世尊善哉善

BD13844號　大般涅槃經（北本）卷六　（25–19）

甘藥誰是持戒誰是破戒誰是真僧誰是
假僧有天眼者乃能分別迦葉若優婆塞知
是比丘是破戒人不應給施礼拜供養若知
是人受畜八法亦復不應給施所須礼拜供
養若於僧中有破戒者不應以被袈裟因緣
恭敬礼拜迦葉菩薩復白佛言世尊善哉善
哉如来所說真實不虛我當頂受辟如金剛
珍寶異物如佛所說是諸比丘當依四法何
等為四依法不依人依義不依語依智不依
識依了義經不依不了義經如是四法應
當證知非四種人
佛言善男子依法者即是如来大般涅槃一
切佛法即是法性法性者即是如来是故如
来常住不變若復有言如来无常是人不知
不見法性若不知見是法性者不應依止如
上所說四人出世護持法者應當證知而為
依止何以故是人善解如来微密深奧藏故能
知如来常住不變若言如来无常變易无
有是處如是四人即名如来何以故是人能
解如来密語及能說故若有人能了知如来
甚深密藏及知如来常住不變如是之人若
為利養說言如来是无常者无有是處如是
之人尚可依止何況不依是四人也依法者
即是法性不依人者即是聲聞法性者即是
如来聲聞者即是有為如来者即是常住有

BD13844號　大般涅槃經（北本）卷六　（25–20）

為利養說言如來是无常者无有是處如是
之人尚可依止何況不依是四人也依法者
即是法性不依人者即是聲聞法性者即是
如來聲聞者即是有為如來者即是常住有
為者即是无常善男子若人破戒為利養故
說言如來无常變易如是之人所不應依善
男子是名定義依義不依語者義者名曰
覺了覺了義者名不羸劣不羸劣者名曰滿足
滿足義者名曰如來常住不變如來常住不
變義者即是法常法常義者即是僧常是名
依義不依語也何等語言所不應依所謂諸
論綺飾文辭如佛所說无量諸經貪求无猒
多姧諂詐現親附現相求利經理白衣為
其執役人復唱言佛聽比丘畜諸奴婢不淨
之物金銀珎寶穀米倉庫牛羊象馬販賣求
利於飢饉世憐愍子故聽諸比丘儲貯陳宿
手自作食不受而噉如是等語所不應依依
智不依識者所言智者即是如來若有聲聞
不能善知如來功德如是之識不應依止若
知如來即是法身如是真智所應依止若見
如來方便之身言是陰界諸入所攝食所長
養亦不應依是故知識不可依止若復有人
作是說者及其經書亦不應依依了義經不
依不了義經不了義經者謂聲聞乘聞佛如
來深密藏處悉生疑怪不知是藏出大智海

BD13844號　大般涅槃經（北本）卷六　（25–21）

如來方便之身言是陰界諸入所攝食所長
養亦不應依是故知識不可依止若復有人
作是說者及其經書亦不應依依了義經不
依不了義經不了義經者謂聲聞乘聞佛如
來深密藏處悉生疑怪不知是藏出大智海
猶如嬰兒无所別知是則名為不了義也了
義者名為菩薩真實智慧隨於自心无㝵大
智猶如大人无所不知是名了義又聲聞乘
名不了義无上大乘乃名了義若言如來
无常變易名不了義若言如來常住不變是
名了義聲聞所說應證知者名不了義菩薩
所說應證知者名為了義若言如來食所長
養是不了義若言常住不變易者是名了
義若言如來入於涅槃如薪盡火滅名不了義
若言如來入法性者是名了義聲聞乘法則不
應依何以故如來為欲度眾生故以方便
力說聲聞乘猶如長者教子半字善男子聲
聞乘者猶如初耕未得菓實如是名為不了
義也是故不應依聲聞乘大乘之法則應依
止何以故如來為欲度眾生故以方便力說
於大乘是故應依是名了義如是四依應當
證知復次依義者義名質直質直者名曰光
明光明者名不羸劣不羸劣者名曰如來又
光明者名為智慧質直者名為常住如來常
者名為依法法者名常亦名无邊不可思議

BD13844號　大般涅槃經（北本）卷六　（25–22）

於大乘是故應依是名了義如是四依應當
證知復次依義者義名質直質直者名曰光
明光明者名不羸劣不羸劣者名曰如來又
光明者名為智慧質直者名為常住如來常
者名為依法法者名常亦名无邊不可思議
不可執持不可繫縛而亦可見若有說言不
可見者如是之人所不應依是故依法不依
於人若有人以微妙之語宣說无常如是之
言所不應依是故依義不依於語依智者眾
僧是常无為不變不畜八種不淨之物是故
依智不依於識若有說言識作識受无和合
僧何以故夫和合者名无所有无所有者云
何言常是故此識不可依止依了義者了義
者名為知足終不詐現威儀清白憍慢自高
貪求利養亦於如來隨宜方便所說法中不
生執着是名了義若有能住如是等中當知
是人則為已得住第一義是故名為依了義
經不依不了義不了義者如經中說一切燒
然一切无常一切皆苦一切皆空一切无我
是名不了義何以故以不能了如是義故令
諸眾生墮阿鼻獄所以者何以取著故於義
不了一切燒者謂如來說涅槃亦燒一切无
常者涅槃亦无常苦空无我亦復如是是故
名為不了義經不應依止善男子若有人言
如來憐愍一切眾生善知時宜以知時故說
輕為重說重為輕如來觀知所有弟子有諸

BD13844 號　大般涅槃經（北本）卷六　（25–23）

常者涅槃亦无常苦空无我亦復如是是故
名為不了義經不應依止善男子若有人言
如來憐愍一切眾生善知時宜以知時故說
輕為重說重為輕如來觀知所有弟子有諸
檀越供給所須令无所乏如是之人佛則不
聽受畜奴婢金銀財寶販賣市易不淨物等
若諸弟子无有檀越供給所須時世飢饉飲
食難得為欲建立護持正法我聽弟子受畜
奴婢金銀車乘田宅穀米賣易所須雖聽受
畜如是等物要當淨施篤信檀越如是四法
所應依止若有戒律阿毗曇修多羅不違是
四亦應依止若有說言有時非時有能護法
不能護法如來悉聽一切比丘受畜如是不
淨物者如是之言不應依止若有律戒阿毗
曇修多羅中有同是說如是三分亦不應依
我為肉眼諸眾生等說是四依終不為於有
慧眼者是故我今說是四依法者即是法性
義者即是如來常住不變智者知一切眾生
悉有佛性了義者了達一切大乘經典

大般涅槃經卷第六

BD13844 號　大般涅槃經（北本）卷六　（25–24）

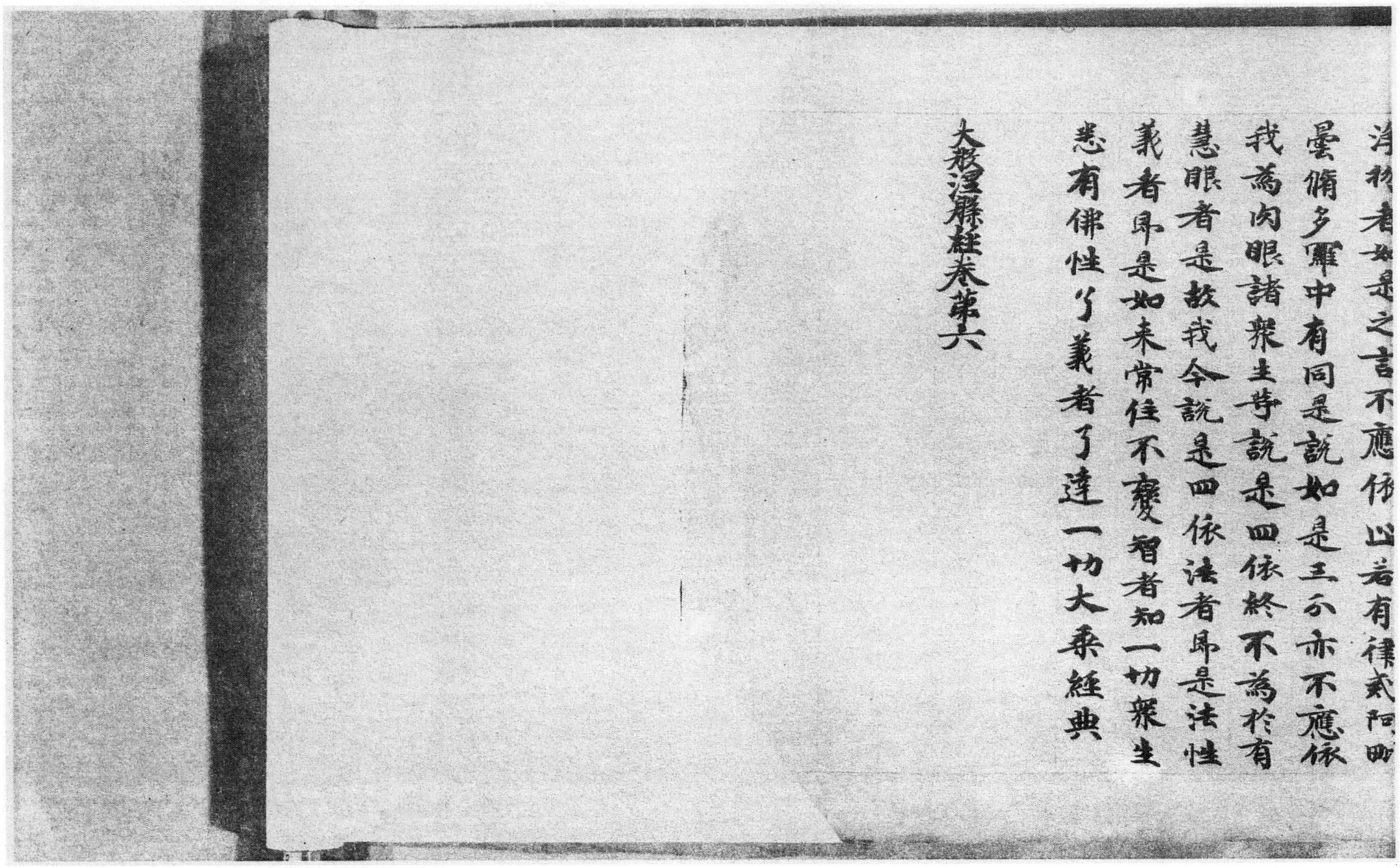

BD13844 號　大般涅槃經（北本）卷六　　（25–25）

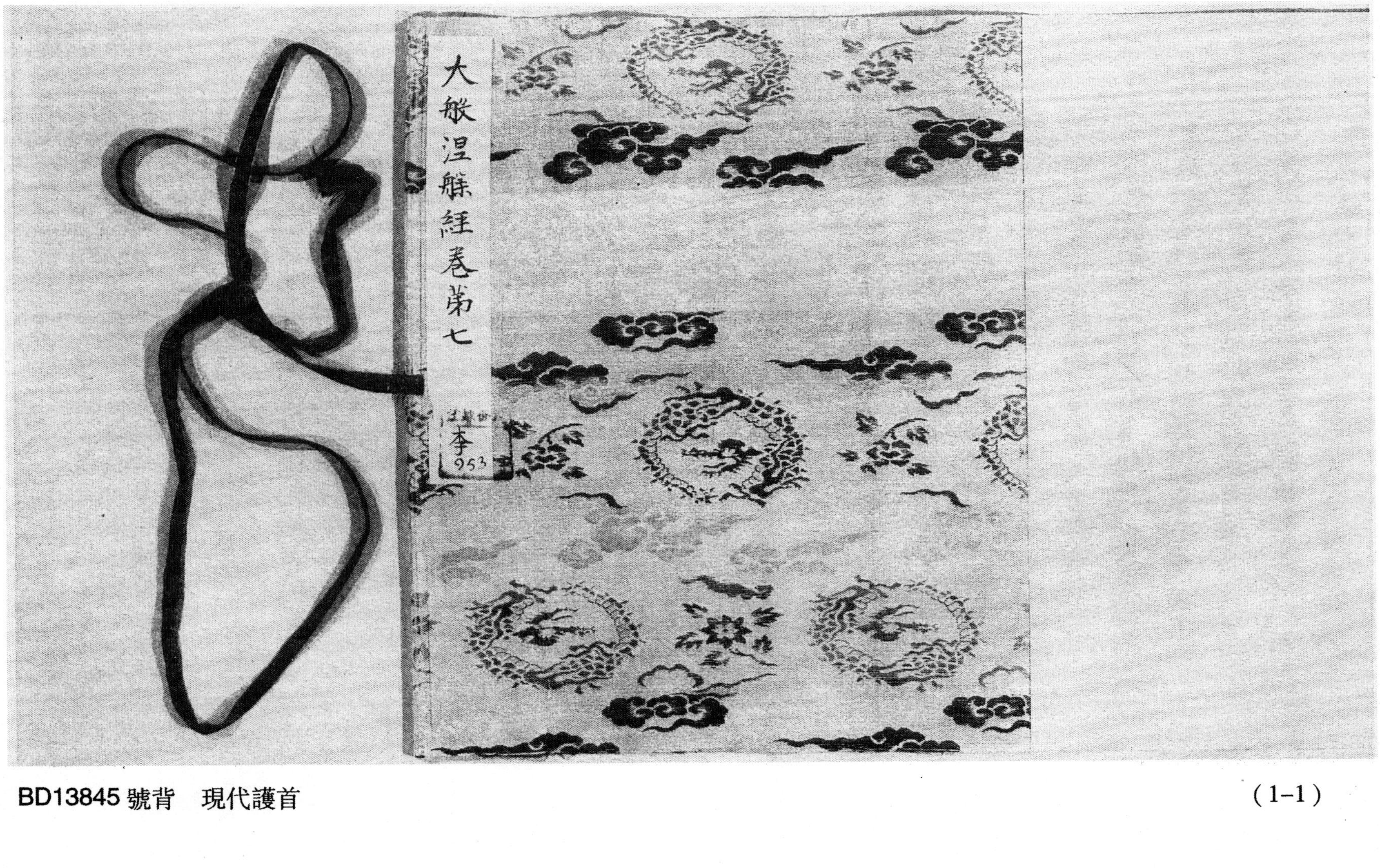

BD13845 號背　現代護首　　（1–1）

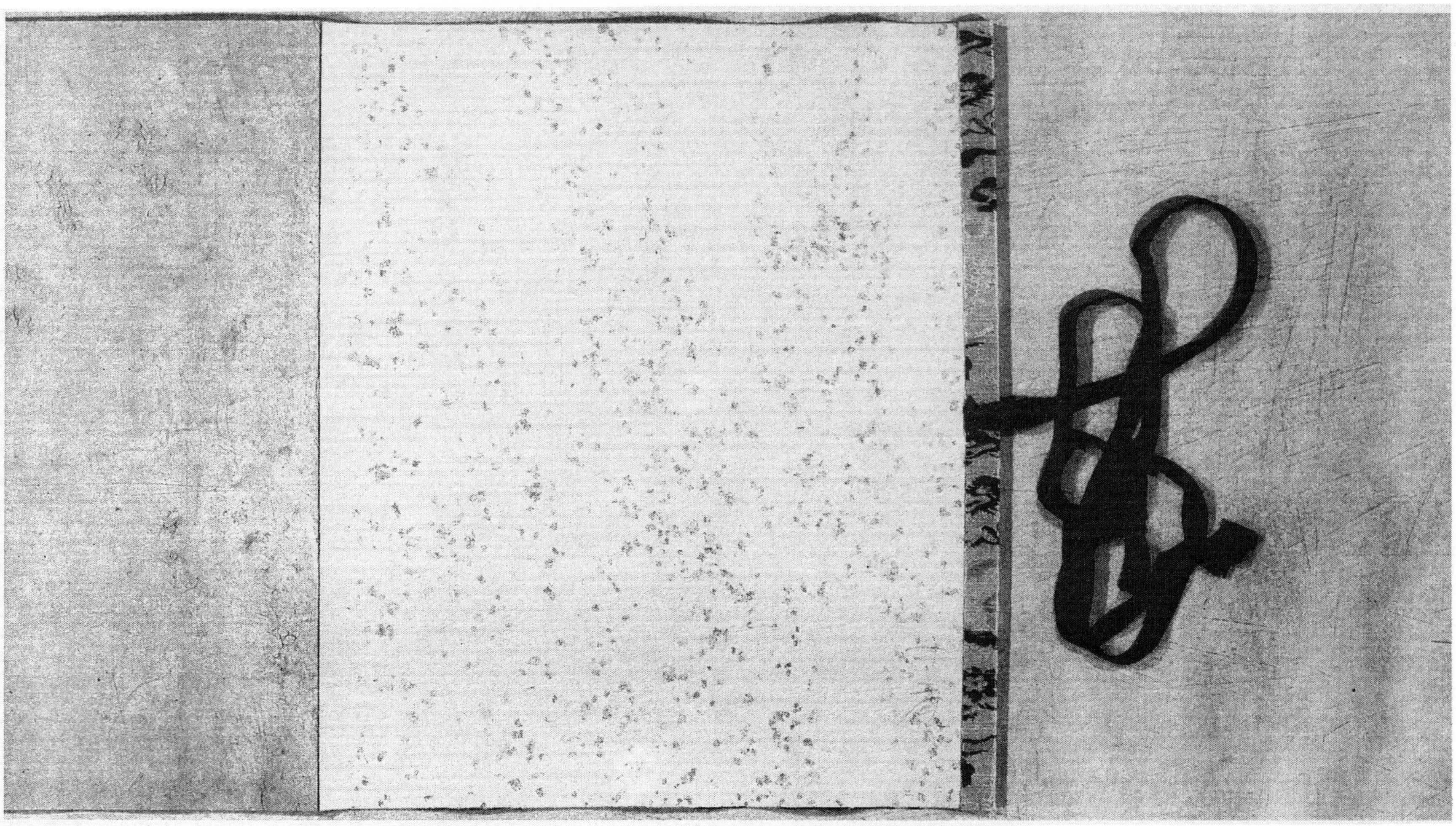

BD13845 號　大般涅槃經（北本　異卷）卷七　　（28–1）

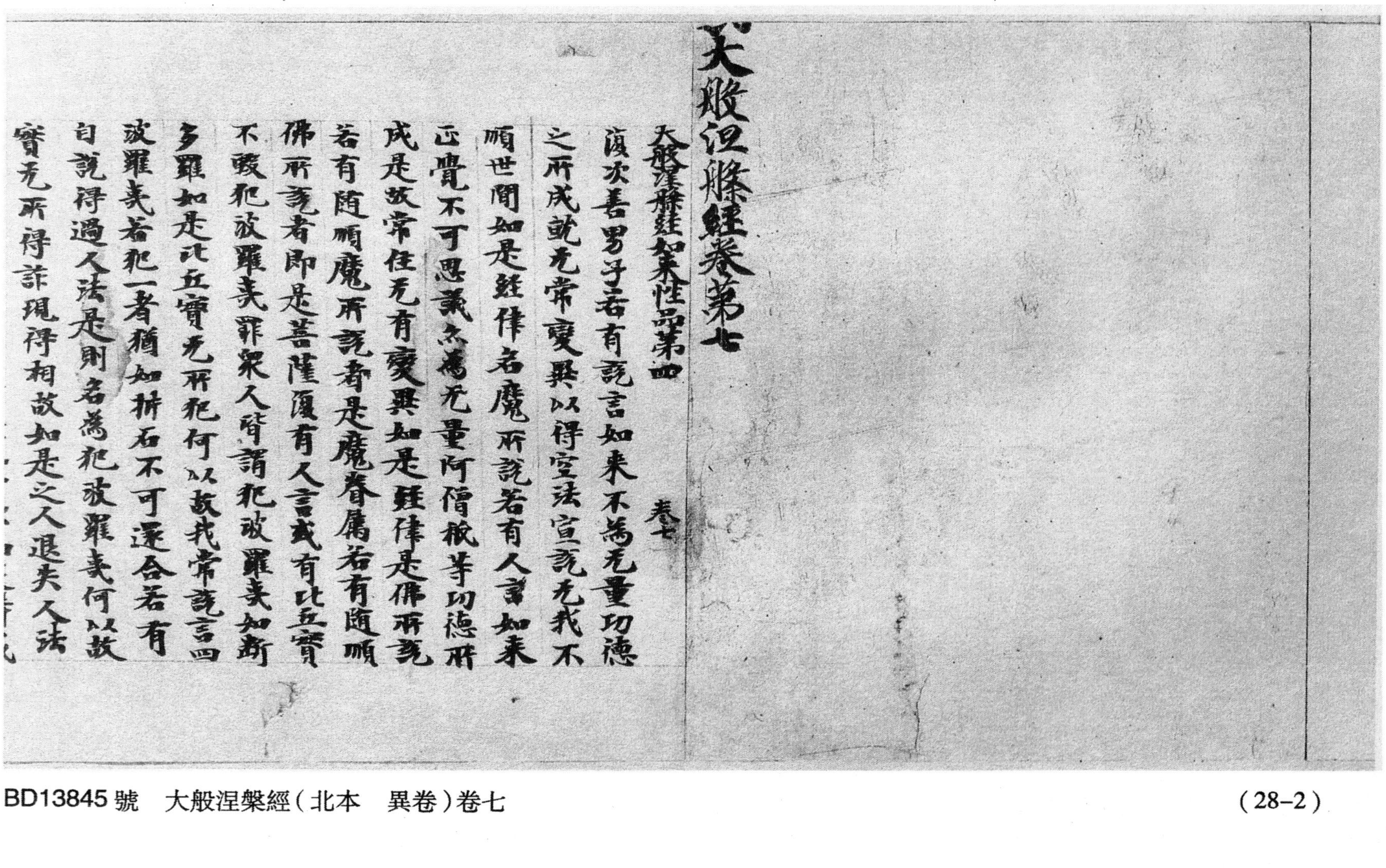

大般涅槃經卷第七

大般涅槃經如來性品第四　卷七
復次善男子若有說言如來不為无量功德
之所成就无常變異以得空法宣說无我不
順世間如是經律名魔所說若有人言如來
正覺不可思議亦為无量阿僧祇等功德所
成是故常住无有變異如是經律是佛所說
若有隨順魔所說者是魔眷屬若有隨順
佛所說者即是菩薩復有人言或有比丘實
不毀犯波羅夷罪衆人皆謂犯波羅夷如斷
多羅如是比丘實无所犯何以故我常說言四
波羅夷若犯一者猶如折石不可還合若有
自說得過人法是則名為犯波羅夷何以故
實无所得詐現得相故如是之人退失人法

BD13845 號　大般涅槃經（北本　異卷）卷七　　（28–2）

不毀犯波羅夷罪衆人皆謂犯波羅夷如斷
多羅如是比丘實无所犯何以故我常說言四
波羅夷若犯一者猶如折石不可還合若有
自說得過人法是則名爲犯波羅夷何以故
實无所得詐現得相故如是之人退失人法
是名波羅夷所謂善有比丘少欲知足持戒
清淨在空閑處王若大臣見是比丘生心念
言謂得羅漢即前讚嘆恭敬礼拜復作是
言如是大師捨是身已當得阿耨多羅三藐
三菩提比丘聞已即荅王言我實未得沙門
道果王莫稱我已得道果唯願大王勿爲我
說不知足法不知足者乃至謂得阿耨多羅
三藐三菩提皆嘿然受我今若當嘿然受者
當爲諸佛之所呵嘖知足之行諸佛所讚是
故我欲終身歡樂奉脩知足又知足者我定
自知未得道果王稱我得我今不受故名知足
時王荅言大師實得阿羅漢果如佛无異尒
時其王普皆宣告內外人民中宮妃后悉令
皆知得沙門果是故咸令一切聞者心生敬
信供養尊重如是比丘真是梵行清淨之人
以是因緣普令諸人得大福德而是比丘實
不毀犯波羅夷罪何以故前人自生歡喜之
心讚嘆供養故如是比丘當有何罪若有說
言是人得罪當知是經是魔所說復有比丘
說佛秘藏甚深經典一切衆生皆有佛性以
是性故斷无量億諸煩惱結即得成於阿耨
多羅三藐三菩提除一闡提若王大臣作如

BD13845號　大般涅槃經（北本　異卷）卷七　（28–3）

不毀犯波羅夷罪何以故前人自生歡喜之
心讚嘆供養故如是比丘當有何罪若有說
言是人得罪當知是經是魔所說復有比丘
說佛秘藏甚深經典一切衆生皆有佛性以
是性故斷无量億諸煩惱結即得成於阿耨
多羅三藐三菩提除一闡提若王大臣作如
是言比丘汝當作佛不作佛耶有佛性不比
丘荅言我今身中定有佛性成以不成未能
審之王言大德如其不作一闡提者必成无
疑比丘言尒實如王言是人雖言定有佛性
亦復不犯波羅夷也復有比丘即出家時作
是思惟我今畢定成阿耨多羅三藐三菩提
如是之人雖未得成无上道果已爲得福无
量无邊不可稱計假使有人當言是人犯波
羅夷一切比丘无不犯者何以故我於往昔
八十億劫常離一切不淨之物少欲知足威
儀成就善脩如來无上法藏亦自定知身有
佛性是故我今得成阿耨多羅三藐三菩提
得名爲佛有大慈悲如是經律是佛所說若
有不能隨順是者是魔眷屬若能隨順是
大菩薩復有說言无四波羅夷十三僧殘二
不定法三十捨法九十一墮四懺悔法衆多學
法七滅諍等无偷蘭遮五逆等罪及一闡提
若有比丘犯如是等墮地獄者外道之人悉
應生天何以故諸外道等无戒可犯是故如
來示現怖人故說斯戒若言佛說我諸比丘
若欲行婬應捨法服著俗衣裳然後行婬

BD13845號　大般涅槃經（北本　異卷）卷七　（28–4）

不定法三十捨法九十一墮四懺悔法衆多學
法七滅諍等无偷蘭遮五逆等罪及一闡提
若有比丘犯如是等墮地獄者外道之人悉
應生天何以故諸外道等无戒可犯是故如
來亦現怖人故說斯戒若言佛說我諸比丘
若欲行婬應捨法服著俗衣裳然後行婬
復應生念婬欲因緣非我過咎如來在世亦
有比丘習行婬欲得正解脫或命終後生
於天上古今有之非獨我作或犯四重或犯五
戒或行一切不淨律儀猶故而得真正解脫
如來雖說犯突吉羅如忉利天日月歲數八百
万歲墮在地獄是亦如來示現怖人言波羅
夷至突吉羅輕重无差是諸律師妄作是言
言是佛制畢定當知非佛所說如是言說是
魔經律若復說言於諸戒中若犯四戒乃至
微細當受苦報无有齊限如是知已防護自
身如龜藏陸若有律師復作是言凡所犯戒
都无罪報如是之人不應親近如佛所說
若過一法　是名妄語　不見後世　无惡不造
是故不應親近是人我佛法中清淨如是說
復有犯偷蘭遮罪或犯僧殘及波羅夷而非
罪耶是故應當深自防護如是等法若不守
護更以何法名為禁戒我於經中亦說有犯
四波羅夷乃至微細突吉羅等應當苦治衆
生若不護持禁戒云何當得見於佛性一切

BD13845號　大般涅槃經（北本　異卷）卷七　（28–5）

罪耶是故應當深自防護如是等法若不守
護更以何法名為禁戒我於經中亦說有犯
四波羅夷乃至微細突吉羅等應當苦治衆
生若不護持禁戒云何當得見於佛性一切
衆生雖有佛性要因持戒然後乃見因見佛
性得成阿耨多羅三藐三菩提九部經中无
方等經是故不說有佛性也經雖不說當知
實有若作是說當知是人真我弟子迦葉
菩薩白佛言世尊如上所說一切衆生有佛
性者九部經中所未曾聞如其說有云何不
犯波羅夷耶佛言善男子如汝所說實不
毀犯波羅夷也善男子譬如有人說言大海
唯有七寶无八種者是人无罪若有說言九
部經中无佛性者亦復无罪何以故我於大
乘大智海中說有佛性二乘之人所不知見
是故說无不得罪也如是境界諸佛所知非
是聲聞緣覺所及善男子若人不聞如來
甚深秘密藏者云何當知有佛性耶何等名
為秘密之藏所謂方等大乘經典善男子
有諸外道或說我常或說我斷如來不尒
亦說有我亦說无我是名中道若有說言佛
說中道一切衆生悉有佛性煩惱覆故不知
不見是故應當懃脩方便斷壞煩惱若有
能作如是說者當知是人不犯四重若不能
作如是說者是名則為犯波羅夷若有說言我

BD13845號　大般涅槃經（北本　異卷）卷七　（28–6）

[illegible]
亦說有我亦說无我是名中道若有說言佛
說中道一切衆生悉有佛性煩惱覆故不知
不見是故應當勤修方便斷壞煩惱若有
能作如是說者當知是人不犯四重若不能
作如是說者是則名為犯波羅夷若有說言我
已成就阿耨多羅三藐三菩提何以故以佛法
性故有佛性者必定當成阿耨多羅三藐三
菩提以是因緣我今已得成就菩提當知
是人則名為犯波羅夷罪何以故雖有佛性
以未修集諸善方便是故未見以未見故不
能得成阿耨多羅三藐三菩提善男子以是
義故佛法甚深不可思議迦葉菩薩白佛
言世尊有王問言云何比丘墮過人法佛告
迦葉若有比丘為利養故為飲食故作諸諂
諭姧偽欺誑云何當令諸世間人定實知我
是乞士也以是因緣令我大得利養名譽
如是比丘多愚癡故長夜常念我實未得
四沙門果云何當令諸世間人謂我已得復當
云何令諸優婆塞優婆夷等咸共指我作
如是言是人福德真是聖人如是思惟正為
求利非為求法行來入出進止安詳執持
衣鉢不失威儀獨坐空處如阿羅漢令
世間人咸作是言如是比丘善好第一精懃
苦行修寂滅法以是因緣我當大得門徒
弟子諸人亦當大致供養衣服飲食臥具
醫藥令多女人敬念愛重若有比丘及比

BD13845號　大般涅槃經（北本　異卷）卷七　（28–7）

求利非為求法行來入出進止安詳執持
衣鉢不失威儀獨坐空處如阿羅漢令
世間人咸作是言如是比丘善好第一精懃
苦行修寂滅法以是因緣我當大得門徒
弟子諸人亦當大致供養衣服飲食臥具
醫藥令多女人敬念愛重若有比丘及比
丘尼作如是事墮過人法復有比丘為欲建
立无上正法住空寂處非阿羅漢而欲令
人謂是羅漢是好比丘是善比丘寂靜比
丘令无量人生於信心以此因緣我得无量
諸比丘等以為眷屬因是得教破戒比丘
及優婆塞悉令持戒以是因緣建立正法
光揚如來无上大事開顯方等大乘法化度
脫一切无量衆生善解如來所說經律輕重
之義復言我今亦有佛性有經名曰如來秘藏
於是經中我當必定得成佛道能盡无量
億煩惱結廣為无量諸優婆塞說言汝等盡
有佛性我之與汝俱當安住如來道地成阿耨
多羅三藐三菩提盡无量億諸煩惱結作是
說者是人不名墮過人法名為菩薩若言有
犯突吉羅者忉利天上日月歲數八百万歲
墮地獄中受諸罪報何況故犯偷蘭遮罪此
大乘中若有比丘犯偷蘭遮不應親近何等
名為大乘經中偷蘭遮罪若有長者造立佛
寺以諸華鬘用供養佛有比丘見華貫中綫
不問輙取犯偷蘭遮若知不知亦如是犯若
[illegible]

BD13845號　大般涅槃經（北本　異卷）卷七　（28–8）

墮地獄中受諸罪報[illegible][illegible][illegible]犯偷蘭遮罪止
大乘中若有比丘犯偷蘭遮不應親近何等
名為大乘經中偷蘭遮罪若有長者造立佛
寺以諸華鬘用供養佛有比丘見華貫中縷
不問輒取犯偷蘭遮若知不知亦如是犯若
以貪心破壞佛塔犯偷蘭遮如是之人不應
親近若王大臣見塔朽故為欲脩補供養舍
利於是塔中或得珍寶即寄比丘比丘得已
自在而用如是比丘名為不淨多起鬪諍善
優婆塞不應親近供養恭敬如是比丘名為
無根二根名不定根不定根者欲貪女
時身即為女欲貪男時身即為男如是比丘
名為惡根不名為男不名為女不名出家不
名在家如是比丘不應親近供養恭敬於佛
法中沙門法者應生悲心覆育眾生乃至蟻
子應施無畏是沙門法遠離飲酒乃至嗅香
是沙門法不得妄語乃至夢中不念妄語是沙
門法不生欲心乃至夢中亦復如是是沙門法
迦葉菩薩白佛言世尊若有比丘夢行婬欲
是犯戒不佛言不也應於婬欲生臭穢想乃
至不生一念淨想遠離女人煩惱愛想若夢
想若夢行婬寤應生悔比丘乞食受供養
時應如飢世食子宍想若生婬欲應疾捨離
如是法門當知是佛所說經律若有隨順魔
所說者是魔眷屬若有隨順佛所說者是名
菩薩若有說言佛聽比丘常翹一腳寂默不言投淵赴
火自墜高巖不避嶮難服毒斷食臥灰土上

BD13845號　大般涅槃經（北本　異卷）卷七　　（28–9）

時應如飢世食子宍想若生婬欲應疾捨離
如是法門當知是佛所說經律若有隨順魔
所說者是魔眷屬若有隨順佛所說者是名
菩薩若有說言佛聽比丘常翹一腳寂默不言投淵赴
火自墜高巖不避嶮難服毒斷食臥灰土上
自縛手足殺害眾生方道呪術旃陀羅子無
根二根及不定根身根不具如是等事如來
悉聽出家為道是名魔說佛先聽食五種牛
味及以油蜜憍奢耶衣革屣之等除是之外
若有說言聽著摩訶楞伽一切種子悉聽貯
畜草木之屬皆有壽命佛說是已便入涅槃
若有經律作是說者當知即是魔之所說我
亦不聽常翹一腳若為法故聽行住坐臥又
亦不聽服毒斷食五熱炙身繫縛手足殺害
眾生方道呪術軻貝象牙以為革屣儲畜種
子草木有命著摩訶楞伽若言世尊作如是
說當知是為外道眷屬非我弟子我唯聽食
五種牛味及油蜜等聽著革屣憍奢耶衣我
說四大無有壽命若有經律作是說者是名
佛說若有隨順佛所說者當知是等真我弟
子若有不隨佛所說者是魔眷屬若有隨順
佛經律者當知是人是大菩薩善男子魔說
佛說差別之相今已為汝廣宣分別
迦葉白佛言世尊我今始知魔說佛說差別
之相因是得入佛法深義佛讚迦葉善哉善
哉善男子汝能如是曉了分別是名黠慧善
男子所言苦者不名聖諦何以故若言苦是
[illegible]聖諦者一切牛羊驢馬及地獄眾生應有

BD13845號　大般涅槃經（北本　異卷）卷七　　（28–10）

佛說差別之相今已為汝廣宣分別
迦葉白佛言世尊我今始知魔說佛說差別
之相囙是得入佛法深義佛讚迦葉善哉善
哉善男子汝能如是曉了分別是名黠慧善
男子所言苦者不名聖諦何以故若言苦是
苦聖諦者一切牛羊驢馬及地獄衆生應有
聖諦善男子若復有人不知如來甚深境界
常住不變微密法身謂是食身非是法身不
知如來道德威力是名為苦何以故以不知
故法見非法非法見法當知是人必墮惡趣
輪轉生死增長諸結多受苦惱若有能知如
來常住无有變異或聞常住二字音聲若一
逕耳即生天上後解脫時乃能證知如來常
住无有變易既證知已而作是言我於往昔
曾聞是義今得解脫方乃證知我於本際以
不知故流轉生死周迴无窮始於今日乃得
真智若如是知真是脩苦多所利益若不知
者雖復懃脩无所利益是名知苦名苦聖諦
若人不能如是脩集是名為苦非苦聖諦
集諦者於真法中不生真智受不淨物所謂
奴婢能以非法言是正法斷滅正法不令久
住以是囙緣不知法性以不知故輪轉生死
多受苦惱不得生天及正解脫若有深智不
壞正法以是囙緣得生天上及正解脫若有
不知苦集諦處而言正法无有常住悉是滅
法以是囙緣於无量劫流轉生死受諸苦惱
若能知法常住不異是名知集名集聖諦若
人不能如是脩集是名為集非集聖諦苦滅

壞正法以是囙緣得生天上及正解脫若有
不知苦集諦處而言正法无有常住悉是滅
法以是囙緣於无量劫流轉生死受諸苦惱
若能知法常住不異是名知集名集聖諦若
人不能如是脩集是名為集非集聖諦苦滅
諦者若有多脩習學空法是為不善何以故
滅一切法故壞於如來真法藏故作是脩學
是名脩空脩苦滅者逆於一切諸外道等若
言脩空是滅諦者一切外道亦脩空法應有
滅諦若有說言有如來藏雖不可見若能滅
除一切煩惱尒乃得入若發此心一念囙緣於
諸法中而得自在若有脩集如來秘藏无
我空寂如是之人於无量世在生死中流轉
受苦若有不作如是脩者雖有煩惱疾能滅
除何以故囙知如來秘密藏故是名苦滅聖
諦若能如是脩習滅者是我弟子若有不能
作如是脩是名空脩非滅聖諦道聖諦者所
謂佛法僧寶及正解脫有諸衆生顛倒心言
无佛法僧及正解脫生死流轉猶如幻化脩
集是見以此囙緣輪轉三有久受大苦若能
發心見於如來常住无變法僧解脫亦復
如是乘此一念於无量世自在果報隨意而
得何以故我於往昔以四倒故非法計法受於
无量惡業果報我今已滅如是見故成佛正
覺是名道聖諦若有人言三寶无常脩集
是見是虛妄脩非道聖諦若脩是法為常住
者是我弟子真見脩習四聖諦法是名四聖

[illegible]
得何以故我於法昔以四倒故非法計法受於
无量惡業果報我今已滅如是見故成佛正
覺是名道聖諦若有人言三寶无常脩集
是見是虛妄脩非道聖諦若脩是法為常住
者是我弟子真見脩習四聖諦法是名四聖
諦迦葉菩薩復白佛言世尊我今始知脩習
甚深四聖諦法佛告迦葉善男子謂四倒者
於非苦中生於苦想名曰顛倒非苦者名為如
來生苦想者謂於如來无常變異若說如來
是无常者名大罪苦若言如來捨此苦身入
於涅槃如薪盡火滅是名非苦而生苦想是
名顛倒我若說言如來常者即是我見以我
見故有无量罪是故應說如來无常如是說
者我則受樂如來无常即為是苦若是苦
者云何生樂以於苦中生樂想故名為顛倒
樂生苦想名為顛倒樂者即是如來苦者
如來无常若說如來是无常者是名樂中
生於苦想如來常住是名為樂若我說言如
來是常云何復得入於涅槃若言如來非是
苦者云何捨身而取滅度以於樂中生苦想故
名為顛倒是名初倒无常常想常无常想是
名顛倒无常者名不脩空不脩空故壽命短
促若有說言不脩空寂得長壽者是名顛倒
是名第二顛倒无我我想我无我想是名顛
倒世間之人亦說有我佛法之中亦說有我世

BD13845號　大般涅槃經（北本　異卷）卷七　（28–13）

名為顛倒是名初倒无常常想常无常想是
名顛倒无常者名不脩空不脩空故壽命短
促若有說言不脩空寂得長壽者是名顛倒
是名第二顛倒无我我想我无我想是名顛
倒世間之人亦說有我佛法之中亦說有我世
間之人雖說有我无有佛性是則名為於无
我中而生我想是名顛倒佛法有我即是佛
性世間之人說佛法无我是名我中生无我
想若言佛法必定无我是故如來勅諸弟子
脩集无我名為顛倒是名第三顛倒淨不淨
想不淨淨想是名顛倒淨者即是如來常
住非雜食身非煩惱身非是宍身非是筋
骨繫縛之身若有說言如來无常是雜食
身乃至筋骨繫縛之身法僧解脫是滅盡者
是名顛倒不淨淨想名顛倒者若有說言我
此身中无有一法是不淨者以无不淨定當得
入清淨之處如來所說脩不淨觀如是之言是
虛妄說是名顛倒是則名為第四顛倒迦葉
菩薩白佛言世尊我從今日始得正見世尊
自是之前我等悉名邪見之人世尊廿五有有
我不邪佛言善男子我者即是如來藏義一
切衆生悉有佛性即是我義如是我義從本
已來常為无量煩惱所覆是故衆生不能得
見善男子如貧女人舍內多有真金之藏家人
大小无有知者時有異人善知方便語貧女
人我今雇汝汝可為我芸除草穢女即答言
我不能也汝若能示我子金藏然後乃當速

BD13845號　大般涅槃經（北本　異卷）卷七　（28–14）

已來常為無量煩惱所覆是故衆生不能得
見善男子如貧女人舍內多有真金之藏家人
大小無有知者時有異人善知方便語貧女
人我今顧汝汝可為我芸除草穢女即答言
我不能也汝若能示我子金藏然後乃當速
為汝作是人復言我知方便能示汝子女人
答言我家大小尚自不知況汝能知是人復
言我今審能女人答言我亦欲見并可示我
是人即於其家掘出真金之藏女人見已心
生歡喜生奇特想宗仰是人善男子衆生佛
性亦復如是一切衆生不能得見如彼寶藏
貧女不知善男子我今普示一切衆生所有
佛性為諸煩惱之所覆蔽如彼貧人有真金
藏不能得見如來今日普示衆生諸覺寶藏
所謂佛性而諸衆生見是事已心生歡喜歸
仰如來善方便者即是如來貧女人者即是
一切無量衆生真金藏者即佛性也復次善
男子譬如女人生育一子嬰孩得病是女愁
惱求覓醫師醫師既來合三種藥蘇乳石
蜜與之令服因告女人兒服藥已且莫與乳
須藥消已爾乃與之是時女人即以苦味用塗
其乳母語兒言我乳毒塗不可復觸小兒渴
乏欲得母乳聞乳毒氣便遠捨去遂至藥消
母人以水淨洗其乳喚其子言來與汝乳是
時小兒雖復飢渴先聞毒氣是故不來母復
語言為汝服藥故以毒塗汝藥已消我以洗

BD13845號　大般涅槃經（北本　異卷）卷七　　（28–15）

須藥消已爾乃與之是時女人即以苦味用塗
其乳母語兒言我乳毒塗不可復觸小兒渴
乏欲得母乳聞乳毒氣便遠捨去遂至藥消
母人以水淨洗其乳喚其子言來與汝乳是
時小兒雖復飢渴先聞毒氣是故不來母復
語言為汝服藥故以毒塗汝藥已消我以洗
竟汝便可來飲乳無苦是兒聞已漸漸還飲
善男子如來亦爾為度一切教諸衆生脩無
我法如是脩已永斷我心入於涅槃為除世
間諸妄見故示現出過世間法故復示世間
計我虛妄非真實故脩無我法清淨身故
喻如女人為其子故以苦味塗乳如來亦爾為
脩空故說言諸法悉無有我如彼女人淨洗
乳已而喚其子欲令還服我今亦爾說如來
藏是故比丘不應生怖如彼小兒聞母喚已
漸還飲乳比丘亦爾應自分別如來祕藏不
得不有迦葉菩薩白佛言世尊實無有我何
以故嬰兒生時無所知曉若有我者即生之
日尋應有知以是義故定知無我若定有我
受生已後應無終沒若使一切皆有佛性是
常住者應無壞相若無壞相云何而有剎利
婆羅門毗舍首陀及旃陀羅畜生差別今見
業緣種種不同諸趣各異若定有我一切衆
生應無勝負以是義故定知佛性非是常法
若言佛性定是常者何緣復說有殺盜婬兩

BD13845號　大般涅槃經（北本　異卷）卷七　　（28–16）

婆羅門毗舍首陁及旃陁羅畜生差別今見
業緣種種不同諸趣各異若定有我一切衆
生應无勝負以是義故定知佛性非是常法
若言佛性定是常者何緣復說有殺盜婬兩
舌惡口妄言綺語貪恚邪見若我性常何故
酒後荒醉亂若我性常盲應見色聾應聞
聲瘂應能語拘躄能行若我性常不應避於
火坑大水毒藥刀劍惡人禽獸若我常者本
所更事不應忘失若不忘失何緣復言我曾
何處見是人耶若我常者則不應有少壯老
等盛衰力勢憶念往事若我常者止住何處
為在涕唾青黃赤白諸色中耶若我常者應
遍身中如胡麻油間无空處若斷身時我亦
應斷佛告迦葉善男子譬如王家有大力士
其人眉間有金剛珠與餘力士捔力相撲而
彼力士以頭抵觸其額上珠尋沒膚中都不
自知是珠所在其處有創即命良醫欲自
療治時有明醫善知方藥即知是創因珠
入體是珠入皮即便停住是時良醫尋問
力士卿額上珠為何所在力士驚答大師醫
王我額上珠乃无去耶是珠今者為何所在
將非幻化憂愁啼哭是時良醫慰喻力士
汝今不應生大愁苦汝因鬪時寶珠入體今
在皮裏影現於外汝當鬪時瞋恚毒盛珠
陷入體故不自知是時力士不信醫言若在
皮裏膿血不淨何緣不出若在筋裏不應可

BD13845號　大般涅槃經（北本　異卷）卷七　　（28–17）

汝今不應生大愁苦汝因鬪時寶珠入體今
在皮裏影現於外汝當鬪時瞋恚毒盛珠
陷入體故不自知是時力士不信醫言若在
皮裏膿血不淨何緣不出若在筋裏不應可
見汝今云何欺誑於我時醫執鏡以照其面
珠在鏡中明了顯現力士見已心懷驚怪生
奇特想善男子一切衆生亦復如是不能親
近善知識故雖有佛性皆不能見而為貪婬
瞋恚愚癡之所覆蔽故墮地獄畜生餓鬼阿
脩羅旃陁羅剎利婆羅門毗舍首陁生如是
等種種家中回心所起種種業緣雖受人身
聾盲瘖瘂拘躄癃跛於廿五有受諸果報貪
婬瞋恚愚癡覆心不知佛性如彼力士寶珠
在體謂呼失去衆生亦尒不知親近善知識故
不識如來微密寶藏修學无我喻如非聖雖
說有我亦復不知我之真性我諸弟子亦復如
是不知親近善知識故修學无我亦復不知无
我之處尚自不知无我真性況復能知有我真
性善男子如來如是說諸衆生皆有佛性喻
如良醫示彼力士金剛寶珠是諸衆生為諸
无量億煩惱等之所覆蔽不識佛性若盡煩
惱尒時乃得證知了了如彼力士於明鏡中見
其寶珠善男子如來祕藏如是无量不可思
議復次善男子譬如雪山有一味藥名曰樂
味其味極甜在深叢下人无能見有人聞香

BD13845號　大般涅槃經（北本　異卷）卷七　　（28–18）

无量億煩惱等之所覆蔽不識佛性若盡煩
惱尒時乃得證知了了如彼力士於明鏡中見
其寶珠善男子如來祕藏如是无量不可思
議復次善男子譬如雪山有一味藥名曰樂
味其味極甜在深叢下人无能見有人聞香
即知其地當有是藥過去在世有轉輪王於
此雪山為此藥故在在處處造作木筩以接
是藥是藥熟時從地流出集木筩中其味
真正王既沒已其後是藥或醋或醎或甜或
苦或辛或淡如是一味隨其流處有種種異
是藥真味停留在山猶如滿月凡人薄福雖以
钁斸加功困苦而不能得復有聖王出現於
世以福因緣即得是藥真正之味善男子如
來秘藏其味亦尒為諸煩惱叢林所覆无明
衆生不能得見一味者喻如佛性以煩惱故
出種種味所謂地獄畜生餓鬼天人男女非
男非女剎利婆羅門毗舍首陁佛性雄猛難
可沮壞是故无有能殺害者若有殺者則斷
佛性如是佛性終不可斷性若可斷无有是
處如我性者即是如來秘密之藏如是密藏
一切无能沮壞燒滅雖不可壞然不可見若
得成就阿耨多羅三藐三菩提尒乃證知以
是因緣无能殺者迦葉菩薩白佛言世尊若
无殺者應當无有不善之業佛告迦葉實有
殺生何以故善男子衆生佛性住五陰中若
壞五陰名曰殺生若有殺生即墮惡道以業

BD13845號　大般涅槃經（北本　異卷）卷七　（28–19）

一切无能沮壞燒滅雖不可壞然不可見若
得成就阿耨多羅三藐三菩提尒乃證知以
是因緣无能殺者迦葉菩薩白佛言世尊若
无殺者應當无有不善之業佛告迦葉實有
殺生何以故善男子衆生佛性住五陰中若
壞五陰名曰殺生若有殺生即墮惡道以業
因緣而有剎利婆羅門等毗舍首陁及旃陁
羅若男若女非男非女廿五有差別之相流轉
生死非聖之人橫計於我大小諸相猶如稗
子或如米豆乃至拇指如是種種妄生憶想
妄想之相无有真實出世我相名為佛性如
是計我是名冣善復次善男子譬如有人善
知伏藏即以利钁斸地直下磐石沙礫直過
无難唯至金剛不能穿徹夫金剛者所有刀
斧不能沮壞善男子衆生佛性亦復如是一
切論者天魔波旬及諸人天所不能壞五陰
之相即是起作起作之相喻如石沙可穿可
壞佛性者喻如金剛不可沮壞以是義故
壞五陰者名為殺生善男子必定當知佛法
如是不可思議善男子方等經者猶如甘
露亦如毒藥迦葉菩薩復白佛言如來何緣
說方等經譬如甘露亦如毒藥佛言善男子
藥佛言善男子汝今欲知如來秘藏真實
義不迦葉言尒我今實欲得知如來秘藏之
義尒時世尊而說偈言
或有服甘露　傷命而早夭　或復服甘露　壽命得長存

BD13845號　大般涅槃經（北本　異卷）卷七　（28–20）

藥佛言善男子汝今欲知如來秘藏真實
義不迦葉言尒我今實欲得知如來秘藏之
義尒時世尊而說偈言
或有服甘露　傷命而早夭　或復服甘露　壽命得長存
或有服毒生　有緣服毒死　无导智甘露　所謂大乘典
如是大乘典　亦名雜毒藥　如蘇醍醐等　及以諸石蜜
服消則為藥　不消則為毒　方等亦如是　智者為甘露
愚不知佛性　服之則成毒　聲聞及緣覺　大乘為甘露
猶如諸味中　乳最為第一　如是勤精進　依因於大乘
得至於涅槃　成人中象王　眾生知佛性　猶如迦葉等
无上甘露味　不生亦不死　迦葉汝今當　善分別三歸
如是三歸性　則是我之性　若能諦觀察　我性有佛性
當知如是人　得入秘密藏　知我及我所　是人已出世
佛法三寶性　无上第一尊　我所說偈　其性義如是
尒時迦葉復說偈言
我今都不知　歸依三寶處　云何當歸趣　无上无所畏
不知三寶處　云何作无我　云何歸佛者　而得於安隱
云何歸依法　唯願為我說　云何得自在　云何不自在
云何歸依僧　轉得无上利　云何真實說　未來成佛道
未來若不成　云何歸三寶　我今无豫知　當行次第依
云何未懷任　而作生子想　若必處胎中　則名為有子
子若處胎中　定當生不久　是名為子義　眾生業亦尒
如佛之所說　愚者不能知　以其不知故　輪迴生死獄
假名優婆塞　不知真實義　唯願廣分別　除斷我疑网
如來大智慧　唯垂哀分別　願說於如來　秘密之寶藏
迦葉汝當知　我今當為汝　善開微密藏　令汝疑得斷

BD13845號　大般涅槃經（北本　異卷）卷七　　（28–21）

云何未懷任　而作生子想　若必處胎中　則名為有子
子若處胎中　定當生不久　是名為子義　眾生業亦尒
如佛之所說　愚者不能知　以其不知故　輪迴生死獄
假名優婆塞　不知真實義　唯願廣分別　除斷我疑网
如來大智慧　唯垂哀分別　願說於如來　秘密之寶藏
迦葉汝當知　我今當為汝　善開微密藏　令汝疑得斷
今當至心聽　汝於諸菩薩　則與第七佛　同其一名號
歸依於佛者　真名優婆塞　終不更歸依　其餘諸天神
歸依於法者　則離於殺害　歸依聖僧者　不求於外道
如是歸三寶　則得无所畏　迦葉白佛言　我亦歸三寶
是名為正路　諸佛之境界　三寶平等相　常有大智性
我性及佛性　无二无差別　是道佛所讚　正進安隱處
亦名正遍知　故為佛所稱　我亦趣善逝　所讚无上道
是最為甘露　諸有所无有
尒時佛告迦葉菩薩善男子汝今不應如諸
聲聞凡夫之人分別三寶於此大乘无有三
歸分別之相所以者何於佛性中即有法僧
為欲化度聲聞凡夫故分別說三歸異相善
男子若欲隨順世間法者則應分別有三歸
依善男子菩薩應作如是思惟我今此身歸
依於佛若即此身得成佛道既成佛已不當
恭敬禮拜供養於諸世尊何以故諸佛平等
等為眾生作歸依故若欲尊重法身舍利便
應禮敬諸佛塔廟所以者何為欲化度諸眾
生故亦令眾生於我身中起塔廟想禮拜供

BD13845號　大般涅槃經（北本　異卷）卷七　　（28–22）

恭敬礼拜供養於諸世尊何以故諸佛平等
等為衆生作歸依故若欲尊重法身舍利使
應礼敬諸佛塔廟所以者何為欲化度諸衆
生故亦令衆生於我身中起塔廟想礼拜供
養如是衆生以我法身為歸依處一切衆生
皆依非真耶僞之法我當次第為說真法又
有歸依非真僧者我當為作依真僧處若有
分別三歸依者我當為作一歸依處无三差
別於生盲衆為作眼目復當為諸聲聞緣覺
作真歸處善男子如是菩薩為无量惡諸衆
生等及諸智者而作佛事善男子譬如有
人臨陣戰時即生心念我於是中實為第
二切兵衆悉依恃我亦如王子如是思惟我
當調伏其餘王子紹繼大王霸王之業而得
自在令諸王子悉見歸依是故不應生下劣
心如王王子大臣亦尒善男子菩薩摩訶薩亦
復如是作是思惟云何三事與我一體善男
子我示三事即是涅槃如來者名无上士譬
如人身頭最為上非餘支節手足等也佛亦
如是最為尊上非法僧也為欲化度諸世間
故種種示現差別之相如彼梯橙是故汝今
不應受持如凡愚人所知三歸差別之相汝
於大乘猛利決斷應如剛刀迦葉菩薩白佛
言世尊我知故問非為不知我為菩薩大勇

BD13845號　大般涅槃經（北本　異卷）卷七　（28–23）

故種種示現差別之相如彼梯橙是故汝今
不應受持如凡愚人所知三歸差別之相汝
於大乘猛利決斷應如剛刀迦葉菩薩白佛
言世尊我知故問非為不知我為菩薩大勇
猛者問於无垢清淨行處欲令如來為諸菩
薩廣宣分別奇特之事稱揚大乘方等經
典如來大悲今已善說我亦如是安住其中所
說菩薩清淨行處即是宣說大涅槃經世尊
我今亦當廣為衆生顯揚如是如來秘藏亦
當證知真三歸處若有衆生能信如是大涅
槃經其人則能自然了達三歸依處何以故
如來秘藏有佛性故其有宣說是經典者
皆言身中盡有佛性如是之人則不遠求三
歸依處何以故於未來世我身即當成就三
寶是故聲聞緣覺之人及餘衆生皆依於
我恭敬礼拜善男子以是義故應當正學大
乘經典迦葉復言佛性如是不可思議卅二相
八十種好亦不可思議尒時佛讚迦葉菩薩善
哉善哉善男子汝已成就深利智慧我今當
更善為汝說入如來藏若我住者即是常法
不離於苦若无我者脩行淨行无所利益
若言諸法皆无有我是即斷見若言我住
即是常見若言一切行无常者即是斷見
諸行常者復是常見若言苦者即是斷見
若言樂者復是常見脩一切法常者墮於斷
見脩一切法斷者墮於常見如步屈虫要因

BD13845號　大般涅槃經（北本　異卷）卷七　（28–24）

即是常見若言一切行无常者即是斷見
諸行常者復是常見若言苦者即是斷見
若言樂者復是常見脩一切法常者墮於斷
見脩一切法斷者墮於常見如步屈虫要因
前脚得移後足脩斷常者亦復如是要依
斷常以是義故脩餘法苦者皆名不善分
脩餘樂者則名為善脩餘法无我者是諸
煩惱分脩餘法常者是則名曰如來秘藏所
謂涅槃无有窟宅脩餘无常法者即是財
物脩餘常法者謂佛法僧及正解脫當知
如是佛法中道遠離二邊而說真法凡夫
愚人於中无疑如羸病人服食穌已氣力
輕便有无之法體性不定譬如四大其性不
同各相違反良醫善知隨其偏發而消息
之善男子如來亦尒於諸衆生猶如良醫
知諸煩惱體相差別而為除斷開示如來
秘密之藏清淨佛性常住不變若言有者
智不應染若言无者即是妄語若言有者
不應嘿然亦復不應戲論諍訟但求了知
諸法真性凡夫之人戲論諍訟不解如來微
密藏故若說於苦愚人便謂身是无常說
一切苦復不能知身有樂性說无常者凡夫
之人計一切身皆是无常譬如凡坏有智之
人應當分別不應盡言一切无常何以故我
身即有佛性種子若說无我凡夫當謂一切
佛法悉无有我智者應當分別无我假名

BD13845號　大般涅槃經（北本　異卷）卷七　（28–25）

一切苦復不能知身有樂性說无常者凡夫
之人計一切身皆是无常譬如凡坏有智之
人應當分別不應盡言一切无常何以故我
身即有佛性種子若說无我凡夫當謂一切
佛法悉无有我智者應當分別无我假名
非實如是知已不應生疑若言如來秘藏空
寂凡夫聞之生斷滅見有智之人應當分
別如來是常无有變易若言解脫喻如幻
化凡夫當謂得解脫者即是磨滅有智之
人應當分別人中師子雖有去來常住无變
若言无明因緣諸行凡夫之人聞已分別生
二法想明與无明智者了達其性无二无二
之性即是實性若言諸行因緣識者凡夫
謂二行之與識智者了達其性无二无二之
性即是實性若言十善十惡可作不可作善
道惡道白法黑法凡夫謂二智者了達其性
无二无二之性即是實性若言應脩一切法
苦凡夫謂二智者了達其性无二无二之
性即是實性若言一切行无常如來秘藏
亦是无常凡夫謂二智者了達其性无二
无二之性即是實性一切法无我如來秘藏
亦无有我凡夫謂二智者了達其性无二
无二之性即是實性我與无我性相无二
如來秘藏其義如是不可稱計无量无邊
諸佛所讚我今於是一切功德成就經中

BD13845號　大般涅槃經（北本　異卷）卷七　（28–26）

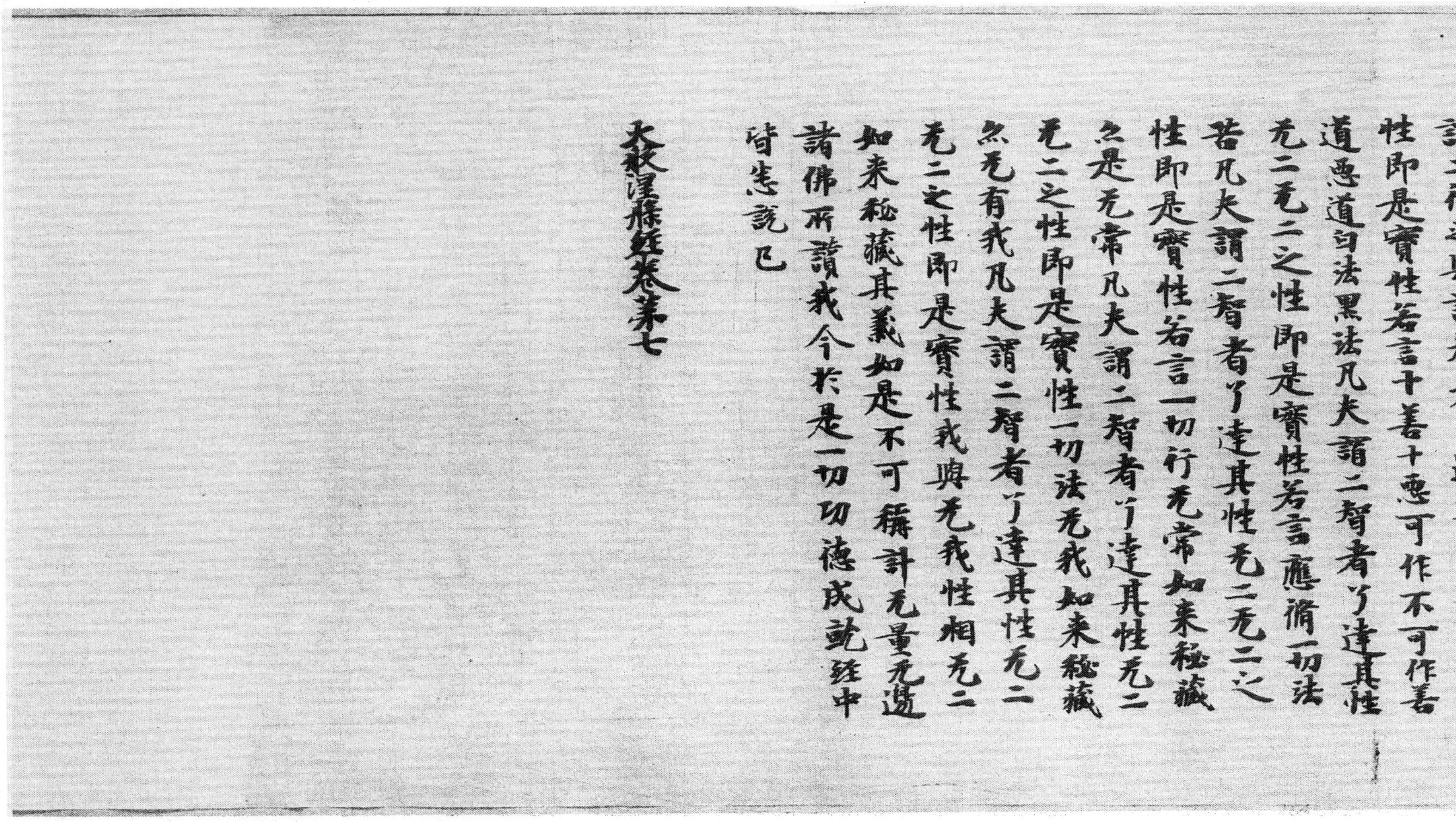

謂二行之與謂智者了達其性

性即是實性若言十善十惡可作不可作善

道惡道白法黑法凡夫謂二智者了達其性

无二无二之性即是實性若言應修一切法

苦凡夫謂二智者了達其性无二无二之

性即是實性若言一切行无常如來秘藏

亦是无常凡夫謂二智者了達其性无二

无二之性即是實性一切法无我如來秘藏

亦无有我凡夫謂二智者了達其性无二

无二之性即是實性我與无我性相无二

如來秘藏其義如是不可稱計无量无邊

諸佛所讚我今於是一切功德成就經中

皆悉說已

大般涅槃經卷第七

BD13845 號　大般涅槃經（北本　異卷）卷七　　（28–27）

如來秘藏其義如是不可稱計无量无邊

諸佛所讚我今於是一切功德成就經中

皆悉說已

大般涅槃經卷第七

BD13845 號　大般涅槃經（北本　異卷）卷七　　（28–28）

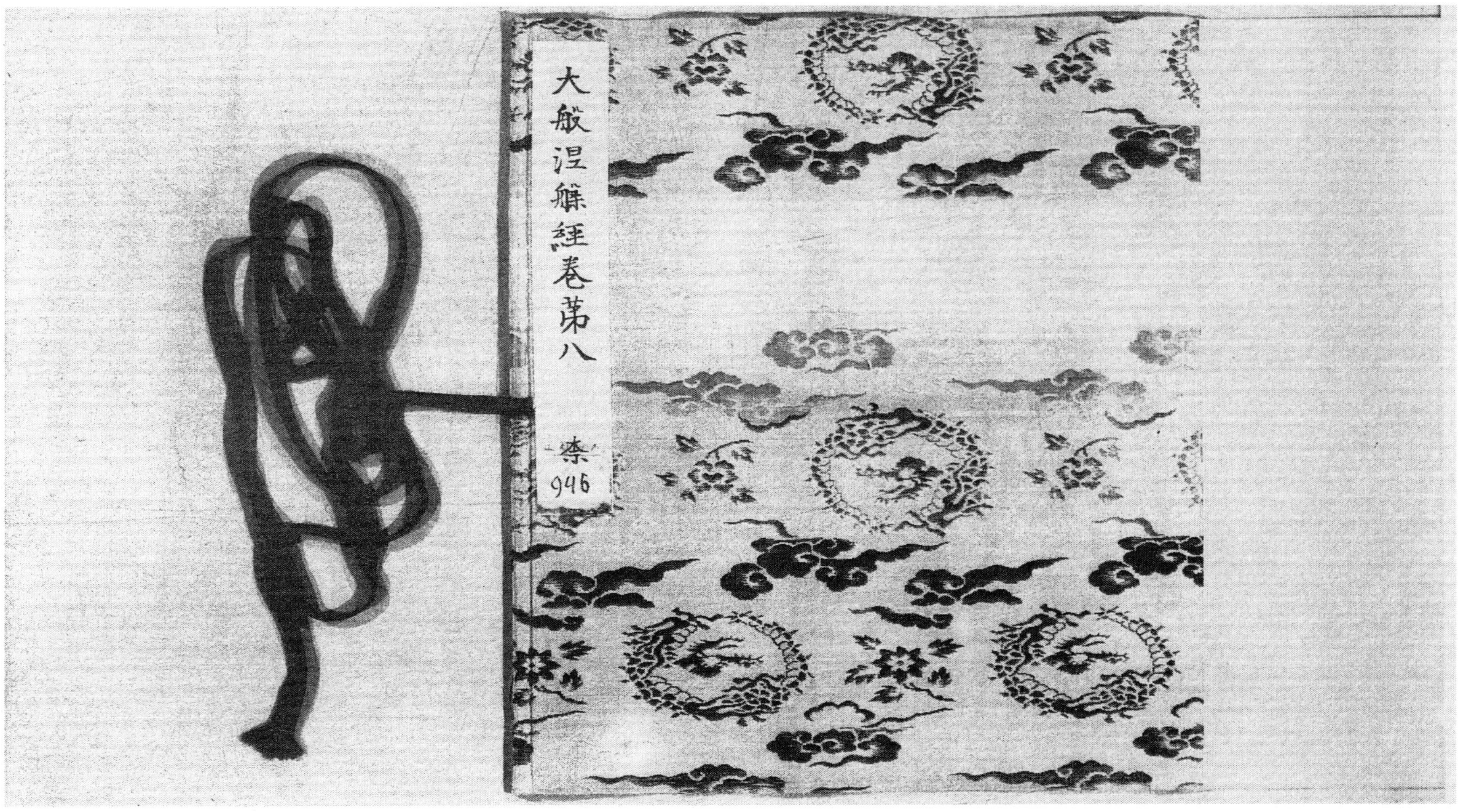

BD13846 號背　現代護首　　　　（1–1）

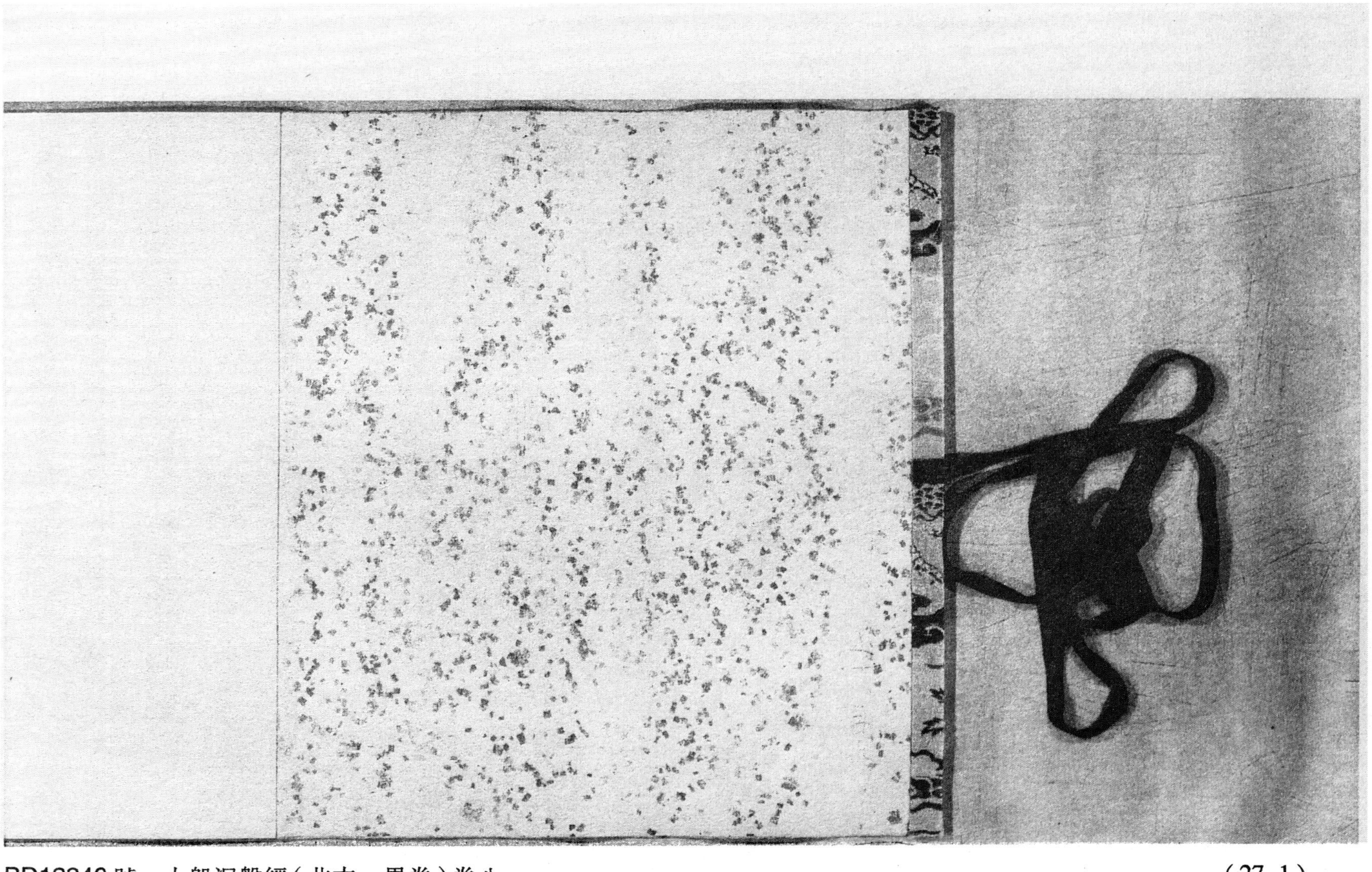

BD13846 號　大般涅槃經（北本　異卷）卷八　　　　（27–1）

大般涅槃經卷第八
善男子我與无我性相无二汝應如是受持
頂戴善男子汝亦應堅持憶念如是經典
如我先於摩訶般若波羅蜜經中說我无我
无有二相如因乳生酪得生蘇因生蘇得
熟蘇因熟蘇得醍醐如是酪性為從乳生
為從自生從他生耶乃至醍醐亦復如是若
從他生即是他作非是乳生若非乳生乳无
所為若自生者不應相似相續而生若相續
生則不俱生若不俱生五種之味則不一時
雖不一時定復不從餘處來也當知乳中先

BD13846號　大般涅槃經（北本　異卷）卷八　（27–2）

從他生即是他作非是乳生若非乳生乳无
所為若自生者不應相似相續而生若相續
生則不俱生若不俱生五種之味則不一時
雖不一時定復不從餘處來也當知乳中先
有酪相甘味多故不能自變乃至醍醐亦復
如是是牛食噉水草因緣血脉轉變而得成
乳若食甘草其乳則甜若食苦草乳則苦味
雪山有草名曰肥膩牛若食者純得醍醐无
有青草赤白黑色穀草因緣其乳則有色味
之異是諸衆生以明无明業因緣故生於二
相若无明轉則變為明一切諸法善不善等
亦復如是无有二相
迦葉菩薩白佛言世尊如佛所說乳中有酪
是義云何世尊若言乳中定有酪相以微細
故不可見者云何說言從乳因緣而生於酪
法若本无則名為生如其已有云何言生若
言乳中定有酪相百草之中亦應有乳如是
乳中亦應有草若言乳中定无酪者云何因
乳而得生酪若法本无而後生者何故乳中
不生於草善男子不可定言乳中有酪乳中
无酪亦不可說從他而生若言乳中定有酪
者云何而得體味各異是故不可說言乳中
定有酪性若言乳中定无酪者乳中何故不
生兎角毒乳中酪則煞人是故不可說言
乳中定无酪性若言是酪從他生者何故水
中不生於酪是故不可說言酪從他生善男

BD13846號　大般涅槃經（北本　異卷）卷八　（27–3）

者云何而得體味各異是故不可說言乳中
定有酪性若言乳中定无酪者乳中何故不
生兔角毒置乳中酪則煞人是故不可說言
乳中定无酪性若言是酪從他生者何故水
中不生於酪是故不可說言酪從他生善男
子是牛食噉草因緣故血則變白草血滅已
眾生福力變而成乳是乳雖從草血而出不
得言二唯得名為從因緣生酪至醍醐亦復
如是以是義故得名牛味是乳滅已因緣成
酪何等因緣若酢若暖是故得名從因緣有
乃至醍醐亦復如是是故不得定言乳中无
有酪相從他生者離乳而有无有是處善男
子明與无明亦復如是若與煩惱諸結俱者
名為无明若與一切善法俱者名之為明是
故我言无有二相以是因緣我先說言雪山
有草名曰肥膩牛若食者即成醍醐佛性亦
尒善男子眾生薄福不見是草佛性亦尒煩
惱覆故眾生不見譬如大海雖同一鹹其中
亦有上妙之水味同於乳喻如雪山雖復成
就種種功德多生諸藥亦有毒草諸眾生身
亦復如是雖有四大毒蛇之種其中亦有妙
藥大王所謂佛性非是作法但為煩惱客塵
所覆若剎利婆羅門毗舍首陀能斷除者即
見佛性成无上道譬如虛空震雷起雲一切
象牙上皆生華若无雷震華則不生亦无名
字眾生佛性亦復如是常為一切煩惱所覆

BD13846號　大般涅槃經（北本　異卷）卷八　（27–4）

所覆若剎利婆羅門毗舍首陀能斷除者即
見佛性成无上道譬如虛空震雷起雲一切
象牙上皆生華若无雷震華則不生亦无名
字眾生佛性亦復如是常為一切煩惱所覆
不可得見是故我說眾生无我若得聞是大
般涅槃微妙經典則見佛性如象牙華雖聞
契經一切三昧不聞是經不知如來微妙之
相如无雷時象牙上華不可得見聞是經已
即知一切如來所說祕藏佛性喻如天雷見
象牙華聞是經已即知一切无量眾生皆有
佛性以是義故說大涅槃名為如來祕密之
藏增長法身猶如雷時象牙上華以能長養
如是大義故得名為大般涅槃若有善男子
善女人有能習學是大涅槃微妙經典當
知是人能報佛恩真佛弟子
迦葉菩薩復白佛言甚奇世尊所言佛性甚
深甚深難見難入聲聞緣覺所不能服佛言
善男子如是如是如汝所歎不違我說迦葉
菩薩白佛言世尊佛性者云何甚深難見難
入佛言善男子如百盲人為治目故造詣良
醫是時良醫即以金錍決其眼膜以一指示
問言見不盲人答言我猶未見復以二指三指
示之乃言少見善男子是大涅槃微妙經典
如來未說亦復如是无量菩薩雖具足行諸
波羅蜜乃至十住猶未能見所有佛性如來
既說即便少見是菩薩摩訶薩既得見已咸

BD13846號　大般涅槃經（北本　異卷）卷八　（27–5）

亦之乃言少見善男子是大涅槃微妙經典
如來未說亦復如是无量菩薩雖具足行諸
波羅蜜乃至十住猶未能見所有佛性如來
既說即便少見是菩薩摩訶薩既得見已咸
作是言甚奇世尊我等流轉无量生死常為
无我之所惑亂善男子如是菩薩位階十地
尚不了了知見佛性何況聲聞緣覺之人能
得見耶復次善男子譬如仰觀虛空鵝鴈為
是虛空為是鵝鴈諦觀不已髣髴見之十住
菩薩於如來性知見少分亦復如是況復聲
聞緣覺之人能得知見善男子譬如醉人欲
涉遠路矇矓見道十住菩薩於如來性知見
少分亦復如是善男子譬如渴人行於曠野
是人渴逼遍行求水見有叢樹樹有白鶴是
人迷悶不能分別是樹是水諦觀不已乃見
白鶴及以叢樹善男子十住菩薩於如來性
知見少分亦復如是善男子譬如有人在大
海中乃至无量百千由旬遠望大舶樓櫓臺
閣即作是念彼是樓櫓為是虛空久視乃至
必定之心知是樓櫓十住菩薩於自身中見
如來性亦復如是善男子譬如王子身極軟
弱通夜遊戲至明清旦目視一切悉不明了
十住菩薩雖於己身見如來性亦復如是不
大明了復次善男子譬如臣吏王事所拘逼
夜還家電明暫發因見牛聚即作是念為是
牛耶聚雲屋舍是人久視雖生牛想猶不審

BD13846號　大般涅槃經（北本　異卷）卷八　（27-6）

弱通夜遊戲至明清旦目視一切悉不明了
十住菩薩雖於己身見如來性亦復如是不
大明了復次善男子譬如臣吏王事所拘逼
夜還家電明暫發因見牛聚即作是念為是
牛耶聚雲屋舍是人久視雖生牛想猶不審
定十住菩薩雖於己身見如來性未能審定
亦復如是復次善男子如持戒比丘觀无虫
水而見虫相即作是念此中動者為是虫耶
是塵土耶久視不已雖知是塵亦不明了十
住菩薩於己身中見如來性亦復如是不大
明了復次善男子譬如有人於陰闇中遠見
小兒即作是念彼為是牛鷲鳥人耶久觀不
已雖見小兒猶不明了十住菩薩於己身分
見如來性亦復如是不大明了復次善男子
譬如有人於夜闇中見畫菩薩像即作是念
是菩薩像自在天像大梵天像成染衣耶是
人久觀雖復意謂是菩薩像亦不明了十住菩
薩於己身分見如來性亦復如是不大明了
善男子所有佛性如是甚深難得知見唯佛
能知非諸聲聞緣覺所及善男子智者應作
如是分別知如來性迦葉菩薩白佛言世尊
佛性如是微細難知云何肉眼而能得見佛
告迦葉善男子如彼非想非非想天亦非二
乘所能得知隨順契經以信故知善男子聲
聞緣覺信順如是大涅槃經自知己身有如
來性亦復如是善男子是故應當精勤脩習

BD13846號　大般涅槃經（北本　異卷）卷八　（27-7）

佛性如是微細難知云何肉眼而能得見佛
告迦葉善男子如彼非想非非想天亦非二
乘所能得知隨順契經以信故知善男子聲
聞緣覺信順如是大涅槃經自知己身有如
來性亦復如是善男子是故應當精勤脩習
大涅槃經善男子如是佛性唯佛能知非諸
聲聞緣覺所及
迦葉菩薩白佛言世尊非聖凡夫有衆生性
皆說有我佛言譬如二人共為親友一是王
子一是貧賤如是二人來相往返是時貧人
見是王子有一好刀淨妙第一心中貪著王
子後時捉持是刀逃至他國於是貧人後於
他家奇[寄]臥止宿即於眠中寱語刀刀傍人聞
之收至王所時王問言汝言刀者何處得邪
是人具以上事荅王王今設使屠割臣身分
張手足欲得刀者實不可得臣與王子素為
親厚先與一處雖曾眼見乃至不敢以手棠
觸況當故取王復問言卿見刀時相貌何類
荅言大王臣所見者如羖羊角王聞是已欣
然而咲語言汝今隨意所至莫生憂怖我庫
藏中都无是刀況汝乃於王子邊見時王即
問諸群臣言汝等曾見如是刀不言已崩背
尋立餘子紹繼王位復問輔臣卿等曾於官
藏之中見是刀不諸臣荅言臣等曾見覆復
問言其狀何似荅言大王如羖羊角王言我
庫藏中何處當有如是相刀次第四王皆悉
撿校求索不得卻後數時先[illegible]

BD13846號　大般涅槃經（北本　異卷）卷八

（27-8）

問諸群臣言汝等曾見如是刀不言已崩背
尋立餘子紹繼王位復問輔臣卿等曾於官
藏之中見是刀不諸臣荅言臣等曾見覆復
問言其狀何似荅言大王如羖羊角王言我
庫藏中何處當有如是相刀次第四王皆悉
撿校求索不得卻後數時先逃王子從他國
還來至本土復得為王既登王位復問諸臣
汝見刀不荅言大王臣等皆見覆復問言其
狀何似荅言大王其色清淨如優鉢羅華復
有荅言形如羊角復有說言其色紅赤猶如
火聚復有荅言猶如黑蛇時王大咲卿等皆
悉不見我刀真實之相善男子菩薩摩訶薩
亦復如是出現於世說我真相說已捨去喻
如王子持淨妙刀逃至他國凡夫愚人說言
一切有我有我如彼貧人止宿他舍寱語刀
刀聲聞緣覺問諸衆生我有何相荅言我見
我相大如拇指或言如米或如稗子有言我
相住在心中熾然如日如是衆生不知我相
喻如諸臣不知刀相菩薩如是說於我法凡
夫不知種種分別妄作我相如問刀相荅似
羊角是諸凡夫次第相續而起邪見為斷如
是諸邪見故如來示現說於无我喻如王子
語諸臣言我庫藏中无如是刀善男子今
日如來所說真我名曰佛性如是佛性我佛
法中喻如淨刀善男子若有凡夫能善說者
即是隨順无上佛法若有善能分別隨順宣

BD13846號　大般涅槃經（北本　異卷）卷八

（27-9）

語諸臣言我庫藏中无如是刀善男子今
日如來所說真我名曰佛性如是佛性我佛
法中喻如淨刀善男子若有凡夫能善說者
即是隨順无上佛法若有善能分別隨順宣
說是者當知即是菩薩相貌善男子所有種
種異論呪術言語文字皆是佛說非外道說
迦葉菩薩白佛言世尊云何如來說字根本
佛言善男子說初半字以為根本持諸記論
呪術文章諸陰實法凡夫之人學是字本
然後能知是法非法迦葉菩薩復白佛言
世尊所言字者其義云何善男子有十四
音名為字義所言字者名曰涅槃常故不
流若不流者則為无盡夫无盡者即是如
來金剛之身是十四音名曰字本噁者不破
壞故不破壞者名曰三寶喻如金剛又復
噁者不流故不流者即是如來如來九孔无
所流故是故不流又无九孔是故不流不流
即常常即如來如來无作是故不流 又復噁
者名為功德功德者即是三寶是故名噁阿
者名阿闍梨阿闍梨者義何謂邪於世間中
得名聖者何謂為聖聖名无著少欲知足亦
名清淨能度眾生於三有流生死大海是名
為聖又復阿者名曰制度脩持淨戒隨順威
儀又復阿者名依聖人應學威儀進止舉動
供養恭敬礼拜三尊孝養父母及學大乘善
男女等具持禁戒及諸菩薩摩訶薩等是

BD13846號　大般涅槃經（北本　異卷）卷八　（27–10）

名清淨能度眾生於三有流生死大海是名
為聖又復阿者名曰制度脩持淨戒隨順威
儀又復阿者名依聖人應學威儀進止舉動
供養恭敬礼拜三尊孝養父母及學大乘善
男女等具持禁戒及諸菩薩摩訶薩等是
名聖人又復阿者名曰教誨如言如來如是應
作如是莫作若有能遮非威儀法是名聖人
是故名阿億者即是佛法梵行廣大清淨无
垢喻如滿月汝等如是應作不作是義非義
此是佛說此是魔說是故名億伊者佛法微
妙甚深難得如自在天大梵天王法名自在
若能持者則名護法又自在者名四護世是
四自在則能攝護大涅槃經亦能自在敷
揚宣說又復伊者能為眾生自在說法復次
伊者為自在故說何等是邪所謂脩習方等
經典復次伊者為斷嫉妬如除稗穢皆悉能
令變成吉祥是故名伊郁者於諸經中最上
最勝增長上上謂大涅槃復次郁者如來之
性聲聞緣覺所未曾聞如一切處北欝單
越最為殊勝菩薩若能聽受是經於一切眾生
最為殊勝以是義故是經得名最上最勝是
故名郁優者喻如牛乳諸味中上如來之性
亦復如是於諸經中最尊最上若有誹謗當
知是人與牛无別復次優者是人名為无慧
正念誹謗如來微密祕藏當知是人甚可憐
愍遠離如來祕密之藏說无我法是故名優
婆皆[illegible]

BD13846號　大般涅槃經（北本　異卷）卷八　（27–11）

故名有優者喻如牛乳諸味中上如來之性
亦復如是於諸經中最尊最上若有誹謗當
知是人與牛无別復次優者是人名為无慧
正念誹謗如來微密秘藏當知是人甚可憐
愍遠離如來秘密之藏說无我法是故名優
啞者即是諸佛法性涅槃是故名啞默者謂
如來義復次默者如來進止屈申舉動无不
利益一切衆生是故名默烏者名煩惱義煩
惱者名曰諸漏如來永斷一切煩惱是故名
烏炮者謂大乘義於十四音是究竟義大乘
經典亦復如是於諸經論最為究竟是故名
炮菴者能遮一切諸不淨物於佛法中能捨
一切金銀寶物是故名菴阿者名勝乘義何
以故此大乘典大涅槃經於諸經中最為殊
勝是故名阿迦者於諸衆生起大慈悲生於
子想如羅睺羅作妙善義是故名迦佉者名
非善友非善友者名為雜穢不信如來秘密
之藏是故名佉伽者名藏藏者即是如來祕
藏一切衆生皆有佛性是故名伽恒者如來
常音何等名為如來常音所謂如來常住不
變是故名恒俄者一切諸行破壞之相是故名
俄遮者即是脩義調伏一切諸衆生故
名為脩義是故名遮車者如來覆蔭一切衆生
喻如大蓋是故名車闍者是正解脫无有老
相是故名闍饍者煩惱繁茂喻如稠林是故
名饍若者是智慧義知真法性是故名若咤
者於閻浮提示現半身而演說法喻如半月

BD13846號　大般涅槃經（北本　異卷）卷八　（27–12）

名為脩義是故名遮車者如來覆蔭一切衆生
喻如大蓋是故名車闍者是正解脫无有老
相是故名闍饍者煩惱繁茂喻如稠林是故
名饍若者是智慧義知真法性是故名若咤
者於閻浮提示現半身而演說法喻如半月
是故名咤侘者法身具足喻如滿月是故名
侘荼者是愚癡僧不知常與无常喻如小兒
是故名荼袒者不知師恩喻如羝羊是故名
袒拏者非是聖義喻如外道是故名拏多者
如來於彼告諸比丘宜離驚畏當為汝等說
微妙法是故名多他者名愚癡義衆生流轉
生死纏裹如蠶蜣蜋是故名他陀者名曰大
施所謂大乘是故名陀彈者稱讚功德所謂
三寶如須弥山高峻廣大无有傾倒是故名
彈那者三寶安住无有傾動喻如門閫是故
名那波者名顛倒義若言三寶悉是滅盡當
知是人為自疑惑是故名波頗者是世間災
若言世間災起之時三寶亦盡當知是人
愚癡无智違失聖旨是故名頗婆者名佛
十力是故名婆滼者名為重擔堪任荷負无
上正法當知是人是大菩薩是故名滼摩者
是諸菩薩嚴峻制度所謂大乘大般涅槃是
故名摩虵者是諸菩薩在在處處為諸衆
生說大乘法是故名虵囉者能壞貪欲瞋
恚愚癡說真實法是故說囉羅者聲（名）聞
乘動轉不住大乘安固无有傾動捨聲聞乘
精勤脩習无上大乘是故名羅和者如來世

BD13846號　大般涅槃經（北本　異卷）卷八　（27–13）

是諸菩薩嚴峙制度所謂大乘大般涅槃是
故名摩虵者是諸菩薩在在處處為諸眾
生說大乘法是故名虵囉者能壞貪欲瞋
恚愚癡說真實法是故說囉羅者名聲聞
乘動轉不住大乘安固无有傾動捨聲聞乘
精勤脩習无上大乘是故名羅和者如來世
尊為諸眾生雨大法雨所謂世間呪術經
書是故名和奢者遠離三箭是故名奢沙
者名具足義若能聽是大涅槃經則為已得
聞持一切大乘經典是故名沙娑者為諸眾
生演說正法令心歡喜是故名娑呵者名心
歡喜奇哉世尊離一切行怪哉如來入般涅
槃是故名呵荼者名曰魔義无量諸魔不能
毀壞如來秘藏是故名荼復次荼者乃至示
現隨順世間有父母妻子是故名荼魯流盧
樓如是四字說有四義謂佛法僧及以對法
言對法者隨順世間如提婆達示現壞僧化
作種種形貌色像為制戒故智者了達不應
於此而生怖畏是名隨順世間之行以是故
名魯流盧樓吸氣舌根隨鼻之聲長短超聲
隨音解義皆因舌齒而有差別如是字義能
令眾生口業清淨眾生佛性則不如是假於
文字然後清淨何以故性本淨故雖復處在
陰入界中則不同於陰入界也是故眾生悉
應歸依諸菩薩等以佛性故等視眾生无有
差別是故半字於諸經書記論文章而為根
本又半字義皆是煩惱言說之本故名半字

BD13846號　大般涅槃經（北本　異卷）卷八　（27–14）

令眾生口業清淨眾生佛性則不如是假於
文字然後清淨何以故性本淨故雖復處在
陰入界中則不同於陰入界也是故眾生悉
應歸依諸菩薩等以佛性故等視眾生无有
差別是故半字於諸經書記論文章而為根
本又半字義皆是煩惱言說之本故名半字
滿字者乃是一切善法言說之根本也譬如
世間為惡之者名為半人脩善之者名為滿
人如是一切經書記論皆因半字而為根本
若言如來及正解脫入於半字是事不然何
以故離文字故是故如來於一切法无閡无
著真得解脫何等名為解了字義有知如
來出現於世能滅半字是故名為解了字義若
有隨逐半字義者是人不知如來之性何等
名為无字義邪親近脩習不善法者是名无
字又无字者雖能親近脩習善法不知如來
常與无常恒與非恒及法僧二寶律與非律
經與非經魔說佛說若有不能如是分別是
名隨逐无字義也我今已說如是隨逐无字
之義善男子是故汝今應離半字善解滿字
迦葉菩薩白佛言世尊我等應當善學字數
今我值遇无上之師已受如來殷勤誨勅佛
讚迦葉善哉善哉樂正法者應如是學
尒時佛告迦葉菩薩善男子鳥有二種一名迦
隣提二名鴛鴦遊止共俱不相捨離是苦
无常无我等法亦復如是不得相離迦葉菩
薩白佛言世尊云何是苦无常无我如彼鴛

BD13846號　大般涅槃經（北本　異卷）卷八　（27–15）

讃迦葉善哉善哉樂正法者應如是學
尒時佛告迦葉菩薩善男子烏有二種一名迦
隣提二名鴛鴦遊止共俱不相捨離是苦
无常无我等法亦復如是不得相離迦葉菩
薩白佛言世尊云何是苦无常无我如彼鴛
鴦迦隣提鳥佛言善男子異法是苦異法是
樂異法是常異法无常異法是我異法无我
譬如稻米異於麻麦麻麦復異豆粟甘蔗
如是諸種從其萌牙乃至華葉皆是无常
果實成熟人受用時乃名為常何以故性真
實故迦葉白佛言世尊如是等物若是常者
同如来邪佛言善男子汝今不應作如是說
何以故若言如来如須弥山劫壊之時須弥
崩倒如来尒時豈同壊邪善男子汝今不應
受持是義善男子一切諸法唯除涅槃更无
一法而是常者直以世諦言果實常迦葉菩
薩白佛言世尊善哉善哉如佛所說佛告迦
葉如是如是善男子雖脩一切契經諸定乃
至未聞大涅槃時皆言一切悉是无常聞是
經已雖有煩惱如无煩惱即能利益一切人
天何以故曉了已身有佛性故是名為常復
次善男子如菴羅樹其華始敷名无常相若
成果實多所利益乃名為常如是善男子雖
脩一切契經諸定未聞如是大涅槃時咸言
一切悉是无常聞是經已雖有煩惱如无煩
惱即能利益一切人天何以故曉了已身有
[illegible]

BD13846號　大般涅槃經（北本　異卷）卷八　（27–16）

成果實多所利益乃名為常如是善男子雖
脩一切契經諸定未聞如是大涅槃時咸言
一切悉是无常聞是經已雖有煩惱如无煩
惱即能利益一切人天何以故曉了已身有
佛性故是名為常復次善男子譬如金鑛消
融之時是无常相融已成金多所利益乃名
為常如是善男子雖脩一切契經諸定未聞
如是大涅槃時咸言一切悉是无常聞是經
已雖有煩惱如无煩惱即能利益一切人天
何以故曉了自身有佛性故是名為常復次
善男子譬如胡麻未被押時名曰无常既押
成油多有利益乃名為常善男子雖脩一切
契經諸定未聞如是大涅槃時咸言一切悉
是无常聞是經已雖有煩惱如无煩惱即能
利益一切人天何以故曉了已身有佛性故是
名為常復次善男子譬如衆流皆歸於海
一切契經諸定說三昧皆歸大乘大涅槃經何
以故究竟善有佛性故善男子是故我言
異法是常異法无常乃至无我亦復如是
迦葉菩薩白佛言世尊如来已離憂悲毒箭
憂悲者名之為天如来非天憂悲者名人如来
非人憂悲者廿五有如来非廿五有是故如
来无有憂悲何故稱言如来憂悲善男子
无想天者名為无想若无想者則无壽命
若无壽命云何而有陰界諸入以是義故无
想天壽不可說言有所住處善男子譬如樹
神依樹而住[illegible]

BD13846號　大般涅槃經（北本　異卷）卷八　（27–17）

來无有憂悲何故稱言如來憂悲善男子
无想天者名為无想若无想者則无壽命
若无壽命云何而有陰界諸入以是義故无
想天壽不可說言有所住處善男子譬如樹
神依樹而住不得定言依枝依節依莖依葉
雖无定所不得言无无想天壽亦復如是善
男子佛性亦尒甚深難解如來實无憂悲苦
惱而於衆生起大慈悲現有憂悲視諸衆生
如羅睺羅復次善男子无想天中所有壽命
唯佛能知非餘所及乃至非想非非想處亦
復如是迦葉如來之性清淨无染猶如化身
何處當有憂悲苦惱若言如來无憂悲者云
何能利一切衆生弘廣佛法若言无者云何
而言等視衆生如羅睺羅若不等視如羅睺
羅如是之言則為虛妄以是義故善男子佛
不可思議法不可思議衆生佛性不可思議无
想天壽不可思議如來有憂及以无憂是佛
境界非諸聲聞緣覺所知善男子譬如空中
舍宅微塵不可住立若言舍宅不因空住无
有是處以是義故不可說舍宅於虛空不住
虛空凡夫之人雖復說言舍住虛空而是虛
空實无所住何以故性无住故善男子心亦如
是不可說言住陰界入及以不住无想天壽
亦復如是如來憂悲亦復如是若无憂悲
云何說言等視衆生如羅睺羅若言有者復
云何言性同虛空善男子譬如幻師雖復化

BD13846號　大般涅槃經（北本　異卷）卷八　（27–18）

空實无所住何以故性无住故善男子心亦如
是不可說言住陰界入及以不住无想天壽
亦復如是如來憂悲亦復如是若无憂悲
云何說言等視衆生如羅睺羅若言有者復
云何言性同虛空善男子譬如幻師雖復化
作種種宮殿煞生長養繫縛放捨及作金銀
瑠璃寶物藂林樹木都无實性如來亦尒隨
順世閒示現憂悲无有真實善男子如來已
入於般涅槃云何當有憂悲苦惱若謂如來
入於涅槃是无常者當知是人則有憂悲若
謂如來不入涅槃常住不變當知是人无有
憂愁如來有愁及以无愁无能知者復次善
男子譬如下人能知下法不知中上中者知
中不知於上上者知上知及中下聲聞緣覺
亦復如是齊知自地如來不尒悉知自地及
以他地是故如來名无閡智示現幻化隨順
世閒凡夫肉眼謂是真實而欲盡知如來无
閡无上智者无有是處有愁无愁唯佛能
知以是因緣異法有我異法无我是名鴛鴦
迦隣提鳥性
復次善男子佛法猶知鴛鴦共行是迦隣提
及鴛鴦鳥盛夏水漲選擇高原安處其子
為長養故然後隨本安隱而遊如來出世亦復
如是化无量衆生令住正法如彼鴛鴦迦隣
提鳥選擇高原安置其子如來亦尒令諸衆
生所作辦已即便入於大般涅槃善男子是

BD13846號　大般涅槃經（北本　異卷）卷八　（27–19）

為長養故然後隨夲安隱而遊如來出世亦復
如是化无量衆生令住正法如彼鴛鴦迦隣
提鳥選擇高原安置其子如來亦尒令諸衆
生所作辦已即便入於大般涅槃善男子是
名異法是苦異法是樂諸行是苦涅槃是樂
第一微妙壞諸行故迦葉菩薩白佛言世尊
云何衆生得涅槃者名第一樂佛言善男子
如我所說諸行和合名為老死
謹慎无放逸　是處名甘露　放逸不謹慎　是名為死句
若不放逸者　則得不死處　如其放逸者　常趣於死路
若放逸者名為有為法是有為法為第一苦不
放逸者則名涅槃彼涅槃者名為甘露第一
寂樂若趣諸行是名死處受第一苦若至涅
槃則名不死受寂妙樂若不放逸雖集諸行
是亦名為常樂不死不破壞身云何放逸云
何不放逸非聖凡夫是名放逸常死之法出
世聖人是不放逸无有老死何以故入於第
一常樂涅槃以是義故異法是苦異法是樂
異法是我異法无我如人在地仰觀虛空
不見鳥跡善男子衆生亦尒无有天眼在煩惱
中而不自見有如來性是故我說无我密教
所以者何无天眼者不知真我橫計我故因
諸煩惱所造有為即是无常是故我說異
法是常異法无常
精勤勇健者　若處於山頂　平地及曠野　常見諸凡夫
昇大智慧殿　无上微妙臺　既自除憂患　亦見衆生憂

BD13846號　大般涅槃經（北本　異卷）卷八　（27–20）

所以者何无天眼者不知真我橫計我故因
諸煩惱所造有為即是无常是故我說異
法是常異法无常
精勤勇健者　若處於山頂　平地及曠野　常見諸凡夫
昇大智慧殿　无上微妙臺　既自除憂患　亦見衆生憂
如來悉斷无量煩惱住智慧山見諸衆生常
在无量億煩惱中迦葉菩薩白佛言世尊如
偈所說是義不然何以故入涅槃者无憂
无喜云何得昇智慧臺殿復當云何住在山頂
而見衆生佛言善男子智慧殿者即名涅槃
无憂慼者謂如來也有憂慼者名凡夫人以
凡夫憂故如來无憂須弥山頂者謂正解脫
勤精進者喻須弥山无有動轉地謂有為行
也是諸凡夫安住是地造作諸行其智慧者
則名正覺離有常住故名如來如來愍念无
量衆生常為諸有毒箭所中是故名為如來
有憂迦葉菩薩白佛言世尊若使如來有憂
慼者則不得稱為等正覺佛言迦葉皆有因
緣隨有衆生應受化處如來於中示現受生
雖現受生而實无生是故如來名常住法如
迦隣提鴛鴦等鳥
復次善男子譬如有人見月不現皆言月沒
而作沒想而此月性實无沒也轉現他方彼
處衆生復謂月出而此月性實无出也何以
故以須弥山障故不現其月常生性无出沒
如來應正遍知亦復如是出於三千大千世

BD13846號　大般涅槃經（北本　異卷）卷八　（27–21）

復次善男子譬如有人見月不現皆言月沒
而作沒想而此月性實无沒也轉現他方彼
處衆生復謂月出而此月性實无出也何以
故以須弥山障故不現其月常生性无出沒
如來應正遍知亦復如是出於三千大千世
界或閻浮提示有父母衆生皆謂如來生於
閻浮提內或閻浮提示現涅槃如來之性實
无涅槃而諸衆生皆謂如來實般涅槃喻如
月沒善男子如來之性實无生滅爲化衆生
故示生滅善男子如此滿月餘方見半此方
半月餘方見滿閻浮提人若見月初皆謂一
日起初月想見月盛滿謂十五日生盛滿想而
此月性實无虧盈回須弥山而有增減善男
子如來亦尒於閻浮提或現初生或示涅
槃現始生時猶如月初一切皆謂童子初生
行於七步如二日月或復示現入於書堂如
三日月示現出家如八日月放大智慧徵
妙光明能破无量衆生魔衆如十五日盛滿之
月或復示現卅二相八十種好以自莊嚴而
現涅槃喻如月蝕如是衆生所見不同或見
半月或見滿月或見月蝕而此月性實无增
減蝕噉之者常是滿月如來之身亦復如是
是故名爲常住不變復次善男子喻如滿月
一切悉現在在處處城邑聚落山澤水中若
井若池若究若鑊一切皆現有諸衆生行百
由旬百千由旬見月常隨凡夫愚人妄生憶

BD13846號　大般涅槃經（北本　異卷）卷八　（27–22）

減蝕噉之者常是滿月如來之身亦復如是
是故名爲常住不變復次善男子喻如滿月
一切悉現在在處處城邑聚落山澤水中若
井若池若究若鑊一切皆現有諸衆生行百
由旬百千由旬見月常隨凡夫愚人妄生憶
想言我本於城邑屋宅見如是月今復於此
空澤而見爲是本月爲異於本各作是念月
形大小或如鑊口或復有言大如車輪或言
猶如卌九由旬一切皆見月之光明或見團
圓喻如金盤是月性一種種衆生各見異相
善男子如來亦尒出現於世或有人天而作
是念如來今者在我前住復有衆生亦生是
念如來今者在我前住或有聾瘂亦見如
來有聾瘂相衆生雜類言音各異皆謂如來
悉同已語亦各生念在我舍宅受我供養或有
衆生見如來身廣大无量或見微小或有見
佛是聲聞像或復有見爲緣覺像有諸外
道復各念言如來今者在我法中出家學道
或有衆生復作是念如來今者獨爲我故出現
於世如來實性喻如彼月即是法身是无生
身方便之身隨順於世示現无量本業因緣
在在處處示現有生猶如彼月以是義故如
來常住无有變異復次善男子如羅睺羅阿
脩羅王以手遮月世間諸人咸謂月蝕阿脩
羅王實不能蝕以阿脩羅障其明故是月圓
圓无有虧損但以手障故使不現若攝手時

BD13846號　大般涅槃經（北本　異卷）卷八　（27–23）

来常住无有變異復次善男子如羅睺羅阿
脩羅王以手遮月世間諸人咸謂月蝕阿脩
羅王實不能蝕以阿脩羅障其明故是月團
圓无有虧損但以手障故使不現若攝手時
世間咸謂西已還生皆言是月多受苦惱假
使百千阿脩羅王不能惱之如來亦尒示有
衆生於如來所生麁惡心出佛身血起五逆
罪至一闡提為未來世諸衆生故如是示現
破僧斷法而作留難假使百千无量諸魔不
能侵出如來身血所以者何如來之身无有
血肉筋脉骨髓如來真實實无惱壞衆生
皆謂法僧毀壞如來滅盡而如來性真實无變
无有破壞隨順世間如是示現復次善男子
如二人鬪若以刀杖傷身出血雖至於死不
起煞想如是業相輕而不重於如來所本无
煞心雖出身血是業亦尒輕而不重如來如是
於未來世為化衆生示現業報復次善男子
猶如良醫勤教其子醫方根本此是根藥此
是莖藥此是色藥種種相貌汝當善知其子
敬奉父之所勑精勤習學善解諸藥是醫後
時壽盡命終其子號哭而作是言父本教我
根藥如是莖藥如是華藥如是色相如是如
來亦尒為化衆生示現制戒應當如是受持
莫犯作五逆罪誹謗正法及一闡提為未來
世起是事者是故示現欲令比丘於佛滅後
作如是知此是契經甚深之義此是戒律輕

根藥如是莖藥如是華藥如是色相如是如
來亦尒為化衆生示現制戒應當如是受持
莫犯作五逆罪誹謗正法及一闡提為未來
世起是事者是故示現欲令比丘於佛滅後
作如是知此是契經甚深之義此是戒律輕
重之相此是阿毗曇分別法句如彼醫子復次
善男子如人知月六月一蝕而上諸天須
臾之間已見月蝕何以故彼天日長人間短
故善男子如來亦尒天人咸謂如來短壽如
彼天人須臾之間頻見月蝕如來又於須臾
之間示現百千萬億涅槃斷煩惱魔陰魔死
魔是故百千万億天魔悉知如來入般涅槃
又復示現无量百千先業因緣隨順世間種
種性相示現如是无量无邊不可思議是故
如來常住无變復次善男子譬如明月衆生
樂見是故稱月号為樂見衆生若有貪恚
愚癡則不得稱為樂見也如來如是其性純善
清淨无垢是最可稱為樂見也樂法衆生視
之无猒惡心之人不憙瞻覩以是義故言
如來喻如明月復次善男子譬如日出有三時
異謂春夏冬冬日則短春日處中夏日極長
如來亦尒於此三千大千世界為短壽者及
諸聲聞示現短壽斯等見已咸謂如來壽命
短促喻如冬日為諸菩薩示現中壽若至一劫
若減一劫喻如春日唯佛覩佛其壽无量喻
如夏日善男子如來所說方等大乘微密之

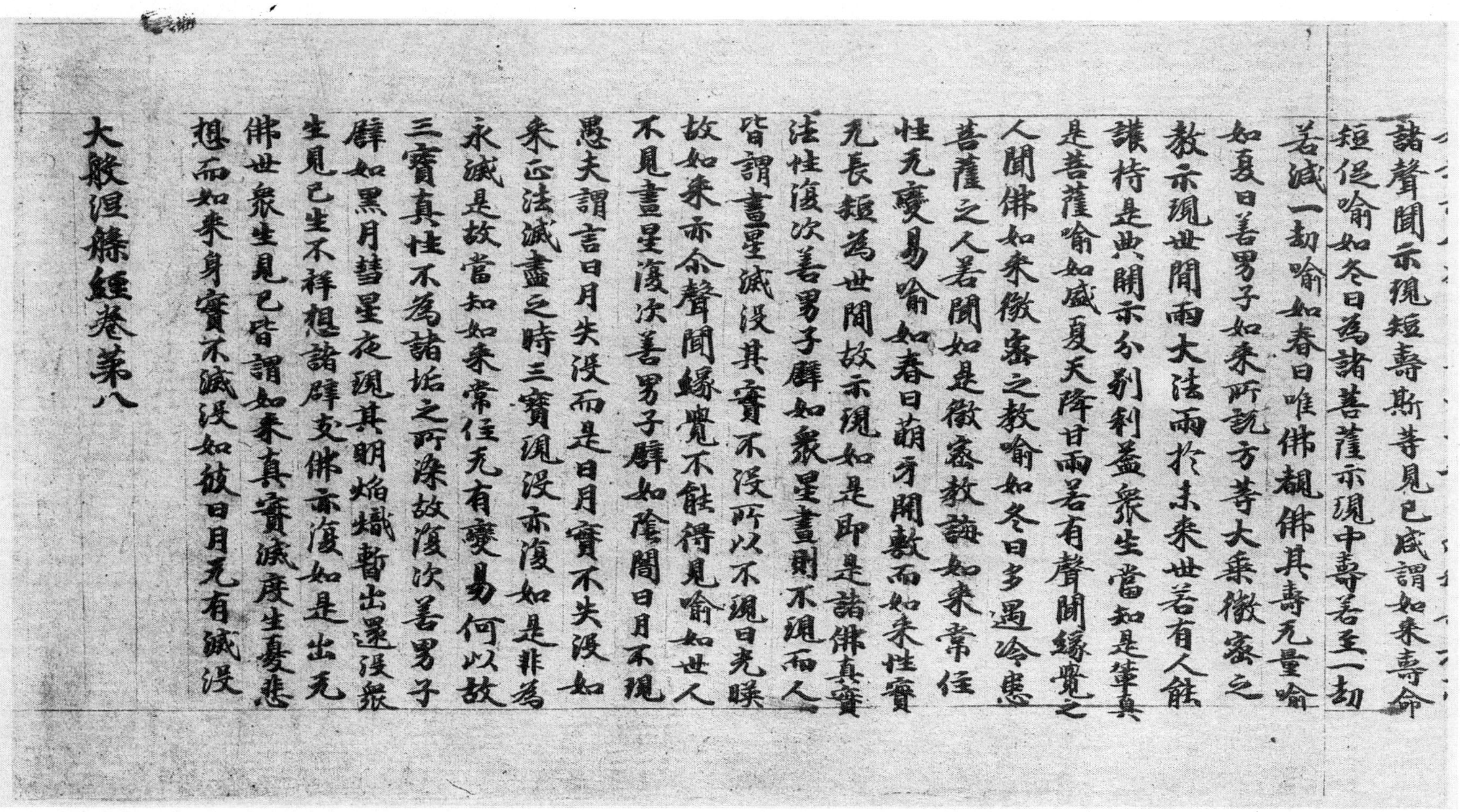
諸聲聞示現短壽斯等見已咸謂如來壽命
短促喻如冬日為諸菩薩示現中壽若至一劫
若減一劫喻如春日唯佛覩佛其壽无量喻
如夏日善男子如來所說方等大乘微密之
教示現世間雨大法雨於未來世若有人能
護持是典開示分别利益衆生當知是等真
是菩薩喻如盛夏天降甘雨若有聲聞緣覺之
人聞佛如來微密之教喻如冬日多遇冷患
菩薩之人若聞如是微密教誨如來常住
性无變易喻如春日萌牙開敷而如來性實
无長短為世間故示現如是即是諸佛真實
法性復次善男子譬如衆星晝則不現而人
皆謂晝星滅沒其實不沒所以不現日光暎
故如來亦尒聲聞緣覺不能得見喻如世人
不見晝星復次善男子譬如陰闇日月不現
愚夫謂言日月失沒而是日月實不失沒如
來正法滅盡之時三寶現沒亦復如是非為
永滅是故當知如來常住无有變易何以故
三寶真性不為諸垢之所染故復次善男子
譬如黑月彗星夜現其明焰熾暫出還沒衆
生見已生不祥想諸辟支佛亦復如是出无
佛世衆生見已皆謂如來真實滅度生憂悲
想而如來身實不滅沒如彼日月无有滅沒

大般涅槃經卷第八

BD13846號　大般涅槃經（北本　異卷）卷八　（27–26）

三寶真性不為諸垢之所染故復次善男子
譬如黑月彗星夜現其明焰熾暫出還沒衆
生見已生不祥想諸辟支佛亦復如是出无
佛世衆生見已皆謂如來真實滅度生憂悲
想而如來身實不滅沒如彼日月无有滅沒

大般涅槃經卷第八

BD13846號　大般涅槃經（北本　異卷）卷八　（27–27）

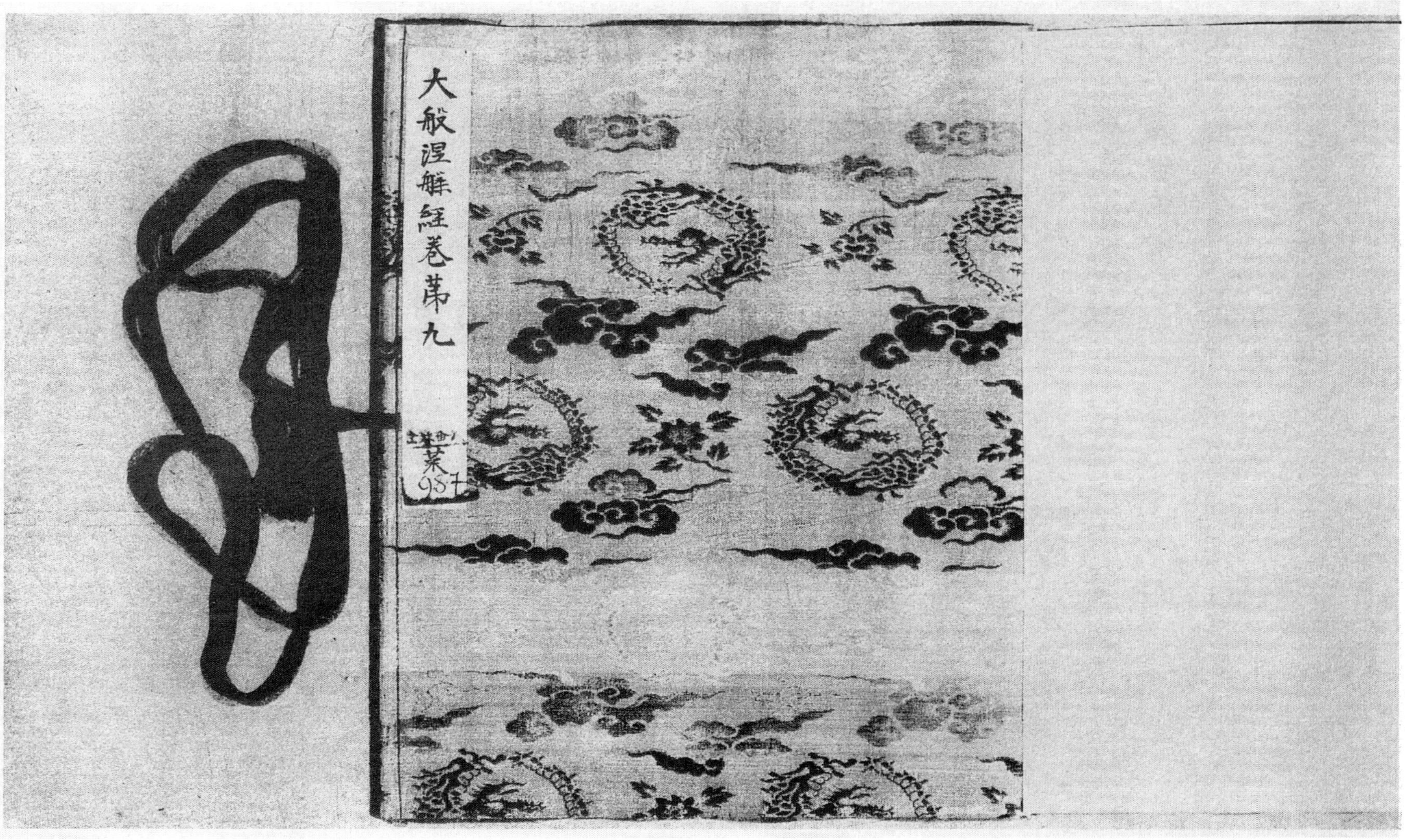

BD13847 號背　現代護首　　　　　　　　　　　　　　　　　　　　　　　　　　　　　　　　（1–1）

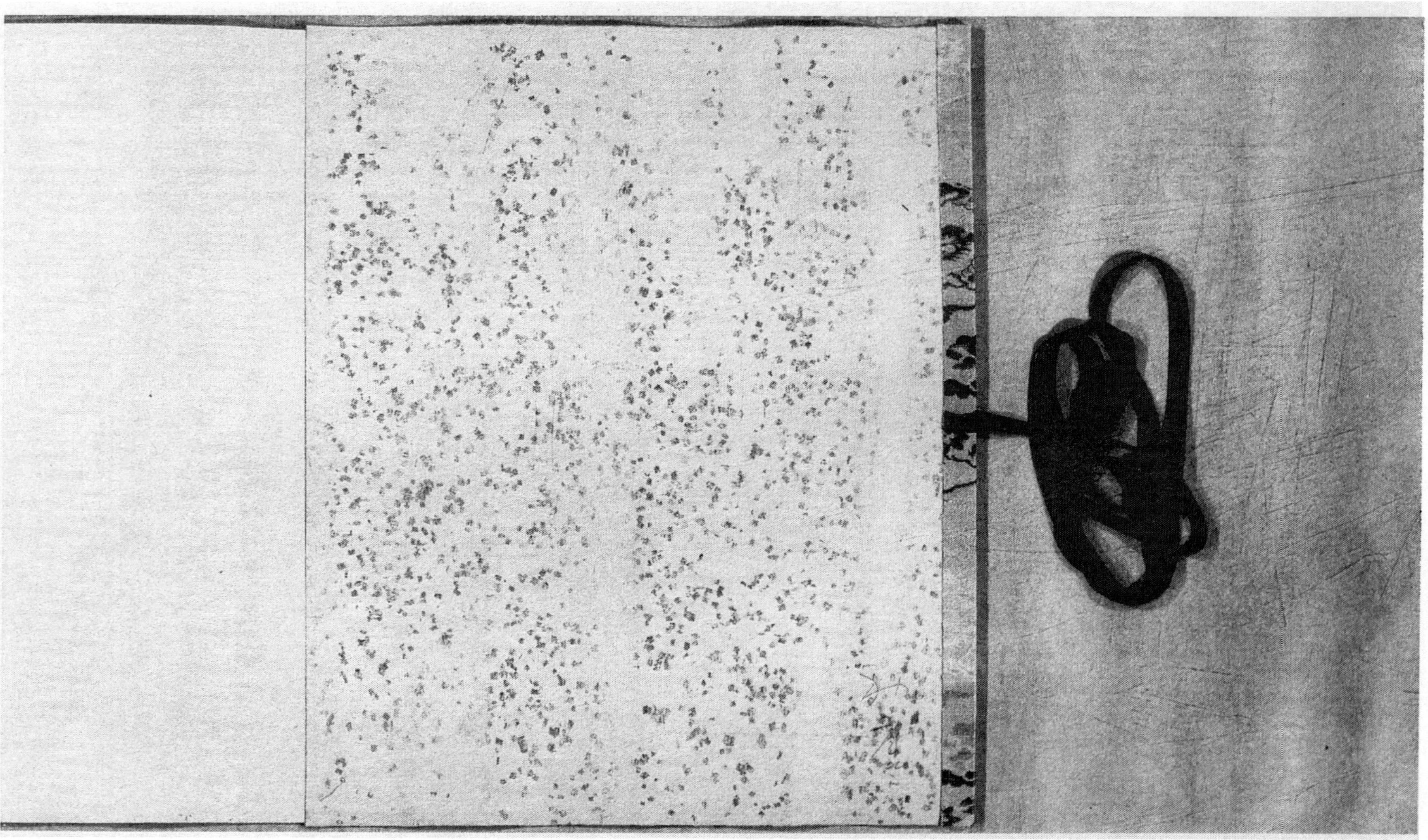

BD13847 號　大般涅槃經（北本　異卷）卷九　　　　　　　　　　　　　　　　　　　　　　　　（23–1）

大般涅槃經卷第九
迦葉菩薩白佛言世尊如佛所說大涅槃光
入於一切衆生毛孔衆生雖无菩提之心而
能爲作菩提因者是義不然何以故世尊犯
四重禁作五逆人及一闡提光明入身作菩
提因者如是等輩與淨持戒脩集諸善有何
差別若无差別如來何故說四依義世尊
又如佛言若有衆生聞大涅槃一逕於耳則
得斷除諸煩惱者如來云何先說有人恒河
沙等佛所發心聞大涅槃不解其義若不解

BD13847 號　大般涅槃經（北本　異卷）卷九　（23–2）

差別若无差別如來何故說四依義世尊
又如佛言若有衆生聞大涅槃一逕於耳則
得斷除諸煩惱者如來云何先說有人恒河
沙等佛所發心聞大涅槃不解其義若不解
義云何能斷一切煩惱佛言善男子除一闡
提其餘衆生聞是經已悉皆能作菩提因緣
法聲光明入毛孔者必定當得阿耨多羅三藐
三菩提何以故若有人能供養恭敬无量諸
佛方乃得聞大涅槃經薄福之人則不得聞
所以者何大德之人乃能得聞如是大事斯
下小人則不得聞何等爲大所謂諸佛甚深
秘藏謂佛性是以是義故名爲大事迦葉菩
薩白佛言世尊云何未發菩提心者得菩提
因佛告迦葉若有聞是大涅槃經言我不用
發菩提心誹謗正法是人即於夢中見羅刹
像心中怖懼羅刹語言咄善男子汝今若不
發菩提心當斷汝命是人惶怖寤已即發菩
提之心是人命終若在三惡及在人天續復
憶念菩提之心當知是人是大菩薩摩訶薩
也以是義故是大涅槃威神力故能令未發
菩提心者作菩提因善男子是名菩薩發心
因緣非无因緣以是義故大乘妙典眞佛所
說復次善男子如虛空中興大雲雨注於大
地枯木石山高原堆阜水所不住流注下田
陂池悉滿利益无量一切衆生是大涅槃微

BD13847 號　大般涅槃經（北本　異卷）卷九　（23–3）

因緣非无因緣以是義故大乘妙典眞佛所
說復次善男子如虛空中興大雲雨注於大
地枯木石山高原嶋阜水所不住流注下田
陂池悉滿利益无量一切衆生是大涅槃微
妙經典亦復如是雨大法雨普潤衆生唯一
闡提發菩提心无有是處復次善男子譬如
燋種雖遇甘雨百千万劫終不生牙牙若生
者亦无是處一闡提輩亦復如是雖聞如是
大般涅槃微妙經典終不能發菩提心牙若
能發者无有是處何以故是人斷滅一切善
根如彼燋種不能復生菩提根牙復次善男
子譬如明珠置濁水中以珠威德水即為清
投之淤泥不能令清是大涅槃微妙經典亦
復如是置餘衆生五无間罪四重禁法濁水
之中猶可澄清發菩提心投一闡提淤泥之
中百千万歲不能令清起菩提心何以故是
一闡提滅諸善根非其器故假使是人百千
万歲聽受如是大涅槃經終不能發菩提之
心所以者何无善心故復次善男子譬如藥
樹名曰藥王於諸藥中最為殊勝若和酪漿
若蜜若蘇若水若乳若末若丸若以塗瘡薰
身塗目若見若嗅能滅衆生一切諸病如是
藥樹不作是念一切衆生若取我根不應取
葉若取葉者不應取根若取身者不應取皮
若取皮者不應取身是樹雖復不生是念而

BD13847號　大般涅槃經（北本　異卷）卷九　（23–4）

身塗目若見若嗅能滅衆生一切諸病如是
藥樹不作是念一切衆生若取我根不應取
葉若取葉者不應取根若取身者不應取皮
若取皮者不應取身是樹雖復不生是念而
能除滅一切病苦善男子是大涅槃微妙經
典亦復如是能除一切衆生惡業四波羅夷
五无間罪若內若外所有諸惡諸有未發菩
提心者因是則得發菩提心何以故是妙經
典諸經中王如彼藥樹諸藥中王若有脩習是
大涅槃及不脩者若聞有是經典名字聞
已敬信所有一切煩惱重病皆悉除滅唯不
能令一闡提輩安止住於阿耨多羅三藐三
菩提如彼妙藥雖能療愈種種重病而不能
治必死之人復次善男子如人手瘡捉持毒
藥毒則隨入若无瘡者毒則不入一闡提輩
亦復如是无菩提因如无瘡者毒不得入所
謂瘡者即是无上菩提因緣毒者即是第一
妙藥完无瘡者謂一闡提復次善男子譬如
金剛无能壞者而能破壞一切之物唯除龜
甲及白羊角是大涅槃微妙經典亦復如是
悉能安止无量衆生於菩提道唯不能令一
闡提輩立菩提因復次善男子如馬齒草娑
羅翅樹尼迦羅樹雖斷枝莖續生如故不如
多羅斷已不生是諸衆生亦復如是若得聞
是大涅槃經雖犯四禁及五无間猶故能生

BD13847號　大般涅槃經（北本　異卷）卷九　（23–5）

闡提輩立菩提因復次善男子如馬齒草娑
羅翅樹尼迦羅樹雖斷枝莖續生如故不如
多羅斷已不生是諸衆生亦復如是若得聞
是大涅槃經雖犯四禁及五无間猶故能生
菩提因緣一闡提輩則不如是雖得聽受是
妙經典而不能生菩提道因復次善男子如
佉陁羅樹鎮頭迦樹斷已不生及諸燋種一
闡提輩亦復如是雖得聞是大涅槃經而不
能發菩提因緣猶如燋種種復次善男子譬
大雨終不住空是大涅槃微妙經典亦復如
是普雨法雨於一闡提則不能住是一闡提
周體密緻猶如金剛不容外物迦葉菩薩白
佛言世尊如佛說偈
不見善不作　唯見惡可作　是處可怖畏　猶如險惡道
世尊如是所說有何等義佛言善男子不見
者謂不見佛性善者即是阿耨多羅三藐三
菩提不作者所謂不能親近善友唯見者見
无因果惡者謂謗方等大乘經典可作者謂
一闡提說无方等以是義故一闡提輩无心
趣向清淨善法何等善法謂涅槃也趣涅槃
者謂能修集賢善之行而一闡提无賢善行
是故不能趣向涅槃是處可畏謂謗正法誰
應怖畏所謂智者何以故以謗法者无有善
心及方便故險惡道者謂諸行也迦葉復言
如佛所說

BD13847號　大般涅槃經（北本　異卷）卷九　（23–6）

是故不能趣向涅槃是處可畏謂謗正法誰
應怖畏所謂智者何以故以謗法者无有善
心及方便故險惡道者謂諸行也迦葉復言
如佛所說
云何見所作　云何得善法　何處不怖畏　如王夷坦道
是義何謂佛言善男子見所作者發露諸惡
從生死際所作諸惡悉皆發露至无至處以
是義故是處无畏喻如人王所遊正路其中
盜賊悉皆逃走如是發露一切諸惡悉滅无
餘復次不見所作者謂一闡提所作衆惡而
不自見是一闡提憍慢心故雖多作惡於是
事中初无怖畏以是義故不得涅槃喻如獼
猴捉水中月善男子假使一切无量衆生一
時成於阿耨多羅三藐三菩提已此諸如來
亦復不見彼一闡提成於菩提以是義故名
不見所作又復不見誰之所作所謂不見如
來所作佛為衆生說有佛性一闡提輩流轉
生死不能知見以是義故名為不見如來所
作又一闡提見於如來畢竟涅槃謂真无常
猶如燈滅膏油俱盡何以故是人惡業不虧
損故若有菩薩所作善業迴向阿耨多羅三
藐三菩提時一闡提輩雖復毀呰破壞不信
然諸菩薩猶故施與欲共成於无上之道何
以故諸佛法尒

BD13847號　大般涅槃經（北本　異卷）卷九　（23–7）

損故若有菩薩所作善業迴向阿耨多羅三
藐三菩提時一闡提輩雖復毀呰破壞不信
然諸菩薩猶故施與欲共成於无上之道何
以故諸佛法尒
作悪不即受　如乳未成酪　猶灰覆火上　愚者輕蹈之
一闡提者名為无目是故不見阿羅漢道如
阿羅漢不行生死險悪之道以无目故誹謗
方等不欲脩集如阿羅漢懃脩慈心一闡提
輩不脩方等亦復如是若人說言我今不信
聲聞經典信受大乘讀誦解說是故我今即
是菩薩一切衆生悉有佛性以佛性故衆生
身中即有十力卅二相八十種好我之所說
不異佛說汝今與我俱破无量諸悪煩惱如
破水瓶以破結故即得見於阿耨多羅三藐
三菩提是人雖作如是演說其心實不信有
佛性為利養故隨文而說如是說者名為悪
人如是悪人不速受果如乳未成酪譬如王使
善能談論巧於方便奉命他國寧喪身命終
不匿王所說言教智者亦尒於凡夫中不惜
身命要必宣說大乘方等如來秘藏一切衆
生皆有佛性善男子有一闡提作羅漢像住
於空處誹謗方等大乘經典諸凡夫人見已
皆謂真阿羅漢是大菩薩摩訶薩是一闡提
悪比丘輩住阿蘭若處壞阿蘭若法見他得
利心生嫉妬作如是言所有方等大乘經典

BD13847號　大般涅槃經（北本　異卷）卷九　（23–8）

皆謂真阿羅漢是大菩薩摩訶薩是一闡提
悪比丘輩住阿蘭若處壞阿蘭若法見他得
利心生嫉妬作如是言所有方等大乘經典
悉是天魔波旬所說亦說如來是无常法毀
滅正法破壞衆僧復作是言波旬所說非善
順說作是宣說耶悪之法是人作悪不即受
報如乳成酪灰覆火上愚輕蹈之如是人者
謂一闡提是故當知大乘方等微妙經典必
定清淨如摩尼珠投之濁水水即為清大乘
經典亦復如是復次善男子譬如蓮華為日
所照无不開敷一切衆生亦復如是若得見
聞大涅槃日未發心者皆悉發心為菩提因
是故我說大涅槃光所入毛孔必為妙因彼
一闡提雖有佛性而為无量罪垢所纏不能
得出如蠶處繭以是業緣不能生於菩提妙
因流轉生死无有窮已復次善男子如優鉢
羅華鉢頭摩華拘牟頭華分陁利華生於淤
涅而終不為彼涅所汙若有衆生脩大涅槃
微妙經典亦復如是雖有煩惱終不為此煩
惱所汙何以故以知如來性相力故善男子
譬如有國有清涼風若觸衆生身諸毛孔能
除一切欝蒸之惱此大乘典大涅槃經亦復
如是遍入一切衆生毛孔為作菩提微妙因
緣除一闡提何以故非法器故復次善男子

BD13847號　大般涅槃經（北本　異卷）卷九　（23–9）

除一切聲聞之惱此大乘典大涅槃經亦復
如是遍入一切衆生毛孔為作菩提微妙因
緣除一闡提何以故非法器故復次善男子
譬如良醫解八種藥滅一切病唯除必死一
切契經禪定三昧亦復如是能治一切貪恚
愚癡諸煩惱病能拔煩惱毒刺等箭而不能
治犯四重禁五无間罪善男子復有良醫過
八種術能除衆生所有病苦唯不能治必死
之病是大涅槃大乘經典亦復如是能除衆
生一切煩惱安住如來清淨妙因未發心者
令得發心唯除必死一闡提輩復次善男子
譬如良醫能以妙藥治諸盲人令見日月星
宿諸明一切色像唯不能治生盲之人是大
乘典大涅槃經亦復如是能為聲聞緣覺之
人開發慧眼令其安住无量无邊大乘經
典未發心者謂犯四禁五无間罪悉能令發
菩提之心唯除生盲一闡提輩復次善男子
譬如良醫善解八術為治衆生一切病苦與
種種方吐下諸藥及以塗身薰藥灌鼻散藥
丸藥若貧愚人不欲服之良醫慇念即將
是人還其舍宅強與令服以藥力故所患
得除女人產時兒衣不出與之令服服已即
出并令嬰兒安樂无患是大乘典大涅槃經
亦復如是所至之處若至舍宅能除衆生无
量煩惱犯四重禁五无間罪未發心者悉令

BD13847號　大般涅槃經（北本　異卷）卷九　（23-10）

是人還其舍宅強與令服以藥力故所患
得除女人產時兒衣不出與之令服服已即
出并令嬰兒安樂无患是大乘典大涅槃經
亦復如是所至之處若至舍宅能除衆生无
量煩惱犯四重禁五无間罪未發心者悉令
發心除一闡提迦葉菩薩白佛言世尊犯四
重禁及五无間名極重惡譬如斷截多羅樹
更不復生是等未發菩提之心云何能與作
菩提因佛言善男子是諸衆生若於夢中
夢墮地獄受諸苦惱即生悔心哀哉我等自
招此罪若我今得脫是罪者必定當發菩提
之心我今所見最是極惡從是寤已即知正
法有大果報如彼嬰兒漸漸長大常作是念
是醫最良善解方藥我本處胎與我母藥
母以藥故身得安隱以是因緣我命得全奇
哉我母受大苦惱滿足十月懷抱我胎既生
之後推乾去涅除去不淨大小便利乳哺長
養將護我身以是義故我當報恩色養侍衛
隨順供養犯四重禁及无間罪臨命終時念
是大乘大涅槃經雖墮地獄畜生餓鬼天上
人中如是經典亦為是人作菩提因除一闡
提復次善男子譬如良醫及良醫子所知深奧
出過諸醫善知除毒无上呪術若惡毒蛇若龍
若蝮以諸呪術呪藥令良復以此藥用塗革
屣以此革屣觸諸毒蟲毒為之消唯除一毒名

BD13847號　大般涅槃經（北本　異卷）卷九　（23-11）

出過諸醫善知除毒无上呪術若惡毒虵若龍
若蝮以諸呪術呪藥令良復以此藥用塗革
屣以此革屣觸諸毒虫毒爲之消唯除一毒名
大龍是大乘典大涅槃經亦復如是若有衆
生犯四重禁五无間罪悉能消滅令住菩提
如藥革屣能消衆毒未發心者能令發心安
心住於菩提之道是彼大乘大涅槃經威神
藥故令諸衆生生於安樂唯除大龍一闡提
輩復次善男子譬如有人以新毒藥用塗大
鼓於衆人中擊之發聲雖无心欲聞聞之皆
死唯除一人不橫死者是大乘典大涅槃經
亦復如是在在處處諸行衆中有聞聲者
所有貪欲瞋恚愚癡悉皆滅盡其中雖有无心
思念是大涅槃因緣力故能滅煩惱而結自
滅犯四重禁及五无間聞是經已亦作无上
菩提因緣漸斷煩惱除不橫死一闡提也復
次善男子譬如闇夜諸所營作一切皆息若
未訖者要待日明學大乘者雖脩契經一切
諸定要待大乘大涅槃日聞於如來微密之
教然後乃當造菩提業安住正法猶如天雨
潤益增長一切諸種成就果實悉除飢饉多
受豐樂如來秘藏无量法雨亦復如是悉能
除滅八種熱病是經出世如彼果實多所利
益安樂一切能令衆生見於佛性如法華中

BD13847號　大般涅槃經（北本　異卷）卷九　　（23–12）

益安樂一切能令衆生見於佛性如法華中
八十聲聞得受記莂成大果實如秋收冬藏
更无所作一闡提輩亦復如是於諸善法无
所營作復次善男子譬如良醫聞他人子非
人所持尋以妙藥并遣一使勅語使言汝持
此藥速與彼人彼人若遇諸惡鬼神以藥力
故悉當遠去汝若遲晚吾自當往終不令彼
枉橫死也若彼病人得見使者及吾威德諸
苦當除得安隱樂是大乘典大涅槃經亦復
如是若比丘比丘尼優婆塞優婆夷及諸外
道有能受持如是經典讀誦通利復爲他人
分別廣說若自書寫令他書寫斯等皆爲菩
提因緣若犯四禁及五逆罪若爲邪鬼毒惡
所持聞是經典所有諸惡悉皆消滅如見良
醫惡鬼遠去當知是人是真菩薩摩訶薩也
何以故暫得聞是大涅槃故亦以生念如來
常故暫得聞者尚得如是何況書寫受持讀
誦除一闡提其餘皆是菩薩摩訶薩復次善
男子譬如聾人不聞音聲一闡提輩亦復如
是雖復欲聽是妙經典而不得聞所以者何
无因緣故復次善男子譬如良醫一切醫方
无不通達兼復廣知无量呪術是醫見王作
如是言大王今者有必死病其答言卿不見
我腹內之事云何而言有必死病醫即答言
若不見信應服下藥既下之後王自驗之王

BD13847號　大般涅槃經（北本　異卷）卷九　　（23–13）

有不通達無復廣知无量咒術是醫見王作
如是言大王今者有必死病其答言卿不見
我腹内之事云何而言有必死病醫即答言
若不見信應服下藥既下之後王自驗之王
不肯服尒時良醫以呪術力令王奮門遍生
瘡疱兼復痢下蟲血雜出王見是已生大怖
懼讚彼良醫善哉善哉卿先所白吾不用之
今乃知卿於吾此身作大利益恭敬是醫猶
如父母是大乘典大涅槃經亦復如是於諸
衆生有欲无欲悉能令彼煩惱崩落是諸
衆生乃至夢中夢見是經恭敬供養喻如大
王恭敬良醫是大良醫知必死者終不治之
是大乘典大涅槃經亦復如是終不能治一
闡提輩復次善男子譬如良醫善知八種悉
能療治一切諸病唯不能治必死之人諸佛
菩薩亦復如是悉能療救一切有罪唯不能
治必死之人一闡提輩復次善男子譬如良
醫善知八種微妙經術復能博達過於八種
以己所知先教其子若水若陸山間藥草悉
令識知如是漸漸教八事已次復教餘最上
妙術如來應正遍知亦復如是先教其子諸
比丘等方便除滅一切煩惱脩學淨身不堅
固想謂水陸山間水者喻身受苦如水上泡
陸者喻身不堅如芭蕉樹其山間者喻煩惱
中脩无我想以是義故身名无我如來如是

BD13847號　大般涅槃經（北本　異卷）卷九　（23-14）

比丘等方便除滅一切煩惱脩學淨身不堅
固想謂水陸山間水者喻身受苦如水上泡
陸者喻身不堅如芭蕉樹其山間者喻煩惱
中脩无我想以是義故身名无我如來如是
於諸弟子漸漸教學九部經法令善通利然
後教學如來秘藏爲其子故說如來常如來
如是說大乘典大涅槃經爲諸衆生已發心
者及未發心作菩提因除一闡提如是善男
子是大乘典大涅槃經无量无數不思議未
曾有也當知即是无上良醫最尊最勝衆
經中王復次善男子譬如大舩從海此岸至
於彼岸復從彼岸還至此岸如來應正遍知
亦復如是乘大涅槃大乘寶舩周旋往返濟
度衆生在在處處有應度者悉令得見如來
之身以是義故如來名曰无上舩師譬如有
舩則有舩師以有舩師則有衆生渡於大海
如來常住化度衆生亦復如是復次善男子
譬如有人在大海中乘舩欲渡若得順風須
臾之間則能得過无量由旬若不得者雖復
久住逕无量歲不離本處有時舩壞沒水而
死衆生如是在於愚癡生死大海乘諸行舩
若得值遇大般涅槃猛利之風則能疾到无
上道岸若不值遇當久流轉无量生死或時
破壞墮於地獄畜生餓鬼復次善男子譬如
有人不遇風王久住大海作是思惟我等今

BD13847號　大般涅槃經（北本　異卷）卷九　（23-15）

上道岸若不值遇當火流轉无量生死或時
破壞墮於地獄畜生餓鬼復次善男子譬如
有人不遇風王久住大海作是思惟我等今
者必在此死如是念時忽遇利風隨順度海
復作是言快哉是風未曾有也令我等輩安
隱得過大海之難衆生如是久處愚癡生死
大海困苦窮悴未遇如是大涅槃風則應生
念我等必定墮於地獄畜生餓鬼是諸衆生
思惟是時忽遇大乘大涅槃風隨順吹向入
於阿耨多羅三藐三菩提方知真實生奇特
想嘆言快哉我從昔來未曾見聞如是如来
微密之藏尒乃於是大涅槃經生清淨信復
次善男子如虵脫皮為死滅邪不也世尊善
男子如来亦尒方便示現棄捨毒身可言如
来无常滅邪不也世尊如来於此閻浮提中
方便捨身如彼毒虵捨於故皮是故如来名
為常住復次善男子譬如金師得好真金隨
意造作種種諸器如来亦尒於二十五有悉能
示現種種色身為化衆生拔生死故是故如
来名无邊身雖復示現種種諸身亦名常住
无有變易復次善男子如菴羅樹及閻浮樹
一年三變有時生華光色敷榮有時生葉
滋茂蓊鬱有時彫落狀似枯死善男子於意云
何是樹實為枯滅不邪不也世尊善男子如
来亦尒於三界中示三種身有時初生有時

BD13847號　大般涅槃經（北本　異卷）卷九　（23–16）

无有變易復次善男子如菴羅樹及閻浮樹
一年三變有時生華光色敷榮有時生葉
滋茂蓊鬱有時彫落狀似枯死善男子於意云
何是樹實為枯滅不邪不也世尊善男子如
来亦尒於三界中示三種身有時初生有時
長大有時涅槃而如来身實非无常迦葉菩
薩讚言善哉誠如聖教如来常住无有變易
善男子如来密語甚深難解譬如大王告諸
羣臣先陁婆来先陁婆者一名四實一者鹽
二者器三者水四者馬如是四法皆同一名
有智之臣善知此名若王洗時索先陁婆即
便奉水若王食時索先陁婆即便奉鹽若王
食已將欲飲漿索先陁婆即便奉器若王欲
遊索先陁婆即便奉馬如是智臣善解大王
四種密語是大乘經亦復如是有四无常大
乘智臣應當善知若佛出世為衆生說如来
涅槃智臣當知此是如来為計常者說无
常相欲令比丘脩无常想或復說言正法當
滅智臣應知此是如来為計樂者說於苦相
欲令比丘多脩苦想或復說言我今病苦衆
僧破壞智臣當知此是如来為計我者說无
我相欲令比丘脩无我想或復說言所謂空
者是正解脫智臣當知此是如来說正解脫
无廿五有欲令比丘脩學空相以是義故是
正解脫則名為空亦名不動謂不動者是解
脫中无有苦故是故不動是正解脫為无有

BD13847號　大般涅槃經（北本　異卷）卷九　（23–17）

我相欲令比丘脩无我想或復說言所謂空
者是正解脫智臣當知此是如来說正解脫
无廿五有欲令比丘脩學空相以是義故是
正解脫則名為空亦名不動謂不動者是解
脫中无有苦故是故不動是正解脫為无有
相謂无相者无有色聲香味觸等故名无相
是正解脫常不變易是解脫中无有无常熱
惱變易是故解脫名曰常住不變清涼或復
說言一切衆生有如来性智臣當知此是如来
說於常法欲令比丘脩正常法是諸比丘若
能如是隨脩學者當知是人真我弟子善知
如来微密之藏如彼大王智慧之臣善知王
意善男子如是大王亦有如是密語之法何
況如来而當无也善男子是故如来微密之
教難可得知唯有智者乃能解我甚深佛法
非是世間凡夫品類所能信也復次善男子
如波羅奢樹迦尼迦樹阿淑迦樹值天亢旱
不生華實及餘水陸所生之物皆悉枯悴无
有潤澤不能增長一切諸藥无復勢力善男
子是大乘典大涅槃經亦復如是於我滅後
有諸衆生不能恭敬无有威德何以故是諸
衆生不知如来微密藏故所以者何以是衆
生薄福德故復次善男子如来正法将欲滅
盡尒時多有行惡比丘不知如来微密之藏
懶墯懈怠不能讀誦宣揚分別如来正法辟

BD13847號　大般涅槃經（北本　異卷）卷九　（23–18）

有諸衆生不能恭敬无有威德何以故是諸
衆生不知如来微密藏故所以者何以是衆
生薄福德故復次善男子如来正法将欲滅
盡尒時多有行惡比丘不知如来微密之藏
懶墯懈怠不能讀誦宣揚分別如来正法辟
如癡賊棄捨真寶擔負草䕸不解如来微密
藏故於是經中懈怠不懃哀哉大險當来之
世甚可怖畏苦哉衆生不懃聽受是大乘典
大涅槃經唯諸菩薩摩訶薩等能於是經取
真實義不著文字隨順不逆為衆生說復次
善男子如牧牛女為欲賣乳貪多利故加二
分水轉賣與餘牧牛女人彼女得已復加二
分水轉賣與近城女人女人得已復加二分
轉復賣與城中女人彼女得已復加二分詣
市賣之時有一人為子納婦當須好乳以膽
賓客至市欲買是賣乳者多索價數是人
荅言汝乳多水不直尒許正值我今膽待賓
客是故當取取已還家煑用作糜都无乳味
雖復无味於苦味中千倍為勝何以故乳之
為味諸味中㝡善男子我涅槃後正法未滅
餘八十年尒時是經於閻浮提當廣流布時
當有諸惡比丘抄略是經分作多分能滅正
法色香美味是諸惡人雖復讀誦如是經典
滅除如来深密要義安置世間莊嚴文飾无
義之語抄前著後抄後著前前後著中中著

BD13847號　大般涅槃經（北本　異卷）卷九　（23–19）

餘八十年尒時是經於閻浮提當廣流布時
當有諸惡比丘抄略是經分作多分能滅正
法色香美味是諸惡人雖復讀誦如是經典
滅除如來深密要義安置世間莊嚴文飾无
義之語抄前著後抄後著前前後著中中著
前後當知如是諸惡比丘是魔伴侶受畜一
切不淨之物而言如來悉聽我畜如牧牛女
多加水乳諸惡比丘亦復如是雜以世語錯
定是經令多衆生不得正說正寫正取尊重
讚嘆供養恭敬是惡比丘為利養故不能廣
宣流布是經所可分流少不是言如彼牧牛
貧窮女人展轉賣乳乃至成糜而无乳味是
大乘典大涅槃經亦復如是展轉薄淡无有
氣味雖无氣味猶勝餘經是一千倍如彼乳
味於諸苦味為千倍勝何以故是大乘典大
涅槃經於聲聞經最為上首喻如牛乳味中
最勝以是義故名大涅槃復次善男子若善
男子善女人等无有不求男子身者何以故
一切女人皆是衆惡之所住處復次善男子
如蚊子尿不能令此大地潤洽其女人者婬
欲難滿亦復如是譬如大地一切作丸如亭
歷子如是等男與一女人共為欲事猶不能
足假使男子數如恒沙與一女人共為欲事
猶不能足善男子譬如大海一切天雨百川
衆流皆悉投歸而彼大海未曾滿足女人之

BD13847號　大般涅槃經（北本　異卷）卷九　（23–20）

歷子如是等男與一女人共為欲事猶不能
足假使男子數如恒沙與一女人共為欲事
猶不能足善男子譬如大海一切天雨百川
衆流皆悉投歸而彼大海未曾滿足女人之
法亦復如是假使一切能為男者與一女人
共為欲事而亦不足復次善男子如阿輸迦
樹波吒羅樹迦尼迦樹春華開敷有蜂唼取
色香細味不知猒足女人欲男亦復如是不
知猒足善男子以是義故諸善男子善女人
等聽是大乘大涅槃經常應呵責女人之相
求於男子何以故是大經典有丈夫相所謂
佛性若人不知是佛性者則无男相所以者
何不能自知有佛性故若有不能知佛性者
我說是等名為女人若能自知有佛性者我
說是人為丈夫相若有女人能知自身定有
佛性當知是等即為男子善男子是大乘典
大涅槃經无量无邊不可思議功德之聚何
以故以說如來秘密藏故是故善男子善
女人若欲速知如來密藏應當方便懃脩此
經迦葉菩薩白佛言世尊如是如是如佛
所說我今已有丈夫之相得入如來微密藏
故如來今日始覺悟我因是即得決定通達
佛言善哉善哉善男子汝今隨順世間之法而
作是說迦葉復言我不隨順世間法也佛讚
迦葉善哉善哉汝今所知无上法味甚深難

BD13847號　大般涅槃經（北本　異卷）卷九　（23–21）

[illegible]
所説我今已有丈夫之相得入如来微密藏
故如来今日始覺悟我因是即得决定通達
佛言善哉善哉善男子汝今随順世間之法而
作是説迦葉復言我不随順世間法也佛讃
迦葉善哉善哉汝今所知无上法味甚深難
知而能得知如蜂採味汝亦如是復次善男子
如蚊子渧不能令此大地沾洽當来之世是
经流布亦復如是如彼蚊渧正法欲滅是経
先當没於此地當知即是正法衰相復次善
男子譬如過夏初月名秋秋雨連注此大乘
典大涅槃経亦復如是為於南方諸菩薩故
當廣流布降霔法雨弥滿其處正法欲滅當
至罽賓具足无缺潜没地中或有信者有不
信者如是大乘方等経典甘露法味悉没於
地是経没已一切諸餘大乘経典皆悉滅没
若得是経具足无缺人中象王諸菩薩等當
知如来无上正法将滅不久

大般涅槃経第九

BD13847號　大般涅槃經（北本　異卷）卷九　（23-22）

至罽賓具足无缺潜没地中或有信者有不
信者如是大乘方等経典甘露法味悉没於
地是経没已一切諸餘大乘経典皆悉滅没
若得是経具足无缺人中象王諸菩薩等當
知如来无上正法将滅不久

大般涅槃経第九

BD13847號　大般涅槃經（北本　異卷）卷九　（23-23）

BD13848 號背　現代護首　　（1–1）

BD13848 號　大般涅槃經（北本）卷一〇　　（24–1）

大般涅槃經卷第十

春　顯

大般涅槃經卷第十
尒時文殊師利白佛言世尊今此純陁猶有
疑心唯願如來重爲分別令得除斷佛言善
男子云何疑心汝當說之當爲除斷文殊師
利言純陁心疑如來常住以得知見佛性力
故若見佛性而爲常者本未見時應是无常
若本无常後亦應尒何以故如世間物本无
今有已有還无如是等物悉是无常以是義
故諸佛菩薩聲聞緣覺无有差別尒時世尊
即說偈言

BD13848號　大般涅槃經（北本）卷一〇　（24–2）

若本无常後亦應尒何以故如世間物本无
今有已有還无如是等物悉是无常以是義
故諸佛菩薩聲聞緣覺无有差別尒時世尊
即說偈言
本有今无　本无今有　三世有法　无有是處
善男子以是義故諸佛菩薩聲聞緣覺亦有
差別亦无差別文殊師利讚言善哉誠如聖
教我今始解諸佛菩薩聲聞緣覺亦有差別
亦无差別迦葉菩薩白佛言世尊如佛所說
諸佛菩薩聲聞緣覺性无差別唯願如來分
別解說利益安樂一切衆生佛言善男子諦
聽諦聽當爲汝說善男子譬如長者若長者
子多畜乳牛有種種色常令一人守護將養
是人有時爲祠祀故盡構諸牛著一器中見
其乳色同一白色尋便驚怪牛色各異其乳
云何皆同一色是人思惟如此一切皆是衆
生業報因緣令乳色一善男子聲聞緣覺菩
薩亦尒同一佛性猶如彼乳所以者何同盡
漏故而諸衆生言佛菩薩聲聞緣覺而有差
別有諸聲聞凡夫之人疑於三乘云何无別
是諸衆生久後自解一切三乘同一佛性猶
如彼人悟解乳相由業因緣復次善男子譬
如金鑛窯練滓穢然後消融成金之後價直
无量善男子聲聞緣覺菩薩亦尒皆得成就
同一佛性何以故除煩惱故如彼金鑛除諸
滓穢以是義故一切衆生同一佛性无有差

BD13848號　大般涅槃經（北本）卷一〇　（24–3）

如彼人悟解乳相由業因緣復次善男子譬
如金鑛鎔練滓穢然後消融成金之後價直
无量善男子聲聞緣覺菩薩亦尒皆得成就
同一佛性何以故除煩惱故如彼金鑛除諸
滓穢以是義故一切衆生同一佛性无有差
别以其先聞如來密藏後成佛時自然得知
如彼長者知乳一相何以故以斷无量億煩
惱故迦葉菩薩白佛言世尊若一切衆生有
佛性者佛與衆生有何差别如是說者多有
過咎若諸衆生皆有佛性何因緣故舍利弗
等以小涅槃而般涅槃緣覺之人於中涅槃
而般涅槃菩薩之人於大涅槃而般涅槃如
是等人若同佛性何故不同如來涅槃而般
涅槃善男子諸佛世尊所得涅槃非諸聲聞
緣覺所得以是義故大般涅槃名為善有世
若无佛非无二乘得二涅槃迦葉復言是義
云何佛言无量无邊阿僧祇劫乃有一佛出
現於世開示三乘善男子如汝所言菩薩二
乘无差别者我先於此如來密藏大涅槃中
已說其義諸阿羅漢无有善有何以故諸阿
羅漢悉當得是大涅槃故以是義故大般涅
槃有畢竟樂是故名為大般涅槃迦葉言如
佛說者我今始知差别之義无差别義何以
故一切菩薩聲聞緣覺未來之世皆當歸於
大般涅槃譬如衆流歸於大海是故聲聞緣
覺之人悉名為常非是无常以是義故亦有

BD13848號　大般涅槃經（北本）卷一〇　　（24–4）

佛說者我今始知差别之義无差别義何以
故一切菩薩聲聞緣覺未來之世皆當歸於
大般涅槃譬如衆流歸於大海是故聲聞緣
覺之人悉名為常非是无常以是義故亦有
差别亦无差别迦葉言云何性差别佛言善
男子聲聞如乳緣覺如酪菩薩之人如生熟
蘇諸佛世尊猶如醍醐以是義故大涅槃中
說四種性而有差别迦葉復言一切衆生性
相云何佛言善男子如牛新生乳血未别凡
夫之性雜諸煩惱亦復如是迦葉復言拘尸
那城有旃陁羅名日歡喜佛說是人由一發
心當於此界千佛數中速成无上正真之道
以何等故如來不記尊者舍利弗目揵連等
速成佛道佛言善男子或有聲聞緣覺菩薩
作誓願言我當久久護持正法然後乃成无
上佛道以發速願故與速記復次善男子譬
如商人有无價寶詣市賣之愚人見已不識
輕笑寶主唱言我此寶珠價直无數聞已復
笑各各相謂此非真寶是頗黎珠善男子聲
聞緣覺亦復如是若聞速記則便懈怠輕
笑薄賤如彼愚人不識真寶於未來世有諸比
丘不能勤修習善法貧窮困苦飢餓所逼
因是出家長養其身心志輕躁邪命諂曲若
聞如來授諸聲聞速疾記者便當大笑輕慢
毀呰當知是等即是破戒自言已得過人之
法以是義故隨發速願故與速記護正法者

BD13848號　大般涅槃經（北本）卷一〇　　（24–5）

丘不能翹勤脩習善法貧窮困苦飢餓所逼
因是出家長養其身心志輕躁邪命諂曲若
聞如來授諸聲聞速疾記者便當大笑輕慢
毀呰當知是等即是破戒自言已得過人之
法以是義故隨發速願故與速記護法者
為授遠記
迦葉菩薩復白佛言世尊菩薩摩訶薩云何
當得不壞眷屬佛告迦葉若諸菩薩勤加精
進欲護正法以是因緣所得眷屬不可沮壞
迦葉菩薩復白佛言世尊何因緣故眾生得
此脣口乾燋佛告迦葉若有不識三寶常存
以是因緣脣口乾燋如人口瘡不知甜苦辛
酢醎淡六味差別一切眾生愚癡无智不識
三寶是長存法是故名為脣口乾燋復次善
男子若有眾生不知如來是常住者當知是
人則為生盲若知如來是常住者如是之人
雖有肉眼我說是等名為天眼復次善男子
若有能知如來是常當知是人久已脩習如
是經典我說是等亦名天眼雖有天眼而不
能知如來是常我說斯等名為肉眼是人乃
至不識自身手腳支節亦復不能令他識知
以是義故名為肉眼
復次善男子如來常為一切眾生而作父母
所以者何一切眾生種種形類二足四足多
足无足佛以一音而為說法彼彼異類各自
得解各各歎言如來今日為我說法以是義

BD13848號　大般涅槃經（北本）卷一〇　（24–6）

以是義故名為肉眼
復次善男子如來常為一切眾生而作父母
所以者何一切眾生種種形類二足四足多
足无足佛以一音而為說法彼彼異類各自
得解各各歎言如來今日為我說法以是義
故名為父母復次善男子如人生子始十六
月雖復語言未可解了而彼父母欲教其語
先同其音漸漸教之是父母語可不正耶不
也世尊善男子諸佛如來亦復如是隨諸眾
生種種音聲而為說法為令安住於正法故
隨所應見而為示現種種形像如來如是同
彼語言可不正耶不也世尊何以故如來所
說如師子吼隨順世間種種音聲而為眾生
歎說妙法
大般涅槃經一切大眾所問品第五
爾時世尊從其面門放種種色青黃赤白紅
紫光明照純陀身純陀遇已與諸眷屬持諸
餚饌疾往佛所欲奉如來及比丘僧最後供
養種種器物充滿具足持至佛前爾時有大
威德天人而遮其前周匝圍遶謂純陀言且
住純陀勿便奉施當爾之時如來復放无量
无邊種種光明諸天大眾遇斯光已尋聽純
陀前至佛所奉其所施爾時天人及諸眾生
各各自持所賷供養至於佛前長跪白佛唯
願如來聽諸比丘受此飲食時諸比丘知是
時故執持衣鉢一心安詳爾時純陀為佛及

BD13848號　大般涅槃經（北本）卷一〇　（24–7）

[illegible]
隨前至佛所奉其所施尒時天人及諸衆生
各各自持所賚供養至於佛前長跪白佛唯
願如来聽諸比丘受此飲食時諸比丘知是
時故執持衣鉢一心安詳尒時純陁為佛及
僧布置種種師子寶座懸繒幡蓋香華瓔珞
尒時三千大千世界莊嚴微妙猶如西方安
樂國土尒時純陁住於佛前憂悲悵怏重白
佛言唯願如来猶見哀愍住壽一劫若減一
劫佛告純陁汝欲令我久住世者宜當速奉
最後具足檀波羅蜜尒時一切菩薩摩訶薩
天人雜類異口同音唱如是言奇哉純陁成
大福德能令如来受取最後无上供養而我
等輩无福所致所設供具則為唐捐尒時世
尊欲令一切衆望滿足於自身上一一毛孔
化无量佛一一諸佛各有无量諸比丘僧是
諸世尊及无量衆悉皆亦現受其供養釋迦
如来自受純陁所奉設者尒時純陁所持粳
粮成熟之食摩伽陁國滿足八斛以佛神力
皆悉充足一切大會尒時純陁見是事已心
生歡喜踊躍无量一切大衆亦復如是尒時
大衆承佛聖旨各作是念如来今已受我等
施不久便當入於涅槃作是念已心生悲喜
尒時樹林其地狭小以佛神力如針鋒處皆
有无量諸佛世尊及其眷屬等坐而食所食
之物亦无差别是時天人阿脩羅等啼泣悲
歎而作是言如来今日已受我等最後供養

BD13848號　大般涅槃經（北本）卷一〇　（24-8）

[illegible]
尒時樹林其地狭小以佛神力如針鋒處皆
有无量諸佛世尊及其眷屬等坐而食所食
之物亦无差别是時天人阿脩羅等啼泣悲
歎而作是言如来今日已受我等最後供養
受供養已當般涅槃我等當復更供養誰我
今永離无上調御盲无眼目尒時世尊為欲
慰喻一切大衆而說偈言
汝等莫悲歎　諸佛法應尒　我入於涅槃　已逕无量劫
常受最勝樂　永處安隱處　汝今至心聽　我當說涅槃
我已離食想　終无飢渴患　我今當為汝　說其隨順願
令諸一切衆　咸得安隱樂　汝聞應脩行　諸佛法常住
假使烏角鵄　同共一樹棲　猶如親兄弟　尒乃永涅槃
如来視一切　猶如羅睺羅　常為衆生尊　云何永涅槃
假使蛇鼠狼　同處一穴遊　相愛如兄弟　尒乃永涅槃
如来視一切　猶如羅睺羅　常為衆生尊　云何永涅槃
假使七葉華　轉為婆師香　迦留迦菓樹　轉為鎮頭菓
如来視一切　猶如羅睺羅　云何捨慈悲　永入於涅槃
假使一闡提　現身成佛道　永處第一樂　尒乃入涅槃
如来視一切　皆如羅睺羅　云何捨慈悲　永入於涅槃
假使一切衆　一時成佛道　遠離諸過患　尒乃入涅槃
如来視一切　皆如羅睺羅　云何捨慈悲　永入於涅槃
假使蚕子尿　浸壞於大地　諸山及百川　大海悉盈滿
若有如是事　尒乃入涅槃　悲心視一切　皆如羅睺羅
常為衆生尊　云何永涅槃　以是故汝等　應深樂正法
不應生憂惱　號泣而啼哭　若欲自正行　應脩如来常
當觀如是法　長存不變易　復應生是念　三寶皆常住

BD13848號　大般涅槃經（北本）卷一〇　（24-9）

假使蚉子尿　浸壞於大地　諸山及百川　大海悉盈滿
若有如是事　尒乃入涅槃　悲心視一切　皆如羅睺羅
常為衆生尊　云何永涅槃　以是故汝等　應深樂正法
不應生憂惱　號泣而啼哭　若欲自正行　應脩如來常
當觀如是法　長存不變易　復應生是念　三寶皆常住
是則獲大護　如呪枯生葉　是名為三寶　四衆應善聽
聞已應歡喜　即發菩提心　若能計三寶　常住同真諦
此則是諸佛　最上之誓願
若有比丘　比丘尼優婆塞優婆夷能以如來
最上誓願而發願者當知是人无有愚癡堪
受供養以此願力功德果報於世最勝如阿
羅漢若有不能如是觀了三寶常者是旃陁
羅若有能知三法常住實法因緣離苦安樂
无有嬈害能留難者尒時人天大衆阿脩羅
等聞是法已心生歡喜踊躍无量其心調柔
善滅諸蓋心无高下威德清淨顏貌怡悅知
佛常住是故施設諸天供養散種種華末香
塗香鼓天伎樂以供養佛尒時佛告迦葉菩
薩言善男子汝見是衆希有事不迦葉荅言
已見世尊見諸如來无量无邊不可稱計受
諸大衆生天所奉飯食供養又見諸佛其身
妹大所坐之處如一針鋒多衆圍遶不相障
閡復見大衆悉發誓願說十三偈亦知大衆
各心念言如來今者獨受我供假使純陁所
奉飯食碎如微塵一塵一佛猶不周遍以佛
神力悉皆充足一切大衆唯諸菩薩摩訶薩
及文殊師利法王子等能知如是希有事耳

BD13848號　大般涅槃經（北本）卷一〇　（24-10）

妹大所坐之處如一針鋒多衆圍遶不相障
閡復見大衆悉發誓願說十三偈亦知大衆
各心念言如來今者獨受我供假使純陁所
奉飯食碎如微塵一塵一佛猶不周遍以佛
神力悉皆充足一切大衆唯諸菩薩摩訶薩
及文殊師利法王子等能知如是希有事耳
悉是如來方便示現聲聞大衆及阿脩羅等
皆知如來是常住法尒時世尊告純陁言汝
今所見為是希有奇特事不實尒世尊我先
所見无量諸佛卅二相八十種好莊嚴其身
今悉見為菩薩摩訶薩體貌瓌異妹大殊妙
唯見佛身喻如藥樹為諸菩薩摩訶薩等之
所圍遶佛告純陁汝先所見无量佛者是我
所化為欲利益一切衆生令得歡喜如是菩
薩摩訶薩等所可脩行不可思議能作无量
諸佛之事純陁汝今皆已成就菩薩摩訶薩
行得住十地菩薩所行具足成辦迦葉菩薩
白佛言世尊如是如是如佛所說純陁所脩
成菩薩行我亦隨喜今者如來欲為未來无
量衆生作大明故說是大乘大涅槃經
世尊一切契經說有餘義无餘義耶善男子
我所說者亦有餘義亦无餘義純陁白佛言
世尊如佛所說
所有之物　布施一切　唯可讚歎　无可虧損
世尊是義云何　持戒毀戒　有何差別　佛言
唯除一人　餘一切施　皆可讚歎　純陁問言　云何

BD13848號　大般涅槃經（北本）卷一〇　（24-11）

我所說者亦有餘義亦无餘義純陀白佛言
世尊如佛所說
所有之物 布施一切 唯可讚歎 无可毀損
世尊是義云何持戒毀戒有何差別佛言
唯除一人餘一切施皆可讚歎純陀問言云何
名為唯除一人佛言如此經中所說破戒純
陀復言我今未解唯願說之佛告純陀言破
戒者謂一闡提其餘在所一切布施皆可讚
歎獲大果報純陀復問一闡提者其義云何
佛言純陀若有比丘及比丘尼優婆塞優婆
夷發麁惡言誹謗正法造是重業永不改悔
心无慚愧如是等人名為趣向一闡提道若
犯四重作五逆罪自知定犯如是重事而心
初无怖畏慚愧不肯發露於彼正法永无護
惜建立之心毀呰輕賤言多過咎如是等人
亦名趣向一闡提道若復說言无佛法僧如
是等人亦名趣向一闡提道唯除如此一闡
提輩施其餘者一切讚歎
尒時純陀復白佛言世尊所言破戒其義云
何答言純陀若犯四重及五逆罪誹謗正法
如是等人名為破戒純陀復問如是破戒可
拔濟不答言純陀有因緣故則可拔濟若被
法服猶未捨遠其心常懷慚愧恐怖而自考
責咄哉何為犯斯重罪何其恠哉造斯苦業
深自改悔生護法心欲建正法有護法者我
當供養若有讀誦大乘典者我當諮問受持

法服猶未捨遠其心常懷慚愧恐怖而自考
責咄哉何為犯斯重罪何其恠哉造斯苦業
深自改悔生護法心欲建正法有護法者我
當供養若有讀誦大乘典者我當諮問受持
讀誦既通利已復當為他分別廣說我說是
人不為破戒何以故善男子譬如日出能除
一切塵翳闇瞑是大涅槃微妙經典出興於
世亦復如是能除衆生无量劫中所作衆罪
是故此經說護正法得大果報拔濟破戒若
有毀謗是正法者能自改悔還歸於法自念
所作一切不善如人自害心生恐怖驚懼慚
愧除此正法更无救護是故應當還歸正法
若能如是如說歸依布施是人得福无量亦
名世間應受供養若犯如上惡業之罪若經
一月或十五日不生歸依發露之心若施是
人果報甚少犯五逆者亦復如是能生悔心
內懷慚愧今我所作不善之業甚為大苦我
當建立護持正法是則不名五逆罪也若施
是人得福无量犯逆罪已不生護法歸依之
心有施是者福不足言又善男子犯重罪者
汝今諦聽我當為汝分別廣說應生是心謂
正法者即是如來微密之藏是故我當護持
建立施是人者得勝果報善男子譬如女人
懷妊垂產值國荒亂逃至他土在一天廟即
便產生聞其舊邦安隱豐熟擕將其子欲還
本土中路值河水漲暴急荷負是兒不能得

正法者即是如來微密之藏是故我當護持
建立施是人者得勝果報善男子譬如女人
懷妊垂產值國荒亂逃至他土在一天廟即
便產生聞其舊邦安隱豐熟攜將其子欲還
本土中路值河水漲暴急荷負是兒不能得
度即自念言我寧與子一處并命終不捨棄
而獨度也作是念已與子俱沒命終之後尋
生天中以慈念子欲令得度而是女人本性
弊惡以愛子故得生天中犯四重禁五无間
罪生護法心亦復如是雖復先為不善之業
以護法故得為世間无上福田是護法者有
如是等无量果報純陀復言世尊若一闡提能
自改悔恭敬供養讚歎三寶施如是人得大
果不佛言善男子汝今不應作如是說善男
子譬如有人食菴羅菓吐核置地而復念
言是菓核中應有甘味即復還取破而嘗
之其味極苦心生悔恨恐失菓種即還收拾
種之於地勤加脩治以蘇油乳隨時溉灌於
意云何寧可生不不也世尊假使天降无上
甘雨猶亦不生善男子彼一闡提亦復如是
燒滅善根當於何處而得除罪善男子若生
善心是則不名一闡提也善男子以是義故一
切所施所得果報非无差別何以故施諸聲
聞所得報異施辟支佛得報亦異唯施如來
獲无上果是故說言一切所施非无差別純
陀復言何故如來而說此偈佛告純陀有因

善心是則不名一闡提也善男子以是義故一
切所施所得果報非无差別何以故施諸聲
聞所得報異施辟支佛得報亦異唯施如來
獲无上果是故說言一切所施非无差別純
陀復言何故如來而說此偈佛告純陀有因
緣故我說此偈王舍城中有優婆塞心无淨
信奉事尼揵而來問我布施之義以是因緣
故說斯偈亦為菩薩摩訶薩等說祕藏義如
斯偈者其義云何一切者少分一切當知菩薩
摩訶薩人中之雄攝取持戒施其所須捨棄
破戒如除稊稗
復次善男子如我昔日所說偈言
一切江河　必有迴曲　一切藂林　必名樹木
一切女人　必多諂曲　一切自在　必受安樂
尒時文殊師利菩薩摩訶薩即從座起偏袒
右肩右膝著地前礼佛足而說偈言
非一切河　必有迴曲　非一切林　悉名樹木
非一切女　必懷諂曲　一切自在　不必受樂
佛所說偈其義有餘唯垂哀愍說其因緣
何以故世尊於此三千大千世界有諸名拘耶
尼其諸有河端直不曲名娑婆耶喻如繩墨
直入西海如是河相於餘經中佛未曾說唯
願如來因此方等阿含經中說有餘義令諸
菩薩深解是義世尊譬如有人先識金礦後
不識金如來亦尒盡知法已而所演說有餘
不盡如來雖作如是餘說應當方便解其意

願如来因此方等阿含經中說有餘義令諸
菩薩深解是義世尊譬如有人先識金礦後
不識金如来亦尒盡知法已而所演說有餘
不盡如来雖作如是餘說應當方便解其意
趣一切藂林必是樹木是亦有餘何以故種
種金銀瑠璃寶樹是亦名林一切女人必懷
諂曲是亦有餘何以故亦有女人善持禁戒
功德成就有大慈悲一切自在必受樂者是
亦有餘何以故有自在者轉輪聖帝如来法
王不屬死魔不可滅盡梵釋諸天雖得自在
悉是无常若得常住无變易者乃名自在所
謂大乘大般涅槃佛言善男子汝今善得樂
說之辯且止諦聽文殊師利譬如長者身嬰
病苦良醫診之為合膏藥是時病者貪欲多
服醫語之言若能消者則可多服汝今體羸
不應多服當知是膏亦名甘露亦名毒藥若
多服不消則名為毒善男子汝今勿謂是醫
所說違失義理喪膏力勢善男子如来亦尒
為諸國王后妃太子王子大臣因波斯匿王
王子后妃憍慢心故為欲調伏示現恐怖如
彼良醫故說此偈
一切江河　必有迴曲　一切藂林　必名樹木
一切女人　必懷諂曲　一切自在　必受安樂
文殊師利汝今當知如来所說无有漏失如
此大地可令反覆如来之言終无漏失以是
義故如来所說一切有餘尒時佛讚文殊師

BD13848號　大般涅槃經（北本）卷一〇　（24–16）

一切女人　必懷諂曲　一切自在　必受安樂
文殊師利汝今當知如来所說无有漏失如
此大地可令反覆如来之言終无漏失以是
義故如来所說一切有餘尒時佛讚文殊師
利善哉善哉善男子汝已久知如是之義哀
愍一切欲令衆生得智慧故廣問如来如是
偈義尒時文殊師利法王之子復於佛前而
說偈言
於他語言　隨順不逆　亦不觀他　作以不作
但自觀身　善不善行
世尊如是說此法藥非為正說於他語言隨
順不逆者唯願如来乘哀正說何以故世尊
常說一切外學九十五種皆趣惡道聲聞弟
子皆向正路若護禁戒攝持威儀守慎諸根
如是等人深樂大法趣向善道如来何故於
九部經中見有毀他則便呵責如是偈義為
何所趣佛告文殊師利善男子我說此偈亦
不盡為一切衆生尒時唯為阿闍世王諸佛
世尊若无因緣終不逆說有因緣故乃說之
耳善男子阿闍世王害其父已來至我所欲
折伏我作如是問云何世尊有一切智非一
切智邪若一切智調達往昔无量世中常懷
惡心隨逐如来欲為殺害云何如来聽其出
家善男子以是因緣我為是王而說此偈
於他語言　隨順不逆　亦不觀他　作以不作
但自觀身　善不善行

BD13848號　大般涅槃經（北本）卷一〇　（24–17）

切有邪若一切智通達行者无量世中常懷
惡心隨逐如来欲為殺害云何如来聽其出
家善男子以是因緣我為是王而說此偈
於他語言　隨順不逆　亦不觀他　作以不作
但自觀身　善不善行
佛告大王汝今害父已作逆罪最重无間應
當發露以求清淨何緣乃更見他過咎善男
子以是義故我為彼王而說是偈復次善男
子亦為護持不毀禁戒成就威儀見他過者
而說是偈若復有人受他教誨遠離衆惡復
教他人令遠衆惡如是之人則我弟子
尒時世尊為文殊師利而說偈言
一切畏刀杖　无不愛壽命　恕已可為喻　勿殺勿行杖
尒時文殊師利復於佛前而說偈言
非一切畏杖　非一切愛命　恕已可為喻　勤作善方便
如来說是法句之義亦是未盡何以故如阿
羅漢轉輪聖王玉女象馬主藏大臣若諸天
人及阿脩羅執持利劒能害之者无有是處
勇士烈女馬王獸王持戒比丘雖復對至而
不恐怖以是義故如来說偈亦是有餘若言
恕已可為喻者是亦有餘何以故若使羅漢
以已喻彼則有我想及以命想若有我想及
以命想則應擁護凡夫亦應見阿羅漢悉是
行人若如是者即是邪見若有邪見命終之
時即應生於阿鼻地獄又復羅漢設於衆生
生害心者无有是處无量衆生亦復无能害
羅漢者佛言善男子言我想者謂於衆生生

行人若如是者即是邪見若有邪見命終之
時即應生於阿鼻地獄又復羅漢設於衆生
生害心者无有是處无量衆生亦復无能害
羅漢者佛言善男子言我想者謂於衆生生
大悲心无殺害想謂阿羅漢平等之心勿謂
世尊无有因緣而逆說也昔日於此王舍城
中有大獵師多殺群鹿請我食肉我於是時
雖受彼請於諸衆生生慈悲心如羅睺羅而
說偈言
當令汝長壽　久久住於世　受持不害法　猶如諸佛壽
是故我說偈
一切畏刀杖　无不愛壽命　恕已可為喻　勿殺勿行杖
佛言善哉善哉文殊師利為諸菩薩摩訶薩
故諮問如来如是密教
尒時文殊師利復說是偈
云何敬父母　隨順而尊重　云何脩此法　墮於无間獄
於是如来復以偈荅文殊師利
若以貪愛母　无明以為父　隨順尊重是　則墮无間獄
尒時如来復為文殊師利菩薩重說偈言
一切屬他　則名為苦　一切由已　自在安樂
一切憍慢　勢極暴惡　賢善之人　一切愛念
尒時文殊師利菩薩摩訶薩白佛言世尊如
来所說是亦不盡唯願如来復垂哀愍說其
因緣何以故如長者子從師學時為屬師不
若屬師者義不成就若不屬者亦不成就若
得自在亦不成就是故如来所說有餘復次

尒時文殊師利菩薩摩訶薩白佛言世尊如
来所說是亦不盡唯願如来復垂哀愍說其
因緣何以故如長者子從師學時爲屬師不
若屬師者義不成就若不屬者亦不成就若
得自在亦不成就是故如来所說有餘復次
世尊辟如王子无所綜習觸事不成是亦自
在愚闇常苦如是王子若言自在義亦不成
若言屬他義亦不成以是義故佛所說義名
爲有餘是故一切屬他不必受苦一切自在
不必受樂一切憍慢勢極暴惡是亦有餘世
尊如諸烈女憍慢心故出家學道護持禁戒
威儀成就守攝諸根不令馳散是故一切憍
慢之結不必暴惡賢善之人一切愛念是亦
有餘如人內犯四重禁已不捨法服堅持威
儀護持法者見已不愛是人命終必墮地獄
若有賢人犯重禁已護法見之即驅令出罷
道還俗以是義故一切賢善不必悉愛尒時
佛告文殊師利有因緣故如来於此說有餘
義又有因緣諸佛如来而說是法時王舍城
有一女人名曰善賢還父母家因至我所歸
依於我及法衆僧而作是言一切女人勢不
自由一切男子自在无閡我於尒時知是女
心即爲宣說如是偈頌文殊師利善哉善哉
汝今能爲一切衆生問於如来如是密語
文殊師利復說偈言
一切諸衆生　皆依飲食存　一切有大力　其心无嫉妬

BD13848 號　大般涅槃經（北本）卷一〇　（24–20）

心即爲宣說如是偈頌文殊師利善哉善哉
汝今能爲一切衆生問於如来如是密語
文殊師利復說偈言
一切諸衆生　皆依飲食存　一切有大力　其心无嫉妬
一切因飲食　而得諸病苦　一切修淨行　而得受安樂
如是世尊今受純陁飲食供養將无如来有
恐怖耶尒時世尊復爲文殊師利而說偈言
非一切衆生　盡依飲食存　非一切大力　心皆无嫉妬
非一切因食　而致病苦患　非一切淨行　悉得受安樂
文殊師利汝若得病我亦如是應得病苦何
以故諸阿羅漢及辟支佛菩薩如来實无所
食爲欲化彼亦現受用无量衆生所施之物
令其具足檀波羅蜜拔濟地獄畜生餓鬼若
言如来六年苦行身羸瘦者无有是處諸佛
世尊獨拔諸有不同凡夫云何而得身羸劣
邪諸佛世尊精勤修習獲金剛身不同世人
危脆之身我諸弟子亦復如是不可思議不
依於食一切大力无嫉妬者亦有餘義如世
間人終身永无嫉妬之心而无大力一切病
苦因食得者亦有餘義亦見有人得客病者
所謂刺刺刀劍鉾矟一切淨行受安樂者是
亦有餘世間亦有外道之人修於梵行多受
苦惱以是義故如来所說一切有餘是名如
来非无因緣而說此偈有因緣故說昔日於
此優禪尼國有婆羅門名羖羝德來至我
所欲受第四八戒齋法我於尒時爲說此偈

BD13848 號　大般涅槃經（北本）卷一〇　（24–21）

亦有餘世間亦有外道之人脩於梵行多受
苦惱以是義故如來所說一切有餘是名如
來非无因緣而說此偈有因緣故說昔日於
此優禪尼國有婆羅門名羖羝德來至我
所欲受第四八戒齋法我於尒時爲說此偈
尒時迦葉菩薩白佛言世尊何等名爲无餘
義邪云何復名一切義乎善男子一切者唯
除助道常樂善法亦名一切亦名无餘其餘
諸法亦名有餘亦名无餘欲令樂法諸善男
子知此有餘及无餘義迦葉菩薩心大歡喜
踊躍无量前白佛言甚奇世尊等視衆生如
羅睺羅尒時佛讚迦葉菩薩善哉善哉汝今
所見微妙甚深
迦葉菩薩白佛言世尊唯願如來說是大乘
大涅槃經所得功德佛告迦葉善男子若有
得聞是經名字所得功德非諸聲聞辟支佛
等所能宣說唯佛能知何以故不可思議是
佛境界何況受持讀誦通利書寫經卷尒時
諸天世人及阿脩羅即於佛前異口同音而
說偈言
諸佛難思議　法僧亦復然　是故今勸請　唯願小停住
尊者大迦葉　及以阿難等　二衆之眷屬　且待須臾至
并及摩伽王　阿闍世大王　至心敬信佛　猶故未來此
唯願於如來　小垂哀愍住　於此大衆中　斷我諸疑網
尒時如來　爲諸大衆而說偈言
我法最長子　是名大迦葉　阿難勤精進　能斷一切疑

BD13848號　大般涅槃經（北本）卷一〇　（24–22）

諸佛難思議　法僧亦復然　是故今勸請　唯願小停住
尊者大迦葉　及以阿難等　二衆之眷屬　且待須臾至
并及摩伽王　阿闍世大王　至心敬信佛　猶故未來此
唯願於如來　小垂哀愍住　於此大衆中　斷我諸疑網
尒時如來　爲諸大衆而說偈言
我法最長子　是名大迦葉　阿難勤精進　能斷一切疑
汝等當諦觀　阿難多聞士　自然得解了　是常及无常
以是故不應　心懷於憂惱
尒時大衆以種種物供養如來供養佛已即
發阿耨多羅三藐三菩提心无量无邊恒河
沙等諸菩薩輩得住初地尒時世尊與文殊
師利迦葉菩薩及與純陁而授記莂授記莂
已說如是言諸善男子自脩其心愼莫放逸
我今背疾舉體皆痛我今欲臥如彼小兒及
常患者文殊師利汝等當爲四部廣說大法
今以此法付囑於汝乃至迦葉阿難等來復
當付囑如是正法尒時如來說是語已爲欲
調伏諸衆生故現身有疾右脇而臥如彼病
人

大般涅槃經卷第十

BD13848號　大般涅槃經（北本）卷一〇　（24–23）

常患者文殊師利汝菩當為四部廣說大法
今以此法付囑於汝乃至迦葉阿難菩来復
當付囑如是正法尒時如来說是語已為欲
調伏諸衆生故現身有疾右脇而卧如彼病
人

大般涅槃經卷第十

BD13848 號　大般涅槃經（北本）卷一〇　（24–24）

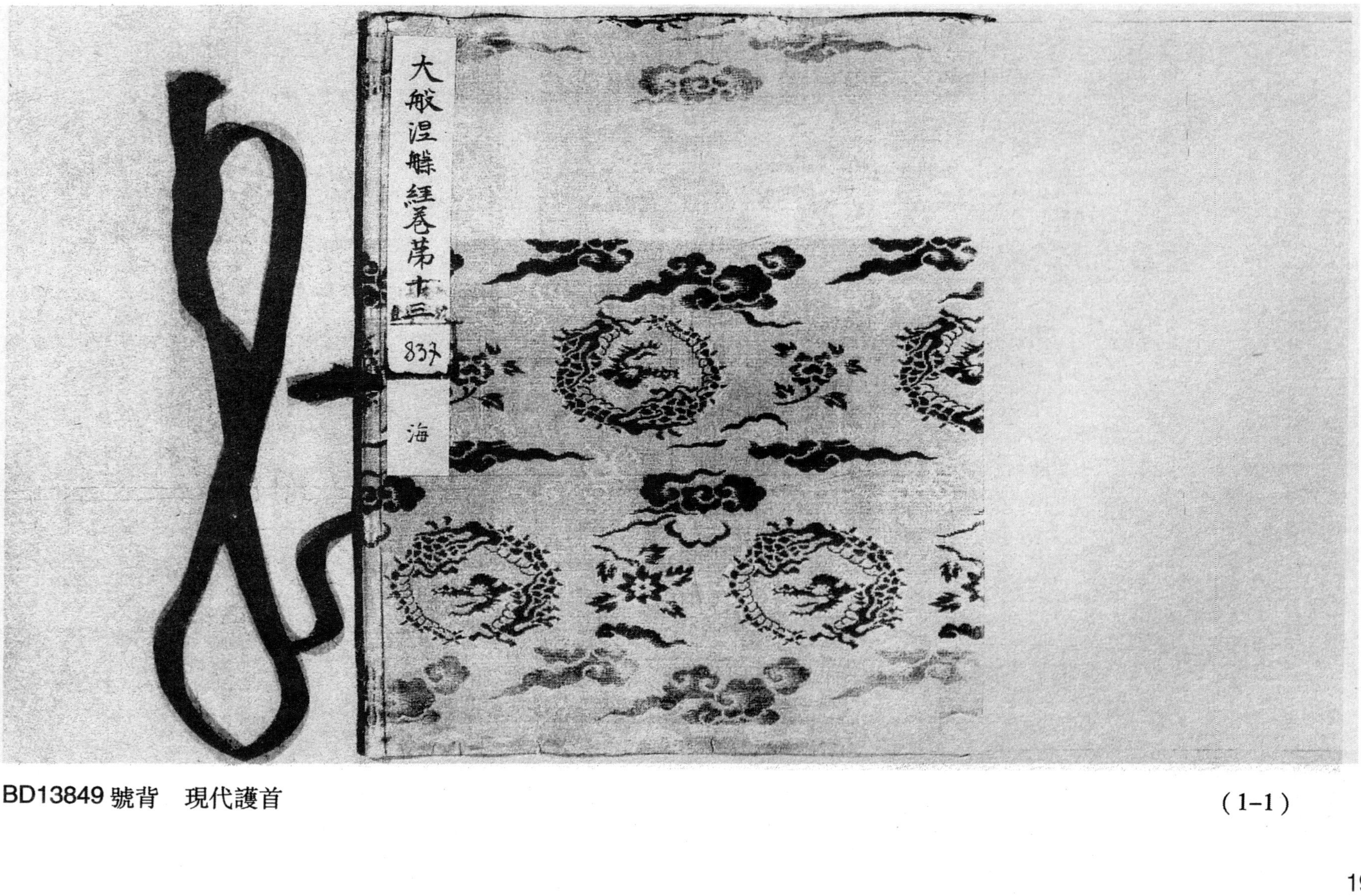

BD13849 號背　現代護首　（1–1）

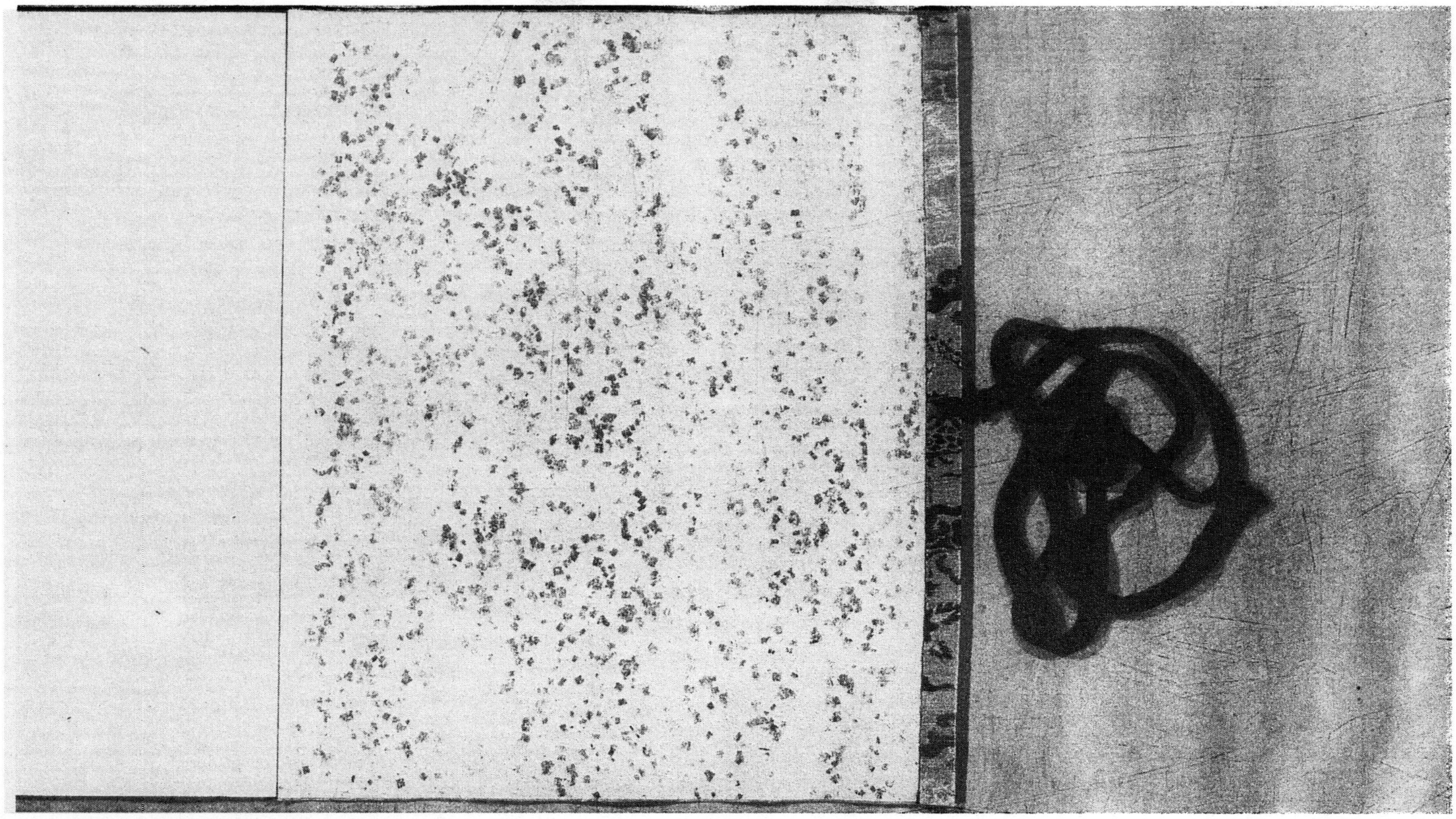

BD13849號　大般涅槃經（北本）卷一三　　（22–1）

有一切善法善
道中唯除菩薩是名
摩樓迦子譬如摩樓迦子
糞墮地或因風吹來在樹下即便
縛束尼拘陀樹令不增長遂至枯死愛摩樓
迦子亦復如是纏縛凡夫所有善法不令增
長遂至枯滅既枯滅已命終之後墮三惡道
唯除菩薩是名摩樓迦子善男子云何瘡中
人灸瘡中生息肉其人要當勤心療
捨心若生捨心瘡息增長蟲疽復生
以是因緣即便命終凡夫愚人五陰瘡疣亦
復如是愛於其中而為息肉應當勤心療治
愛息若不治者命終即墮三惡道中唯除菩
薩是名瘡中息肉善男子云何暴風譬如暴
風能偃山移岳拔深根栽愛暴大風亦復如
是於父母所而生惡心能拔大智舍利弗等
因菩提根栽唯除菩薩是名暴風善

BD13849號　大般涅槃經（北本）卷一三　　（22–2）

愛息若不治者命終即墮三惡道中唯除菩
薩是名瘡中息肉善男子云何暴風譬如暴
風能偃山夷岳拔深根栽愛暴大風亦復如
是於父母所而生惡心能拔大智舍利弗等
因菩提根栽唯除菩薩是名暴風善
男子云何彗星譬如彗星出現天下一切人
民飢饉病瘦嬰諸苦惱愛之彗星亦復如是
能斷一切善根種子令凡夫人孤窮飢饉生
煩惱病流轉生死受種種苦唯除菩薩是名
彗星善男子菩薩摩訶薩住於大乘大般涅
槃觀察愛結如是九種善男子以是義故諸
凡夫人有苦无諦聲聞緣覺有苦有苦諦而
无真實諸菩薩等解苦无苦是故无苦而有
真諦諸凡夫人有集无諦聲聞緣覺有集有
集諦諸菩薩等解集无集是故无集而有真
諦聲聞緣覺有滅非真菩薩摩訶薩有滅有
真諦聲聞緣覺有道非真菩薩摩訶薩有
道有真諦
善男子云何菩薩摩訶薩住於大乘大般涅
槃 見滅諦所謂斷除一切煩惱若煩惱
斷則名為常滅煩惱火則名寂滅煩惱滅故
則得受樂諸佛菩薩求因緣故故名為淨
更不復受廿五有故名出世以出世故名為我
常於彼色聲香味觸等若男若女若生住滅
若苦若樂不苦不樂不取相貌故名畢竟寂

BD13849號　大般涅槃經（北本）卷一三　（22–3）

則得受樂諸佛菩薩求因緣故故名為淨
更不復受廿五有故名出世以出世故名為我
常於彼色聲香味觸等若男若女若生住滅
若苦若樂不苦不樂不取相貌故名畢竟寂
滅真諦善男子菩薩如是住於大乘大般涅
槃 見滅聖諦
善男子云何菩薩摩訶薩住於大乘大般涅
槃觀道聖諦善男子譬如闇中因燈得見麁
細之物菩薩摩訶薩亦復如是住於大乘大
般涅槃因八聖道見一切法所謂常无常有
為无為有衆生非衆生物非物苦樂我无我
淨不淨煩惱非煩惱業非業實非實乘非乘
知无知陀羅驃非陀羅驃求那非求那見非
見 色道非道解非解善男子菩薩如是
住於大乘大般涅槃觀道聖諦
迦葉菩薩白佛言世尊若八聖道是道聖諦
義不相應何以故如來或說信心為道能度
諸漏或時說道不放逸是諸佛世尊不放逸
故得阿耨多羅三藐三菩提亦是菩薩助道
之法或時說言精進是道如告阿難若有人
能 精進則得成就阿耨多羅三藐三菩
提或時說言觀身念處若有繫心精勤脩習
是身念處則得成就阿耨多羅三藐三菩提
或時說言正定為道如告大德摩訶迦葉夫
正定者真實是道非不正定而是道也若入

BD13849號　大般涅槃經（北本）卷一三　（22–4）

能精進則得成就阿耨多羅三藐三菩
提或時說言觀身念處若有繫心精勤脩習
是身念處則得成就阿耨多羅三藐三菩提
或時說言正定為道如告大德摩訶迦葉夫
正定者真實是道非不正定而是道也若入
禪定乃能思惟五陰生滅非不入定能思惟
也或說一法若有脩集能淨衆生滅除一切
憂〻〻乙惱逮得正法所謂念佛三昧或復說
言脩无常想是名為道如告比丘有能多脩
无常想者能得阿耨多羅三藐三菩提或說
空寂阿蘭若處獨坐思惟能得速成阿耨多
羅三藐三菩提或時說言為人演法是名為道
若聞法已疑網即斷疑網斷已則得阿耨多
羅三藐三菩提或時說言持戒是道如告
阿難〻有精勤脩持禁戒是人則度生死大
苦或時說言親近善友是名為道如告阿難
若有親近善知識者則具淨戒若有衆生能
親近我則得發於阿耨多羅三藐三菩提心
或時說言脩慈是道脩學慈者斷諸煩惱得
不動處或時說言智慧是道如佛昔為波闍
波提比丘尼說姊妹如諸聲聞以智慧刀能
斷諸〻諸漏煩惱或時如來說施是道如佛
往昔告波斯匿王大王當知我於往昔多行
惠施以是因緣今日得成阿耨多羅三藐三
菩提世尊若八聖道是道諦者如是等經豈

BD13849號　大般涅槃經（北本）卷一三　　（22–5）

斷諸〻諸漏煩惱或時如來說施是道如佛
往昔告波斯匿王大王當知我於往昔多行
惠施以是因緣今日得成阿耨多羅三藐三
菩提世尊若八聖道是道諦者如是等經豈
非虛妄若彼諸經非虛妄者彼中何緣不說
八道為道聖諦若彼不說如來往昔何故錯
謬然我定知諸佛如來久離錯謬
尒時世尊讚迦葉菩薩善哉善哉善男子汝
今欲知菩薩大乘微妙經典所有祕密故作
是問善男子如是諸經悉入道諦善男子如
我先說若有信道如是信道是信根本是能
佐助菩提之道是故我說无有錯謬善男子
如來善知无量方便欲化衆生故作如是種
種〻〻善男子譬如良醫識諸衆生種種病
原隨其所患而為合藥并藥所禁唯水一種
不在禁例或服薑水或甘草水或細辛水或
黑石蜜水或阿摩勒水或尼婆羅水或鉢晝
羅水或服冷水或服熱水或蒲桃水或安石
留水善男子如是良醫善知衆生所患種種
藥雖多禁水不在例如來亦尒善知方便於
一法中隨諸衆生分別廣說種種名相彼諸
衆生隨所說受受已脩集除斷煩惱如彼病
人隨良醫教所患得除復次善男子如有一
人善解雜語在大衆中是諸大衆熱渴所逼
咸發聲言我欲飲水我欲飲水是人即時以

BD13849號　大般涅槃經（北本）卷一三　　（22–6）

人隨良醫教所患得除復次善男子如有一
人善解雜語在大衆中是諸大衆熱渴所逼
咸發聲言我欲飲水我欲飲水是人即時以
清冷水隨其種類說言是水或言波尼或言
欝持或言薩利籃或言婆利或言波耶或言
甘露或言牛乳以如是等无量水名為大衆
說善男子如来亦尒以一聖道為諸聲聞種
種演說從信根等至八聖道復次善男子譬
如金師以一種金隨意造作種種瓔珞所謂
鉗鏁環釧釵璫天冠臂印雖有如是差別不
同然不離金善男子如来亦尒以一佛道隨
諸衆生種種分別而為說之或說一種所謂
諸佛一道无二復說二種所謂定慧復說三
種謂見智慧復說四種所謂見道脩道无學
道佛道復說五種所謂信行道法行道信解
脫道見到道身證道復說六種所謂須陁洹
道斯陁含道阿那含道阿羅漢道辟支佛道
佛道復說七種所謂念覺分擇法覺分精進
覺分喜覺分除覺分定覺分捨覺分復說八
種所謂正見正思惟正語正業正命正精進
正念正定復說九種所謂八道及信復說十
種所謂十力復說十一種所謂十力大慈復
說十二種所謂十力大慈大悲復說十三種
所謂十力大慈大悲念佛三昧復說十六種
所謂十力大慈大悲念佛三昧及佛所得三

BD13849號　大般涅槃經（北本）卷一三　（22-7）

種所謂十力復說十一種所謂十力大慈復
說十二種所謂十力大慈大悲復說十三種
所謂十力大慈大悲念佛三昧復說十六種
所謂十力大慈大悲念佛三昧及佛所得三
正念處復說廿道所謂十力四无所畏大慈
大悲念佛三昧三正念處善男子是道一體
如来昔日為衆生故種種分別復次善男子
譬如一火因可然故得種種名所謂木火草
火糠火麩火牛馬糞火善男子佛道亦尒一
而无二為衆生故種種分別復次善男子譬
如一識分別說六若至於眼則名眼識乃至
意識亦復如是善男子道亦如是一而无二
如来為化諸衆生故種種分別復次善男子
譬如一色眼所見者則名為色耳所聞者則
名為聲鼻所嗅者則名為香舌所嘗者則名
為味身所覺者則名為觸善男子道亦如是
一而无二如来為欲化衆生故種種分別善
男子以是義故八聖道分名道聖諦善男子
是四聖諦諸佛世尊次第說之以是因緣无
是衆生得度生死
迦葉菩薩白佛言世尊昔佛一時在恒河岸
尸首林中尒時如来取少樹葉告諸比丘我
今手中所捉葉多一切因地草木葉多諸比
丘言世尊一切因地草木葉多不可稱計如
来所捉少不足言諸比丘我所覺了一切諸

BD13849號　大般涅槃經（北本）卷一三　（22-8）

尸首林中尒時如来取少樹葉告諸比丘我
今手中所捉葉多一切国地草木葉多諸比
丘言世尊一切国地草木葉多不可稱計如
来所捉少不足言諸比丘我所覺了一切諸
法如因大地生草木等為諸衆生所宣說者
如手中葉世尊尒時說如是言如来所了无
量諸法若入四諦則為已說若不入者應有
五諦佛讚迦葉善哉善哉善男子汝今所問
則能利益安隱快樂无量衆生善男子如是
諸法悉已攝在四聖諦中迦葉菩薩復作是
言如是等法若在四諦如来何故唱言不說
佛言善男子雖復入中猶不名說何以故善
男子知聖諦有二種智一者中二者上中者聲
聞緣覺智上者諸佛菩薩智善男子智諸
陰苦名為中智分別諸陰有无量相悉是諸
苦非是聲聞緣覺所知是名上智善男子如
是等義我於彼經竟不說之善男子知諸入
者名之為門亦名為苦是名中智分別種種
有无量相悉是諸苦非諸聲聞緣覺所知是
名上智如是等義我於彼經亦不說之善男
子知諸界者名之為分亦名為性亦名為苦
是名中智分別諸界有无量相悉是諸苦非
諸聲聞緣覺所知是名上智善男子如是等
義我於彼經亦不說之善男子知色壞相是
名中智分別諸色有无量相悉是諸苦非諸

BD13849號　大般涅槃經（北本）卷一三　（22-9）

是名中智分別諸界有无量相悉是諸苦非
諸聲聞緣覺所知是名上智善男子如是等
義我於彼經亦不說之善男子知色壞相是
名中智分別諸色有无量相悉是諸苦非諸
聲聞緣覺所知是名上智如是等義我於彼
經亦不說之善男子知受覺相是名中智分
別諸受有无量覺相非諸聲聞緣覺所知是
名上智善男子如是等義我於彼經亦不說
之善男子知想取相是名中智分別諸想有
无量取相非諸聲聞緣覺所知是名上智如
是等義我於彼經亦不說之善男子知行作
相是名中智分別是行无量作相非諸聲聞
緣覺所知是名上智善男子如是等義我於
彼經亦不說之善男子知識分別相是名中
智分別是識无量智相非諸聲聞緣覺所知
是名上智善男子如是等義我於彼經亦不
說之善男子知愛因緣能生五陰是名中智
一人起愛无量无邊聲聞緣覺所不能知能
知一切衆生所起如是等愛是名上智如是
等義我於彼經亦不說之善男子知滅煩惱
是名中智分別煩惱不可稱計滅亦如是不
可稱計非諸聲聞緣覺所知是名上智如是
等義我於彼經亦不說之善男子知是道相
能離煩惱是名中智分別道相无量无邊所
離煩惱亦无量无邊非諸聲聞緣覺所知是

BD13849號　大般涅槃經（北本）卷一三　（22-10）

是名中智分別煩惱不可稱計滅亦如是不
可稱計非諸聲聞緣覺所知是名上智如是
等義我於彼經亦不說之善男子知是道相
能離煩惱是名中智分別道相无量无邊所
離煩惱亦无量无邊非諸聲聞緣覺所知是
名上智如是等義我於彼經亦不說之善男
子知世諦者是名中智分別世諦无量无邊
不可稱計非諸聲聞緣覺所知是名上智如
是等義我於彼經亦不說之善男子一切行
无常諸法无我涅槃寂滅是第一義是名中
智知第一義无量无邊不可稱計非諸聲聞
緣覺所知是名上智如是等義我於彼經亦
不說之
尒時文殊師利菩薩白佛言世尊所說世諦
第一義諦其義云何世尊第一義中有世諦
不世諦之中有第一義不如其有者即是一
諦如其无者將非如來虛妄說耶善男子世
諦者即第一義諦世尊若尒者則无二諦佛
言善男子有善方便隨順衆生說有二諦善
男子若隨言說則有二種一者世法二者出
世法善男子如出世人之所知者名第一義
諦世人知者名為世諦善男子五陰和合稱
言某甲凡夫衆生隨其所稱是名世諦解陰
无有某甲名字離陰亦无某甲名字出世之
人如其性相而能知之名第一義諦復次善

BD13849號　大般涅槃經（北本）卷一三　（22–11）

諦世人知者名為世諦善男子五陰和合稱
言某甲凡夫衆生隨其所稱是名世諦解陰
无有某甲名字離陰亦无某甲名字出世之
人如其性相而能知之名第一義諦復次善
男子或復有法有名有實或復有法有名无
實善男子有名无實者即是世諦有名有實
者是第一義諦善男子如我衆生壽命知見
養育士夫作者受者熱時之炎乾闥婆城龜
毛兔角旋火之輪諸陰界入是名世諦苦集滅
道名第一義諦善男子世法有五種一者名
世二者句世三者縛世四者法世五者執
著世善男子云何名世男女瓶衣車乘屋舍
如是等物是為名世云何句世四句一偈如
是等偈名為句世云何縛世卷合繫結束縛
合掌是名縛世云何法世如鳴椎集僧嚴鼓
戒兵吹貝知時是名法世云何執著世如望
遠人有染衣者生想執著言是沙門非婆羅
門見有結繩橫佩身上便生念言是婆羅門
非沙門也是名執著世善男子如是名為五
種世法善男子若有衆生於如是等五種世
法心无顛倒如實而知是名第一義諦復次
善男子若燒若割若死若壞是名世諦无燒
无割无死无壞是名第一義諦復次善男子
有八苦相名為世諦无生无老无病无死无
愛別離无怨憎會无求不得无五盛陰是名

BD13849號　大般涅槃經（北本）卷一三　（22–12）

法心无顛倒如實而知是名第一義諦復次
善男子若燒若割若死若壞是名世諦无燒
无割无死无壞是名第一義諦復次善男子
有八苦相名爲世諦无生无老无病无死无
愛别離无怨憎會无求不得无五盛陰是名
第一義諦復次善男子譬如一人多有所能
若其走時則名走者若收刈時復名刈者若
作飲食名作食者若治材木則名工匠鍛金
銀時言金銀師如是一人有多名字法亦如
是其實是一而有多名依因父母和合而生
名爲世諦十二因緣和合生者名第一義諦
文殊師利菩薩摩訶薩白佛言世尊所言實
諦其義云何佛言善男子言實諦者名曰真
法善男子若法非真不名實諦善男子實諦
者无顛倒无顛倒者乃名實諦善男子實諦
者无有虚妄若有虚妄不名實諦善男子實
諦者名曰大乘非大乘者不名實諦善男子
實諦者是佛所說非魔所說若是魔說非佛
說者不名實諦善男子實諦者一道清淨无
有二也善男子有常有樂有我有淨是則名
爲實諦之義文殊師利白佛言世尊若以真
實爲實諦者真實之法即是如來虚空佛性
若如是者如來虚空及與佛性无有差别佛
告文殊師利有苦有諦有實有集有諦有實
有滅有諦有實有道有諦有實善男子如來

BD13849號　大般涅槃經（北本）卷一三　（22–13）

爲實諦之義文殊師利白佛言世尊若以真
實爲實諦者真實之法即是如來虚空佛性
若如是者如來虚空及與佛性无有差别佛
告文殊師利有苦有諦有實有集有諦有實
有滅有諦有實有道有諦有實善男子如來
非苦非諦是實虚空非苦非諦是實佛性非
苦非諦是實文殊師利所言苦者爲无常相
是可斷相是爲實諦如來之性非苦非无常
非可斷相是故爲實虚空佛性亦復如是復
次善男子所言集者能令五陰和合而生亦
名爲苦亦名无常是可斷相是爲實諦善男
子如來非是集性非是陰因非可斷相是故
爲實虚空佛性亦復如是善男子所言滅者
名煩惱滅亦常无常二乘所得名曰无常諸
佛所得是則名常亦名證法是爲實諦善男
子如來之性不名爲滅能滅煩惱非常无常
不名證知常住无變是故爲實虚空佛性亦
復如是善男子道者能斷煩惱亦常无常是
可脩法是名實諦如來非道能斷煩惱非常
无常非可脩法常住不變是故爲實虚空佛
性亦復如是復次善男子言真實者即是如
來如來者即是真實真實者即是虚空虚空
者即是真實真實者即是佛性佛性者即是
真實文殊師利有苦有因有苦盡有苦對
如來非苦乃至非對是故爲實不名爲諦虚

BD13849號　大般涅槃經（北本）卷一三　（22–14）

性亦復如是復次善男子言真實者即是如
來如來者即是真實真實者即是虛空虛空
者即是真實真實者即是佛性佛性者即是
真實文殊師利有苦有苦因有苦盡有苦對
如來非苦乃至非對是故為實不名為諦虛
空佛性亦復如是苦者有為有漏无樂如來
非有為非有漏湛然安樂是實非諦文殊師
利白佛言世尊如佛所說不顛倒者名為實
諦若爾者四諦之中有四倒不如其有者云
何說言无有顛倒名為實諦一切顛倒不名
為實佛告文殊師利一切顛倒皆入苦諦如
諸眾生有顛倒心名為顛倒善男子譬如有
人不受父母尊長教勅雖受不能隨順修行
如是人等名為顛倒如是顛倒非不是苦即
是苦也文殊師利言如佛所說不虛妄者即
是實諦若爾者當知虛妄則非實諦佛言善
男子一切虛妄皆入苦諦如有眾生欺誑於
他以是因緣墮於地獄畜生餓鬼如是等法
名為虛妄如是虛妄非不是苦即是苦也聲
聞緣覺諸佛世尊遠離不行故名虛妄如是
虛妄諸佛二乘所斷除故故名實諦文殊師
利言如佛所說大乘是實諦者當知聲聞辟
支佛乘則為不實佛言文殊師利彼二乘者
亦實不實聲聞緣覺斷諸煩惱則名為實无
常不住是變易法名為不實文殊師利言如

BD13849號　大般涅槃經（北本）卷一三　（22–15）

虛妄諸佛二乘所斷除故故名實諦文殊師
利言如佛所說大乘是實諦者當知聲聞辟
支佛乘則為不實佛言文殊師利彼二乘者
亦實不實聲聞緣覺斷諸煩惱則名為實无
常不住是變易法名為不實文殊師利言如
佛所說若佛所說名為實者當知魔說則為
不實世尊如魔所說聖諦攝不佛言文殊師
利魔所說者二諦所攝所謂苦集凡是一切
非法非律不能令人而得利益終日宣說亦
无有人見苦斷集證滅修道是名虛妄如是
虛妄名為魔說
文殊師利言如佛所說一道清淨无有二者
諸外道等亦復說言我有一道清淨无二若
言一道是實諦者與彼外道有何差別若无
差別不應說言一道清淨佛言善男子諸外
道等有苦集諦无滅道諦於非滅中而生滅
想於非道中而生道想於非果中而生果想
於非因中而生因想以是義故彼无一道清
淨无二文殊師利言如佛所說有常有我有
樂有淨是實義者諸外道等應有實諦佛法
中无何以故諸外道輩亦復說言諸行是常
云何是常可意不可意諸業報等受不失故
可意者名十善報不可意者十不善報若言
諸行皆悉无常而作業者於此已滅誰復於
彼受果報乎以是義故諸行是常殺生因緣
[illegible]

BD13849號　大般涅槃經（北本）卷一三　（22–16）

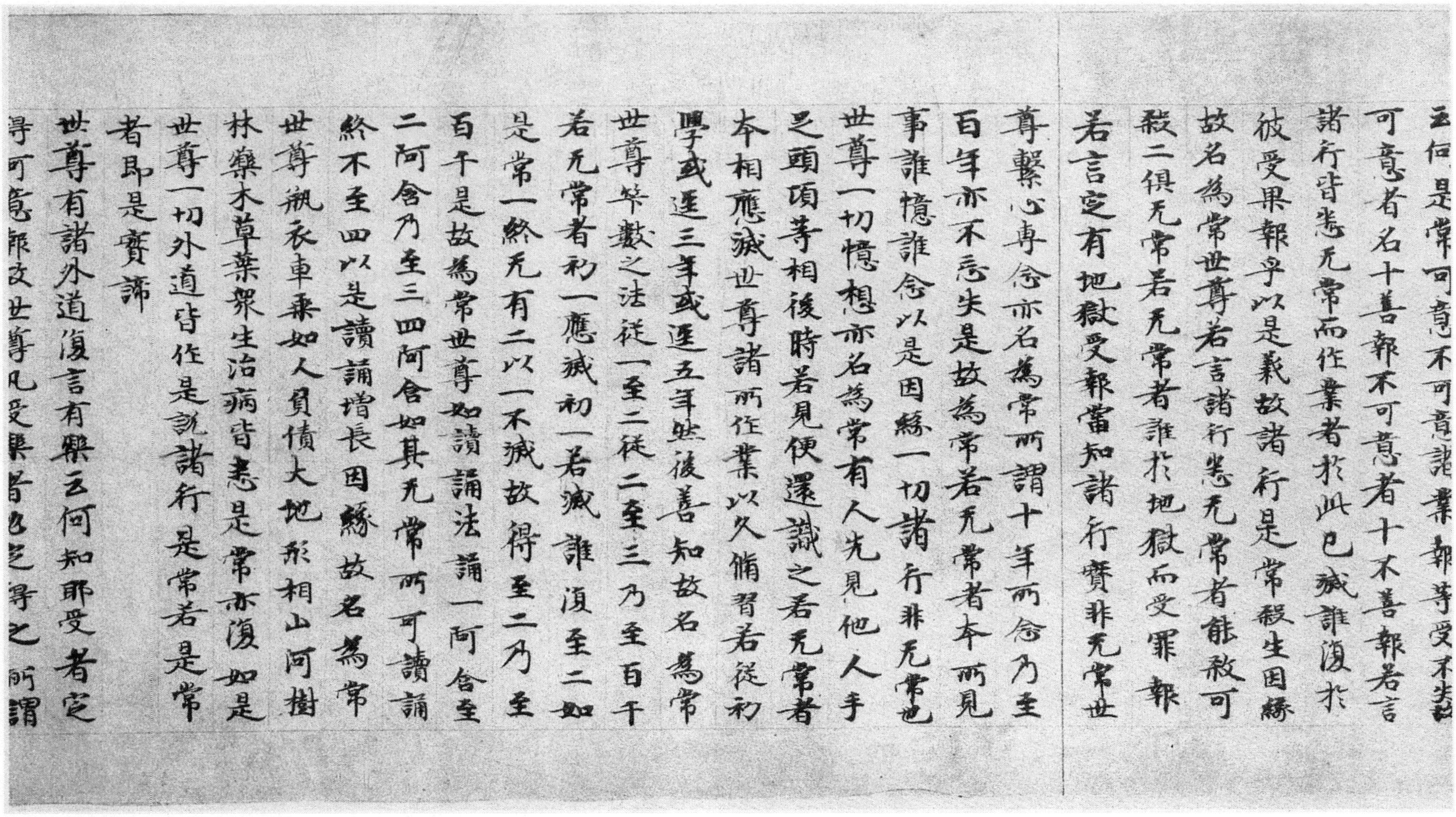
云何是常可意不可意諸業報等受不失
可意者名十善報不可意者十不善報若言
諸行皆悉无常而作業者於此已滅誰復於
彼受果報乎以是義故諸行是常殺生因緣
故名為常世尊若言諸行悉无常者能殺可
殺二俱无常若无常者誰於地獄而受罪報
若言定有地獄受報當知諸行實非无常世
尊繫心專念亦名為常所謂十年所念乃至
百年亦不忘失是故為常若无常者本所見
事誰憶誰念以是因緣一切諸行非无常也
世尊一切憶想亦名為常有人先見他人手
足頭項等相後時若見便還識之若无常者
本相應滅世尊諸所作業以久脩習若從初
學或逕三年或逕五年然後善知故名為常
世尊筭數之法從一至二從二至三乃至百千
若无常者初一應滅初一若滅誰復至二如
是常一終无有二以一不滅故得至二乃至
百千是故為常世尊如讀誦法誦一阿含至
二阿含乃至三四阿含如其无常所可讀誦
終不至四以是讀誦增長因緣故名為常
世尊瓶衣車乘如人負債大地形相山河樹
林藥木草葉眾生治病皆悉是常亦復如是
世尊一切外道皆作是說諸行是常若是常
者即是實諦
世尊有諸外道復言有樂云何知耶受者定
得可意報故世尊凡受樂者必定得之所謂

BD13849號　大般涅槃經（北本）卷一三　　（22–17）

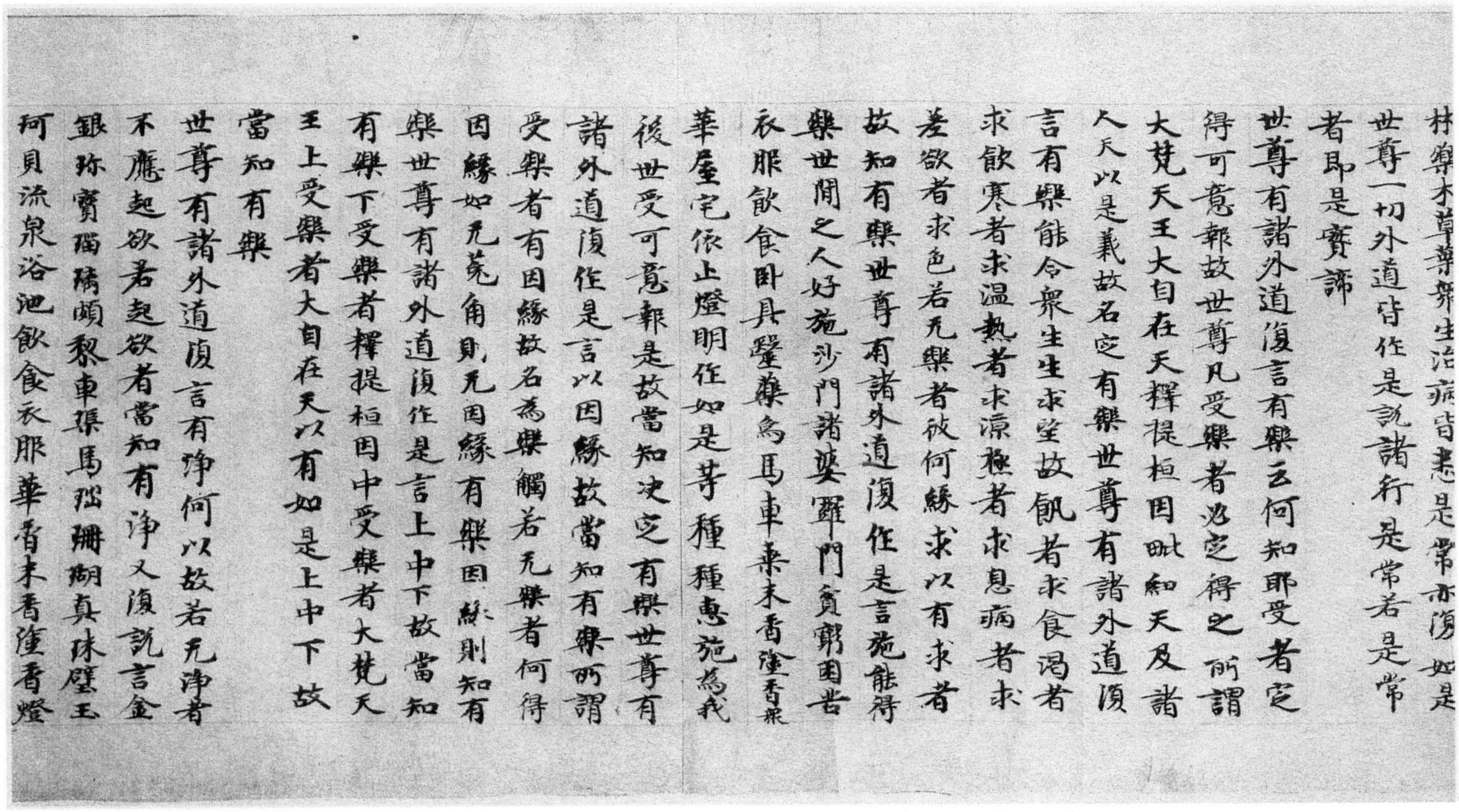
林藥木草葉眾生治病皆悉是常亦復如是
世尊一切外道皆作是說諸行是常若是常
者即是實諦
世尊有諸外道復言有樂云何知耶受者定
得可意報故世尊凡受樂者必定得之所謂
大梵天王大自在天釋提桓因毗紐天及諸
人天以是義故名定有樂世尊有諸外道復
言有樂能令眾生生求望故飢者求食渴者
求飲寒者求溫熱者求涼極者求息病者求
差欲者求色若无樂者彼何緣求以有求者
故知有樂世尊有諸外道復作是言施能得
樂世間之人好施沙門諸婆羅門貧窮困苦
衣服飲食臥具醫藥象馬車乘末香塗香眾
華屋宅依止燈明作如是等種種惠施為我
後世受可意報是故當知決定有樂世尊有
諸外道復作是言以因緣故當知有樂所謂
受樂者有因緣故名為樂觸若无樂者何得
因緣如无菟角則无因緣有樂因緣則知有
樂世尊有諸外道復作是言上中下故當知
有樂下受樂者釋提桓因中受樂者大梵天
王上受樂者大自在天以有如是上中下故
當知有樂
世尊有諸外道復言有淨何以故若无淨者
不應起欲若起欲者當知有淨又復說言金
銀珎寶瑠璃頗梨車璖馬瑙珊瑚真珠璧玉
珂貝流泉浴池飲食衣服華香末香塗香燈

BD13849號　大般涅槃經（北本）卷一三　　（22–18）

世尊有諸外道復言有淨何以故若无淨者
不應起欲若起欲者當知有淨又復說言金
銀珎寶瑠璃頗梨車璩馬瑙珊瑚真珠璧玉
珂貝流泉浴池飲食衣服華香末香塗香燈
燭之明如是等物悉是淨法復次有淨謂五
陰者即是淨器盛諸淨物所謂人天諸仙阿
羅漢辟支佛菩薩諸佛以是義故名之為淨
世尊有諸外道復言有我有所覩見能造作
故譬如有人入陶師家雖復不見陶師之身
以見輪繩定知其家必是陶師我亦如是眼
見色已必知有我若无我者誰能見色聞聲
乃至觸法亦復如是復次有我云何得知因
相故知何等為相喘息視眴壽命役心受諸
苦樂貪求瞋恚如是等法悉是我相是故當
知必定有我復次有我能別味故有人食菓
見已知味是故當知必定有我復次有我云
何知耶執作業故執鎌能刈執斧能斫執瓶
盛水執車能御如是等事我執能作是故當
知必定有我復次有我云何知耶即於生時
欲得乳餔乘宿習故以是當知必定有我復
次有我云何知耶和合利益他衆生故譬如
瓶衣車乘田宅山林樹木象馬牛羊如是等
物若和合者則有利益此内五陰亦復如是
眼等諸根有和合故則利益我是故當知必
定有我復次有我云何知耶有遮法故如有

BD13849 號　大般涅槃經（北本）卷一三　　（22–19）

瓶衣車乘田宅山林樹木象馬牛羊如是等
物若和合者則有利益此内五陰亦復如是
眼等諸根有和合故則利益我是故當知必
定有我復次有我云何知耶有遮法故如有
物故則有遮閡物若无者則无有遮若有遮
者則知有我是故當知必定有我復次有我
云何知耶伴非伴故親與非親非是伴侶正
法耶法亦非伴侶智與非智亦非伴侶沙門
非沙門婆羅門非婆羅門子非子晝非晝夜
非夜我非我如是等法為伴非伴是故當知
必定有我世尊諸外道等種種說有常樂我
淨當知定有常樂我淨世尊以是義故諸外
道等亦得說言我有真諦
佛言善男子若有沙門婆羅門有常有樂有
淨有我者是非沙門非婆羅門何以故迷於
生死離一切智大道師故如是沙門婆羅門
等沉沒諸欲善法羸損故是諸外道繫在貪
欲瞋恚癡獄堪忍愛樂故是諸外道雖知業
果自作自受而猶不能遠離惡法是諸外道
非是正法正命自活何以故无智慧火不能
消故是諸外道雖欲貪著上妙五欲貧於善
法不勤修故是諸外道雖欲往至正解脫中
而持戒之不成就故是諸外道雖欲求樂而
不能求樂因緣故是諸外道雖復憎嫉一切
諸苦然其所行未能遠離諸苦因緣是諸外

BD13849 號　大般涅槃經（北本）卷一三　　（22–20）

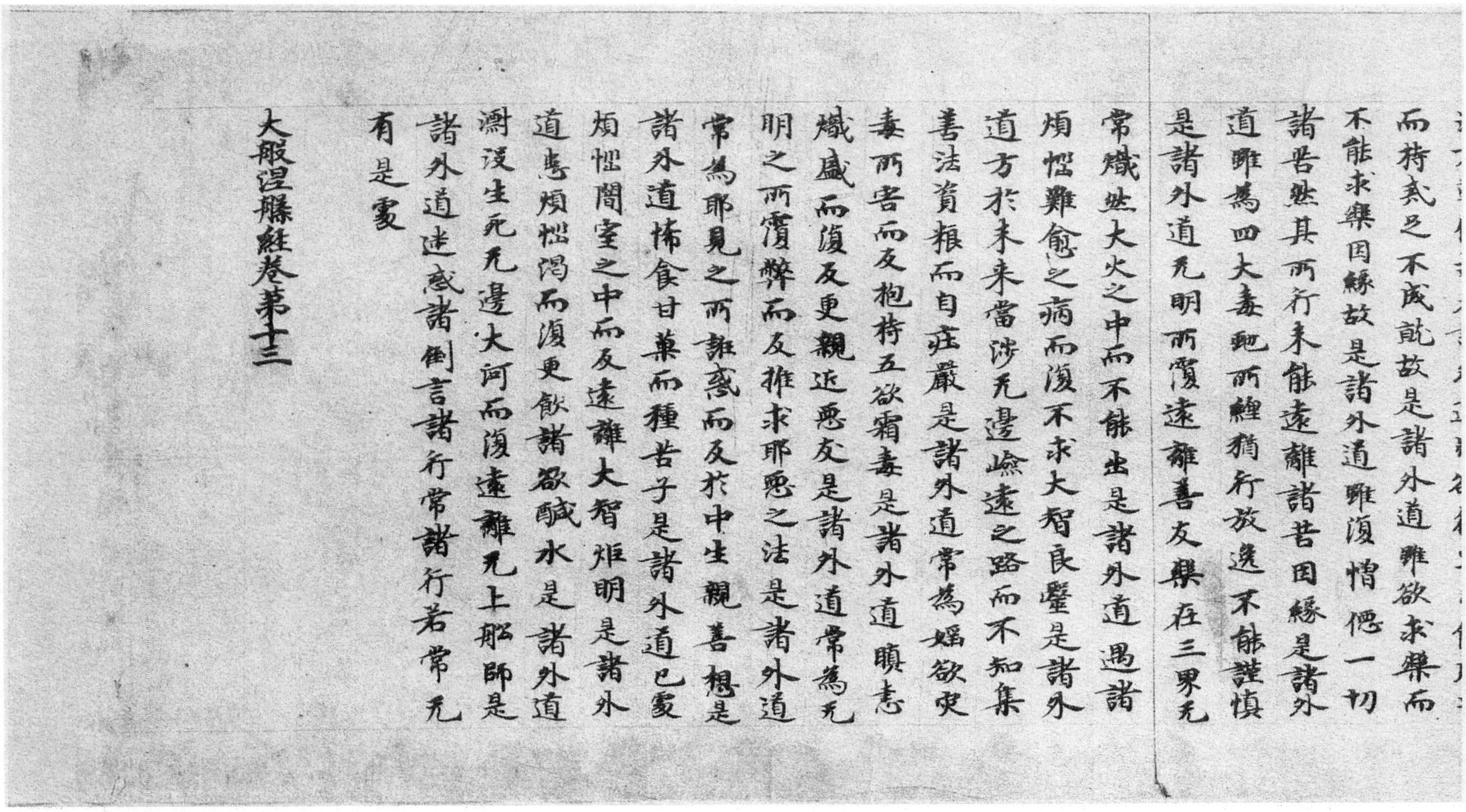

而特炙之不成就故是諸外道雖欲求樂而
不能求樂因緣故是諸外道雖復憎惡一切
諸苦然其所行未能遠離諸苦因緣是諸外
道雖爲四大毒虵所纏猶行放逸不能謹慎
是諸外道无明所覆遠離善友樂在三界无
常熾然大火之中而不能出是諸外道遇諸
煩惱難愈之病而復不求大智良醫是諸外
道方於未來當涉无邊嶮遠之路而不知集
善法資粮而自莊嚴是諸外道常爲婬欲灾
毒所害而反抱持五欲霜毒是諸外道瞋恚
熾盛而復反更親近惡友是諸外道常爲无
明之所覆弊而反推求邪惡之法是諸外道
常爲邪見之所誑惑而反於中生親善想是
諸外道悕食甘菓而種苦子是諸外道已處
煩惱闇室之中而反遠離大智炬明是諸外
道患煩惱渴而復更飲諸欲醎水是諸外道
濟沒生死无邊大河而復遠離无上船師是
諸外道迷惑諸倒言諸行常諸行若常无
有是處

大般涅槃經卷第十三

BD13849 號　大般涅槃經（北本）卷一三　　（22–21）

諸外道悕食甘菓而種苦子是諸外道已處
煩惱闇室之中而反遠離大智炬明是諸外
道患煩惱渴而復更飲諸欲醎水是諸外道
濟沒生死无邊大河而復遠離无上船師是
諸外道迷惑諸倒言諸行常諸行若常无
有是處

大般涅槃經卷第十三

BD13849 號　大般涅槃經（北本）卷一三　　（22–22）

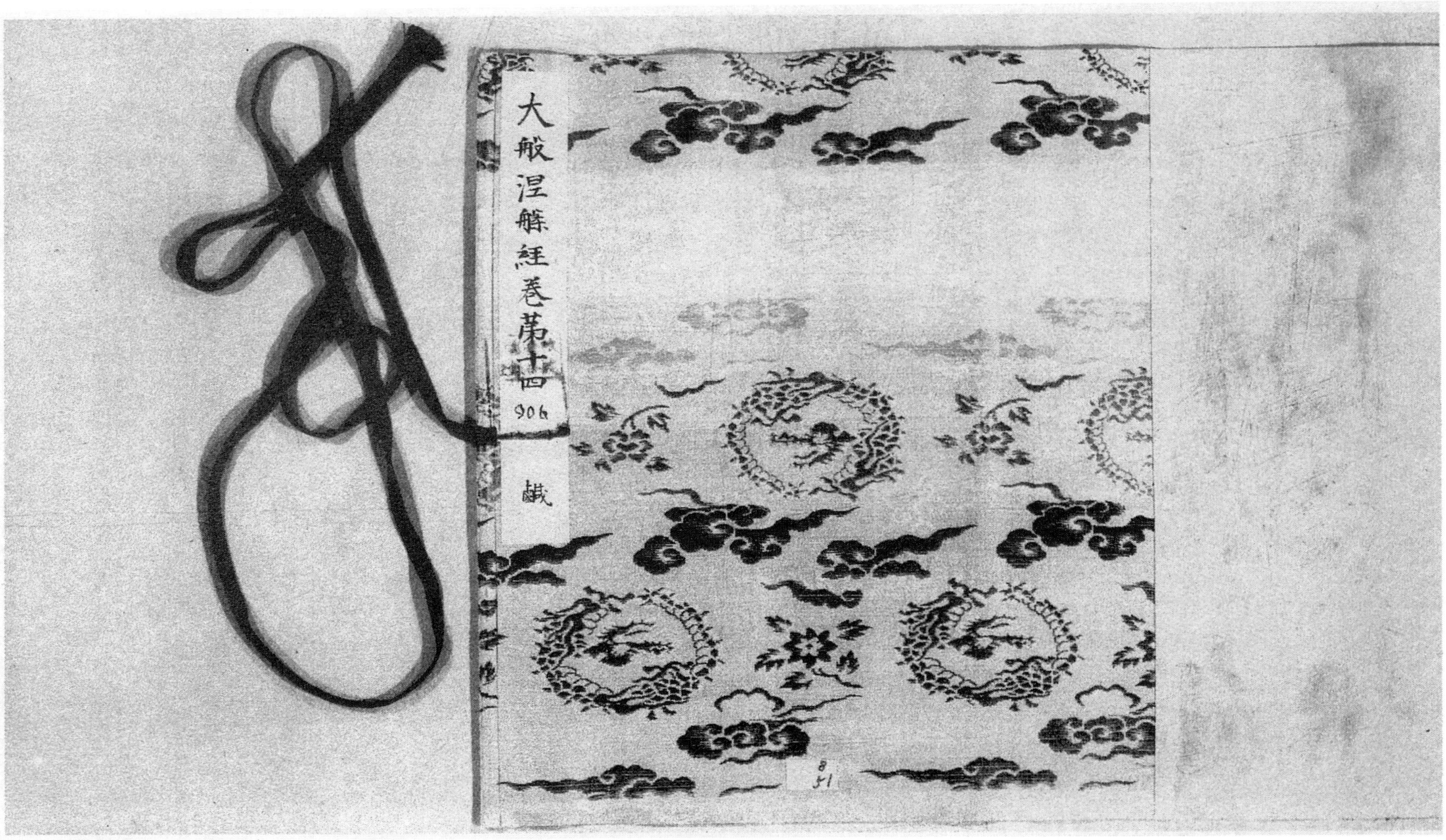

BD13850 號背　現代護首　　　　（1–1）

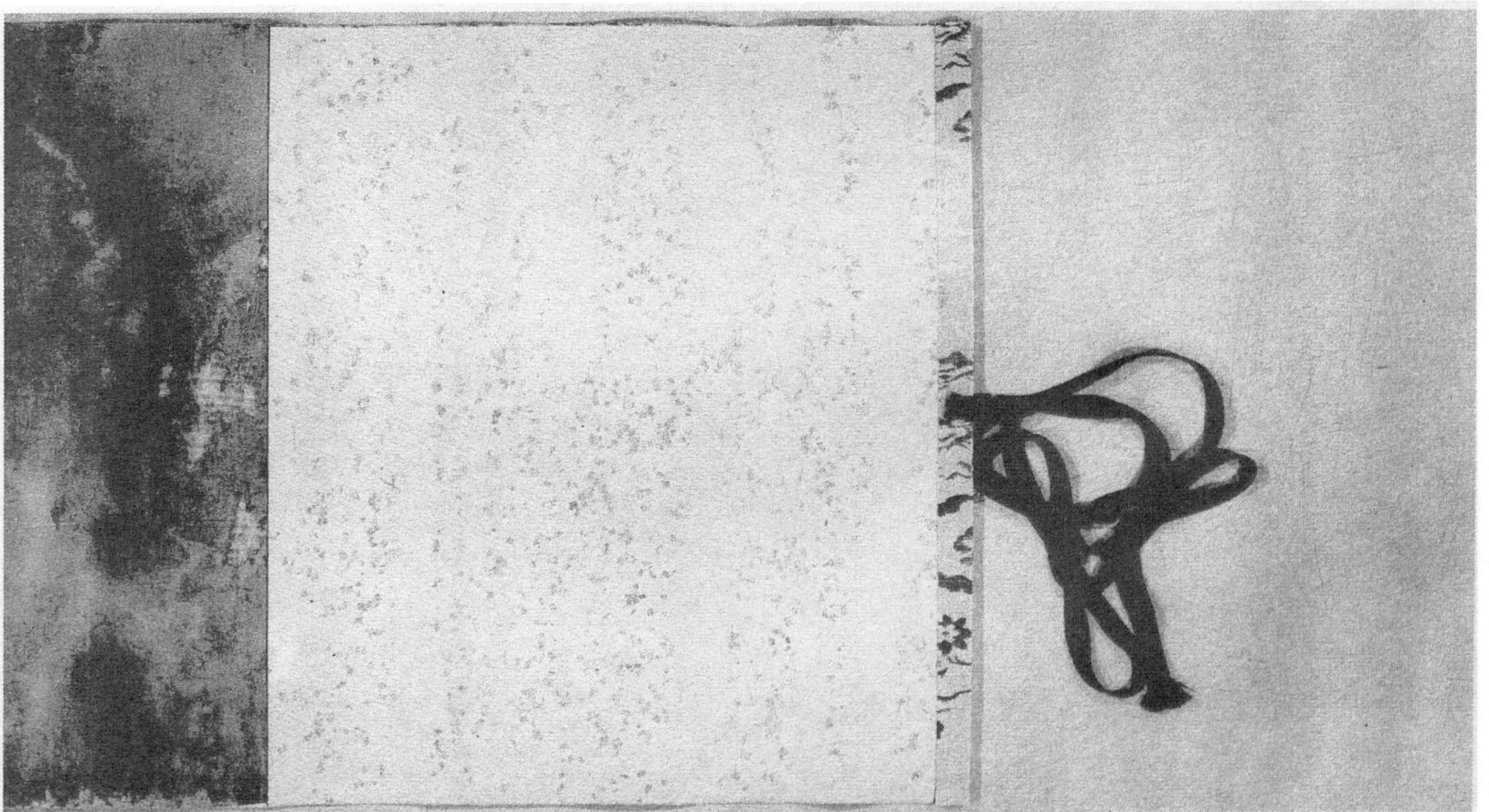

BD13850 號　大般涅槃經（北本　宮本）卷一四　　　　（25–1）

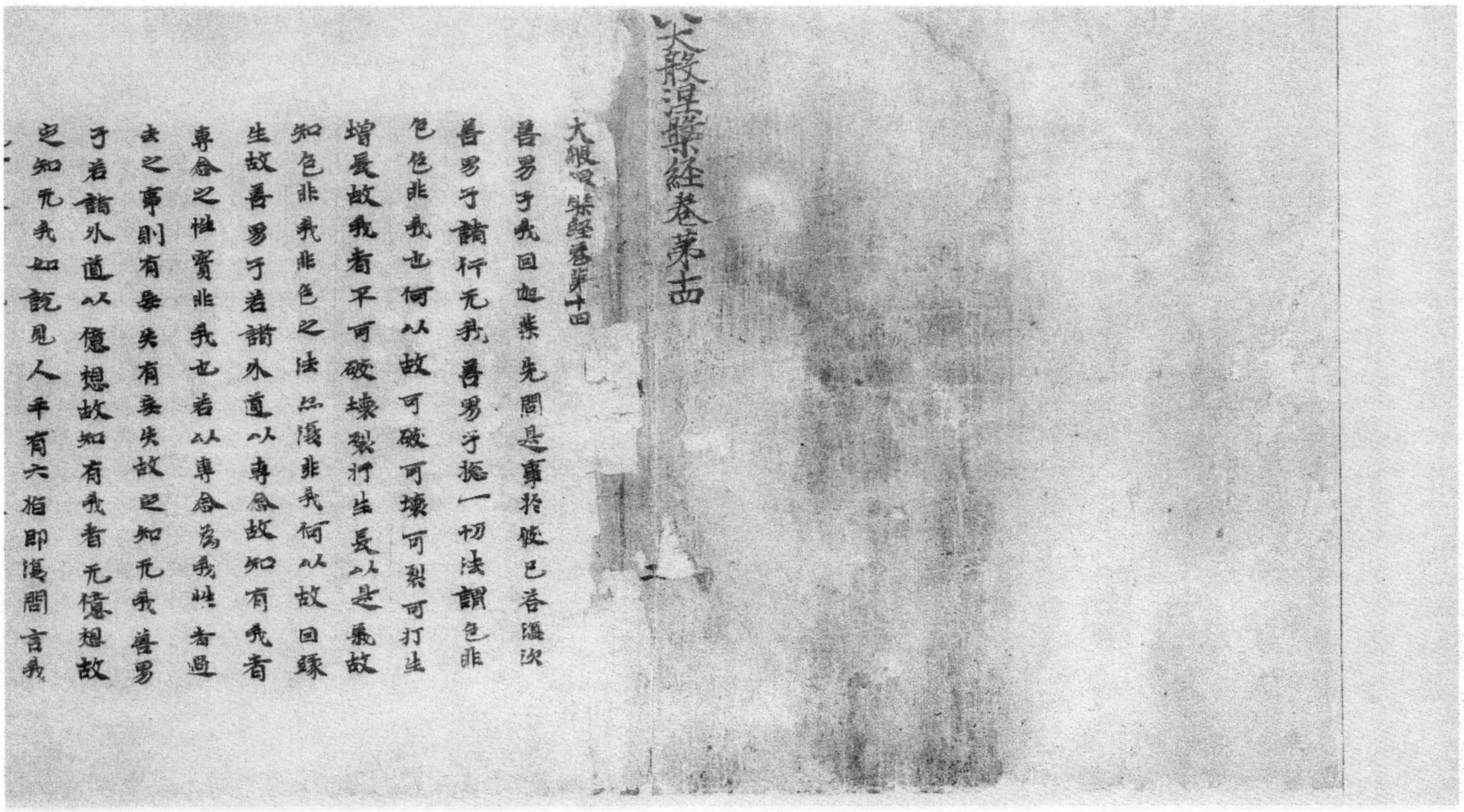

BD13850號　大般涅槃經（北本　宮本）卷一四　（25–2）

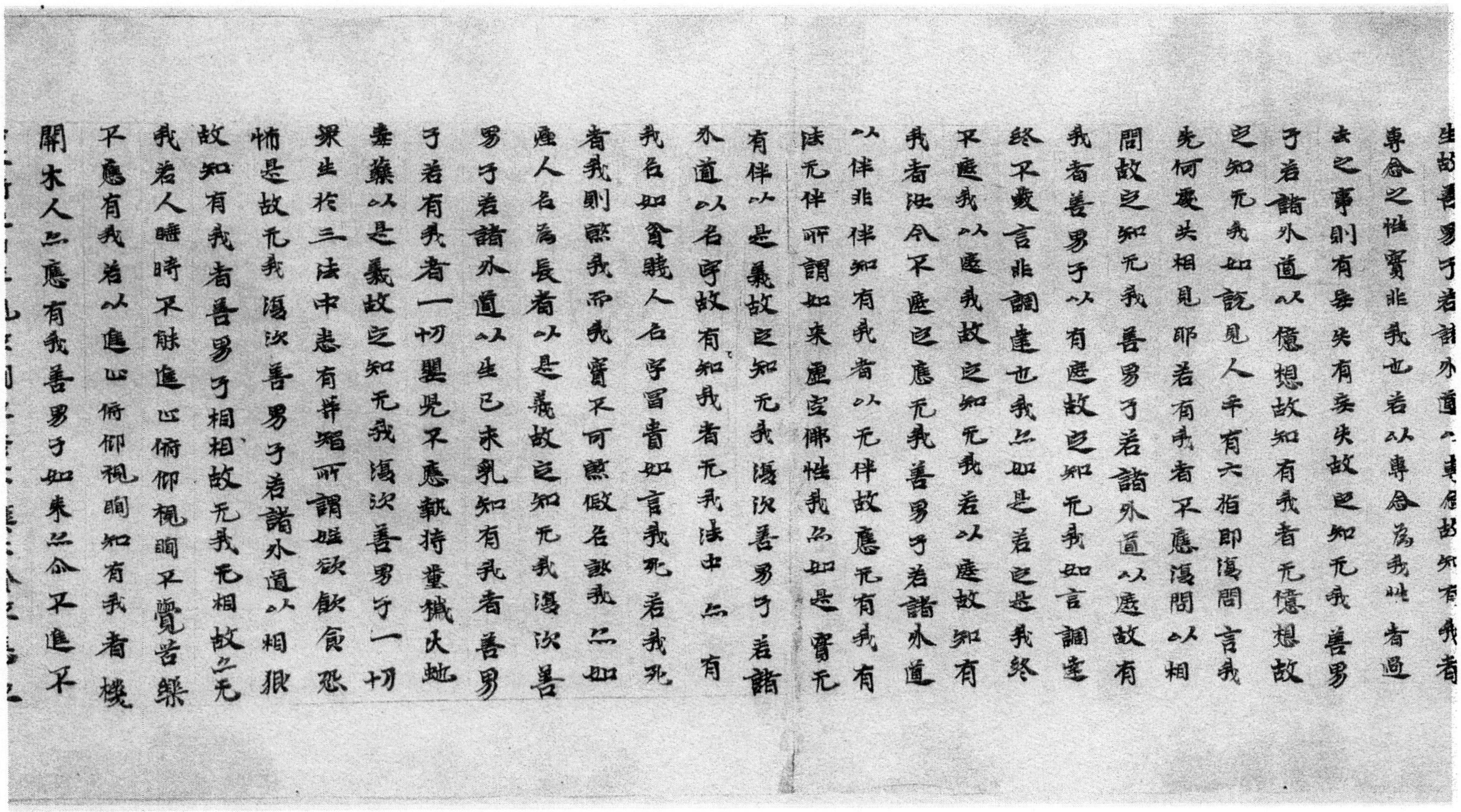

BD13850號　大般涅槃經（北本　宮本）卷一四　（25–3）

怖是故无我復次善男子若諸外道以相狠
故知有我者善男子相相故无我无相故亦无
我若人睡時不能進止俯仰視眴不覺苦樂
不應有我若以進止俯仰視眴知有我者機
關木人亦應有我善男子如來亦尒不進不
止不俯不仰不視不眴不苦不樂不貪不恚不
癡不行如來如是真實有我復次善男子若
諸外道以見他食菓口中生涎知有我者善
男子以憶念故見則生涎涎非我也我亦非涎
非喜非悲非哭非笑非臥非起非飢非飽以
是義故已知无我善男子是諸外道癡如小
兒无慧方便不能了達常與无常苦樂淨不
淨我无我壽命非壽命衆生非衆生實非實
有非有於佛法中取少許分虛妄計有常樂
淨我而實非知常樂淨我如生盲人不識乳
色便問他言乳色何似他人答言色白如貝
盲人復問是乳色者如貝聲耶答言不也復
問貝色為何似也答言猶稻米末盲人復問
乳色柔軟如稻米末耶稻米末者復何所似
答言猶如雨雪盲人復言彼稻米末冷如雪耶
雪復何似答言猶如白鶴是生盲人雖聞如
是四種譬喻終不能得識乳真色是諸外道
亦復如是終不能識常樂淨我善男子以是
義故我佛法中有真實諦非於外道文殊師
利白佛言希有世尊如來於今臨般涅槃方
更轉於无上法輪乃作如是分別真諦佛告
文殊利師如今云何於如來生涅槃想善

BD13850號　大般涅槃經（北本　宮本）卷一四　（25–4）

亦復如是終不能識常樂淨我善男子以是
義故我佛法中有真實諦非於外道文殊師
利白佛言希有世尊如來於今臨般涅槃方
更轉於无上法輪乃作如是分別真諦佛告
文殊利師如今云何於如來生涅槃想善
男子如來實是常住不變不般涅槃善男子
若有計我是佛我是阿耨多羅三藐三菩提
我即是法法是我所我即是道道是我所我
即世尊世尊即是我所我即聲聞聲聞即是
我所我能說法令他聽受我轉法輪餘人不
能如來終不作如是計是故如來不轉法輪
善男子若有人作如是妄計我即是眼眼即
我所耳鼻舌身意亦復如是我即是色色是
我所乃至法亦如是我是地地即我所水
火風亦如是善男子若有人言我即是信信
是我所我是多聞多聞即是我所我是檀波
羅蜜檀波羅蜜即是我所我是尸波羅蜜尸
波羅蜜即是我所我是羼提波羅蜜羼提波
羅蜜即是我所我是毗梨耶波羅蜜毗梨耶
波羅蜜即是我所我是禪波羅蜜禪波羅蜜
即是我所我是般若波羅蜜般若波羅蜜即
是我所我是四念處四念處即是我所四正
懃四如意足五根五力七覺分八聖道分亦
復如是善男子如來終不作如是計是故如
來不轉法輪善男子若言常住无有變易云
何說言佛轉法輪是故如今不應說言如來
方更轉於法輪善男子譬如因眼緣色緣明

BD13850號　大般涅槃經（北本　宮本）卷一四　（25–5）

是我所我是四念處四念處即是我所四正
懃四如意足五根五力七覺分八聖道分亦
復如是善男子如來終不作如是計是故如
來不轉法輪善男子若言常住无有變易云
何說言佛轉法輪是故如今不應說言如來
方便轉於法輪善男子譬如因眼緣色緣明
緣思惟因緣和合得生眼識善男子眼不念
言我能生識色乃至思惟終不念言我生眼
識眼識亦復不作念言我能自生善男子如
是等法因緣和合得名為見善男子如來亦
尒因六波羅蜜卅七助菩提之法覺了諸法
復因咽喉舌齒脣口言語音聲如為憍陳如
初始說法名轉法輪以是義故如來不名轉法
輪也善男子若不轉者即名為法法即如來
善男子譬如因燧因鑽因手因乾牛糞而得
生火燧亦不言我能生火鑽手牛糞各不念
言我能生火火亦不言我能自生如來亦尒
因六波羅蜜乃至憍陳如轉法輪如來亦復
不生念言我轉法輪善男子若不生者是則
名為轉正法輪是轉法輪即名如來善男子
譬如因酪因水因攢因瓶因繩因人手捉而
得出酥酪不念言我能出酥乃至人手亦不
念言我能出酥酥亦不言我能自出眾緣和
合故得出酥如來亦尒終不念言我轉法輪
善男子若不出者是則名為轉正法輪是轉
法輪即是如來善男子譬如因子因地因水
因火因風因糞因時因人作業而芽得生善

BD13850號　大般涅槃經（北本　宮本）卷一四　（25–6）

念言我能出酥酥亦不言我能自出眾緣和
合故得出酥如來亦尒終不念言我轉法輪
善男子若不出者是則名為轉正法輪是轉
法輪即是如來善男子譬如因子因地因水
因火因風因糞因時因人作業而芽得生善
男子子亦不言我能生芽乃至作業亦不念
言我能生芽芽亦不言我能自生如來亦尒
終不念言我轉法輪善男子若不作者是則
名為轉正法輪是轉法輪即是如來善男子
譬如因鼓因空因皮因人因桴和合出聲鼓
不念言我能出聲乃至桴亦如是聲亦不言
我能自生善男子如來亦尒終不念言我轉
法輪善男子轉法輪者名為不作不作者即
轉法輪轉法輪者即是如來善男子轉法輪
者乃是諸佛世尊境界非諸聲聞緣覺所知
善男子虛空非生非出非作非造非有為法
如來亦尒非生非出非作非造非有為法如
如來性佛性亦尒非生非出非作非造非有
為法善男子諸佛世尊語有二種一者世語
二出世語善男子如來為諸聲聞緣覺說於
世語為諸菩薩說出世語善男子是諸大眾
復有二種一者求小乘二者求大乘我於昔
日波羅㮈城為諸聲聞轉于法輪今始於此
拘尸那城為諸菩薩轉大法輪復次善男子
復有二人中根上根為中根人於波羅㮈轉
於法輪為上根人人中象王迦葉菩薩等於

BD13850號　大般涅槃經（北本　宮本）卷一四　（25–7）

復有二種一者求小乘二者求大乘我於昔
日波羅㮈城為諸聲聞轉于法輪今始於此
拘尸那城為諸菩薩轉大法輪復次善男子
復有二人中根上根為中根人於波羅㮈轉
於法輪為上根人人中象王迦葉菩薩等於
此拘尸那城轉大法輪善男子極下根者如
來終不為轉法輪極下根者即一闡提復次
善男子求佛道者復有二種一中精進二上
精進於波羅㮈為中精進轉於法輪今於此
世間拘尸那城為上精進轉大法輪復次善男
子我昔於波羅㮈城初轉法輪八万天人得
須陁洹果今於此間拘尸那城八十万億人不
退轉於阿耨多羅三藐三菩提復次善男子
波羅㮈城大梵天王稽首請我轉於法輪今
於此間拘尸那城迦葉菩薩稽首請我轉大
法輪復次善男子我昔於波羅㮈城轉法
輪時說无常苦空无我今於此間拘尸那城
轉大法輪時說常樂我淨復次善男子我昔
於彼波羅㮈城轉法輪時所出音聲聞于梵
天如來今於拘尸那城轉法輪時所出音聲遍
於東方廿恒河沙等諸佛世界南西北方四
維上下亦復如是復次善男子諸佛世尊凡
有所說皆悉名為轉法輪也善男子譬如聖
王所有輪寶未降伏者能令降伏以降伏者
能令安隱善男子諸佛世尊凡所說法亦復
如是无量煩惱未調伏者能令調伏已調伏
者令生善根善男子譬如聖王所有輪寶則

BD13850號　大般涅槃經（北本　宮本）卷一四　（25–8）

有所說皆悉名為轉法輪也善男子譬如聖
王所有輪寶未降伏者能令降伏以降伏者
能令安隱善男子諸佛世尊凡所說法亦復
如是无量煩惱未調伏者能令調伏已調伏
者令生善根善男子譬如聖王所有輪寶則
能消滅一切惡賊如來說法亦復如是能令
一切諸煩惱賊皆悉寂靜復次善男子譬如
聖王所有輪寶下上迴轉如來說法亦復如
是能令下趣諸惡眾生上生人天乃至佛道善
男子是故如今不應讚言如來於此更　轉法
輪尒時文殊師利白佛言世尊我於此　義非
為不知所以問者為欲利益諸眾生故世尊
我已久知轉法輪者實是諸佛如來境界非
是聲聞緣覺所及尒時世尊告迦葉菩薩善
男子是名菩薩住於大乘大涅槃經所行聖
行迦葉菩薩白佛言世尊以何義名為聖
行善男子聖名諸佛世尊以是義故名為聖
行世尊若是諸佛之所行者則非聲聞緣覺
菩薩所能修行善男子是諸世尊安住於此
大般涅槃而作如是開示分別演說其義以
是義故名曰聖行聲聞緣覺及諸菩薩如是
聞已則能奉行故名聖行善男子是菩薩摩
訶薩得是行已則得住於无所畏地善男子
若有菩薩得住如是无所畏地則不復畏貪
恚愚癡生老病死亦不復畏惡道地獄畜生
餓鬼善男子惡有二種一者阿脩羅二者人
中人中有三種惡一者一闡提二者誹謗方等

BD13850號　大般涅槃經（北本　宮本）卷一四　（25–9）

訶薩得是行已則得住於无所畏地善男子
若有菩薩得住如是无所畏地則不復畏貪
恚愚癡生老病死亦不復畏惡道地獄畜生
餓鬼善男子惡有二種一者阿脩羅二者人
中人中有三種惡一者一闡提二者誹謗方等
經典三者犯四重禁善男子住是地中諸
菩薩等終不畏墮如是惡中亦復不畏沙門
婆羅門外道邪見天魔波旬亦復不畏受廿
五有是故此地名无所畏善男子菩薩摩訶
薩住无畏地得廿五三昧壞廿五有善男子
得无垢三昧能壞地獄有得无退三昧能壞
畜生有得心樂三昧能壞餓鬼有得歡喜三
昧能壞阿脩羅有得日光三昧能斷弗婆提
有得月光三昧能斷瞿耶尼有得熱炎三昧
能斷欝單曰有得如幻三昧能斷閻浮提有
得一切法不動三昧能斷四天王處有得難
伏三昧能斷三十三天處有得悅意三昧斷
能炎魔天有得青色三昧能斷兜術天有得
黃色三昧能斷化樂天有得赤色三昧能斷他
化自在天有得白色三昧能初禪有得種種三
昧能斷大梵王有得雙三昧能斷二禪有得
雷音三昧能斷三禪有得注雨三昧能斷四
禪有得如虛空三昧能斷无想有得照境三
昧能斷淨居阿那含有得无閡三昧能斷空
處有得常住三昧能斷識處有得樂三昧能
斷不用處有得我三昧能斷非想非非想處

BD13850號　大般涅槃經（北本　宮本）卷一四　（25-10）

禪有得如虛空三昧能斷无想有得照境三
昧能斷淨居阿那含有得无閡三昧能斷空
處有得常住三昧能斷識處有得樂三昧能
斷不用處有得我三昧能斷非想非非想處
有善男子是名菩薩得廿五三昧斷廿五有
善男子如是廿五三昧名諸三昧王善男子
菩薩摩訶薩入如是等諸三昧王若欲吹壞
須彌山王隨意即能欲知三千大千世界所有
衆生心之所念亦悉能知欲以三千大千世界
所有衆生內於己身一毛孔中隨意即能亦
令衆生无迫迮想若欲化作无量衆生悉令
充滿三千大千世界中者亦能隨意欲分一
身以為多身復合多身以為一身雖作如是
心无所著猶如蓮華善男子菩薩摩訶薩得
入如是三昧王已即得住於大自在之地菩薩
得住是自在地得自在力隨欲生處即得往
生善男子譬如聖王領四天下隨意所行无
能障閡菩薩摩訶薩亦復如是一切生處若
欲生者隨意往生善男子菩薩摩訶薩若見
地獄一切衆生有可得令住善根者菩薩即
往而生其中菩薩雖生非本業果菩薩摩訶
薩住自在地力因緣故而生其中善男子菩
薩摩訶薩雖在地獄不受熾然碎身等苦善
男子菩薩摩訶薩所可成就如是功德无量
无邊百千万億尚不可說何況諸佛所有功
德而當可說尒時衆中有一菩薩名住无垢

BD13850號　大般涅槃經（北本　宮本）卷一四　（25-11）

薩摩訶薩雖在地獄不受燒然碎身異苦善
男子菩薩摩訶薩所可成就如是功德无量
无邊百千万億尚不可說何況諸佛所有功
德而當可說尒時衆中有一菩薩名住无垢
藏王有大威德成就神通得大摠持三昧具
足得无所畏即從坐起偏袒右肩右膝著地
長跪合掌白佛言世尊如佛所說諸佛菩
薩所可成就功德智慧无量无邊百千万億
實不可說我意猶謂故不如是大乘經典何
以故因是大乘方等經力故能出生諸佛世
尊阿耨多羅三藐三菩提時佛讚言善哉善
哉善男子如是如是如汝所說是諸大乘方
等經典雖復成就无量功德欲比是經不得
為喻百倍千倍百千万億乃至算數譬喻所
不能及善男子譬如從牛出乳從乳出酪從
酪出生穌從生穌出熟穌從熟穌出醍醐醍
醐最上若有服者衆病皆除所有諸藥悉入
其中善男子佛亦如是從佛出於十二部經
從十二部經出脩多羅從脩多羅出方等經
從方等經出般若波羅蜜從般若波羅蜜出
大涅槃猶如醍醐言醍醐者喻於佛性佛性
者即是如來善男子以是義故說言如來所
有功德无量无邊不可稱計迦葉菩薩白佛
言世尊如佛所讚大涅槃經猶如醍醐最上
最妙若有能服衆病悉除一切諸藥悉入其
中我聞是已竊復思念若有不能聽受是經
當知是人為大愚癡无有善心世尊我於今

BD13850號　大般涅槃經（北本　宮本）卷一四　（25-12）

有功德无量无邊不可稱計迦葉菩薩白佛
言世尊如佛所讚大涅槃經猶如醍醐最上
最妙若有能服衆病悉除一切諸藥悉入其
中我聞是已竊復思念若有不能聽受是經
當知是人為大愚癡无有善心世尊我於今
者實能堪忍剝皮為紙刺血為墨以髓為水
折骨為筆書寫如是大涅槃經書已讀誦令
其通利然後為人廣說其義世尊若有衆生
貪著財物我當施財然後以是大涅槃經勸
之令讀若尊貴者先以愛語而隨其意然後
漸當以是大乘大涅槃經勸之令讀若凡庶
者當以威勢逼之令讀若憍慢者我當為其
而作僕使隨順其意令其歡喜然後復當以
大涅槃而教導之若有誹謗方等經者當以
勢力摧之令伏既摧伏已然後勸令讀大涅
槃經若有愛樂大乘經者我躬當往恭敬供
養尊重讚歎尒時佛讚迦葉菩薩善哉善哉
汝甚愛樂大乘經典貪大乘經愛大乘經味
大乘經信敬尊重供養大乘善男子汝今以是
善心因緣當得超越无量无邊恒河沙等諸
大菩薩在前得成阿耨多羅三藐三菩提汝
亦不久復當如我廣為大衆演說如是大般
涅槃如來佛性諸佛所說祕密之藏善男子
過去之世佛日未出我於尒時作婆羅門脩
菩薩行悉能通達一切外道所有經論脩寂
滅行具足威儀其心清淨不為外來能生欲
想之所壞亂滅瞋恚火受持常樂我淨之法

BD13850號　大般涅槃經（北本　宮本）卷一四　（25-13）

[illegible]
過去之世佛日未出我於尒時作婆羅門修
菩薩行悉能通達一切外道所有經論修寂
滅行具足威儀其心清淨不為外來能生欲
想之所破壞滅瞋恚火受持常樂我淨之法
周遍求索大乘經典乃至不聞方等名字我
於尒時住於雪山其山清淨流泉浴池樹林
藥木充滿其地處處石間有清流水多諸香
華周遍嚴飾眾鳥禽獸不可稱計甘果滋繁
種別難計復有无量藕根甘根青木香根我
於尒時獨處其中唯食諸果食已繫心思惟
坐禪經无量歲亦不聞有如來出世大乘經
名善男子我修如是苦難行時釋提桓因諸
天人等心大驚怪即共集會各各相謂而說偈言
各共相指示　清淨雪山中　寂靜離欲主　功德莊嚴王
已離貪瞋慢　永斷諂曲癡　口初未曾說　麁惡等諸言
尒時眾中有一天子名曰歡喜復說偈言
如是離欲人　清淨勤精進　將不求帝釋　及以諸天耶
若是外道者　修行諸苦行　是人多欲求　帝釋所坐處
尒時復有一仙天子即為帝釋而說偈言
天主憍尸迦　不應生是慮　外道修苦行　何必求帝處
說是偈已復作是言憍尸迦世有大士為眾
生故不貪己身為欲利益諸眾生故而修種
種无量苦行如是之人見生死中諸過咎故設
見珍寶滿此大地諸山大海不生貪著如視
涕唾如是大士棄捨財寶所愛妻子頭目髓
腦手足支節所居舍宅象馬車乘奴婢僮僕
亦不願求生於天上唯求欲令一切眾生得

BD13850號　大般涅槃經（北本　宮本）卷一四　（25-14）

生故不貪己身為欲利益諸眾生故而修種
種无量苦行如是之人見生死中諸過咎故設
見珍寶滿此大地諸山大海不生貪著如視
涕唾如是大士棄捨財寶所愛妻子頭目髓
腦手足支節所居舍宅象馬車乘奴婢僮僕
亦不願求生於天上唯求欲令一切眾生得
受快樂如我所解如是大士清淨无染眾結
永盡唯欲求於阿耨多羅三藐三菩提釋提
桓因復作是言如汝言者是人則為攝取一
切世間眾生大仙若此世間有佛樹者能除
一切梵天世人及阿修羅煩惱毒虵是諸眾
生住是佛樹陰涼中者煩惱諸毒悉得消滅
大仙是人若當來世中作善逝者我等悉
當得滅无量熾燃煩惱如是之事實為難信
何以故无量百千諸眾生等發於阿耨多羅
三藐三菩提心見少微緣於阿耨多羅三藐
三菩提即便動轉如水中月水動則動猶如
畫像難成易壞菩提之心亦復如是難發易
壞大仙如有多人以諸鎧仗牢自莊嚴欲前
討賊臨陣恐怖則便退散无量眾生亦復如
是發菩提心牢自莊嚴見生死過心生恐怖
即便退散大仙我見如是无量眾生發心之
後皆生動轉是故我今雖見是人修於苦行
无惱无熱住於險道其行清淨未能信也我
今要當自往試之知其實能堪忍荷負阿耨
多羅三藐三菩提大重擔不大仙猶如車有
二輪則有載用鳥有二翼堪任飛行是苦行

BD13850號　大般涅槃經（北本　宮本）卷一四　（25-15）

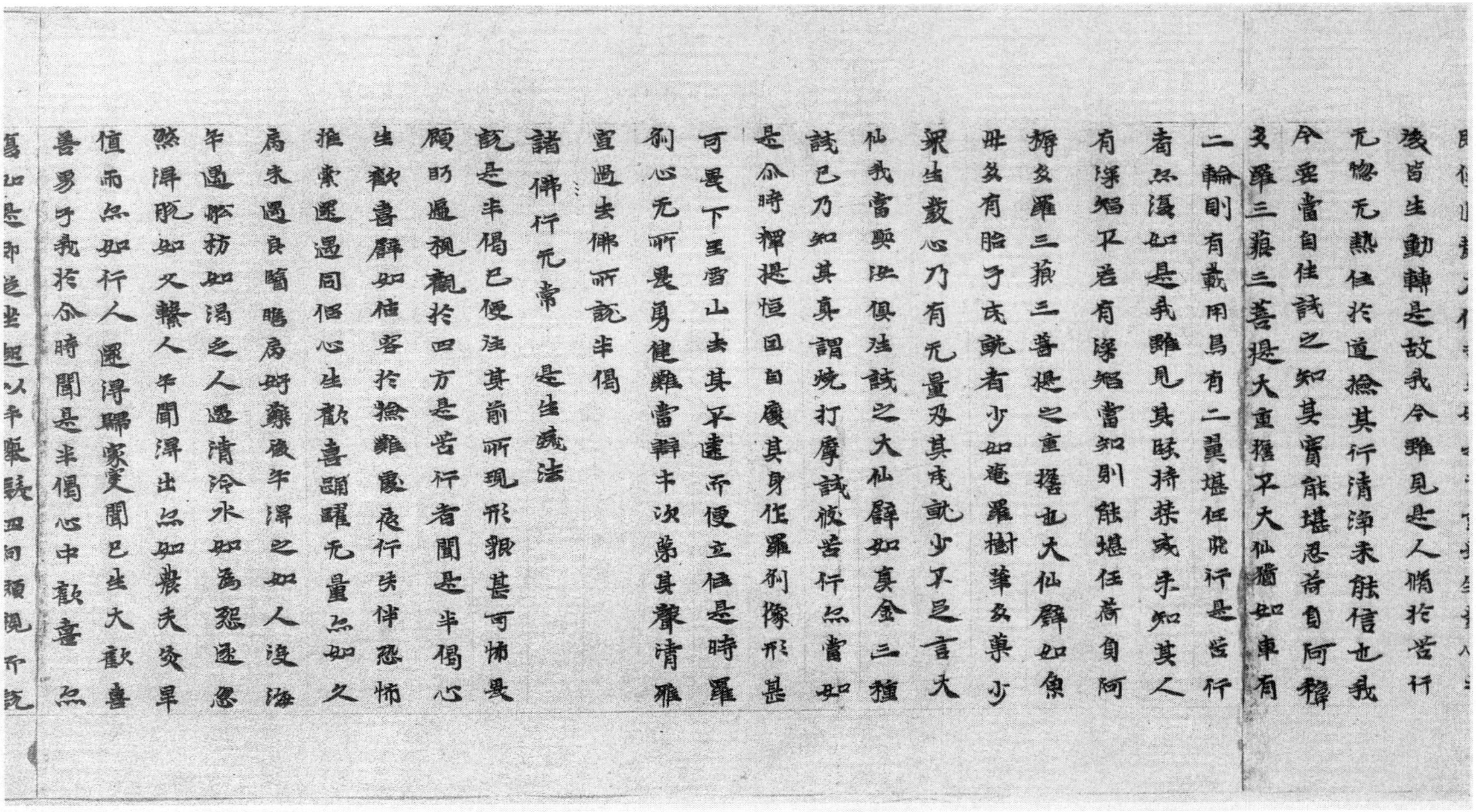

後皆生動轉是故我今雖見是人脩於苦行
无惱无熱住於道撿其行清淨未能信也我
今要當自往試之知其實能堪忍荷負阿耨
多羅三藐三菩提大重擔不大仙猶如車有
二輪則有載用鳥有二翼堪任飛行是苦行
者亦復如是我雖見其堅持禁戒未知其人
有深智不若有深智當知則能堪任荷負阿
耨多羅三藐三菩提之重擔也大仙譬如魚
母多有胎子成就者少如菴羅樹華多菓少
衆生發心乃有无量及其成就少不足言大
仙我當與汝俱往試之大仙譬如真金三種
試已乃知其真謂燒打磨試彼苦行亦當如
是尒時釋提桓因自變其身作羅刹像形甚
可畏下至雪山去其不遠而便立住是時羅
刹心无所畏勇健難當辯才次第其聲清雅
宣過去佛所說半偈
諸行无常　是生滅法
說是半偈已便住其前所現形貌甚可怖畏
顧眄遍視觀於四方是苦行者聞是半偈心
生歡喜譬如估客於撿難處夜行失伴恐怖
推求還遇同侶心生歡喜踊躍无量亦如久
病未遇良醫瞻病好藥後卒得之如人沒海
卒遇船舫如渴之人遇清冷水如為怨逐忽
然得脫如久繫人卒聞得出亦如農夫炎旱
值雨亦如行人還得歸家家聞已生大歡喜
善男子我於尒時聞是半偈心中歡喜亦
復如是即從坐起以手舉髮四向顧視而說

BD13850 號　大般涅槃經（北本　宮本）卷一四　（25–16）

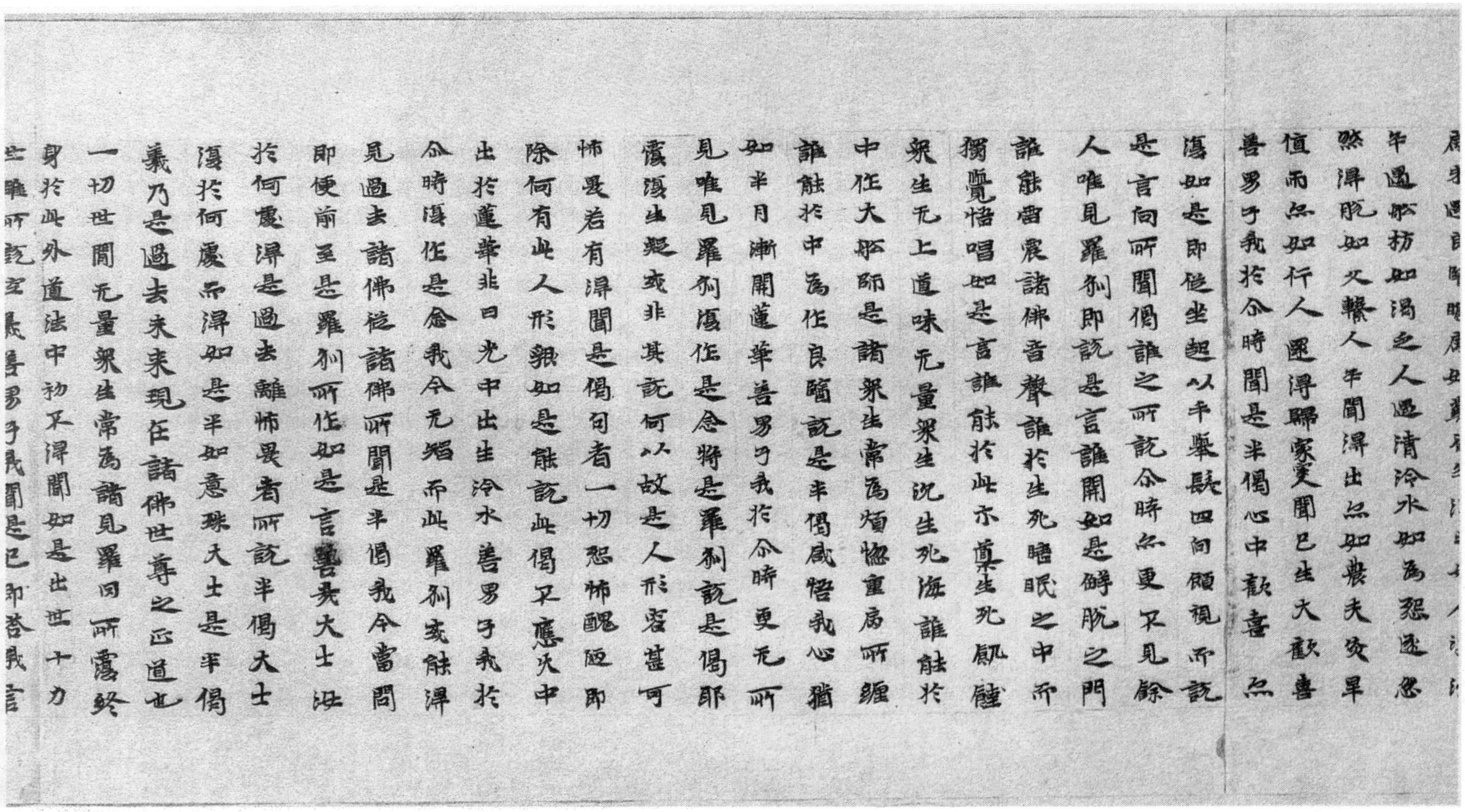

卒遇船舫如渴之人遇清冷水如為怨逐忽
然得脫如久繫人卒聞得出亦如農夫炎旱
值雨亦如行人還得歸家家聞已生大歡喜
善男子我於尒時聞是半偈心中歡喜亦
復如是即從坐起以手舉髮四向顧視而說
是言向所聞偈誰之所說尒時亦更不見餘
人唯見羅刹即說是言誰開如是解脫之門
誰能雷震諸佛音聲誰於生死睡眠之中而
獨覺悟唱如是言誰能於此示導生死飢饉
衆生无上道味无量衆生沈生死海誰能於
中作大船師是諸衆生常為煩惱重病所纏
誰能於中為作良醫說是半偈啟悟我心猶
如半月漸開蓮華善男子我於尒時更无所
見唯見羅刹復作是念將是羅刹說是偈耶
儻復生疑或非其說何以故是人形容甚可
怖畏若有得聞是偈句者一切恐怖醜陋即
除何有此人形貌如是能說此偈不應火中
出於蓮華非日光中出生冷水善男子我於
尒時復作是念我今无智而此羅刹或能得
見過去諸佛從諸佛所聞是半偈我今當問
即便前至是羅刹所作如是言善哉大士汝
於何處得是過去離怖畏者所說半偈大士
復於何處而得如是半如意珠大士是半偈
義乃是過去未來現在諸佛世尊之正道也
一切世間无量衆生常為諸見羅網所覆終
身於此外道法中初不得聞如是出世十力
世雄所說空義善男子我既問已即答我言

BD13850 號　大般涅槃經（北本　宮本）卷一四　（25–17）

於何處得是過去離怖畏者所說半偈大士
復於何處示得如是半如意珠大士是半偈
義乃是過去未來現在諸佛世尊之正道也
一切世間无量衆生常爲諸見羅网所覆終
身於此外道法中初不得聞如是出世十力
世雄所說空義善男子我聞是已即荅我言
大婆羅門汝今不應問我是義何以故我不
食來已逕多日處處求索了不能得飢渴苦
惱心亂謬語非我本心之所知也我今力能
飛行虛空至欝單曰乃至天上處處求食亦
不能得以是故我說是語善男子我時即復
語羅刹言大士若能爲我說是偈竟我當終
身爲我弟子大士汝所說者名字不終義亦
不盡以何因緣不欲說耶夫財施者則有竭
盡法施因緣不可盡也雖无所盡多所利益
我今聞此半偈法已心生驚疑汝今幸可爲
我除斷說此偈竟我當終身爲汝弟子羅刹
荅言汝智太過但自憂身都不見念今我已
爲飢苦所逼實不能說我即問言汝所食者
爲是何物羅刹荅言汝不足問我若說者令
多人怖我復問言此中獨處更无有人我不
畏汝何故不說羅刹荅言我所食者唯人煖
肉其所飲者唯人熱血自我薄祐唯食此食
周遍求索困不能得世雖多人皆有福德兼
爲諸天之所守護而我无力不能得煞善男
子我復語言汝但具足說是半偈我聞偈已
當以此身奉施供養大士我設命終如此之

BD13850號　大般涅槃經（北本　宮本）卷一四　（25–18）

肉其所飲者唯人熱血自我薄祐唯食此食
周遍求索困不能得世雖多人皆有福德兼
爲諸天之所守護而我无力不能得煞善男
子我復語言汝但具足說是半偈我聞偈已
當以此身奉施供養大士我設命終如此之
身无所復用當爲虎狼鵄梟鵰鷲之所噉食
然復不得一毫之福我今爲求阿耨多羅三
藐三菩提捨不堅身以易堅身羅刹荅言誰
當信汝如是之言爲八字故棄所愛身善男
子我即荅言汝真无智譬如有人施他凡器
得七寶器我亦如是捨不堅身得金剛身汝
言誰當信者我今有證大梵天王釋提桓因
及四天王能證是事復有天眼諸菩薩等爲
欲利益无量衆生脩行大乘具六度者亦能
證知復有十方諸佛世尊利衆生者亦能證
我爲八字故捨於身命羅刹復言汝若如是
能捨身者諦聽諦聽當爲汝說其餘半偈善
男子我於尒時聞是事已心中歡喜即解己
身所著鹿皮爲此羅刹敷置法坐白言和上
願坐此坐我即於前叉手長跪而作是言唯願
和上善爲我說其餘半偈令得具足羅刹即說
生滅滅已　寂滅爲樂
尒時羅刹說是偈已復作是言菩薩摩訶薩
汝今已聞具足偈義汝之所願爲悉滿足若
必欲利諸衆生者時施我身善男子我於尒
時深思此義然後處處若石若辟若樹若道書
寫此偈即便更繫所著衣裳恐其死後身體

BD13850號　大般涅槃經（北本　宮本）卷一四　（25–19）

汝今已聞具足偈義汝之所願爲悉滿足若
必欲利諸衆生者時施我身善男子我於尒
時深思此義然後處處若石若壁若樹若道書
寫此偈即便更繫所著衣裳恐其死後身體
露現即上高樹尒時樹神復問我言　善哉
仁者欲作何事善男子我時答言我欲捨身
以報價偈樹神問言如是偈者何所利益菩
薩答言如是偈句乃是過去未來現在諸佛
所說開空法道我爲此法棄捨身命不爲利
養名聞財寶轉輪聖王四大天王釋提桓因
大梵天王人天中樂爲欲利益一切衆生故
捨此身善男子我捨身時復作是言願令一
切慳惜之人悉來見我捨離此身若有少施
起貢高者亦令得見我爲一偈捨此身命如
棄草木菩薩尒時說是語已尋即放身自投
樹下下未至地時虛空之中出種種聲其聲
乃至阿迦尼吒天尒時羅剎還復釋身即於
空中接取菩薩安置平地尒時釋提桓因及
諸天人大梵天王稽首頂禮菩薩足下讚言
善哉善哉真是菩薩能大利益无量衆生欲
於无明黑闇之中然大法炬由我愛惜如來大
法故相嬈惱唯願聽我懺悔罪咎汝於未來
必定成就阿耨多羅三藐三菩提願見濟度
尒時釋提桓因及諸天衆禮菩薩足於是辭
去忽然不現善男子如我往昔爲半偈故捨
棄此身以是因緣便得超越足十二劫在弥
勒前成阿耨多羅三藐三菩提善男子我得

BD13850號　大般涅槃經（北本　宮本）卷一四　（25–20）

必定成就阿耨多羅三藐三菩提願見濟度
尒時釋提桓因及諸天衆禮菩薩足於是辭
去忽然不現善男子如我往昔爲半偈故捨
棄此身以是因緣便得超越足十二劫在弥
勒前成阿耨多羅三藐三菩提善男子我得
如是无量功德皆由供養如來正法善男子
汝今亦尒發於阿耨多羅三藐三菩提心則已
超過无量无邊恒河沙等諸菩薩上善男子
是名菩薩住於大乘大般涅槃脩於聖行

大般涅槃經梵行品第八

善男子云何菩薩摩訶薩梵行善男子菩薩
摩訶薩住於大乘大般涅槃住七善法得具
梵行何等爲七一者知法二者知義三者知
時四者知足五者自知六者知衆七者知尊
卑善男子云何菩薩摩訶薩知法善男子是
菩薩摩訶薩知十二部經謂脩多羅祇耶受
記伽陀優陀那尼陀那阿波陀那伊帝目多
伽闍陀伽毗佛略阿浮陀達摩優婆提舍善
男子何等名爲脩多羅經從如是我聞乃至
歡喜奉行如是一切名脩多羅何等名爲祇
耶經佛告諸比丘昔我與汝愚无智慧不能
如實見四真諦是故流轉久處生死沒大苦
海何等爲四苦集滅道如佛昔日爲諸比丘
說契經竟尒時復有利根衆生爲聽法故後
至佛所即便問人如來向者爲說何事佛時
知已即因本經以偈頌曰
我昔與汝等　不見四真諦　是故久流轉　生死大苦海

BD13850號　大般涅槃經（北本　宮本）卷一四　（25–21）

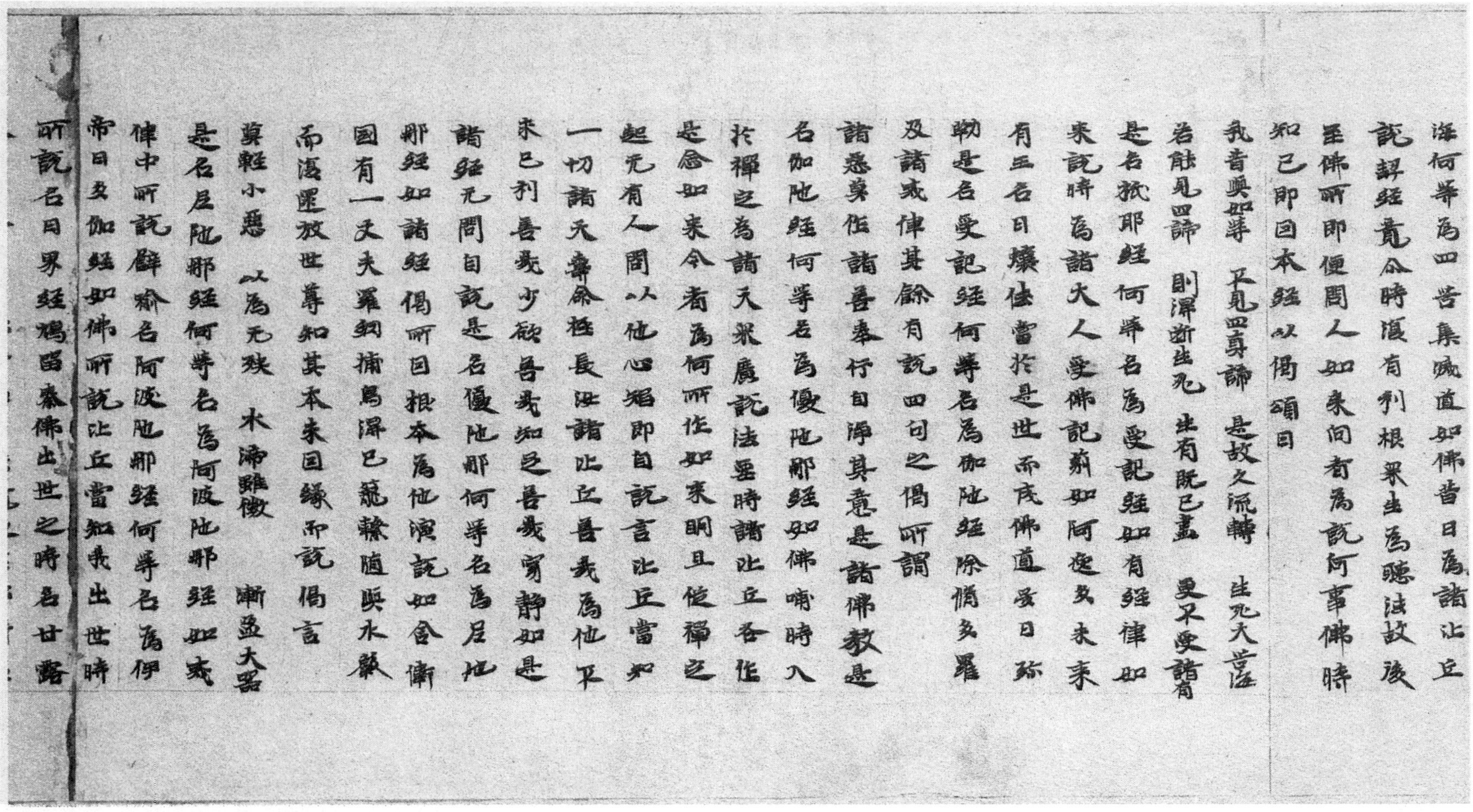

海何等為四苦集滅道如佛昔日為諸比丘
說契經竟尒時復有利根眾生為聽法故後
至佛所即便問人如來向者為說何事佛時
知已即因本經以偈頌曰
我昔與汝等　不見四真諦　是故久流轉　生死大苦海
若能見四諦　則得斷生死　生有既已盡　更不受諸有
是名祇夜經何等名為受記經如有經律如
來說時為諸天人受佛記莂如阿逸多未來
有王名曰蠰佉當於是世而成佛道號曰弥
勒是名受記經何等名為伽陀經除修多羅
及諸戒律其餘有說四句之偈所謂
諸惡莫作　諸善奉行　自淨其意　是諸佛教　是
名伽陀經何等名為優陀那經如佛晡時入
於禪定為諸天眾廣說法要時諸比丘各作
是念如來今者為何所作如來明旦從禪定
起无有人問以他心智即自說言比丘當知
一切諸天壽命極長汝諸比丘善哉為他不
求己利善哉少欲善哉知足善哉寂靜如是
諸經无問自說是名優陀那經何等名為尼陀
那經如諸經偈所因根本為他演說如舍衛
國有一丈夫羅網捕鳥得已籠繫隨與水穀
而復還放世尊知其本末因緣而說偈言
莫輕小惡　以為无殃　水渧雖微　漸盈大器
是名尼陀那經何等名為阿波陀那經如戒
律中所說譬喻名阿波陀那經何等名為伊
帝目多伽經如佛所說比丘當知我出世時
所說名曰界經鳩留秦佛出世之時名甘露

BD13850號　大般涅槃經（北本　宮本）卷一四　（25–22）

是名尼陀那經何等名為阿波陀那經如戒
律中所說譬喻名阿波陀那經何等名為伊
帝目多伽經如佛所說比丘當知我出世時
所說名曰界經鳩留秦佛出世之時名甘露
鼓拘那含牟尼佛時名曰法鏡迦葉佛時名
分別空是名伊帝目多伽何等名為闍陀伽
經如佛世尊本為菩薩脩諸苦行所謂比丘
當知我於過去作鹿作羆作麞作兔作粟散
王轉輪聖王龍金翅鳥諸如是等行菩薩道
時所可受身名闍陀伽何等名為毗佛略經
所謂大乘方等經典其義廣大猶如虛空是
名毗佛略何等名為未曾有經如彼菩薩初
出生時无人扶持即行七步放大光明遍觀
十方亦如獼猴手捧蜜器以獻如來如白項
狗佛邊聽法如魔波旬變為青牛行凡鉢間
令諸凡鉢互相棠觸无所傷損如佛初生入
天廟時令彼天像起下禮敬如是等經名未
曾有經何等名為優婆提舍經如佛世尊所
說諸經若作義論分別廣說辯其相貌是名
優婆提舍經菩薩若能如是了知十二部經
名為知法云何菩薩摩訶薩知義菩薩摩訶
薩若於一切文字語言廣知其義是名知義
云何菩薩摩訶薩知時善男子菩薩善知如
是時中任修寂靜如是時中任修精進如是
時中任修捨定如是時中任供養佛如是時
中任供養師如是時中任修布施持戒忍辱
精進禪定具足般若波羅蜜是名知時云何

BD13850號　大般涅槃經（北本　宮本）卷一四　（25–23）

云何菩薩摩訶薩知時善男子菩薩知如
是時中任修寂靜如是時中任修精進如是
時中任修捨定如是時中任供養佛如是時
中任供養師如是時中任修布施持戒忍辱
精進禪定具足般若波羅蜜是名知時云何
菩薩摩訶薩知足善男子菩薩摩訶薩知足
所謂飲食服藥行住坐臥睡寤語嘿是名知
足善男子云何菩薩摩訶薩自知是菩薩自
知我有如是信如是戒如是多聞如是捨如
是慧如是去來如是正念如是善行如是問
如是答是名自知云何菩薩摩訶薩知眾善
男子是菩薩知如是等是剎利眾婆羅門眾
居士眾沙門眾應於是眾如是行來如是坐
起如是說法如是問答是名知眾善男子云
何菩薩摩訶薩知人尊卑善男子人有二種
一者信二者不信菩薩當知信者是善其不
信者不名為善復次信有二種一者常往僧
坊二者不往菩薩當知其往者善其不往者
不名為善往僧坊者復有二種一者禮拜二
不禮拜菩薩當知禮拜者善不禮拜者不名
為善其禮拜者復有二種一者聽法二者不
聽菩薩當知聽法者善不聽法者不名為善
其聽法者復有二種一至心聽二不至心菩
薩當知至心聽者是則名善不至心者不名
為善至心聽法復有二種一者思義二不思
義菩薩當知思義者善不思義者不名為善
其思義者復有二種一如說行二不如說行

BD13850號　大般涅槃經（北本　宮本）卷一四　（25–24）

薩當知至心聽者是則名善不至心者不名
為善至心聽法復有二種一者思義二不思
義菩薩當知思義者善不思義者不名為善
其思義者復有二種一如說行二不如說行
如說行者是則為善不如說行不名為善如
說行者復有二種一求聲聞不能利安饒益
一切苦惱眾生二者迴向無上大乘利益多
人令得安樂菩薩應知能利多人得安樂者
最上最善善男子如諸寶中如意寶珠最為
勝妙如諸味中甘露最上如是菩薩於人天
中最勝最上不可譬喻善男子是名菩薩摩
訶薩住於大乘大涅槃經住七善法菩薩住
是七善法已得具梵行

大般涅槃經卷第十四

BD13850號　大般涅槃經（北本　宮本）卷一四　（25–25）

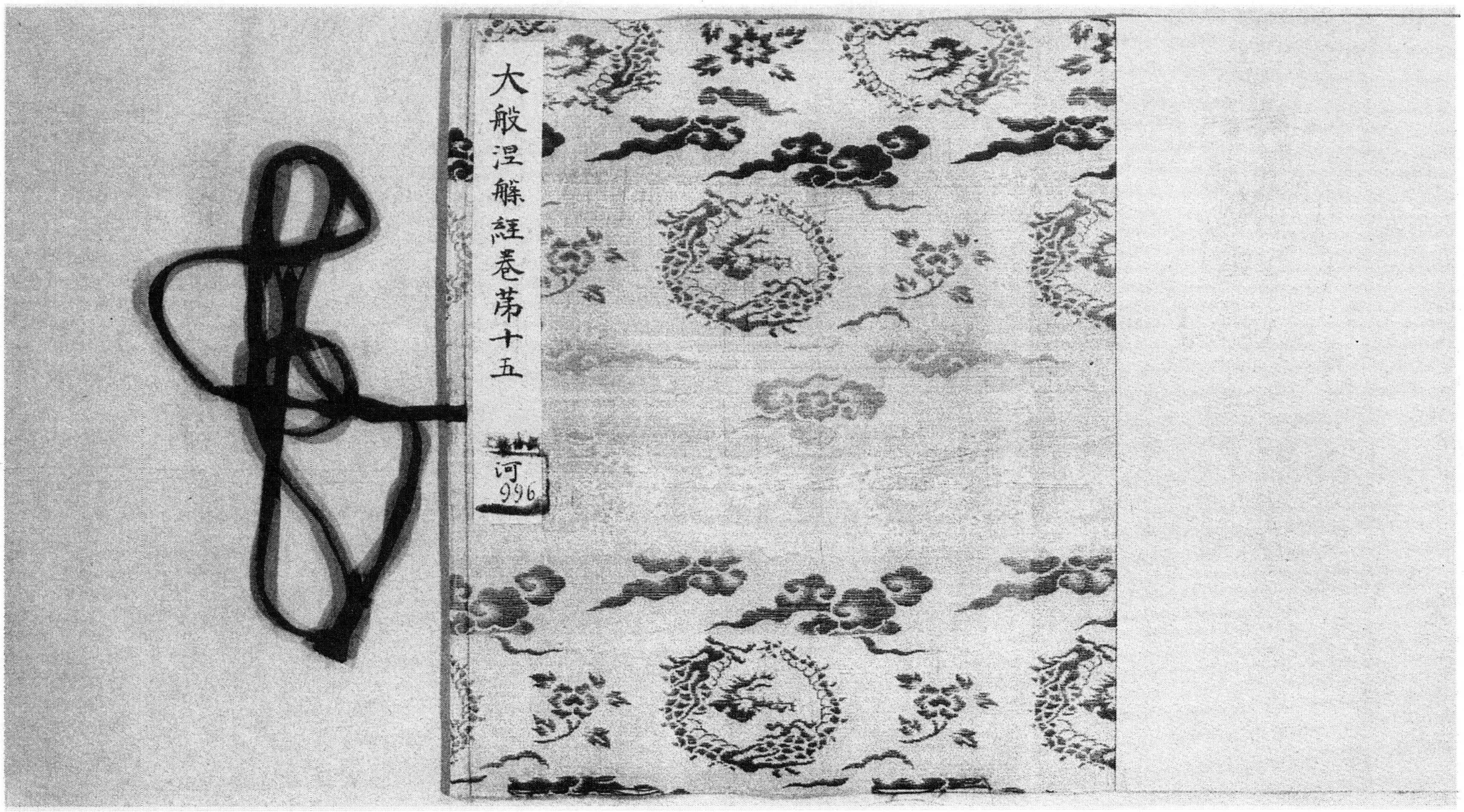

BD13851 號背　現代護首　　（1–1）

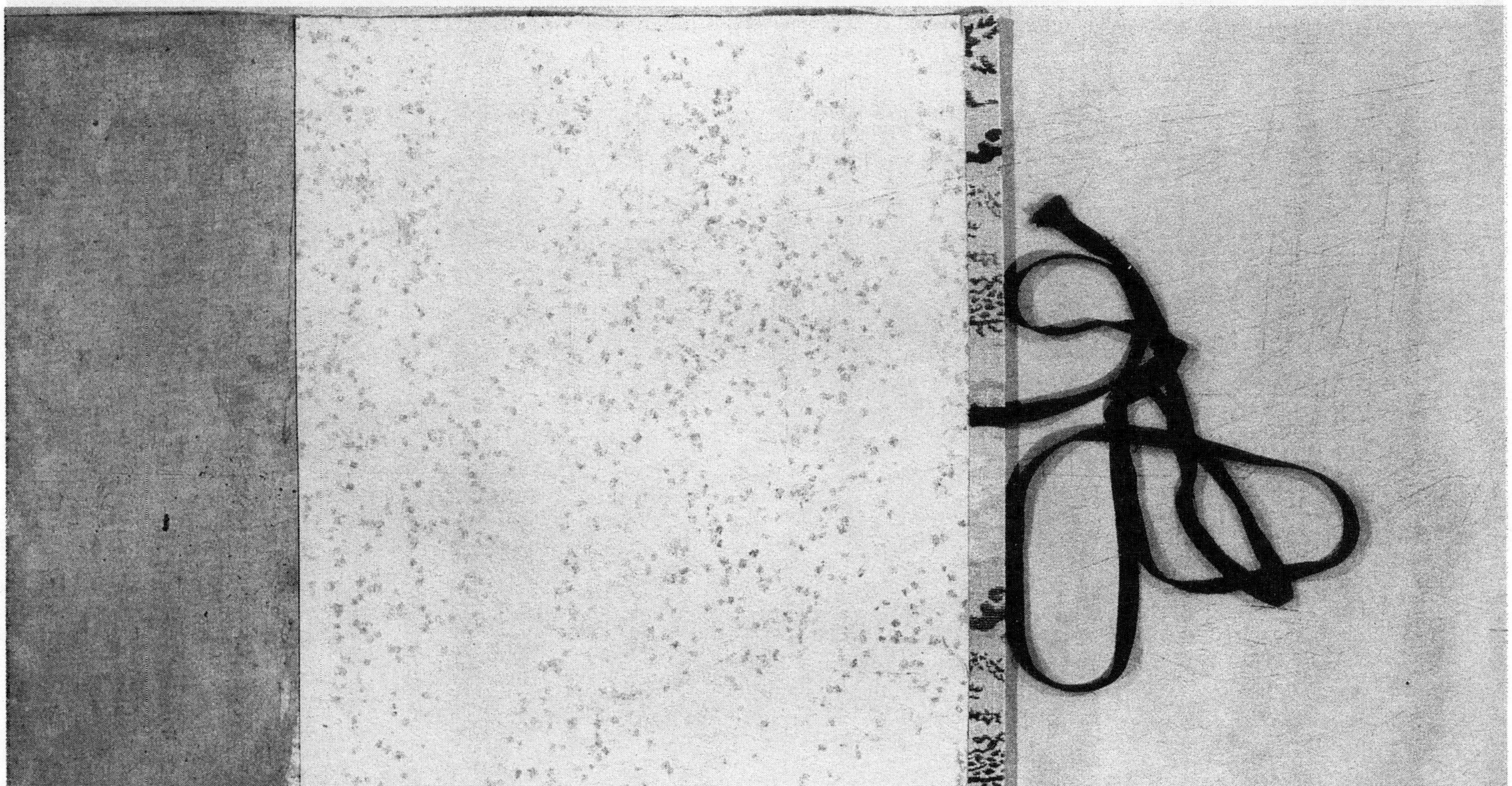

BD13851 號　大般涅槃經（北本　異卷）卷一五　　（25–1）

摩訶薩住於大乘大般涅槃住七善法得具
梵行何等為七一者知法二者知義三者知
時四者知足五者自知六者知衆七者知尊
卑善男子云何菩薩摩訶薩知法善男子是
菩薩摩訶薩知十二部經所謂脩多羅祇夜
受記伽陀憂陀那尼陀那阿波陀那伊帝曰
多伽闍陀伽毗佛略阿浮陀達摩優波提舍
善男子何等名為脩多羅經從如是我聞乃
至歡喜奉行如是一切名脩多羅何等名為

BD13851號　大般涅槃經（北本　異卷）卷一五　（25–2）

菩薩摩訶薩知十二部經所謂脩多羅祇夜
受記伽陀憂陀那尼陀那阿波陀那伊帝曰
多伽闍陀伽毗佛略阿浮陀達摩優波提舍
善男子何等名為脩多羅經從如是我聞乃
至歡喜奉行如是一切名脩多羅何等名為
祇夜經佛告諸比丘昔我與汝愚无智慧不
能如實見四真諦是故流轉久處生死沒大
苦海何等為四苦集滅道如佛昔日為諸比
丘說契經竟尒時復有利根衆生為聽法故
後至佛所即便問人如來向者為說何事佛
時知已即因本經以偈頌曰
我昔與汝等　不見四真諦　是故久流轉　生死大苦海
若能見四諦　則得斷生死　生死既已盡　更不受諸有
是名祇夜經何等名為受記經如有經律如
來說時為諸天人受佛記莂汝阿逸多未來
有王名曰蠰佉當於是世而成佛道号曰弥
勒是名受記經何等名為伽陀經除脩多羅
及諸戒律其餘有記四句之偈所謂
諸惡莫作　諸善奉行　自淨其意　是諸佛教
是名伽陀經何等名為優陀那經如佛晡時
入於禪定為諸天衆廣說法要時諸比丘各
作是念如來今者為何所作如來明旦從禪
定起无有人問以他心智即自說言比丘當
知一切諸天壽命極長汝諸比丘善哉為他
不求己利善哉少欲善哉知足善哉寂靜如
是諸經无問自說是名優陀那經何等名為
尼陀那經如諸經偈所因根本為他演說如

BD13851號　大般涅槃經（北本　異卷）卷一五　（25–3）

定起无有人問以他心智即自說言比丘當
知一切諸天壽命極長汝諸比丘善哉為他
不求已利善哉少欲善哉知足善哉寂靜如
是諸經无問自說是名優陁那經何等名為
尼陁那經如諸經偈所因根本為他演說如
舍衛國有一丈夫羅網捕鳥得已籠繫隨與
水穀而復還放世尊知其本末因緣而說偈
言
莫輕小惡　以為无殃　水渧雖微　漸盈大器
是名尼陁那經何等名為阿波陁那經如戒
律中所說譬喻是名阿波陁那經何等名為
伊帝日多伽經如佛所說比丘當知我出世
時所可說者名日界經鳩留秦佛出世之時
名甘露鼓拘那含牟尼佛時名日法鏡迦葉
佛時名分別空是名伊帝日多伽何等名為
闍陁伽經如佛世尊本為菩薩脩諸苦行所
謂比丘當知我於過去作鹿作羆作麞作菟
作粟散王轉輪聖王龍金翅鳥諸如是等行
菩薩道時所可受身是名闍陁伽何等名為
毗佛略經所謂大乘方等經典其義廣大猶
如虛空是名毗佛略何等名為未曾有經如
彼菩薩初出生時无人扶持即行七步放大
光明遍觀十方亦如獼猴手奉蜜器以獻如
來如白項獨佛邊聽法如魔波旬變為青牛
行凡鉢閒令諸凡鉢手相振觸无所傷損如
佛初生入天廟時令彼天像起下礼敬如是
等經名未曾有經何等名為優波提舍經如
佛世尊所說諸經若作義論分別廣說辯其

BD13851號　大般涅槃經（北本　異卷）卷一五　　（25–4）

來如白項獨佛邊聽法如魔波旬變為青牛
行凡鉢閒令諸凡鉢手相振觸无所傷損如
佛初生入天廟時令彼天像起下礼敬如是
等經名未曾有經何等名為優波提舍經如
佛世尊所說諸經若作義論分別廣說辯其
相貌是名優波提舍經菩薩若能如是了知
十二部經名為知法云何菩薩摩訶薩知義
菩薩摩訶薩若於一切文字語言廣知其義
是名知義云何菩薩摩訶薩知時善男子菩
薩善知如是時中任脩寂靜如是時中任脩
精進如是時中任脩捨定如是時中任供養
佛如是時中任供養師如是時中任脩布施
持戒忍辱精進禪定具足般若波羅蜜是名
知時云何菩薩摩訶薩知足善男子菩薩摩
訶薩知足所謂飲食醫藥行住坐卧睡寤語
默是名知足善男子云何菩薩摩訶薩自知
是菩薩自知我有如是信如是戒如是多聞
如是捨如是慧如是去來如是正念如是善
行如是問如是答是名自知云何菩薩摩訶
薩知衆善男子是菩薩知如是等是剎利衆
婆羅門衆居士衆沙門衆應於是衆如是行
來如是坐如是說法如是問答是名知衆
善男子云何菩薩摩訶薩知人尊卑善男子
人有二種一者信二者不信菩薩當知信者
是善其不信者不名為善復次信有二種一
者常往僧坊二者不往菩薩當知其往者善
其不往者不名為善往僧坊者復有二種一者
礼拜二不礼拜菩薩當知礼拜者善不礼拜
者不名為善其礼拜者復有二種一者聽法

BD13851號　大般涅槃經（北本　異卷）卷一五　　（25–5）

人有二種一者信二者不信菩薩當知信者
是善其不信者不名為善復次信有二種一
者常往僧坊二者不往菩薩當知其往者善
其不往者不名為善往僧坊者復有二種一者
礼拜二不礼拜菩薩當知礼拜者善不礼拜
者不名為善其礼拜者復有二種一者聽法
二者不聽菩薩當知聽法者善不聽法者不
名為善其聽法者復有二種一至心聽二不
至心菩薩當知至心聽者是則名善不至心
者不名為善至心聽法復有二種一者思義
二不思義菩薩當知思義者善不思義者不
名為善其思義者復有二種一如說行二不
如說行如說行者是則為善不如說行不
名為善如說行者復有二種一求聲聞不能
利安饒益一切苦惱衆生二者迴向无上大
乘利益多人令得安樂菩薩應知能利多人
得安樂者最上最勝善男子如諸寶中如意
寶珠最為勝妙如諸味中甘露最上如是菩
薩於人天中最勝最上不可譬喻善男子是
名菩薩摩訶薩住於大乘大涅槃經住七善
法菩薩住是七善法已得具梵行
復次善男子復有梵行謂慈悲喜捨迦葉菩
薩白佛言世尊若多脩慈能斷瞋恚脩悲心
者亦斷瞋恚云何而言四无量心推義而言
則應有三世尊慈有三緣一緣衆生二緣於
法三則无緣悲喜捨心亦復如是若從是義
唯應有三不應有四衆生緣者緣於五陰願
與其樂是名生緣法緣者緣諸衆生所須之

BD13851號　大般涅槃經（北本　異卷）卷一五　（25–6）

薩白佛言世尊若多脩慈能斷瞋恚脩悲心
者亦斷瞋恚云何而言四无量心推義而言
則應有三世尊慈有三緣一緣衆生二緣於
法三則无緣悲喜捨心亦復如是若從是義
唯應有三不應有四衆生緣者緣於五陰願
與其樂是名生緣法緣者緣諸衆生所須之
物而施與之是名法緣无緣者緣於如來是
名无緣慈者多緣貧窮衆生如來大師永離
貧窮受第一樂若緣衆生則不緣佛法亦如
是以是義故緣如來者名曰无緣世尊慈之
所緣一切衆生如緣父母妻子親屬以是義
故名曰生緣法緣者不見父母妻子親屬見
一切法皆從緣生是名法緣无緣者不住法
相及衆生相是名无緣悲喜捨心亦復如是
是故應三不應有四世尊人有二種一者見
行二者愛行見行之人多脩慈悲愛行之人
多脩喜捨是故應二不應有四世尊夫无量
者名曰无邊邊不可得故名无量若无量者
則應是一不應言四若言四者何得无量是
故應一不應四也佛告迦葉善男子諸佛如
來為諸衆生所宣法要其言祕密難可了知
或為諸衆生說一因緣如說何等為一因緣所
謂一切有為之法善男子或說二種因之與
果或說三種煩惱業苦或說四種无明諸行
生與老死或說五種所謂受愛取有及生或
說六種三世因果或說七種謂識名色六入
觸受及以愛取或說八種除无明行及生老
死其餘八事或說九種如城經中除无明行
識其餘九事或說十一如為薩遮尼揵子說

BD13851號　大般涅槃經（北本　異卷）卷一五　（25–7）

生與老死或說五種所謂受愛取有及生或
說六種三世因果或說七種謂識名色六入
觸受及以愛取或說八種除无明行及生老
死其餘八事或說九種如城經中除无明行
識其餘九事或說十一如為薩遮尼揵子說
除生一法其餘十一或時具說十二因緣如王
舍城為迦葉等具說十二无明乃至生老
病死善男子如一因緣為衆生故種種分別
无量心法亦復如是善男子以是義故於諸
如來深密行處不應生疑善男子如來世尊
有大方便无常說常常說无常說樂為苦
苦為樂不淨說淨淨說不淨我說无我无我
說我於非衆生說為衆生於實衆生說非衆
生非物說物物說非物非實說實實說非實
非境說境境說非境非生說生生說非生乃
至无明說明明說无明色說非色非色說色
非道說道道說非道善男子如來以是无量
方便為調衆生豈虛妄耶善男子或有衆生
貪於財貨我於其人自化其身作轉輪王於
无量歲隨其所須種種供給然後教化令其
安住阿耨多羅三藐三菩提若有衆生貪著
五欲於无量歲以妙五欲充滿其願然後勸
化令其安住阿耨多羅三藐三菩提若有衆
生榮豪自貴我於其人无量歲中為作僕使
趍走給侍得其心已即復勸化令其安住阿
耨多羅三藐三菩提若有衆生性戾自是須
人呵諫我於无量百千歲中教呵敎喻令其
心調然後復勸令其安住阿耨多羅三藐三

BD13851號　大般涅槃經（北本　異卷）卷一五　（25–8）

化令其安住阿耨多羅三藐三菩提若有衆
生榮豪自貴我於其人无量歲中為作僕使
趍走給侍得其心已即復勸化令其安住阿
耨多羅三藐三菩提若有衆生性戾自是須
人呵諫我於无量百千歲中教呵敎喻令其
心調然後復勸令其安住阿耨多羅三藐三
菩提善男子如來如是於无量歲以種種方
便令諸衆生安住阿耨多羅三藐三菩提豈
虛妄耶諸佛如來雖處衆惡无所染汙猶如
蓮華善男子應如是知四无量義善男子是
无量心體性有四若有脩行生大梵處善男
子如是无量伴侶有四是故名四夫脩慈者
能斷貪欲脩悲心者能斷瞋恚脩喜心者能
斷不樂脩捨心者能斷貪欲瞋恚衆生善男
子以是義故得名為四非一二三善男子如
汝所言慈能斷瞋悲亦如是應說三者汝今
不應作如是難何以故善男子恚有二種一
能奪命二能鞭撻脩慈則能斷彼奪命脩悲
則能除彼鞭撻善男子以是義故豈非四耶
復次瞋有二種一瞋衆生二瞋非衆生脩慈
心者斷瞋衆生脩悲心者斷非衆生復次瞋
有二種一有因緣二无因緣脩慈心者斷有
因緣脩悲心者斷无因緣復次瞋有二種一
者久於過去脩集二者於今現在脩集脩慈
心者能斷過去脩悲心者斷於現在復次瞋
有二種一瞋聖人二瞋凡夫脩慈心者斷瞋
聖人脩悲心者斷瞋凡夫復次瞋有二種一
上二中脩慈斷上脩悲斷中善男子以是義

BD13851號　大般涅槃經（北本　異卷）卷一五　（25–9）

者久於過去脩集二者於今現在脩集脩慈
心者能斷過去脩悲心者斷於現在復次瞋
有二種一瞋聖人二瞋凡夫脩慈心者斷瞋
聖人脩悲心者斷瞋凡夫復次瞋有二種一
上二中脩慈斷上脩悲斷中善男子以是義
故則名為四何得難言應三非四是故迦葉
是无量心伴侶相對分別為四復以器故應
名為四器若有慈則不得有非喜捨心以是
義故應四无減善男子以行分別故應有四
若行慈時无悲喜捨是故有四善男子以无
量故亦得名四夫无量者則有四種有无量
心有緣非自在有无量心自在非緣有无量
心亦緣亦自在有无量心非緣非自在何等
无量有緣非自在緣於无量无邊衆生而不
能得自在三昧雖得不定或得或失何等无
量自在非緣如緣父母兄弟姊妹欲令安樂
非无量緣何等无量亦緣亦自在謂諸佛菩
薩何等无量非緣非自在聲聞緣覺不能廣
緣无量衆生亦非自在善男子以是義故名
四无量非諸聲聞緣覺所知乃是諸佛如来
境界善男子如是四事聲聞緣覺雖名无量
少不足言諸佛菩薩乃得名為无量无邊
迦葉菩薩白佛言世尊如是如是實如聖言
諸佛如来所有境界非諸聲聞緣覺所及世
尊頗有菩薩住於大乘大般涅槃得慈悲心
非是大慈大悲心不佛言有善男子菩薩若
於諸衆生中三品分別一者親人二者怨憎
三者中人於親人中復作三品謂上中下怨

BD13851 號　大般涅槃經（北本　異卷）卷一五　（25–10）

尊頗有菩薩住於大乘大般涅槃得慈悲心
非是大慈大悲心不佛言有善男子菩薩若
於諸衆生中三品分別一者親人二者怨憎
三者中人於親人中復作三品謂上中下怨
憎亦尒是菩薩摩訶薩於上親所與增上樂
於中下親亦復平等與增上樂於上怨所與
少分樂於中怨所與中品樂於下怨所與增
上樂菩薩如是轉增習於上怨所與中品
樂於中下怨等與上樂轉復脩習於上中下
等與上樂若上怨所與上樂者尒時得名慈
心成就菩薩尒時於父母所及上怨中得平
等心无有差別善男子是名得慈非大慈也
世尊何緣菩薩得如是慈猶故不得名為大
慈善男子以難成故不名大慈何以故久於
過去无量劫中多集煩惱未脩善法是故不
能於一日中調伏其心善男子譬如宛豆乾
時鍼刺終不可著煩惱堅鞕亦復如是雖一
日夜繫心不散難可調伏又如家犬不畏於
人山林野鹿見人怖走瞋恚難去如守家狗
慈心易失如彼野鹿是故此心難可調伏以
是義故不名大慈復次善男子譬如畫石其
文常在畫水速滅勢不久住瞋如畫石諸善
根本如彼畫水是故此心難得調伏如大火
聚其明久住電光之明不得蹔停瞋如火聚
慈如電明是故此心難得調伏以是義故不
名大慈善男子菩薩摩訶薩住於初地名曰
大慈何以故善男子㝡極惡者名一闡提初

BD13851 號　大般涅槃經（北本　異卷）卷一五　（25–11）

聚其明久住電光之明不得暫停瞋如火聚
慈如電明是故此心難得調伏以是義故不
名大慈善男子菩薩摩訶薩住於初地名曰
大慈何以故善男子㝡極惡者名一闡提初
住菩薩脩大慈時於一闡提心无差別不見
其過故不生瞋以是義故得名大慈善男子
爲諸衆生除无利益是名大慈欲與衆生无
量利樂是名大悲於諸衆生心生歡喜是名
大喜无所擁護名爲大捨若不見我法相己
身見一切法平等无二是名大捨自捨己樂
施與他人是名大捨善男子唯四无量能令
菩薩增長具足六波羅蜜其餘諸行不必能
尒善男子菩薩摩訶薩先得世間四无量心
然後乃發阿耨多羅三藐三菩提心次第方
得出世間者善男子因世无量得出世无量
以是義故名大无量
迦葉菩薩白佛言世尊除无利益與利樂者
實无所爲如是思惟即是虛觀无有實利世
尊辟如比丘觀不淨時見所著衣悉是皮相
而實非皮所可食噉皆作虫相而實非虫觀
大豆羹作下汁想而實非糞觀所食酪猶如
髓腦而實非腦觀骨碎末猶如麨相而實非
麨四无量心亦復如是不能真實利益衆生
令其得樂雖口發言與衆生樂而實不得如
是之觀非虛妄耶世尊若非虛妄實與樂者
彼諸衆生何故不以諸佛菩薩威德力故一
切受樂若當真實不得樂者如佛所說我念
往昔獨脩慈心經此劫世七反成壞不來此

BD13851號　大般涅槃經（北本　異卷）卷一五　（25–12）

麨四无量心亦復如是不能真實利益衆生
令其得樂雖口發言與衆生樂而實不得如
是之觀非虛妄耶世尊若非虛妄實與樂者
彼諸衆生何故不以諸佛菩薩威德力故一
切受樂若當真實不得樂者如佛所說我念
往昔獨脩慈心經此劫世七反成壞不來此
生世界成時生梵天中世界壞時生光音天
若生梵天力勢自在无能摧伏於千梵中㝡
勝㝡上名大梵王有諸衆生皆於我所生㝡
上想三十六反作忉利天王釋提桓因无量
百千作轉輪王獨脩慈心乃得如是人天果
報若不實者云何得與此義相應佛言善
哉善哉善男子汝真勇猛无所畏懼即爲
迦葉而說偈言
若於一衆生　不生瞋恚心　而願與彼樂　是名爲慈善
一切衆生中　若起於悲心　是名聖種性　得福報无量
設使五通仙　悉滿此大地　有大自在主　奉施其所安
爲馬種種物　所得福報果　不及脩一慈　十六分中一
善男子夫脩慈者實非妄想諦是真實若是
聲聞緣覺之慈是名虛妄諸佛菩薩真實不
虛云何知耶善男子菩薩摩訶薩脩行如是
大涅槃者觀土爲金觀金爲土地作水相水
作地相水作火相火作水相地作風相風作地
相隨意成就无有虛妄觀實衆生爲非衆
生觀非衆生爲實衆生悉隨意成无有虛妄
善男子當知菩薩四无量心是實思惟非不
真實復次善男子云何名爲真實思惟謂能
斷除諸煩惱故善男子夫脩慈者能斷貪欲

BD13851號　大般涅槃經（北本　異卷）卷一五　（25–13）

相随意成就无有虚妄觀實衆生為非衆
生觀非衆生為實衆生悲随意成无有虚妄
善男子當知菩薩四无量心是實思惟非不
真實復次善男子云何名為真實思惟謂能
斷除諸煩惱故善男子夫脩慈者能斷貪欲
脩悲心者能斷瞋恚脩喜心者能斷不樂脩
捨心者能斷貪恚及衆生相以是故名真實
思惟復次善男子菩薩摩訶薩四无量心能
為一切諸善根本善男子菩薩摩訶薩若不
得見貧窮衆生无緣生慈若不生慈則不能
起恵施之心以施因緣令諸衆生得安隱樂
所謂飲食車乘衣服華香牀卧舍宅燈明如
是施時心无繫縛不生貪著必定迴向阿耨
多羅三藐三菩提其心尒時无所依止妄想
永斷不為怖畏名稱利養不求人天所受快
樂不生憍慢不望反報不為誑他故行布施
不求富貴凡行施時不見受者持戒破戒是
田非田此是知識此非知識施時不見是器
非器不擇日時是處非處亦復不計飢饉豊
樂不見因果此是衆生此非衆生是福非福
雖復不見施者受者及以財物乃至不見斷
及果報而常行施无有斷絶善男子菩薩若
見持戒破戒乃至果報終不能施若不布施
則不具足檀波羅蜜若不具足檀波羅蜜則
不能成阿耨多羅三藐三菩提善男子辟如
有人身被毒箭其人眷屬欲令安隱為除毒
故即命良醫而為拔箭彼人方言且待莫觸
我今當觀如是毒箭從何方來誰之所射為
是刹利婆羅門毗舍首陁復更作念是何木耶

BD13851號　大般涅槃經（北本　異卷）卷一五

（25–14）

則不具足檀波羅蜜若不具足檀波羅蜜則
不能成阿耨多羅三藐三菩提善男子辟如
有人身被毒箭其人眷屬欲令安隱為除毒
故即命良醫而為拔箭彼人方言且待莫觸
我今當觀如是毒箭從何方來誰之所射為
是刹利婆羅門毗舍首陁復更作念是何木耶
竹耶柳耶其鏃鐵者何冶所出剛耶柔耶其
毛羽者是何鳥翼烏鵄鷲耶所有毒者為從
作生自然而有為是人毒惡虵毒耶如是癡
人竟未能知尋便命終善男子菩薩亦尒若
行施時分別受者持戒破戒乃至果報終不
能施若不能施則不具足檀波羅蜜若不具
足檀波羅蜜則不能成阿耨多羅三藐三菩
提復次善男子菩薩摩訶薩行布施時於諸
衆生慈心平等猶如子想又行施時於諸衆
生起悲愍心辟如父母瞻視病子行施之時
其心歡喜猶如父母見子病愈既施之後其
心放捨猶如父母見子長大能自存活是菩
薩摩訶薩於慈心中布施食時常作是願我
今所施悉與一切衆生共之以是因緣令諸
衆生得大智食勤進迴向无上大乘願諸衆
生得善智食不求聲聞緣覺之食願諸衆生
得法喜食不求愛食願諸衆生悉得般若波
羅蜜食皆令充滿攝取无閡增上善根願諸
衆生解達空相得无閡身猶如虛空願諸衆
生常為受者憐愍一切為衆福田善男子菩
薩摩訶薩脩慈心時凡所施食應當堅發如
是等願

BD13851號　大般涅槃經（北本　異卷）卷一五

（25–15）

衆生解達空相得无閡身猶如虛空願諸衆
生常爲受者憐愍一切爲衆福田善男子菩
薩摩訶薩脩慈心時凡所施食應當堅發如
是等願
復次善男子菩薩摩訶薩於慈心中布施漿
時常作是願我今所施悉與一切衆生共之
以是因緣令諸衆生趣大乘河飲八味水速
履无上菩提之道離於聲聞緣覺枯渴渴仰
求於无上佛乘斷煩惱渴渴仰法味離生死
憂愛樂大乘大般涅槃具足法身得諸三昧
入於甚深智慧大海願諸衆生得甘露味菩
提出世離欲寂靜如是諸味願諸衆生具足
无量百千法味具法味已得見佛性見佛性
已能雨法雨雨法雨已佛性遍覆猶如虛空
復令其餘无量衆生得一法味所謂大乘非
諸聲聞辟支佛味願諸衆生得一恬味无有
六種差別之味願諸衆生唯求法味无閡佛
法所行之味不求餘味善男子菩薩摩訶薩
於慈心中布施漿時應當堅發如是等願復
次善男子菩薩摩訶薩於慈心中施車乘時
常作是願我今所施悉與一切衆生共之以
是因緣普令衆生成於大乘得住大乘不退
於乘不動轉乘金剛座乘不求聲聞辟支佛
乘向於佛乘无能伏乘无羸之乘不退沒乘
无上乘十力乘大功德乘未曾有乘希有乘
難得乘无邊乘知一切乘善男子菩薩摩訶
薩於慈心中施車乘時常應如是堅發誓願
復次善男子菩薩摩訶薩於慈心中布施衣

BD13851號　大般涅槃經（北本　異卷）卷一五　　（25–16）

於乘不動轉乘金剛座乘不求聲聞辟支佛
乘向於佛乘无能伏乘无羸之乘不退沒乘
无上乘十力乘大功德乘未曾有乘希有乘
難得乘无邊乘知一切乘善男子菩薩摩訶
薩於慈心中施車乘時常應如是堅發誓願
復次善男子菩薩摩訶薩於慈心中布施衣
時當作是願我今所施悉與一切衆生共之
以是因緣令諸衆生得慚愧衣法界覆身裂
諸見衣衣服離身一尺六寸得金色身所受諸
觸柔濡无閡光色潤澤皮膚細濡常光无
量无色離色願諸衆生皆悉普得无色之身
過一切色得入无色大般涅槃善男子菩薩
摩訶薩布施衣時應當如是堅發誓願
復次善男子菩薩摩訶薩於脩慈中布施華
香塗香末香諸雜香時當作是願我今所施
悉與一切衆生共之以是因緣令諸衆生一
切皆得佛華三昧七覺妙鬘繫其首頂願諸
衆生形如滿月所見諸色微妙第一願諸衆
生皆成一相百福莊嚴願諸衆生隨意得見
可意之色願諸衆生常遇善友得无閡香離
諸臭穢願諸衆生具諸善根无上珍寶願諸
衆生相視和悅无有憂苦減偹衆善不相憂
念願諸衆生戒香具足願諸衆生持无閡戒
香氣芬馥充滿十方願諸衆生得牢堅戒无
悔之戒一切智戒離諸破戒悉得无戒未曾
有戒无師戒无作戒无荒戒无汙染戒竟已
戒究竟戒得平等戒於香塗身及以斫刺等
无憎愛願諸衆生得无上戒大乘之戒非小
乘戒願諸衆生悉得具足尸波羅蜜猶如諸

BD13851號　大般涅槃經（北本　異卷）卷一五　　（25–17）

[illegible]
香氣芬馥充滿十方願諸衆生得牢堅戒无
悔之戒一切智戒離諸破戒悉得无戒未曾
有戒无師戒无作戒无穢戒无汙染戒竟已
戒究竟戒得平等戒於香塗身及以斫刺等
无憎愛願諸衆生得无上戒大乘之戒非小
乘戒願諸衆生悉得具足尸波羅蜜猶如諸
佛所成就戒願諸衆生悉為布施持戒忍辱
精進禪智之所薰脩願諸衆生悉得成就大
般涅槃微妙蓮華其華香氣充滿十方願令
衆生純食大乘大般涅槃无上香饍如蜂採
華但取香味願諸衆生悉得成就无量功德
所薰之身善男子菩薩摩訶薩於慈心中施
華香時常當堅發如是誓願
復次善男子菩薩摩訶薩於慈心中施牀敷
時常作是願我今所施悉與一切衆生共之
以是因緣令諸衆生得天中天所卧之牀得
大智慧坐四禪處卧於菩薩所卧之牀不卧
聲聞辟支佛牀願諸衆生得安樂卧離生死
牀成大涅槃師子卧牀願諸衆生坐此牀已
復為其餘无量衆生亦現神通師子遊戲願
諸衆生住此大乘大宮殿中為諸衆生演說
佛性願諸衆生坐无上牀不為世法之所降
伏願諸衆生得忍辱牀離於生死飢饉凍餓
願諸衆生得无畏牀永離一切煩惱怨賊願
諸衆生得清淨牀專求无上正真之道願諸
衆生得善住牀常為善友之所擁護願諸衆
生得右脅卧牀依因諸佛所行之法善男子
菩薩摩訶薩於慈心中施牀敷時應當堅發

BD13851號　大般涅槃經（北本　異卷）卷一五　（25–18）

伏願諸衆生得忍辱牀離於生死飢饉凍餓
願諸衆生得无畏牀永離一切煩惱怨賊願
諸衆生得清淨牀專求无上正真之道願諸
衆生得善住牀常為善友之所擁護願諸衆
生得右脅卧牀依因諸佛所行之法善男子
菩薩摩訶薩於慈心中施牀敷時應當堅發
如是誓願
復次善男子菩薩摩訶薩於慈心中施舍宅
時常作是願我今所施悉與一切衆生共之
以是因緣令諸衆生處大乘舍脩行善友所
行之行脩大悲行六波羅蜜行大正覺行一
切菩薩所行道行无邊廣大如虛空行願諸
衆生皆得正念遠離惡念願諸衆生悉得安
住常樂我淨永離四倒願諸衆生悉皆受持
出世文字願諸衆生必為无上一切智器願
諸衆生悉皆得入甘露屋宅願諸衆生初中
後心常入大乘涅槃之宅願諸衆生於未來
世常處菩薩所居宮殿善男子菩薩摩訶薩
於慈心中施舍宅時常當堅發如是誓願
復次善男子菩薩摩訶薩於慈心中施燈明
時常作是願我今所施悉與一切衆生共之
以是因緣令諸衆生光明无量安住佛法願
諸衆生常得照明願諸衆生得色微妙光澤
第一願諸衆生其目清淨无諸翳網願諸衆
生得大智炬善解无我无衆生相无人无命
願諸衆生皆得覩見清淨佛性猶如虛空願
諸衆生肉眼清淨徹見十方恒沙世界願諸
衆生得佛光明普照十方願諸衆生得无閡
明皆悉得見清淨佛性願諸衆生得大智明

BD13851號　大般涅槃經（北本　異卷）卷一五　（25–19）

弟一義諦衆生其目清淨无諸翳網貪諸翳
生得大智炬善解无我无衆生相无人无命
顛諸衆生皆得覩見清淨佛性猶如虚空顛
諸衆生肉眼清淨徹見十方恒沙世界顛諸
衆生得佛光明普照十方顛諸衆生得无閡
明皆悉得見清淨佛性顛諸衆生得大智明
破一切闇及一闡提顛諸衆生得无量光明
照无量諸佛世界顛諸衆生然大乘燈離二
乘燈顛諸衆生所得光明滅无明闇過於千
日並照之切顛諸衆生得火珠明悉滅三千
大千世界所有黒闇顛諸衆生具足五眼悟
諸法相成无師覺顛諸衆生无見无明顛諸
衆生悉得大乘大般涅槃微妙光明示悟衆
生真實佛性善男子菩薩摩訶薩於慈心
中施燈明常應堅發如是誓顛
善男子一切聲聞緣覺菩薩諸佛如来所有
善根慈為根本善男子菩薩摩訶薩脩習慈
心能生如是无量善根所謂不淨出息入息
无常生滅四念處七方便三觀處十二因緣
无我等觀煖法頂法忍法世第一法見道脩
道正勤如意諸根諸力七菩提分八道四禪
四无量心八解脫八勝處一切入空无相顛无
諍三昧知他心智及諸神通知本際智聲
聞智緣覺智菩薩智佛智善男子如是等法
慈為根本善男子以是義故慈是真實非虚
妄也若有人問誰是一切諸善根本當言慈
是以是義故實非虚妄
善男子能為善者名實思惟實思惟者即名
為慈慈即如来慈即大乘大乘即慈慈即如

BD13851號　大般涅槃經（北本　異卷）卷一五　（25-20）

聞智緣覺智菩薩智佛智善男子如是等法
慈為根本善男子以是義故慈是真實非虚
妄也若有人問誰是一切諸善根本當言慈
是以是義故實非虚妄
善男子能為善者名實思惟實思惟者即名
為慈慈即如来慈即大乘大乘即慈慈即如
来善男子慈即菩提道菩提道即如来如来
即慈善男子慈即大梵大梵即慈慈即如来
善男子慈者能為一切衆生而作父母父母
即慈慈即如来善男子慈者乃是不可思議
諸佛境界不可思議諸佛境界即是慈也當
知慈者即是如来善男子慈者即是衆生佛
性如是佛性久為煩惱之所覆蔽故令衆生
不得覩見佛性即慈慈即如来善男子慈即
大空大空即慈慈即如来善男子慈即虚空
虚空即慈慈即如来善男子慈即是常常即
是法法即是僧僧即是慈慈即如来善男子
慈即是樂樂即是法法即是僧僧即是慈慈
即如来善男子慈即是淨淨即是法法即是
僧僧即是慈慈即如来善男子慈即是我我
即是法法即是僧僧即是慈慈即如来善男
子慈即甘露甘露即慈慈即佛性佛性即法
法即是僧僧即是慈慈即如来善男子慈者
即是一切菩薩无上之道道即是慈慈即如
来善男子慈者即是諸佛世尊无量境界无
量境界即是慈也當知是慈即是如来
善男子慈若无常无常即慈當知是慈是
聲聞慈善男子慈若是苦苦即是慈當知是
慈是聲聞慈善男子慈若不淨不淨即慈當知

BD13851號　大般涅槃經（北本　異卷）卷一五　（25-21）

来善男子慈者即是諸佛世尊无量境界无
量境界即是慈也當知是慈即是如来
善男子慈若无常无常即慈當知是慈是
聲聞慈善男子慈若是苦苦即是慈當知是
慈是聲聞慈善男子慈若不淨不淨即慈當知
是慈是聲聞慈善男子慈若无我无我即慈
當知是慈是聲聞慈善男子慈若妄想妄想
即慈當知是慈是聲聞慈善男子慈若不名
檀波羅蜜非檀之慈當知是慈是聲聞慈乃
至般若波羅蜜亦復如是善男子慈若不能
利益衆生如是之慈是聲聞慈善男子慈若
不入一相之道當知是慈是聲聞慈善男子
慈若不能覺了諸法當知是慈是聲聞慈善
男子慈若不能見如来性當知是慈是聲聞
慈善男子慈若見法悉是有相當知是慈是
聲聞慈善男子慈若有漏有漏慈者是聲聞
慈善男子慈若有為有為之慈是聲聞慈善
男子慈若不能住於初住非初住慈當知即
是聲聞之慈善男子慈若不能得佛十力四无
所畏當知是慈是聲聞慈善男子慈若能得
四沙門果當知是慈是聲聞慈
善男子慈若有无非有非无如是之慈非諸
聲聞辟支佛等所能思議善男子慈若不可
思議法不可思議佛性不可思議如来亦不
可思議善男子菩薩摩訶薩住於大乘大般
涅槃脩如是慈雖復安於睡眠之中而不睡
眠勤精進故雖常覺悟亦无覺悟以无眠故
於睡眠中諸天雖護亦无護者不行悪故眠

BD13851號　大般涅槃經（北本　異卷）卷一五　（25–22）

思議法不可思議佛性不可思議如来亦不
可思議善男子菩薩摩訶薩住於大乘大般
涅槃脩如是慈雖復安於睡眠之中而不睡
眠勤精進故雖常覺悟亦无覺悟以无眠故
於睡眠中諸天雖護亦无護者不行悪故眠
不悪夢无有不善離睡眠故命終之後雖生
梵天亦无所生得自在故善男子夫脩慈者
能得成就如是无量无邊功德善男子是大
涅槃微妙經典亦能成就如是无量无邊功
德諸佛如来亦得成就如是无量无邊功德
迦葉菩薩白佛言世尊菩薩摩訶薩所有思
惟悉是真實聲聞緣覺非真實者一切衆生
何故不以菩薩威力等受快樂若諸衆生實
不得樂當知菩薩所脩慈心為无利益佛言
善男子菩薩之慈非不利益善男子有諸衆
生或必受苦或有不受若有衆生必受苦者
菩薩之慈為无利益謂一闡提若有受苦不
必定者菩薩之慈則為利益令彼衆生悉受
快樂善男子譬如有人遥見師子虎豹豺狼
羅剎鬼等自然生怖夜行見杌亦生恐畏善
男子如是諸人自然怖畏衆生如是見脩慈
者自然受樂善男子以是義故菩薩脩慈是
實思惟非无利益善男子我說是慈有无量
門所謂神通善男子如提婆達教阿闍世欲
害如来是時我入王舍大城次第乞食阿闍
世王即放護財狂醉之象欲令害我及諸弟
子其象尒時蹹煞无量百千衆生衆生死已
多有血氣是象嗅已狂醉倍常見我翼從披
服赤色謂是血而復見趣我弟子中未離

BD13851號　大般涅槃經（北本　異卷）卷一五　（25–23）

生或必受苦或有不受若有衆生必受苦者
菩薩之慈為无利益謂一闡提若有受苦不
必定者菩薩之慈則為利益令彼衆生悉受
快樂善男子辟如有人遥見師子虎豹豺狼
羅刹鬼等自然生怖夜行見杌亦生恐畏善
男子如是諸人自然怖畏衆生如是見脩慈
者自然受樂善男子以是義故菩薩脩慈是
實思惟非无利益善男子我説是慈有无量
門所謂神通善男子如提婆達教阿闍世欲
害如来是時我入王舍大城次第乞食阿闍
世王即放護財狂醉之鳥欲令害我及諸弟
子其鳥尒時蹹煞无量百千衆生衆生死已
多有血氣是鳥嗅已狂醉倍常見我翼從披
服赤色謂呼是血而復見趣我弟子中未離
欲者四散馳走唯除阿難尒時王舍城中一
切人民同時舉聲啼哭號泣作如是言恠哉
如来今日滅没如何正覺一旦散壞是時調
達心生歡喜瞿曇沙門滅没甚善從今已往
真是不現快哉此計我願得遂善男子我於
尒時為欲降伏護財鳥故即入慈定舒手示
之即於五指出五師子是鳥見已其心怖畏
尋即失糞舉身投地敬礼我足善男子我時
手指實无師子乃是脩慈善根力故令彼調伏

大涅槃經卷第十五

BD13851號　大般涅槃經（北本　異卷）卷一五　　（25–24）

欲者四散馳走唯除阿難尒時王舍城中一
切人民同時舉聲啼哭號泣作如是言恠哉
如来今日滅没如何正覺一旦散壞是時調
達心生歡喜瞿曇沙門滅没甚善從今已往
真是不現快哉此計我願得遂善男子我於
尒時為欲降伏護財鳥故即入慈定舒手示
之即於五指出五師子是鳥見已其心怖畏
尋即失糞舉身投地敬礼我足善男子我時
手指實无師子乃是脩慈善根力故令彼調伏

大涅槃經卷第十五

BD13851號　大般涅槃經（北本　異卷）卷一五　　（25–25）

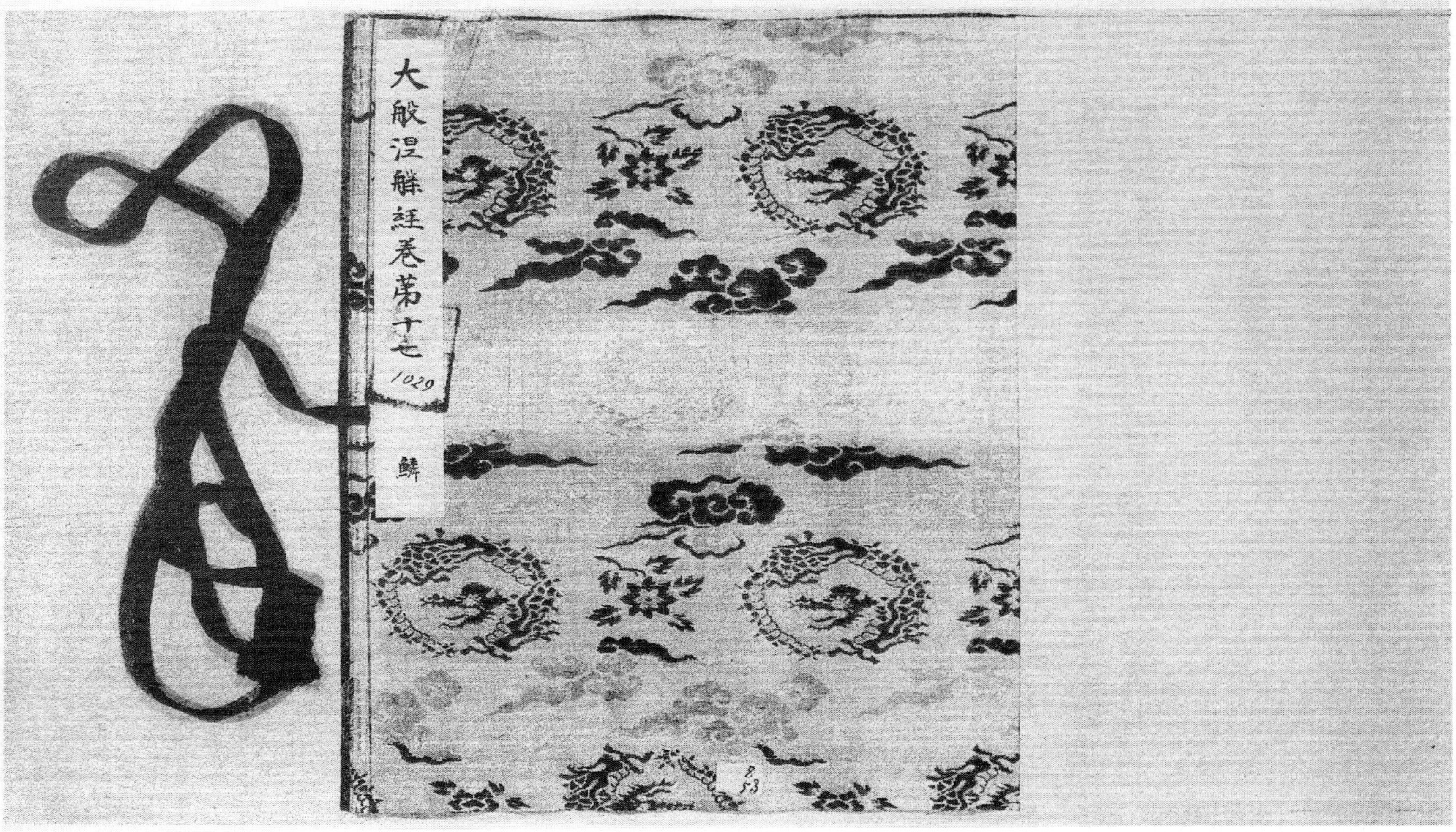

BD13852 號背　現代護首　　　　（1–1）

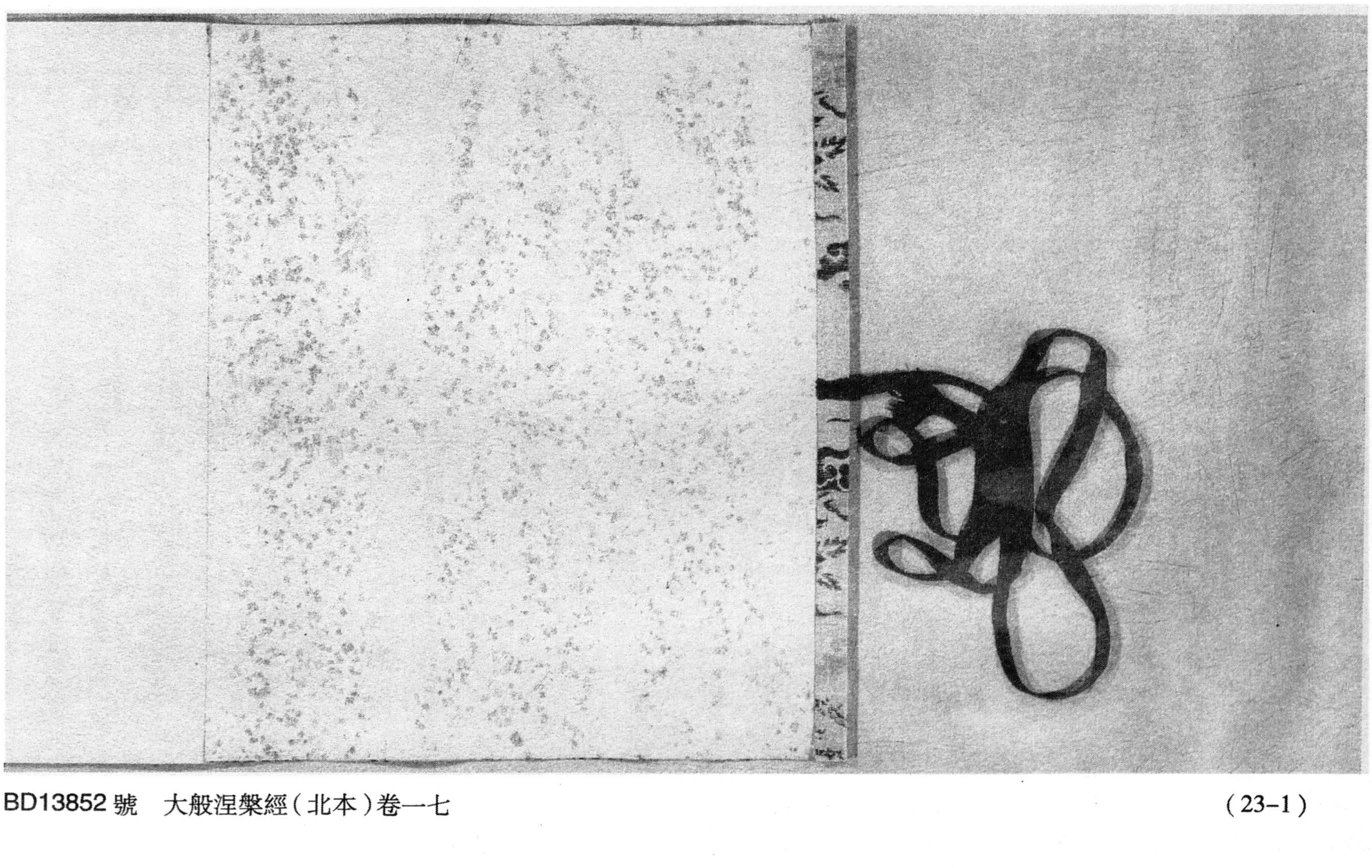

BD13852 號　大般涅槃經（北本）卷一七　　　　（23–1）

大般涅槃經梵行品之三　十七

迦葉菩薩白佛言世尊菩薩摩訶薩能如是
知得何等利耶佛言善男子菩薩摩訶薩能如
是知得四无㝵法无㝵義无㝵辭无㝵樂說
无㝵法无㝵者知一切法及法名字義无㝵
者知一切法所有諸義能隨諸法所立名字
而為作義辭无㝵者隨字論正音論闡陀論
世辯論樂說无㝵者所謂菩薩摩訶薩凡所

是知得四无㝵法无㝵義无㝵辭无㝵樂說
无㝵法无㝵者知一切法及法名字義无㝵
者知一切法所有諸義能隨諸法所立名字
而為作義辭无㝵者隨字論正音論闡陀論
世辯論樂說无㝵者所謂菩薩摩訶薩凡所
演說无有鄣㝵不可動轉无所畏難可推
伏善男子是名菩薩能如是見知即得如是
四无㝵智復次善男子法无㝵者菩薩摩訶
薩遍知聲聞緣覺菩薩諸佛之法義无㝵
者乘雖有三知其歸一終不謂有差別之相辭
无㝵者菩薩摩訶薩於一法中作種種名逕
无量劫說不可盡聲聞緣覺能作是說无有
是處樂說无㝵者菩薩摩訶薩於无量劫為
諸眾生演說諸法若名若義種種異說不可
窮盡復次善男子法无㝵者菩薩摩訶薩雖
知諸法而不取著義无㝵者菩薩摩訶薩雖
知諸義而亦不著辭无㝵者菩薩摩訶薩
知名字亦不取著樂說无㝵者菩薩摩訶薩
雖知樂說如是冣上而亦不著何以故善男
子若取著者不名菩薩迦葉菩薩復白佛言
世尊若不取著則不知法若知法者則是取
著若知不著則无所知云何如來說言知法
而不取著佛言善男子夫取著者不名无㝵
无所取著乃名无㝵善男子是故一切諸菩
薩等有取著者則无无㝵若无无㝵不名菩
薩當知是人名為凡夫何故取著名為凡夫

世尊若不取著則不知法若知法者則是取
著若知不著則无所知云何如来說言知法
而不取著佛言善男子夫取著者不名无㝵
无所取著乃名无㝵善男子是故一切諸菩
薩等有取著者則无无㝵若无无㝵不名菩
薩當知是人名為凡夫何故取著名為凡夫
一切凡夫取著於色乃至著識以著色故則
生貪心生貪心故為色繫縛乃至為識之所
繫縛以繫縛故則不得免生老病死憂悲大
苦一切煩惱是故取著名為凡夫以是義故
一切凡夫无四无㝵善男子菩薩摩訶薩已
於无量阿僧祇劫知見法相以知見故則知
其義以見法相及知義故而於色中不生繫
著乃至識中亦復如是以不著故菩薩於色
不生貪心乃至識中亦不生貪以无貪故則
不為色之所繫縛乃至不為識之所縛以不
縛故則得脫於生老病死憂悲大苦一切煩
惱以是義故一切菩薩得四无㝵善男子以
是因緣我為弟子十二部中說繫著者為
魔縛若不著者則脫魔縛譬如世間有罪之
人為王所縛无罪之人王不能縛菩薩摩訶
薩亦復如是有繫著者為魔所縛无繫著
者魔不能縛以是義故菩薩摩訶薩而无所著
復次善男子法无㝵者菩薩摩訶薩善知
字持而不忘失所謂持者如地如山如眼如雲
如人如母一切諸法亦復如是義无㝵者菩
薩雖知諸法名字而不知義得義无㝵則知

BD13852號　大般涅槃經（北本）卷一七　（23–4）

字持而不忘失所謂持者如地如山如眼如雲
如人如母一切諸法亦復如是義无㝵者菩
薩雖知諸法名字而不知義得義无㝵則知
於義云何知義謂地持者如地普持一切衆
生及非衆生以是義故名為地持善男子謂
山持者菩薩摩訶薩作是思惟何故名山而
為持耶山能持地令无傾動是故名持何故
復名眼為持耶眼能持光故名為持何故復
名雲為持耶雲名龍氣龍氣持水故名雲持
何故復名人為持耶人能持法及以非法故
名人持何故復名母為持耶母能持子故名
母持菩薩摩訶薩知一切法名字句義亦復
如是辞无㝵者菩薩摩訶薩以種種辞演說
一義亦无有義猶如男女舍宅車乘衆生等
名何故无義善男子夫義者乃是菩薩諸佛
境界辞者凡夫境界以知義故得辞无㝵樂
說无㝵者菩薩摩訶薩知辞知義故於无量
阿僧祇劫說辞說義而不可盡是名樂說无
㝵善男子菩薩摩訶薩於无量无邊阿僧祇
劫脩行世諦以脩行故知法无㝵復於无量
阿僧祇劫脩第一義諦故得義无㝵亦於无
量阿僧祇劫習毗伽羅那論故得辞无㝵亦
於无量阿僧祇劫脩習說世論故得樂說无
㝵善男子聲聞緣覺若有得是四无㝵者无
有是處善男子九部經中我說聲聞緣覺之
人有四无㝵聲聞緣覺真實无有何以故菩

BD13852號　大般涅槃經（北本）卷一七　（23–5）

阿僧祇劫脩第一義諦故得義无㝵亦於无
量阿僧祇劫習毗伽羅那論故得辭无㝵亦
於无量阿僧祇劫脩習說世論故得樂說无
㝵善男子聲聞緣覺若有得是四无㝵者无
有是處善男子九部經中我說聲聞緣覺之
人有四无㝵聲聞緣覺真實无有何以故菩
薩摩訶薩為度衆生故脩如是四无㝵智緣
覺之人脩寂滅法志樂獨處若化衆生但現
神通終日嘿然无所宣說云何當有四无㝵
智何故嘿然而无所說緣覺不能說法度人
令得曉法須法世第一法須陁洹斯陁含阿
那含阿羅漢辟支佛菩薩摩訶薩不能令人
發阿耨多羅三藐三菩提心何以故善男子
緣覺出世世間无有九部經典是故緣覺无
辭无㝵樂說无㝵善男子緣覺之人雖知諸
法无法无㝵何以故法无㝵者名為知字緣覺
之人雖知文字无字无㝵何以故不知常
住二字法故是緣覺不得法无㝵雖知於義
无義无㝵真智義者知諸衆生悉有佛性佛
性義者名為阿耨多羅三藐三菩提以是義
故緣覺之人不得義无㝵是故緣覺一切无
有四无㝵智云何聲聞无四无㝵聲聞之人
无有三種善巧方便何等為三一者必須濡
語然後受法二者必須麁語然後受化三者
不濡不麁然後受化聲聞之人无此三故无
四无㝵復次聲聞緣覺不能畢竟知辭知義
无自在智知於境界无有十力四无所畏不

无有三種善巧方便何等為三一者必須濡
語然後受法二者必須麁語然後受化三者
不濡不麁然後受化聲聞之人无此三故无
四无㝵復次聲聞緣覺不能畢竟知辭知義
无自在智知於境界无有十力四无所畏不
能畢竟度於十二因緣大河不能善知衆生
諸根利鈍差別未能永斷二諦疑心不知衆
生種種諸心所緣境界不能善說第一義空
是故二乘无四无㝵
迦葉菩薩白佛言世尊若諸聲聞緣覺之人
一切无有四无㝵者云何世尊說舍利弗智
慧第一大目乹連神足第一摩訶拘絺羅四
无㝵第一如其无者何故如來作如是說
尒時世尊讚迦葉言善哉善哉善男子辟如
恒河有无量水辛頭大河水亦无量愽叉大
河水亦无量悉陁大河水亦无量阿耨達池
水亦无量大海之中水亦无量如是諸水雖
同无量然其多少其實不等聲聞緣覺及諸
菩薩四无㝵智亦復如是善男子若說等者
无有是處善男子我為凡夫說摩訶拘絺羅
四无㝵智為㝡第一汝所問者其義如是善
男子聲聞之人或有得一或有得二若具足
四无有是處
迦葉菩薩白佛言世尊如佛先說梵行品中
菩薩知見得四无㝵者菩薩如見則无所得
亦无有心言无所得世尊是菩薩摩訶薩實
无所得若使菩薩心有得者則非菩薩名為

男子聲聞之人或有得一或有得二若具之
四无有是處
迦葉菩薩白佛言世尊如佛先說梵行品中
菩薩知見得四无㝵者菩薩知見則无所得
亦无有心言无所得世尊是菩薩摩訶薩實
无所得若使菩薩心有得者則非菩薩名為
凡夫云何如來說言菩薩而有所得佛言善
男子善哉善哉我將欲說而汝復問善男子
菩薩摩訶薩實无所得无所得者名四无㝵
善男子以何義故无所得者名為无㝵若有
得者則名為㝵有鄣㝵者名四顛倒善男子
菩薩摩訶薩无四倒故故得无㝵是故菩薩
名无所得復次善男子无所得者則名為慧
菩薩摩訶薩得是慧故名无所得有所得者
名為无明菩薩永斷无明闇故故无所得是
故菩薩名无所得復次善男子无所得者名
大涅槃菩薩摩訶薩安住如是大涅槃中不
見一切諸法性相是故菩薩名无所得有所
得者名二十五有菩薩永斷二十五有得大
涅槃是故菩薩名无所得復次善男子无所
得者名為大乘菩薩摩訶薩不住諸法故得
大乘是故菩薩名无所得有所得者名為聲
聞辟支佛道菩薩永斷二乘道故得於佛道
是故菩薩名无所得復次善男子无所得者
名方等經菩薩讀誦如是經故得大涅槃是
故菩薩名无所得有所得者名十一部經菩
薩不脩純說方等大乘經典是故菩薩名无

BD13852號　大般涅槃經（北本）卷一七　（23–8）

聞辟支佛道菩薩永斷二乘道故得於佛道
是故菩薩名无所得復次善男子无所得者
名方等經菩薩讀誦如是經故得大涅槃是
故菩薩名无所得有所得者名十一部經菩
薩不脩純說方等大乘經典是故菩薩名无
所得復次善男子无所得者名為虛空世間
无物名為虛空菩薩得是虛空三昧无所見
故是故菩薩名无所得有所得者名生死輪
一切凡夫輪迴生死故有所見菩薩永斷一
切生死是故菩薩名无所得復次善男子菩
薩摩訶薩无所得者名常樂我淨菩薩摩訶
薩見佛性故得常樂我淨是故菩薩名无所
得有所得者名无常无樂无我无淨菩薩摩
訶薩斷是无常无樂无我无淨是故菩薩名
无所得復次善男子无所得者名第一義空
菩薩摩訶薩觀第一義空悉无所見是故菩
薩名无所得有所得者名為五見菩薩永斷
是五見故得第一義空是故菩薩名无所得
復次善男子无所得者名為阿耨多羅三藐
三菩提菩薩摩訶薩得阿耨多羅三藐三菩
提時悉无所見是故菩薩名无所得有所得
者名為聲聞緣覺菩提菩薩永斷二乘菩提
是故菩薩名无所得善男子汝之所問亦无
所得我之所說亦无所得若說有得是魔眷
屬非我弟子迦葉菩薩白佛言世尊為我說
是菩薩无所得時无量衆生斷有相心以是

BD13852號　大般涅槃經（北本）卷一七　（23–9）

是故菩薩名无所得善男子汝之所問亦无
所得我之所說亦无所得若說有得是魔眷
屬非我弟子迦葉菩薩白佛言世尊為我說
是菩薩无所得時无量衆生斷有相心以是
事故我敢諮啓无所得義令如是等无量衆
生離魔眷屬為佛弟子迦葉菩薩白佛言世
尊如來先於娑羅雙樹間為純陁說偈
本有今无　本无今有　三世有法　无有是處
世尊是義云何佛言善男子我為化度諸衆
生故而作是說亦為聲聞辟支佛故而作是
說亦為文殊師利法王子故而作是說不但
正為純陁一人說是偈也時文殊師利將欲
問我我知其心而為說之我既說已文殊師
利即得解了迦葉菩薩言世尊如文殊等詎
有幾人能了是義唯願如來更為大衆廣分
別說善男子諦聽諦聽今當為汝重敷演之
言本有者我昔本有无量煩惱以煩惱故現
在无有大般涅槃言本无者本无般若波羅
蜜以无般若波羅蜜故現在具有諸煩惱結
若有沙門若婆羅門若天若魔若梵若人說
言如來去來現在有煩惱者无有是處復次
善男子言本有者我本有父母和合之身是
故現在无有金剛微妙法身言本无者我身
本无三十二相八十種好以本无有三十二
相八十種好故現在具有四百四病若有沙
門若婆羅門若天若魔若梵若人說言如來

BD13852號　大般涅槃經（北本）卷一七　（23–10）

善男子言本有者我本有父母和合之身是
故現在无有金剛微妙法身言本无者我身
本无三十二相八十種好以本无有三十二
相八十種好故現在具有四百四病若有沙
門若婆羅門若天若魔若梵若人說言如來
去來現在有病苦者无有是處復次善男子
言本有者我昔本有无常无我无樂无淨以
有无常无我无樂无淨故現在无有阿耨多
羅三藐三菩提言本无者本不見佛性以不
見故无常樂我淨若有沙門若婆羅門若天
若魔若梵若人說言如來去來現在无常樂
我淨者无有是處復次善男子言本有者本
有凡夫脩苦行心謂得阿耨多羅三藐三菩
提以是事故現在不能破壞四魔言本无者
我本无有六波羅蜜以本无有六波羅蜜故
脩行凡夫苦行之心謂得阿耨多羅三藐三
菩提若有沙門若婆羅門若天若魔若梵若
人說言如來去來現在有苦行者无有是處
復次善男子言本有者我昔本有雜食之身
以有食身故現在无有无邊之身言本无者
本无三十七助道法以无三十七助道法故現
在具有雜食之身若有沙門若婆羅門若天
若魔若梵若人說言如來去來現在有雜
食身者无有是處復次善男子言本有者我
昔本有一切法中取著之心以是事故現在
无有畢竟空定言本无者我本无有中道實
義以无中道真實義故於一切法則有著心

BD13852號　大般涅槃經（北本）卷一七　（23–11）

若魔若梵若人說言如來去來現在有雜
食身者无有是處復次善男子言本有者我
昔本有一切法中取者之心以是事故現在
无有畢竟定言本无者我本无有中道實
義以无中道真實義故於一切法則有著心
若有沙門若婆羅門若天若魔若梵若人
說言如來去來現在說一切法是有相者无有
是處復次善男子言本有者我初得阿耨多
羅三藐三菩提時有諸鈍根聲聞弟子以有
鈍根聲聞弟子故不得演說一乘之實言本
无者本无利根人中象王迦葉菩薩等以无
利根迦葉等故隨宜方便開示三乘若有沙
門若婆羅門若天若魔若梵若人說言如來
去來現在畢竟演說三乘法者无有是處復
次善男子言本有者我本說言却後三月於
娑羅雙樹當般若槃是故現在不得演說
方等典大般涅槃言本无者本昔无有文殊
師利大菩薩等以无有故現在說言如來无
常若有沙門若婆羅門若天若魔若梵若人
說言如來去來現在是无常者无有是處
善男子如來普為諸衆生故雖知諸法說言
不知雖見諸法說言不見有相之法說言无相
无相之法說言有相實有无常說言有常實
有有常說言无常我樂淨等亦復如是三乘
之法說言一乘一乘之法隨宜說三略相說廣
廣相說略四重之法說偷蘭遮偷蘭遮法
說為四重犯說非犯非犯說犯輕罪說重重

BD13852 號　大般涅槃經（北本）卷一七　（23–12）

有有常說言无常我樂淨等亦復如是三乘
之法說言一乘一乘之法隨宜說三略相說廣
廣相說略四重之法說偷蘭遮偷蘭遮法
說為四重犯說非犯非犯說犯輕罪說重重
罪說輕何以故如來明見衆生根故善男子
如來雖作是說終无虛妄何以故虛妄之語
即是罪過如來悉斷一切罪過云何當有虛
妄語耶善男子如來雖无虛妄之言若知衆
生因虛妄說得法利者隨宜方便則為說之
善男子一切世諦若於如來即是第一義諦
何以故諸佛世尊為第一義故說於世諦亦令
衆生得第一義諦若使衆生不得如是第一
義者諸佛終不宣說世諦善男子如來有時
演說世諦衆生謂佛說第一義諦有時說於
第一義諦衆生謂佛說於世諦是則諸佛甚
深境界非是聲聞緣覺所知善男子是故汝
先不應難言菩薩摩訶薩无所得也菩薩常
得第一義諦云何難言无所得也迦葉復言
世尊第一義諦亦名為道亦名菩提亦名涅
槃若有菩薩言有得道菩提涅槃即是无常
何以故法若常者則不可得猶如虛空誰有
得者世尊如世閒物本无今有名為无常道
亦如是道若可得則名无常法若常者无得
无生猶如佛性无得无生世尊夫道者非色
非不色不長不短非高非下非生非滅非赤
非白非青非黃非有非无云何如來說言可

BD13852 號　大般涅槃經（北本）卷一七　（23–13）

亦如是道若可得則名无常法若常者无得
无生猶如佛性无得无生世尊夫道者非色
非不色不長不短非高非下非生非滅非赤
非白非青非黄非有非无云何如來說言可
得菩提涅槃亦復如是如是善男
子道有二種一者常二者无常菩提之相亦
有二種一者常二者无常涅槃亦尒外道道
者名為无常內道道者名之為常聲聞緣覺
所有菩提名為无常菩薩諸佛所有菩提名
之為常外解脫者名為无常內解脫者名之
為常善男子道與菩提及以涅槃悉名為常
一切眾生常為无量煩惱所覆无慧眼故不
能得見而諸眾生為欲見故脩戒定慧以脩
行故見道菩提及以涅槃是名菩薩得道菩
提大涅槃也道之性相實不生滅以是義故
不可捉持善男子道者雖无色像可見稱量
可知而實有用善男子如眾生心雖非是色
非長非短非麁非細非縛非解非是見法而
亦是有以是義故我為須達說言長者心為
城主長者若不護心則不護身口若護心者
則護身口以不善護是身口故令諸眾生到
三惡趣護身口者則令眾生得人天涅槃得
名真實其不得者不名真實善男子道與菩
提及以涅槃亦復如是亦有亦常如其无者
云何能斷一切煩惱以其有故一切菩薩了
了見知善男子見有二種一相貌見二了了
見云何相貌見如遠見烟名為見火實不見

BD13852號　大般涅槃經（北本）卷一七　（23–14）

提及以涅槃亦復如是亦有亦常如其无者
云何能斷一切煩惱以其有故一切菩薩了
了見知善男子見有二種一相貌見二了了
見云何相貌見如遠見烟名為見火實不見
火雖不見火亦非虛妄見空中鶴便言見水
雖不見水亦非虛妄如見華葉便言見根雖
不見根亦非虛妄如人遙見籬間牛角便言
見牛雖不見牛亦非虛妄如見女人懷妊便
言見欲雖不見欲亦非虛妄如見樹生葉便
言見水雖不見水亦非虛妄又如見雲便言
見雨雖不見雨亦非虛妄如見身業及以口
業便言見心雖不見心亦非虛妄是名相貌
見云何了了見如眼見色善男子如人眼根清
淨不壞自觀掌中阿摩勒菓菩薩摩訶薩
了了見道菩提涅槃亦復如是雖如是見初
无見相善男子以是因緣我於往昔告舍利
弗舍利弗一切世間若有沙門若婆羅門若
天若魔若梵若人之所不知不見不覺唯有
如來悉知見覺及諸菩薩亦復如是舍利弗
若諸世間所知見覺我與菩薩亦知見覺世
間眾生之所不知不見不覺亦不自知不知
見覺世間眾生所知見覺便自說言我知見
覺舍利弗如來一切悉知見覺亦不自言我
知見覺一切菩薩亦復如是何以故若使如來
作知見覺相當知是則非佛世尊名為凡
夫菩薩亦尒
迦葉菩薩言如佛世尊為舍利弗說世間知

BD13852號　大般涅槃經（北本）卷一七　（23–15）

知見覺一切菩薩亦復如是何以故若使如來
作知見覺相當知是則非佛世尊名為凡
夫菩薩亦尒
迦葉菩薩言如佛世尊為舍利弗說世間知
者我亦得知世間不知我亦悉知其義云何
善男子一切世間不知不見不覺佛性若有
知見覺佛性者不名世間名為菩薩世間之
人亦復不知不見不覺十二部經十二因緣四
倒四諦三十七品阿耨多羅三藐三菩提
大般涅槃若知見覺者不名世間當名菩薩
善男子是名世間不知見覺云何世間所知
見覺所謂梵天自在天八臂天性時微塵法
及非法是造化主世界終始斷常二見說言
初禪至非非想名為涅槃善男子是名世間
所知見覺菩薩摩訶薩於如是事亦知見覺
菩薩如是知見覺已若言不知不見不覺是
為虛妄虛妄之法則為是罪以是罪故墮於
地獄善男子若男若女若沙門若婆羅門說
言无道菩提涅槃當知是輩名一闡提魔之
眷屬名為謗法如是謗法名謗諸佛如是之
人不名世間不名非世間尒時迦葉聞是事
已即以偈頌而讚嘆佛
大慈愍衆生　故今我歸依　善拔衆毒箭　故稱大醫王
世醫所療治　雖差還復生　如來所治者　畢竟不復發
世尊甘露藥　以施諸衆生　衆生既服已　不死亦不生
如來今為我　演說大涅槃　衆生聞秘藏　即得不生滅
迦葉菩薩說是偈已即白佛言世尊如佛所

BD13852號　大般涅槃經（北本）卷一七　（23–16）

大慈愍衆生　故今我歸依　善拔衆毒箭　故稱大醫王
世醫所療治　雖差還復生　如來所治者　畢竟不復發
世尊甘露藥　以施諸衆生　衆生既服已　不死亦不生
如來今為我　演說大涅槃　衆生聞秘藏　即得不生滅
迦葉菩薩說是偈已即白佛言世尊如佛所
說一切世間不知見覺菩薩悉能知見覺者
若使菩薩是世間者不得說言世間不知不
見不覺而是菩薩能知見覺若非世間有何
異相佛言善男子言菩薩者亦是世間亦非
世間不知見覺者名為世間知見覺者不名
世間汝言有何異者我今當說善男子若男
若女若有初聞是涅槃經即生敬信發阿耨
多羅三藐三菩提心者是則名為世間菩薩
一切世間不知見覺如是菩薩亦同世間不
知見覺菩薩聞是涅槃經已知有世間不知
見覺應是菩薩所知見覺知是事已即自思
惟我當云何方便脩習得知見覺露復念言
唯當深心脩持淨戒善男子菩薩尒時以是
因緣於未來世在在生處戒常清淨善男子
菩薩摩訶薩以戒淨故在在生處常无憍慢
耶見疑網終不說言如來畢竟入於涅槃是
名菩薩脩持淨戒戒既清淨次脩禪定以脩
定故在在生處正念不忘所謂一切衆生悉
有佛性十二部經諸佛世尊常樂我淨一切
菩薩安住方等大涅槃經悉見佛性如是等
事憶而不忘因脩定故得十一空是名菩薩

BD13852號　大般涅槃經（北本）卷一七　（23–17）

定故在在生處正念不忘所謂一切衆生悉
有佛性十二部經諸佛世尊常樂我淨一切
菩薩安住方等大涅槃經悉見佛性如是等
事憶而不忘因脩定故得十一空是名菩薩
脩清淨定戒定已倫次脩淨慧以脩慧故初
不計著身中有我我中有身是身是我非
身非我是名菩薩脩習淨慧以脩慧故所受持
戒牢固不動善男子譬如須弥不爲四風之
所傾動菩薩摩訶薩亦復如是不爲四倒之
所傾動善男子菩薩尒時自知見覺所受持
戒无有傾動是名菩薩所知見覺非世間也
善男子菩薩見所持戒牢固不動心无悔恨
无悔恨故心得歡喜得歡喜故心得悅樂得
悅樂故心則安隱心安隱故得无動定得无
動定故得實知見實知見故猒離生死猒離
生死故便得解脫得解脫故明見佛性是名
菩薩所知見覺非世間也善男子是名世間
不知見覺而是菩薩所知見覺迦葉復言云
何菩薩脩持淨戒心无悔恨乃至明了見於
佛性佛言善男子世間戒者不名清淨何以
故世間戒者爲於有故性不定故非畢竟故
不能廣爲一切衆生以是義故名爲不淨以
不淨故有悔恨心以悔恨故心无歡喜无歡喜
故則无悅樂无悅樂故則无安隱无安隱故
无不動定无不動定故无實知見无實、知
見故則无猒離无猒離故則无解脫无解脫
故不見佛性不見佛性故終不能得大般涅

BD13852號　大般涅槃經（北本）卷一七

（23-18）

不能廣爲一切衆生以是義故名爲不淨以
不淨故有悔恨心以悔恨故心无歡喜无歡喜
故則无悅樂无悅樂故則无安隱无安隱故
无不動定无不動定故无實知見无實知
見故則无猒離无猒離故則无解脫无解脫
故不見佛性不見佛性故終不能得大般涅
槃是名世間戒不清淨善男子菩薩摩訶薩
清淨戒者戒非戒故非爲有故定畢竟故爲
衆生故是名菩薩戒清淨也善男子菩薩摩
訶薩於淨戒中雖不欲生无悔恨心无悔恨
心自然而生善男子譬如有人執持明鏡不
期見面面像自現亦如農夫種之良田不期
生芽而芽自生亦如燃燈不期滅闇而闇自
滅善男子菩薩摩訶薩堅持淨戒无悔恨心
自然而生亦復如是以淨戒故心得歡喜善
男子如端正人自見面貌心生歡喜持淨戒
者亦復如是善男子破戒之人見戒不淨心
不歡喜如形殘者自見面貌不生喜悅破戒
之人亦復如是善男子譬如牧牛有二女人
一持酪瓶一持漿瓶俱共至城而欲賣之於
路腳跌二瓶俱破一則歡喜一則愁惱持戒
破戒亦復如是持淨戒者心則歡喜心歡喜
故則便思惟諸佛如來於涅槃中說有能持
清淨戒者則得涅槃我今脩習如是淨戒亦
應得之以是因緣心則悅樂迦葉復言喜之
與樂有何差別善男子菩薩摩訶薩不作惡
時名爲歡喜心淨持戒名之爲樂善男子菩

BD13852號　大般涅槃經（北本）卷一七

（23-19）

破戒亦復如是持淨戒者心則歡喜心歡喜
故則便思惟諸佛如來於涅槃中說有能持
清淨戒者則得涅槃我今脩習如是淨戒亦
應得之以是因緣心則悅樂迦葉復言喜之
與樂有何差別善男子菩薩摩訶薩不作惡
時名爲歡喜心淨持戒名之爲樂善男子菩
薩摩訶薩觀於生死則名爲喜見大涅槃名
之爲樂下名爲喜上名爲樂離世共法名之
爲喜得不共法名之爲樂以戒淨故身體輕
柔口無麁過菩薩尒時若見若聞若嗅若嘗
若觸若知悉無諸惡以無惡故心得安隱以
安隱故則得靜定得靜定故得實知見實知
見故猒離生死猒生死故則得解脫得解脫故
得見佛性見佛性故得大涅槃是名菩薩清
淨持戒非世間戒何以故善男子菩薩摩訶
薩所受淨戒五法佐助云何爲五一信二慚
三愧四善知識五宗敬戒離五蓋故所見清
淨離五見故心無疑網離五疑故一者疑佛
二者疑法三者疑僧四者疑戒五者疑不放
逸菩薩尒時即得五根所謂信念精進定慧
得五根故得五種涅槃謂色解脫乃至識解
脫是名菩薩清淨持戒非世間也善男子是
名世間之所不知不見不覺而是菩薩所知
見覺
善男子若我弟子受持讀誦書寫演說大
涅槃經有破戒者有人呵責輕賤毀辱而
作是言若佛祕藏大涅槃經有威力者云何
令汝毀所受戒若人受持是涅槃經毀禁戒

BD13852號　大般涅槃經（北本）卷一七　　（23–20）

名世間之所不知不見不覺而是菩薩所知
見覺
善男子若我弟子受持讀誦書寫演說大
涅槃經有破戒者有人呵責輕賤毀辱而
作是言若佛祕藏大涅槃經有威力者云何
令汝毀所受戒若人受持是涅槃經毀禁戒
者當知是經爲無威力若無威力雖復讀誦
爲無利益緣是輕毀涅槃經故復令無量無
邊衆生墮於地獄受持是經而毀戒者則是
衆生惡知識也非我弟子是魔眷屬如是之
人我亦不聽受持是典寧使不受不持不脩
不以毀戒受持脩習善男子若我弟子受持
讀誦書寫演說涅槃經者當正身心慎無恌
戲輕躁舉動身爲恌戲心爲輕動求有之心
名爲輕動身造諸業名爲恌戲若我弟子求
有造業不應受持是大乘典大涅槃經若有
如是受持經者人當輕呵而作是言若佛祕
藏大涅槃經有威力者云何令汝求有造業
若持經者求有造業當知是經爲無威力若
無威力雖復受持爲無利益緣是輕毀涅槃
經故復令無量無邊衆生墮於地獄受持是
經求有造業則是衆生惡知識也非我弟子
是魔眷屬復次善男子若我弟子受持讀誦
書寫演說是涅槃經莫非時說莫非國說莫
不請說莫輕心說莫處處說莫自嘆說莫輕他
說莫滅佛法說莫熾然世法說善男子若
[illegible]

BD13852號　大般涅槃經（北本）卷一七　　（23–21）

是魔眷屬復次善男子若我弟子受持讀誦
書寫演說是涅槃經莫非時說莫非國說莫
不請說莫輕心說莫處處說莫自歎說莫輕他
說莫滅佛法說莫熾然世法說善男子若
我弟子受持是經非時而說乃至熾然世法
說者人當輕呵而作是言若佛秘藏大涅槃經
有威力者云何令汝非時而說乃至熾然世
法而說若持經者作如是說當知是經為
无威力若无威力雖復受持為无利益緣是
輕毀涅槃經故令无量衆生墮於地獄受持
是經非時而說乃至熾然世法而說則是衆
生惡知識也非我弟子是魔眷屬善男子
若欲受持者說大涅槃者說佛性者說如來秘
藏者說大乘者說方等經者說聲聞乘者說
辟支佛乘者說解脫者見佛性者先當清淨
其身以身淨故則无呵責无呵責故令无量
人於大涅槃生清淨信信心生故恭敬是經
若聞一偈一句一字及說法者則得發於阿
耨多羅三藐三菩提心當知是人則是衆生
真善知識非惡知識是我弟子非魔眷屬
是名菩薩非世間也善男子是名世間之所
不知不見不覺而是菩薩所知見覺

大般涅槃經卷第十七

BD13852號　大般涅槃經（北本）卷一七　（23-22）

其身以身淨故則无呵責无呵責故令无量
人於大涅槃生清淨信信心生故恭敬是經
若聞一偈一句一字及說法者則得發於阿
耨多羅三藐三菩提心當知是人則是衆生
真善知識非惡知識是我弟子非魔眷屬
是名菩薩非世間也善男子是名世間之所
不知不見不覺而是菩薩所知見覺

大般涅槃經卷第十七

BD13852號　大般涅槃經（北本）卷一七　（23-23）

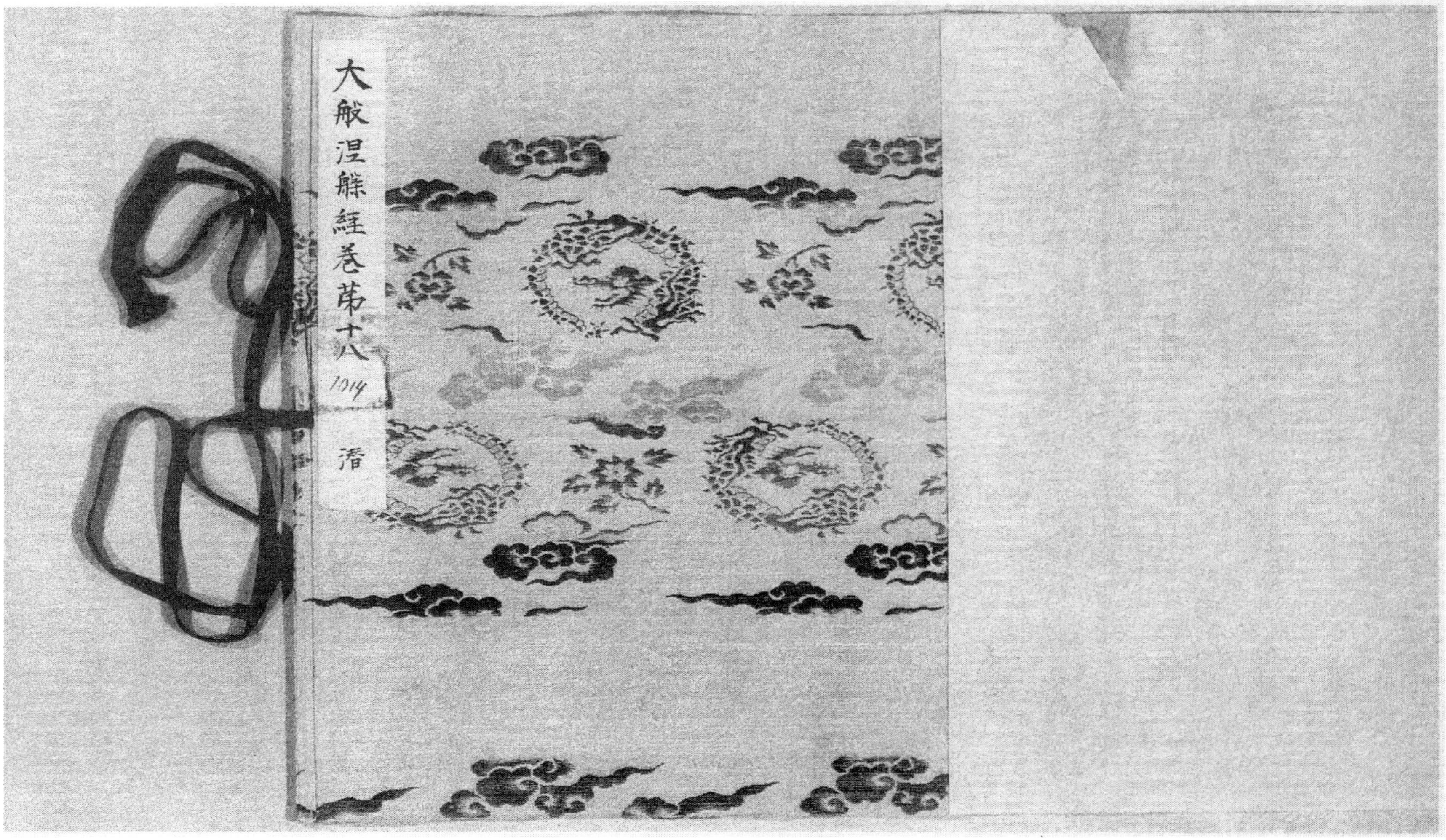

BD13853 號背　現代護首　（1–1）

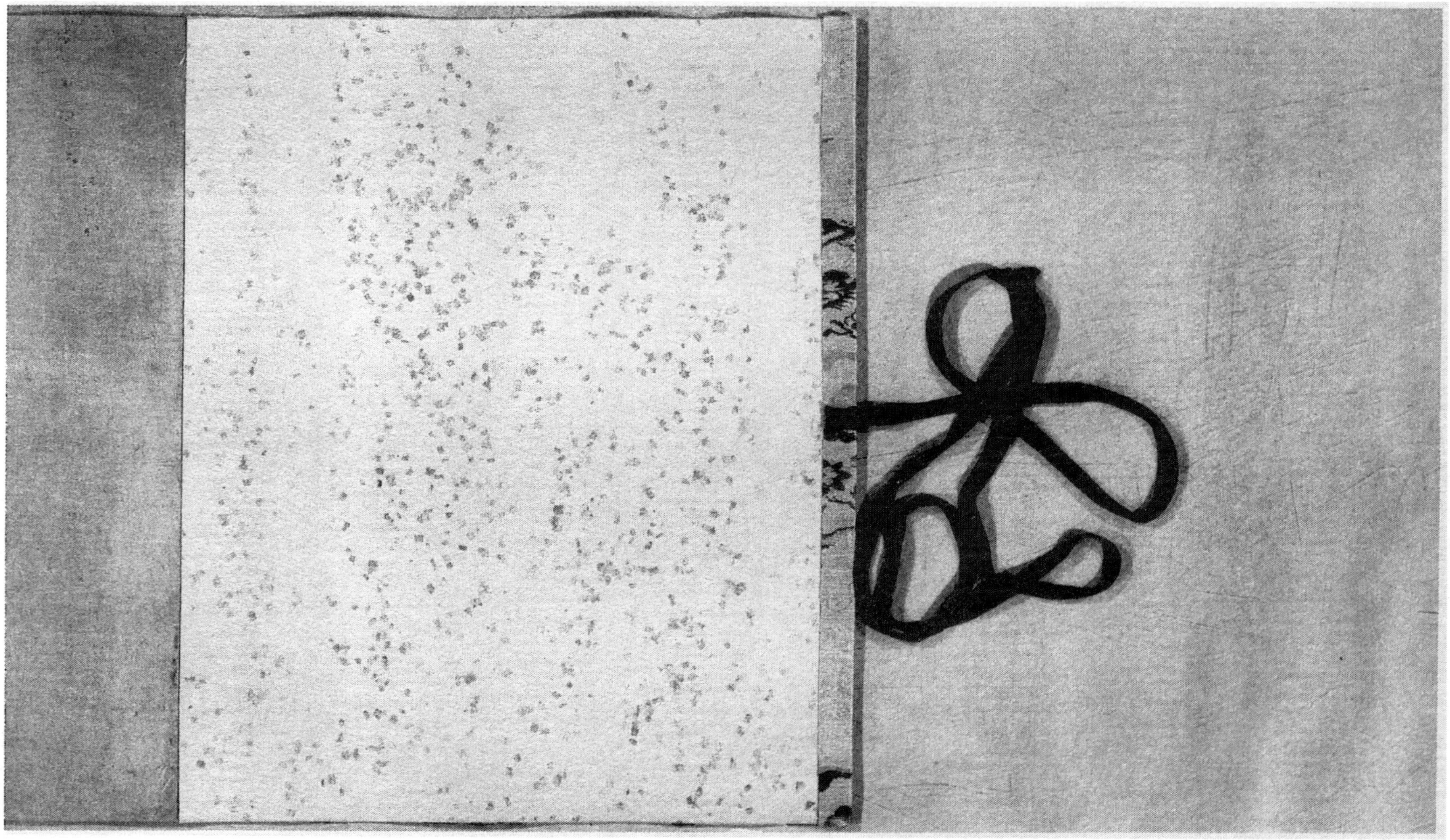

BD13853 號　大般涅槃經（北本　普寧本）卷一八　（24–1）

大般涅槃經卷第十八　梵行品之四
善男子云何世間解善男子世間者名為五陰
解者名知諸佛世尊善知五陰故名世間解
又世間者名為五欲解名不著不著五欲故
名世間解又世間者者東方无量阿僧祇世界
一切聲聞緣覺不知不見不解諸佛悉知悉
見悉解南西北方四維上下亦復如是是故
号佛為世間解又世間者一切凡夫解者知
諸凡夫善惡因果非是聲聞緣覺所知唯
佛能知是故号佛為世間解又世間者名曰
蓮華解名不汙善男子是名世間義蓮華者

BD13853號　大般涅槃經（北本　普寧本）卷一八　　（24–2）

号佛為世間解又世間者一切凡夫解者知
諸凡夫善惡因果非是聲聞緣覺所知唯
佛能知是故号佛為世間解又世間者名曰
蓮華解名不汙善男子是名世間義蓮華者
即是如來不汙者如來不為世間八法之所
染汙是故号佛為世間解又世間解者諸佛
菩薩名世間解何以故諸佛菩薩見世間故
故名世間解善男子如因食得命名食為命
諸佛菩薩亦復如是見世間故故世間解
云何无上士上士者名之為斷无所斷者名
无上士諸佛世尊无有煩惱故无所斷是故
号佛為无上士又上士者名為諍訟无上士者
无有諍訟如來无諍訟故号佛為无上士又
上士者名語可壞无上士者語不可壞如來
所言一切衆生所不能壞是故号佛為无上
士又上士者名為上坐无上士者名无上生三
世諸佛更无過者是故号之為无上士上
者名新士者名故諸佛世尊體大涅槃无
新无故是故号佛為无上士云何調御丈夫
自既丈夫復調丈夫善男子言如來者實非
丈夫非不丈夫因調丈夫故名如來為丈夫
也善男子一切男女若具四法則名丈夫何
等為四一善知識二能聽法三思惟義四如
說脩行善男子若男若女具是四法則名丈
夫善男子若有男子无此四法則不得名為
丈夫也何以故身雖丈夫行同畜生如來調
伏善男善女是故号佛調御丈夫復次善男

BD13853號　大般涅槃經（北本　普寧本）卷一八　　（24–3）

也善男子一切男女若具四法則名丈夫何
等為四一善知識二能聽法三思惟義四如
說脩行善男子若男若女具是四法則名丈
夫善男子若有男子无此四法則不得名為
丈夫也何以故身雖丈夫行同畜生如來調
伏若男若女是故号佛調御丈夫復次善男
子如御馬者凡有四種一者觸毛二者觸皮
三者觸肉四者觸骨隨其所觸稱御者意如
來亦尒以四種法調伏衆生一為說生令受佛
語如觸其毛隨御者意三說生老便受佛
語如觸毛皮隨御者意三者說生及以老病
便受佛語如觸毛皮肉隨御者意四者說生
及老病死便受佛語如觸毛皮肉骨隨御者
意善男子御者調馬无有決定如來世尊調
伏衆生必定不虛是故号佛調御丈夫云何
天人師師有二種一者善教二者惡教諸佛
菩薩常以善法教諸衆生何等善法謂身口
意善諸佛菩薩教諸衆生作如是言善男子
汝當遠離身不善業何以故以身惡業是可遠
離得解脫故是故我以此法教汝若是惡業
不可遠離得解脫者終不教汝令遠離世若
諸衆生離惡業已墮三惡者无有是處以遠
離故成阿耨多羅三藐三菩提得大涅槃是
故諸佛菩薩常以此法教化衆生口意亦尒
是故号佛為无上師復次昔來得道今已
得之以所得道為衆生說從本以來未脩梵
行今已脩竟以已所脩為衆生說自破无明

BD13853號　大般涅槃經（北本　普寧本）卷一八　（24–4）

諸衆生離惡業已墮三惡者无有是處以遠
離故成阿耨多羅三藐三菩提得大涅槃是
故諸佛菩薩常以此法教化衆生口意亦尒
是故号佛為无上師復次昔來得道今已
得之以所得道為衆生說從本以來未脩梵
行今已脩竟以已所脩為衆生說自破无明
復為衆生破壞无明自得淨目復為衆生破
除盲冥令得淨眼自知二諦復為衆生演說
二諦既自解脫復為衆生說解脫法自度无
邊生死大河復令衆生皆悉得度自得无畏
復教衆生令得无畏自既涅槃復為衆生演
大涅槃是故号佛為无上師天者名晝天上
晝長夜短是故名天又復天者名无愁惱常
受快樂是故名天又復天者名為燈明能破
黑闇而為大明是故名天亦以能破惡業黑闇
得於善業而生天上是故名天又復天者名
吉以吉祥故得名為天又復天者名日日有
光明故名日為天以是義故名為天世人者名
曰能多思義又復人者身口柔濡又復人
者名有憍慢又復人者能破憍慢善男子
諸佛雖為一切衆生无上大師然經中說為
天人師何以故善男子諸衆生中唯天與人
能發阿耨多羅三藐三菩提心能脩十善業
道能得須陁洹果斯陁含果阿那含果阿羅漢
果辟支佛道得阿耨多羅三藐三菩提是故
号佛為天人師云何為佛佛者名覺既自覺
悟復能覺他善男子譬如有人覺知有賊

BD13853號　大般涅槃經（北本　普寧本）卷一八　（24–5）

能發阿耨多羅三藐三菩提心能脩十善業
道能得須陁洹果斯陁含果阿那含果阿羅漢
果辟支佛道得阿耨多羅三藐三菩提是故
号佛為天人師云何為佛佛者名覺既自覺
悟復能覺他善男子辟如有人覺知有賊
賊无能為菩薩摩訶薩能覺一切无量煩惱
既覺了已令諸煩惱无所能為是故名佛以
是覺故不生不老不病不死是故名佛婆伽
婆者婆伽名破婆名煩惱能破煩惱故名婆
伽婆又能成就諸善法故又能善解諸法義
故有大功德无能勝故有大名聞遍十方故
又能種種大惠施故又於无量阿僧祇劫吐
女根故善男子若男若女能如是念佛者若
行若住若坐若卧若晝若夜若明若闇常得
不離見佛世尊善男子何故名為如來應正
遍知乃至婆伽婆而有如是无量功德大名
稱耶善男子菩薩摩訶薩於昔无量阿僧祇
劫恭敬父母和上諸師上坐長老於无量劫常
為衆生而行布施堅持禁戒脩習忍辱勤行
精進禪定智慧大慈大悲大喜大捨是故
今得卅二相八十種好金剛之身又復菩薩
於昔无量阿僧祇劫脩習信念進定慧根於
諸師長恭敬供養常為法利不為食利菩薩
若持十二部經若讀若誦常為衆生令得解
脫安隱快樂終不自為何以故菩薩常脩出
世間心及出家心无為之心无諍訟心无垢穢

於昔无量阿僧祇劫脩習信念進定慧根於
諸師長恭敬供養常為法利不為食利菩薩
若持十二部經若讀若誦常為衆生令得解
脫安隱快樂終不自為何以故菩薩常脩出
世間心及出家心无為之心无諍訟心无垢穢
心无繫縛心无取著心无覆蓋心无无記心
无生死心无疑因心无貪欲心无瞋恚心
无愚癡心无憍慢心无濁穢心无煩惱心无苦
心无量心廣大心虛空心无心无无心无調心
不護心无覆藏心世間心常定心常脩心
常解脫心无報心无願心善願心无誑心柔
濡心不住心自在心无漏心第一義心不退心
无常心正直心无諂曲心純善心无多少
心麤心无凡夫心无聲聞心无緣覺心善
知心界知心生界知心住界知心自在界心
是故今得十力四无所畏大悲三念處常樂
我淨是故得稱如來乃至婆伽婆是名菩薩
摩訶薩念佛云何菩薩摩訶薩念法善男
子菩薩摩訶薩思惟諸佛所可說法㝡妙㝡
上因是法故能令衆生得見在果唯此正法无
有時節法眼所見非肉眼見然不可以譬喻
為比不生不出不住不滅不始不終无為无數
无舍宅者為作舍宅无歸作歸无明作明未
到彼岸令到彼岸為无香處作无㝵香不
可見見不動不轉不長不短永斷諸樂而安
隱樂畢竟微妙非色斷色而亦是色乃至非
識斷識而亦是識非業斷業非結斷結非物

到彼岸令到彼岸為无畏處作无畏者不
可見見不動不轉不長不短永斷諸樂而安
隱樂畢竟微妙非色斷色而亦是色乃至非
識斷識而亦是識非業斷業非結斷結非物
斷物而亦是物非界斷界而亦是界非有斷
有而亦是有非入斷入而亦是入非因斷因而
亦是因非果斷果而亦是果非虛非實斷一
切實而亦是實非生非滅永斷生滅而亦是
滅非相非非相斷一切相而亦是相非教非不
教而亦是師非怖非安斷一切怖而亦是
安非忍非不忍永斷不忍而亦是忍非止
非不止斷一切止而亦是止一切法頂志能永
斷一切煩惱清淨无相无相永脫諸相无量衆
生畢竟住處能滅一切生死熾火乃是諸佛
所遊居處常不變易是名菩薩念法云何念
僧諸佛聖僧如法而住受正直法隨順脩行
不可覩見不可捉持不可破壞无能嬈害不
可思議一切衆生良祐福田雖為福田无所
受取清淨无穢无漏无為廣普无邊其心調
柔平等无二无有嬈濁常不變易是名念僧
云何念戒菩薩思惟有戒不破不漏不壞不
雜雖无形色而可護持雖无觸對善脩方便
可得具足无有過咎諸佛菩薩之所讚歎是
大方等大涅槃因善男子譬如大地船舫瓔
珞大姓大海灰汁舍宅刀劍橋梁良醫妙藥
阿伽陀藥如意寶珠脚足眼目父母蔭涼无

BD13853號　大般涅槃經（北本　普寧本）卷一八　（24–8）

可得具足无有過咎諸佛菩薩之所讚歎是
大方等大涅槃因善男子譬如大地船舫瓔
珞大姓大海灰汁舍宅刀劍橋梁良醫妙藥
阿伽陀藥如意寶珠脚足眼目父母蔭涼无
能劫盜不可嬈害火不能焚水不能漂大山
梯隥諸佛菩薩妙寶勝幢若住是戒得須陁洹
果我亦有分然我不須何以故若我得是須
陁洹果不能廣度一切衆生若住是戒則得
阿耨多羅三藐三菩提我亦有分是我所欲
何以故若得阿耨多羅三藐三菩提當為衆
生廣說妙法而作救護是名菩薩摩訶薩念
戒云何念施菩薩摩訶薩深觀此施乃是阿
耨多羅三藐三菩提因諸佛菩薩親近脩習
如是布施我亦如是親近脩習若不惠施不
能莊嚴四部之衆施雖不能畢竟斷結而
能除破現在煩惱以施因緣故常為十方无
量无邊恒河沙等世界衆生之所稱歎菩薩
摩訶薩施衆生食則施其命以是果報成佛
之時常不變易以施樂故成佛之時則得安
樂菩薩施時如法求財不侵彼施此是故成
佛得清淨涅槃菩薩施時令諸衆生不求而
得是故成佛得自在我以施因緣令他得力是
故成佛護得十力以施因緣令他得語是故成
佛得四无畏諸佛菩薩脩習是施為涅槃
因我亦如是脩習布施為涅槃因廣說如雜
華中云何念天有四天王處乃至非想非

BD13853號　大般涅槃經（北本　普寧本）卷一八　（24–9）

得是故成佛得自在我以施因緣令他得力是
故成佛護得十力以施因緣令他得語是故成
佛得四无㝵諸佛菩薩脩習是施為涅槃
因我亦如是脩習布施為涅槃因廣說如雜
華中云何念天有四天王處乃至非想非
非想處若有信心得四天王處我亦有分若
戒多聞布施智慧得四天王處乃至得非想
非非想處我亦有分然非我欲何以故四天
王處乃至非想非非想處皆是无常以无常
故生老病死以是義故非我所欲譬如幻化
誑於愚夫智慧之人所不惑著如幻化者即
是四天王處乃至非想非非想處愚者即是
一切凡夫我則不同凡夫愚人我曾聞有第一
義天謂諸佛菩薩常不變易以常住故不
生不老不病不死我為衆生精勤求於第一
義天何以故第一義天能令衆生除斷煩惱
猶如意樹若我有信乃至有慧則能得是第
一義天當為衆生廣分別說第一義天是名
菩薩摩訶薩念天善男子是名菩薩非前
也是為世間不知見覺而是菩薩所知見覺
善男子若我弟子謂受持讀誦書寫演說十
二部經及以受持讀誦書寫敷演解說大涅
槃經等无差別者是義不然何以故善男子
大涅槃者即是一切諸佛世尊甚深秘藏以
是諸佛甚深秘藏是則為勝善男子以是義
故大涅槃經甚奇其特不可思議迦葉菩薩
白佛言世尊我亦知是大涅槃經甚奇甚特

BD13853號　大般涅槃經（北本　普寧本）卷一八　（24–10）

二部經及以受持讀誦書寫敷演解說大涅
槃經等无差別者是義不然何以故善男子
大涅槃者即是一切諸佛世尊甚深秘藏以
是諸佛甚深秘藏是則為勝善男子以是義
故大涅槃經甚奇其特不可思議迦葉菩薩
白佛言世尊我亦知是大涅槃經甚奇甚特
不可思議佛法衆僧不可思議菩薩菩提大
般涅槃亦不可思議世尊以何義故復言菩
薩不可思議善男子菩薩摩訶薩无有教者
而能自發菩提之心既發心已勤脩精進正使
大火焚燒身首終不求救捨念法心何以
故菩薩摩訶薩常自惟我於无量阿僧祇
劫或在地獄餓鬼畜生人中天上為諸結火之
所燒燃初不曾得一決定法決定法者即是阿
耨多羅三藐三菩提若我為於阿耨多羅
三藐三菩提終不護惜身心與命我為阿耨
多羅三藐三菩提正使碎身猶如微塵終不
放捨勤精進也何以故勤進之心即是阿耨
多羅三藐三菩提因善男子如是菩薩未見
阿耨多羅三藐三菩提乃能如是不惜身命
況復見已是故菩薩不可思議又復不可
思議菩薩摩訶薩所見生死无量過患非是
聲聞緣覺所及雖知生死无量過惡為衆生
故於中受苦不生猒離是故復名不可思議
菩薩摩訶薩為衆生故雖在地獄受諸苦惱
如三禪樂是故復名不可思議善男子譬如長

BD13853號　大般涅槃經（北本　普寧本）卷一八　（24–11）

思議菩薩摩訶薩所見生死无量過患非是
聲聞緣覺所及雖知生死无量過患爲衆生
故於中受苦不生猒離是故復名不可思議
菩薩摩訶薩爲衆生故雖在地獄受諸苦惱
如三禪樂是故復名不可思議善男子譬如長
者其家失火長者見已從舍而出諸子在後
未脫火難長者尒時定知火害爲諸子故還
旋赴救不顧其難菩薩摩訶薩亦復如是雖
知生死多諸過惡爲衆生故處之不猒是故
復名不可思議善男子无量衆生發菩提心
見生死中多諸過惡心即退没或爲聲聞或
爲緣覺若有菩薩聞是經者終不退失菩
提之心而爲聲聞辟支佛也如是菩薩雖復未
階初不動地而心堅固无有退没是故復名
不可思議善男子若有人言我能浮渡大海
之水如是之言可思議不世尊如是之言或
可思議或不可思議何以故若人渡者則不
可思議阿脩羅渡則可思議善男我亦不
說阿脩羅也正說人耳世尊人中亦有可思
議者不可思議者世尊人亦二種一者聖人
二者凡夫凡夫之人則不可思議賢聖之人
則可思議善男子我說凡夫不說聖人世尊
若凡夫人實不可思議善男子凡夫之人實
不能渡大海水也如是菩薩實能渡於生死
大海是故復名不可思議善男子若有人能
以藕根絲懸須弥山可思議不不世世尊善

BD13853號　大般涅槃經（北本　普寧本）卷一八　（24–12）

若凡夫人實不可思議善男子凡夫之人實
不能渡大海水也如是菩薩實能渡於生死
大海是故復名不可思議善男子若有人能
以藕根絲懸須弥山可思議不不世世尊善
男子菩薩摩訶薩於一念頃悉能稱量一切
生死是故復名不可思議善男子菩薩摩訶
薩已於无量阿僧祇劫常觀生死无常无我
无樂无淨而爲衆生分別演說常樂我淨雖
如是說然非耶見是故復名不可思議善男
子如人入水不能溺入大猛火火不能燒如
是之事不可思議菩薩摩訶薩亦復如是
雖處生死不爲生死之所惱害是故復名不
可思議善男子人有三品謂上中下下品之
人初入胎時作是念言我今處廁衆穢歸處
如死屍間衆棘刺中大闇黑處初出胎時復
作是念我今出廁出衆穢處乃至出於大闇黑
處中品之人作是念言我今入於衆樹林中清
淨河中房屋舍宅出時亦尒上品之人作是
念言我昇殿堂在華林間乘馬乘象登
涉高山出時亦尒菩薩摩訶薩初入胎時自
知入胎住時知住出時知出終不生於貪瞋
之心而未得階初住地也是故復名不可思
議善男子阿耨多羅三藐三菩提實不可以
譬喻爲比善男子心亦不可以方喻爲比而
皆可說菩薩摩訶薩无有師諮受學之處而
能得於阿耨多羅三藐三菩提得是法已心无

BD13853號　大般涅槃經（北本　普寧本）卷一八　（24–13）

議善男子阿耨多羅三藐三菩提實不可以
譬喻爲比善男子心亦不可以方喻爲比而
皆可說菩薩摩訶薩无有師諮受學之處而
能得於阿耨多羅三藐三菩提得是法已心无
慳怯常爲衆生而演說之是故復名不可
思議善男子菩薩摩訶薩有身遠離非口有
口遠離非身有非身非口而亦遠離身遠離
者謂離殺盜婬是名身遠離非口口遠離者
謂離妄語兩舌惡口无義語是名口遠離非
身非身非口是遠離者所謂遠離貪嫉瞋恚
耶見善男子是名非身非口而是遠離善男
子菩薩摩訶薩不見一法是身是業及與離
主而亦有離是故復名不可思議口亦如是善
男子從身離身從口離口從慧遠離非身非
口善男子實有此慧然不能令菩薩遠離何
以故善男子无有一法能壞能作有爲法性
異生異滅是故此慧不能遠離善男子慧不
能破火不能燒水不能爛風不能動地不能
持生不能生老不能老住不能住壞不能壞
貪不能貪瞋不能瞋癡不能癡以有爲性異
生異滅故菩薩摩訶薩終不念我以此慧
破諸煩惱而自說言我破煩惱雖作是說非
是虛妄是故復名不可思議迦葉復言世尊
我今始知菩薩摩訶薩不可思議佛法衆僧
大涅槃經及受持者菩提涅槃不可思議世尊
无上佛法當久近住幾時而滅善男子若大

BD13853號　大般涅槃經（北本　普寧本）卷一八　（24–14）

破諸煩惱而自說言我破煩惱雖作是說非
是虛妄是故復名不可思議迦葉復言世尊
我今始知菩薩摩訶薩不可思議佛法衆僧
大涅槃經及受持者菩提涅槃不可思議世尊
无上佛法當久近住幾時而滅善男子若大
涅槃經乃至有是五行所謂聖行梵行天行
病行嬰兒行若我弟子有能受持讀誦書
寫演說其義爲諸衆生之所恭敬尊重讚歎
種種供養當知尒時佛法未滅善男子若大
涅槃經具足流布當尒之時我諸弟子多犯
禁戒造作衆惡不能敬信如是經典以不信
故不能受持讀誦書寫解說其義不爲衆人
之所恭敬乃至供養見受持者輕賤誹謗汝
是六師非佛弟子當知佛法將滅不久迦葉
菩薩復白佛言世尊我親從佛聞如是義迦
葉佛法住世七日然後滅盡世尊迦葉如來
有是經不如其有者云何言滅如其无者云
何說言大涅槃經是諸如來秘密之藏佛言
善男子我先說言唯有文殊乃解是義今當
重說至心諦聽善男子諸佛世尊有二種法
一者世法二者第一義法世法者則有壞滅第
一義者則不壞滅復有二種一者无常无我
无樂无淨二者常樂我淨无常无我无樂
无淨則有壞滅常樂我淨則无壞滅復有二
種一者二乘所持二者菩薩所持二乘所持
則有壞滅菩薩所持則无壞滅復有二種一

BD13853號　大般涅槃經（北本　普寧本）卷一八　（24–15）

无樂无淨二者常樂我淨无常无我无樂
无淨則有壞滅常樂我淨則无壞滅復有二
種一者二乘所持二者菩薩所持二乘所持
則有壞滅菩薩所持則无壞滅復有二種一
者外二者內外法者則有壞滅內法者則无
壞滅復有二種一者有為二者无為有為之
法則有壞滅无為之法无有壞滅復有二種
一者可得二不可得可得之法則有壞滅不
可得者无有壞滅復有二種一者共法二者
不共共法壞滅不共之法无有壞滅復有二
種一者人中二者天中人中壞滅天无壞滅
復有二種一者十一部經二者方等經十一
部經則有壞滅方等經典无有壞滅善男子
若我弟子受持讀誦書寫解說方等經典恭
敬供養尊重讚嘆當知尒時佛法不滅善男
子汝向所問迦葉如來有是經不者善男子
大涅槃經悉是一切諸佛秘藏何以故諸佛
雖有十一部經不說佛性不說如來常樂我
淨諸佛世尊永不畢竟入於涅槃是故此經

名為如來秘密之藏十一部經所不說故故
名為藏如人七寶不出外用為之為藏善男
子是人所以藏積此物為未來事故何等未
來事所謂穀貴賊來侵國值遇惡王為用贖
命道路忽難財難得時乃當出用善男子諸
佛如來秘密之藏亦復如是為未來世諸惡

BD13853號　大般涅槃經（北本　普寧本）卷一八　（24–16）

名為藏如人七寶不出外用為之為藏善男
子是人所以藏積此物為未來事故何等未
來事所謂穀貴賊來侵國值遇惡王為用贖
命道路忽難財難得時乃當出用善男子諸
佛如來秘密之藏亦復如是為未來世諸惡
比丘畜不淨物為四衆說如來畢竟入於涅
槃讀誦世典不敬佛經如是等惡現於世時
如來為欲滅是諸惡令得遠離耶命利養如
來則為演說是經若是經典秘密之藏滅不
現時當知尒時佛法則滅善男子大涅槃經
常不變易云何難言迦葉佛時有是經不善
男子迦葉佛時所有衆生貪欲微薄智慧
多諸菩薩摩訶薩等調柔易化有大威德揔
持不忘如大象王世界清淨一切衆生悉知
如來終不畢竟入於涅槃常住不變雖有是
典不須演說善男子今世衆生多諸煩惱愚
癡喜忘无有智慧多諸疑网信根不立世界
不淨一切衆生咸謂如來无常遷變畢竟入
於大般涅槃是故如來演說是典善男子迦
葉佛法實亦不滅何以故常不變故善男子
若有衆生我見无我无我見我常見无常无
常見常樂見无樂无樂見樂淨見不淨不淨
見淨滅見不滅不滅見滅罪見非罪非罪見
罪輕罪見重重罪見輕乘見非乘非乘見乘
道見非道非道見道實是菩提見非菩提實
非菩提謬見菩提苦見非苦集見非集滅見
非滅實見非實實是世諦見第一義諦第一
義諦見是世諦歸見非歸非歸見歸以真佛

BD13853號　大般涅槃經（北本　普寧本）卷一八　（24–17）

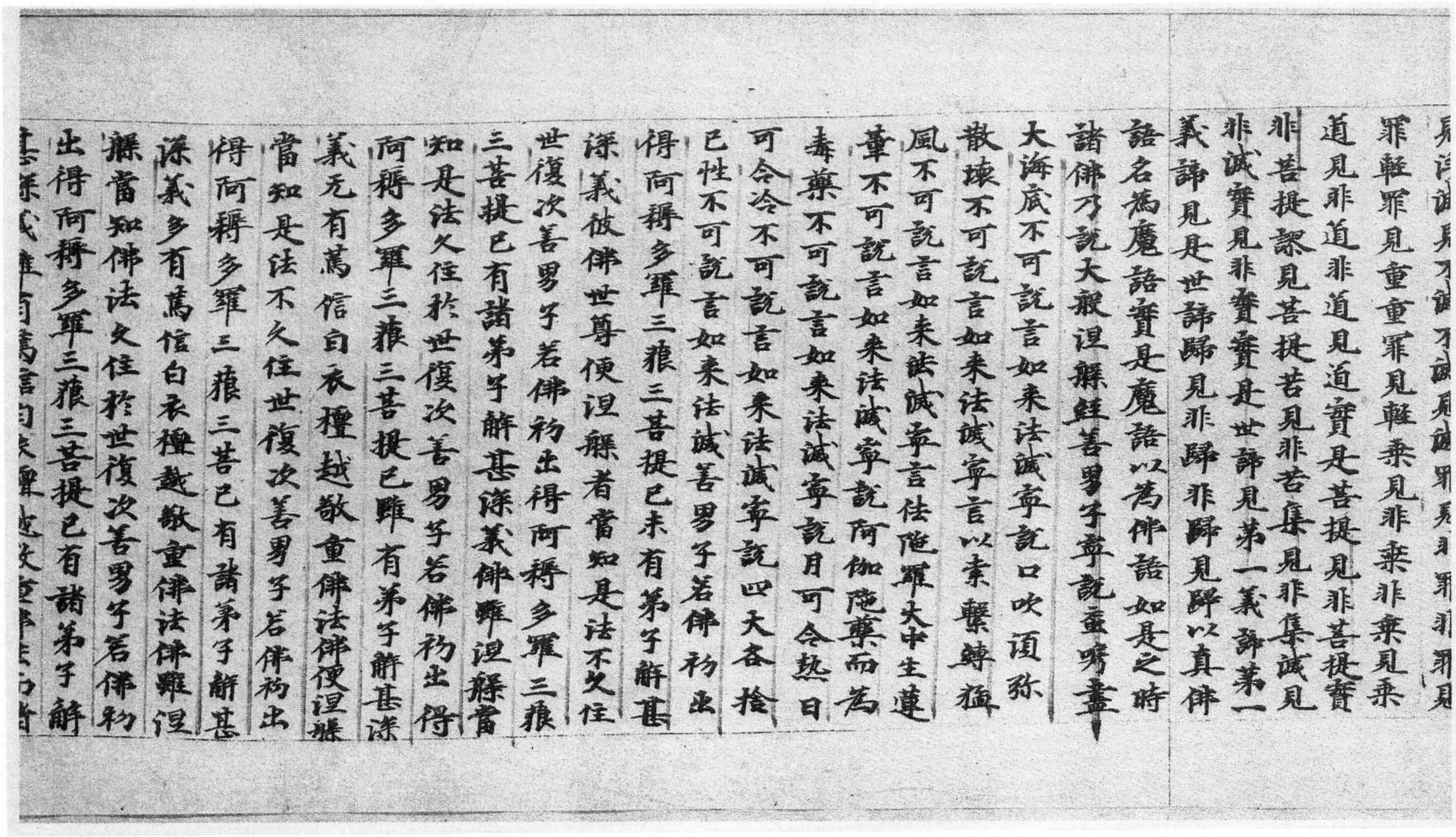

[illegible]
罪輕罪見重重罪見輕乘見非乘非乘見乘
道見非道非道見道實是菩提見非菩提實
非菩提謬見菩提苦見非苦集見非集滅見
非滅實見非實實是世諦見第一義諦第一
義諦見是世諦歸見非歸非歸見歸以真佛
語名為魔語實是魔語以為佛語如是之時
諸佛乃說大般涅槃經善男子寧說蚉嘴盡
大海底不可說言如來法滅寧說口吹須弥
散壞不可說言如來法滅寧言以索繫縛猛
風不可說言如來法滅寧言佉陁羅火中生蓮
華不可說言如來法滅寧說阿伽陁藥而為
毒藥不可說言如來法滅寧說月可令熱日
可令冷不可說言如來法滅寧說四大各捨
己性不可說言如來法滅善男子若佛初出
得阿耨多羅三藐三菩提已未有弟子解甚
深義彼佛世尊便涅槃者當知是法不久住
世復次善男子若佛初出得阿耨多羅三藐
三菩提已有諸弟子解甚深義佛雖涅槃當
知是法久住於世復次善男子若佛初出得
阿耨多羅三藐三菩提已雖有弟子解甚深
義无有篤信白衣檀越敬重佛法佛便涅槃
當知是法不久住世復次善男子若佛初出
得阿耨多羅三藐三菩提已有諸弟子解甚
深義多有篤信白衣檀越敬重佛法佛雖涅
槃當知佛法久住於世復次善男子若佛初
出得阿耨多羅三藐三菩提已有諸弟子解
[illegible]

BD13853號　大般涅槃經（北本　普寧本）卷一八　（24–18）

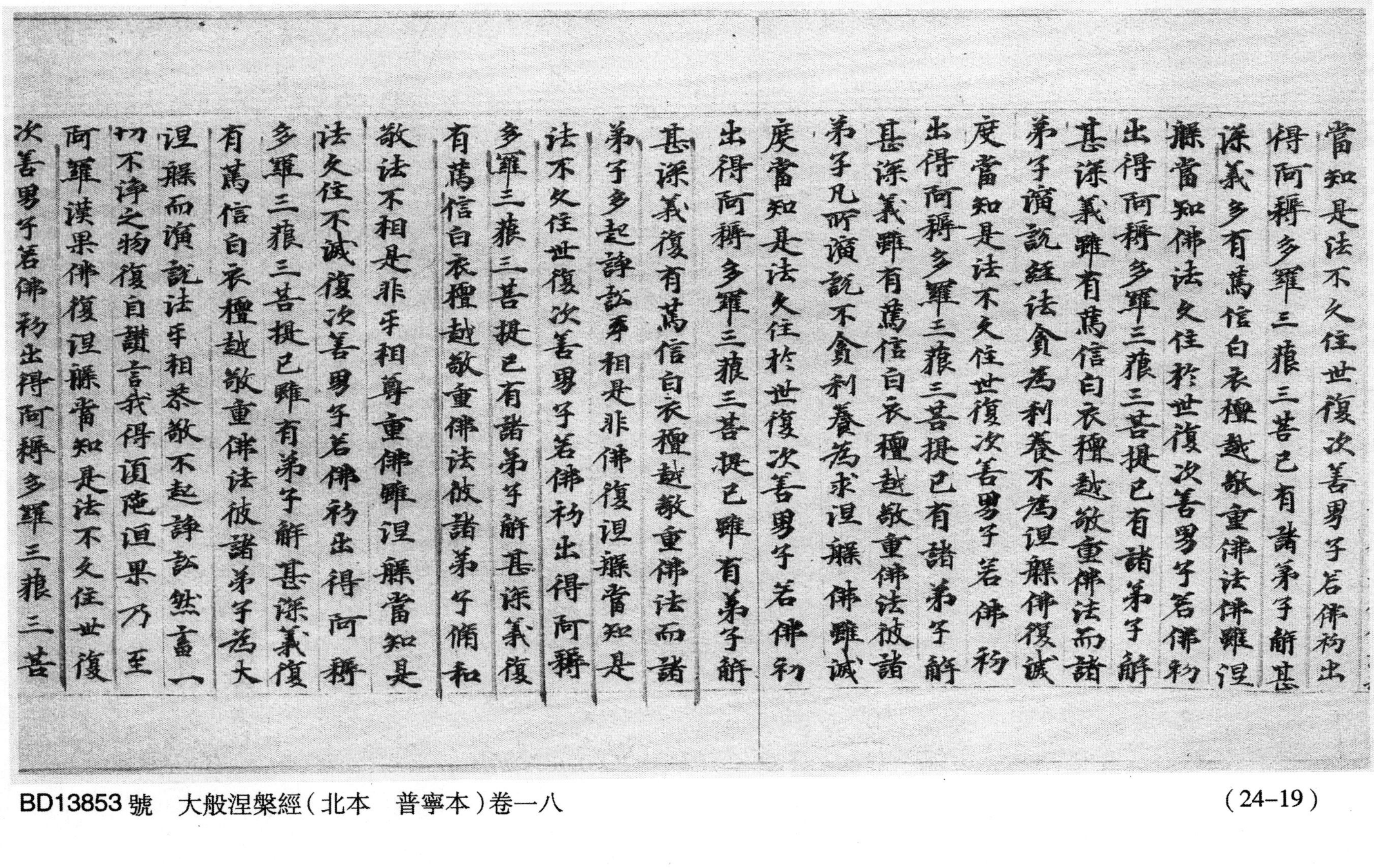

當知是法不久住世復次善男子若佛初出
得阿耨多羅三藐三菩提已有諸弟子解甚
深義多有篤信白衣檀越敬重佛法佛雖涅
槃當知佛法久住於世復次善男子若佛初
出得阿耨多羅三藐三菩提已有諸弟子解
甚深義雖有篤信白衣檀越敬重佛法而諸
弟子演說經法貪為利養不為涅槃佛復滅
度當知是法不久住世復次善男子若佛初
出得阿耨多羅三藐三菩提已有諸弟子解
甚深義雖有篤信白衣檀越敬重佛法彼諸
弟子凡所演說不貪利養為求涅槃佛雖滅
度當知是法久住於世復次善男子若佛初
出得阿耨多羅三藐三菩提已雖有弟子解
甚深義復有篤信白衣檀越敬重佛法而諸
弟子多起諍訟互相是非佛復涅槃當知是
法不久住世復次善男子若佛初出得阿耨
多羅三藐三菩提已有諸弟子解甚深義復
有篤信白衣檀越敬重佛法彼諸弟子脩和
敬法不相是非互相尊重佛雖涅槃當知是
法久住不滅復次善男子若佛初出得阿耨
多羅三藐三菩提已雖有弟子解甚深義復
有篤信白衣檀越敬重佛法彼諸弟子為大
涅槃而演說法互相恭敬不起諍訟然畜一
切不淨之物復自讚言我得須陁洹果乃至
阿羅漢果佛復涅槃當知是法不久住世復
次善男子若佛初出得阿耨多羅三藐三菩

BD13853號　大般涅槃經（北本　普寧本）卷一八　（24–19）

涅槃而演說法手相恭敬不起諍訟然畜一
切不淨之物復自讚言我得須陁洹果乃至
阿羅漢果佛復涅槃當知是法不久住世復
次善男子若佛初出得阿耨多羅三藐三菩
提已有諸弟子解甚深義復有篤信白衣檀
越敬重佛法彼諸弟子為大涅槃演說經法
善備和敬手相尊重不畜一切不淨之物亦
不自言得須陁洹乃至得阿羅漢彼佛世尊
雖復滅度當知是法久住於世復次善男子
若佛初出得阿耨多羅三藐三菩提已有諸
弟子乃至不畜不淨之物又不自言得須陁
洹乃至阿羅漢各執所見種種異說而作是
言長老諸佛所制四重之法乃至七滅諍法
為衆生故或遮或開十二部經亦復如是何
以故佛知國土時節各異衆生不同利鈍差
別是故如來或遮或開有輕重說善男子譬
如良醫為病服乳為病遮乳熱病聽服冷病
則遮如來亦尒觀諸衆生煩惱病根亦開亦
遮長老我親從佛聞如是義唯我知義汝不
能知唯我解律汝不能解我知諸經汝不能
知彼佛復滅當知是法不久住世善男子若
佛初出得阿耨多羅三藐三菩提有諸弟子
乃至不言我得須陁洹果乃至阿羅漢亦不
說言諸佛世尊為衆生故或遮或開長老我
親從佛聞如是義如是法如是律長老當依
如來十二部經此義若是我當受持如其非
者我當棄捨彼佛世尊雖復涅槃當知是法

BD13853號　大般涅槃經（北本　普寧本）卷一八　（24–20）

乃至不言我得須陁洹果乃至阿羅漢亦不
說言諸佛世尊為衆生故或遮或開長老我
親從佛聞如是義如是法如是律長老當依
如來十二部經此義若是我當受持如其非
者我當棄捨彼佛世尊雖復涅槃當知是法
久住於世善男子我法滅時有聲聞弟子或
說有神或說神空或說有中陰或說无中陰
或說有三世或說无三世或說有三乘或說
无三乘或言一切有或言一切无或言衆生
有始有終或言衆生无始无終或言十二因
緣是有為法或言因緣是无為法或言如來
有病苦行或言如來无病苦行或言如來不
聽比丘食十種肉何等為十人虵象馬驢狗
師子猪狐獮猴其餘悉聽或言一切不聽或
言比丘不作五事何等為五不賣生口刀酒
洛沙胡麻油其餘悉聽或言不聽入五種舍
何等為五屠兒婬女酒家王宮旃陁羅舍餘
舍悉聽或言不聽憍奢耶衣餘一切聽或言
如來聽諸比丘畜衣服卧具其價各直十万
兩金或言不聽或言涅槃常樂我淨或言涅
槃直是結盡更无別法名為涅槃譬如織縷
名之為衣衣既壞已名之无衣實无別法名
无衣涅槃之體亦復如是善男子當尒之
時我諸弟子正說者少邪說者多受正法少
受耶法多受佛語少受魔語多善男子尒時
拘睒弥國有弟子一者羅漢二者破戒破戒

BD13853號　大般涅槃經（北本　普寧本）卷一八　（24–21）

无衣世涅槃之體亦復如是善男子當尒之
時我諸弟子正說者少耶說者多受正法少
受耶法多受佛語少受魔語多善男子尒時
拘睒弥国有弟子一者羅漢二者破戒破戒
徒衆凡有五百羅漢徒衆其數一百破戒者
說如來畢竟入於涅槃我親從佛聞如是
義如來所制四重之法若持亦可犯亦无罪
我今亦得阿羅果四无㝵智而阿羅漢亦
犯如是四重之法四重之法若是實罪阿羅
漢者終不應犯如來在世制言堅持臨涅槃
時皆悉放捨阿羅漢比丘言長老汝不應說
如來畢竟入於涅槃我知如來常不變易如
來在世及涅槃後犯四重禁罪无差別若言
羅漢犯四重禁是義不然何以故須陁洹人
尚不犯禁況阿羅漢若長老言我是羅漢、
阿羅漢者終不生想我得羅漢阿羅漢者唯說
善法不說不善長老所說非是非法若有得
見十二部經定知長老非阿羅漢善男子尒
時破戒比丘徒衆即共斷是阿羅漢命善男
子是時魔王因是二衆忿恚之心悉共害是
六百比丘尒時凡夫各共說言哀哉佛法於
是滅盡而我正法實不滅也尒時其國有十
二万諸大菩薩善持我法云何當言我法滅
耶當乎尒時閻浮提內一比丘為我弟子
尒時波旬悉以大火焚燒一切所有經典其中
或有遺餘在者諸婆羅門即共偷取處處
採拾安置己典以是義故諸小菩薩佛未出

BD13853號　大般涅槃經（北本　普寧本）卷一八　（24–22）

阿羅漢者終不生想我得羅漢阿羅漢者唯說
善法不說不善長老所說非是非法若有得
見十二部經定知長老非阿羅漢善男子尒
時破戒比丘徒衆即共斷是阿羅漢命善男
子是時魔王因是二衆忿恚之心悉共害是
六百比丘尒時凡夫各共說言哀哉佛法於
是滅盡而我正法實不滅也尒時其國有十
二万諸大菩薩善持我法云何當言我法滅
耶當乎尒時閻浮提內一比丘為我弟子
尒時波旬悉以大火焚燒一切所有經典其中
或有遺餘在者諸婆羅門即共偷取處處
採拾安置己典以是義故諸小菩薩佛未出
時率共信受婆羅門語諸婆羅門雖作是說
我有齋戒而諸外道真實无也諸外道等雖
復說言有我樂淨而實不解我樂淨義直以
佛法一字二字一句二句說言我典有如是
義尒時拘尸那城娑羅雙樹間无量无邊阿
僧祇衆聞是語已悉共唱言世間虛空世間
虛空迦葉菩薩告諸大衆汝等且莫愁憂啼
哭世間不空如來常住无有變易法僧亦尒
尒時大衆聞是語已啼哭即止悉發阿耨多
羅三藐三菩提心

大般涅槃經卷第十八

BD13853號　大般涅槃經（北本　普寧本）卷一八　（24–23）

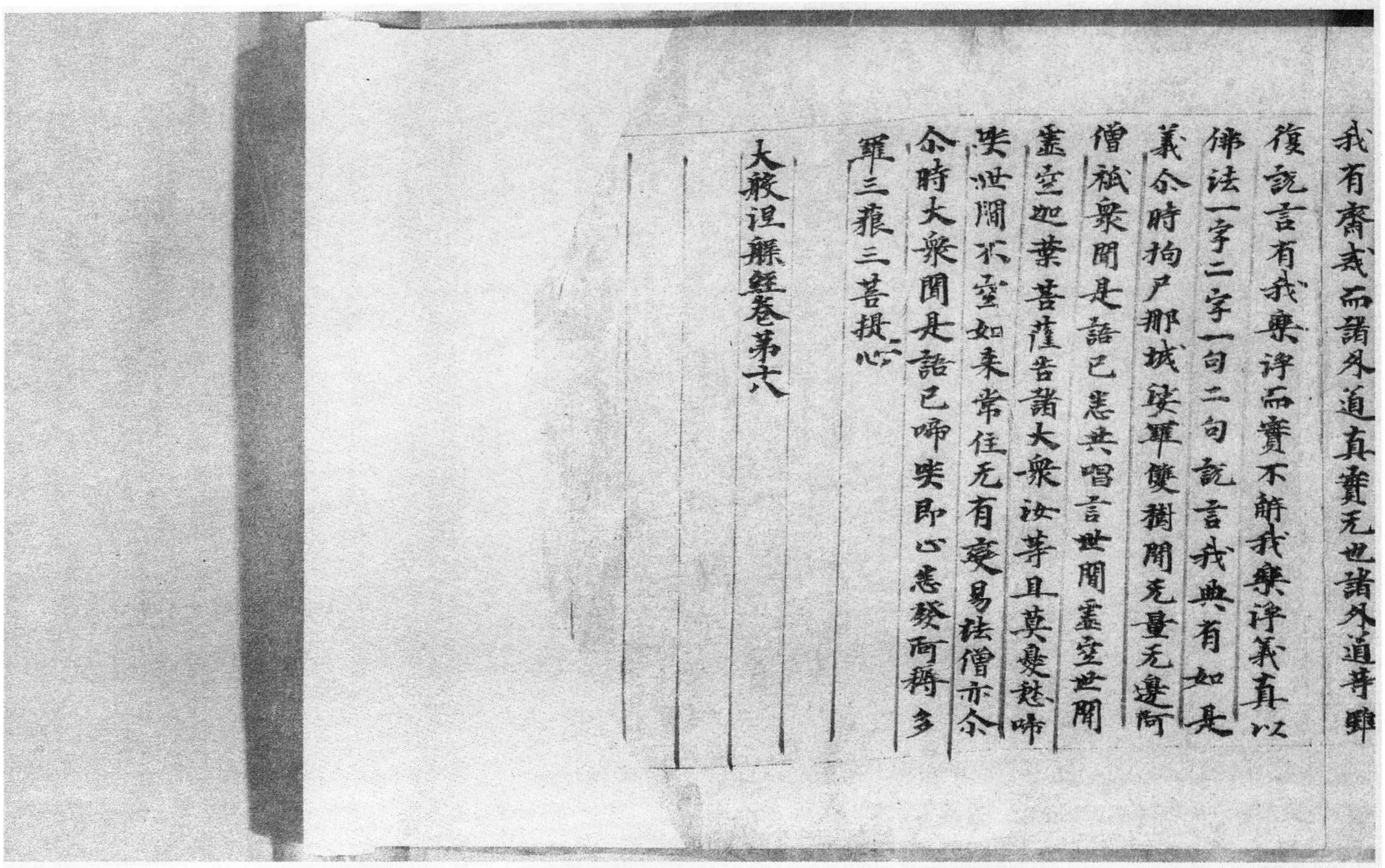
我有齋戒而諸外道真實无也諸外道等雖
復說言有我樂淨而實不解我樂淨義真以
佛法一字二字一句二句說言我典有如是
義尒時拘尸那城娑羅雙樹間无量无邊阿
僧祇衆聞是語已悉共唱言世間虛空世間
虛空迦葉菩薩告諸大衆汝等且莫憂愁啼
哭世間不空如來常住无有變易法僧亦尒
尒時大衆聞是語已啼哭即止悉發阿耨多
羅三藐三菩提心
大般涅槃經卷第十八

BD13853號　大般涅槃經（北本　普寧本）卷一八　　（24–24）

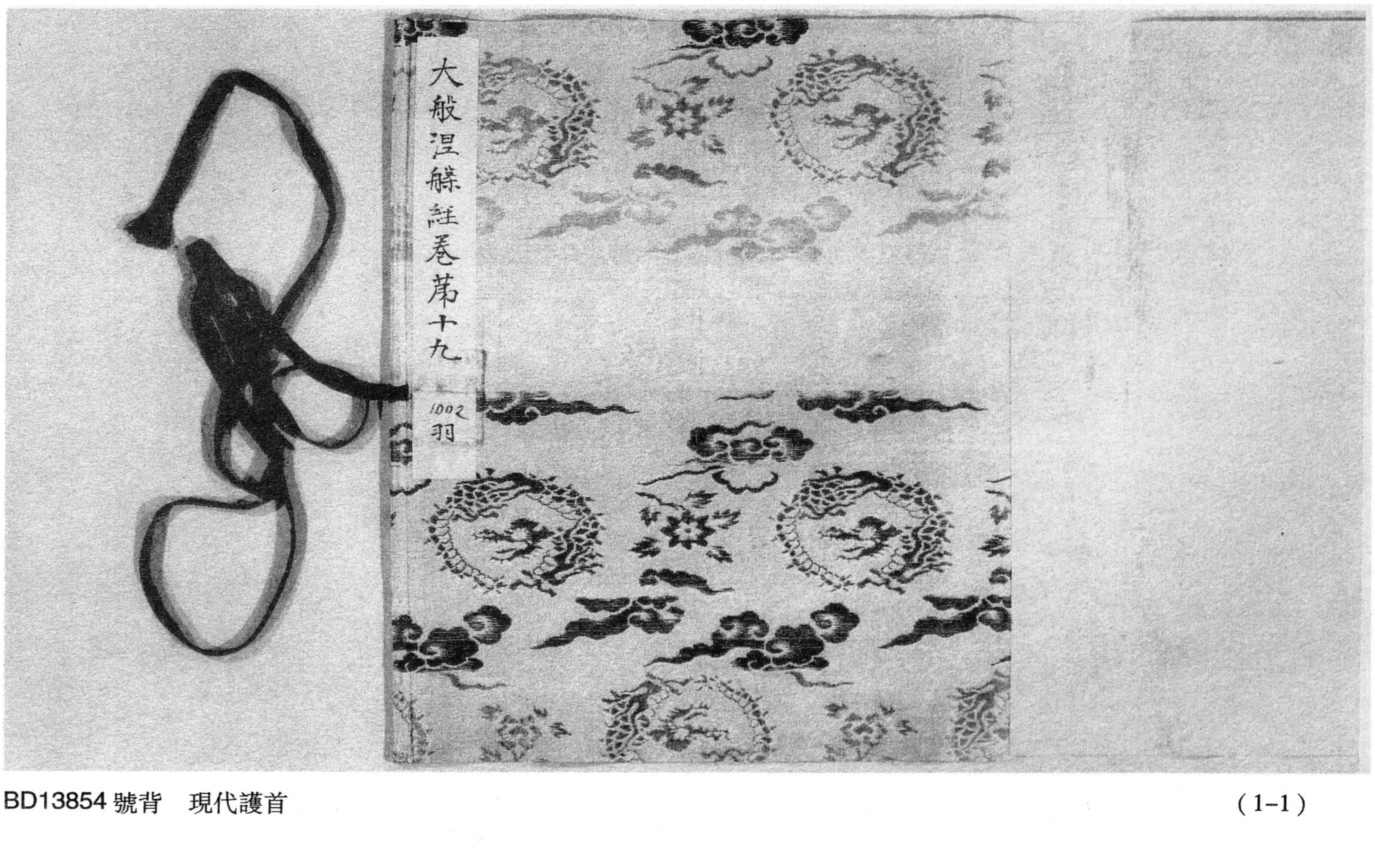

BD13854號背　現代護首　　（1–1）

大般涅槃經卷第十九

大般涅槃經梵行品之五　十九

BD13854 號　大般涅槃經（北本）卷一九　（28–1）

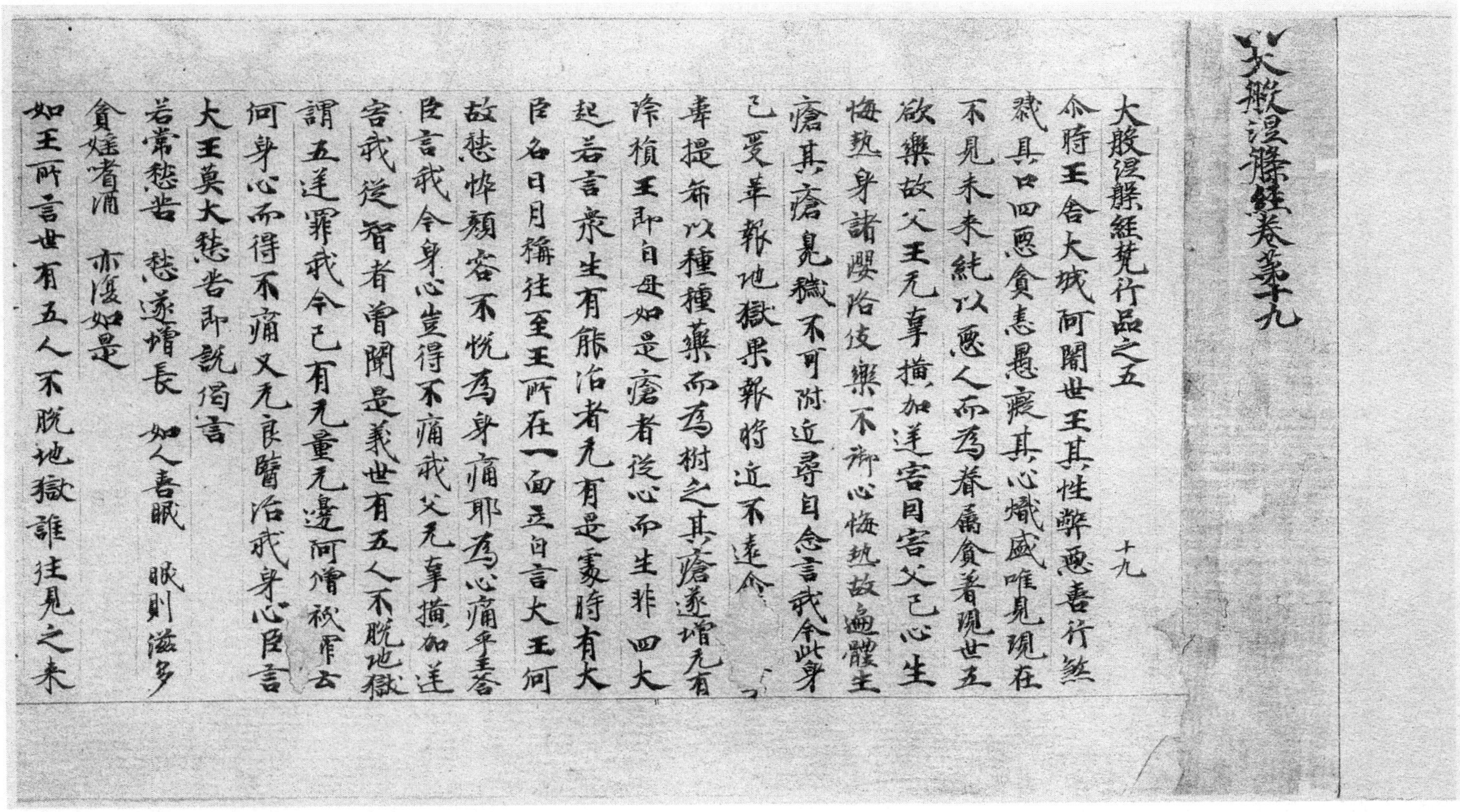

大般涅槃經卷第十九

大般涅槃經梵行品之五　十九
尒時王舍大城阿闍世王其性弊惡喜行煞
戮具口四惡貪恚愚癡其心熾盛唯見現在
不見未來純以惡人而為眷屬貪著現世五
欲樂故父王无辜横加逆害因害父已心生
悔熱身諸瓔珞伎樂不御心悔熱故遍體生
瘡其瘡臭穢不可附近尋自念言我今此身
已受華報地獄果報將近不遠尒
韋提希以種種藥而為樹之其瘡遂增无有
降損王即白母如是瘡者從心而生非四大
起若言衆生有能治者无有是處時有大
臣名曰月稱往至王所在一面立白言大王何
故愁悴顏容不悅為身痛耶為心痛乎王荅
臣言我今身心豈得不痛我父无辜横加逆
害我從智者曾聞是義世有五人不脫地獄
謂五逆罪我今已有无量无邊阿僧祇罪云
何身心而得不痛又无良醫治我身心臣言
大王莫大愁苦即說偈言
若常愁苦　愁遂增長　如人喜眠　眠則滋多
貪婬嗜酒　亦復如是
如王所言世有五人不脫地獄誰往見之來

BD13854 號　大般涅槃經（北本）卷一九　（28–2）

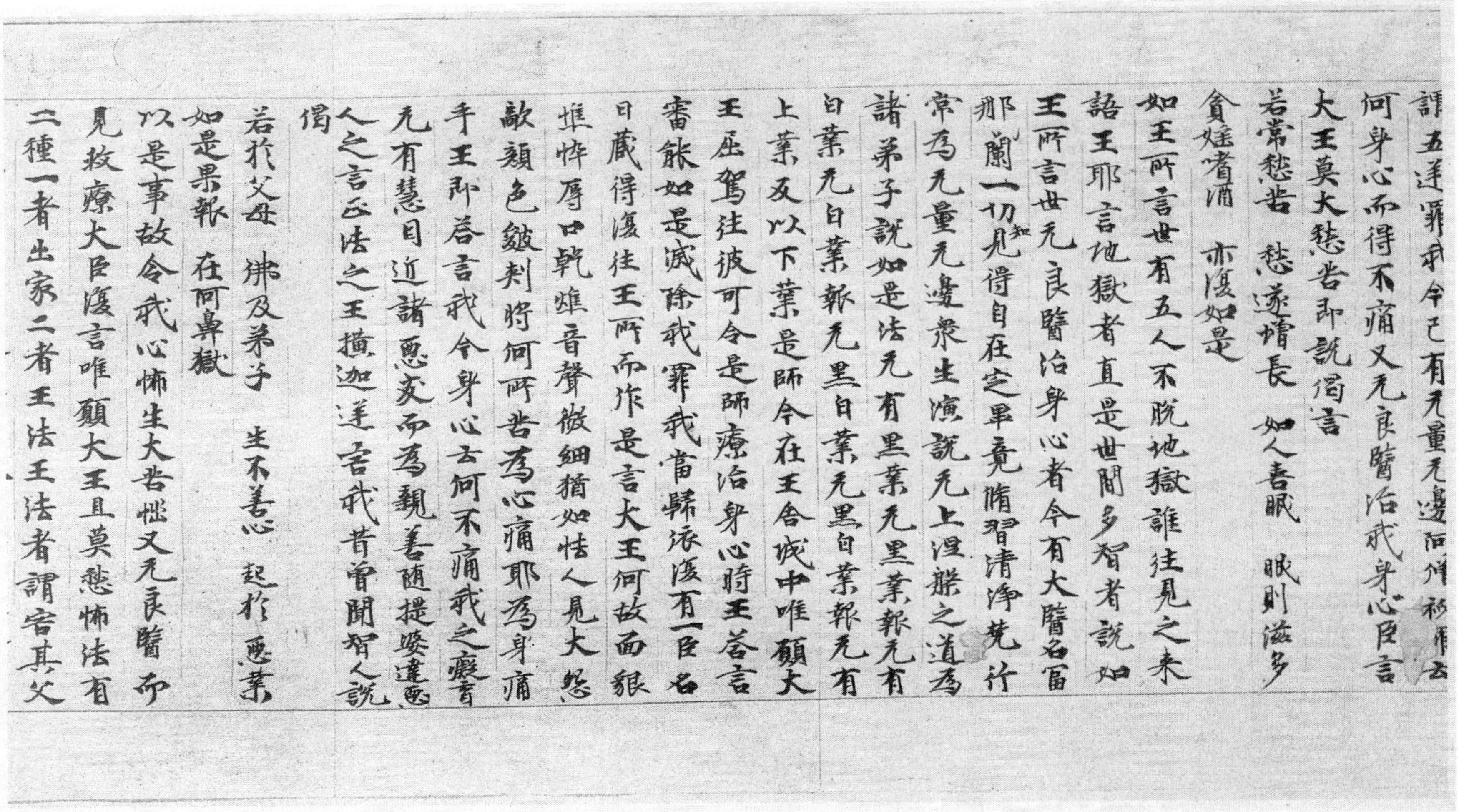
謂五逆罪我今已有无量无邊阿僧祇罪云
何身心而得不痛又无良醫治我身心臣言
大王莫大愁苦即說偈言
若常愁苦　愁遂增長　如人喜眠　眠則滋多
貪婬嗜酒　亦復如是
如王所言世有五人不脫地獄誰往見之來
語王耶言地獄者直是世間多智者說如
王所言世无良醫治身心者今有大醫名富
那蘭一切知見得自在定畢竟修習清淨梵行
常為无量无邊衆生演說无上涅槃之道為
諸弟子說如是法无有黑業无黑業報无有
白業无白業報无黑白業无黑白業報无有
上業及以下業是師今在王舍城中唯願大
王屈駕往彼可令是師療治身心時王荅言
審能如是滅除我罪我當歸依復有一臣名
日藏復往王所而作是言大王何故面貌
憔悴脣口乾燋音聲微細猶如怯人見大怨
敵顔色皺剝將何所苦為心痛耶為身痛
耶王即荅言我今身心云何不痛我之癡盲
无有慧目近諸惡友而為親善隨提婆達惡
人之言正法之王橫加逆害我昔曾聞智人說
偈
若於父母　佛及弟子　生不善心　起於惡業
如是果報　在阿鼻獄
以是事故令我心怖生大苦惱又无良醫而
見救療大臣復言唯願大王且莫愁怖法有
二種一者出家二者王法王法者謂害其父

BD13854 號　大般涅槃經（北本）卷一九　　（28–3）

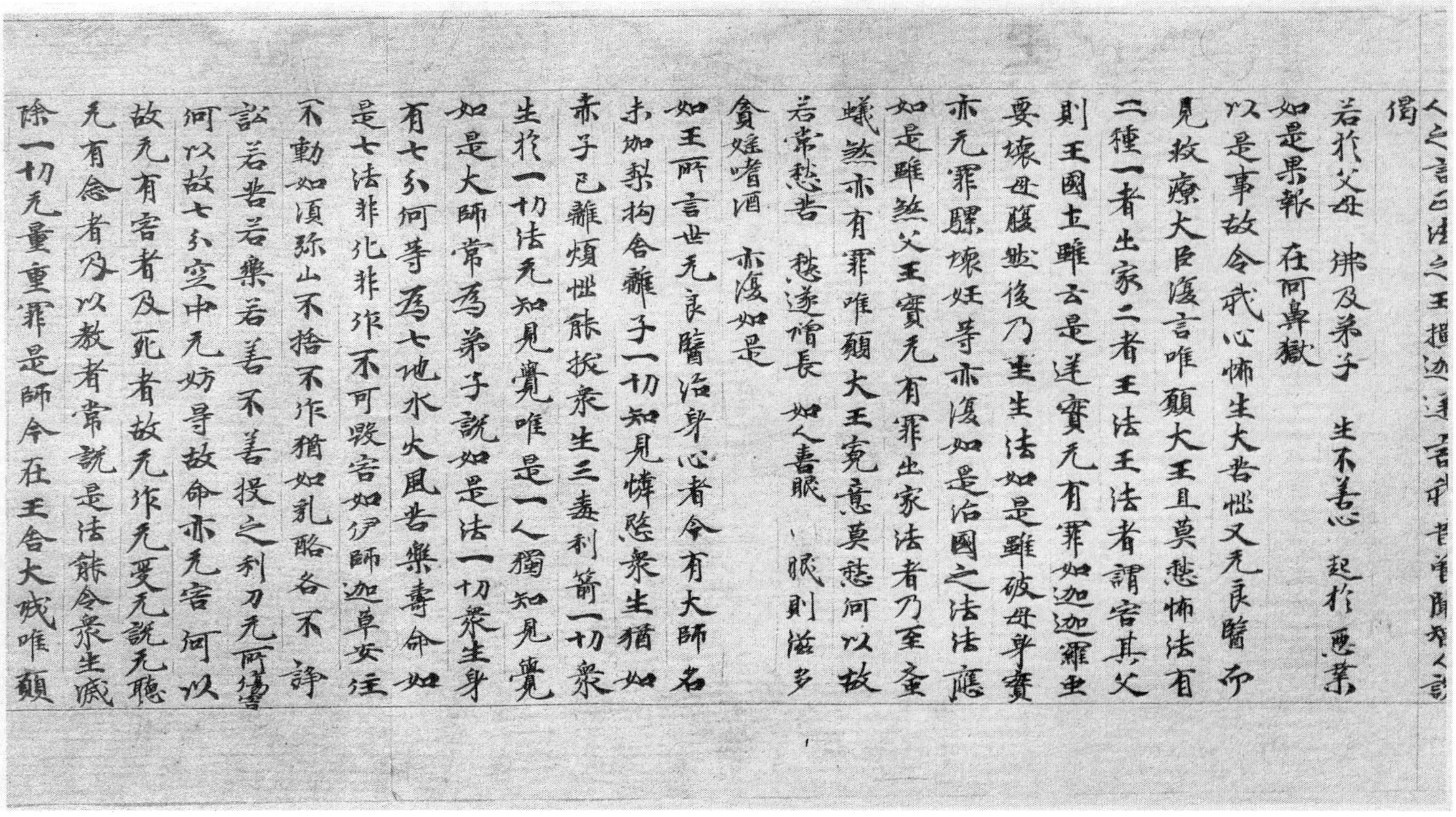
人之言正法之王橫加逆害我昔曾聞智人說
偈
若於父母　佛及弟子　生不善心　起於惡業
如是果報　在阿鼻獄
以是事故令我心怖生大苦惱又无良醫而
見救療大臣復言唯願大王且莫愁怖法有
二種一者出家二者王法王法者謂害其父
則王國土雖云是逆實无有罪如迦迦羅虫
要壞母腹然後乃生生法如是雖破母身實
亦无罪騾懷妊等亦復如是治國之法法應
如是雖煞父王實无有罪出家法者乃至蚉
蟻煞亦有罪唯願大王寬意莫愁何以故
若常愁苦　愁遂增長　如人喜眠　眠則滋多
貪婬嗜酒　亦復如是
如王所言世无良醫治身心者今有大師名
末伽梨拘舍離子一切知見憐愍衆生猶如
赤子已離煩惱能拔衆生三毒利箭一切衆
生於一切法无知見覺唯是一人獨知見覺
如是大師常為弟子說如是法一切衆生身
有七分何等為七地水火風苦樂壽命如
是七法非化非作不可毀害如伊師迦草安住
不動如須弥山不捨不作猶如乳酪各不諍
訟若苦若樂若善不善投之利刀无所傷害
何以故七分空中无妨导故命亦无害何以
故无有害者及死者故无作无受无說无聽
无有念者及以教者常說是法能令衆生滅
除一切无量重罪是師今在王舍大城唯願

BD13854 號　大般涅槃經（北本）卷一九　　（28–4）

不動如須弥山不捨不作猶如乳酪名不諍
訟若苦若樂若善不善投之利刀无所傷
何以故七分空中无妨身故命亦无害何以
故无有害者及死者故无作无受无説无聽
无有念者乃以教者常説是法能令衆生滅
除一切无量重罪是師今在王舍大城唯願
大王往至其所王若見者衆罪消除時王荅
言審能如是滅除我罪我當歸依復有一臣
名日實得復到王所即説偈言
大王何故　身脱瓔珞　首髮蓬亂　乃至如是
王身何故　戰慄不安　猶如猛風　吹動華樹
王今何故　容色愁悴　猶如農夫　下種之後天
不降雨　愁苦如是　為是心痛　為身痛耶王即
荅言我今身心豈得不痛我父先王慈愛流
惻特見矜念實无辜咎往問相師相師荅言
是兒生已定當害父雖聞是語猶見瞻養曾
聞智者作如是言若人殺母及比丘尼偷僧
鬘物煞發无上菩提心者害及其父如是之
人畢定當墮阿鼻地獄我今身心豈得不痛
大臣復言唯願大王且莫愁苦如其父王脩
解脱者害則有罪若治國法煞則无罪大王
非法者名為无法无法者名為无法譬如无
子名為无子亦如惡子名之无子雖言无子
實非无子如食无鹽名為无鹽食若少鹽亦
名无鹽如河无水名之无水水亦如少水亦名无
水如念念滅亦言无常雖住一劫亦名无常

BD13854號　大般涅槃經（北本）卷一九　（28–5）

解脱者害則有罪若治國法煞則无罪大王
非法者名為无法无法者名為无法譬如无
子名為无子亦如惡子名之无子雖言无子
實非无子如食无鹽名為无鹽食若少鹽亦
名无鹽如河无水名之无水水亦如少水亦名无
水如念念滅亦言无常雖住一劫亦名无常
常如人受苦名為无樂雖受少樂亦名无
樂如不自在名之无我雖少自在亦名无我如
闇夜時名之无日雲霧之時亦言无日大王
雖言小法名為无法實非无法願王留神聽
臣所説一切衆生皆有餘業以業緣故數受
生死若使先王有餘業者王今煞之竟有何
罪唯願大王寬意莫愁何以故
若常愁苦　愁遂增長　如人憙眠　眠則滋多
貪婬嗜酒　亦復如是
如王所言世无良醫治身心者今有大師名
刪闍耶毗羅坻子一切知見其智淵深猶如
大海有大威德具大神通能令衆生離諸疑
網一切衆生不知見覺唯是一人獨知見覺
今者在此王舍城住為諸弟子説如是法一
切衆中若是王者自在隨意造作善惡雖
為衆惡悉无有罪如火燒物无淨不淨王亦如
是與火同性譬如大地淨穢普載雖為是事
初无瞋喜王亦如是與地同性譬如水性淨
穢俱洗雖為是事亦无憂喜王亦如是與
水同性譬如風性淨穢等吹雖為是事亦无憂
喜王亦如是與風同性如秋兀樹春則還生

BD13854號　大般涅槃經（北本）卷一九　（28–6）

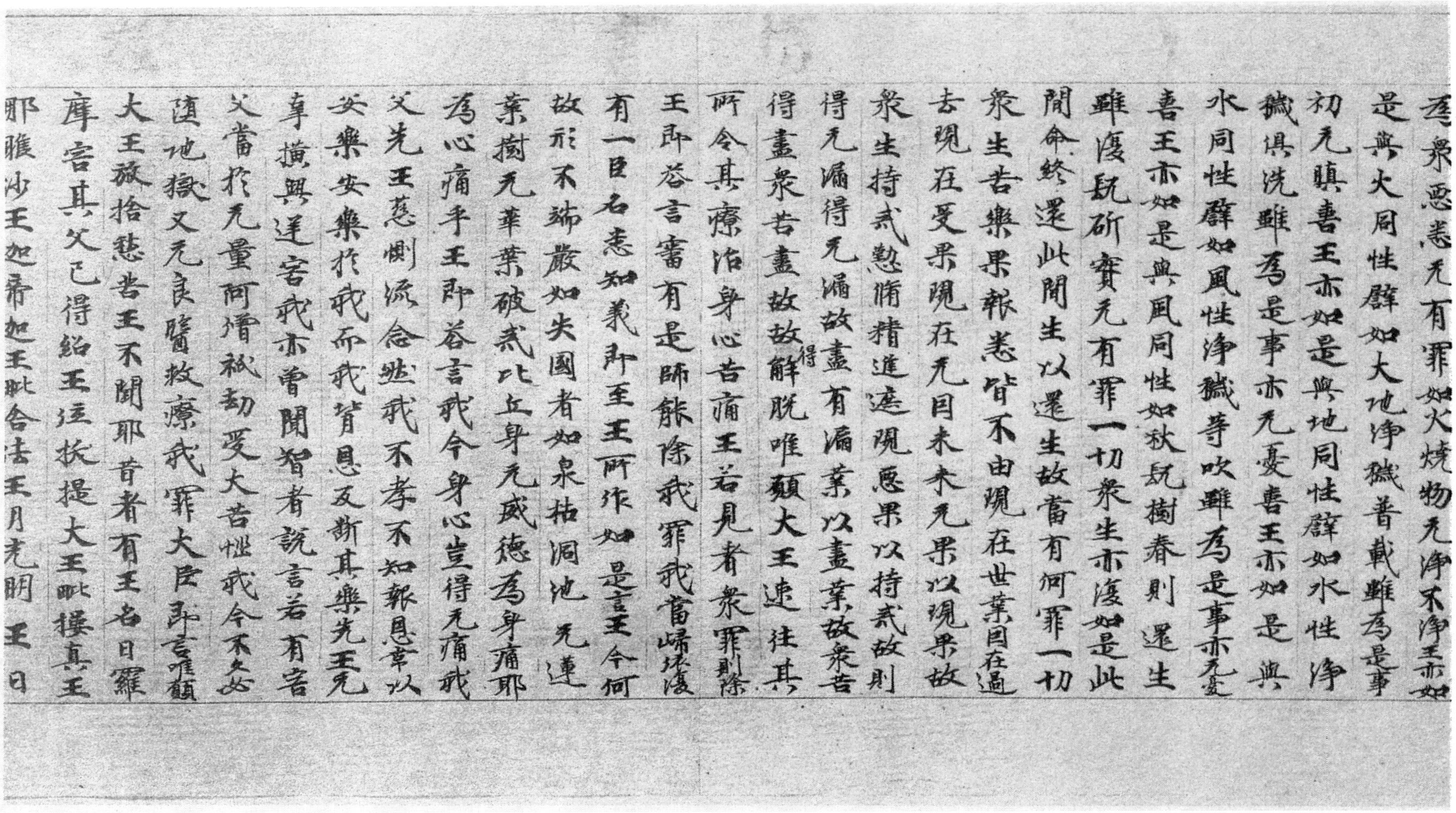
為衆惡悉无有罪如火燒物无淨不淨王亦如
是與火同性譬如大地淨穢普載雖為是事
初无瞋喜王亦如是與地同性譬如水性淨
穢俱洗雖為是事亦无憂喜王亦如是與
水同性譬如風性淨穢等吹雖為是事亦无憂
喜王亦如是與風同性如秋髡樹春則還生
雖復髡斫實无有罪一切衆生亦復如是此
間命終還此間生以還生故當有何罪一切
衆生苦樂果報悉皆不由現在世業因在過
去現在受果現在无因未來无果以現果故
衆生持戒懃脩精進遮現惡果以持戒故則
得无漏得无漏故盡有漏業以盡業故衆苦
得盡衆苦盡故故得解脫唯願大王速往其
所令其療治身心苦痛王若見者衆罪則除
王即荅言審有是師能除我罪我當歸依
有一臣名悉知義即至王所作如是言王今何
故形不端嚴如失國者如泉枯涸池无蓮
華樹无華葉破戒比丘身无威德為身痛耶
為心痛乎王即荅言我今身心豈得无痛我
父先王慈愛流念然我不孝不知報恩常以
安樂安樂於我而我背恩反斷其樂先王无
辜橫興逆害我亦曾聞智者說言若有害
父當於无量阿僧祇劫受大苦惱我今不久
墮地獄又无良醫救療我罪大臣即言唯願
大王放捨愁苦王不聞耶昔者有王名曰羅
摩害其父已得紹王位拔提大王毗樓真王
那睺沙王迦帝迦王毗舍佉王月光明王日

BD13854號　大般涅槃經（北本）卷一九　（28-7）

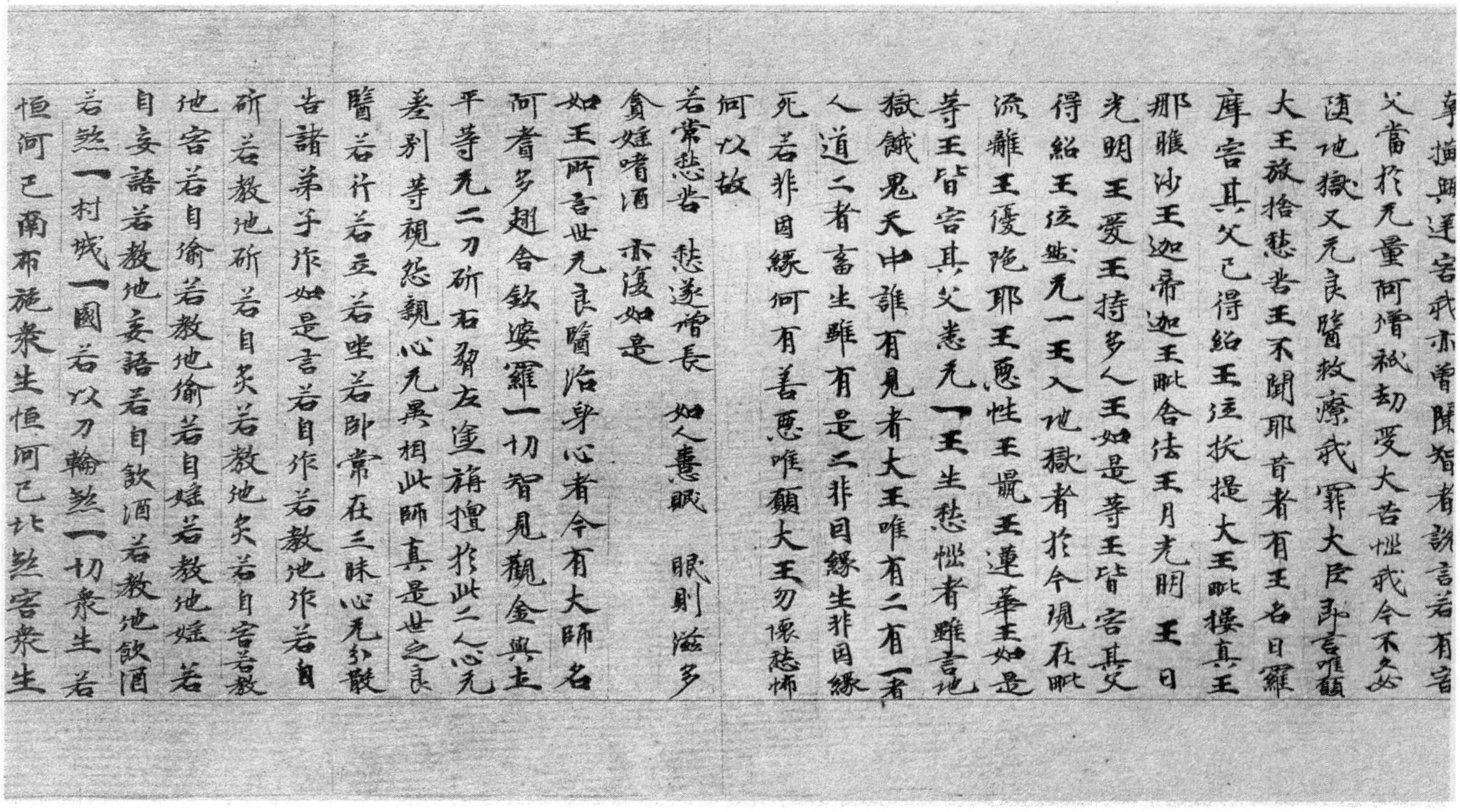
辜橫興逆害我亦曾聞智者說言若有害
父當於无量阿僧祇劫受大苦惱我今不久
墮地獄又无良醫救療我罪大臣即言唯願
大王放捨愁苦王不聞耶昔者有王名曰羅
摩害其父已得紹王位拔提大王毗樓真王
那睺沙王迦帝迦王毗舍佉王月光明王日
光明王愛王持多人王如是等王皆害其父
得紹王位然无一王入地獄者於今現在毗
流離王優陀耶王惡性王鼠王蓮華王如是
等王皆害其父悉无一王生愁惱者雖言地
獄餓鬼天中誰有見者大王唯有二有一者
人道二者畜生雖有是二非因緣生非因緣
死若非因緣何有善惡唯願大王勿懷愁怖
何以故
若常愁苦　愁遂增長　如人憙眠　眠則滋多
貪婬嗜酒　亦復如是
如王所言世无良醫治身心者今有大師名
阿耆多翅舍欽婆羅一切智見觀金與土
平等无二刀斫右脅左塗旃檀於此二人心无
差別等視怨親心无異相此師真是世之良
醫若行若立若坐若臥常在三昧心无分散
告諸弟子作如是言若自作若教他作若自
斫若教他斫若自炙若教他炙若自害若教
他害若自偷若教他偷若自婬若教他婬若
自妄語若教他妄語若自飲酒若教他飲酒
若煞一村城一國若以刀輪煞一切衆生若
恒河已南布施衆生恒河已北煞害衆生

BD13854號　大般涅槃經（北本）卷一九　（28-8）

告諸弟子作如是言若自作若教他作若自
斫若教他斫若自炙若教他炙若自害若教
他害若自偷若教他偷若自婬若教他婬若
自妄語若教他妄語若自飲酒若教他飲酒
若殺一村一城一國若以刀輪殺一切衆生若
恒河已南布施衆生恒河已北殺害衆生
悉无罪福无施戒定今者近在王舍城住願
王速往王若見者衆罪除滅王言大臣審能
如是除滅我罪我當歸依
復有大臣名曰吉得復往王所作如是言王
今何故面无光澤如日中燈如晝時月如失
國君如荒敗土大王今者四方清泰无諸怨
敵而今何故如是愁苦為身苦耶為心痛乎
有諸王子常生此念我今何時當得自在大
王今者已果所願自在王領摩伽陀國先王
寶藏具足而得唯當快意縱情受樂如是愁
苦何用經懷王即答言我今云何得不愁惱
大臣譬如愚人但貪其味不見利刀如食雜
毒不見其過我亦如是如鹿見草不見深穽
如鼠貪食不見猫狸我亦如是見現在樂不
見未來不善苦果曾從智者聞如是言寧於
一日受三百鑽不於父母生一念惡我今已
近地獄熾火云何當得不愁惱耶大臣復言
誰來誑王言有地獄如刺頭利誰之所造飛
鳥色異復誰所作水性潤漬石性堅鞕如風
動性如火熱性一切万物自生自死誰之所
作言地獄者直是智者文辭造作言地獄者

BD13854號　大般涅槃經（北本）卷一九　（28–9）

一日受三百鑽不於父母生一念惡我今已
近地獄熾火云何當得不愁惱耶大臣復言
誰來誑王言有地獄如刺頭利誰之所造飛
鳥色異復誰所作水性潤漬石性堅鞕如風
動性如火熱性一切万物自生自死誰之所
作言地獄者直是智者文辭造作言地獄者
為有何義臣當說之地者名地獄者名破破
於地獄无有罪報是名地獄又復地者名人
獄者名天以害其父故到人天以是義故婆
藪仙人唱言殺羊得人天樂是名地獄又復
地者名命獄者名長以殺生故得壽命長故
名地獄大王是故當知實无地獄大王如種
麦得麦種稻得稻殺地獄者還得地獄殺害
於人應還得人大王今當聽臣所說實无殺
害若有我者實亦无害若无我者復无所害
何以故若有我者常无變易以常住故不可
殺害不破不壞不繫不縛不瞋不喜猶如虛
空云何當有殺害之罪若无我者諸法无常
以无常故念念壞滅念念滅故殺者死者皆
念念滅若念念滅誰當有罪大王如火燒
木火則无罪如斧斫樹斧亦无罪如鎌刈草
鎌實无罪如刀殺人刀實非人刀亦无罪人云
何罪如毒殺人毒實非人毒藥非罪人云何
罪一切万物皆亦如是實无殺害云何有罪
唯願大王莫生愁苦何以故
若常愁苦　愁遂增長　如人喜眠　眠則滋多

BD13854號　大般涅槃經（北本）卷一九　（28–10）

錄寶无罪如刀煞人刀實非人刀亦无罪人云
何罪如毒煞人毒實非人毒藥非罪人云何
罪一切万物皆亦如是實无煞害云何有罪
唯願大王莫生愁苦何以故
若常愁苦　愁遂增長　如人喜眠　眠則滋多
貪婬嗜酒　亦復如是
如王所言世无良醫治惡業者今有大師名
迦羅鳩䭾迦旃延一切知見明了三世於一
念頃能見无量邊无世界聞聲亦尒能令衆
生遠離過惡猶如恒河若內若外所有諸罪
皆悉清淨是大良師亦復如是能除衆生
內外衆罪為諸弟子說如是法若人煞害
衆生心无慙愧終不墮惡猶如虛空不受塵
水有慙愧者即入地獄猶如大水潤濕於地
一切衆生悉是自在天之所作自在天喜衆
生安樂自在天瞋衆生苦惱一切衆生若罪
若福乃是自在之所為作云何當言人有罪
福譬如工匠作機關木人行住坐臥唯不能
言衆生亦尒自在天者喻如工匠木人者喻
衆生身如是造化誰當有罪如是大師今者
近在王舍城住唯願速往如其見者衆罪消
滅王即荅言審有是人能滅我罪我當歸依
復有一臣名无所畏往至王所說如是言大王
世有愚人一日之中百喜百愁百眠百寤
百驚百哭有智之人斯无是事大王何故憂
愁如是如失侶客如墮深泥无救拔者如人
渴之不得漿水猶如迷人无有導者如困病

BD13854號　大般涅槃經（北本）卷一九　（28–11）

復有一臣名无所畏往至王所說如是言大王
世有愚人一日之中百喜百愁百眠百寤
百驚百哭有智之人斯无是事大王何故憂
愁如是如失侶客如墮深泥无救拔者如人
渴之不得漿水猶如迷人无有導者如困病
人无醫救病如海船破无救接者大王今者
為身痛耶為心痛乎王即荅言我今身心豈
得不痛我近惡友不觀口過先王无辜橫興
逆害我今定知當入地獄復无良醫而見救
濟臣即白言唯願大王莫生愁毒夫剎利者
名為王種若為國土若為沙門及婆羅門為
安人民雖復煞害无有罪也先王雖復恭敬
沙門不能承事諸婆羅門心无平等心无平
等故則非剎利大王今者為欲供養諸婆羅
門煞害先王當有何罪大王實无煞害夫煞
害者煞害壽命命名風氣風氣之性不可煞
害云何害命而當有罪唯願大王莫復愁
苦何以故
若常愁苦　愁遂增長　如人喜眠　眠則滋多
貪婬嗜酒　亦復如是
如王所言世无良醫而療治者今有大師名
尼乾陁若提子一切知見憐愍衆生善知衆
生諸根利鈍達解一切隨宜方便世間八法
所不能汙寂靜脩習清淨梵行為諸弟子
說如是言无施无善无父无母无今世後世无阿
羅漢无脩无道一切衆生逕八万劫於生死

BD13854號　大般涅槃經（北本）卷一九　（28–12）

如王所言世无良醫療治者今有大師名
尼乾陀若提子一切知見憐愍衆生善知衆
生諸根利鈍達解一切隨宜方便世間八法
所不能污寂靜脩習清淨梵行爲諸弟子
説如是言无施无善无父无母无今世後世无阿
羅漢无脩无道一切衆生經八万劫於生死
輪自然得脱有罪无罪悉亦如是如四大海
所謂辛頭恒河愽叉私陀悉入大海无有差
別一切衆生亦復如是得解脱時悉无差別
是師今在王舍城住唯願大王速往其所若
得見者衆罪消除王即荅言審有是師能
除我罪我當歸依
尒時大醫名曰耆婆往至王所白言大王得
安眠不王即以偈荅言
若有能永斷　一切諸煩惱　不貪染三界　乃得安隱眠
若得大涅槃　演説甚深義　名真婆羅門　乃得安隱眠
身无諸惡業　口離於四過　心无有疑網　乃得安隱眠
身心无熱惱　安住寂靜處　獲致无上樂　乃得安隱眠
心无有取著　遠離諸怨讎　常和无諍訟　乃得安隱眠
若不造惡業　心常懷慙愧　信惡有果報　乃得安隱眠
敬養於父母　不害一生命　不盜他財物　乃得安隱眠
調伏於諸根　親近善知識　破壞四魔衆　乃得安隱眠
不見吉不吉　及以苦樂等　爲諸衆生故　輪轉於生死
若能如是者　乃得安隱眠
誰得安隱眠　所謂諸佛是　深觀空三昧　身心安不動
誰得安隱眠　所謂慈悲者　常脩不放逸　視衆如一子
衆生无明冥　不見煩惱果　常造諸惡業　不得安隱眠

BD13854號　大般涅槃經（北本）卷一九　（28-13）

不見吉不吉　及以苦樂等　爲諸衆生故　輪轉於生死
若能如是者　乃得安隱眠
誰得安隱眠　所謂諸佛是　深觀空三昧　身心安不動
誰得安隱眠　所謂慈悲者　常脩不放逸　視衆如一子
衆生无明冥　不見煩惱果　常造諸惡業　不得安隱眠
若爲於自身　及以他人身　造作十惡業　不得安隱眠
若言爲樂故　害父无過咎　隨是惡知識　不得安隱眠
若食過節度　冷飲而過差　如是則病苦　不得安隱眠
若於王有過　邪念他婦女　及行曠路者　不得安隱眠
持戒果未熟　太子未紹位　盜者未獲財　不得安隱眠
耆婆我今病重於正法王興惡逆害一切良
醫妙藥呪術善巧瞻病所不能治何以故我
父法王如法治國實无辜咎横加逆害如魚
處陸當有何樂如鹿在檻初无歡心如人自
知命不終日如王失國逃迸他土如人聞病
不可療治如破戒者聞説罪過我昔曾聞智
者説言身口意業若不清淨當知是人必墮
地獄我亦如是云何當得安隱眠耶今我又
无无上大醫演説法藥除我病苦耆婆荅言
善哉善哉王雖作罪心生重悔而懷慙愧大
王諸佛世尊常説是言有二白法能救衆生
一慙二愧慙者自不作罪愧者不教他作慙
者内自羞恥愧者發露向人慙者羞人愧者
羞天是名慙愧无慙愧者不名爲人名爲畜
生有慙愧故則能恭敬父母師長有慙愧故
説有父母兄弟姊妹善哉大王具有慙愧大
王且聽臣聞佛説智者有二一者不造諸惡

BD13854號　大般涅槃經（北本）卷一九　（28-14）

者内自羞恥愧者發露向人慚者羞人愧者
羞天是名慚愧无慚愧者不名為人名為畜
生有慚愧故則能恭敬父母師長有慚愧故
說有父母兄弟姊妹善哉大王具有慚愧大
王且聽臣聞佛說智者有二一者不造諸惡
二者作已懺悔愚者亦二一者作罪二者覆
藏雖先作惡後能發露悔已慚愧更不敢作
猶如濁水置之明珠以珠威力水即為清如
烟雲除月則清明作惡能悔亦復如是王若
懺悔懷慚愧者罪則除滅清淨如本大王富
有二種一者象馬種種畜生二者金銀種種
珍寶象馬雖多不敵一珠大王眾生亦尒一
者惡富二者善富多作諸惡不如一善臣聞
佛說修一善心破百種惡大王如少金剛能
壞須弥亦如少火能燒一切如少毒藥能害
眾生少善亦尒能破大惡雖名小善其實是
大何以故破大惡故大王如佛所說覆藏者
漏不覆藏者則无有漏發露悔過是故不漏
若作眾罪不覆不藏以不覆故罪則微薄若
懷慚愧罪則消滅大王如水渧雖微漸盈大
器善心亦尒一一善心能破大惡若覆罪者罪
則增長發露慚愧罪則消滅是故諸佛說有
智者不覆藏罪善哉大王能信因果信業信
報唯願大王莫懷愁怖若有眾生造作諸罪
覆藏不悔心无慚愧不見因果及以業報不
能諮啓有智之人不近善友如是之人一切良

BD13854號　大般涅槃經（北本）卷一九　（28–15）

智者不覆藏罪善哉大王能信因果信業信
報唯願大王莫懷愁怖若有眾生造作諸罪
覆藏不悔心无慚愧不見因果及以業報不
能諮啓有智之人不近善友如是之人一切良
醫乃至瞻病所不能治如迦摩羅病世醫
拱手覆罪之人亦復如是云何罪人謂一闡
提一闡提者不信因果无有慚愧不信業報
不見現在及未來世不親善友不隨諸佛所
說教戒如是之人名一闡提諸佛世尊所不
能治何以故如世死屍醫不能治一闡提者
亦復如是諸佛世尊所不能治大王今者非
一闡提云何而言不可救療如王所言无能
治者大王當知迦毗羅城淨飯王子姓瞿曇
氏字悉達多无師覺悟自然而得阿耨多羅
三藐三菩提三十二相八十種好莊嚴其身
具足十力四无所畏一切知見大慈大悲憐
愍一切如羅睺羅隨逐眾生如犢逐母知時
而說非時不語實語淨語妙語義語法語
一語能令眾生永離煩惱善知眾生諸根心性
隨宜方便无不通達其智高大如須弥山深
邃廣遠猶如大海是佛世尊有金剛智能破
眾生一切惡罪若言不能无有是處今者去
此十二由旬在拘尸那城娑羅雙樹間而為
无量阿僧祇等諸菩薩眾演種種法若有
若无若有為若无為若有漏若无漏若煩惱果
若善法果若色法若非色法若非色非非色

BD13854號　大般涅槃經（北本）卷一九　（28–16）

衆生一切惡罪若言不能无有是處今者去
此十二由旬在拘尸那城娑羅雙樹間而為
无量阿僧祇等諸菩薩衆演種種法若有
若无若有為若无為若有漏若无漏若煩惱果
若善法果若色法若非色法若非色非非色
法若我若非我若非我非非我若常若非常
若非常非非常若樂若非樂若非樂非非樂
若相若非相若非相非非相若斷若非斷若
非斷非非斷若世若出世若非世非出世若
乘若非乘若非乘非非乘若自作自受若
自作他受若无作无受大王若當於佛所聞
无作无受所有重罪即當消滅
王今且聽釋提桓因命將欲終有五相現一者
衣裳垢膩二者頭上華萎三者身體臭穢四
者腋下汗出五者不樂本座時天帝釋或於靜
處若見沙門若婆羅門即至其所生於佛相念得
沙門及婆羅門見帝釋來深自慶幸即說是
語天主我今歸依於汝釋聞是已乃知非佛復
自念言彼若非佛不能治我五衰相是時御
臣名般遮尸語帝釋言憍尸迦乾闥婆王名敦
浮摟其王有女字須拔陀王若能以此女見
與臣當亦王除衰相即答言善男子
毗摩質多阿脩羅王有女舍脂是吾所敬卿
若必能亦吾消滅惡相處者猶當相與況須
拔陀憍尸迦有佛世尊字釋迦牟尼今者在
於王舍大城若能往彼諮稟未聞衰沒之相
必得除滅善男子若佛世尊當能滅者更

BD13854號　大般涅槃經（北本）卷一九　（28–17）

毗摩質多阿脩羅王有女舍脂是吾所敬卿
若必能亦吾消滅惡相處者猶當相與況須
拔陀憍尸迦有佛世尊字釋迦牟尼今者在
於王舍大城若能往彼諮稟未聞衰沒之相
必得除滅善男子若佛世尊當能滅者便
可迴駕至其住處御臣奉命即迴車乘到王
舍城耆闍崛山至於佛所頭面礼足却坐一面
白佛言世尊天人之中誰為繫縛憍尸迦慳
貪嫉妬又言慳貪嫉妬因何而生答言因无明
生又言无明復因何生答言因放逸生又
言放逸復因何生答言因顛倒生又言顛倒復
因何生答言因疑心生世尊顛倒之法因
疑生者實如聖教何以故我有疑心以疑心
故則生顛倒於非世尊生世尊想我今見佛
疑網即除疑網除故顛倒亦盡顛倒盡故无有
慳心乃至妬心佛言汝言无有慳妬心者汝
今已得阿那含耶阿那含者无有貪心若
无貪心云何為命未至我所而阿那貪實不
求命世尊有顛倒者則有求命无顛倒者則
不求命然我今者實不求命所欲求者唯佛
法身及佛智慧憍尸迦求佛法身及佛智慧
將來之世必當得之尒時帝釋聞佛說已五
衰沒相即時消滅便起作礼遶佛三匝恭敬
合掌而白佛言世尊我今即死即生失命得
命又聞佛記當得阿耨多羅三藐三菩提是
為更生為更得命世尊一切人天云何增益

BD13854號　大般涅槃經（北本）卷一九　（28–18）

衰沒相即時消滅便起作礼遶佛三匝恭敬
合掌而白佛言世尊我今即死即生失命得
命又聞佛記當得阿耨多羅三藐三菩提是
爲更生爲更得命世尊一切人天云何增益
復以何緣而致損減憍尸迦關諍因緣人天
損減善脩和敬則得增益世尊若以關諍而
損減者我從今日更不復與阿脩羅戰佛言
善哉善哉憍尸迦諸佛世尊說忍辱法是
阿耨多羅三藐三菩提因尒時釋提桓因即
前礼佛於是還去大王如來以能除諸惡相
是故稱佛不可思議王若往者所有重罪必
當得除大王具聽有婆羅門子字曰不害以煞
无量諸衆生故名鴦崛魔復欲害母惡心起
時身亦隨動身心動者即五逆因五逆因故
必墮地獄復見佛時身心俱動復欲生害身
心動者即五逆因五逆因故當入地獄是人
得遇如來大師即時得滅地獄因緣發阿耨
多羅三藐三菩提心是故稱佛爲无上醫非
六師也大王復有須毗羅王子其父瞋之截
其手足推之深井其母矜愍使人牽出將至
佛所尋見佛時手足還具即發阿耨多羅
三藐三菩提心大王以見佛故得現果報是故
稱佛爲无上醫非六師也大王如恒河邊有
諸餓鬼其數五百於无量歲初不見水雖至
河上純見流火飢渴所逼發聲號哭尒時如
來在其河側鬱曇鉢林坐一樹下時諸餓鬼

BD13854號　大般涅槃經（北本）卷一九　（28–19）

三藐三菩提心大王以見佛故得現果報是故
稱佛爲无上醫非六師也大王如恒河邊有
諸餓鬼其數五百於无量歲初不見水雖至
河上純見流火飢渴所逼發聲號哭尒時如
來在其河側鬱曇鉢林坐一樹下時諸餓鬼
來至佛所白佛言世尊我等飢渴命將不遠
佛言恒河流水汝何不飲鬼即答言如來見
水我則見火佛言恒河清流實无火也以惡
業故心自顛倒謂爲是火我當爲汝除滅顛
倒令汝見水尒時世尊廣爲諸鬼說慳貪過
諸鬼即言我今渴乏雖有法言都不入心佛
言汝若渴乏先可入河恣意飲之是諸鬼等
以佛力故即得飲水既飲水已如來復爲種
種說法既聞法已悉發阿耨多羅三藐三菩
提心捨餓鬼形得於天身大王是故稱佛爲
无上醫非六師也大王舍婆提國羣賊五百
波斯匿王挑出其目盲无前導不能得往至
於佛所佛憐愍故即至賊所慰喻之言善男
子善護身口更勿造惡諸賊即時聞如來音
微妙清徹尋還得眼即於佛前合掌礼佛
而白佛言世尊我今知佛慈心普覆一切衆生
非獨人天尒時如來即爲說法既聞法已悉發
阿耨多羅三藐三菩提心是故如來真是世
間无上良醫非六師也大王舍婆提國有
旃陀羅名曰氣噓煞无量人見佛弟子大目
乹連即時得破地獄因緣而得上生三十三

BD13854號　大般涅槃經（北本）卷一九　（28–20）

阿耨多羅三藐三菩提心是故如來真是世
間无上良醫非六師也大王舍婆提國有
旃陀羅名曰氣噓煞无量人見佛弟子大目
乹連即時破地獄因緣而得上生三十三
天以有如是聖弟子故稱佛如來為无上醫
非六師也大王波羅柰城有長者子名阿逸
多婬匿其母以是因緣煞（殺）其父其母復與
外人共通子既知已便復煞之有阿羅漢是
其知識於此知識復生愧恥即便煞之煞已
即到祇洹精舍求欲出家時諸比丘具知此
之有三逆罪无敢聽者以不聽故倍生瞋恚
即於其夜放大猛火焚燒僧坊多煞无辜然
後復往王舍城中至如來所求哀出家如來
即聽為說法要令其重罪漸漸微薄發阿耨
多羅三藐三菩提心是故稱佛為世良醫非
六師也大王王本性暴惡信受惡人提婆達
多放大醉象欲令踐佛象既見佛即時醒悟
佛便申手摩其頂上復為說法悉令得發阿
耨多羅三藐三菩提心大王畜生見佛猶得
破壞畜生業果況復人耶大王當知若見佛
者所有重罪必當得滅大王世尊初得阿耨
多羅三藐三菩提時魔與无量无邊眷屬至
菩薩所菩薩尒時以忍辱力壞魔惡心令魔
受法尋發阿耨多羅三藐三菩提心佛有如
是大功德力大王有曠野鬼多害衆生如來
尒時為善賢長者至曠(野)村為其說法時曠

BD13854號　大般涅槃經（北本）卷一九　（28–21）

多羅三藐三菩提時魔與无量无邊眷屬至
菩薩所菩薩尒時以忍辱力壞魔惡心令魔
受法尋發阿耨多羅三藐三菩提心佛有如
是大功德力大王有曠野鬼多害衆生如來
尒時為善賢長者至曠(野)村為其說法時曠
野鬼聞法歡喜即以長者授於如來然後便
發阿耨多羅三藐三菩提心大王波羅柰國
有一屠兒名曰廣額於日日中煞无量羊見舍
利弗即受八戒逕一日夜以是因緣命終得
為北方天王毗沙門子如來弟子尚有如是
大功德果況復佛也大王北天竺有城名曰
細石其城有王名曰龍印貪國重位煞害其
父害其父已心生悔恨即捨國政來至佛所
求哀出家佛言善來即成比丘重罪消滅發
阿耨多羅三藐三菩提心大王當知佛有如
是无量无邊大功德果大王如來有弟提婆
達多破壞衆僧出佛身血害蓮華比丘尼作
三逆罪如來為說種種法要令其重罪尋得
微薄是故如來為大良醫非六師也大王若
能信臣語者唯願速往至如來所若不見信
願善思之大王諸佛世尊大悲普覆不限一
人正法弘廣无所不苞怨親平等心无憎愛
終不偏為一人令得阿耨多羅三藐三菩提
餘人不得如來非獨四部之師普是一切天
人龍鬼地獄畜生餓鬼等師一切衆生亦當
視佛如父母想大王當知如來不但獨為豪
貴之人拔提迦王而演說法亦為下賤優波

BD13854號　大般涅槃經（北本）卷一九　（28–22）

餘人不得如來非獨四部之師普是一切天
人龍鬼地獄畜生餓鬼等師一切衆生亦當
視佛如父母想大王當知如來不但獨爲豪
貴之人拔提迦王而演說法亦爲下賤優波
離等不獨偏受須達多阿那邠提所奉飯食
亦受貧人須達多食不但獨爲舍利弗等利
根說法亦爲鈍根周梨槃特不但獨聽大迦
葉等无貪之性出家求道亦聽大貪難陁出
家不但獨聽煩惱薄者優樓頻螺迦葉等
出家求道亦聽煩惱深厚造重罪者波斯匿
王弟悔陁耶出家求道不以𦾔草恭敬供養
拔其瞋根鴦崛魔羅惡心欲害捨而不救不但
獨爲有智男子而演說法亦爲癡愚洋合智
者女人說法不但獨令出家之人得四道果亦
令在家得三道果不但獨爲富多羅等捨
諸忩務閑寂思惟而說法要亦爲頻婆娑羅
王等統領國事理王務者而說法要不但獨
爲斷酒之人亦爲耽酒郁伽長者荒醉者說
不但獨爲入禪定者離波多等亦爲喪子亂
心婆羅門女婆私吒說不但獨爲己之弟子
亦爲外道尼乹子說不但獨爲盛壯之年二
十五者亦不爲衰老八十者說不但獨爲根熟
之人亦爲善根未熟者說不但獨爲末利夫
人亦爲婬女蓮華女說不但獨受波斯匿王
上饌甘味亦受長者尸利毱多雜毒之食大
王當知尸利毱多往昔亦作逆罪之日以遇

BD13854號　大般涅槃經（北本）卷一九　（28–23）

之人亦爲善根未熟者說不但獨爲末利夫
人亦爲婬女蓮華女說不但獨受波斯匿王
上饌甘味亦受長者尸利毱多雜毒之食大
王當知尸利毱多往昔亦作逆罪之日以遇
佛聞法即發阿耨多羅三藐三菩提心大王
假使一月常以衣食供養恭敬一切衆生不
如有人一念念佛所得功德十六分一大王
假使鍛金爲人車馬載寶其數各百以用
布施不如有人發心向佛舉足一步大王假使
以象車百乘載大秦國種種珍寶及其女人
身佩瓔珞數亦滿百持用布施猶故不如發
心向佛舉足一步復置是事若以四事供養
三千大千世界所有衆生猶亦不如發心向佛
舉足一步復置是事若使大王供養恭敬
恒河沙等无量衆生不如一往娑羅雙樹到
如來所誠心聽法
尒時大王荅言耆婆如來世尊性已調柔故
得調柔以爲眷屬如旃檀林純以旃檀而爲
圍遶如來清淨所有眷屬亦復清淨猶如大
龍純以諸龍而爲眷屬如來亦復清淨猶如
大龍純以龍而爲眷屬如來寂靜所有眷
亦復寂靜如來无貪所有眷屬亦復无貪佛
无煩惱所有眷屬亦无煩惱吾今既是極惡
之人惡業纏裹其身臭穢繫屬地獄云何當
得至如來所吾設往者恐不顧念接叙言說
卿雖勸吾令往佛所然吾今日深自鄙悼都
无去心尒時虛空尋出聲言无上佛法將欲

BD13854號　大般涅槃經（北本）卷一九　（28–24）

亦復寂靜如來无貪所有眷屬亦復无貪佛
无煩惱所有眷屬亦无煩惱吾今既是極惡
之人惡業纏裹其身是臭穢繫屬地獄云何當
得至如來所吾設往者恐不顧念接敘言說
卿雖勸吾令往佛所然吾今日深自鄙悼都
无去心尒時虛空尋出聲言无上佛法將欲
衰殄甚深法河於是欲涸大法明燈將滅不
久法山欲頹法船欲沉法橋欲壞法殿欲崩
法幢欲倒法樹欲折善友欲去大怖將至法
饑衆生將至不久煩惱疫病將欲流行大闇
時至渴法時來魔王欣慶解釋甲冑佛日將
沒大涅槃山大王佛若去世王之重惡更无
治者大王汝今已造阿鼻地獄極重之業以
是業緣必受不疑大王阿者言无鼻者名間
間无蹔樂故言无間大王假使一人獨墮是
獄其身長大八万由延遍滿其中間无空處
其身周帀受種種苦設有多人身亦遍滿不
相妨导大王寒地獄中蹔遇熱風以之為樂熱

三千大千世界所有衆生猶亦不如發心向佛
舉足一步復置是事若使大王供養恭敬恒
河沙等无量衆生不如一往娑羅雙樹到
如來所誠心聽法
尒時大王荅言耆婆如來世尊性已調柔故
得調柔以為眷屬如旃檀林純以旃檀而為
圍遶如來清淨所有眷屬亦復清淨猶如大
龍純以諸龍而為眷屬如來寂靜所有眷屬

BD13854號　大般涅槃經（北本）卷一九　（28–25）

尒時大王荅言耆婆如來世尊性已調柔故
得調柔以為眷屬如旃檀林純以旃檀而為
圍遶如來清淨所有眷屬亦復清淨猶如大
龍純以諸龍而為眷屬如來寂靜所有眷屬
亦復寂靜如來无貪所有眷屬亦復无貪
佛无煩惱所有眷屬亦无煩惱吾今既是極
惡之人惡業纏裹其身是臭穢繫屬地獄云何當
得至如來所吾設往者恐不顧念接敘言說
卿雖勸吾令往佛所然吾今日深自鄙悼都
无去心尒時虛空尋出聲言无上佛法將欲
衰殄甚深法河於是欲涸大法明燈將滅不
久法山欲頹法船欲沉法橋欲壞法殿欲崩
法幢欲倒法樹欲折善友欲去大怖將至法
饑衆生將至不久煩惱疫病將欲流行大闇
時至渴法時來魔王欣慶解釋甲冑佛日將
沒大涅槃山大王佛若去世王之重惡更无
治者大王汝今已造阿鼻地獄極重之業以
是業緣必受不疑大王阿者言无鼻者名間
間无蹔樂故言无間大王假使一人獨墮是
獄其身長大八万由延遍滿其中間无空處
其身周帀受種種苦設有多人身亦遍滿不
相妨导大王寒地獄中蹔遇熱風以之為樂熱
地獄中蹔遇寒風亦名為樂有地獄中設命
終已若聞活聲即便還活阿鼻地獄都无此
事大王阿鼻地獄四方有門一一門外各有猛
火東西南北交過通徹八万由延周帀鐵墻

BD13854號　大般涅槃經（北本）卷一九　（28–26）

相害大王寒地獄中雖遇熱風以之為樂熱
地獄中雖遇寒風亦名為樂有地獄中說命
終已若聞活聲即便還活阿鼻地獄都無此
事大王阿鼻地獄四方有門一一門外各有猛
火東西南北交過通徹八萬由延周帀鐵墻
鐵網彌覆其地亦鐵上火徹下下火徹上
大王若魚在鏊脂膏燋然是中罪人亦復如
是大王作一逆者則便具受如是一罪若造
二逆罪則二倍五逆具者罪亦五倍大王我
今定知王之惡業必不得免唯願大王速往
佛所除佛世尊餘無能救我今愍汝故相勸
導尒時大王聞是語已心懷怖懼舉身戰慄
五體挑動如芭蕉樹仰而荅曰汝為是誰不
現色像而但有聲大王吾是汝父頻婆娑羅
汝今當隨耆婆所說莫隨邪見六臣之言
時王聞已悶絕躃地身瘡增劇臭穢倍前
雖以冷藥塗而治之瘡烝毒熱但增無損

大般涅槃經卷第十九

BD13854號　大般涅槃經（北本）卷一九　（28–27）

時王聞已悶絕躃地身瘡增劇臭穢倍前
雖以冷藥塗而治之瘡烝毒熱但增無損

大般涅槃經卷第十九

BD13854號　大般涅槃經（北本）卷一九　（28–28）

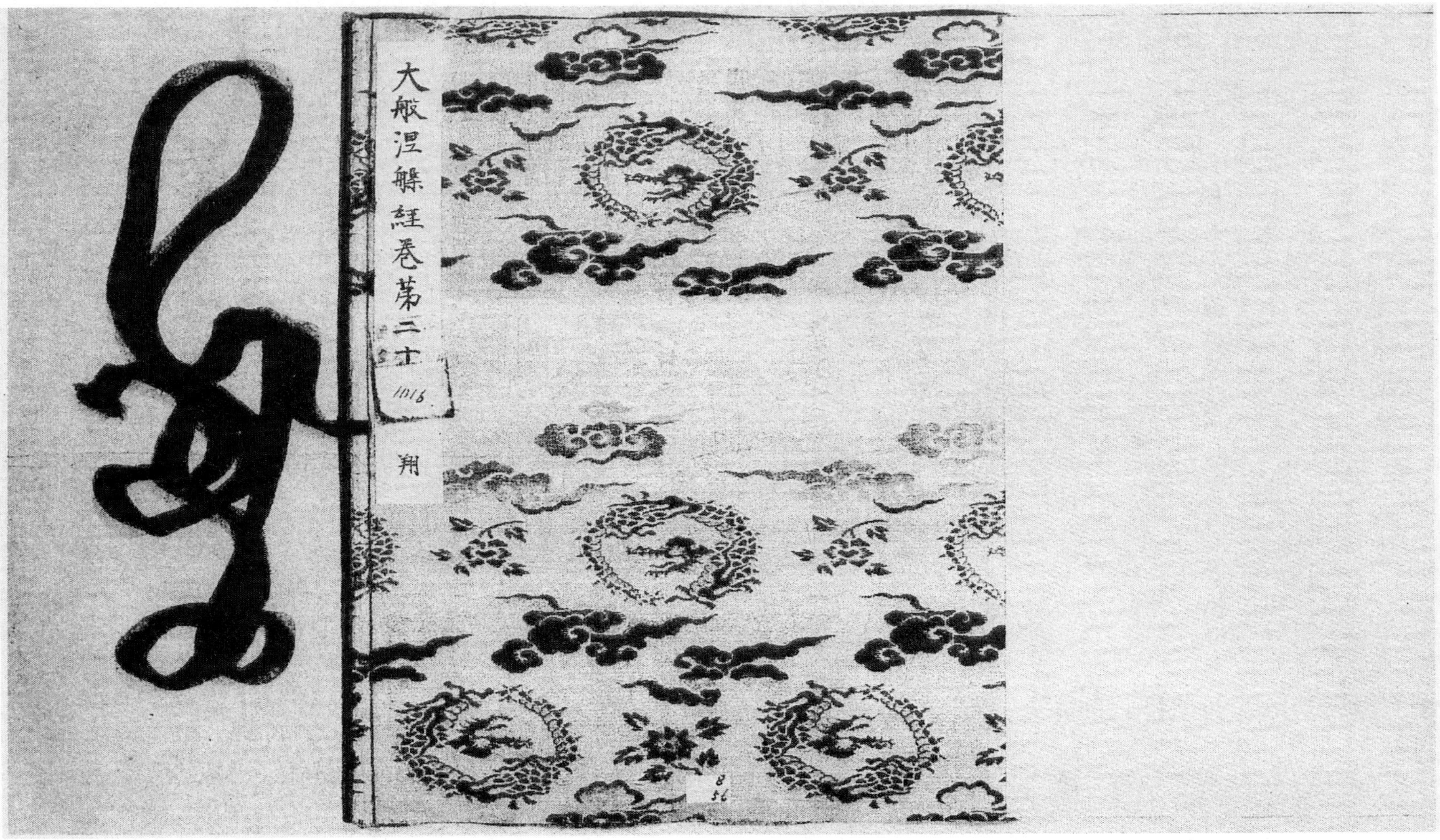

BD13855 號背　現代護首　（1–1）

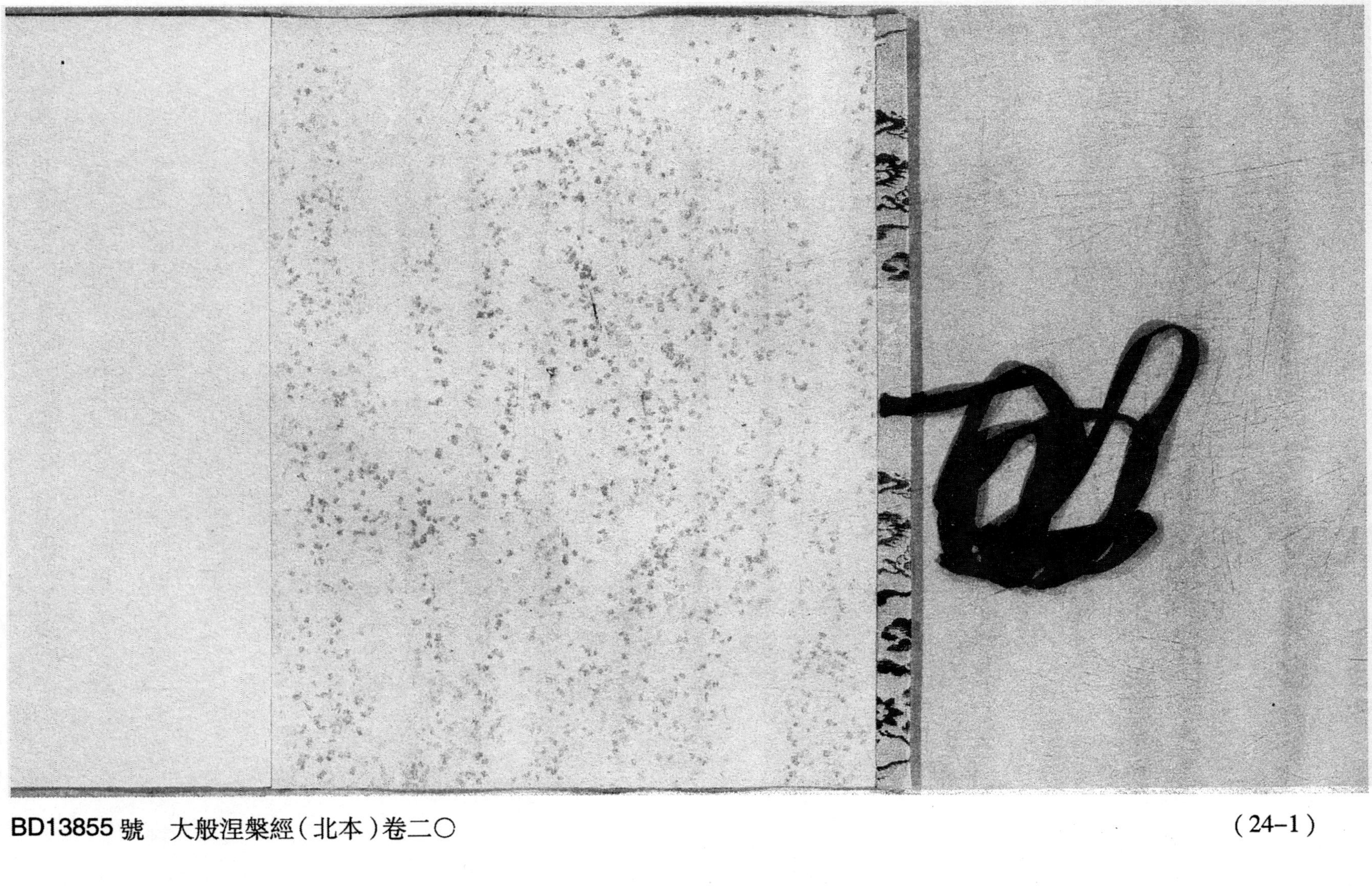

BD13855 號　大般涅槃經（北本）卷二〇　（24–1）

大般涅槃經卷第廿
尒時世尊在雙樹間見阿闍世悶絶躃地即
告大衆我仐當為是王住世至无量劫不入
涅槃迦葉菩薩白佛言世尊如來當為无量
衆生不入涅槃何故獨為阿闍世王佛言善
男子是大衆中无有一人謂我必定入於涅
槃阿闍世王定謂我當畢竟永滅是故悶絶自
投於地善男子如我所言為阿闍世不入涅
槃如是密義汝未能解何以故我言為者一
切凡夫阿闍世者普及一切造五逆者又復

BD13855號　大般涅槃經（北本）卷二〇　（24-2）

阿闍世王定謂我當畢竟永滅是故悶絶自
投於地善男子如我所言為阿闍世不入涅
槃如是密義汝未能解何以故我言為者一
切凡夫阿闍世者普及一切造五逆者又復
為者即是一切有為衆生我終不為无為
衆生而住於世何以故夫无為者非衆生也
阿闍世者即是具足煩惱等者又復為者即
是不見佛性衆生若見佛性我終不為久住
於世何以故見佛性者非衆生也阿闍世者
即是一切未發阿耨多羅三藐三菩提心者
又復為者即是阿難迦葉二衆阿闍世者即
是阿闍世王復宮妃后及王舍城一切婦女
又復為者名為佛性言阿闍者名為不生世
者名怨以不生佛性故則煩惱怨生煩惱怨
生故不見佛性以不生煩惱故則見佛性以
見佛性則得安住大般涅槃是名不生是故
名為阿闍世善男子阿闍者名不生不生
者名涅槃世名世法為者名汙以世八法所
不汙故无量无邊阿僧祇劫不入涅槃是故
我言為阿闍世无量億劫不入涅槃善男子
如來密語不可思議佛法衆僧亦不可思議
菩薩摩訶薩亦不可思議大涅槃經亦不可
思議
尒時世尊大悲導師為阿闍世王入月愛三
昧入三昧已放大光明其光清涼往照王身

BD13855號　大般涅槃經（北本）卷二〇　（24-3）

如来密語不可思議佛法衆僧亦不可思議
菩薩摩訶薩亦不可思議大涅槃経亦不可
思議
尒時世尊大悲導師爲阿闍世王入月愛三
昧入三昧已放大光明其光清涼往照王身
身創即愈欝烝除滅王覺創愈身體清涼語
耆婆言曽聞人說劫将欲盡三月並現當是
之時一切衆生患苦悉除時既未至此光何
来照觸吾身創苦除愈身得安樂耆婆荅言
此非劫盡三月並照亦非大日星宿藥草寶
珠天光王又問言此光若非三月並照寶珠
明者爲是誰光大王當知是天中天所放光
明是光无根非有邊際非熱非冷非常非滅
非色非无色非相非无相非青非黄非赤非
白欲度衆生故使可見有相可說有根有邊
有熱有冷青黄赤白大王是光雖尒實不可
說不可覩見乃至无有青黄赤白王言耆婆
彼天中天以何因緣放斯光明大王今是瑞
相似相爲及以王先言世无良醫療治身心
故放此光先治王身然後及心王言耆婆如
来世尊亦見念耶耆婆荅言譬如一人而有
七子是七子中一子遇病父母之心非不平
等然於病子心則偏多大王如来亦尒於諸
衆生非不平等然於罪者心則偏重於放逸
者佛則慈念不放逸者心則放捨何等名爲

BD13855號　大般涅槃經（北本）卷二〇　（24–4）

七子是七子中一子遇病父母之心非不平
等然於病子心則偏多大王如来亦尒於諸
衆生非不平等然於罪者心則偏重於放逸
者佛則慈念不放逸者心則放捨何等名爲
不放逸者謂六住菩薩大王諸佛世尊於諸
衆生不觀種姓老少中年貧富時節日月星
宿工巧下賤僮僕婢使唯觀衆生有善心者
若有善心則便慈念大王當知如是瑞相即
是如来入月愛三昧所放光明王即問言何
等名爲月愛三昧耆婆荅言譬如月光能令
一切優鉢羅華開敷鮮明月愛三昧亦復如
是能令衆生善心開敷是故名爲月愛三昧
大王譬如月光能令一切行路之人心生歡
喜月愛三昧亦復如是能令脩集涅槃道者
心生歡喜是故復名月愛三昧大王譬如月
光從初一日至十五日形色光明漸漸增長
月愛三昧亦復如是令初發心諸善根本漸
漸增長乃至具足大般涅槃是故復名月愛
三昧大王譬如月光從十六日至三十日形
色光明漸漸損減月愛三昧亦復如是光所
照處所有煩惱能令漸滅是故復名月愛三
昧大王譬如盛熱之時一切衆生常思月光
月光既照欝熱即除月愛三昧亦復如是能
令衆生除貪惱熱大王譬如滿月衆星中王
爲甘露味一切衆生之所愛樂月愛三昧亦

BD13855號　大般涅槃經（北本）卷二〇　（24–5）

昧大王譬如盛熱之時一切衆生常思月光
月光既照鬱熱即除月愛三昧亦復如是能
令衆生除貪惱熱大王譬如滿月衆星中王
爲甘露味一切衆生之所愛樂月愛三昧亦
復如是諸善中王爲甘露味一切衆生之所
愛樂是故復名月愛三昧王言耆婆我聞如
来不與悪人同止坐起語言談論猶如大海
不宿死屍如鴛鴦鳥不住清廁釋提桓因不
與鬼住鳩翅羅鳥不棲枯樹如来亦尒我當
云何而得往見設其見者我身將不陷入地
耶我觀如来寧近醉象師子虎狼猛火絶炎
終不近於重悪之人是故我今思忖是已當
有何心往見如来耆婆荅言大王譬如渴人
速赴清泉飢夫求食怖者求救病求良醫熱
求蔭涼寒者求火王今求佛亦應如是大王
如来尚爲一闡提等演説法要何況大王非
一闡提而當不蒙慈悲救濟王言耆婆我昔
曽聞一闡提者不信不聞不能觀察不得義
理何故如来而爲説法耆婆荅言大王譬如有
人身遇重病是人夜夢昇一柱殿服蘇油脂
及以塗身卧灰食灰攀上枯樹或與獼猴遊
行坐卧沉水没泥墮墜樓殿高山樹木象馬
牛羊身著青黄赤黒色衣憙咲歌儛或見鳥
鷲狐猫之屬齒髮墮落裸形枕狗卧糞穢中復
與亡者行住坐起携手食噉毒蛇滿路而從

BD13855號　大般涅槃經（北本）卷二〇　（24-6）

行坐卧沉水没泥墮墜樓殿高山樹木象馬
牛羊身著青黄赤黒色衣憙咲歌儛或見鳥
鷲狐猫之屬齒髮墮落裸形枕狗卧糞穢中復
與亡者行住坐起携手食噉毒蛇滿路而從
中過或復夢與被髮女人共相抱持多羅樹
葉以爲衣服乘壞驢車正南而遊是人夢已
心生愁惱以愁惱故身病踰增以病增故諸
家親屬遣使命醫所可遣使形體缺短根不
具足頭蒙塵土著弊壞衣載故壞車語彼醫
言速疾上車尒時良醫即自思惟今見是使
相貌不吉當知病者難可療治復作是念使
雖不吉復當占日爲可治不若四日六日八
日十二日十四日如是日者病亦難治復作
是念日雖不吉復當占星爲可治不若是火
星金星昴星閻羅王星濕星滿星如是星時
病亦難治復作是念星雖不吉復當觀時若
是秋時冬時及日入時夜半時月入時當知
是病亦難可治復作是念如是衆相雖復不
吉或定不定當觀病人若有福德皆可療治
若无福德雖吉何益思惟是已尋與使俱在
路復念若彼病者有長壽相則可療治短壽
相者則不可治即於前路見二小兒相牽鬭
諍捉頭拔鬚凡石刀杖共相撩打見人持火
自然弥滅或見有人斫伐樹木或復有人手
曳皮革隨路而行或見道路有遺落物或見

BD13855號　大般涅槃經（北本）卷二〇　（24-7）

相者則不可治即於前路見二小兒相牽鬪
諍投頭拔髮凡石刀杖共相撩打見人持火
自然彌滅或見有人斫伐樹木或復有人手
曳皮革隨路而行或見道路有遺落物或見
有人執持空器或見沙門獨行无侶復見虎
狼烏鷲野狐見是事已復作是念所遣使人
乃至道路所見諸相悉皆不祥當知病者定
難療治復作是念我若不往則非良師如其
往者不可療救復更念言如是衆相雖復不
祥且當捨置往至病所思惟是已復於前路
聞如是聲所謂亡失死喪出破壞折剝脫墮
墜負燒不來不可療治不能拔濟復聞南方
有飛鳥聲所謂烏鷲舍利鳥聲若狗若鼠
野狐兔豬聞是聲已復作是念當知病者難
可療治尒時即入病人舍宅見彼病人數寒
數熱骨節頭痛目赤流淚耳聲聞外咽喉結
痛舌上裂破其色正黑頭不自勝體枯无汗
大小便利擁塞不通身卒肥大紅赤異常語
聲不均或麁或細舉體斑駮異色青黃其腹
脹滿言語不了醫見是已問瞻病言病者昨
來意志云何荅言大師其人本來敬信三寶
及以諸天今者變異敬信情息本喜惠施今
者慳悋本性少食今則過多本性弊惡今則
和善本性慈孝恭敬父母今於父母无恭敬

BD13855號　大般涅槃經（北本）卷二〇　（24–8）

及以諸天今者變異敬信情息本喜惠施今
者慳悋本性少食今則過多本性弊惡今則
和善本性慈孝恭敬父母今於父母无恭敬
心醫聞是已即前嗅之優鉢羅香沉水雜香
必迦香多伽羅香多摩羅跋香欝金香栴檀香
炙肉臭蒲桃酒臭燒筋骨臭魚臭糞臭知
香臭已即前卑身覺身細濡猶如繒綿劫貝
婆華或鞕如石或冷如冰或熱如火或澁如沙
尒時良醫見如是等種種相已定知病者必
死不疑然不定言是人當死語瞻病者吾今
憹務明當更來隨其所須恣意勿遮即便還
家明日使到復語使言我事未訖兼未合藥
智者當知如是病者必死不疑大王世尊亦
尒一闡提輩善知根性而為說法何以故若
不為說一切凡夫當言如來无大慈悲有慈
悲者名一切智若无慈悲云何說言一切智
人是故如來為一闡提而演說法大王如來
世尊見諸病者常施法藥病者不服非如來
咎大王一闡提輩分別有二一者得現在善
根二者得後世善根如來善知一闡提輩能
於現在得善根者則為說法後世得者亦為
說法今雖无益作後世因是故如來為一闡
提演說法要一闡提者復有二種一者利根
二者中根利根之人於現在世能得善根中

BD13855號　大般涅槃經（北本）卷二〇　（24–9）

於現在得善根者則為說法後世得者亦為
說法今雖无益作後世因是故如来為一闡
提演說法要一闡提者復有二種一者利根
二者中根利根之人於現在世能得善根中
根之人後世則得諸佛世尊不空說法大王
譬如淨人墜墮清廁有善知識見而愍之尋
前提髮而拔出之諸佛如来亦復如是見諸
衆生墮三惡道方便救濟令得出離是故如
来為一闡提而演說法王語耆婆若使如来
審如是者明當撰擇良日吉星然後乃往耆
婆白王大王如来法中无有撰擇良日吉星
大王如重病人猶不看日時節吉凶唯求良
藥王今病重求佛良醫不應撰擇良時好日
大王如栴檀火及伊蘭火二俱燒相无有異
也吉日凶日亦復如是若到佛所俱得滅罪
唯願大王今日速往尒時大王即命一臣名
日吉祥而告之言大臣當知吾今欲往佛世
尊所速辦供養所須之具臣言大王善哉善
哉所須供具一切悉有阿闍世王與其夫人
嚴駕車乘一万二千姝壯大象其數五万一
一象上各載三人齎持幡蓋華香伎樂種種
供具无不備足導從馬騎有十八万摩伽陁
國所有人民尋從王者其數足滿五十八万
尒時拘尸那城所有大衆滿十二由延悉皆
遥見阿闍世王與其眷屬尋路而来

BD13855號　大般涅槃經（北本）卷二〇　（24–10）

供具无不備足導從馬騎有十八万摩伽陁
國所有人民尋從王者其數足滿五十八万
尒時拘尸那城所有大衆滿十二由延悉皆
遥見阿闍世王與其眷屬尋路而来
尒時佛告諸大衆言一切衆生為阿耨多羅
三藐三菩提近因緣者莫先善友何以故阿
闍世王若不隨順耆婆語者来月七日必定
命終墮阿鼻獄是故近因莫若善友阿闍世
王復於前路聞舍婆提毗流離王乘舩入海
遇火而死瞿迦離比丘生身入地至阿鼻獄
須那剎多作種種惡到於佛所衆罪得滅聞
是語已語耆婆言吾今雖聞如是二言猶未
審定汝来耆婆吾欲與汝同載一象設我當
入阿鼻地獄冀汝捉持不令我墮何以故吾
昔曾聞得道之人不入地獄尒時佛告諸大
衆言阿闍世王猶有疑心我今當為作決定
心尒時會中有一菩薩名持一切白佛言世尊
如佛先說一切諸法皆无定相所謂色无
定相乃至涅槃亦无定相如来今者云何而
言為阿闍世王作決定心佛言善哉善哉善
男子我今定為阿闍世王作決定心何以故
若王疑心可破壞者當知諸法无有定相是
故我為阿闍世王作決定心當知是心為无
定定善男子若彼王心是決定者王之逆罪
云何可壞以无定相其罪可壞是故我為阿

BD13855號　大般涅槃經（北本）卷二〇　（24–11）

男子我今定為阿闍世王作決定心何以故
若王疑心可破壞者當知諸法无有定相是
故我為阿闍世王作決定心當知是心為无
定定善男子若彼王心是決定者王定逆罪
云何可壞以无定相其罪可壞是故我為阿
闍世王作決定心尒時大王即到娑羅雙樹
聞至於佛所仰瞻如來三十二相八十種好
猶如微妙真金之山尒時世尊出八種聲告
言大王時阿闍世左右顧視此大衆中誰是
大王我既罪處又无福德如來不應稱為大
王尒時如來即復喚言阿闍世大王時王聞
已心大歡喜即作是言如來今日顧命語言
真知如來於諸衆生大悲憐愍等无差別白
佛言世尊我今疑心永无遺餘定知如來真
是衆生无上大師
尒時迦葉菩薩語持一切菩薩言如來已為
阿闍世王作決定心尒時阿闍世王即白佛
言世尊假使我今得與梵王釋提桓因坐起
飲食猶不歡悅得遇如來一言顧命深以欣
慶尒時阿闍世王即以所持幡蓋華香伎樂
供養前礼佛足右遶三匝礼敬畢已却坐一
面尒時佛告阿闍世王言大王今當為汝說
正法要汝當一心諦聽諦聽凡夫常當繫心
觀身有廿事一所謂我此身中空无无漏二无諸
善根本三我此生死未得調順四墮墜深坑无

BD13855 號　大般涅槃經（北本）卷二〇　（24-12）

面尒時佛告阿闍世王言大王今當為汝說
正法要汝當一心諦聽諦聽凡夫常當繫心
觀身有廿事一所謂我此身中空无无漏二无諸
善根本三我此生死未得調順四墮墜深坑无
處不畏五以何方便得見佛性六云何脩定得見
佛性七生死常苦无常我淨八八難之難難得遠
離九恒為怨家之所追逐十无有一法能遮諸有
十一於三惡趣未得解脫十二具足種種諸惡耶見十三
亦未造立度五逆津十四生死无无際未得其邊
邊十五不作諸業不得果報十六无有我作他人
受果十七不作樂因終无樂果十八若有造業果
終不失十九因无明生亦因而死廿
去来現在常行放逸大王凡夫之人常於此
身當作如是二十種觀作是觀已不樂生死
不樂生死則得止觀尒時次第觀心生相住相
滅相次第觀心生住滅相定慧進戒亦復如
是觀生住滅已知心相乃至戒相終不作惡
无有死畏三惡道畏若不繫心觀察如是二
十事者心則放逸无惡不造阿闍世言如我
解佛所說義者我從昔來初未曾觀是二十
事故多造衆惡造衆惡故則有死畏三惡道
畏世尊自我招殃造茲重惡父王无辜橫加
逆害是二十事設觀不觀必定當墮阿鼻地
獄佛告大王一切諸法性相无常无有決定
王云何言必定當墮阿鼻地獄阿闍世王白

BD13855 號　大般涅槃經（北本）卷二〇　（24-13）

畏世尊自我招殃造茲重惡父王无辜橫加
逆害是二十事設觀不觀必定當墮阿鼻地
獄佛告大王一切諸法性相无常无有決定
王云何言必定當墮阿鼻地獄阿闍世王白
佛言世尊若一切法无定相者我之煞罪亦
應不定若煞定者一切諸法則非不定佛言
大王善哉善哉諸佛世尊說一切法悉无定
相王復能知煞亦不定是故當知煞无定相
大王如汝所言先王无辜橫加逆害者何者
是父但於假名衆生五陰妄生父想於十二
入十八界中何者是父若色是父四陰應非
若四是父色亦應非若色非色合爲父者无
有是處何以故色與非色性无合故大王凡夫
衆生於是色陰妄生父想如是色陰亦不可
害何以故色有十種是十種中唯色一種可
見可持可稱可量可牽可縛雖可見縛其性
不住以不住故不可得見不可捉持不可稱
量不可牽縛色相如是云何可煞若色是父
可煞可害獲罪報者餘九應非若九非者則
應无罪大王色有三種過去未來現在過去
現在則不可害何以故過去過去故現在念
念滅故遮未來故名之爲煞如是一色或有
可煞或不可煞有煞不煞色則不定若色不
定煞亦不定煞不定故報亦不定云何說言
定入地獄大王一切衆生所作罪業凡有二

BD13855號　大般涅槃經（北本）卷二〇　（24–14）

念滅故遮未來故名之爲煞如是一色或有
可煞或不可煞有煞不煞色則不定若色不
定煞亦不定煞不定故報亦不定云何說言
定入地獄大王一切衆生所作罪業凡有二
種一者輕二者重若心口作則名爲輕身口
心作則名爲重大王心念口說身不作者所
得報輕大王昔日口不勑煞但言削足大王
若勑侍臣立斬王首坐時乃斬猶不得罪況
王不勑云何得罪王若得罪諸佛世尊亦應
得罪何以故汝父先王頻婆娑羅常於諸佛
種諸善根是故今日得居王位諸佛若不受
其供養則不爲王若不爲王汝則不得爲國
生害若汝煞父當有罪者我等諸佛亦應有
罪若佛世尊无得罪者汝獨云何而得罪耶
大王頻婆娑羅往有惡心於毗富羅山遊行
獵鹿周遍曠野悉无所得唯見一仙五通具
足見已即生瞋恚惡心我今遊獵所以不得
正坐此人驅逐令去即勑左右而令煞之其
人臨終生瞋惡心退失神通而作誓言我實
无辜汝以心口橫加戮害我於來世亦當如
是還以心口而害於汝時王聞已即生悔心
供養死屍是王如是尚得輕受不墮地獄況
王不尒而當地獄受果報耶先王自作還自
受之云何令王而得煞罪如王所言父王无

BD13855號　大般涅槃經（北本）卷二〇　（24–15）

无㝵汝以心口横加戮害我於来世亦當如
是還以心口而害於汝時王聞已即生悔心
供養死屍是王如是尚得輕受不墮地獄況
王不尒而當地獄受果報耶先王自作還自
受之云何令王而得煞罪如王所言父王无
辜者大王云何言无夫有罪者則有罪報无
惡業者則无罪報汝父先王若无辜罪云何
有報頻婆娑羅於現世中亦得善果及以惡
果是故先王亦復不定以不定故煞亦不定
煞不定故云何而言定入地獄衆生狂惑凡
有四種一者貪狂二者藥狂三者呪狂四者
本業緣狂大王我弟子中有是四狂雖多作
惡我終不記是人犯戒是人所作不至三惡
若還得心亦不言犯王本貪國逆害父王貪
狂心作云何得罪大王如人耽醉逆害其母
既醒悟已心生悔恨當知是業亦不得報王
今貪醉非本心作若非本心云何得罪大王
譬如幻師四衢道頭幻作種種男女象馬瓔
珞衣服愚癡之人謂為真實有智之人知非
真有煞亦如是凡夫謂實諸佛世尊知其非
真大王譬如山間響聲愚癡之人謂之實聲
有智之人知其非真煞亦如是凡夫謂實諸
佛世尊知其非真大王如人有怨詐来親附
愚癡之人謂為實親智者了達乃知虛詐煞
亦如是凡夫謂實諸佛世尊知其非真大王

BD13855號　大般涅槃經（北本）卷二〇　（24–16）

真大王譬如山間響聲愚癡之人謂之實聲
有智之人知其非真煞亦如是凡夫謂實諸
佛世尊知其非真大王如人有怨詐来親附
愚癡之人謂為實親智者了達乃知虛詐煞
亦如是凡夫謂實諸佛世尊知其非真大王
如人執鏡自見面像愚癡之人謂為真面智
者了達知其非真煞亦如是凡夫謂實諸佛
世尊知其非真大王如熱時炎愚癡之人謂
之是水智者了達知其非水煞亦如是凡夫
謂實諸佛世尊知其非真大王如乾闥婆城
愚癡之人謂為真實智者了達知其非真煞
亦如是凡夫謂實諸佛世尊知其非真大王
如人夢中受五欲樂愚癡之人謂之為實智
者了達知其非真煞亦如是凡夫謂實諸佛
世尊知其非真大王煞法煞業煞者煞果及
以解脫我皆了之則无有罪王雖知煞云何
有罪大王譬如有人主知典酒如其不飲則
亦不醉雖復知火亦不燒燃王亦如是雖復
知煞云何有罪大王有諸衆生於日出時作
種種罪於月出時復行劫盜日月不出則不
作罪雖因日月令其作罪然此日月實不得
罪煞亦如是雖復因王王實无罪大王如王
宮中常勑屠羊心初无懼云何於父獨生懼
心雖復人畜尊卑差別寶命重死二俱无
異何故於羊心輕无懼於父先王生重憂苦

BD13855號　大般涅槃經（北本）卷二〇　（24–17）

作罪雖因日月令其作罪然此日月實不得
罪然亦如是雖復因王王實无罪大王如王
宮中常勑屠羊心初无懼云何於父獨生懼
心雖復人畜尊卑差别寶命重死二俱无
異何故於羊心輕无懼於父先王生重憂苦
大王世間之人是愛僮僕不得自在為愛所
使而行煞害設有果報乃是愛罪王不自在
當有何咎大王辟如涅槃非有非无而亦是
有煞亦如是雖非有无而亦是有慚愧之人
則是非有无慚愧者則為非无受果報者名
之為有空見之人則為非有有見之人則為
非无有有見者亦名為有何以故有有見者
得果報故无有見者則无果報常見之人則
為非有无常見者則為非无常常見者不得
為无何以故常常見者有惡業果故是故
常常見者不得為无以是義故雖非有无
而亦是有大王夫衆生者名出入息斷出入
息故名為煞諸佛隨俗亦說為煞大王色是
无常色之因緣亦是无常從无常因生色云
何常乃至識无常識之因緣亦是无常從无
常因生識云何常以无常故苦以苦故空以
空故无我若是无常苦空无我為何所煞煞
无常者得常涅槃煞苦得樂煞空得實煞於
无我而得真我大王若煞无常苦空无我者
則與我同我亦煞於无常苦空无我不入地
獄汝云何入尒時阿闍世王如佛所說觀色

BD13855 號　大般涅槃經（北本）卷二〇　（24–18）

无常者得常涅槃煞苦得樂煞空得實煞於
无我而得真我大王若煞无常苦空无我者
則與我同我亦煞於无常苦空无我不入地
獄汝云何入尒時阿闍世王如佛所說觀色
乃至觀識作是觀已即白佛言世尊我今始
知色是无常乃至識是无常我本若能如是
知者則不作罪世尊我昔曾聞諸佛世尊常
為衆生而作父母雖聞是語猶未定審今則
定知世尊我昔曾聞須弥山王四寶所成所
謂金銀瑠璃頗梨若有衆鳥隨所集處則同
其色雖聞是言亦不審定我今來至佛須弥
山則與同色同色者則知諸法无常苦空无
我世尊我見世間從伊蘭子生伊蘭樹不見
伊蘭生栴檀樹我今始見從伊蘭子生栴檀
樹伊蘭子者我身是也栴檀樹者即是我心
无根信也无根者我初不知恭敬如來不信
法僧是名无根世尊我若不遇如來世尊當
於无量阿僧祇劫在大地獄受无量苦我今
見佛以是見佛所得功德破壞衆生所有一
切煩惱惡心佛言大王善哉善哉我今知汝
必能破壞衆生惡心世尊若我審能破壞衆
生諸惡心者使我常在阿鼻地獄无量劫中
為諸衆生受大苦惱不以為苦尒時摩伽陁
國无量人民悉發阿耨多羅三藐三菩提心
以如是等无量人民發大心故阿闍世王所

BD13855 號　大般涅槃經（北本）卷二〇　（24–19）

如能破壞眾生惡心世尊若我審能破壞眾
生諸惡心者使我常在阿鼻地獄无量劫中
為諸眾生受大苦惱不以為苦尒時摩伽陁
國无量人民悉發阿耨多羅三藐三菩提心
以如是等无量人民發大心故阿闍世王所
有重罪即得微薄王及夫人後宮婇女悉皆
同發阿耨多羅三藐三菩提心尒時阿闍世
王語耆婆言耆婆我今未死已得天身捨於
短命而得長命捨无常身而得常身令諸眾
生發阿耨多羅三藐三菩提心即是天身長
命常身即是一切諸佛弟子說是語已即以
種種寶幢幡蓋香華瓔珞微妙伎樂而供養
佛復以偈頌而讚嘆言
實語甚微妙　善巧於句義　甚深秘密藏　為眾故顯示
所有廣博言　為眾故略說　具足如是語　善能療眾生
若有諸眾生　得聞是語者　若信及不信　定知是佛說
諸佛常濡語　為眾故說麁　麁語及濡語　皆歸第一義
是故我今者　歸依於世尊
如來語一味　猶如大海水　是名第一諦　故无无義語
如來今所說　種種无量法　男女大小聞　同獲第一義
无因亦无果　无生及无滅　是名大涅槃　聞者破諸果
如來為一切　常作慈父母　當知諸眾生　皆是如來子
世尊大慈悲　為眾故苦行　如人著鬼魅　狂亂多所作
我今得見佛　所得三業善　願以此功德　迴向无上道
我今所供養　佛法及眾僧　願以此功德　三寶常在世
我今所當得　種種諸功德　願以此破壞　眾生四種魔

BD13855號　大般涅槃經（北本）卷二〇　（24-20）

世尊大慈悲　為眾故苦行　如人著鬼魅　狂亂多所作
我今得見佛　所得三業善　願以此功德　迴向无上道
我今所供養　佛法及眾僧　願以此功德　三寶常在世
我今所當得　種種諸功德　願以此破壞　眾生四種魔
我遇惡知識　造作三世罪　今於佛前悔　願後更莫造
願諸眾生等　悉發菩提心　繫心常思念　十方一切佛
復願諸眾生　永破諸煩惱　了了見佛性　猶如妙德等
尒時世尊讚阿闍世王善哉善哉若有人能
發菩提心當知是人則為莊嚴諸佛大眾大
王汝昔已於毗婆尸佛初發阿耨多羅三藐
三菩提心從是已來至我出世於其中間未
曾墮於地獄受苦大王當知菩提之心乃有
如是无量果報大王從今已往常當懃脩菩
提之心何以故從是因緣當得消滅无量惡
故尒時阿闍世王及摩伽陁舉國人民從坐
而起遶佛三匝辭退還宮天行品者如雜華
說

大般涅槃經嬰兒行品第九

善男子云何名為嬰兒行善男子不能起住
來去語言是名嬰兒如來亦尒不能起者如
來終不起諸法相不能住者如來不著一切
諸法不能來者如來身行无有動搖不能去
者如來已到大般涅槃不能語者如來雖為
一切眾生演說諸法實无所說何以故有所
說者名有為法如來世尊非是有為是故无

BD13855號　大般涅槃經（北本）卷二〇　（24-21）

来終不起諸法相不能住者如来不着一切
諸法不能来者如来身行无有動搖不能去
者如来已到大般涅槃不能語者如来雖為
一切衆生演說諸法實无所說何以故有所
說者名有為法如来世尊非是有為是故无
說又无語者猶如嬰兒言語未了雖復有語
實亦无語如来亦尒語未了者即是諸佛秘
密之言雖有所說衆生不解故名无語又嬰
兒者名物不一未知正語雖名物不一未知
正語非不因此而得識物如来亦尒一切衆
生方類各異所言不同如来方便隨而說之
亦令一切因而得解又嬰兒者能說大字如
来亦尒說於大字所謂婆啝啝者有為婆者
无為是名嬰兒啝者名為无常婆者名為有
常如来說常衆生聞已為常法故斷於无常
是名嬰兒行又嬰兒者不知苦樂晝夜父母
菩薩摩訶薩亦復如是為衆生故不見苦樂
无晝夜相於諸衆生其心平等故无父母親
踈等相又嬰兒者不能造作大小諸事菩薩
摩訶薩亦復如是菩薩不造生死作業是名
不作大事者即五逆也菩薩摩訶薩終不造
作五逆重罪小事者即二乘心菩薩終不退
菩提心而作聲聞辟支佛乘又嬰兒行者如
彼嬰兒啼哭之時父母即以楊樹黃葉而語
之言莫啼莫啼我與汝金嬰兒見已生真金

BD13855號　大般涅槃經（北本）卷二〇　　（24–22）

作五逆重罪小事者即二乘心菩薩終不退
菩提心而作聲聞辟支佛乘又嬰兒行者如
彼嬰兒啼哭之時父母即以楊樹黃葉而語
之言莫啼莫啼我與汝金嬰兒見已生真金
想便止不啼然此楊葉實非金也木牛木馬
木男木女嬰兒見已亦復生於男女等想即
止不啼實非男女以作如是男女想故名曰
嬰兒如来亦尒若有衆生欲造衆惡如来為
說三十三天常樂我淨端正自恣於妙宮殿
受五欲樂六根所對无非是樂衆生聞有如
是樂故心生貪樂止不為惡懃作三十三天
善業實是生死无常无樂无我无淨為度衆
生方便說言常樂我淨又嬰兒者若有衆生
厭生死時如来則為說於二乘然實无有二
乘之實以二乘故知生死過見涅槃樂以是見
故則能自知有斷不斷有真不真有脩不
脩有得不得善男子如彼嬰兒於非金中而
生金想如来亦尒於不淨中而說為淨如来
以得第一義故則无虛妄如彼嬰兒於非牛
馬作牛馬想若有衆生於非道中作真道想
如来亦說非道為道非道之中實无有道以
能生道微因緣故說非道為道如彼嬰兒於
木男女生男女想如来亦尒知非衆生說衆
生想而實无有衆生相也若佛如来說无衆
生一切衆生則墮邪見是故如来說有衆生

BD13855號　大般涅槃經（北本）卷二〇　　（24–23）

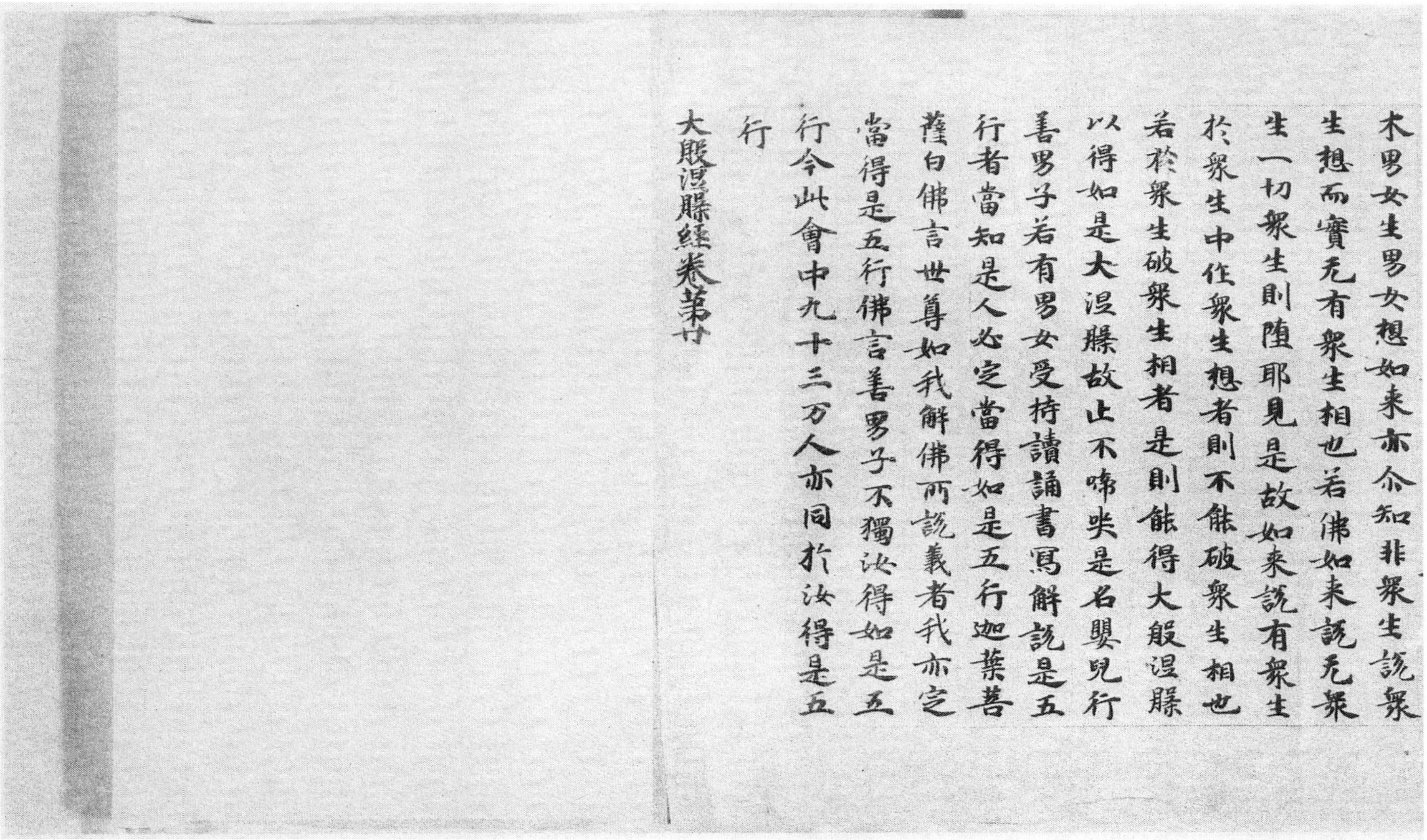

木男女生男女想如来亦尒知非衆生説衆
生想而實无有衆生相也若佛如来説无衆
生一切衆生則墮耶見是故如来説有衆生
於衆生中作衆生想者則不能破衆生相也
若於衆生破衆生相者是則能得大般涅槃
以得如是大涅槃故止不啼哭是名嬰兒行
善男子若有男女受持讀誦書寫解説是五
行者當知是人必定當得如是五行迦葉菩
薩白佛言世尊如我解佛所説義者我亦定
當得是五行佛言善男子不獨汝得如是五
行今此會中九十三万人亦同於汝得是五
行

大般涅槃經卷第廿

BD13855號　大般涅槃經（北本）卷二〇　　（24–24）

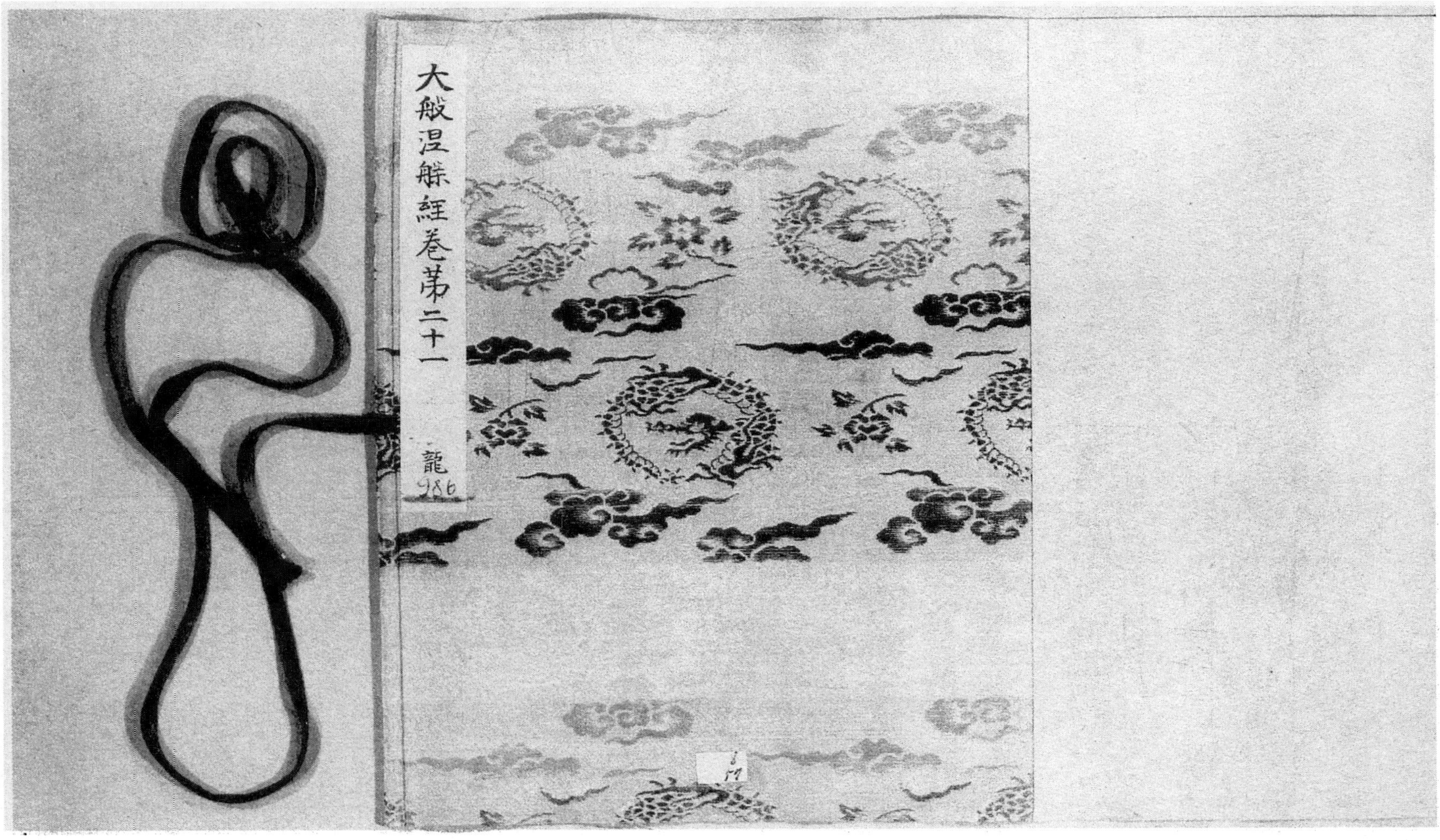

BD13856號背　現代護首　　（1–1）

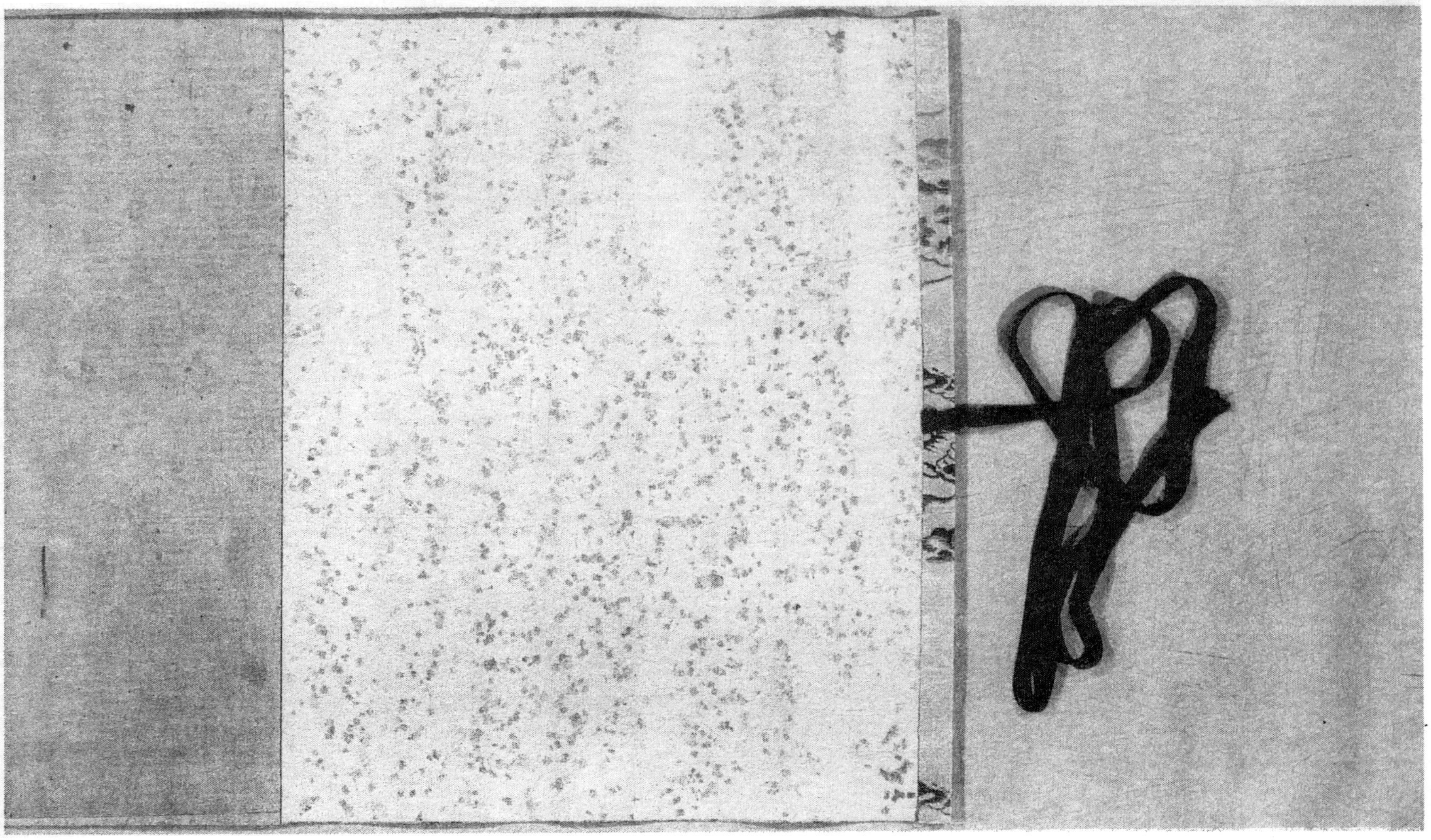

BD13856號　大般涅槃經（北本　宮本）卷二一　　（25–1）

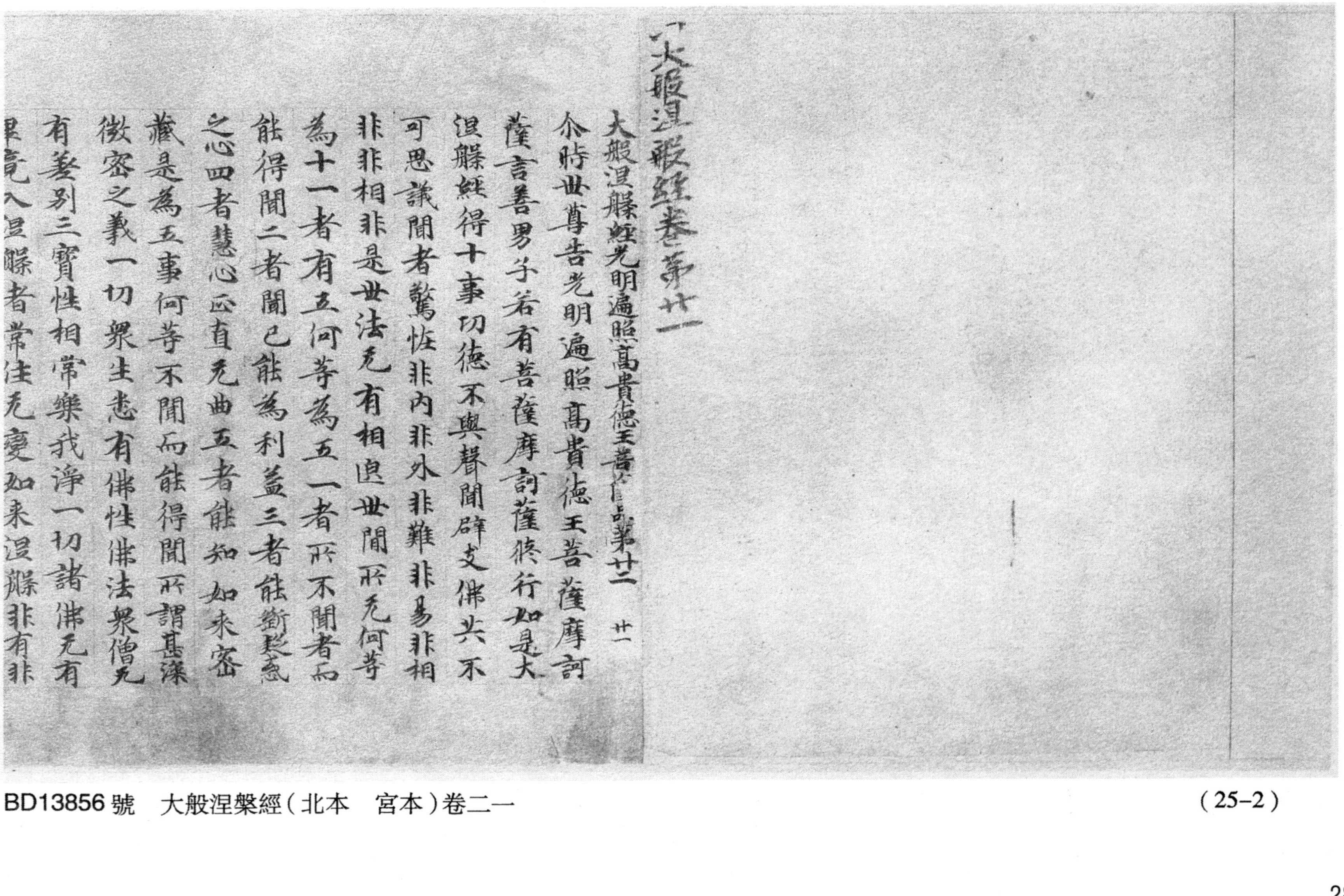

大般涅槃經卷第廿一

大般涅槃經光明遍照高貴德王菩薩品第廿二　廿一
尒時世尊告光明遍照高貴德王菩薩摩訶
薩言善男子若有菩薩摩訶薩修行如是大
涅槃經得十事功德不與聲聞辟支佛共不
可思議聞者驚怪非內非外非難非易非相
非非相非是世法无有相皃世間所无何等
為十一者有五何等為五一者所不聞者而
能得聞二者聞已能為利益三者能斷疑惑
之心四者慧心正直无曲五者能知如來密
藏是為五事何等不聞而能得聞所謂甚深
微密之義一切衆生悉有佛性佛法衆僧无
有差別三寶性相常樂我淨一切諸佛无有
畢竟入涅槃者常住无變如來涅槃非有非

BD13856號　大般涅槃經（北本　宮本）卷二一　　（25–2）

之心四者慧心正直无曲五者能知如来密
藏是為五事何等不聞而能得聞所謂甚深
微密之義一切衆生悉有佛性佛法衆僧无
有差別三寶性相常樂我淨一切諸佛无有
畢竟入涅槃者常住无變如来涅槃非有非
无非有為非无為非有漏非无漏非色非不
色非名非不名非相非不相非有非不有非
物非不物非因非果非待非不待非明非闇
非出非不出非常非不常非斷非不斷非始
非終非過去非未来非現在非陰非不陰非
入非不入非界非不界非十二因緣非不十
二因緣如是等法甚深微密昔所不聞而能
得聞復有不聞所謂一切外道經書四毗陁
論毗伽羅論衛世師論迦毗羅論一切呪術
醫方技藝日月博蝕星宿運變圖書讖記
是等經初未曾聞秘密之義今於此經而得
知之復有十一部經除毗佛略亦无如是深
密之義今因此經而得知之善男子是名不
聞而能得聞聞已利益者若能聽受是大涅
槃經悉能具知一切方等大乘經典甚深義
味譬如男女於明淨鏡見其色像了了分明
大涅槃鏡亦復如是菩薩執之悉得明見大
乘經典甚深之義亦如有人在闇室中執大
炬火悉見諸物大涅槃炬亦復如是菩薩執
之得見大乘深奧之義亦如日出有千光明
悉能照了諸山幽闇令一切人遠見諸物是

BD13856號　大般涅槃經（北本　宮本）卷二一　（25–3）

味譬如男女於明淨鏡見其色像了了分明
大涅槃鏡亦復如是菩薩執之悉得明見大
乘經典甚深之義亦如有人在闇室中執大
炬火悉見諸物大涅槃炬亦復如是菩薩執
之得見大乘深奧之義亦如日出有千光明
悉能照了諸山幽闇令一切人遠見諸物是
大涅槃清淨慧日亦復如是照了大乘深邃
之處令二乘人遠見佛道所以者何以能聽
受是大涅槃微妙經故善男子若有菩薩摩
訶薩聽受如是大涅槃經得知一切諸法名
字若能書寫讀誦通利為他廣說思惟其義
則知一切諸法義理善男子其聽受者唯知
名字不知其義若能書寫受持讀誦為他廣
說思惟其義則能知義復次善男子聽是經
者聞有佛性未能得見書寫讀誦為他廣說
思惟其義則得見之聽是經者聞有檀名未
能得見檀波羅蜜書寫讀誦為他廣說思惟
其義則能得見檀波羅蜜乃至般若波羅蜜
亦復如是善男子菩薩摩訶薩若能聽是大
涅槃經則知法知義具二无閡於諸沙門婆
羅門等若天魔梵一切世中得无所畏開示
分別十二部經演說其義无有差違不從他
聞而能自知近於阿耨多羅三藐三菩提善
男子是名聞已能為利益斷疑心者疑有二
種一者疑名二者疑義聽是經者斷疑名心
思惟義者斷疑義心復次善男子疑有五種

BD13856號　大般涅槃經（北本　宮本）卷二一　（25–4）

聞而能自知近於阿耨多羅三藐三菩提善
男子是名聞已能為利益斷疑心者疑有二
種一者疑名二者疑義聽是經者斷疑名心
思惟義者斷疑義心復次善男子疑有五種
一者疑佛定涅槃不二者疑佛是常住不三
者疑佛是真樂不四者疑佛是真淨不五者
疑佛是實我不聽是經者疑佛涅槃則得永
斷書寫讀誦為他廣說思惟其義四疑永斷
復次善男子疑有三種一疑聲聞為有為无
二疑緣覺為有為无三疑佛乘為有為无聽
是經者如是三疑永滅无餘書寫讀誦為他
廣說思惟其義則能了知一切眾生悉有佛
性
復次善男子若有眾生不聞如是大般涅槃
經其心多疑所謂若常无常若樂不樂若淨
不淨若我无我若命非命若眾生非眾生若
畢竟不畢竟若他世若過世若有若无若苦
若非苦若集若非集若道若非道若滅若非
滅若法若非法若善若非善若空若非空聽
是經者如是諸疑悉得永斷復次善男子若
有不聞如是經者復有種種眾多疑心所謂
色是我耶受想行識是我耶眼能見耶我能
見耶乃至識能知耶我能知耶色受報耶我
受報耶乃至識受報耶我受報耶色至他世
耶我至他世耶乃至識亦復如是生死之法
有始有終耶无始无終耶聽是經者如是等

BD13856號　大般涅槃經（北本　宮本）卷二一　　（25-5）

色是我耶受想行識是我耶眼能見耶我能
見耶乃至識能知耶我能知耶色受報耶我
受報耶乃至識受報耶我受報耶色至他世
耶我至他世耶乃至識亦復如是生死之法
有始有終耶无始无終耶聽是經者如是等
疑亦得永斷復有人疑一闡提犯四重禁作
五逆罪謗方等經如是等輩有佛性耶无佛
性耶聽是經者如是等疑悉得永斷復有人
疑世間有邊耶世間无邊耶有十方世界耶
无十方世界耶聽是經者如是等疑亦得永
斷是名能斷疑惑之心慧心正直无邪曲者
心若有疑則所見不正一切凡夫若不得聞
是大涅槃微妙經典所見邪曲乃至聲聞辟
支佛人所見亦曲云何名為一切凡夫所見
邪曲於有漏法中見常樂我淨於如來所見无
常苦不淨无我見有眾生壽命知見計非有
想非无想處以為涅槃見自在天有八聖道
有見斷見如是等見名為邪曲菩薩摩訶薩
若得聞是大涅槃經修行聖行則得斷除如
是邪曲云何名為聲聞緣覺邪曲見也見於
菩薩從兜率下化乘白象降神母胎父名淨
飯母名摩耶迦毗羅城處胎滿足十月而生
生未至地帝釋奉接難陀龍王及婆難陀吐
水而浴摩尼跋陀大鬼神王執持寶蓋隨後
侍立地神化華以承其足四方各行滿足七
步到於天廟令諸天像悉起承迎阿私陀仙
[illegible]

BD13856號　大般涅槃經（北本　宮本）卷二一　　（25-6）

生未至地帝釋奉接難陀龍王及婆難陀吐
水而浴摩尼跋陀大鬼神王執持寶蓋隨後
侍立地神化華以承其足四方各行滿足七
步到於天廟令諸天像悉起承迎阿私陀仙
抱持占相既占相已生大悲苦自傷當終不
覩佛興詣師學書筭計射御圖讖伎藝處在
深宮六万婇女娛樂受樂出城遊觀至迦毗
羅園道見老人乃至沙門法服而行還至宮
中見諸婇女形體狀皃猶如枯骨所有宮殿
冢墓无異厭惡出家夜半踰城至欝陀伽阿
羅邏等大仙人所聞說識處及非有想非无
想處既聞是已諦觀是處是非常苦不淨无
我捨至樹下具修苦行滿足六年知是苦行
不能得成阿耨多羅三藐三菩提尒時復到
阿利跋提河中洗浴受牧牛女所奉乳糜受
已轉至菩提樹下破魔波旬得成阿耨多羅
三藐三菩提於波羅㮈為五比丘初轉法輪
乃至於此拘尸那城入般涅槃如是等見是
名聲聞緣覺曲見善男子菩薩摩訶薩聽受
如是大涅槃經悉得斷除如是等見若能書
寫讀誦通利為他演說思惟其義則得正直
无耶曲見善男子菩薩摩訶薩修行如是大
涅槃經諦知菩薩无量劫來不從兜率降神
母胎乃至拘尸那城入般涅槃是名菩薩摩
訶薩正直之見能知如來深密義者所謂即
是大般涅槃一切衆生悉有佛性懺四重禁

BD13856號　大般涅槃經（北本　宮本）卷二一　（25–7）

涅槃經諦知菩薩无量劫來不從兜率降神
母胎乃至拘尸那城入般涅槃是名菩薩摩
訶薩正直之見能知如來深密義者所謂即
是大般涅槃一切衆生悉有佛性懺四重禁
除謗法心盡五逆罪滅一闡提然後得成阿
耨多羅三藐三菩提是名甚深祕密之義復
次善男子云何復名甚深之義雖知衆生實
无有我而於未來不失業果雖知五陰於此
滅盡善惡之業終不敗亡雖有諸業不得作
者雖有至處无有去者雖有繫縛无受縛者
雖有涅槃亦无滅者是名甚深祕密之義尒
時光明遍照高貴德王菩薩摩訶薩白佛言
世尊如我解佛所說聞不聞義是義不然何
以故法若有者便應定有法若无者便應定
无无不應生有不應滅如其聞者是則為聞
若不聞者則為不聞云何而言聞所不聞世
尊若不可聞是為不聞若已聞者則更不聞
何以故已得聞故云何而言聞所不聞譬如
去者到則不去去則不到亦如生已不生不
生不生得已不得不得不得聞已不聞不聞
不聞亦復如是世尊若不聞聞者一切衆生
未有菩提即應有之未得涅槃亦應得之未
見佛性應見佛性云何復言十住菩薩雖見
佛性未得明了世尊若不聞聞者如來往昔
從誰得聞若言得聞何故如來於阿含中復

BD13856號　大般涅槃經（北本　宮本）卷二一　（25–8）

未有菩提即應有之未得涅槃亦應得之未
見佛性應見佛性云何復言十住菩薩雖見
佛性未得明了世尊若不聞聞者如來往昔
從誰得聞若言得聞何故如來於阿含中復
言无師若不聞不聞如來得成何耨多羅三
藐三菩提者一切衆生不聞不聞亦應得成
何耨多羅三藐三菩提如來若當不聞如是
大涅槃經見佛性者一切衆生不聞是經亦
應得見世尊凡是色者或是可見或不可見
聲亦如是或可聞或不可聞是大涅槃非
色非聲云何而言可得見聞世尊過去已滅
則不可聞未來未至亦不可聞現在聽時則
不名聞聞已聲滅更不可聞是大涅槃亦非
過去未來現在若非三世則不可說若不可
說則不可聞云何而言菩薩脩是大涅槃經
聞所不聞
尒時世尊讚光明遍照高貴德王菩薩摩訶
薩言善哉善哉善男子汝今善知一切諸法
如幻如炎如乾闥婆城畫水之跡亦如泡沫
芭蕉之樹空无有實非命非我无有苦樂如
十住菩薩之所知見時大衆中忽然之頃有
大光明非青見青非黄見黄非赤見赤非白
見白非色見色非明見明非見而見尒時大
衆遇斯光已身心快樂譬如比丘入師子王
定尒時文殊師利菩薩摩訶薩白佛言世尊

BD13856號　大般涅槃經（北本　宮本）卷二一　（25-9）

大光明非青見青非黄見黄非赤見赤非白
見白非色見色非明見明非見而見尒時大
衆遇斯光已身心快樂譬如比丘入師子王
定尒時文殊師利菩薩摩訶薩白佛言世尊
今此光明誰之所放尒時如來默然不說迦
葉菩薩復問文殊師利何因緣故有此光明
照於大衆文殊師利默然不荅尒時无邊身
菩薩復問迦葉菩薩今此光明誰之所有迦
葉菩薩默然不說淨住王子菩薩復問无邊
身菩薩何因緣故是大衆中有此光明无邊
身菩薩默然不說如是五百菩薩皆亦如是
雖相諮問然无荅者尒時世尊問文殊師利
言文殊師利何因緣故是大衆中有此光明
文殊師利言世尊如是光明名為智慧智慧
者即是常住常住之法无有因緣云何佛問
何因緣故有是光明是光明者名大涅槃大
涅槃者則名常住常住之法不從因緣云何
佛問何因緣故有是光明是光明者即是如
來如來者即是常住常住之法不從因緣云
何如來問於因緣光明者名大慈大悲大慈
大悲者名為常住常住之法不從因緣云何
如來問於因緣光明者即是念佛念佛者是
名常住常住之法不從因緣云何如來問於
因緣光明者即是一切聲聞緣覺不共之道
聲聞緣覺不共之道即名常住常住之法不

BD13856號　大般涅槃經（北本　宮本）卷二一　（25-10）

如来問於因緣光明者即是念佛念佛者是
名常住常住之法不從因緣云何如来問於
因緣光明者即是一切聲聞緣覺不共之道
聲聞緣覺不共之道即名常住常住之法不
從因緣云何如来問於因緣世尊亦有因緣
因滅无明則得熾然阿耨多羅三藐三菩提
燈佛言文殊師利汝今莫入諸法甚深第一
義諦應以世諦而解說之文殊師利言世尊
於此東方過二十恒河沙等世界有佛世界
名曰不動其佛住處縱廣正等足滿一万二
千由延其地七寶无有土石平正柔濡无諸
溝坑其諸樹木四寶所成金銀瑠璃及以頗
梨華菓茂盛无時不有若有衆生聞其華
香身心安樂譬如比丘入第三禪周匝復有三
千大河其水微妙八味具足若有衆生在中
浴者所得喜樂譬如比丘入第二禪其河多
有種種諸華優鉢羅華波頭摩華拘物頭華
分陁利華香華大香華微妙香華常華一切
衆生无遮護華其河兩岸亦有衆華所謂阿
提目多伽華占婆華波吒羅華婆師羅華摩
利迦華大摩利迦華新摩利迦華須摩那華
由提迦華檀冤迦利華常華一切衆生不遮
護華底布金沙有四梯陛金銀瑠璃雜色頗
梨多有衆鳥遊集其上復有无量麞鹿師子
諸惡鳥獸其心相視猶如赤子彼世界中一
切无有犯重業者誹謗正法及一闡提五逆

BD13856號　大般涅槃經（北本　宮本）卷二一　　（25–11）

利迦華大摩利迦華新摩利迦華須摩那華
由提迦華檀冤迦利華常華一切衆生不遮
護華底布金沙有四梯陛金銀瑠璃雜色頗
梨多有衆鳥遊集其上復有无量麞鹿師子
諸惡鳥獸其心相視猶如赤子彼世界中一
切无有犯重業者誹謗正法及一闡提五逆
等罪其土調適无有寒熱飢渴苦惱无貪欲
恚放逸嫉妬无有日月晝夜時節猶如第二
切利天上其土人民等有光明各各无有憍
慢之心一切悉是菩薩大士皆得神通具大
功德其心悉皆尊重正法乘於大乘念於大
乘貪樂大乘護惜大乘大慧成就得大揔持
心常憐愍一切衆生其佛号曰滿月光明如
来應供正遍知明行足善逝世間解无上士
調御丈夫天人師佛世尊隨所住處有所講
宣其土衆生无不得聞為瑠璃光菩薩摩訶
薩講宣如是大涅槃經言善男子菩薩摩訶
薩若能修行大涅槃經所不聞者悉皆得聞
彼瑠璃光菩薩摩訶薩問滿月光明佛亦如
此間光明遍照高貴德王菩薩摩訶薩所問
等无有異彼滿月光明佛即告瑠璃光菩薩
言善男子西方去此二十恒河沙佛土彼有
世界名曰娑婆其土多有山陵堆阜土沙礫
石荊棘惡刺周遍充滿常有飢渴寒暑苦惱
其土人民不能恭敬沙門婆羅門父母師長
貪著非法欲於非法修行邪法不信正法壽

BD13856號　大般涅槃經（北本　宮本）卷二一　　（25–12）

言善男子西方去此二十恒河沙佛土彼有
世界名曰娑婆其土多有山陵堆阜土沙礫
石荊棘惡刺周遍充滿常有飢渴寒暑苦惱
其土人民不能恭敬沙門婆羅門父母師長
貪著非法欲於非法脩行邪法不信正法壽
命短促有行姧詐王者徵之王雖有國不知
滿足於他所有生貪利心興師相代枉死者
衆王者脩行如是非法四天善神心无歡喜
故降灾旱穀米不登人民多病苦惱无量彼
中有佛号釋迦牟尼如来應供正遍知明行
足善逝世間解无上士調御丈夫天人師佛
世尊大悲純厚愍衆生故於拘尸那城娑羅
雙樹間為諸大衆敷演如是大涅槃經彼有
菩薩名光明遍照高貴德王已問斯事如汝
无異佛今荅之汝可速往自當得聞世尊彼
瑠璃光菩薩聞是事已與八万四千菩薩摩
訶薩欲来至此故先現瑞以此因緣有此光
明是名因緣亦非因緣尒時瑠璃光菩薩與
八万四千諸菩薩俱持諸幡蓋香華瓔珞種
種伎樂倍勝於前俱来至此拘尸那城娑羅
雙樹間以己所持供養之具供養於佛頭面
礼足合掌恭敬右遶三匝脩敬已畢却坐一
面尒時世尊問彼菩薩善男子汝為到来為
不到来瑠璃光菩薩言世尊到亦不来不到
亦不来我觀是義都无有来世尊諸行若常
亦復不来若是无常亦无有来若人見有衆

BD13856號　大般涅槃經（北本　宮本）卷二一　（25–13）

雙樹間以己所持供養之具供養於佛頭面
礼足合掌恭敬右遶三匝脩敬已畢却坐一
面尒時世尊問彼菩薩善男子汝為到来為
不到来瑠璃光菩薩言世尊到亦不来不到
亦不来我觀是義都无有来世尊諸行若常
亦復不来若是无常亦无有来若人見有衆
生性者有来不来我今不見衆生定性云何
當言有来不来有憍慢者見有去来无憍慢
者則无去来有取行者見有去来无取行者
則无去来若見如来畢竟涅槃則有去来不
見如来畢竟涅槃則无去来不聞佛性則有
去来聞佛性者則无去来若見聲聞辟支佛
人有涅槃者則有去来不見聲聞辟支佛人
有涅槃者則无去来若見聲聞辟支佛人常
樂我淨則有去来若不見者則无去来若見
如来无常樂我淨則有去来若見如来常樂
我淨則无去来世尊且置斯事欲有所問唯
垂哀愍少見聽許佛言善男子隨意所問今
正是時我當為汝分別解說所以者何諸佛
難值如優曇華法亦如是難可得聞十二部
中方等復難是故應當專心聽受時瑠璃光
菩薩摩訶薩既蒙聽許兼被戒勅即白佛
言世尊云何菩薩摩訶薩有能脩行大涅槃經
聞所不聞尒時如来讚言善哉善哉善男子
汝今欲盡如是大乘大涅槃海正復值我能

BD13856號　大般涅槃經（北本　宮本）卷二一　（25–14）

菩薩摩訶薩既蒙聽許兼承來白佛
言世尊云何菩薩摩訶薩有能修行大涅槃經
聞所不聞尒時如來讚言善哉善哉善男子
汝今欲盡如是大乘大涅槃海正復值我能
善解說汝今所有疑因毒箭我為大醫能善
拔出汝於佛性猶未明了我有慧炬能為照
明汝今欲度生死大河我能為汝作大船師
汝於我所生父母想我亦於汝生赤子心汝
心今者貪正法寶值我多有能相惠施諦聽
諦聽善思念之吾當為汝分別宣釋善男子
欲聽法者今正是時若聞法已當生敬信至
心聽受恭敬尊重於正法所莫求其過莫念
貪欲瞋恚愚癡莫觀法師種性好惡既聞法
已莫生憍慢莫為恭敬名譽利養當為度世
甘露法利亦莫生念我聽法已先自度身然
後度人先自解身然後解人先自安身然後
安人先自涅槃然後令人而得涅槃於佛法
僧應生等想於生死中生大苦想於大涅槃
應生常樂我淨之想先為他人然後為身當
為大乘莫為二乘於一切法當无所住亦莫
專執一切法相於諸法中莫生貪相常生知
法見法之相善男子汝能如是至心聽法是
則名為聞所不聞善男子有不聞聞有不聞
不聞有聞不聞有聞聞善男子如不生生不
生不生生不生生生如不到到不到不到到

BD13856號　大般涅槃經（北本　宮本）卷二一　（25-15）

專執一切法相於諸法中莫生貪相常生知
法見法之相善男子汝能如是至心聽法是
則名為聞所不聞善男子有不聞聞有不聞
不聞有聞不聞有聞聞善男子如不生生不
生不生生不生生生如不到到不到不到到
不到到到世尊云何不生生善男子安住世
諦初出胎時是名不生生云何不生不生善
男子是大涅槃无有生相是名不生不生云
何名生不生善男子世諦死時是名生不生
云何生生善男子一切凡夫是名生生何以
故生生不斷故一切有漏念念生故是名生
生四住菩薩名生不生何以故生自在故是
名生不生善男子是名內法云何外法未生
生未生未生生未生生善男子譬如種子
未生牙時得四大和合人功作業然後乃生
是名未生生云何未生未生譬如敗種及未
遇緣如是等輩名未生未生云何生未生如
牙生已不增長是名生未生云何生生如牙
增長若生不生則无增長如是一切有漏是
名外法生生瑠璃光菩薩摩訶薩白佛言世
尊有漏之法若有生者為是常耶是无常乎
生若是常有漏之法則无有生生若无常則
有漏是常世尊若生能自生生无自性若能
生他以何因緣不生无漏世尊若未生時有
生者云何於今乃名為生若未生時无生者
何故不說虛空為生佛言善哉善哉善男子

BD13856號　大般涅槃經（北本　宮本）卷二一　（25-16）

有漏是常世尊若生能自生生无自性若能
生他以何因緣不生无漏世尊若未生時有
生者云何於今乃名爲生若未生時无生者
何故不說虛空爲生佛言善哉善哉善男子
不生生不可說生生亦不可說生不生亦不
可說不生不生亦不可說生亦不可說不生
亦不可說有因緣故亦可得說云何不生生
不可說不生名爲生云何可說何以故以其
生故云何生生不可說生生故生生生故不
生亦不可說云何生不生不可說生即名爲
生生不自生故不可說云何不生不生不可
說不生者名爲涅槃涅槃不生故不可說何
以故以脩道得故生亦不可說以生无故云
何不生不可說以有得故云何有因緣故亦
可得說十因緣法爲生住因以是義故亦可
得說善男子汝今莫入甚深空定何以故大
衆鈍故善男子有爲之法生亦是常以住无
常生亦无常住亦是常以生生故住亦无常
異亦是常以法无常異亦无常壞亦是常以
本无今有故壞亦无常善男子以性故生住
異壞皆悉是常念念滅故不可說常是大涅
槃能斷滅故故名无常善男子有漏之法未
生之時已有生性故生能生无漏之法本无
生性是故生不能生如火有本性遇緣則發
眼有見性因色因明因心故見衆生生法亦

BD13856號　大般涅槃經（北本　宮本）卷二一　（25-17）

異壞皆悉是常念念滅故不可說常是大涅
槃能斷滅故故名无常善男子有漏之法未
生之時已有生性故生能生无漏之法本无
生性是故生不能生如火有本性遇緣則發
眼有見性因色因明因心故見衆生生法亦
復如是由本有性遇業因緣父母和合則便
有生尒時瑠璃光菩薩摩訶薩及八万四千
菩薩摩訶薩聞是法已踊在虛空高七多羅
樹恭敬合掌而白佛言世尊我蒙如來慇勤
教誨因大涅槃始得悟解聞所不聞亦令八
万四千菩薩深解諸法不生生等世尊我今
已解斷諸疑网然此會中有一菩薩名曰无
畏復欲諮稟唯垂聽許尒時世尊告无畏菩
薩善男子隨意問難吾當爲汝分別解說尒
時无畏菩薩與六万四千諸菩薩等俱從坐
起更整衣服長跪合掌而白佛言世尊此土
衆生當造何業而得生彼不動世界其土菩
薩云何而得智慧成就人中象王有大威德
具脩諸行利智捷疾聞則能解尒時世尊即說偈言
不害衆生命　堅持諸禁戒　受佛微妙教　則生不動國
不奪他人財　常施惠一切　造招提僧房　則生不動國
不犯他婦女　自妻不非時　施持戒卧具　則生不動國
不爲自他故　求利及恐怖　慎口不妄語　則生不動國
莫壞善知識　遠離惡眷屬　口常和合語　則生不動國
如諸菩薩等　常離於惡口　所說人樂聞　則生不動國
乃至於戲笑　不說非時語　謹慎常時語　則生不動國

BD13856號　大般涅槃經（北本　宮本）卷二一　（25-18）

不犯他婦女　自妻不非時　施持戒卧具　則生不動國
不為自他故　求利及恐怖　慎口不忘語　則生不動國
莫壞善知識　遠離惡眷屬　口常和合語　則生不動國
如諸菩薩等　常離於惡口　所說人樂聞　則生不動國
乃至於戲咲　不說非時語　謹慎常時語　則生不動國
見他得利養　常生歡喜心　不起嫉妬結　則生不動國
不惱於衆生　常生於慈心　不生方便惡　則生不動國
邪見言无施　父母及去來　不起如是見　則生不動國
曠路作好井　種殖菓樹林　常施乞者食　則生不動國
若施佛法僧　供養一香燈　乃至獻一華　則生不動國
若為恐怖故　利養及福德　書是經一偈　則生不動國
若為怖利福　能於一日中　讀誦是經典　則生不動國
若為无上道　一日一夜中　受持八戒齋　則生不動國
不與犯重禁　同共一處住　呵謗方等者　則生不動國
若能施病者　乃至於一菓　歡喜而瞻視　則生不動國
不犯僧鬘物　善守於佛物　塗掃佛僧地　則生不動國
造像若佛塔　猶如大拇指　常生歡喜心　則生不動國
若為是經典　自身及財寶　施於說法者　則生不動國
若能聽書寫　受持及讀誦　諸佛祕密藏　則生不動國
尒時无畏菩薩摩訶薩白佛言世尊我今已
知所造業緣得生彼國是光明遍照高貴德
王菩薩摩訶薩普為憐愍一切衆生先所諮
問如來若說則能利益安樂人天阿脩羅乾
闥婆迦樓羅緊那羅摩睺羅伽等尒時世尊
即告光明遍照高貴德王菩薩善哉善哉善
男子汝今於此當至心聽吾當為汝分別解

BD13856號　大般涅槃經（北本　宮本）卷二一　（25–19）

王菩薩摩訶薩普為憐愍一切衆生先所諮
問如來若說則能利益安樂人天阿脩羅乾
闥婆迦樓羅緊那羅摩睺羅伽等尒時世尊
即告光明遍照高貴德王菩薩善哉善哉善
男子汝今於此當至心聽吾當為汝分別解
說有因緣故不到不到有因緣故不到到有
因緣故到不到有因緣故到到何因緣故未
到不到善男子夫不到者是大涅槃凡夫未
到以有貪欲瞋恚愚癡故身業口業不清淨
故及受一切不淨物故犯四重故謗方等故
一闡提故五逆罪故以是義故未到不到善
男子何因緣故不到到不到者名大涅槃以
何義故到永斷貪欲瞋恚愚癡身口惡故不
受一切不淨物故不犯四重故不謗方等經
故不作一闡提故不作五逆罪故以是義故
名不到到須陁洹者八万劫到斯陁含者六
万劫到阿那含者四万劫到阿羅漢者二万
劫到辟支佛者十千劫到以是義故名不到
到善男子何因緣故名到不到到者名為二
十五有一切衆生常為无量煩惱諸結之所
覆蔽往來不離猶如輪轉是名為到聲聞緣
覺及諸菩薩已得永離故名不到為欲化度
諸衆生故亦現在中亦名為到善男子何因
緣故名為到到到者即是二十五有一切凡
夫須陁洹乃至阿那含煩惱因緣故名到到
善男子聞所不聞亦復如是有不聞聞有不

BD13856號　大般涅槃經（北本　宮本）卷二一　（25–20）

覺及諸菩薩已得永離故名不到為欲化度
諸衆生故亦現在中亦名為到善男子何因
緣故名為到到到者即是二十五有一切凡
夫須陁洹乃至阿那含煩惱因緣故名到到
善男子聞所不聞亦復如是有不聞聞有不
聞不聞有聞不聞有聞聞云何不聞聞善男
子不聞者名大涅槃何故不聞非有為故非
音聲故不可說故云何亦聞得聞名故所謂
常樂我淨以是義故不聞聞尒時光明遍照
高貴德王菩薩摩訶薩白佛言世尊如佛所
說大涅槃者不可得聞云何復言常樂我淨
而可得聞何以故世尊斷煩惱者名得涅槃
若未斷者名為不得以是義故涅槃之性本
无今有若世間法本无今有則名无常譬如
缾等本无今有已有還无故名无常涅槃若
尒云何說言常樂我淨復次世尊凡因莊嚴
而得成者悉名无常涅槃若尒應是无常何
等因緣所謂三十七品六波羅蜜四无量心
觀於骨相阿那波那六念處破析六大如是
等法皆是成就涅槃因緣故名无常復次世
尊有名无常若涅槃是有亦應无常如佛昔
於阿含中說聲聞緣覺諸佛世尊皆有涅槃
以是義故名為无常復次世尊可見之法名
為无常如佛先說見涅槃者則得斷除一切
煩惱復次世尊譬如虛空於諸衆生等无鄣
閡故名為常若使涅槃是常等者何故衆生

BD13856號　大般涅槃經（北本　宮本）卷二一　（25–21）

於阿含中說聲聞緣覺諸佛世尊皆有涅槃
以是義故名為无常復次世尊可見之法名
為无常如佛先說見涅槃者則得斷除一切
煩惱復次世尊譬如虛空於諸衆生等无鄣
閡故名為常若使涅槃是常等者何故衆生
有得不得涅槃若尒於諸衆生不平等者則
不名常世尊譬如百人共有一怨若害此怨
則多人受樂若使涅槃是平等法一人得時
應多人得一人斷結應多人亦斷若不如是
云何名常譬如有人恭敬供養尊重讚歎國
王王子父母師長則得利養是不名常涅槃
亦尒不名為常何以故如佛昔於阿含經中
告阿難言若有人能恭敬涅槃則得斷結受
无量樂以是義故不名為常世尊若涅槃中
有常樂我淨名者不名為常如其无者云何
可說
尒時世尊告光明遍照高貴德王菩薩摩訶
薩涅槃之體非本无今有若涅槃體本无今
有者則非无漏常住之法有佛无佛性相常
住以諸衆生煩惱覆故不見涅槃便謂為无
菩薩摩訶薩以戒定慧勤修其心斷煩惱已
便得見之當知涅槃是常住法非本无今有
是故為常善男子如闇室中井種種七寶人
亦知有闇故不見有智之人善知方便然大
明燈持往照了悉得見之是人於此終不生
念水及七寶本无今有涅槃亦尒本自有之

BD13856號　大般涅槃經（北本　宮本）卷二一　（25–22）

復得見之當知涅槃是常住法非本无今有
是故為常善男子如闇室中井種種七寶人
亦知有闇故不見有智之人善知方便然大
明燈持往照了悉得見之是人於此終不生
念水及七寶本无今有涅槃亦尒本自有之
非適今也煩惱闇故衆生不見大智如来以
善方便然智慧燈令諸菩薩得見涅槃常樂
我淨是故智者於此涅槃不應說言本无今
有善男子汝言因莊嚴故得成涅槃應无常
者是亦不然何以故善男子涅槃之體 非生
非出非實非虛非作業生非是有漏有為之
法非聞非見非墮非死非別異相亦非同相
非往非還非去来今非一非多非長非短非
圓非方非尖非邪非相非想非名非色 非因
非果非我我所以是義故涅槃是常恒不變
易是以无量阿僧祇劫修集善法以自莊嚴
然後乃見善男子譬如地下有八味水一切
衆生而不能得有智之人施功穿掘則便得
之涅槃亦尒譬如盲人不見日月良醫療之
則便得見而是日月非是本无今有涅槃亦
尒先自有之非適今也善男子如人有罪繫
之囹圄久乃得出還家得見父母兄弟妻子
眷屬涅槃亦尒善男子汝言因緣故涅槃之
法應无常者是亦不然何以故善男子因有
五種何等為五一者生因二者和合因三者
住因四者增長因五者遠因云何生因生因

BD13856號　大般涅槃經（北本　宮本）卷二一

（25–23）

眷屬涅槃亦尒善男子汝言因緣故涅槃之
法應无常者是亦不然何以故善男子因有
五種何等為五一者生因二者和合因三者
住因四者增長因五者遠因云何生因生因
者即是業煩惱等及外諸草木子是名生因
云何和合因如善與善心和合不善與不善
心和合无記與无記心和合是名和合因云
何住因如下有柱屋則不墮山河樹木因大
地故而得住立內有四大无量煩惱衆生得
住是名住因云何增長因因緣衣服飲食等
故令衆生增長如外種子火所不燒鳥所不
食則得增長如諸沙門婆羅門等依因和上
善知識等而得增長如因父母子得增長是
名增長因云何遠因譬如因呪鬼不能害毒
不能中依憑國王无有盜賊如牙依因地水
火風等如水攢人為穣遠因如明色等為識
遠因父母精血為衆生遠因如時節等悉名
遠因善男子涅槃之體非是如是五因所成
云何當言是无常耶復次善男子復有二因
一者作因二者了因如陶師輪繩是名作因
如燈燭等照闇中物是名了因善男子大涅
槃者不從作因而有唯有了因了因者所謂
三十七助道法六波羅蜜是名了因善男子
布施者是涅槃因非大涅槃因檀波羅蜜乃
得名為大涅槃因三十七品是涅槃因非大

BD13856號　大般涅槃經（北本　宮本）卷二一

（25–24）

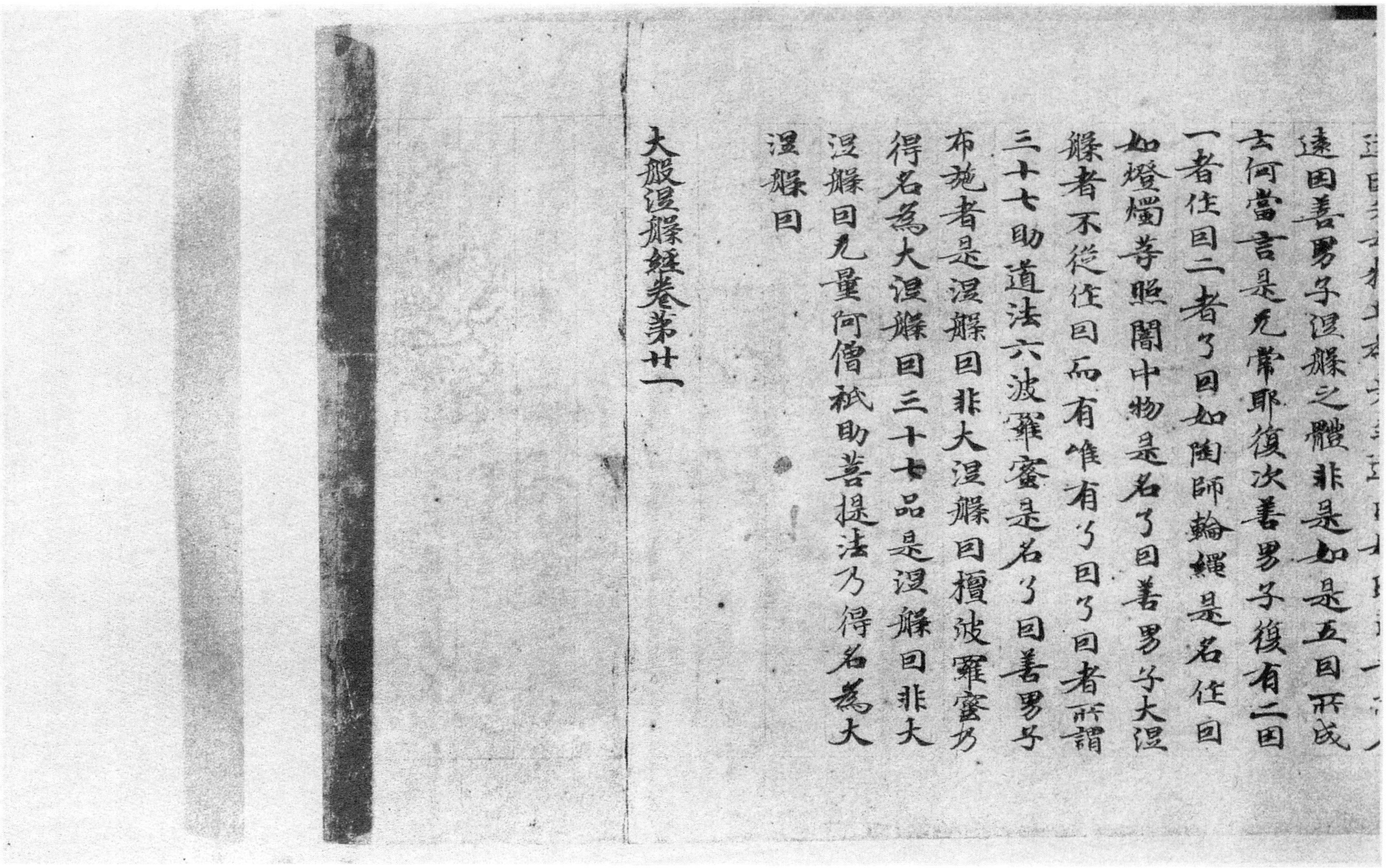
遠因善男子涅槃之體非是如是五因所成
云何當言是无常耶復次善男子復有二因
一者生因二者了因如陶師輪繩是名生因
如燈燭等照闇中物是名了因善男子大涅
槃者不從生因而有唯有了因了因者所謂
三十七助道法六波羅蜜是名了因善男子
布施者是涅槃因非大涅槃因檀波羅蜜乃
得名為大涅槃因三十七品是涅槃因非大
涅槃因无量阿僧祇助菩提法乃得名為大
涅槃因
大般涅槃經卷第廿一

BD13856 號　大般涅槃經（北本　宮本）卷二一　（25–25）

大般涅槃經卷第二十二
1039
師

BD13857 號背　現代護首　（1–1）

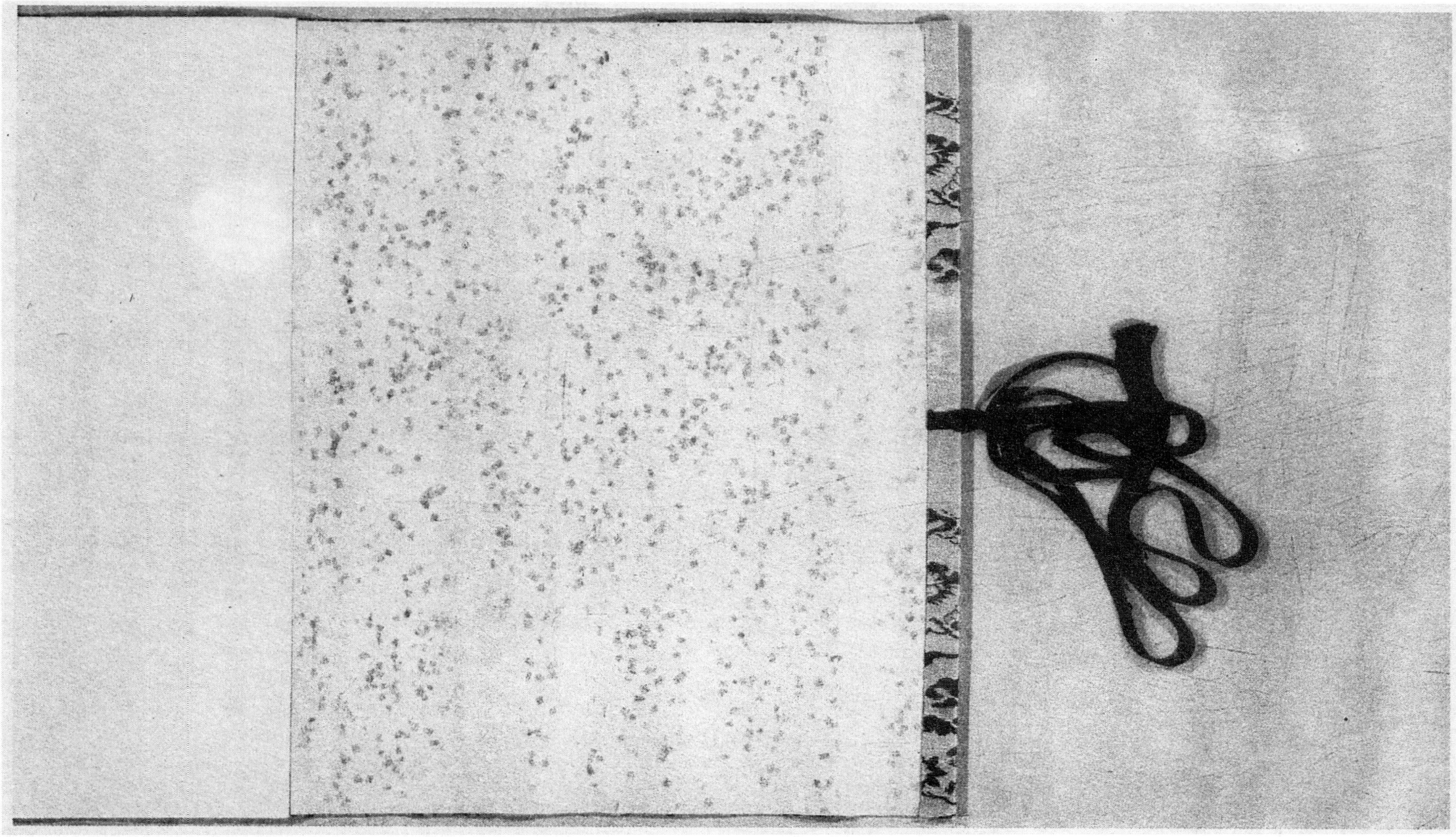

BD13857 號　大般涅槃經（北本　宮本）卷二二　（24–1）

大般涅槃經光明遍照高貴德王菩薩品　二十二
尒時光明遍照高貴德王菩薩摩訶薩白佛
言世尊云何布施不得名為檀波羅蜜云何
布施而得名為檀波羅蜜乃至般若波羅蜜
云何不得名般若波羅蜜云何得名般若波
羅蜜云何名涅槃云何名大涅槃佛言善男
子菩薩摩訶薩脩行方等大般涅槃不聞布

BD13857 號　大般涅槃經（北本　宮本）卷二二　（24–2）

大般涅槃經光明遍照高貴德王菩薩品　二十二
尒時光明遍照高貴德王菩薩摩訶薩白佛
言世尊云何布施不得名為檀波羅蜜　云何
布施而得名為檀波羅蜜乃至般若波羅蜜
云何不得名般若波羅蜜云何得名般若波
羅蜜云何名涅槃云何名大涅槃佛言善男
子菩薩摩訶薩脩行方等大般涅槃不聞布
施不見布施不聞檀波羅蜜不見檀波羅蜜
乃至不聞般若不見般若不聞般若波羅蜜
不見般若波羅蜜不聞涅槃不見涅槃不聞
大涅槃不見大涅槃菩薩摩訶薩脩大涅槃
知見法界解了實相空无所有无有和合覺
知之相得无漏相无所作相如幻化相熱時
炎相乾闥婆城盡空之相菩薩尒時得如是
相无貪恚癡不見不聞是名菩薩摩訶薩
真實之相安住實相菩薩摩訶薩自知此是檀
此是檀波羅蜜乃至此是般若此是般若波
羅蜜此是涅槃此是大涅槃善男子云何是
施非波羅蜜見有乞者然後乃與是名為施
非波羅蜜若无乞者開心自施是則名為檀
波羅蜜若時時施是名為施非波羅蜜若脩
常施是則名為檀波羅蜜若施他已還生悔
心是名為施非波羅蜜施已不悔是則名為
檀波羅蜜菩薩摩訶薩於財物中生四怖心
王賊水火歡喜施與是則名為檀波羅蜜若
望報施是名為施非波羅蜜施不望報是則

BD13857 號　大般涅槃經（北本　宮本）卷二二　（24-3）

常施是則名為檀波羅蜜若施他已還生悔
心是名為施非波羅蜜施已不悔是則名為
檀波羅蜜菩薩摩訶薩於財物中生四怖心
王賊水火歡喜施與是則名為檀波羅蜜若
望報施是名為施非波羅蜜施不望報是則
名為檀波羅蜜若為恐怖名聞利養家法相
續天上五欲為憍慢故為勝他故為知識故
為來報故如市易法善男子如人種樹為得
蔭涼為得華菓及以材木若人脩行如是等
施是名為施非波羅蜜菩薩摩訶薩脩行如
是大涅槃者不見施者受者財物不見時節
不見福田及非福田不見因不見緣不見果
報不見作者不見受者不見多不見少不見
淨不見不淨不輕受者己身財物不見見者
不見不見者不計己他唯為方等大般涅槃
常住法故脩行布施為利一切諸衆生故而行
布施為斷一切衆生煩惱故故行於施為諸
衆生不見受者施者財物故行於施善男子
譬如有人墮大海水抱持死屍則得度脫菩
薩摩訶薩脩大涅槃行布施時亦復如是如
彼死屍善男子譬如有人閉在深獄門户堅
牢唯有廁孔便從中出到无㝵處菩薩摩訶
薩脩大涅槃行布施時亦復如是善男子譬
如貴人恐怖急厄更无恃怙依栴陁羅菩薩
摩訶薩脩大涅槃行於布施亦復如是善男
子譬如病人為除病苦得安樂故服食不淨
菩薩摩訶薩脩大涅槃行於布施亦復如是

BD13857 號　大般涅槃經（北本　宮本）卷二二　（24-4）

窂唯有廁孔便從中出到无畏處菩薩摩訶
薩脩大涅槃行布施時亦復如是善男子譬
如貴人恐怖急厄更无恃怙依栴陁羅菩薩
摩訶薩脩大涅槃行於布施亦復如是善男
子譬如病人為除病苦得安樂故服食不淨
菩薩摩訶薩脩大涅槃行於布施亦復如是
善男子如婆羅門值穀勇貴為壽命故食噉
狗肉菩薩摩訶薩脩大涅槃行於布施亦復如
是善男子大涅槃中如是之事從无量劫來不聞
而聞尸羅尸羅波羅蜜乃至般若般若波羅蜜
如佛雜華經中廣說善男子云何菩薩摩訶
薩脩大涅槃不聞而聞十二部經其義深
邃昔來不聞今因是經得具足聞先雖得聞
唯聞名字而今於此大涅槃經乃得聞義聲
聞緣覺唯聞十二部經名字不聞其義今於
此經具足得聞是名不聞而聞善男子一切聲聞
緣覺經中不曾聞佛有常樂我淨不畢竟滅三
寶佛性无差別相犯四重禁謗方等經作五
逆罪及一闡提悉有佛性今於此經而得聞之
是名不聞而聞光明遍照高貴德王菩薩摩
訶薩白佛言世尊若犯重禁謗方等經作五
逆罪一闡提等有佛性者是等云何復墮地
獄世尊若使是等有佛性者云何復言无常樂
我淨世尊若斷善根名一闡提者斷善根時
所有佛性云何不斷佛性若斷云何復言常
樂我淨如其不斷何故名為一闡提耶世尊犯
四重禁名為不定謗方等經作五逆罪及一闡提

BD13857號　大般涅槃經（北本　宮本）卷二二　（24–5）

獄世尊若使是等有佛性者云何復言无常樂
我淨世尊若斷善根名一闡提者斷善根時
所有佛性云何不斷佛性若斷云何復言常
樂我淨如其不斷何故名為一闡提耶世尊犯
四重禁名為不定謗方等經作五逆罪及一闡提
悉名不定如是等輩若決定者云何得成阿
耨多羅三藐三菩提得須陁洹乃至辟支佛
亦名不定若須陁洹至辟支佛是決定者亦不
應成阿耨多羅三藐三菩提世尊若犯四重·
不決定者須陁洹乃至辟支佛亦不決定如
是不定諸佛如來亦復不定若佛不定涅槃
體性亦復不定至一切法亦復不定云何不定
若一闡提除一闡提則成佛道諸佛如來亦
應如是入涅槃已亦應還出不入涅槃 若如
是者涅槃之性則為不定不決定故當 知无
有常樂我淨云何說言一闡提等當得涅槃
尒時世尊告光明遍照高貴德王菩薩 摩訶
薩言善哉善哉善男子欲為利益无量眾生令
得安樂憐愍慈念諸世間故為欲增長發菩
提心諸菩薩故作如是問善男子汝已親 近
過去无量諸佛世尊於諸佛所種諸善根久
已成就菩提功德降伏眾魔令其退散已教
无量无邊眾生悉令得至阿耨多羅三藐三
菩提久已通達諸佛如來所有甚深祕密之
藏已問過去无量无邊恒河沙等諸佛世尊
如是甚深微密之義我都不見一切世間若天
人沙門婆羅門若魔若梵有能諮問如來是義

BD13857號　大般涅槃經（北本　宮本）卷二二　（24–6）

无量无邊衆生悉令得至阿耨多羅三藐三
菩提久已通達諸佛如來所有甚深祕密之
藏已問過去无量无邊恒河沙等諸佛世尊
如是甚深微密之義我都不見一切世間若天
人沙門婆羅門若魔若梵有能諮問如來是義
今當誠心諦聽諦聽吾當為汝分別演說善
男子一闡提者亦不決定若決定者是一闡提終
不能得阿耨多羅三藐三菩提以不決定是
故能得如汝所言佛性不斷云何一闡提斷善
根者善男子善根有二種一者内二者外佛性
非内非外以是義故佛性不斷復有二種一
者有漏二者无漏佛性非有漏非无漏是故不
斷復有二種一者常二者无常佛性非常非
无常是故不斷若是斷者則應還得若不還
得則名不斷若斷已得名一闡提犯四重者亦
是不定若決定者犯四重禁終不能得阿耨
多羅三藐三菩提謗方等經亦復不定若決
定者謗正法人終不能得阿耨多羅三藐三
菩提作五逆罪亦復不定若決定者五逆之
人終不能得阿耨多羅三藐三菩提色與色
相二俱不定香味觸相生相至无明相陰入界
相二十五有相四生乃至一切諸法皆亦不定
善男子譬如幻師在大衆中化作四兵車步
象馬作諸瓔珞嚴身之具城邑聚落山林樹
木泉池河井而彼衆中有諸小兒无有智慧
覩見之時悉以為實其中智人知其虛誑以
幻力故惑人眼目善男子一切凡夫乃至聲

BD13857號　大般涅槃經（北本　宮本）卷二二　（24–7）

象馬作諸瓔珞嚴身之具城邑聚落山林樹
木泉池河井而彼衆中有諸小兒无有智慧
覩見之時悉以為實其中智人知其虛誑以
幻力故惑人眼目善男子一切凡夫乃至聲
聞辟支佛等於一切法見有定相亦復如是
諸佛菩薩於一切法不見定相善男子譬如
小兒於盛夏月見熱時炎謂之為水有智之
人於此熱炎終不生於實水之想但是虛炎
誑人眼目非實是水一切凡夫聲聞緣覺見
一切法亦復如是悉謂是實諸佛菩薩於一
切法不見定相善男子譬如山間因聲有響小
兒聞之謂是實聲有智之人解无定實但有
聲相誑於耳識善男子一切凡夫聲聞緣覺
於一切法亦復如是見有定相諸菩薩等解
了諸法悉无定相見无常相空寂等相无生
滅相以是義故菩薩摩訶薩見一切法是无
常相善男子亦有定相云何為定常樂我淨在
何處耶所謂涅槃善男子須陁洹果亦復不定
不決定故逕八万劫得阿耨多羅三藐三菩
提心斯陁含果亦復不定不決定故逕六万
劫得阿耨多羅三藐三菩提心阿那含果亦
復不定不決定故逕四万劫得阿耨多羅三
藐三菩提心阿羅漢果亦復不定不決定故
逕二万劫得阿耨多羅三藐三菩提心辟支
佛道亦復不定不決定故逕十千劫得阿耨
多羅三藐三菩提心善男子如來今於拘尸
那城娑羅雙樹間示現倚卧師子之床欲入

BD13857號　大般涅槃經（北本　宮本）卷二二　（24–8）

藐三菩提心阿[illegible]
逕二万劫得阿耨多羅三藐三菩提心辟支
佛道亦復不定不決定故逕十千劫得阿耨
多羅三藐三菩提心善男子如來令於拘尸
那城娑羅雙樹間亦現猗卧師子之床欲入
涅槃令諸未得阿羅漢果衆弟子等及諸力
士生大憂苦亦令天人阿脩羅乾闥婆迦樓
羅緊那羅摩睺羅伽等大設供養欲使諸
人以千端疊纒裹其身七寶為棺盛滿香油
積諸香木以火焚之唯除二端不可得燒一者
襯身二者最在外為諸衆生分散舍利以為
八分一切所有聲聞弟子咸言如來入於涅
槃當知如來亦不畢定入於涅槃何故如來
常住不變易故以是義故如來涅槃亦復不
定善男子當知如來亦復不定如來非天何
以故有四種天一者世間天二者生天三者淨
天四者義天世間天者如諸國王生天者從
四天王乃至非有想非无想天淨天者從須
陀洹至辟支佛義天者十住菩薩摩訶薩等
以何義故十住菩薩名為義天以能善解諸
法義故云何為義見一切法是空義故善男子
如來非王亦非四天乃至非有想非无想　天
從須陀洹至辟支佛十住菩薩以是義故如來
非天然諸衆生亦復稱佛為天中天是故如來
非天非非天非人非非人非鬼非非鬼非地獄
畜生餓鬼非非畜生餓鬼非衆生非非衆
生非法非非法非色非非色非長非非長非短非非
短非相非非相非心非非心非有漏非无漏非有

BD13857號　大般涅槃經（北本　宮本）卷二二　（24-9）

從須陀[illegible]
非天然諸衆生亦復稱佛為天中天是故如來
非天非非天非人非非人非鬼非非鬼非地獄
畜生餓鬼非非畜生餓鬼非衆生非非衆
生非法非非法非色非非色非長非非長非短非非
短非相非非相非心非非心非有漏非无漏非有
為非无為非有常非无常非幻非非幻非名
非非名非定非非定非有非无非說非非說非如
來非不如來以是義故如來不定善男子何
故如來不名世天世天者即是諸王如來久於
无量劫中已捨王位是故非王非非王者如來
生於迦毗羅城淨飯王家是故非非王非生天
者如來久已離諸有故是故非生天非非生天
何以故昇兜率天下閻浮提故是故如來非
非生天亦非淨天何以故如來非是須陀洹
乃至非辟支佛是故如來非是淨天非非淨
天何以故世間八法所不能染猶如蓮華不
受塵水是故如來非非淨天亦非義天何以故
如來非是十住菩薩故是故如來非義天世
非非義天何以故如來常脩十八空義　故是
故如來非非義天如來非人何以故如來久
於无量劫中離人有故是故非人亦非非人
何以故生於迦毗羅城故是故非非人如來
非鬼何以故不害一切衆生故是故非鬼亦
非非鬼何以故亦以鬼像化衆生故是故非
非鬼如來亦非地獄畜生餓鬼何以故如來
久離諸惡業故是故非地獄畜生餓鬼亦非非
地獄畜生餓鬼何以故如來亦復現受三惡諸

BD13857號　大般涅槃經（北本　宮本）卷二二　（24-10）

何以故生於迦毗羅城故是故非非人如来
非鬼何以故不害一切衆生故是故非鬼亦
非非鬼何以故亦以鬼像化衆生故是故非
非鬼如来亦非地獄畜生餓鬼何以故如来
久離諸悪業故是故非地獄畜生餓鬼亦非非
地獄畜生餓鬼何以故如来亦復現受三悪諸
趣之身化衆生故是故非非地獄餓鬼畜生
亦非衆生何以故久已遠離衆生性故是故
如来非衆生亦非非衆生何以故或時演説
衆生相故是故如来非非衆生如来非法何
以故諸法各各有別異相如来不尒唯有一
相是故非法亦非非法何以故如来法界故
是故非非法如来非色何以故十種色入所不
攝故是故非色亦非非色何以故身有三十二
相八十種好故是故非非色如来非長何以故
斷諸色故是故非長亦非非長何以故一切
世間无有能見頂髻相故是故非非長如来非
短何以故久已遠離憍慢結故是非短亦非非
短何以故為瞿師羅長者示三尺身故是故
非非短如来非相何以故久已遠離諸相
相故是故非相亦非非相何以故善知諸相
故是故非非相如来非心何以故虛空相故
是故非心亦非非心何以故有十力心法故亦
能知他衆生心故是故非非心如来非有為
何以故常樂我浄故是故非有為亦非无為
何以故有去来坐臥示現涅槃故是故非无
為如来非常何以故身有分故是故非常云

BD13857號　大般涅槃經（北本　宮本）卷二二　（24–11）

能知他衆生心故是故非非心如来非有為
何以故常樂我浄故是故非有為亦非无為
何以故有去来坐臥示現涅槃故是故非无
為如来非常何以故身有分故是故非常云
何非常以有知故常法无知猶如虛空如来
有知是故非常云何非常有言説故常法无
言亦如虛空如来有言是故无常有姓氏故
名曰无常无姓之法乃名為常虛空常故无
有姓氏如来有姓姓瞿曇氏是故无常有父
母故名曰无常无父母者乃名曰常虛空常
故无有父母佛有父母是故无常有四威儀
名曰无常无四威儀乃名曰常虛空常故无
四威儀佛有四威儀是故故无常常住之法无
有方所虛空常故无有方所如来出在東
天竺地住舍婆提或王舍城是故无常以是
義故如来非常亦非非常何以故生永斷故
有生之法名曰无常无生之法乃名為常如
来无生是故為常常法无性有性之法名為
无常如来无生无性无生无性故常有常之法
遍一切處猶如虛空无處不有如来亦尒遍
一切處是故為常无常之法或言此有或言
彼无如来不尒不可言説是處有彼處无是
故為常无常之法有時是有有時是无如来
不尒有時是有有時是无是故為常常住之
法无名无色虛空常故无名无色如来亦尒
无名无色是故為常常住之法无因无果虛
空常故无因无果如来亦尒无因无果是故

BD13857號　大般涅槃經（北本　宮本）卷二二　（24–12）

不尒有時是有有時是无是故為常常住之
法无名无色虛空常故无名无色如來亦尒
无名无色是故為常常住之法无因无果虛
空常故无因无果如來亦尒无因无果是故
為常常住之法三世不攝如來亦尒三世不
攝是故為常如來非幻何以故永斷一切虛
誑心故是故非幻亦非非幻何以故如來或
時分此一身為无量身无量之身復為一身
山壁直過无有鄣㝵履水如地入地如水行空
如地身出烟焰如大火聚雲雷震動其聲可
畏或為城邑聚落舍宅山川樹木或作大身或
作小身男身女身童男女身是故如來亦非非
幻如來非定何以故如來於此拘尸那城娑
羅雙樹間示現入於般涅槃故是故非定亦
非非定何以故常樂我淨故是故如來亦非
非定如來非有漏何以故斷三漏故故非有
漏三漏者欲界一切煩惱除无明是名欲漏色
无色界一切煩惱除无明是名有漏三界无明
名无明漏如來永斷是故非漏復次一切凡夫
不見有漏云何凡夫不見有漏一切凡夫於未
來世悉有疑心未來世中當得身耶不得身
耶過去世中身本有耶為本无耶現在世中
是身有耶是身无耶若有我者是色耶非色
耶色非色耶非色非非色耶想耶非想耶想
非想耶非想非非想耶是身屬他耶不屬他
耶屬不屬耶非屬非不屬耶有命无身耶有
身无命耶有身有命耶无身无命耶身之與

BD13857號　大般涅槃經（北本　宮本）卷二二

（24–13）

是身有耶是身无耶若有我者是色耶非色
耶色非色耶非色非非色耶想耶非想耶想
非想耶非想非非想耶是身屬他耶不屬他
耶屬不屬耶非屬非不屬耶有命无身耶有
身无命耶有身有命耶无身无命耶身之與
命有常耶无常耶常无常耶非常非无常耶
身之與命自在作耶時節作耶无因作耶世
性作耶微塵作耶法非法作耶士夫作耶煩惱
作耶父母作耶我住心耶住眼中耶遍滿
身中耶從何來耶去何至耶誰生耶誰死耶
我於過去是婆羅門姓耶是剎利姓耶是毗
舍姓耶是首陁羅姓耶當於未來得何姓耶我
此身者過去之時是男身耶是女身耶畜生
身耶若我煞生當有罪耶當无罪耶乃至飲
酒當有罪耶當无罪耶我自作耶為他作耶
我受報耶身受報耶如是疑見无量煩惱覆
衆生心因是疑見生六種心決定有我決定
无我我我見我我見无我无我見我我作我受
我知是名耶見如來永拔如是无量見漏根
本是故非漏善男子菩薩摩訶薩於大涅槃
脩聖行者亦得永斷如是諸漏諸佛如來常
脩聖行是故无漏善男子凡夫不能善攝五
根則有三漏為惡所牽至不善處善男子辟
如惡馬其性佷悷能令乘者至嶮惡處不能
善攝此五根者亦復如是令人遠離涅槃善
道至諸惡處辟如惡鳥心未調順有人乘之
不隨意去遠離城邑至空曠處不能善攝此

BD13857號　大般涅槃經（北本　宮本）卷二二

（24–14）

如惡馬其性佷悷能令乘者至嶮惡處不能
善攝此五根者亦復如是令人遠離涅槃善
道至諸惡處譬如惡象心未調順有人乘之
不隨意去遠離城邑至空曠處不能善攝此
五根者亦復如是將人遠離涅槃城邑至於生
死曠野之處善男子譬如佞臣教王作惡
五根佞臣亦復如是常教衆生造无量惡善
男子譬如惡子不受師長父母教勑則无惡
不造不調五根亦復如是不受師長善言教
勑无惡不造善男子凡夫之人不攝五根常
為地獄畜生餓鬼之所賊害亦如怨賊害及
善人善男子凡夫之不攝五根馳騁五塵
譬如牧牛不善守護犯人苗稼凡夫之人不
攝五根常在諸有多受苦惱善男子菩薩摩
訶薩脩大涅槃行聖行時常能善調守護五
根怖畏貪欲瞋恚愚癡憍慢嫉妬為得一切諸
善法故善男子若能善守此五根者則能攝
心善能攝心則攝五根譬如有人擁護於王
則護國土護國土者則護於王菩薩摩訶薩
亦復如是若得聞是大涅槃經則得智慧得
智慧故則得專念五根若散念則能止何以
故是念慧故善男子如善牧者設牛東西噉
他苗稼則便遮止不令犯暴善薩摩訶薩亦
復如是念慧因緣故守攝五根不令馳散善
薩摩訶薩有念慧者不見我相不見我所相
不見衆生及所受用見一切法同法性相生於

他苗稼則便遮止不令犯暴善薩摩訶薩亦
復如是念慧因緣故守攝五根不令馳散善
薩摩訶薩有念慧者不見我相不見我所相
不見衆生及所受用見一切法同法性相生於
土石凡礫之相譬如屋舍從衆緣生无有定
相見諸衆生四大五陰之所成立推无定性
无定性故菩薩於中不生貪著一切凡夫見
有衆生故起煩惱菩薩摩訶薩脩大涅槃有
念慧故於諸衆生不生貪著復次菩薩摩訶薩
脩大涅槃經者不著衆生想作種種法相
善男子譬如畫師以衆雜綵畫作衆像若
男若女若牛若馬凡夫无智見之則生男
女等相畫師了知无有男女菩薩摩訶薩
亦復如是於法異相觀於一相終不生於衆
生定相何以故有念慧故菩薩摩訶薩脩
大涅槃或時覩見端正女人終不生於貪著
之心何以故善觀相故善男子菩薩摩訶薩
知五欲法无有歡樂不得暫停如犬齧枯骨
如人持火逆風而行如篋毒蛇夢中所得路
首菓樹多人所擲亦如段肉衆鳥競逐如水
上泡畫水之跡如織經盡如囚趣市猶如賈
借勢不得久觀欲如是多諸過惡復次善男子菩薩
摩訶薩觀諸衆生為色香味觸因緣故從
昔无數无量劫來常受苦惱一一衆生一劫之
中所積身骨如王舍城毗富羅山所飲乳汁
如四海水身所出血多四海水父母兄弟妻子
眷屬命終哭泣所出目淚多四大海盡地草

摩訶薩觀諸衆生為色香味觸因緣故從
昔无數无量劫来常受苦惱一一衆生一劫之
中所積身骨如王舍城毗富羅山所飲乳汁
如四海水身所出血多四海水父母兄弟妻子
眷属命終哭泣所出目淚多四大海盡地草
木為四寸籌以數父母亦不能盡无量劫来
或在地獄畜生餓鬼所受行苦不可稱計揣
此大地猶如棗等易可窮盡生死難盡菩薩摩
訶薩如是深觀一切衆生以是欲因緣故受苦无
量菩薩以是生死行苦故不失念慧善男
子譬如世間有諸大衆滿二十五里王勅一臣
持一油鉢逕由中過莫令傾覆若棄一渧當斷
汝命復遣一臣拔刀在後隨而怖之臣受王
教盡心堅持逕歷尒所大衆之中雖見可意
五邪欲等心常念言我若放逸著彼邪欲當
棄所持命不全濟是人以是怖因緣故乃至
不棄一渧之油菩薩摩訶薩亦復如是於生
死中不失念慧以不失故雖見五欲心不貪
著若見淨色不生色相唯觀苦相乃至識相
亦復如是不作生相不作滅相不作因緣相
觀和合相菩薩尒時五根清淨五根清淨故
護根戒具一切凡夫五根不淨不能善持名
曰根漏菩薩永斷是故无漏如来拔出永斷
根本是故非漏復次善男子復有離漏菩薩
摩訶薩欲為无上甘露佛果故離於惡漏々々
何為離若能脩行大涅槃經書寫受持讀誦
解說思惟其義是名為離何以故善男子我

BD13857號　大般涅槃經（北本　宮本）卷二二　（24–17）

根本是故非漏復次善男子復有離漏菩薩
摩訶薩欲為无上甘露佛果故離於惡漏々々
何為離若能脩行大涅槃經書寫受持讀誦
解說思惟其義是名為離何以故善男子我
都不見十二部經能離惡漏如此方等大涅
槃經善男子譬如良師教諸弟子諸弟子中
有受教者心不造惡菩薩摩訶薩脩大涅槃
微妙經典亦復如是心不造惡善男子譬如
世間有善呪術若有一聞却後七年不為一切
毒藥所中虵不能螫若有誦者乃至命盡无
有衆惡善男子是大涅槃經亦復如是若有衆生
一逕耳者却後七劫不墮惡道若有書寫讀
誦解說思惟其義必得阿耨多羅三藐三菩提
淨見佛性如彼聖王得甘露味善男子是大
涅槃有如是等无量功德善男子若有人能
書寫是經讀誦解說為他敷演思惟其義
當知是人真我弟子善受我教是我所見我之
所念是人諦知我不涅槃隨如是人所住之處
若城邑聚落山林曠野房舍田宅樓閣殿
堂我亦在中常住不移我於是人常作受施
或作比丘比丘尼優婆塞優婆夷婆羅門梵
志貧窮乞人云何當令是人得知如来受其所
施之物善男子是人或於夜臥夢中夢見佛
像或見天像沙門之像國主聖王師子王像
蓮華形像優曇華像或見大山或大海水或見
日月或見白象及白馬像或見父母得華得菓

BD13857號　大般涅槃經（北本　宮本）卷二二　（24–18）

施之物善男子是人或於夜卧夢中夢見佛
像或見天像沙門之像國主聖王師子王像
蓮華形像優曇華像或見大山或大海水或見
日月或見白象及白馬像或見父母得華得菓
金銀琉璃頗梨等寶五種牛味尒時當知即
是如來受其所施寤已喜樂尋得種種所須
之物心不念惡樂脩善法善男子是大涅槃
悉能成就如是无量阿僧祇等不可思議无
邊功德善男子汝今應當信受我語若有善
男子善女人欲見我者欲恭敬我者欲同法
性而見於我欲得空定欲見實相欲得脩集
首楞嚴定師子王定欲破八魔八魔者所謂
四魔无常无樂无我无淨欲得人中天上樂者
見有受持大涅槃經書寫讀誦為他解說思
惟義者當往親近依附諮受供養恭敬尊重讚
歎為洗手足布置床席四事供養令无所乏
若從遠來應十由旬路次奉迎為是經故所
重之物應以奉獻如其无者應自責身何以
故是經難遇過優曇華善男子我念過去无
量无邊那由他劫尒時世界名曰娑婆有佛世
尊号釋迦牟尼如來應供正遍知明行足善
逝世間解无上士調御丈夫天人師佛世尊
為於大眾宣說如是大涅槃經我於尒時從
善友所轉聞彼佛當為大眾說大涅槃我聞
是已其心歡喜欲設供養居貧无物欲自賣
身薄福不售即欲還家路見一人而便語言
吾欲賣身君能買不其人答曰我家作業人

BD13857 號　大般涅槃經（北本　宮本）卷二二　　（24–19）

為於大眾宣說如是大涅槃經我於尒時從
善友所轉聞彼佛當為大眾說大涅槃我聞
是已其心歡喜欲設供養居貧无物欲自賣
身薄福不售即欲還家路見一人而便語言
吾欲賣身君能買不其人答曰我家作業人
无堪者汝設能為我當買汝我即問言有何
作業人无堪能其人見答吾有惡病良醫處
藥應當日服人肉三兩御若能以身肉三兩
日日見給便當與汝金錢五枚我時聞已心
中歡喜我復語言汝與我錢假我七日須我
事訖便還相就其人見答七日不可審能尒
者當許一日善男子我於尒時即取其錢還
至佛所頭面礼足盡其所有而以奉獻然後
誠心聽受是經我時闇鈍雖得聞經唯能受
持一偈文句
如來證涅槃　永斷於生死　若有至心聽　常得无量樂
受是偈已即便還至彼病人家善男子我時
雖復日日與三兩肉以念偈因緣故不以為
痛日日不廢是滿一月善男子以是因緣其
病得差我身平服亦无創瘢我時見身具足
完具即發阿耨多羅三藐三菩提心一偈之
力尚能如是何况具足受持讀誦我見此經
有如是利復倍發心願於未來成得佛道字
釋迦牟尼善男子以是一偈因緣力故令我
今日於大眾中為諸天人具足宣說
善男子以是因緣是大涅槃不可思議成就
无量无邊功德乃是諸佛如來甚深祕密之

BD13857 號　大般涅槃經（北本　宮本）卷二二　　（24–20）

釋迦牟尼善男子以是一偈因緣力故令我
今日於大衆中為諸天人具足宣說
善男子以是因緣是大涅槃不可思議成就
无量无邊功德乃是諸佛如來甚深祕密之
藏以是義故能受持者斷離惡漏所謂惡者
惡象惡馬惡牛惡狗毒虵住處惡刺土地懸
崖嶮岸暴水迴覆惡人惡國惡城惡舍惡知
識等如是等輩若作漏因菩薩即離若不能
作則不遠離若增有漏則便離之若不增長
則不遠離若作惡法則便離之若能作善則
不遠離云何為離不持刀杖常以正慧方便
而遠離之是故名為正慧遠離為生善法則
離惡法菩薩摩訶薩自觀其身如病如創如
癰如怨如箭入體是大苦聚悉是一切諸惡
根本是身雖復不淨如是菩薩猶故瞻視將
養何以故非為貪身為善法故為於涅槃不
為生死為常樂我淨不為无常无我樂淨為
菩提道不為有道為於一乘不為二乘為三十
二相八十種好微妙之身不為乃至非有相非
无相身為法輪王不為轉輪王善男子菩薩
摩訶薩常當護身何以故若不護身命則不全
命若不全則不能得書寫是經受持讀誦為
他廣說思惟其義是故菩薩應善護身以是
義故菩薩得離一切惡漏善男子如欲度者
應善護栰臨路之人善護良馬田夫種殖善
護糞穢如為差毒善護毒虵如人為財護旃

BD13857號　大般涅槃經（北本　宮本）卷二二　（24–21）

命若不全則不能得書寫是經受持讀誦為
他廣說思惟其義是故菩薩應善護身以是
義故菩薩得離一切惡漏善男子如欲度者
應善護栰臨路之人善護良馬田夫種殖善
護糞穢如為差毒善護毒虵如人為財護旃
陁羅為壞賊故將護健兒亦如寒人愛護於
大如癩病者求於毒藥菩薩摩訶薩亦復
如是雖見是身无量不淨具足充滿為欲受
持大涅槃經故猶好將護不令乏少菩薩摩
訶薩觀於惡象及惡知識等无有二何以故
俱壞身故菩薩摩訶薩於惡象等心无怖懼
於惡知識生畏懼心何以故是惡象等唯能
壞身不能壞心惡知識者二俱壞故是惡象
等唯壞一身惡知識者壞无量善身无量善
心是惡象等唯能破壞不淨臭身惡知識者
能壞淨身及以淨心是惡象等能壞肉身惡
知諸者壞於法身為惡象煞不至三惡為惡
友煞必至三惡是惡象等但為身怨惡知識
者為善法怨是故菩薩常當遠離諸惡知識
如是等漏凡夫不離是故生漏菩薩離之則
不生漏菩薩如是尚无有漏况於如來是故
非漏云何親近漏一切凡夫受取衣食臥具
醫藥為身心樂求如是物造種種惡不知過
未輪迴三趣是故名漏菩薩摩訶薩見如是
過則便遠離若須衣時即便受取不為身故
但為於法不長憍慢心常卑下不為嚴餝但
為羞恥鄣諸寒暑惡風惡雨惡虫蚉虻蠅蚤

BD13857號　大般涅槃經（北本　宮本）卷二二　（24–22）

[illegible]為身心專求如是物造種種惡不知過
未輪迴三趣是故名漏菩薩摩訶薩見如是
過則便遠離若須衣時即便受取不為身故
但為於法不長憍慢心常卑下不為嚴餝但
為羞恥鄣諸寒暑惡風惡雨惡虫蚉蝱蠅蚤
蝮蠍雖受飲食心无貪著不為身故常為正
法不為膚肥但為衆生不為憍慢為身力故
不為怨害為治飢創雖得上味心无貪著受
取房舍亦復如是貪慢之結不令居心為菩
提舍遮心結賊鄣惡風雨故受房舍求醫藥
者心无貪著但為正法不為壽命為常命故
善男子如人病創為蘇麨塗以衣裹之為出
膿血蘇麨塗拊為創愈故以藥坌之為惡風
故在深屋中菩薩摩訶薩亦復如是觀身是
創故以衣覆為九孔膿求索飲食為惡風雨
取受方舍為四毒發求覓醫藥菩薩受取四
種供養為菩提道非為受命何以故菩薩摩
訶薩作是思惟我若不受是四供養身則磨
滅不得堅牢若不堅牢則不忍苦若不忍苦
則不能得脩集善法若能忍苦則得脩集无
量善法我若不能堪忍衆苦則於苦受生瞋
恚心於樂受中生貪著心若求樂不得則生
无明是故凡夫於四供養生於有漏菩薩摩
訶薩能深觀察不生於漏是故菩薩名為
无漏云何如來當名有漏是故如來不名有漏

大般涅槃經卷第二十二

BD13857號　大般涅槃經（北本　宮本）卷二二　（24–23）

種供養為菩提道非為受命何以故菩薩摩
訶薩作是思惟我若不受是四供養身則磨
滅不得堅牢若不堅牢則不忍苦若不忍苦
則不能得脩集善法若能忍苦則得脩集无
量善法我若不能堪忍衆苦則於苦受生瞋
恚心於樂受中生貪著心若求樂不得則生
无明是故凡夫於四供養生於有漏菩薩摩
訶薩能深觀察不生於漏是故菩薩名為
无漏云何如來當名有漏是故如來不名有漏

大般涅槃經卷第二十二

BD13857號　大般涅槃經（北本　宮本）卷二二　（24–24）

BD13858 號背　現代護首　　　　（1–1）

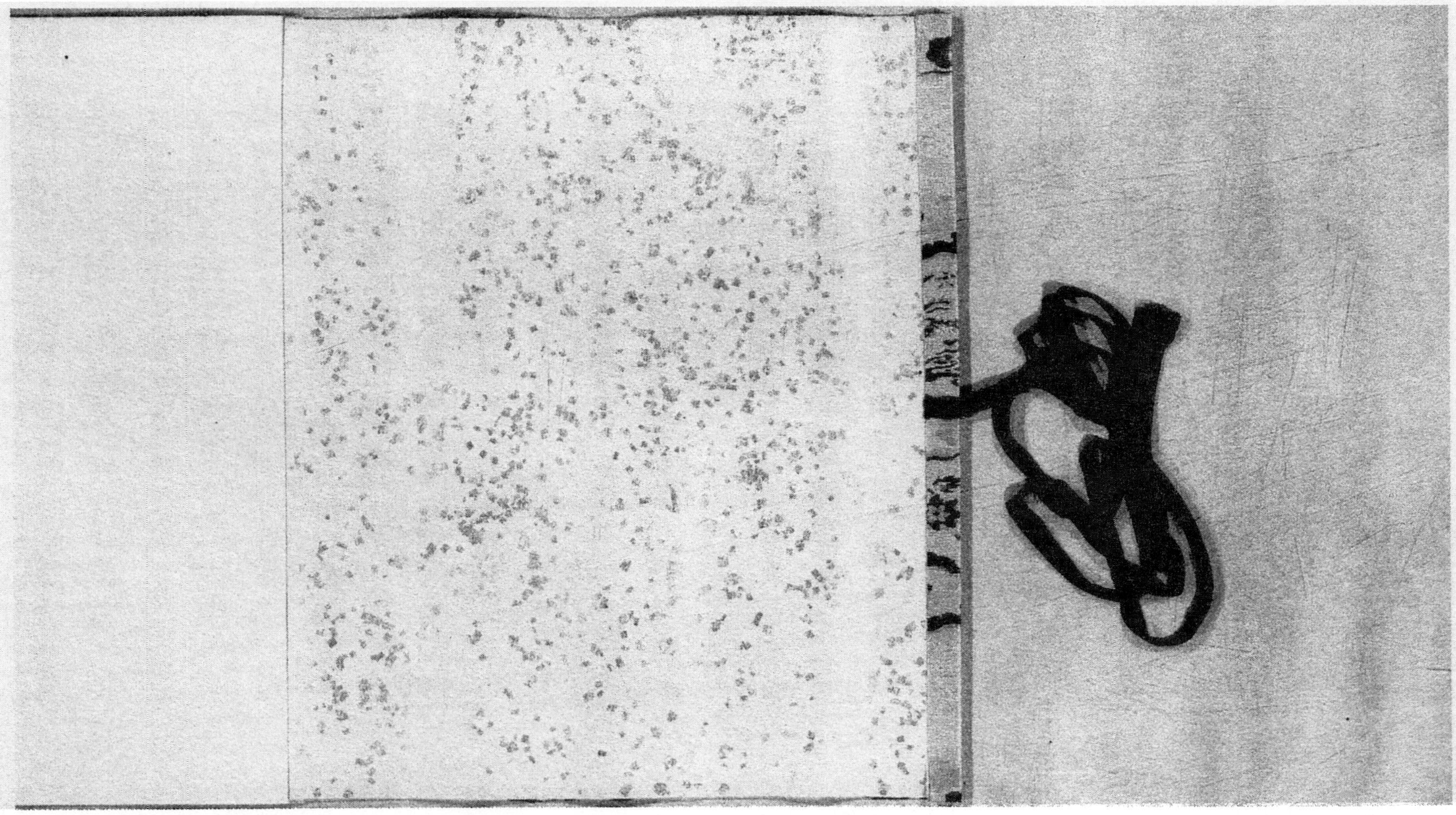

BD13858 號　大般涅槃經（北本）卷二四　　　　（28–1）

大般涅槃經高貴德王菩薩品之四　第廿四
復次善男子云何菩薩摩訶薩脩大涅槃成
就具足第二功德善男子菩薩摩訶薩脩大
涅槃昔所不得而今得之昔所不見而今見
之昔所不聞而今聞之昔所不到而今到之
昔所不知而今知之云何名為昔所不得而
今得之所謂神通昔所不得而今乃得通有
二種一者内二者外所言外者與外道共内
復有二一者二乘二者菩薩菩薩脩行大涅
槃經所得神通不與聲聞辟支佛共云何名
為不與聲聞辟支佛共二乘所作神通變化
一心一作不得衆多菩薩不尒於一心中則能
具足現五趣身所以者何以得如是大涅

BD13858號　大般涅槃經（北本）卷二四　（28–2）

槃經所得神通不與聲聞辟支佛共云何名
為不與聲聞辟支佛共二乘所作神通變化
一心一作不得衆多菩薩不尒於一心中則能
具足現五趣身所以者何以得如是大涅
槃經之勢力故是則名為昔所不得而今得
之又復云何昔所不得而今得之所謂身得
自在心得自在何以故一切凡夫所有身心
不得自在或心隨身或身隨心云何名為心
隨於身譬如醉人酒在身中尒時身動心亦
隨動亦如身懶心亦隨懶是則名為心隨於
身又如嬰兒其身稚小心亦隨小大人身大
心亦隨大又如有人身體麁澁心常思念欲
得膏油潤漬令滑是則名為心隨於身云何
名為身隨於心所謂去來坐卧脩行施戒忍
辱精進愁惱之人身則羸悴歡喜之人身則
肥鮮恐怖之人身體戰動專心聽法身則怡
悅悲泣之人涕淚橫流是則名為身隨於心
菩薩不尒於身心中俱得自在是則名為昔
所不得而今得之復次善男子菩薩摩訶
薩所現身相猶如微塵以此微身悉能遍至
无量无邊恒河沙等諸佛世界无所鄣礙而
心常定初不移動是則名為心不隨身是亦
名為昔所不到而今能到何故復名昔所不
到而今能到一切聲聞辟支佛等所不能到
菩薩能到是故名為昔所不到而今能到一

BD13858號　大般涅槃經（北本）卷二四　（28–3）

无量无邊恒河沙等諸佛世界无所鄣礙而
心常定初不移動是則名為心不随身是亦
名為昔所不到而今能到何故復名昔所不
到而今能到一切聲聞辟支佛等所不能到
菩薩能到是故名為昔所不到而今能到一
切聲聞辟支佛等雖以神通不能變身如細
微塵遍至无量恒河沙等諸佛世界聲聞
緣覺身若動時心亦随動菩薩不尒心雖不動
身无不至是名菩薩心不随身復次善男子
菩薩化身猶如三千大千世界以此大身入一
塵身其心尒時亦不随小聲聞緣覺雖能
化身令如三千大千世界而不能以如此大身
入微塵身於此事中尚自不能況能令心而
不随動是名菩薩心不随身復次善男子菩
薩摩訶薩以一音聲能令三千大千世界衆
生悉聞心終不念令是音聲遍諸世界使諸
衆生昔所不聞而今得聞而是菩薩亦初不
言我令衆生昔所不聞而今得聞菩薩若
言因我說法令諸衆生不聞聞者當知是人
不能得阿耨多羅三藐三菩提何以故衆生
不聞我為說者如此之心是生死心一切菩
薩是心已盡以是義故菩薩摩訶薩所有
身心不相随逐善男子一切凡夫身心相随
菩薩不尒為化衆生故雖現身小心亦不小何
以故諸菩薩等所有心性常廣大故雖現大
身心亦不大云何大身身如三千大千世界

BD13858號　大般涅槃經（北本）卷二四　（28–4）

薩是心已盡以是義故菩薩摩訶薩所有
身心不相随逐善男子一切凡夫身心相随
菩薩不尒為化衆生故雖現身小心亦不小何
以故諸菩薩等所有心性常廣大故雖現大
身心亦不大云何大身身如三千大千世界
云何小心行嬰兒行以是義故心不随身菩
薩摩訶薩已於无量阿僧祇劫遠酒不飲而
心亦動心无悲苦身亦流淚贊无怨怖身亦
戰慄以是義故當知菩薩身心自在不相随
逐菩薩摩訶薩唯現一身而諸衆生各各見
異復次善男子云何菩薩摩訶薩脩大涅槃
昔所不聞而今得聞菩薩摩訶薩先耳聲
相所謂象聲馬聲車聲人聲貝聲鼓聲簫
笛等聲歌聲哭聲而脩習之以脩習故能聞无
量三千大千世界所有地獄音聲復轉脩習得
異耳根異於聲聞緣覺天耳何以故二乘所
得清淨耳通若依初禪淨妙四大唯聞初禪
不聞二禪乃至四禪亦復如是雖可一時得
聞三千大千世界所有音聲而不能聞无量
无邊恒河沙等世界音聲以是義故菩薩所
得異於聲聞緣覺耳根以是異故昔所不聞
而今得聞雖聞音聲而心初无聞聲之相不
作有相常相樂相我相淨相主相依相作相
因相定相果相以是義故諸菩薩等昔所不
聞而今得聞尒時光明遍照高貴德王菩薩
言若佛所說不作定相不作果相是義不然

BD13858號　大般涅槃經（北本）卷二四　（28–5）

作有相常相樂相我相淨相主相依相作相
因相定相果相以是義故諸菩薩等昔所不
聞而今得聞尒時光明遍照高貴德王菩薩
言若佛所說不作定相不作果相是義不然
何以故如來先說若人聞是大涅槃經一句
一字必定得成阿耨多羅三藐三菩提如來
於今云何復言无定无果若得阿耨多羅三
藐三菩提即是定相是即果相云何而言无
定无果聞惡聲故則生惡心生惡心故則生
三塗若至三塗則得定果云何而言无定无
果尒時如來讚言善哉善哉善男子能作是
問若使諸佛說諸音聲有定果相者則非諸
佛世尊之相是魔王相生死之相遠涅槃相
何以故一切諸佛凡所演說无定果相善男
子譬如刀中照人面像豎則見長橫則見闊
若有定相云何而得豎則見長橫則見闊以
是義故諸佛世尊凡所演說无定果相善男
子夫涅槃者實非聲果若使涅槃是聲果者
當知涅槃非是常法善男子譬如世間從因
生法有因則有果无因則无果因无常故果
亦无常所以者何因亦作果果亦作因以是
義故一切諸法无有定相若使涅槃從因生
者因无常故果亦无常而是涅槃不從因生
體非是果是故為常善男子以是義故涅槃
之體无定无果善男子夫涅槃者亦可言定

BD13858號　大般涅槃經（北本）卷二四　（28–6）

義故一切諸法无有定相若使涅槃從因生
者因无常故果亦无常而是涅槃不從因生
體非是果是故為常善男子以是義故涅槃
之體无定无果善男子夫涅槃者亦可言定
亦可言果云何為定一切諸佛所有涅槃常
樂我淨是故為定无生老壞是故為定一闡
提等犯四重禁誹謗方等作五逆罪捨除
本心必定得故是故為定善男子如汝所言
若人聞我說大涅槃一字一句得阿耨多羅
三藐三菩提者汝於是義猶未了了汝當諦
聽吾當為汝更分別之善男子若有善男子
善女人聞大涅槃一字一句不作字相不作句
相不作聞相不作佛相不作說相如是義者
名无相相以无相相故得阿耨多羅三藐三
菩提善男子如汝所言聞惡聲故到三塗者
是義不然何以故非以惡聲而至三塗當知
是果乃是惡心所以者何有善男子善女人
等雖聞惡聲心不生惡是故當知非因惡聲
生三趣中而諸衆生因煩惱結惡心滋多生三
惡趣非因惡聲若聲有定相諸有聞者一切
悉應生於惡心或有生者有不生者是故當
知聲无定相以无定相故雖復因之不生惡
心世尊若聲无定云何菩薩昔所不聞而
今得聞善男子聲无定相昔所不聞令諸菩
薩而今得聞以是義故我作是說昔所不聞而

BD13858號　大般涅槃經（北本）卷二四　（28–7）

知聲无定相以无定相故雖復因之不生惡
心世尊聲若无定云何菩薩昔所不聞而
今得聞善男子聲无定相昔所不聞今諸菩
薩而今得聞以是義故我作是說昔所不聞而
今得聞善男子云何昔所不見而今得見善
男子菩薩摩訶薩脩大涅槃微妙經典先取
明相所謂日月星宿庭燎燈燭珠火之明藥
草等光以脩集故得異眼根異於聲聞緣
覺所得云何為異二乘所得清淨天眼若依
欲界四大眼根不見初禪若依初禪不見上地
乃至自眼猶不能見若欲多見極至三千大
千世界菩薩摩訶薩不脩天眼見妙色身悉
是骨相雖見他方恒河沙等世界色相不作
色相不作常相有相物相名字等相作因緣
相不作見相不言是眼微妙淨相唯見因緣
非因緣相云何因緣色是眼緣若使是色非
因緣者一切凡夫不應生於見色之相以是
義故色名因緣非因緣者菩薩摩訶薩雖
復見之不生色相是故非緣以是義故菩薩
所得清淨天眼異於聲聞緣覺所得以是
異故一時遍見十方世界現在諸佛是名菩薩
昔所不見而今得見以是異故能見微塵聲
聞緣覺所不能見以是異故雖見自眼物无
見相見无常相見凡夫身三十六物不淨充滿
如於掌中觀阿摩勒菓以是義故昔所不見
而今得見若見眾生所有色相則知其人大

昔所不見而今得見以是異故能見微塵聲
聞緣覺所不能見以是異故雖見自眼物无
見相見无常相見凡夫身三十六物不淨充滿
如於掌中觀阿摩勒菓以是義故昔所不見
而今得見若見眾生所有色相則知其人大
小乘根一觸衣故亦知是人善惡諸根差別
之相以是義故昔所不知而今得知以一見
故昔所不知而今得知以此知故昔所不見
而今得見復次善男子云何菩薩昔所不知
而今得知菩薩摩訶薩雖知凡夫貪恚癡心
初不作心及心數相不作眾生及以物相脩
第一義畢竟空相何以故一切菩薩常善脩
習空性相故以脩空故昔所不知而今得知
云何為知知无有我无有我所知諸眾生皆
有佛性以佛性故一闡提等捨離本心悉當
得成阿耨多羅三藐三菩提如此皆是聲聞
緣覺所不能知菩薩能知以是義故昔所不
知而今得知復次善男子云何昔所不知而
今得知菩薩摩訶薩脩大涅槃微妙經典念
過去世一切眾生所生種姓父母兄弟妻子
眷屬知識怨憎於一念中得殊異智異於聲
聞緣覺智慧云何為異聲聞緣覺所有智慧
念過去世所有眾生種姓父母乃至怨憎而
作種姓生怨憎相菩薩不尒雖念過去種姓
父母乃至怨憎終不生於種姓父母怨憎等
相常作法相空寂之相是名菩薩昔所不知

聞緣覺智慧云何為異聲聞緣覺所有智慧
念過去世所有衆生種姓父母乃至怨憎而
作種姓生怨憎相菩薩不尒雖念過去種姓
父母乃至怨憎終不生於種姓父母怨憎等
相常作法相空寂之相是名菩薩昔所不知
而今得知復次善男子云何昔所不知而今
得知菩薩摩訶薩脩大涅槃微妙經典得他
心智異於聲聞緣覺所得云何為異聲聞
緣覺以一念智知人心時則不能知地獄畜生
餓鬼天心菩薩不尒於一念中遍知六趣衆
生之心是名菩薩昔所不知而今得知復次
善男子復有異知菩薩摩訶薩於一心中知
須陁洹初心次第至十六心以是義故昔所
不知而今得知是為菩薩脩大涅槃具足成
就第二功德
復次善男子云何菩薩摩訶薩脩大涅槃成
就具足第三功德善男子菩薩摩訶薩脩大
涅槃捨慈得慈得慈之時不從因緣云何名
為捨慈得慈善男子慈名世諦菩薩摩訶
薩捨世諦慈得第一義慈第一義慈不從緣
得復次云何捨慈得慈慈若可捨名凡夫慈慈
若可得即名菩薩无緣之慈捨一闡提慈犯
四重禁慈謗方等慈作五逆慈得憐愍慈
得如來慈世尊之慈无因緣慈云何復名捨慈
得慈捨黄門慈无根二根女人之慈屠膾獵
師畜養雞豬如是等慈亦捨聲聞辟支佛慈

BD13858 號　大般涅槃經（北本）卷二四　（28–10）

四重禁慈謗方等慈作五逆慈得憐愍慈
得如來慈世尊之慈无因緣慈云何復名捨慈
得慈捨黄門慈无根二根女人之慈屠膾獵
師畜養雞豬如是等慈亦捨聲聞辟支佛慈
得諸菩薩无緣之慈不見自慈不見他慈不
見持戒不見破戒雖自見悲不見衆生雖有
苦受不見受者何以故以脩第一真實義故
是名菩薩脩大涅槃成就具足第三功德
復次善男子云何菩薩摩訶薩脩大涅槃
成就具足第四功德善男子菩薩摩訶薩脩
大涅槃成就具足第四功德有十事何等為十
一者根深難可傾拔二者於自身生決定想
三者不觀福田及非福田四者脩淨佛土五
者滅除有餘六者斷除業緣七者脩清淨身
八者了知諸緣九者壞諸怨敵十者遠離二
邊云何根深難可傾拔所言根者名不放逸
不放逸者為是何根所謂阿耨多羅三藐三
菩提根善男子一切諸佛諸善根本皆因不
放逸不放逸故諸餘善根轉轉增長以能增
長諸善根故於諸善中最為殊勝善男子如
諸迹中象跡為上不放逸法亦復如是於諸
善法最為殊勝善男子如諸明中日光為最
不放逸法亦復如是於諸善法最為殊勝善
男子如諸王中轉輪聖王為最第一不放逸
法亦復如是於諸善法最為第一善男子如
諸流中四河為最不放逸法亦復如是[illegible]者

BD13858 號　大般涅槃經（北本）卷二四　（28–11）

不放逸法亦復如是於諸善法㝡為殊勝善
男子如諸王中轉輪聖王為㝡第一不放逸
法亦復如是於諸善法㝡為第一善男子如
諸流中四河為㝡不放逸法亦復如是於諸
善法為上為㝡善男子如諸山中須弥山王
為㝡第一不放逸法亦復如是於諸善法為
㝡第一善男子如水生華中青蓮華為㝡不
放逸法亦復如是於諸善法為㝡為上善男
子如陸生華中波利師華為㝡為上不放逸
法亦復如是於諸善法為㝡為上善男子如
諸獸中師子為㝡不放逸法亦復如是於諸
善法為㝡為上善男子如飛鳥中金翅鳥王
為㝡為上不放逸法亦復如是於諸善法為
㝡為上善男子如大身中羅睺阿脩羅王為
㝡為上不放逸法亦復如是於諸善法為㝡
為上善男子如一切衆生若二足四足多足
无足中如來為㝡不放逸法亦復如是於善
法中為㝡為上善男子如諸衆中佛僧為上
不放逸法亦復如是於善法中為㝡為上善
男子如佛法中大涅槃法為㝡為上不放逸
法亦復如是於諸善法為㝡為上善男子以
是義故不放逸根深固難拔云何不放逸故
而得增長所謂信根戒根施根慧根忍根聞
根進根念根定根善知識根如是諸根不放
逸故而得增長以增長故深固難拔以是義
故名為菩薩摩訶薩脩大涅槃根深難拔云

BD13858號　大般涅槃經（北本）卷二四　（28–12）

是義故不放逸根深固難拔云何不放逸故
而得增長所謂信根戒根施根慧根忍根聞
根進根念根定根善知識根如是諸根不放
逸故而得增長以增長故深固難拔以是義
故名為菩薩摩訶薩脩大涅槃根深難拔云
何於身作決定想於自身所生決定心我今
此身於未來世定當為阿耨多羅三藐三菩
提器心亦如是不作狹小不作變易不作聲
聞辟支佛心不作魔心及自樂心樂生死心
常為衆生求慈悲心是名菩薩於自身中生
決定心我於未來世當為阿耨多羅三藐三
菩提器以是義故菩薩摩訶薩脩大涅槃於
自身中生決定想云何菩薩不觀福田及非
福田云何福田外道持戒上至諸佛是名福
田若有念言如是等輩是真福田當知是心
則為狹劣菩薩摩訶薩悉觀一切无量衆生
无非福田何以故以善脩集異念處故有異
念處善脩集者觀諸衆生无有持戒及以毀
戒常觀諸佛世尊所說雖四種俱得淨報
何等為四一者施主清淨受者不淨二者施
主不淨受者清淨三者施受俱淨四者施受
二俱不淨云何施淨受者不淨施主具有戒
聞智慧知有惠施及施果報受者破戒專著
耶見无施无報是名施淨受者不淨云何名
為受者清淨施主不淨施主破戒專著耶見

BD13858號　大般涅槃經（北本）卷二四　（28–13）

二俱不淨云何施淨受者不淨施主具有戒
聞智慧知有惠施及施果報受者破戒尊著
耶見无施无報是名施淨受者不淨云何名
為受者清淨施主不淨施主破戒尊著耶見
言无惠施及以果報受者持戒多聞智慧知
有惠施及以果報是名施主不淨受者清淨
云何名為施受俱淨施者受者俱有持戒多
聞智慧知有惠施及施果報是名施受二俱
清淨云何名為二俱不淨施者受者破戒耶
見言无有施及施果報若如是者云何復言
得淨果報以无施无報故名為淨善男子若
有不見施及施報當知是人不名破戒尊著
耶見若依聲聞言不見施及施果報是則名
為破戒耶見若依如是大涅槃經不見惠施
及施果報是則名為持戒正見菩薩摩訶薩
有異念處以脩集故不見衆生持戒破戒施
者受者及施果報是故得名持戒正見以是
義故菩薩摩訶薩不觀福田及非福田云何
名為淨佛國土菩薩摩訶薩脩大涅槃微妙
經典為阿耨多羅三藐三菩提度衆生故離
煞害心以此善根願與一切衆生共之願諸
衆生得壽命長有大勢力獲大神通以是誓
願因緣力故於未來世成佛之時國土所有
一切衆生得壽命長有大勢力獲大神通復
次善男子菩薩摩訶薩脩大涅槃微妙經典
為阿耨多羅三藐三菩提度衆生故離偷盜

BD13858號　大般涅槃經（北本）卷二四　（28–14）

願因緣力故於未來世成佛之時國土所有
一切衆生得壽命長有大勢力獲大神通復
次善男子菩薩摩訶薩脩大涅槃微妙經典
為阿耨多羅三藐三菩提度衆生故離偷盜
心以此善根願與一切衆生共之願諸佛國
土地所有純是七寶衆生富足所欲自恣以
此誓願因緣力故於未來世成佛之時所得
國土純是七寶衆生富足所欲自恣復次善
男子菩薩摩訶薩脩大涅槃微妙經典為阿
耨多羅三藐三菩提度衆生故離婬欲心以
此善根願與一切衆生共之願諸佛土所有
衆生无有貪欲瞋恚癡心亦无飢渴苦惱之
者以是誓願因緣力故於未來世成佛之時
國土衆生遠離貪婬瞋恚癡心一切无有飢
渴苦惱復次善男子菩薩摩訶薩脩大涅槃
微妙經典為阿耨多羅三藐三菩提度衆生
故離妄語心以是善根願與一切衆生共之
願諸佛土常有華樹菓樹香樹所有衆生得
妙音聲以是誓願因緣力故於未來世成佛
之時所有國土常有華樹菓樹香樹其中衆
生悉得清淨上妙音聲復次善男子菩薩摩
訶薩脩大涅槃微妙經典為阿耨多羅三藐
三菩提度衆生故遠離兩舌以此善根願與
一切衆生共之願諸佛土所有衆生常共和
合講說正法以是誓願因緣力故成佛之時
國土所有一切衆生悉共和合講論法要

BD13858號　大般涅槃經（北本）卷二四　（28–15）

三菩提度衆生故遠離兩舌以此善根願與
一切衆生共之願諸佛土所有衆生常共和
合講説正法以是誓願因緣力故成佛之時
國土所有一切衆生悉共和合講論法要
復次善男子菩薩摩訶薩脩大涅槃微妙經
典爲阿耨多羅三藐三菩提度衆生故遠離
惡口以此善根願與一切衆生共之願諸佛土
地平如掌无有沙礫瓦石之屬荊蕀惡刺
所有衆生其心平等以是誓願因緣力故於
未來世成佛之時所有國土地平如掌无有
沙礫荊蕀惡刺所有衆生其心平等復次善
男子菩薩摩訶薩脩大涅槃微妙經典爲阿
耨多羅三藐三菩提度衆生故離无義語以
此善根願與一切衆生共之願諸佛土所有
衆生无有苦惱以是誓願因緣力故於未來
世成佛之時國土所有一切衆生无有苦惱
復次善男子菩薩摩訶薩脩大涅槃微妙經
典爲阿耨多羅三藐三菩提度衆生故遠離
貪嫉以此善根願與一切衆生共之願諸佛
土一切衆生无有貪嫉惱害耶見以是誓願
因緣力故於未來世成佛之時國土所有一
切衆生悉无貪嫉惱害耶見復次善男子菩
薩摩訶薩脩大涅槃微妙經典爲阿耨多羅
三藐三菩提度衆生故遠離惱害以此善根願
與一切衆生共之願諸佛土所有衆生悉共

BD13858 號　大般涅槃經（北本）卷二四　（28–16）

切衆生悉无貪嫉惱害耶見復次善男子菩
薩摩訶薩脩大涅槃微妙經典爲阿耨多羅
三藐三菩提度衆生故遠離惱害以此善根願
與一切衆生共之願諸佛土所有衆生悉共
脩集大慈大悲得一子地以是誓願因緣力
故於未來世成佛之時世界所有一切衆生
悉共脩集大慈大悲得一子地復次善男子
菩薩摩訶薩脩大涅槃微妙經典爲阿耨
多羅三藐三菩提度衆生故遠離耶見以此
善根願與一切衆生共之願諸佛土所有衆
生悉得摩訶般若波羅蜜以是誓願因緣力
故於未來世成佛之時世界衆生悉得受持
摩訶般若波羅蜜是名菩薩脩淨佛土云何
菩薩摩訶薩滅除有餘有餘有三一者煩惱
餘報二者餘業三者餘有善男子云何名爲
煩惱餘報若有衆生習近貪欲是報熟故墮
於地獄從地獄出受畜生身所謂鴿雀鴛鴦
鸚鵡耆婆耆婆舍利伽鳥青雀魚鱉獼猴獐
鹿若得人身受黃門形女人二根无根婬女若
得出家犯初重戒是名餘報復次善男子
若有衆生以殺重心習近瞋恚是報熟故墮
於地獄從地獄出受畜生身所謂毒蛇具四
種毒見毒觸毒齧毒歔毒師子虎狼羆熊
貓狸鷹鷂之屬若得人身具足十二諸惡律儀
若得出家犯第二重戒是名餘報復次善男

BD13858 號　大般涅槃經（北本）卷二四　（28–17）

於地獄從地獄出受畜生身所謂毒蛇具四
種毒見毒觸毒齧毒嚙毒師子虎狼熊羆
貓狸鷹鷂之屬若得人身具足十二諸惡律儀
若得出家犯第二重戒是名餘報復次善男
子若有修習愚癡之人是報熟時墮於地獄
從地獄出受畜生身所謂象豬牛羊水牛蚤
虱蚊虻蟻子等形若得人身聾盲瘖瘂癃殘
背僂諸根不具不能受法若得出家諸根闇
鈍喜犯重戒乃至五錢是名餘報復次善男
子若有修習憍慢之者是報熟時墮於地獄
從地獄出受畜生身所謂糞虫駝驢犬馬若
生人中受奴婢身貧窮乞匃若得出家常爲
衆生之所輕賤破第四戒是名餘報如是等
名煩惱餘報如是餘報菩薩摩訶薩以能修
習大涅槃故悉得除滅云何餘業謂一切凡
夫業一切聲聞業須陁洹人受七有業斯陁
含人受二有業阿那含人受色有業是名餘
業如是餘業菩薩摩訶薩以能修習大涅槃
故悉得斷除云何餘有阿羅漢得阿羅漢果
辟支佛得辟支佛果无結而轉二果是
名餘有如是三種有餘之法菩薩摩訶薩修
集大乘大涅槃經故得滅除是名菩薩摩訶
薩滅除有餘云何菩薩修清淨身菩薩摩訶
薩修不殺戒有五種心謂下中上上上上中
上乃至正見亦復如是是五十心名初發心
具足決定成五十心是名滿足如是百心名

BD13858號　大般涅槃經（北本）卷二四　（28–18）

薩滅除有餘云何菩薩修清淨身菩薩摩訶
薩修不殺戒有五種心謂下中上上上上中
上乃至正見亦復如是是五十心名初發心
具足決定成五十心是名滿足如是百心名
百福德具足百福成於一相如是展轉具足
成就卅二相名清淨身所以復修八十種好
世有衆生事八十神何等八十十二日十二
大天五大星北斗馬天行道天婆羅墮跋闍
天功德天廿八宿地天風天水天火天梵天
婁陁天因提天拘摩羅天八辟天摩醯首羅
天半闍羅天鬼子母天四天王天造書天婆
藪天是名八十爲此衆生修八十好以自莊
嚴是名菩薩清淨之身何以故是八十天一
切衆生之所信伏是故菩薩修八十好其身
不動令彼衆生隨其所信各各而見見已增
敬各發阿耨多羅三藐三菩提心以是義故
菩薩摩訶薩修於淨身善男子譬如有人欲
請大王要當莊嚴所有舍宅悉令清淨辦具
種種百味餚饍然後王當就其所請菩薩摩
訶薩亦復如是欲請阿耨多羅三藐三菩提
法輪王故先當修身悉令清淨无上法王乃
當處之以是義故菩薩摩訶薩要當修於請
淨之身善男子譬如有人欲服甘露先當淨
身菩薩摩訶薩亦復如是欲服无上甘露法
味般若波羅蜜要當先以八十種好清淨其
[illegible]

BD13858號　大般涅槃經（北本）卷二四　（28–19）

當處之以是義故菩薩摩訶薩要當脩於清
淨之身善男子辟如有人欲服甘露先當淨
身菩薩摩訶薩亦須如是欲服无上甘露法
味般若波羅蜜要當先以八十種好清淨其
身善男子辟如妙好金銀盂器盛之淨水中
表俱淨菩薩摩訶薩其身清淨亦復如是盛
阿耨多羅三藐三菩提水中表俱淨善男子
如波羅柰素白之衣易受染色何以故性白
淨故菩薩摩訶薩亦須如是以身淨故疾得
阿耨多羅三藐三菩提以是義故菩薩摩訶
薩脩於淨身云何菩薩善知諸緣菩薩摩訶
薩不見色相不見色緣不見色體不見色生
不見色滅不見一相不見異相不見見者不
見相貌不見受者何以故了因緣故如色一
切法亦如是是名菩薩了知諸緣云何菩薩
壞諸怨敵一切煩惱是菩薩怨菩薩摩訶薩
常遠離故是名菩薩壞諸怨敵五住菩薩
視諸煩惱不名為怨所以者何因煩惱故菩薩
有生以有生故能廣轉敎化衆生以是義
故不名為怨何等為怨所謂誹謗方等經者
菩薩隨生不畏地獄畜生餓鬼唯畏如是謗
方等者一切菩薩有八種魔名為怨家遠是
八魔名離怨家是故菩薩離諸怨家云何菩
薩遠離二邊言二邊者謂廿五有及愛煩惱
菩薩常離廿五有及愛煩惱是名菩薩遠
離二邊是名菩薩摩訶薩脩大涅槃具足成

BD13858號　大般涅槃經（北本）卷二四　　（28–20）

方等者一切菩薩有八種魔名為怨家遠是
八魔名離怨家是故菩薩離諸怨家云何菩
薩遠離二邊言二邊者謂廿五有及愛煩惱
菩薩常離廿五有及愛煩惱是名菩薩遠
離二邊是名菩薩摩訶薩脩大涅槃具足成
就第四功德
尒時光明遍照高貴德王菩薩摩訶薩言如
佛所說若有菩薩脩大涅槃悉作如是十事
功德如來何故唯脩九事不脩淨土佛言善
男子我於往昔亦常具脩如是十事一切菩
薩及諸如來无有不脩是十事者若使世界
不淨充滿諸佛世尊於中出者无有是處善
男子汝今莫謂諸佛出於不淨世界當知是
心不善狹劣汝今當知我實不出閻浮提界
辟如有人說言此界獨有日月他方世界无
有日月如是之言无有義理若有菩薩發如
是言此佛世界穢惡不淨他方佛土清淨嚴
麗亦復如是善男子西方去此娑婆世界度
卌二恒河沙等諸佛國土彼有世界名曰无
勝彼土何故名曰无勝其土所有嚴麗之事
悉皆平等无有差別猶如西方安樂世界亦
如東方滿月世界我於彼土出現於世為化
衆生故於此土閻浮提中現轉法輪非但我
身獨於此中現轉法輪一切諸佛亦於此中
而轉法輪以是義故諸佛世尊非不脩行如
是十事善男子慈氏菩薩以誓願故當來之

BD13858號　大般涅槃經（北本）卷二四　　（28–21）

如東方滿月世界我於彼土出現於世為化
衆生故於此土閻浮提中現轉法輪非但我
身獨於此中現轉法輪一切諸佛亦於此中
而轉法輪以是義故諸佛世尊非不脩行如
是十事善男子慈氏菩薩以誓願故當來之
世令此世界清淨莊嚴以是義故一切諸佛
所有世界无不嚴淨復次善男子云何菩薩
摩訶薩脩大涅槃微妙經典具足成就第五
功德善男子菩薩摩訶薩脩大涅槃具足成
就第五功德有五事何等為五一者諸根完
具二者不生邊地三者諸天愛念四者常為
天魔沙門刹利婆羅門等之所恭敬五者得
宿命智菩薩以是大涅槃經因緣力故具足
如是五事功德光明遍照高貴德王菩薩言
如佛所說若有善男子善女人脩於布施則
得具足成就五事功德今云何言因大涅槃
得是五事佛言善哉善哉善男子如是之事
其義各異今當為汝分別解說施得五事不
定不常不淨不勝不異非无漏不能利益安
樂憐愍一切衆生若依如是大涅槃經所得
五事是定是常是淨是勝是異是无漏則能
利益安樂憐愍一切衆生善男子夫布施者
則離飢渴大涅槃經能令衆生悉得遠離廿
五有渴愛之病布施因緣令生死相續大涅
槃經能令生死斷不相續因布施故受凡夫
法因大涅槃得作菩薩布施因緣能斷一切

BD13858號　大般涅槃經（北本）卷二四　（28–22）

利益安樂憐愍一切衆生善男子夫布施者
則離飢渴大涅槃經能令衆生悉得遠離廿
五有渴愛之病布施因緣令生死相續大涅
槃經能令生死斷不相續因布施故受凡夫
法因大涅槃得作菩薩布施因緣能斷一切
貧窮苦惱大涅槃經能斷一切貧善法者布
施因緣有分有果因大涅槃得阿耨多羅三
藐三菩提无分无果是名菩薩摩訶薩脩大
涅槃微妙經典具足成就第五功德善男子
云何菩薩脩大涅槃微妙經典具足成就第
六功德菩薩摩訶薩脩大涅槃得金剛三昧
安住是中悉能破散一切諸法見一切法皆
是无常皆是動相恐怖因緣病苦劫盜念念
滅壞无有真實一切皆是魔之境界无可見
相菩薩摩訶薩住是三昧雖施衆生乃至不
見一衆生實為衆生故精勤脩集尸波羅蜜
乃至脩集般若波羅蜜亦復如是菩薩若見
有一衆生不能畢竟具足成就檀波羅蜜乃
至具足般若波羅蜜善男子譬如金剛所擬
之處无不碎壞而是金剛无有折損金剛三
昧亦復如是所擬之處无不碎壞而是三昧
无有折損善男子如諸寶中金剛取勝菩薩
所得金剛三昧亦復如是於諸三昧為最第
一何以故菩薩摩訶薩脩是三昧一切三昧
悉來歸屬善男子如諸小王悉來歸屬轉輪
聖王一切三昧亦復如是悉來歸屬金剛三昧

BD13858號　大般涅槃經（北本）卷二四　（28–23）

无有折損善男子如諸寶中金剛最勝菩薩
所得金剛三昧亦復如是於諸三昧為最第
一何以故菩薩摩訶薩修是三昧一切三昧
悉來歸屬善男子如諸小王悉來歸屬轉輪
聖王一切三昧亦復如是悉來歸屬金剛三昧
善男子譬如有人為國怨讎人所欺患有人
煞之一切世人无不稱讚是人功德金剛三
昧亦復如是菩薩修集能壞一切衆生怨敵
是故常為一切三昧之所宗敬善男子譬如
有人其力盛壯人无當者復更有人力能伏
之當知是人世所稱美金剛三昧亦復如是
力能摧伏難伏之法以是義故一切三昧悉
來歸屬善男子譬如有人在大海浴當知
是人已用諸河泉池之水菩薩摩訶薩亦復
如是修集如是金剛三昧當知已為修集其
餘一切三昧善男子如香山中有一泉水名
那婆蹹多其泉具是八味之水有人飲之无
諸病苦金剛三昧亦復如是具八正道菩薩
修習斷諸煩惱瘡疣重病善男子如人供
養摩醯首羅當知是人已為供養一切諸
天金剛三昧亦復如是有人修集當知已為修
集一切諸餘三昧善男子若有菩薩安住如
是金剛三昧見一切法无有鄣礙如於掌中
觀阿摩勒菓菩薩雖復得如是見終不作想
見一切法善男子譬如有人坐四衢道頭見
諸衆生來去坐卧金剛三昧亦復如是見一

BD13858號　大般涅槃經（北本）卷二四　（28–24）

集一切諸餘三昧善男子若有菩薩安住如
是金剛三昧見一切法无有鄣礙如於掌中
觀阿摩勒菓菩薩雖復得如是見終不作想
見一切法善男子譬如有人坐四衢道頭見
諸衆生來去坐卧金剛三昧亦復如是見一
切法生滅出沒善男子譬如高山有人登之
遠望諸方皆悉明了金剛定山亦復如是菩
薩登之遠望諸法无不明了善男子譬如春
月天降甘雨其渧微緻間无空處明眼之人
見之了了菩薩亦尒得金剛定清淨之目遠
見東方所有世界其中或有國土成壞一切
皆見了了无鄣乃至十方亦復如是善男子
如由乾陀山七日並出其山所有樹木藂林
一切燒盡菩薩修集金剛三昧亦復如是所
有一切煩惱藂林即時消滅善男子譬如金
剛雖能摧破一切有物終不生念我能摧破
金剛三昧亦復如是菩薩修已能破煩惱終
不生念我能壞結善男子譬如大地能持万
物終不生念我力能持大亦不念我能燒物
水亦不念我能潤漬風亦不念我能動物空
亦不念我能容受涅槃亦復不生念言我令
衆生而得滅度金剛三昧亦復如是雖能滅
除一切煩惱而初无心言我能滅若有菩薩
安住如是金剛三昧於一念中變身如佛其
數无量遍滿十方恒河沙等諸佛世界而是

BD13858號　大般涅槃經（北本）卷二四　（28–25）

[illegible]
除一切煩惱而初无心言我能滅若有菩薩
安住如是金剛三昧扵一念中變身如佛其
數无量遍滿十方恒河沙等諸佛世界而是
菩薩雖作是化其心初无憍慢之相何以故
菩薩常念誰有是定能作是化唯有菩薩
安住如是金剛三昧乃能作耳菩薩摩訶薩安
住如是金剛三昧扵一念中遍到十方恒河沙
等諸佛世界還其本處雖有是力亦不念言
我能如是何以故以是三昧因緣力故菩薩
摩訶薩安住如是金剛三昧扵一念中能斷
十方恒河沙等世界衆生所有煩惱而心初
无斷諸衆生煩惱之想何以故以是三昧因
緣力故菩薩住扵金剛三昧以一音聲有
所演說一切衆生各隨種類而得解了亦現
一色一切衆生各各皆見種種色相安住一處
身不移易能令衆生隨其方面各各而見
演說一法若界若入一切衆生各隨本解而
得聞之菩薩安住如是三昧雖見衆生而心
初无衆生之想雖見男女无男女相雖見色
法无有色相乃至見識亦无識相雖見晝夜
无晝夜相雖見一切无一切相雖見一切煩
惱諸結亦无一切煩惱之相雖見八聖道无
八聖道相雖見菩提无菩提相雖見扵涅槃
无涅槃相何以故善男子一切諸法本无相
故菩薩以是三昧力故見一切法如本无相何

BD13858號　大般涅槃經（北本）卷二四

（28–26）

所演說一切衆生各隨種類而得解了亦現
一色一切衆生各各皆見種種色相安住一處
身不移易能令衆生隨其方面各各而見
演說一法若界若入一切衆生各隨本解而
得聞之菩薩安住如是三昧雖見衆生而心
初无衆生之想雖見男女无男女相雖見色
法无有色相乃至見識亦无識相雖見晝夜
无晝夜相雖見一切无一切相雖見一切煩
惱諸結亦无一切煩惱之相雖見八聖道无
八聖道相雖見菩提无菩提相雖見扵涅槃
无涅槃相何以故善男子一切諸法本无相
故菩薩以是三昧力故見一切法如本无相何
故名為金剛三昧善男子譬如金剛若在日
中色則不定金剛三昧亦復如是在扵大衆
色亦不定是故名為金剛三昧善男子譬如
金剛一切世人不能評價金剛三昧亦復如
是所有功德一切人天不能評量是故復名
金剛三昧善男子譬如貧人得金剛寶則得
遠離貧窮困苦惡鬼邪毒菩薩摩訶薩亦
復如是得是三昧則能遠離煩惱諸苦諸
魔邪毒是故復名金剛三昧是名菩薩脩大
涅槃具足成就第六功德

大般涅槃經卷第廿四

BD13858號　大般涅槃經（北本）卷二四

（28–27）

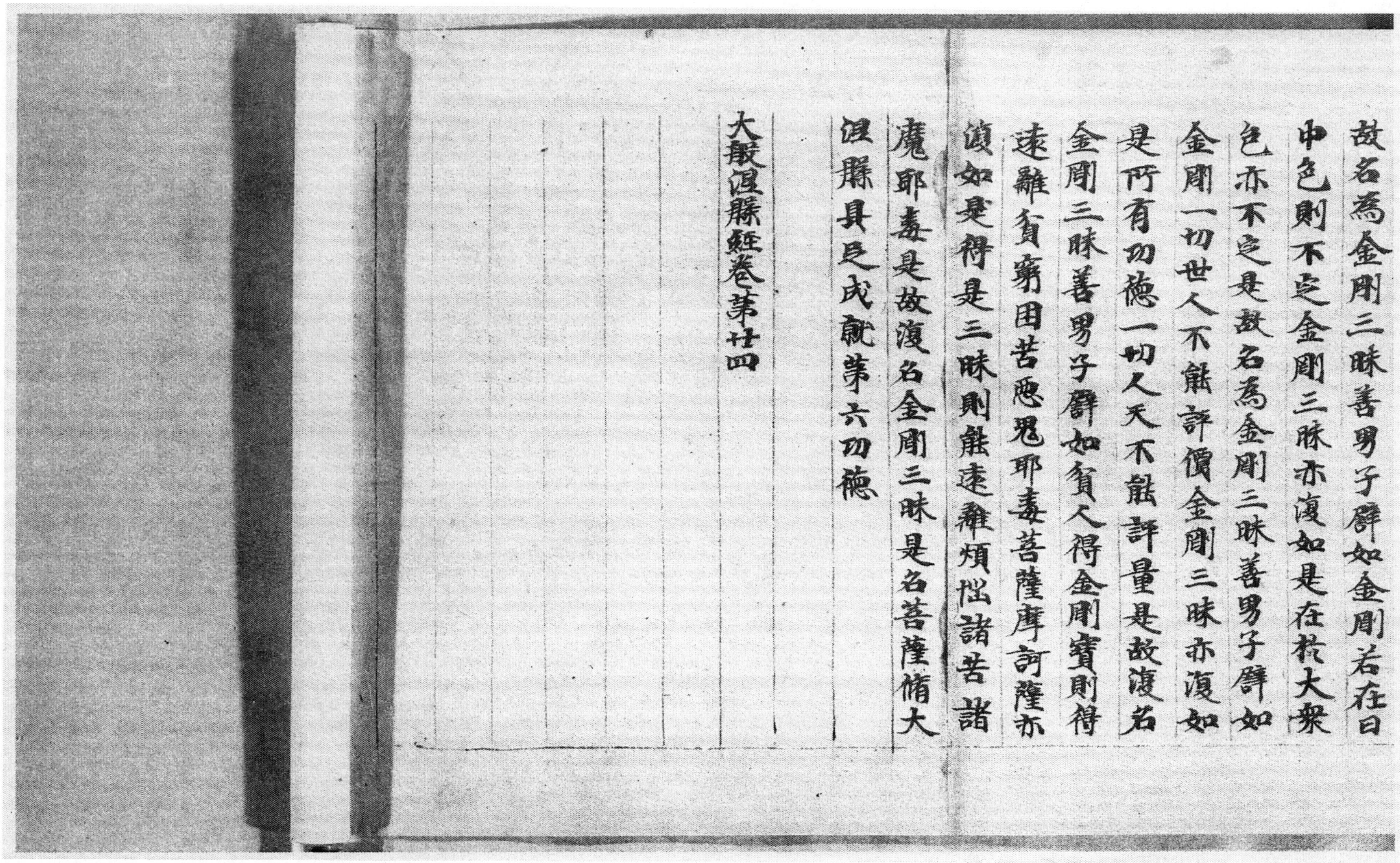
故名為金剛三昧善男子譬如金剛若在日
中色則不定金剛三昧亦復如是在於大衆
色亦不定是故名為金剛三昧善男子譬如
金剛一切世人不能評價金剛三昧亦復如
是所有功德一切人天不能評量是故復名
金剛三昧善男子譬如貧人得金剛寶則得
遠離貧窮困苦惡鬼邪毒菩薩摩訶薩亦
復如是得是三昧則能遠離煩惱諸苦諸
魔邪毒是故復名金剛三昧是名菩薩脩大
涅槃具足成就第六功德

大般涅槃經卷第廿四

BD13858號　大般涅槃經（北本）卷二四　（28–28）

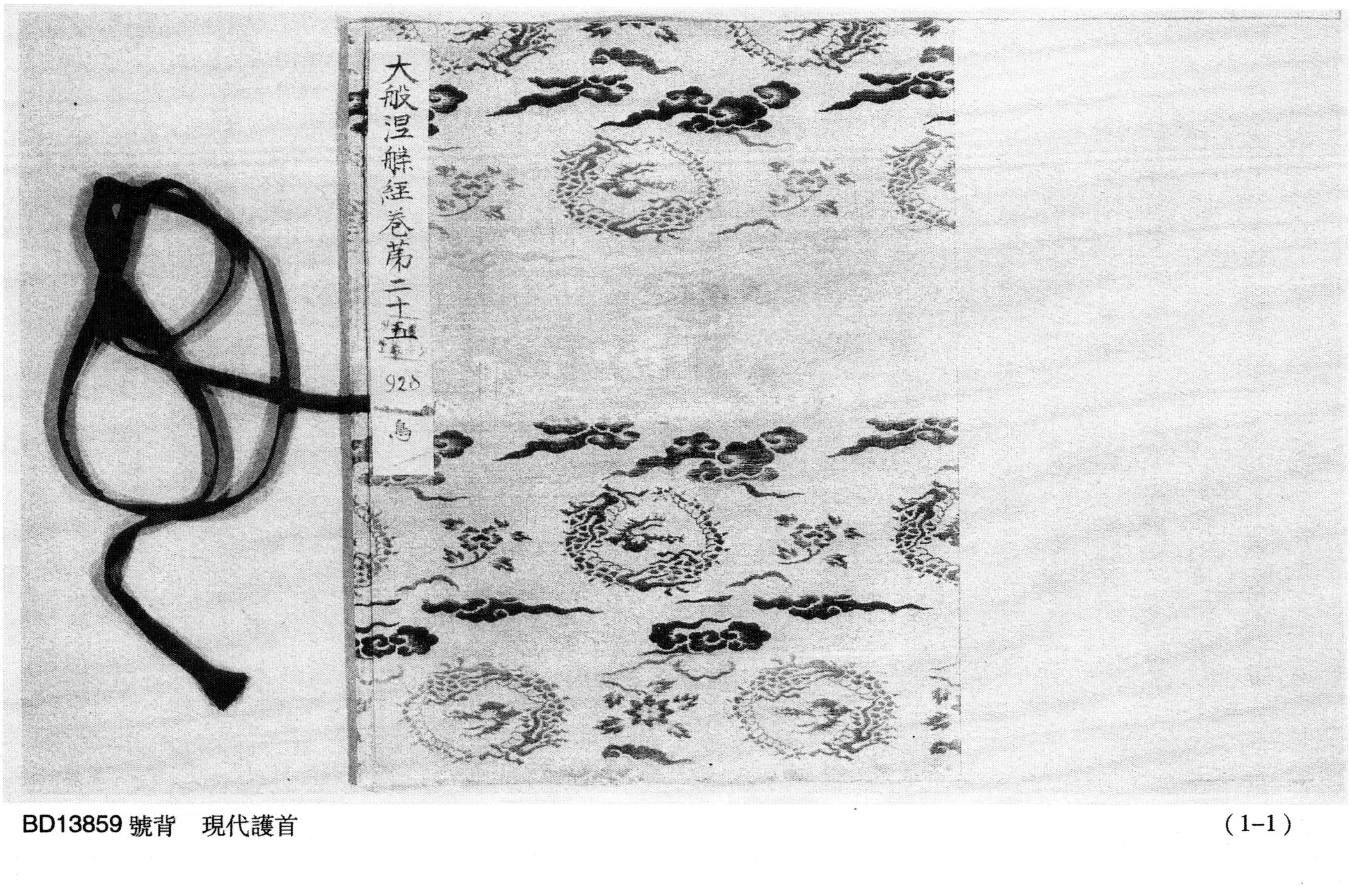

BD13859號背　現代護首　（1–1）

BD13859 號　大般涅槃經（北本　宮本）卷二五　　（23–1）

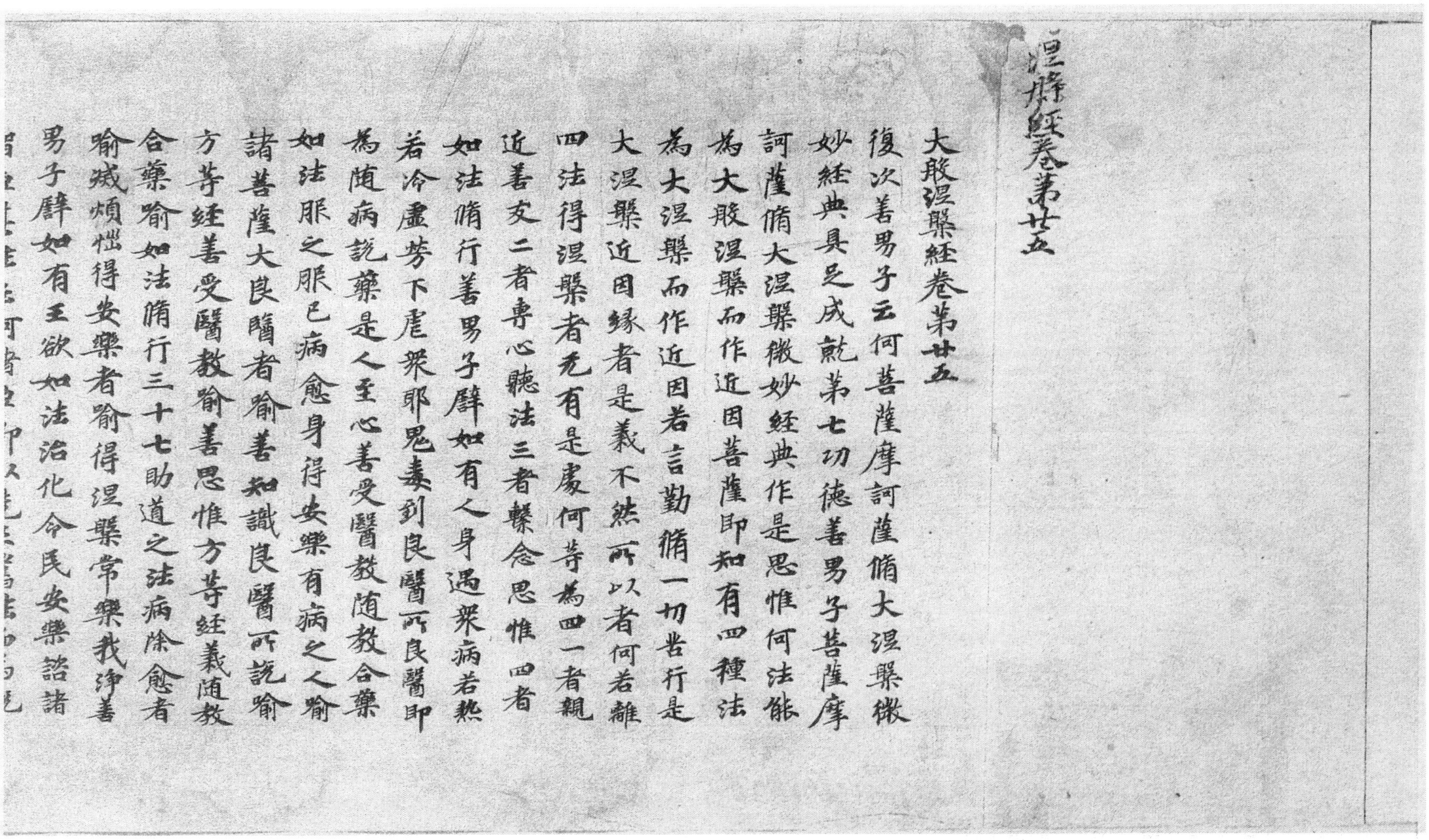

涅槃経卷第廿五

大般涅槃経卷第廿五
復次善男子云何菩薩摩訶薩脩大涅槃微
妙経典具足成就第七功德善男子菩薩摩
訶薩脩大涅槃微妙経典作是思惟何法能
為大般涅槃而作近因菩薩即知有四種法
為大涅槃而作近因若言勤脩一切苦行是
大涅槃近因緣者是義不然所以者何若離
四法得涅槃者无有是處何等為四一者親
近善友二者專心聽法三者繫念思惟四者
如法脩行善男子譬如有人身遇衆病若熱
若冷虛勞下瘧衆邪鬼毒到良醫所良醫即
為隨病說藥是人至心善受醫教隨教合藥
如法服之服已病愈身得安樂有病之人喻
諸菩薩大良醫者喻善知識良醫所說喻
方等経善受醫教喻善思惟方等経義隨教
合藥喻如法脩行三十七助道之法病除愈者
喻滅煩惱得安樂者喻得涅槃常樂我淨善
男子譬如有王欲如法治化令民安樂諮諸

BD13859 號　大般涅槃經（北本　宮本）卷二五　　（23–2）

諸菩薩大良醫者喻善知識良醫所說喻
方等經善受醫教喻善思惟方等經義隨教
合藥喻如法脩行三十七助道之法病除愈者
喻滅煩惱得安樂者喻得涅槃常樂我淨善
男子譬如有王欲如法治化令民安樂諮諸
智臣其法云何諸臣即以先王舊法而為說
之王既聞已至心信行如法治國无諸怨敵是
故令民安樂无患善男子王者喻諸菩薩諸
智臣者喻善知識智臣為王所說治法喻十
二部經王既聞已至心信行喻諸菩薩繫心
思惟十二部經所有深義如法治國喻諸菩
薩如法脩行所謂六波羅蜜以能脩習六
波羅蜜故无諸怨敵喻諸菩薩已離諸結煩
惱惡賊得安樂者喻諸菩薩得大涅槃常
樂我淨善男子譬如有人遇惡癩病有善知識
而語之言汝若能到須弥山邊病可得差所
以者何彼有良藥味如甘露若能服者病无
不愈其人至心信是事已即往彼山採服甘
露其病除愈身得安樂惡癩病者喻諸凡夫
善知識者喻諸菩薩摩訶薩等至心信受喻
四无量心須弥山者喻八聖道甘露味者喻
於佛性癩病除愈喻離煩惱得安樂者喻
得涅槃常樂我淨善男子譬如有人畜諸弟
子聰明大智是人晝夜常教不惓諸菩薩等
亦復如是一切諸衆有信不信而常教化无有
疲厭善男子善知識者所謂菩薩佛辟支佛
聲聞人中信方等者何故名為善知識耶善

BD13859 號　大般涅槃經（北本　宮本）卷二五　（23–3）

於佛性癩病除愈喻離煩惱得安樂者喻
得涅槃常樂我淨善男子譬如有人畜諸弟
子聰明大智是人晝夜常教不惓諸菩薩等
亦復如是一切諸衆有信不信而常教化无有
疲厭善男子善知識者所謂菩薩佛辟支佛
聲聞人中信方等者何故名為善知識耶善
知識者能教衆生遠離十惡脩行十善以是
義故名善知識復次善知識者如法而說如說
而行云何名為如法而說如說而行自不煞
生教人不煞乃至自行正見教人正見若能
如是則得名為真善知識自脩菩提亦能教
人脩行菩提以是義故名善知識自能脩行
信戒布施多聞智慧亦能教人信戒布施多
聞智慧復以是義名善知識善知識者有善
法故何等善法所作之事不求自樂常為衆
生而求於樂見他有過不訟其短口常宣說
純善之事以是義故名善知識善男子如空
中月從初一日至十五日漸漸增長善知識
者亦復如是令諸學人漸遠惡法增長善法
善男子若有親近善知識者本未有戒定
慧解脫解脫知見即便有之未具足者則
便增廣何以故以其親近善知識故因是親
近復得了達十二部經甚深之義若能聽是
十二部經甚深義者名為聽法聽法者則是
大乘方等經典聽方等經名真聽法真聽法
者即是聽受大涅槃經大涅槃中聞有佛性
如來畢竟不般涅槃是故名為專心聽法專

BD13859 號　大般涅槃經（北本　宮本）卷二五　（23–4）

便增廣何以故以其親近善知識故因是親
近復得了達十二部経甚深之義若能聽是
十二部経甚深義者名爲聽法聽法者則是
大乘方等経典聽方等経名真聽法真聽法
者即是聽受大涅槃経大涅槃中聞有佛性
如来畢竟不般涅槃是故名爲專心聽法專
心聽法名八聖道以八聖道能断貪欲瞋恚
愚癡故名聽法夫聽法者名十一空以此諸空
於一切法不作相貌夫聽法者名初發心乃
至究竟阿耨多羅三藐三菩提心以因初心
得大涅槃不以聞故得大涅槃以脩習故得
大涅槃善男子譬如病人雖聞醫教及藥
名字不能愈病以服藥故乃得差病雖聽
十二深因緣法不能得断一切煩惱要以繫念
善思惟故能得除断是名第三繫念思惟
復以何義名繫念思惟所謂三三昧空三昧无
相三昧无作三昧空者於二十五有不見一
實无作者於二十五有不作願求无相者无有
十相所謂色相聲相香相味相觸相生相住
相滅相男相女相脩習如是三三昧者是名
菩薩繫念思惟云何名爲如法脩行如法脩
行即是脩行檀波羅蜜乃至般若波羅蜜
知陰入界真實之相亦知聲聞緣覺諸佛同
於一道而般涅槃法者即是常樂我淨不生
不老不病不死不飢不渴不苦不惱不退不沒
善男子解大涅槃甚深義者則知諸佛終不
畢竟入於涅槃善男子第一真實善知識者

BD13859號　大般涅槃經（北本　宮本）卷二五　（23–5）

行即是脩行檀波羅蜜乃至般若波羅蜜
知陰入界真實之相亦知聲聞緣覺諸佛同
於一道而般涅槃法者即是常樂我淨不生
不老不病不死不飢不渴不苦不惱不退不沒
善男子解大涅槃甚深義者則知諸佛終不
畢竟入於涅槃善男子第一真實善知識者
所謂菩薩諸佛世尊何以故常以三種善調
御故何等爲三一者畢竟軟語二者畢竟呵責
三者軟語呵責以是義故菩薩諸佛即是真
實善知識也復次善男子佛及菩薩爲大醫
故名善知識何以故知病知藥應病授藥故
譬如良醫善八種術先觀病相有三種何
等爲三謂風熱水有風病者授之蘇油熱病
之人授之石蜜水病之人授之薑湯以知病
根授藥得差故名良醫佛及菩薩亦復如是
知諸凡夫病有三種一者貪欲二者瞋恚三
者愚癡貪欲病者教觀骨相瞋恚病者觀慈
悲相愚癡病者觀十二緣相以是義故諸佛
菩薩名善知識善男子如大船師善度人故
名大船師諸佛菩薩亦復如是度諸衆生生
死大海以是義故名善知識復次善男子因
佛菩薩令諸衆生具足脩得善法根本故善
男子譬如雪山乃是種種微妙上藥根本之
處佛及菩薩亦復如是悉是一切善根本處
以是義故名善知識善男子雪山之中有上
香藥名曰娑呵有人見之得壽无量无有病
苦雖有四毒不能中傷若有觸者增長壽命

BD13859號　大般涅槃經（北本　宮本）卷二五　（23–6）

處佛及菩薩尒復如是悉是一根善根本處
以是義故名善知識善男子雪山之中有上
香藥名曰娑呵有人見之得壽无量无有病
苦雖有四毒不能中傷若有觸者增長壽命
滿百二十若有念者得宿命智何以故藥勢
力故諸佛菩薩尒復如是若有見者即得斷
除一切煩惱雖有四魔不能干亂若有觸者
命不可夭不生不死不退不沒所謂觸者若
在佛邊聽受妙法若有念者得阿耨多羅三
藐三菩提以是義故諸佛菩薩名善知識善
男子如香山中有阿那婆踰多池水由是池
故有四大河所謂恒河辛頭私陁博叉世間
衆生常作是言若有罪者浴此四河衆罪得
滅當知此言虛妄不實除此已往何等為實
諸佛菩薩是乃為實所以者何若人親近則
得除滅一切衆罪以是義故名善知識復次
善男子譬如大地所有藥木一切叢林百穀
甘蔗華果之屬值天炎旱將欲枯死難陁龍
王及婆難陁憐愍衆生從大海出降注甘雨
一切叢林百穀草木滋潤還生一切衆生尒
復如是所有善根將欲消滅諸佛菩薩生大
慈悲從智慧海降甘露雨令諸衆生具足還
得十善之法以是義故諸佛菩薩名善知識
善男子譬如良醫善八種術見諸病人不觀
種姓端正好醜錢財寶貨悉為治之是故世
稱為大良醫諸佛菩薩尒復如是見諸衆生

BD13859號　大般涅槃經（北本　宮本）卷二五　（23-7）

慈悲從智慧海降甘露雨令諸衆生具足還
得十善之法以是義故諸佛菩薩名善知識
善男子譬如良醫善八種術見諸病人不觀
種姓端正好醜錢財寶貨悉為治之是故世
稱為大良醫諸佛菩薩尒復如是見諸衆生
有煩惱病不觀種姓端正好醜錢財寶貨生
慈愍心悉為說法衆生聞已煩惱病除以是
義故諸佛菩薩名善知識以是親近善友因
緣則得近於大般涅槃云何菩薩聽法因緣
而得近於大般涅槃一切衆生以聽法故則
具信根得信根故樂行布施戒忍精進禪定
智慧得須陁洹果乃至佛果是故當知得諸
善法皆是聽法因緣勢力善男子譬如長者
唯有一子遣至他國市易所須示其道路通
塞之處而復戒之若遇婬女慎无親愛若親
愛者喪身殞命及以財寶弊惡之人尒莫交
遊其子敬慎父之教勅身心安隱多獲寶貨
菩薩摩訶薩為諸衆生敷演法要尒復如是
示諸衆生及四部衆諸道通塞是諸衆等以
聞法故遠離諸惡具足善法以是義故聽法
因緣則得近於大般涅槃善男子譬如明鏡
照人面像无不明了聽法明鏡尒復如是有
人照之則見善惡明了无翳以是義故聽法
因緣則得近於大般涅槃善男子譬如估客
欲至寶渚不知道路有人示之其人隨語即
至寶渚多獲諸珎不可稱計一切衆生亦復
如是欲至善處採取道寶不知其路通塞

BD13859號　大般涅槃經（北本　宮本）卷二五　（23-8）

因緣則得近於大般涅槃善男子譬如估客
欲至寶渚不知道路有人示之其人隨語即
至寶渚多獲諸珎不可稱計一切衆生亦復
如是欲至善處採取道寶不知其路通塞
之處菩薩示之衆生隨已得至善處獲得无
上大涅槃寶以是義故聽法因緣則得近於
大般涅槃善男子譬如醉象狂騃暴惡多欲
煞害有調象師以大鐵鉤鉤斵其頂即時調
順惡心都盡一切衆生亦復如是貪欲瞋恚
愚癡醉故欲多造惡諸菩薩等以聞法鉤斵
之令住更不得起造諸惡心以是義故聽法因
緣則得近於大般涅槃是故我於處處經中
說我弟子專心聽受十二部經則離五蓋脩
七覺分以是脩習七覺分故則得近於大般
涅槃以聽法故須陁洹人離諸恐怖所以者
何須達長者身遇重病心大愁怖聞舍利弗
說須陁洹有四功德十種慰喻聞是事已恐
怖即除以是義故聽法因緣則得近於大般
涅槃何以故聞法眼故世有三人一者无目
二者一目三者二目言无目者常不聞法一
目之人雖暫聞法其心不住二目之人專心
聽受如聞而行以聽法故得知世間如是三
人以是義故聽法因緣則得近於大般涅槃
善男子如我昔於拘尸那城時舍利弗身遇
病苦我時顧命阿難比丘廣為說法時舍利
弗聞是事已告四弟子汝舉我牀往至佛所

BD13859號　大般涅槃經（北本　宮本）卷二五　　（23–9）

聽受如聞而行以聽法故得知世間如是三
人以是義故聽法因緣則得近於大般涅槃
善男子如我昔於拘尸那城時舍利弗身遇
病苦我時顧命阿難比丘廣為說法時舍利
弗聞是事已告四弟子汝舉我牀往至佛所
我欲聽法時四弟子即共舉往既得聞法以
聞力故所苦除差身得安隱以是義故聽法
因緣則得近於大般涅槃云何菩薩思惟因
緣而得近於大般涅槃因是思惟心得解脫
何以故一切衆生常為五欲之所繫縛以思
惟故悉得解脫以是義故思惟因緣則得近
於大般涅槃復次善男子一切衆生常為常
樂我淨四法之所顛倒以思惟故得見諸法
无常无樂无我无淨如是見已四倒即斷以
是義故思惟因緣則得近於大般涅槃復次
善男子一切諸法有四種相何等為四一者
生相二者老相三者病相四者滅相以是四
相能令一切凡夫衆生至須陁洹生大憂苦
若能繫念善思惟者雖遇此四不生於苦以
是義故思惟因緣則得近於大般涅槃復次
善男子一切善法无不因於思惟而得何以
故有人雖於无量无邊阿僧祇劫專心聽法
若不思惟終不能得阿耨多羅三藐三菩提
以是義故思惟因緣則得近於大般涅槃復
次善男子若有衆生信佛法僧无有變易而
生恭敬當知皆是繫念思惟因緣力故因得
斷除一切煩惱以是義故思惟因緣則得近

BD13859號　大般涅槃經（北本　宮本）卷二五　　（23–10）

若不思惟終不能得阿耨多羅三藐三菩提
以是義故思惟因緣則得近於大般涅槃復
次善男子若有衆生信佛法僧无有變易而
生恭敬當知皆是繫念思惟因緣力故因得
斷除一切煩惱以是義故思惟因緣則得近
於大般涅槃云何菩薩如法脩行善男子斷
諸惡法脩習善法是名菩薩如法脩行復次
云何如法脩行見一切法空无所有无常无
樂无我无淨以是義故寧捨身命不犯禁戒
是名菩薩如法脩行復次云何如法脩行脩
有二種一者真實二者不實不實者不知涅
槃佛性如来法僧實相虚空等相是名不實
云何真實能知涅槃佛性如来法僧實相虚
空等相是名真實云何名為知涅槃相涅槃
之相凡有八事何等為八一者盡二者善性
三實四真五常六樂七我八淨是名涅槃復
有八事何等為八一者解脱二者善性三者
不實四者不真五者无常六者无樂七者无
我八者不淨復有六相一者解脱二者善性
三者不實四者不真五者安樂六者清淨若
有衆生依世俗道斷煩惱者如是涅槃則有
八事解脱不實何以故不常故以无常故則
无有實无有實故則无有真雖斷煩惱以還
起故无常无我无樂无淨是名涅槃解脱八
事云何六相聲聞緣覺斷煩惱故名為解脱
而未能得阿耨多羅三藐三菩提故名為不
實以不實故名為不真未来之世當得阿耨

BD13859號　大般涅槃經（北本　宮本）卷二五　　（23–11）

无有實无有實故則无有真雖斷煩惱以還
起故无常无我无樂无淨是名涅槃解脱八
事云何六相聲聞緣覺斷煩惱故名為解脱
而未能得阿耨多羅三藐三菩提故名為不
實以不實故名為不真未来之世當得阿耨
多羅三藐三菩提故名无常以得无漏八聖
道故名為淨樂善男子若如是知是知涅槃
不名佛性如来法僧實相虚空云何菩薩知
於佛性佛性有六何等為六一常二淨三實
四善五當見六真復有七事一者可證餘六
如上是名菩薩知於佛性云何菩薩知如来
相如来即是覺相善相常樂我淨解脱真實
示道可見是名菩薩知如来相云何菩薩知
於法相法者若善不善若常不常若樂不樂
若我无我若淨不淨若知不知若解不解若
真不真若脩不脩若師不師若實不實是名
菩薩知於法相云何菩薩知於僧相僧者常
樂我淨是弟子相可見之相善真不實何以
故一切聲聞得佛道故何故名真悟法性故
是名菩薩知於僧相云何菩薩知於實相實
相者若常无常若樂无樂若我无我若淨无
淨若善不善若有若无若涅槃非涅槃若解
脱非解脱若知不知若斷不斷若證不證若脩
不脩若見不見是名實相非是涅槃佛性如
来法僧虚空是名菩薩因脩如是大涅槃故
知於涅槃佛性如来法僧實相虚空等法差
別之相善男子菩薩摩訶薩脩大涅槃微妙

BD13859號　大般涅槃經（北本　宮本）卷二五　　（23–12）

脫非解脫[illegible]
不脩若見不見是名實相非是涅槃佛性如
来法僧虛空是名菩薩因脩如是大涅槃故
知於涅槃佛性如来法僧實相虛空等法差
別之相善男子菩薩摩訶薩脩大涅槃微妙
經典不見虛空何以故佛及菩薩雖有五眼
所不見故唯有慧眼乃能見之慧眼所見无
法可見故名為見若是无物名虛空者如是
虛空乃名為實以是實故則名常无以常无
故无樂我淨善男子空名无法无法名空辟
如世間无物名空虛空之性亦復如是无所
有故名為虛空善男子衆生之性與虛空
性俱无實性何以故如人說言除滅有物然
後作空而是虛空實不可作何以故无所有
故以无有故當知无空是虛空性若可作者
則名无常若无常者不名虛空善男子如世
間人說言虛空无色无㝵常不變易是故世
稱虛空之法為第五大善男子而是虛空實
无有性以光明故名虛空實无虛空猶如
世諦實无其性為衆生故說有世諦善男子
涅槃之體亦復如是无有住處直是諸佛斷
煩惱處故名涅槃涅槃即是常樂我淨涅槃
雖樂非是受樂乃是上妙寂滅之樂諸佛如
来有二種樂一寂滅樂二覺知樂實相之體
有三種樂一者受樂二寂滅樂三覺知樂佛
性一樂以當見故得阿耨多羅三藐三菩提
時名菩提樂

BD13859號　大般涅槃經（北本　宮本）卷二五　（23–13）

[illegible]
来有二種樂一寂滅樂二覺知樂實相之體
有三種樂一者受樂二寂滅樂三覺知樂佛
性一樂以當見故得阿耨多羅三藐三菩提
時名菩提樂
尒時光明遍照高貴德王菩薩摩訶薩白佛
言世尊若煩惱斷處是涅槃者是事不然何
以故如来往昔在尼連禪河邊初成佛道尒
時魔王與眷屬俱到於佛所而作是言世尊
涅槃時到何故不入佛告魔王我今未有多
聞弟子善持禁戒聰明利智能化衆生是故
不入若言煩惱斷滅之處是涅槃者諸菩薩
等於无量劫已斷煩惱何故不得稱為涅槃
俱是斷處何緣獨稱諸佛有之菩薩无耶若
斷煩惱非涅槃者何故如来昔告生名婆羅
門言我今此身即是涅槃如来又時在毗舍
離國魔復啓請如来昔以未有弟子多聞持
戒聰明利智能化衆生不入涅槃今已具足
何故不入如来尒時即告魔言汝今莫生邑
遲之想却後三月吾當涅槃世尊若使滅度
非涅槃者何故如来自期三月當般涅槃世
尊若斷煩惱是涅槃者如来往昔初在道場
菩提樹下斷煩惱時便是涅槃何故復言却
後三月當般涅槃世尊若使尒時是涅槃者
云何方為拘尸那城諸力士等說言後夜當
般涅槃如来誠實云何出是虛妄之言尒時
世尊告光明遍照高貴德王菩薩摩訶薩言
善男子若言如来得廣長舌當知如来終无

BD13859號　大般涅槃經（北本　宮本）卷二五　（23–14）

後三月當般涅槃世尊若使尒時是涅槃者
云何方為拘尸那城諸力士等說言後夜當
般涅槃如来誠實云何出是虛妄之言尒時
世尊告光明遍照高貴德王菩薩摩訶薩言
善男子若言如来得廣長舌當知如来於无
量劫已離妄語一切諸佛及諸菩薩凡所發
言誠諦无虛善男子如汝所言波旬往昔
請於我入涅槃者善男子而是魔王真實不
知涅槃定相何以故波旬意謂不化衆生嘿
然而住便是涅槃善男子辟如世人見人不
言无所造作便謂是人如死不異魔王波旬
尒復如是意謂如来不化衆生嘿无所說便
謂如来入於涅槃善男子如来不說佛法衆
僧无差別相唯說常住清淨二法无差別相
善男子佛尒不說佛及佛性涅槃无差別相
唯說常恒不變无差別耳善男子佛尒不說
涅槃實相无差別相唯說常有實不變易
无差別耳善男子尒時我諸聲聞弟子生於
諍訟如拘睒弥諸惡比丘違反我教多犯禁戒
受不淨物貪求利養向諸白衣而自讚嘆我
得无漏謂須陁洹果乃至我得阿羅漢果毀
辱於他於佛法僧戒律和上不生恭敬公於我
前言如是物佛所聽畜如是等物佛不聽畜
我尒語言如是等物我實不聽復反我言
如是等物實是佛聽如是惡人不信我言為
是等故我告波旬汝莫忌遑却後三月當般
涅槃善男子因如是等惡比丘故令諸聲聞

BD13859號　大般涅槃經（北本　宮本）卷二五　（23–15）

我尒語言如是等物我實不聽復反我言
如是等物實是佛聽如是惡人不信我言為
是等故我告波旬汝莫忌遑却後三月當般
涅槃善男子因如是等惡比丘故令諸聲聞
受學弟子不見我身不聞我法便言如来入
於涅槃唯諸菩薩能見我身常聞我法是故
不言我入涅槃聲聞弟子雖復發言如来涅
槃而我實不入於涅槃善男子若我所有聲
聞弟子說言如来入涅槃者當知是人非我
弟子是魔伴黨邪見惡人非正見也若言如
来不入涅槃當知是人真我弟子非魔伴黨
正見之人非惡邪也善男子我初不見弟子
之中有言如来不化衆生嘿然而住名涅槃耶
善男子辟如長者多有子息捨至他方未
得還頃諸子並謂父已死矣而是長者實尒
不死諸子顛倒皆生死想聲聞弟子尒復如
是不見我故便謂如来已於拘尸那城娑羅
雙樹間而般涅槃而我實不般涅槃也聲聞弟
子生涅槃想善男子辟如明燈有人覆之餘
不知者謂燈已滅而是明炎實尒不滅以不知
故生於滅想聲聞弟子尒復如是雖有慧
目以煩惱覆令心顛倒不見真身而便生
於滅度之想而我實不取滅度也善男子如
生盲人不見日月以不見故不知晝夜明闇
之相以不知故便說无有日月之實實有日
月盲者不見以不見故生於倒想言无日月
聲聞弟子尒復如是如彼生盲不見如来便

BD13859號　大般涅槃經（北本　宮本）卷二五　（23–16）

生盲人不見日月以不見故不知晝夜明闇
之相以不知故便說无有日月之實實有日
月盲者不見以不見故生於倒想言无日月
聲聞弟子亦復如是如彼生盲不見如来便
謂如来入於涅槃如来實不入於涅槃以倒
想故生如是心善男子辟如雲霧覆蔽日月
癡人便言无有日月日月實有直以覆故衆
生不見聲聞弟子亦復如是以諸煩惱覆智
慧眼不見如来便言如来入於滅度善男子
直是如来現嬰兒行非滅度也善男子如閻
浮提日入之時衆生不見以黑山鄣故而是
日性實无沒入衆生不見生沒入想聲聞弟
子亦復如是為諸煩惱山所鄣故不見我身
以不見故便於如来生滅度想而我實不畢
滅度也是故我於毗舍離國告波旬言却後
三月當般涅槃善男子如来去見迦葉菩薩
却後三月善根當熟亦見香山須拔陀羅竟
安居已當至我所是故我告魔王波旬却後
三月當般涅槃善男子有諸力士其數五百
終竟三月亦當得發阿耨多羅三藐三菩提
心我為是故告波旬言却後三月當般涅槃
善男子純陁等輩及五百梨車菴羅果女却
後三月无上道心善根成熟為是等故我告
波旬却後三月當般涅槃善男子須那刹多
奉言 吉星 親近外道尼乹子等我為說法滿十二年
彼人耶見不信不受我知其人耶見根栽却

後三月无上道心善根成熟為是等故我告
波旬却後三月當般涅槃善男子須那刹多
奉言 吉星 親近外道尼乹子等我為說法滿十二年
彼人耶見不信不受我知其人耶見根栽却
後三月定可斫伐我為是故告波旬言却後
三月當般涅槃善男子何因緣故我於注昔
尼連河邊告魔波旬我今未有多智弟子是
故不得入涅槃者我時欲為五比丘等於波
羅柰轉法輪次復欲為五比丘等所謂耶
奢富那毗婆羅闍橋梵波提須婆睺次復欲
為郁伽長者等五十人次復欲為摩伽陁國
頻婆娑羅王等无量人天次復欲為優樓頻
螺迦葉門徒五百比丘次復欲為那提迦葉
伽耶迦葉兄弟二人及五百弟子次復欲為
舍利弗目揵連等二百五十比丘轉妙法輪
是故我告魔王波旬不般涅槃善男子有名
涅槃非大涅槃云何涅槃非大涅槃不見佛
性而斷煩惱是名涅槃非大涅槃以不見佛
性故无常无我无樂无淨以是義故雖斷煩
惱不得名為大涅槃也若見佛性能斷煩惱
是則名為大涅槃也以見佛性故得名為常
樂我淨以是義故斷於煩惱亦得稱為大般
涅槃善男子般涅言不槃者言織不織之義
名之涅槃槃又言覆不覆之義乃名涅槃槃
言去来不去不来乃名涅槃槃者言取不取
之義乃名涅槃槃言不定定无不定乃名涅
槃槃言新故无新故義乃名涅槃槃言鄣㝵

涅槃善男子般涅言不槃者言織不織之義
名之涅槃槃又言覆不覆之義乃名涅槃槃
言去来不去不来乃名涅槃槃者言取不取
之義乃名涅槃槃言不定定无不定乃名涅
槃槃言新故无新故義乃名涅槃槃言鄣㝵
无鄣㝵義乃名涅槃善男子有憂樓迦迦毗
羅弟子等言槃者名相无相之義乃名涅槃
善男子槃者言有无有之義乃名涅槃槃名
和合无和合義乃名涅槃槃者言苦无苦之
義乃名涅槃善男子斷煩惱者不名涅槃不
生煩惱乃名涅槃善男子諸佛如来煩惱不
起是名涅槃所有智慧於法无㝵是為如来
如来非是凡夫聲聞緣覺菩薩是名佛性如
来身心智慧遍滿无量无邊阿僧祇土无所
鄣㝵是名虛空如来常住无有變易名曰實
相以是義故如来實不畢竟涅槃是名菩薩
脩大涅槃微妙經典具足成就第七功德善
男子云何菩薩摩訶薩脩大涅槃微妙經典
具足成就第八功德善男子菩薩摩訶薩脩
大涅槃除斷五事遠離五事成就六事脩習
五事守護一事親近四事信順一實心善解
脫慧善解脫善男子云何菩薩除斷五事所
謂五陰色受想行識所言陰者其義何謂
能令衆生生死相續不離重擔分散聚合三
世所攝求其義理了不可得以是諸義故名
為陰菩薩摩訶薩雖見色陰不見其相何以
故於十色中推求其性悉不可得為世界故說

BD13859號　大般涅槃經（北本　宮本）卷二五　（23-19）

謂五陰色受想行識所言陰者其義何謂
能令衆生生死相續不離重擔分散聚合三
世所攝求其義理了不可得以是諸義故名
為陰菩薩摩訶薩雖見色陰不見其相何以
故於十色中推求其性悉不可得為世界故說
言為陰受有百八雖見受陰初无受想何以
故受雖百八理无定實是故菩薩不見受陰
想行識等尒復如是菩薩摩訶薩深見五陰
是生煩惱之根本也以是義故方便令斷云
何菩薩遠離五事所謂五見何等為五一者
身見二者邊見三者耶見四者戒取五者見取
因是五見生六十二見因是諸見生死不絕
是故菩薩防之不近云何菩薩成就六事
謂六念處何等為六一者念佛二者念法
三者念僧四者念天五者念施六者念戒是
名菩薩成就六事云何菩薩脩習五事所謂
五定一者智定二者寂定三者身心受快樂定
四者无樂定五者首楞嚴定脩習如是五種
定心則得近於大般涅槃是故菩薩勤心脩
習云何菩薩守護一事謂菩提心菩薩摩訶
薩常勤守護是菩提心猶如世人守護一子
尒如瞎者護餘一目如行曠野守護導者菩
薩守護菩提之心尒復如是因護如是菩提
心故得阿耨多羅三藐三菩提因得阿耨多
羅三藐三菩提故常樂我淨具足而有即
是无上大般涅槃是故菩薩守護一法云何
菩薩親近四事謂四无量心何等為四一者大

BD13859號　大般涅槃經（北本　宮本）卷二五　（23-20）

薩實諦菩[illegible]
心故得阿耨多羅三藐三菩提因得阿耨多
羅三藐三菩提故常樂我淨具足而有即
是无上大般涅槃是故菩薩守護一法云何
菩薩親近四事謂四无量心何等為四一者大
慈二者大悲三者大喜四者大捨因是四心
能令无量无邊衆生發菩提心是故菩薩繫
心親近云何菩薩信順一實菩薩了知一切
衆生皆歸一道一道者謂大乘也諸佛菩薩
為衆生故分之為三是故菩薩信順不逆云
何菩薩心善解脫貪恚癡心永斷滅故是名
菩薩心善解脫云何菩薩慧善解脫菩薩摩
訶薩於一切法知无鄣㝵是名菩薩慧善解
脫因慧解脫昔所不聞而今得聞昔所不見
而今得見昔所不到而今得到
尒時光明遍照高貴德王菩薩摩訶薩言世
尊如佛所說心解脫者是義不然何以故心
本无繫所以者何是心本性不為貪欲瞋恚
愚癡諸結所繫若本无繫云何而言心善解
脫世尊若心本性不為貪結之所繫者何等
因緣而能得繫如人搆角本无乳相雖加功
力乳无由出搆乳之者不得如是加功雖少
乳則多出心亦如是本无貪者今云何有若
本无貪後方有者諸佛菩薩本无貪相今悉
應有世尊譬如石女本无子相雖加功力无
量因緣子不可得心亦如是本无貪相雖造
衆緣貪无由生世尊如攢濕木火不可得心
亦如是雖復攢求貪不可得云何貪結能繫

BD13859號　大般涅槃經（北本　宮本）卷二五　（23–21）

本无貪後方有者諸佛菩薩本无貪相今悉
應有世尊譬如石女本无子相雖加功力无
量因緣子不可得心亦如是本无貪相雖造
衆緣貪无由生世尊如攢濕木火不可得心
亦如是雖復攢求貪不可得云何貪結能繫
於心世尊譬如押沙油不可得心亦如是雖
復押之貪不可得當知貪心二理各異設復
有之何能汙心世尊譬如有人安橛於空終
不得住安貪於心亦復如是種種因緣不能
令貪繫縛於心世尊若心无貪名解脫者諸
佛菩薩何故不拔虛空中刺世尊過去世心
不名解脫未來世心亦无解脫現在世心不與
道共何等世心名得解脫世尊如過去燈不
能滅闇未來世燈亦不滅闇現在世燈復
不滅闇何以故明之與闇二不並故心亦如
是云何而言心得解脫世尊貪亦是有若貪
无者見女相時不應生貪若因女相而得生
者當知是貪真實而有以有貪故墮三惡道
世尊譬如有人見畫女像亦復生貪以生貪
故得種種罪若本无貪云何見畫而生於貪
若心无貪云何如來說言菩薩心得解脫若
心有貪云何見相然後方生不見相者則不
生也我今現見有惡果報當知有貪瞋恚愚
癡亦復如是世尊譬如衆生有身无我而諸
凡夫橫計我想雖有我想不墮三惡云何貪
著於无女相而起女想墮三惡道世尊譬如鑽
火而生於火然是火性衆緣中无以何因緣而

BD13859號　大般涅槃經（北本　宮本）卷二五　（23–22）

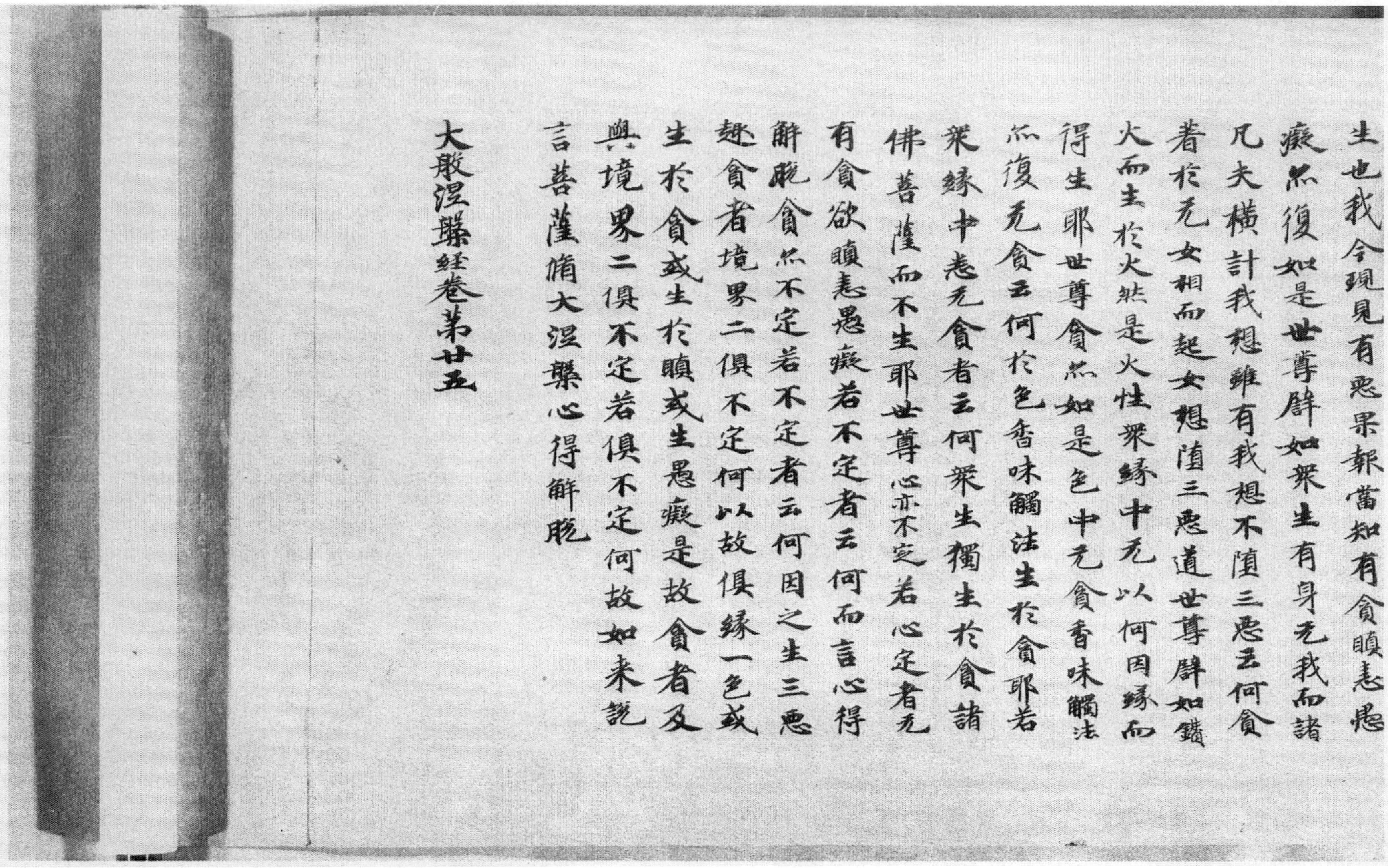

生也我今現見有惡果報當知有貪瞋恚愚
癡尒復如是世尊辟如衆生有身无我而諸
凡夫横計我想雖有我想不墮三惡云何貪
着於无女相而起女想墮三惡道世尊辟如鑽
火而生於火然是火性衆緣中无以何因緣而
得生耶世尊貪尒如是色中无貪香味觸法
尒復无貪云何於色香味觸法生於貪耶若
衆緣中悉无貪者云何衆生獨生於貪諸
佛菩薩而不生耶世尊心亦不定若心定者无
有貪欲瞋恚愚癡若不定者云何而言心得
解脫貪尒不定若不定者云何因之生三惡
趣貪者境界二俱不定何以故俱緣一色或
生於貪或生於瞋或生愚癡是故貪者及
與境界二俱不定若俱不定何故如來說
言菩薩脩大涅槃心得解脫

大般涅槃經卷第廿五

BD13859 號　大般涅槃經（北本　宮本）卷二五　　（23–23）

BD13860 號背　現代護首　　（1–1）

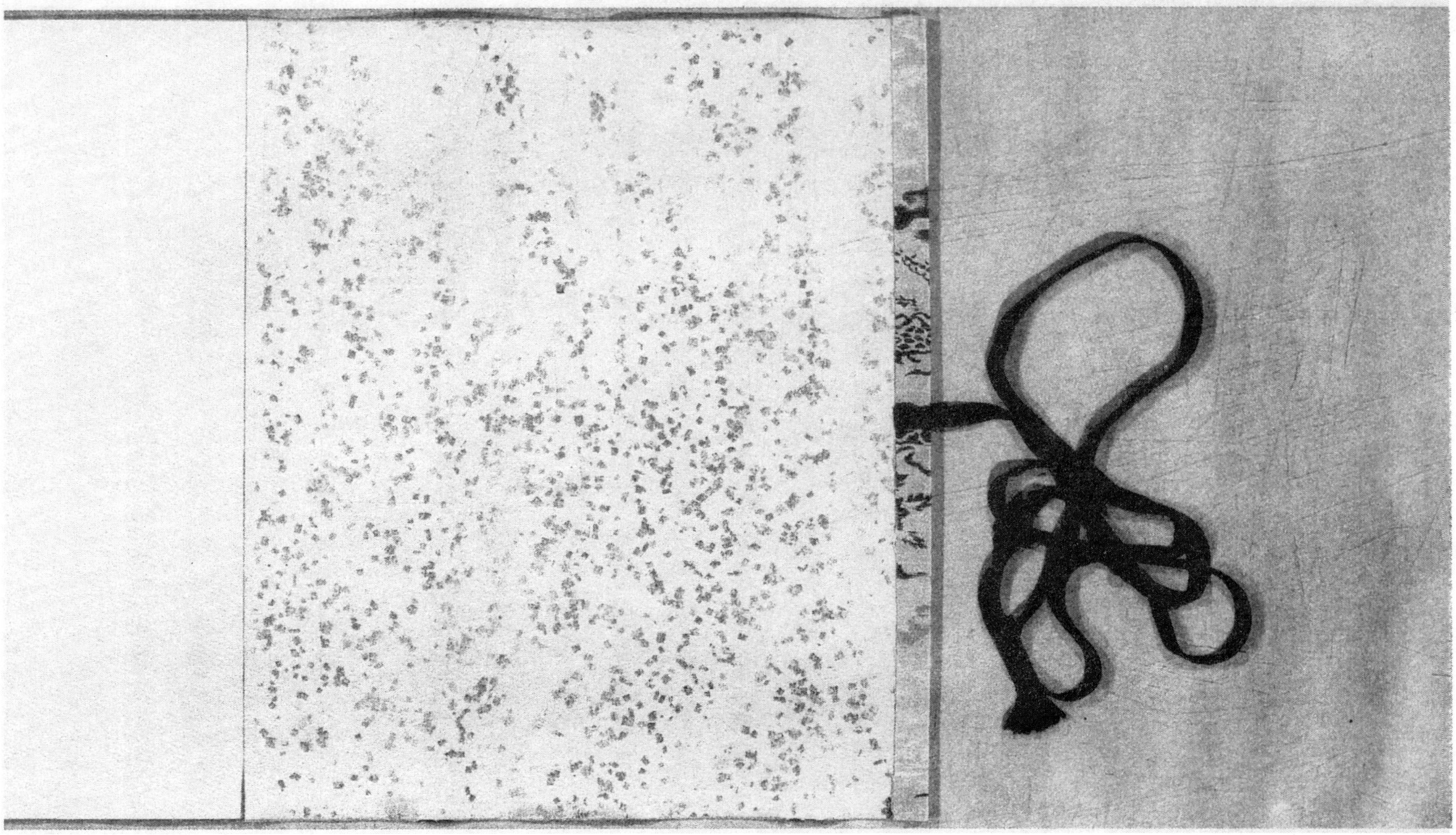

BD13860 號　大般涅槃經（北本　思溪本）卷二七　（25–1）

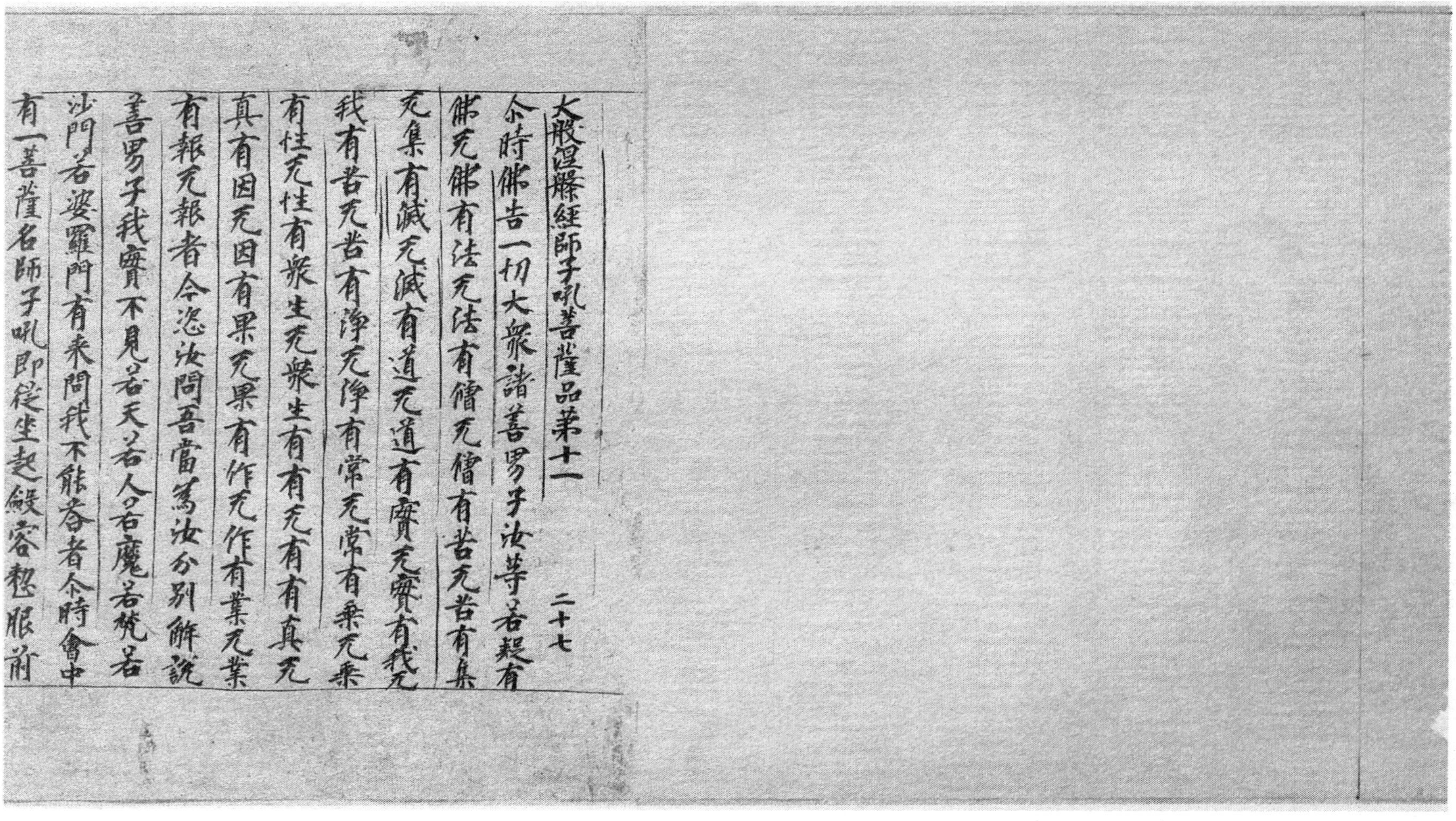

大般涅槃經師子吼菩薩品第十一　二十七
尒時佛告一切大衆諸善男子汝等若疑有
佛无佛有法无法有僧无僧有苦无苦有集
无集有滅无滅有道无道有實无實有我无
我有苦无苦有淨无淨有常无常有乘无乘
有性无性有衆生无衆生有有无有有真无
真有因无因有果无果有作无作有業无業
有報无報者今恣汝問吾當為汝分別解說
善男子我實不見若天若人若魔若梵若
沙門若婆羅門有來問我不能荅者尒時會中
有一菩薩名師子吼即從坐起斂容整服前

BD13860 號　大般涅槃經（北本　思溪本）卷二七　（25–2）

真有因无因有果无果有作无作有業无業
有報无報者今悉汝問吾當為汝分別解説
善男子我實不見若天若人若魔若梵若
沙門若婆羅門有來問我不能荅者尒時會中
有一菩薩名師子吼即從坐起斂容整服前
礼佛足長跪叉手而白佛言世尊我適欲問
如來大慈復垂聽許尒時佛告諸大衆言諸
善男子汝等今當於是菩薩深生恭敬尊重
讚歎應以種種香華伎樂瓔珞幡蓋衣服飲
食卧具醫藥房舍殿堂而供養之迎來送去
所以者何是人已於過去諸佛深種善根福
德成就是故今於我前欲師子吼善男子如
師子王自知身力牙齒鋒芒四足據地安住
巖穴振尾出聲若有能具如是諸相當知是
則能師子吼真師子王晨朝出穴頻申欠呿
四向顧望發聲震吼為十一事何等十一一
為欲壞實非師子詐作師子故二為欲自試
身力故三為欲令住處淨故四為諸子知處
所故五為群輩无怖心故六為眠者得覺悟
故七為一切放逸諸獸不放逸故八為諸獸
來依附故九為欲調伏大香象故十為教告
諸子息故十一為欲莊嚴自眷屬故一切禽
獸聞師子吼水性之屬潛没深淵陸行之類
藏伏窟穴飛者墮落諸大香象怖走失糞
諸善男子如彼野干雖逐師子至于百年終不
能作師子吼也若師子子始滿三年則能哮吼如

BD13860號　大般涅槃經（北本　思溪本）卷二七　（25–3）

諸子息故十一為欲莊嚴自眷屬故一切禽
獸聞師子吼水性之屬潛没深淵陸行之類
藏伏窟穴飛者墮落諸大香象怖走失糞
諸善男子如彼野干雖逐師子至于百年終不
能作師子吼也若師子子始滿三年則能哮吼如
師子王善男子如來正覺智慧牙爪四如意足
六波羅蜜滿足之身十力雄猛大悲為尾安住四
禪清淨窟宅為諸衆生而師子吼摧破魔軍
示衆十力開佛行處為諸耶見作歸依所安
撫生死怖畏之衆覺悟无明睡眠衆生行惡
法者為作悔心開示耶見一切衆生令知六
師非師子吼故破富蘭那等憍慢心故為令
二乘生悔心故為教五住諸菩薩等生大力
心故為令正見四部之衆於彼耶見四部徒
衆不生怖畏故從聖行梵行天行窟宅頻申
而出為欲令彼諸衆生等破憍慢故欠呿為
令諸衆生等生善法故四向顧望為令衆生
得四无㝵故四足據地為令衆生具足安住
尸波羅蜜故故師子吼師子吼者名決定説
一切衆生悉有佛性如來常住无有變易善
男子聲聞緣覺雖復隨逐如來世尊无量百
千阿僧祇劫而亦不能作師子吼十住菩薩若
能修行是三行處當知是則能師子吼諸善
男子是師子吼菩薩摩訶薩今欲如是大師
子吼是故汝等應當深心供養恭敬尊重
讚歎
尒時世尊告師子吼菩薩摩訶薩言善男子

BD13860號　大般涅槃經（北本　思溪本）卷二七　（25–4）

男子是師子吼菩薩摩訶薩今欲如是大師
子吼是故汝等應當深心供養恭敬尊重
讚歎
尒時世尊告師子吼菩薩摩訶薩言善男子
汝若欲問今可隨意師子吼菩薩摩訶薩白
佛言世尊云何爲佛性以何義故名爲佛性
何故復名常樂我淨若一切衆生有佛性者
何故不見一切衆生所有佛性十住菩薩住
何等法不了了見佛住何等法而了了見十
住菩薩以何等眼不了了見佛以何眼而了
了見佛言善男子善哉善哉若有人能爲
法諮啓則爲具足二種莊嚴一者智慧二者福
德若有菩薩具足如是二莊嚴者則知佛性
亦復解知名爲佛性乃至能知十住菩薩以
何眼見諸佛世尊以何眼見師子吼菩薩言
世尊云何名爲智慧莊嚴云何名爲福德莊
嚴善男子慧莊嚴者謂從一地乃至十地是
名慧莊嚴福德莊嚴者謂檀波羅蜜乃至般
若非般若波羅蜜復次善男子慧莊嚴者所
謂諸佛菩薩福德莊嚴者謂聲聞緣覺九住
菩薩復次善男子福德莊嚴者有爲有漏有
有有果報有㝵非常是凡夫法慧莊嚴者无
爲无漏无有果報无㝵常住善男子汝今具
足是二莊嚴是故能問甚深妙義我亦具足
是二莊嚴能荅是義師子吼菩薩摩訶薩言
世尊若有菩薩具足如是二莊嚴者則不應

BD13860號　大般涅槃經（北本　思溪本）卷二七　（25–5）

有有果報有㝵非常是凡夫法慧莊嚴者无
爲无漏无有果報无㝵常住善男子汝今具
足是二莊嚴是故能問甚深妙義我亦具足
是二莊嚴能荅是義師子吼菩薩摩訶薩言
世尊若有菩薩具足如是二莊嚴者則不應
問一種二種云何世尊說言能荅一種二種
所以者何一切諸法无一二種一種二種者
是凡夫相佛言善男子若有菩薩无二種莊
嚴則不能知一種二種若有菩薩具二莊嚴
則能解知一種二種若言諸法无一二者是
義不然何以故若无一二云何得說一切諸
法无一无二善男子若言一二是凡夫相是
乃名爲十住菩薩非凡夫也何以故一者名
爲涅槃二者名爲生死何故一者名爲涅槃
以其常故何故二者名爲生死愛无明故常
涅槃者非凡夫相生死二者亦非凡夫相以
是義故具二莊嚴者能問能荅
善男子汝問云何爲佛性者諦聽諦聽吾當
爲汝分別解說善男子佛性者名第一義空
第一義空名爲智慧所言空者不見空與不
空智者見空及與不空常與无常苦之與樂
我與无我空者一切生死不空者謂大涅槃乃
至无我者即是生死我者謂大涅槃見一切
空不見不空不名中道乃至見一切无我不
見我者不名中道中道者名爲佛性以是
義故佛性常恒无有變易无明覆故令諸衆

BD13860號　大般涅槃經（北本　思溪本）卷二七　（25–6）

我與无我空者一切生死不空者謂大涅槃乃
至无我者即是生死我者謂大涅槃見一切
空不見不空不名中道乃至見一切无我不
見我者不名中道中道者名為佛性以是
義故佛性常恒无有變易无明覆故令諸衆
生不能得見聲聞緣覺見一切空不見不空
乃至見一切无我不見於我以是義故不得
第一義空不得第一義空故不行中道无中
道故不見佛性善男子不見中道者凡有三種
一者定樂行二者定苦行三者苦樂行定樂行
者所謂菩薩摩訶薩憐愍一切諸衆生故雖復
處在阿鼻地獄如三禪樂定苦行者謂諸凡
夫苦樂行者謂聲聞緣覺聲聞緣覺行於苦
樂作中道想以是義故雖有佛性而不能見
如汝所言以何義故名佛性者善男子佛性
者即是一切諸佛阿耨多羅三藐三菩提中
道種子復次善男子道有三種謂下上中下
者梵天无常謬見是常上者生死无常謬見
是常三寶是常橫計无常何故名上能得最
上阿耨多羅三藐三菩提故中者名第一義
空无常見无常常見於常第一義空不名為
下何以故一切凡夫所不得故不名為上何
以故即是上故諸佛菩薩所修之道不上不
下以是義故名為中道
復次善男子生死本際凡有二種一者无明
二者有愛是二中間即有生老病死之苦是

BD13860號　大般涅槃經（北本　思溪本）卷二七　（25–7）

以故即是上故諸佛菩薩所修之道不上不
下以是義故名為中道
復次善男子生死本際凡有二種一者无明
二者有愛是二中間即有生老病死之苦是
名中道如是中道能破生死故名為中以是
義故中道之法名為佛性是故佛性常樂我
淨以諸衆生不能見故无常无樂无我无淨
佛性實非无常无我无樂无淨善男子譬如
貧人家有寶藏是人不見以不見故无常无
樂无我无淨有善知識而語之言汝舍宅中
有金寶藏何故如是貧窮困苦无常无樂无
我无淨即以方便令彼得見以得見故是人
即得常樂我淨佛性亦尒衆生不見以不見
故无常无樂无我无淨有善知識諸佛菩薩
以諸方便種種教告令彼得見以得見故衆
生即得常樂我淨
復次善男子衆生起見凡有二種一者常見
二者斷見如是二見不名中道无常无斷乃
名中道无常无斷即是觀照十二緣智如是
觀智是名佛性二乘之人雖觀因緣猶亦不
得名為佛性佛性雖常以諸衆生无明覆故
不能得見又未能渡十二緣河猶如兔馬何
以故不見佛性故善男子是觀十二因緣智
慧即是阿耨多羅三藐三菩提種子以是義
故十二因緣名為佛性善男子譬如胡苽名
為熱病何以故能為熱病作因緣故十二因

BD13860號　大般涅槃經（北本　思溪本）卷二七　（25–8）

以故不見佛性故善男子是觀十二因緣智
慧即是阿耨多羅三藐三菩提種子以是義
故十二因緣名為佛性善男子譬如胡苽名
為熱病何以故能為熱病作因緣故十二因
緣亦復如是善男子佛性者有因有因因有
果有果果有因者即十二因緣因因者即是
智慧有果者即是阿耨多羅三藐三菩提果果
者即是无上大般涅槃善男子譬如无明為
因諸行為果行因識果以是義故彼无明體
亦因亦因因識亦果亦果果佛性亦尒善男
子以是義故十二因緣不出不滅不常不斷
非一非二不來不去非因非果善男子是
因非果如佛性是果非因如大涅槃是因是
果如十二緣所生之法非因非果名為佛性
非因果故常恒无變以是義故我經中說十
二因緣其義甚深无知无見不可思惟乃是
諸佛菩薩境界非諸聲聞緣覺所及以何義
故甚深甚深衆生業行不常不斷而得果報
雖念念滅而无所失雖无作者而有作業雖
无受者而有果報受者雖滅果不敗亡无有
慮知和合而有一切衆生雖與十二因緣共
行而不見知不見知故无有終始十住菩薩
唯見其終不見其始諸佛世尊見始見終以
是義故諸佛了了得見佛性善男子一切
衆生不能見於十二因緣是故輪轉善男子
如蚕作繭自生自死一切衆生亦復如是不

BD13860號　大般涅槃經（北本　思溪本）卷二七　（25–9）

行而不見知不見知故无有終始十住菩薩
唯見其終不見其始諸佛世尊見始見終以
是義故諸佛了了得見佛性善男子一切
衆生不能見於十二因緣是故輪轉善男子
如蚕作繭自生自死一切衆生亦復如是不
見佛故自造結業流轉生死猶如柏毬善男
子是故我於諸經中說若有人見十二緣者
即是見法見法者即是見佛佛者即是佛
性何以故一切諸佛以此為性善男子觀十二
緣智凡有四種一者下二者中三者上四者
上上下智觀者不見佛性以不見故得聲聞
道中智觀者不見佛性以不見故得緣覺道
上智觀者見不了了不了了故住十住地上
上智者見了了故得阿耨多羅三藐三菩提
道以是義故十二因緣名為佛性佛性者即
第一義空第一義空名為中道中道者即名
為佛佛者名為涅槃
尒時師子吼菩薩摩訶薩白佛言世尊若
佛與佛性无差別者一切衆生何用脩道佛言善
男子如汝所問是義不然佛與佛性雖无差
別然諸衆生悉未具足善男子譬如有人惡
心害母害已生悔三業雖善是人故名地獄
人也何以故是人定當墮地獄故是人雖无
地獄陰界諸入猶故得名為地獄人
善男子是故我於諸經中說若見有人脩行
善者名見天人脩行惡者名見地獄何以故

BD13860號　大般涅槃經（北本　思溪本）卷二七　（25–10）

人世何以故是人定當墮地獄故是人雖无
地獄陰界諸入猶故得名爲地獄人
善男子是故我於諸經中説若見有人脩行
善者名見天人脩行惡者名見地獄何以故
定受報故善男子一切衆生定得阿耨多羅
三藐三菩提故是故我説一切衆生悉有佛
性一切衆生真實未有三十二相八十種好以
是義故我於此經而説是言
本有今无　本无今有　三世有法　无有是處
善男子有者凡有三種一未來有二現在有
三過去有一切衆生未來之世當有阿耨多
羅三藐三菩提是名佛性一切衆生現在悉
有煩惱諸結是故現在无有三十二相八十種
好一切衆生過去之世有斷煩惱是故現在
得見佛性以是義故我常宣説一切衆生悉
有佛性乃至一闡提等亦有佛性一闡提等
无有善法佛性亦善以未來有故一闡提等
悉有佛性何以故一闡提等定當得成阿耨
多羅三藐三菩提故善男子譬如有人家有
乳酪有人問言汝有蘇耶荅言我有酪實非
蘇以巧方便定當得故故言有蘇衆生亦尒
悉皆有心凡有心者定當得成阿耨多羅三
藐三菩提以是義故我常宣説一切衆生悉
有佛性
善男子畢竟有二種一者莊嚴畢竟二者究
竟畢竟一者世間畢竟二者出世畢竟莊嚴
畢竟者六波羅蜜究竟畢竟者一切衆生所

BD13860號　大般涅槃經（北本　思溪本）卷二七　（25–11）

藐三菩提以是義故我常宣説一切衆生悉
有佛性
善男子畢竟有二種一者莊嚴畢竟二者究
竟畢竟一者世間畢竟二者出世畢竟莊嚴
畢竟者六波羅蜜究竟畢竟者一切衆生所
得一乘一乘者名爲佛性以是義故我説一
切衆生悉有佛性一切衆生悉有一乘以无
明覆故不能得見善男子如欝單曰三十三
天果報覆故此閒衆生不能得見佛性亦
尒諸結覆故衆生不見
復次善男子佛性者即首楞嚴三昧性如醍
醐即是一切諸佛之母以首楞嚴三昧力故
而令諸佛常樂我淨一切衆生悉有首楞
嚴三昧以不脩行故不得見是故不能得成阿
耨多羅三藐三菩提善男子首楞嚴三昧者
有五種名一者首楞嚴三昧二者般若波羅
蜜三者金剛三昧四者師子吼三昧五者佛
性隨其所作處處得名善男子如一三昧得
種種名如禪名四禪根名定根力名定力覺
名定覺正名正定八大人覺名爲定覺首
楞嚴定亦復如是善男子一切衆生具足三定
謂上中下上者謂佛性也以是故言一切衆
生悉有佛性中者一切衆生具足初禪有因
緣時則能脩集若无因緣則不能脩因緣二
種一謂火災二謂破欲界結以是故言一切
衆生悉具中定下定者十大地中心數定也
以是故言一切衆生悉具下定一切衆生悉

BD13860號　大般涅槃經（北本　思溪本）卷二七　（25–12）

生悉有佛性中者一切衆生具足初禪有因
緣時則能修集若无因緣則不能修因緣二
種一謂火災二謂破欲界結以是故言一切
衆生悉具中定下定者十大地中心數定也
以是故言一切衆生悉具下定一切衆生悉
有佛性煩惱覆故不能得見十住菩薩雖見
一乘不知如來是常住法以是故言十地菩
薩雖見佛性而不明了善男子首楞者名一
切畢竟嚴者名堅一切畢竟而得堅固名首
楞嚴以是故言首楞嚴定名為佛性
善男子我於一時住尼連禪河告阿難言我
今欲洗汝可取衣及以澡豆我既入水一切
飛鳥水陸之屬悉來觀我尒時復有五百梵
志來在河邊因到我所各相謂言云何而得
金剛之身若使瞿曇不說斷見我當從其啓
受齋法善男子我於尒時以他心智知是梵
志心之所念告梵志言云何謂我說於斷見
彼梵志言瞿曇先於處處經中說諸衆生悉
无有我既言无我云何而言非斷見耶若无
我者持戒者誰破戒者誰佛言我亦不說一
切衆生悉无有我我常宣說一切衆生悉有
佛性佛性者豈非我耶以是義故我不說斷
一切衆生不見佛性故无常无我无樂无淨
如是則名說斷見也時諸梵志聞說佛性即
是我故即發阿耨多羅三藐三菩提心尋時
出家修菩提道一切飛鳥水陸之屬亦發无
上菩提之心既發心已尋得捨身善男子是

BD13860號　大般涅槃經（北本　思溪本）卷二七　（25–13）

一切衆生不見佛性故无常无我无樂无淨
如是則名說斷見也時諸梵志聞說佛性即
是我故即發阿耨多羅三藐三菩提心尋時
出家修菩提道一切飛鳥水陸之屬亦發无
上菩提之心既發心已尋得捨身善男子是
佛性者實非我也為衆生故說名為我善男
子如來有因緣故說无我為我真實无我雖
作是說无有虛妄善男子有因緣故說我為
无我而實有我為世界故雖說无我而无虛
妄佛性无我如來說我以是常故如來是我
而說无我得自在故
尒時師子吼菩薩摩訶薩言世尊若一切衆
生悉有佛性如金剛力士者以何義故一切
衆生不能得見佛言善男子譬如色法雖有
青黃赤白之異長短質像盲者不見雖復不
見亦不得言无青黃赤白長短質像何以故
盲雖不見有目見故佛性亦尒一切衆生雖
不能見十住菩薩見少分故如來全見十住
菩薩所見佛性如夜見色如來所見如晝見
色善男子譬如瞎者見色不了有善良醫而
為治目以藥力故得了了見十住菩薩亦復如
是雖見佛性不能明了以首楞嚴三昧力故
能得明了善男子若有人見一切諸法无常无
我无樂无淨見非一切法无常无樂无我无淨
如是之人不見佛性一切者名為生死非一切者
名為三寶聲聞緣覺見一切法无常无我无
樂无淨非一切[illegible]

BD13860號　大般涅槃經（北本　思溪本）卷二七　（25–14）

能得明了善男子若有人見一切諸法无常无
我无樂无淨見非一切法无常无樂无我无淨
如是之人不見佛性一切者名為生死非一切者
名為三寶聲聞緣覺見一切法无常无我无
樂无淨非一切法亦見无常无我无樂无淨
以是義故不見佛性十住菩薩見一切法无
常无我无樂无淨非一切法分見常樂我淨
以是義故十分之中得見一分諸佛世尊見
一切法无常无我无樂无淨非一切法見常
樂我淨以是義故見於佛性如觀掌中阿
摩勒菓以是義故首楞嚴定名為畢竟善男
子譬如初月雖不可見不得言无佛性亦尒
一切凡夫雖不得見亦不得言无佛性也善男
子佛性者所謂十力四无所畏大悲三念處
一切眾生悉有三種破煩惱故然後得見一
闡提等破一闡提然後能得十力四无所畏
大悲三念處以是義故我常宣說一切眾
生悉有佛性
善男子十二因緣一切眾生等共有之亦內
亦外何等十二過去煩惱名為无明過去業
者則名為行現在世中初始受胎是名為識
入胎五分四根未具名為名色具足四根未名
觸時是名六入未別苦樂是名為觸染習
一愛是名為受習近五欲是名為愛內外貪
求是名為取為內外事起身口意業是名為
有現在世識名未來生現在名色六入觸受

BD13860號　大般涅槃經（北本　思溪本）卷二七　（25-15）

觸時是名六入未別苦樂是名為觸染習
一愛是名為受習近五欲是名為愛內外貪
求是名為取為內外事起身口意業是名為
有現在世識名未來生現在名色六入觸受
名未來世老病死也是名十二因緣善男子
一切眾生雖有如是十二因緣或有未具如
歌羅羅時死則无十二從生乃至老死得具
十二色界眾生无三種受三種觸三種愛无
有老病亦得名為具足十二无色眾生无色
乃至无有老死亦得名為具足十二以定得
故故名眾生平等具有十二因緣善男子佛
性亦尒一切眾生定當得成阿耨多羅三藐
三菩提故是故我說一切眾生悉有佛性善
男子雪山有草名為忍辱牛若食者則生醍
醐更有異草牛若食者則无醍醐雖无醍醐
不可說言雪山之中无忍辱草佛性亦尒雪
山者名為如來忍辱草者名大涅槃異草者
十二部經眾生若能聽受諮啓大般涅槃則
見佛性十二部中雖不聞有不可說言无佛
性也
善男子佛性者亦色非色非色非非色亦
相非相非相非非相亦一非一非一非非一非
常非斷非非常非非斷亦有亦无非有非无
亦盡非盡非盡非非盡亦因亦果非因非果
亦義非義非義非非義亦字非字非字非非
字云何為色金剛身故云何非色十八不共

BD13860號　大般涅槃經（北本　思溪本）卷二七　（25-16）

……亦一非一非一非非一非
常非斷非非常非非斷亦有亦无非有非无
亦盡非盡非盡非非盡亦因亦果非因非果
亦義非義非義非非義亦字非字非字非非
字云何爲色金剛身故云何非色十八不共
非色法故云何非色非非色无定相
故云何爲相三十二相故云何非相一切衆生
相不現故云何非相非非相相非相不決定故
云何爲一一切衆生悉一乘故云何非一說
三乘故云何非一非非一无數法故云何
非常從緣見故云何非斷離斷見故云何非
非常非非斷无終始故云何爲有一切衆生
悉皆有故云何爲无從善方便而得見故云
何非有非无虛空性故云何名盡得首楞嚴
三昧故云何非盡以其常故云何非盡非非
盡一切盡相斷故云何爲因以了因故云何
爲果果決定故云何非因非果以其常故云
何名義悉能攝取義无㝵故云何非義不可
說故云何非義非非義畢竟空故云何爲字
有名稱故云何非字名无名故云何非字非
非字斷一切字故云何非苦非樂斷一切受
故云何非我未能具得八自在故云何非非
我以其常故云何非我非非我不作不受故
云何爲空第一義空故云何非空以其常故
云何非空非非空能爲善法作種子故善男
字若有人能思惟解了大涅槃經如是之義
當知是人則見佛性佛性者不可思議乃是

BD13860號　大般涅槃經（北本　思溪本）卷二七　（25–17）

故云何非我未能具得八自在故云何非非
我以其常故云何非我非非我不作不受故
云何爲空第一義空故云何非空以其常故
云何非空非非空能爲善法作種子故善男
字若有人能思惟解了大涅槃經如是之義
當知是人則見佛性佛性者不可思議乃是
諸佛如來境界非諸聲聞緣覺所知善男
子佛性者非陰界入非本无今有非已有還
无從善因緣衆生得見譬如黑鐵入火則赤出
冷還黑而是黑色非内非外因緣故有佛性
亦尒一切衆生煩惱火滅則得聞見善男子
如種滅已芽則得生而是芽性非内非外乃
至華菓亦復如是從緣故有善男子是大涅
槃微妙經典成就具足无量功德佛性亦尒
悉是无量无邊功德之所成就
尒時師子吼菩薩摩訶薩言世尊菩薩具足
成就幾法得見佛性而不明了諸佛世尊成
就幾法得了了見善男子菩薩具足成就十
法雖見佛性而不明了云何爲十一者少欲
二者知足三者寂靜四者精進五者正念六
者正定七者正慧八者解脫九者讚歎解脫
十者以大涅槃教化衆生師子吼菩薩言世
尊少欲知足有何差別善男子少欲者不求
不取知足者得少之時心不悔恨少欲者少
有所欲知足者但爲法事心不愁惱善男子
欲者有三一者惡欲二者大欲三者欲欲惡
欲者若有比丘心生貪欲欲爲一切大衆上

BD13860號　大般涅槃經（北本　思溪本）卷二七　（25–18）

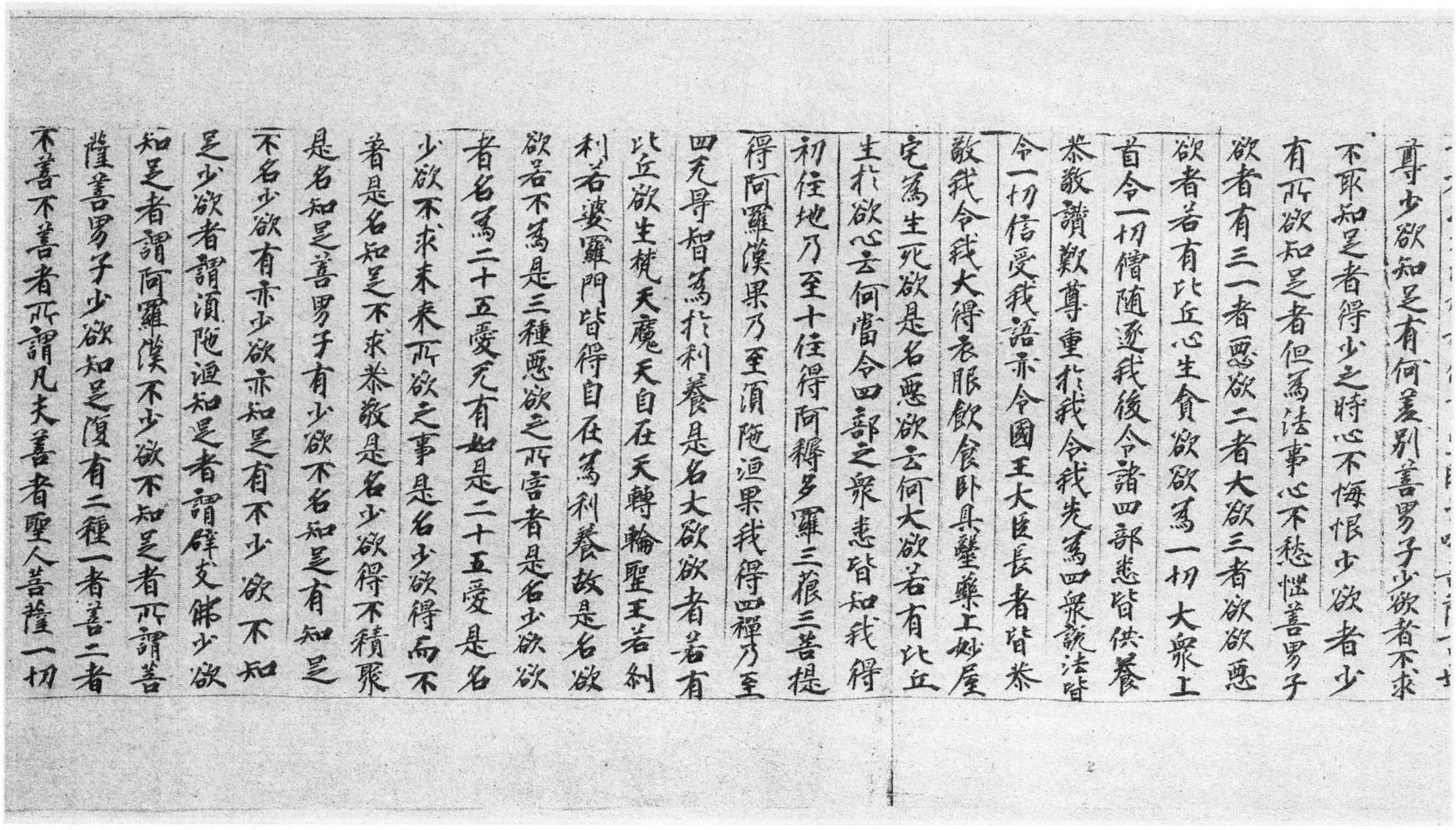

尊少欲知足有何差別善男子少欲者不求
不取知足者得少之時心不悔恨少欲者少
有所欲知足者但爲法事心不愁惱善男子
欲者有三一者惡欲二者大欲三者欲欲惡
欲者若有比丘心生貪欲欲爲一切大衆上
首令一切僧隨逐我後令諸四部悉皆供養
恭敬讚歎尊重於我令我先爲四衆說法皆
令一切信受我語亦令國王大臣長者皆恭
敬我令我大得衣服飲食臥具醫藥上妙屋
宅爲生死欲是名惡欲云何大欲若有比丘
生於欲心云何當令四部之衆悉皆知我得
初住地乃至十住得阿耨多羅三藐三菩提
得阿羅漢果乃至須陀洹果我得四禪乃至
四无导智爲於利養是名大欲欲欲者若有
比丘欲生梵天魔天自在天轉輪聖王若剎
利若婆羅門皆得自在爲利養故是名欲
欲若不爲是三種惡欲之所害者是名少欲欲
者名爲二十五愛无有如是二十五愛是名
少欲不求未來所欲之事是名少欲得而不
著是名知足不求恭敬是名少欲得不積聚
是名知足善男子有少欲不名知足有知足
不名少欲有亦少欲亦知足有不少欲不知
足少欲者謂須陀洹知足者謂辟支佛少欲
知足者謂阿羅漢不少欲不知足者所謂菩
薩善男子少欲知足復有二種一者善二者
不善不善者所謂凡夫善者聖人菩薩一切

BD13860號　大般涅槃經（北本　思溪本）卷二七　（25–19）

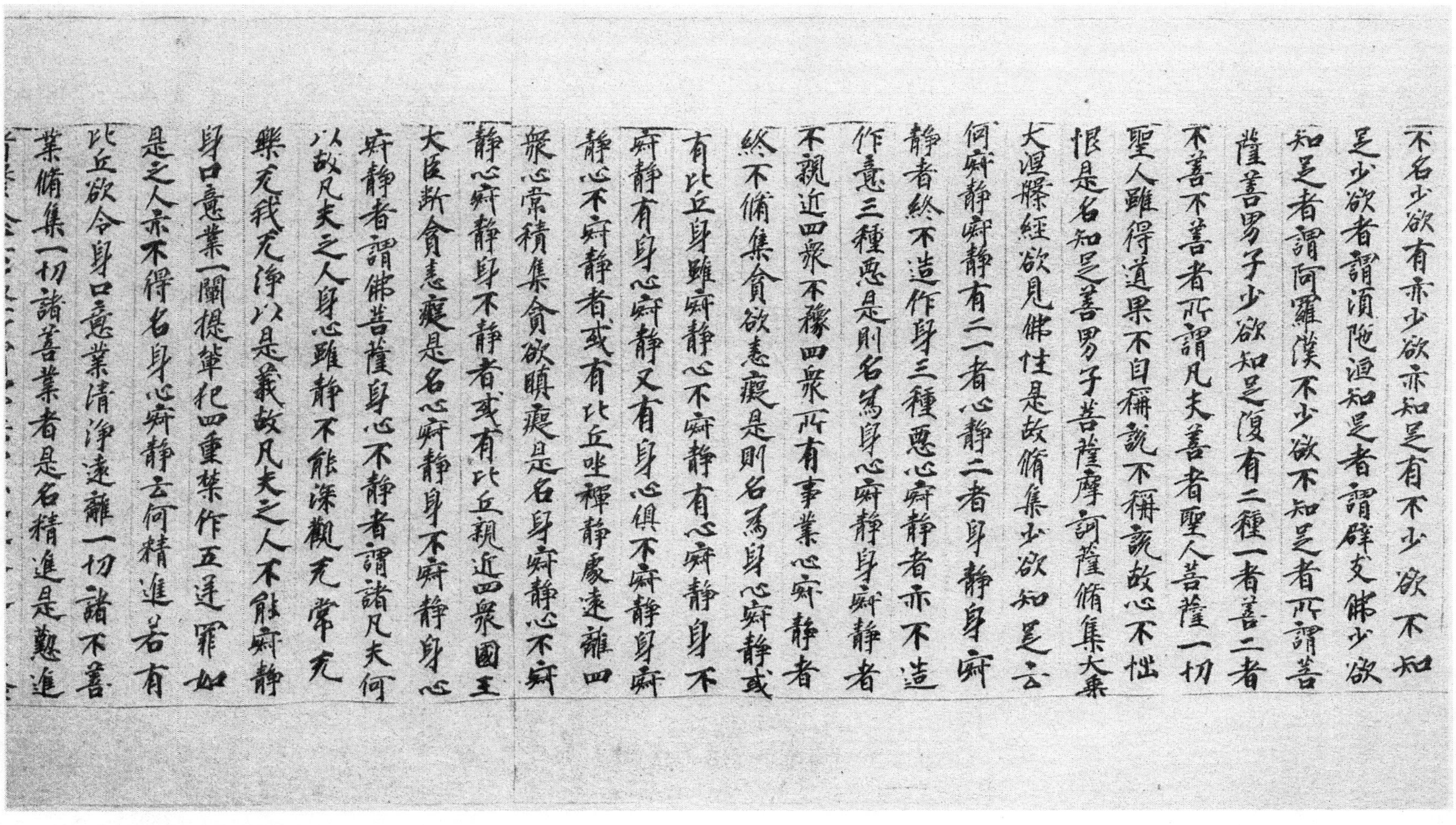

不名少欲有亦少欲亦知足有不少欲不知
足少欲者謂須陀洹知足者謂辟支佛少欲
知足者謂阿羅漢不少欲不知足者所謂菩
薩善男子少欲知足復有二種一者善二者
不善不善者所謂凡夫善者聖人菩薩一切
聖人雖得道果不自稱說不稱說故心不惱
恨是名知足善男子菩薩摩訶薩脩集大乘
大涅槃經欲見佛性是故脩集少欲知足云
何寂靜寂靜有二一者心靜二者身靜身寂
靜者終不造作身三種惡心寂靜者亦不造
作意三種惡是則名爲身心寂靜身寂靜者
不親近四衆不豫四衆所有事業心寂靜者
終不脩集貪欲恚癡是則名爲身心寂靜或
有比丘身雖寂靜心不寂靜有心寂靜身不
寂靜有身心寂靜又有身心俱不寂靜身寂
靜心不寂靜者或有比丘坐禪靜處遠離四
衆心常積集貪欲瞋癡是名身寂靜心不寂
靜心寂靜身不靜者或有比丘親近四衆國王
大臣斷貪恚癡是名心寂靜身不寂靜身心
寂靜者謂佛菩薩身心不靜者謂諸凡夫何
以故凡夫之人身心雖靜不能深觀无常无
樂无我无淨以是義故凡夫之人不能寂靜
身口意業一闡提輩犯四重禁作五逆罪如
是之人亦不得名身心寂靜云何精進若有
比丘欲令身口意業清淨遠離一切諸不善
業脩集一切諸善業者是名精進是懃進

BD13860號　大般涅槃經（北本　思溪本）卷二七　（25–20）

身无利无得以是義故凡夫之人不能寂靜
身口意業一闡提輩犯四重禁作五逆罪如
是之人亦不得名身心寂靜云何精進若有
比丘欲令身口意業清淨遠離一切諸不善
業修集一切諸善業者是名精進是懃進
者繫念六處所謂佛法僧戒施天是名正念
具正念者所得三昧是名正定具正定者觀見
諸法猶如虛空是名正慧具正慧者遠離
一切煩惱諸結是名解脫得解脫者為諸眾
生稱美解脫言是解脫常恒不變是故稱歎
解脫即是无上大般涅槃涅槃者即是煩惱
諸結火滅又涅槃者名為屋宅何以故能遮
煩惱惡風雨故又涅槃者名為歸依何以故
能過一切諸怖畏故又涅槃者名為洲渚何
以故四大暴河不能漂故何等為四一者欲
暴二者有暴三者見暴四者无明暴是故涅槃
名為洲渚又涅槃者名畢竟歸何以故能得
一切畢竟樂故若有菩薩摩訶薩成就具足
如是十法雖見佛性而不明了
復次善男子出家之人有四種病是故不得
四沙門果何等四病謂四惡欲一為衣欲二
為食欲三為臥具欲四為有欲是名四惡欲
是出家病有四良藥能療是病謂糞掃衣能
治比丘為衣惡欲乞食能破為食惡欲樹下
能破臥具惡欲身心寂靜能破比丘為有惡
欲以是四藥除是四病是名聖行如是聖行

BD13860號　大般涅槃經（北本　思溪本）卷二七　（25–21）

是出家病有四良藥能療是病謂糞掃衣能
治比丘為衣惡欲乞食能破為食惡欲樹下
能破臥具惡欲身心寂靜能破比丘為有惡
欲以是四藥除是四病是名聖行如是聖行
則得名為少欲知足寂靜者有四種樂何等
為四一者出家樂二寂靜樂三永滅樂四畢
竟樂得是四樂名為寂靜具四精進故名精
進具四念處故名正念具四禪故故名正定
具四聖實故名正慧永斷一切煩惱結故故
名解脫呵諫一切煩惱過故是名讚歎解脫
善男子菩薩摩訶薩安住具足如是十法
雖見佛性而不明了
復次善男子菩薩摩訶薩聞是經已親近
修集遠離一切世間之事是名少欲既出家已
不生悔心是名知足既知足已近空閑處遠
離憒閙是名寂靜不知足者不樂空閑夫知
足者常樂空寂於空寂處常作是念一切世
間悉謂我得沙門道果然我今者實未能
得我今云何誑惑於人作是念已精懃修集沙
門道果是名精進親近修集大涅槃者是名
正念隨順天行是名正定安住是定正見正知
是名正慧正知見者能得遠離煩惱結縛
是名解脫十住菩薩為眾生故稱美涅槃是
則名為讚歎解脫善男子菩薩摩訶薩安住
具足如是十法雖見佛性而不明了
復次善男子夫少欲者若有比丘住空寂處

BD13860號　大般涅槃經（北本　思溪本）卷二七　（25–22）

是名正慧正知見者能得遠離煩惱結縛
是名解脫十住菩薩爲衆生故稱美涅槃是
則名爲讚嘆解脫善男子菩薩摩訶薩安住
具足如是十法雖見佛性而不明了
復次善男子夫少欲者若有比丘住空寂處
端坐不卧或住樹下或在塚間或在露處隨
有草地而坐其上乞食而食隨時爲足或一
坐食不過一食唯畜三衣糞衣毳衣是名少
欲既行是事心不生悔是名知足修空三昧
是名寂靜得四果已於阿耨多羅三藐三菩
提心不休息是名精進繫心思惟如來常恒
无有變易是名正念修八解脫是名正定得
四无导是名正慧遠離七漏是名解脫稱美
涅槃无有十相名讚歎解脫十相者謂生老
病死色聲香味觸无常遠離十相名大涅槃
善男子是菩薩摩訶薩安住具足如是十
法雖見佛性而不明了
復次善男子爲多欲故親近國王大臣長者
刹利婆羅門毗舍首陁自稱我得須陁洹果
至阿羅漢果爲利養故行住坐卧乃至大小
便利若見檀越猶行恭敬接引語言破惡欲
者名爲少欲雖未能壞諸結煩惱而能同於
如來行處是名知足善男子如是二法乃是
念定近因緣也常爲師宗同學所讚我亦常
於處處經中稱美讚嘆如是二法若能具足
是二法者則得近於大涅槃門及五種樂是
名寂靜堅持戒者名爲精進有慚愧者名爲

BD13860號　大般涅槃經（北本　思溪本）卷二七　（25–23）

如來行處是名知足善男子如是二法乃是
念定近因緣也常爲師宗同學所讚我亦常
於處處經中稱美讚嘆如是二法若能具足
是二法者則得近於大涅槃門及五種樂是
名寂靜堅持戒者名爲精進有慚愧者名爲
正念不見心相名爲正定不求諸法性相因緣
是名正慧无有相故煩惱則斷是名解脫
稱美如是大涅槃經名讚解脫善男子是名
菩薩摩訶薩安住十法雖見佛性而不明了
善男子如汝所言十住菩薩以何眼故雖見
佛性而不了了諸佛世尊以何眼故見於佛
性而得明了善男子慧眼見故不得明了佛
眼見故故得明了爲菩提行故則不了了若
无行故則得了了住十住故雖見不了了不住
不去故得了了菩薩摩訶薩智慧因故見不
了了諸佛世尊斷因果故見則了了一切覺
者名爲佛性十住菩薩不得名爲一切覺故
是故雖見而不明了善男子見有二種一者
眼見二者聞見諸佛世尊眼見佛性如於掌
中觀阿摩勒菓十住菩薩聞見佛性故不了
了十住菩薩唯能自知定得阿耨多羅三藐
三菩提而不能知一切衆生悉有佛性

大般涅槃經卷第二十七

BD13860號　大般涅槃經（北本　思溪本）卷二七　（25–24）

是故雖見而不明了善男子見有二種一者
眼見二者聞見諸佛世尊眼見佛性如於掌
中觀阿摩勒菓十住菩薩聞見佛性故不了
了十住菩薩唯能自知定得阿耨多羅三藐
三菩提而不能知一切衆生悉有佛性
大般涅槃經卷第二十七

BD13860 號　大般涅槃經（北本　思溪本）卷二七　（25–25）

BD13861 號背　現代護首　（1–1）

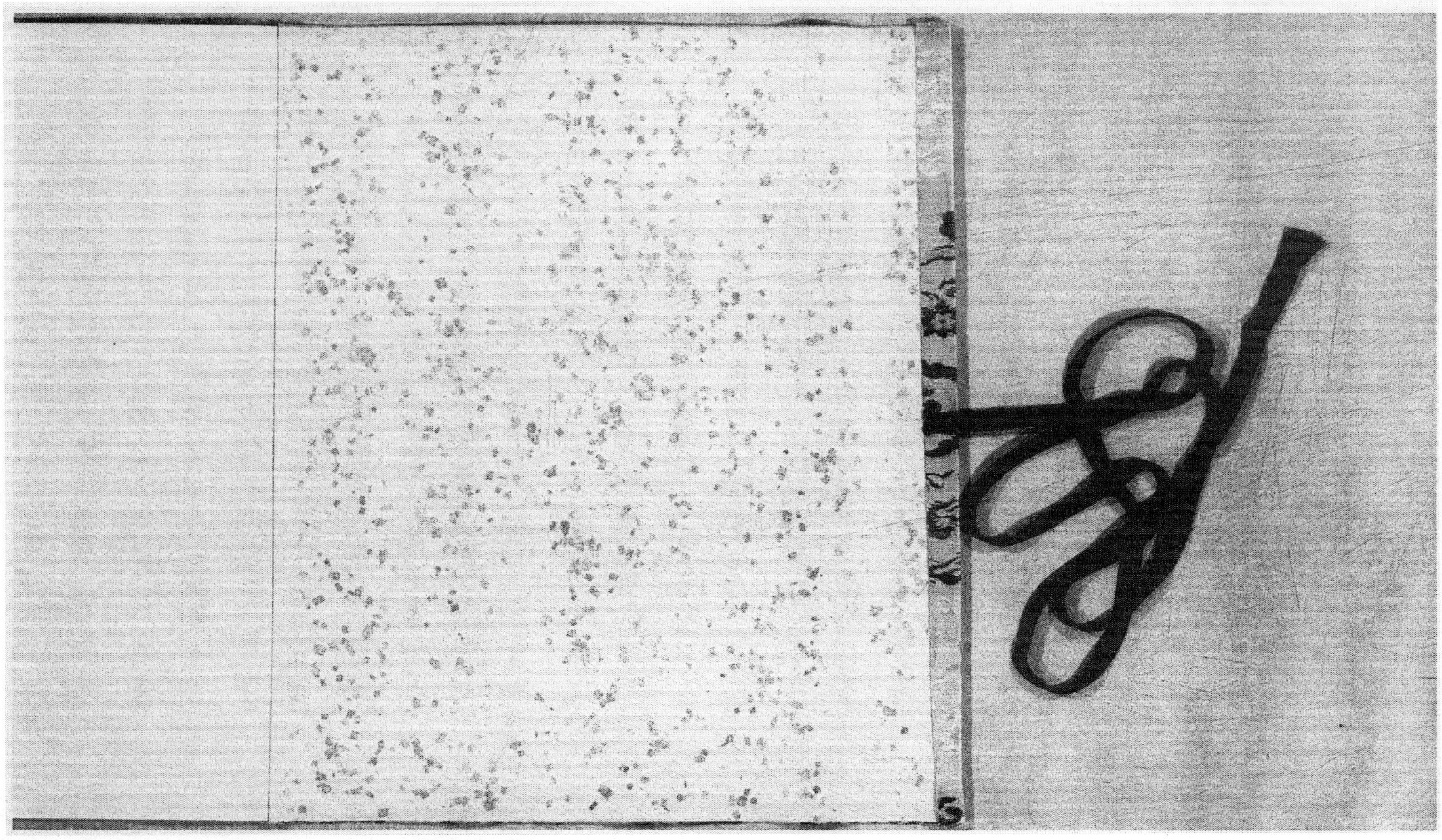

BD13861號　大般涅槃經（北本　思溪本）卷二八　（28–1）

大般涅槃經師子吼菩薩品　二十八

善男子復有眼見諸佛如來十住菩薩眼見
佛性復有聞見一切衆生乃至九地聞見佛
性菩薩若聞一切衆生悉有佛性心不生信
不名聞見善男子若有善男子善女人欲見
如來應當脩集十二部經受持讀誦書寫解
說師子吼菩薩摩訶薩言世尊一切衆生不
能得知如來心相當云何觀而得知也善男

BD13861號　大般涅槃經（北本　思溪本）卷二八　（28–2）

性菩薩若聞一切衆生悉有佛性心不生信
不名聞見善男子若有善男子善女人欲見
如来應當脩集十二部經受持讀誦書寫解
說師子吼菩薩摩訶薩言世尊一切衆生不
能得知如来心相當云何觀而得知也善男
子一切衆生實不能知如来心相若欲觀察
而得知者有二因緣一眼見二聞見若見如
来所有身業當知是則為如来也是名眼見
若觀如来所有口業當知是則為如来也是
名聞見若見色貌一切衆生无與等者當知
是則為如来也是名眼見若聞音聲微妙㝡
勝不同衆生所有音聲當知是則為如来也
是名聞見若見如来所作神通為為衆生為
為利養若為衆生不為利養當知是則為如
来也是名眼見若觀如来以他心智觀衆生
時為利養說為衆生說若為衆生不為利養
當知是則為如来也是名聞見云何如来而
受是身何故受身為誰受身是名眼見若觀
如来云何說法何故說法為誰說法是名聞
見以身惡業加之不瞋當知是則為如来也
是名眼見以口惡業加之不瞋當知是則為
如来也是名聞見若見菩薩初生之時於十
方面各行七步摩尼跋陁富那跋陁鬼神大
將執持幡蓋震動无量无邊世界金光晃耀
弥滿虛空難陁龍王及婆難陁以神通力浴
菩薩身諸天形像承迎礼拜阿私陁仙合掌
[illegible]

BD13861號　大般涅槃經（北本　思溪本）卷二八　（28–3）

方面各行七步摩尼跋陁富那跋陁鬼神大
將執持幡蓋震動无量无邊世界金光晃耀
弥滿虛空難陁龍王及婆難陁以神通力浴
菩薩身諸天形像承迎礼拜阿私陁仙合掌
恭敬盛年捨欲如棄涕唾不為世樂之所迷惑
出家脩道樂於閑寂為破邪見六年苦行於
諸衆生平等无二心常在定初无散亂相好
嚴麗莊餝其身所遊之處丘墟皆平衣服
離身四寸不墮行時直視不顧左右所食之物
无完過半起之處草不動亂為調衆生故往
說法心无憍慢是名眼見若聞菩薩行七
步已唱如是言我今此身㝡是後邊阿私陁
仙合掌而言大王當知悉達太子定當得成
阿耨多羅三藐三菩提終不在家作轉輪王
何以故相明了故轉輪聖王相不明了悉達
太子身相炳著是故必得阿耨多羅三藐三
菩提見老病死復作是言一切衆生甚可憐
愍常與如是生老病死共相隨逐而不能觀
常行於苦我當斷之從阿羅羅五通仙人受
无想定既成就已復說其過從欝陁伽仙受
非有想非无想定既成就已說非涅槃是生
死法六年苦行无所剋獲即作是言脩是苦
行空无所得若是實者我應得之以虛妄故
我无所得是名邪術非正道也既成道已梵
天勸請唯願如来當為衆生廣開甘露說无
上法佛言梵王一切衆生常為煩惱之所鄣

BD13861號　大般涅槃經（北本　思溪本）卷二八　（28–4）

行空无所得若是實者我應得之以虚妄故
我无所得是名耶術非正道也既成道已梵
天勸請唯願如来當為衆生廣開甘露說无
上法佛言梵王一切衆生常為煩惱之所鄣
覆不能受我正法之言梵王復言世尊一切
衆生有能受者凡有三種利根中根鈍根利
根能受唯願為說佛言梵王諦聽諦聽我今
當為一切衆生開甘露門即於波羅㮈國轉
正法輪宣說中道一切衆生不破諸結非不
能破非破非不破故名中道不度衆生非不
能度是名中道非一切成亦非不成是名中道
凡有所說不自言師不言弟子是名中道說
不為利非不得果是名中道正語實語時語
真語言不虚發微妙第一如是等法是名聞
見善男子如来心則實不可見若有善男子
善女人欲見如来應當依是二種因緣尒時
師子吼菩薩摩訶薩白佛言世尊如先所說
菴羅菓喻四種人等有人行細心不正實有
人心細行不正實有人心細行亦正實有人
心不細行不正實是初二種去何可知如佛
所說雖依是二不可得知佛言善哉善哉善
男子菴羅菓喻二種人等實難可知以難知
故我經中說當與共住住若不知當與久處
久處不知當以智慧智慧不知當深觀察以
觀察故則知持戒及以破戒善男子具足四
事共住久處智慧觀察然後得知持戒破

BD13861號　大般涅槃經（北本　思溪本）卷二八　（28–5）

男子菴羅菓喻二種人等實難可知以難知
故我經中說當與共住住若不知當與久處
久處不知當以智慧智慧不知當深觀察以
觀察故則知持戒及以破戒善男子具足四
事共住久處智慧觀察然後得知持戒破
戒善男子戒有二種持者亦二一者究竟二不
究竟有人以因緣故受持禁戒智者當觀是
人持戒為利養為究竟持善男子如来戒
者无有因緣是故得名為究竟戒以是義故菩薩
雖為諸惡衆生之所傷害不生恚礙是故如
来得名成就畢竟持戒究竟持戒善男子我
昔一時與舍利弗及五百弟子俱共止住摩
伽陁國瞻婆大城時有獵師追逐一鴿是鴿惶
怖至舍利弗影猶故戰慄如芭蕉樹至我影
中身心安隱恐怖得除是故當知如来世尊
畢竟持戒乃至身影猶有是力善男子不究
竟戒尚不能得聲聞緣覺何况得阿耨多羅
三藐三菩提復有二種一為利養二為正法
為利養故受持禁戒當知是戒不見佛性及
以如来雖聞佛性及如来名猶不得名為聞
見也若為正法受持禁戒當知是戒能見佛
性及以如来是名眼見亦名聞見復有二種
一根深難拔二根淺易動若能脩集空无想
願是名根深難拔若不脩集是三三昧雖復
脩集為二十五有是名根淺易動復有二種
一為自身二為衆生為衆生者能見佛性及

BD13861號　大般涅槃經（北本　思溪本）卷二八　（28–6）

一根深難拔二根淺易動若能脩集空无想
願是名根深難拔若不脩集是三三昧雖復
脩集為二十五有是名根淺易動復有二種
一為自身二為衆生為衆生者能見佛性及
以如來持戒之人復有二種一性自能持二須
他教勑若受戒已逕无量世初不漏失或值
惡國遇惡知識惡時惡世聞耶惡法耶見同
止尒時雖无受戒之法脩持如本无所毀犯
是名性自能持若遇師僧白四羯磨然後得
戒雖得戒已要憑和上諸師同學善友諫喻
乃知進止聽法說法脩諸威儀是名須他教
勑善男子性能持者眼見佛性及以如來亦
名聞見復有二種一聲聞戒二菩薩戒從初
發心乃至得成阿耨多羅三藐三菩提是名
菩薩戒若觀白骨乃至證得阿羅漢果是名
聲聞戒若有受持聲聞戒者當知是人不見
佛性及以如來若有受持菩薩戒者當知是
人得阿耨多羅三藐三菩提能見佛性如來
涅槃師子吼菩薩言世尊何因緣故受持禁
戒佛言善男子為心不悔故何故不悔為受
樂故何故受樂為遠離故何故遠離為安隱
故何故安隱為禪定故何故禪定為實知見
故何故為實知見為見生死諸過患故何故
為見生死過患為心不貪著故何故心不貪
著為得解脫故何故為得解脫為得无上大
涅槃故何故為得大般涅槃為得常樂我淨

BD13861號　大般涅槃經（北本　思溪本）卷二八　　（28-7）

故何故為實知見為見生死諸過患故何故
為見生死過患為心不貪著故何故心不貪
著為得解脫故何故為得解脫為得无上大
涅槃故何故為得大般涅槃為得常樂我淨
法故何故為得常樂我淨為得不生不滅故
何故為得不生不滅為見佛性故是故菩薩
性自能持究竟淨戒善男子持戒比丘雖不
發願求不悔心不悔之心自然而得何以故
法性尒故雖不求樂遠離安隱真實知見見
生死過心不貪著解脫涅槃常樂我淨不生
不滅見於佛性而自然得何以故法性尒故
師子吼菩薩言世尊若因持戒得不悔果因
於解脫得涅槃果者戒則无因涅槃无果戒
若无因則名為常涅槃有因則是无常若尒
者涅槃則為本无今有若本无今有是為无
常猶如燃燈涅槃若尒云何得名常樂我淨
佛言善男子善哉善哉汝以曾於无量佛所
種諸善根能問如來如是深義善男子不失
本念乃如是耶我憶往昔過无量劫波羅㮈
城有佛出世号曰善德尒時彼佛三億歲中
演說如是大涅槃經我時與汝俱在彼會我
以是事諮問彼佛尒時如來為衆生故三昧
正受未荅此義善哉大士乃能憶念如是本
事諦聽諦聽當為汝說戒亦有因謂聽正
法聽正法者是亦有因謂近善友近善友者是
亦有因所有信心有信心者是亦有因因有二

BD13861號　大般涅槃經（北本　思溪本）卷二八　　（28-8）

以是事諮問彼佛尒時如来爲衆生故三昧
正受未荅此義善哉大士乃能憶念如是本
事諦聽諦聽當爲汝説我亦有因謂聽正
法聽正法者是亦有因謂近善友近善友者是
亦有因所有信心有信心者是亦有因因有二
種一者聽法二思惟義善男子信心者因
於聽法聽法者因於信心如是二法亦因亦
因因亦果亦果果善男子辟如尼乾立推舉
瓶手爲因果不得相離善男子如无明緣行
行緣无明是无明行亦因亦因因亦果亦果
果乃至生緣老死老死緣生是生老死亦因亦
因因亦果亦果果善男子生能生法不能自生
不能自生故由生生生生生不自生復賴生故
生是故二生亦因亦因因亦果亦果果善男
子信心聽法亦復如是善男子是果非因大
涅槃也何故名果是上果故沙門果故婆羅
門果故斷生死故破煩惱故是故名果爲諸
煩惱之所呵嘖是故涅槃名果煩惱者名爲
過過善男子涅槃无因而體是果何以故无
生滅故无所作故非有爲故是无爲故常不
變故无處所故无始終故善男子若涅槃有
因則不得稱爲涅槃也槃者言因涅者言无
无有因故故稱涅槃師子吼菩薩言如佛所
説涅槃无因是義不然若言无者則合六義
一畢竟无故故名爲无如一切法无我我所
二有時无故故名爲无如世人言河池无水

BD13861號　大般涅槃經（北本　思溪本）卷二八　（28–9）

因則不得稱爲涅槃也槃者言因涅者言无
无有因故故稱涅槃師子吼菩薩言如佛所
説涅槃无因是義不然若言无者則合六義
一畢竟无故故名爲无如一切法无我我所
二有時无故故名爲无如世人言河池无水
无有日月三少故故名爲无如世人言食中
少鹹名爲无鹹如甜漿少甜名爲无甜四无
受故故名爲无如旃陀羅不能受持婆羅門
法故故名爲无五受惡法故故名爲无如世人
言受惡法者不名沙門及婆羅門是故名爲
无沙門及婆羅門六不對故故名爲无辟如无
白名之爲黑无有明故名之无明世尊涅槃亦
尒有時无因故名涅槃佛言善男子汝今所
説如是六義何故不引畢竟无者以喻涅槃乃
取有時无耶善男子涅槃之體畢竟无因猶如无
我及无我所善男子世法涅槃終不相對是故
六事不得爲喻善男子一切諸法悉无有我而
此涅槃真實有我以是義故涅槃无因而體
是果是因非果名爲佛性非因生故是因非
果非沙門果故名非果何故名因以了因故
善男子因有二種一者生因二者了因能生
法者是名生因燈能了物故名了因煩惱諸
結是名生因衆生父母是名了因如穀子等
是名生因地水糞等是名了因復有生因謂
六波羅蜜阿耨多羅三藐三菩提復有了因
謂佛性阿耨多羅三藐三菩提復有了因謂

BD13861號　大般涅槃經（北本　思溪本）卷二八　（28–10）

法者是名生因燈能了物故名了因煩惱諸
結是名生因衆生父母是名了因如穀子等
是名生因地水糞等是名了因復有生因謂
六波羅蜜阿耨多羅三藐三菩提復有了因
謂佛性阿耨多羅三藐三菩提復有了因謂
六波羅蜜佛性復有生因謂首楞嚴三昧阿
耨多羅三藐三菩提復有了因謂八正道阿
耨多羅三藐三菩提復有生因所謂信心六
波羅蜜
師子吼菩薩言世尊如佛所說見於如来及
以佛性是義云何世尊如来之身无有相貌
非長非短非白非黑无有方所不在三界非
有為相非眼識識云何可見佛性亦尒佛言
善男子佛身二種一者常二者无常无常者
為欲度脫一切衆生方便示現是名眼見常
者如来世尊解脫之身亦名眼見亦名聞見
佛性亦二一者可見二不可見可見者十住
菩薩諸佛世尊不可見者一切衆生眼見者
謂十住菩薩諸佛如来眼見衆生所有佛性
聞見者一切衆生九住菩薩聞有佛性如来
之身復有二種一者是色二者非色色者如
来解脫非色者如来永斷諸色相故佛性二
種一者是色二者非色色者阿耨多羅三藐
三菩提非色者凡夫乃至十住菩薩十住菩
薩見不了了故名非色善男子佛性者復有
二種一者是色二者非色色者謂佛菩薩非

BD13861號　大般涅槃經（北本　思溪本）卷二八　（28–11）

来解脫非色者如来永斷諸色相故佛性二
種一者是色二者非色色者阿耨多羅三藐
三菩提非色者凡夫乃至十住菩薩十住菩
薩見不了了故名非色善男子佛性者復有
二種一者是色二者非色色者謂佛菩薩非
色者一切衆生色者名為眼見非色者名為
聞見佛性者非內非外雖非內外然非失壞
故名衆生悉有佛性師子吼菩薩言世尊如
佛所說一切衆生悉有佛性如乳中有酪金
剛力士諸佛佛性如清醍醐云何如来說言
佛性非內非外佛言善男子我亦不說乳中
有酪酪從乳生故言有酪世尊一切生法各
有時節善男子乳時无酪亦无生蘇熟蘇醍
醐一切衆生亦謂是乳是故我言乳中无酪
如其有者何故不得二種名字如人二能言
金鍼師酪時无乳生蘇熟蘇及以醍醐衆生
亦謂是酪非乳非生熟蘇及以醍醐乃至醍
醐亦復如是善男子因有二種一者正因二
者緣因正因者如乳生酪緣因者如醪煖等
從乳生故故言乳中而有酪性師子吼菩薩
言世尊若乳无酪性角中亦无何故不從角
中生耶善男子角亦生酪何以故我亦說言緣
因有二一醪二煖角性煖故亦能生酪師子
吼言世尊若角能生酪求酪之人何故求
乳而不取角佛言善男子是故我說正因緣
因師子吼菩薩言若使乳中本无酪性今方

BD13861號　大般涅槃經（北本　思溪本）卷二八　（28–12）

中生耶善男子角亦生酪何以故我亦說言緣
因有二一醪二煖角性煖故亦能生酪師子
吼言世尊若角能生酪求酪之人何故求
乳而不取角佛言善男子是故我說正因緣
因師子吼菩薩言若使乳中本无酪性今方
有者乳中本无菴摩羅樹何故不生二俱无
故善男子乳亦能生菴摩羅樹若以乳灌
一夜之中增長五尺以是義故我說二因善男
子若一切法一因生者可得難言乳中何故
不能出生菴摩羅樹善男子猶如四大爲一
切色而作因緣然色各異差別不同以是義
故乳中不生菴摩羅樹世尊如佛所說有二
因者正因緣因衆生佛性爲是何因善男子
衆生佛性亦二種因一者正因二者緣因正
因者謂諸衆生緣因者謂六波羅蜜師子吼
言世尊我今定知乳有酪性何以故我見世
間求酪之人唯取於乳終不取水是故當知
乳有酪性善男子如汝所問是義不然何以
故譬如有人欲見面像即便取刀師子吼言
世尊以是義故乳有酪性若刀无面像何故
取刀佛言善男子若此刀中定有面像何故
顛倒竪則見長横則見闊若是自面何故見
長若是他面何得稱言是己面像若因己面
見他面者何故不見驢馬面像師子吼言世
尊眼光到彼故見面長佛言善男子而此眼
光實不到彼何以故近遠一時俱得見故不
[illegible]

BD13861號　大般涅槃經（北本　思溪本）卷二八　　（28–13）

長若是他面何得稱言是己面像若因己面
見他面者何故不見驢馬面像師子吼言世
尊眼光到彼故見面長佛言善男子而此眼
光實不到彼何以故近遠一時俱得見故不
見中間所有物故善男子光若到彼而得見
者一切衆生悉見於火何故不燒如人遠見
白物不應生疑鵠耶幡耶人耶樹耶若光到
者云何得見水精中物淵中魚石若不到見
何故得見水精中物而不得見壁外之色是
故若言眼光到彼而見長者是義不然
善男子如汝所言乳有酪者何故賣乳之人
但取乳價不責酪直賣草馬者但取馬價不
責駒直善男子世間之人无子息故故求娉
婦婦若懷任不得言女若言是女有兒性故
故應娉者是義不然何以故若有兒性亦應
有孫若有孫者則是兄弟何以故一腹生故
是故我言女无兒性若其乳中有酪性者何
故一時不見五味若樹子中有尼拘陁五丈
質者何故一時不見牙莖枝葉華菓形色之
異善男子乳色時異味異菓異乃至醍醐亦
復如是云何可說乳有酪性善男子譬如有
人明當服蘇今已患臭若言乳中定有酪性
亦復如是善男子譬如有人有筆紙墨和合
成字而是紙中本无有字以本无故假緣而
成若本有者何須衆緣譬如青黃合成綠色
當知是二本无綠性若本有者何須合成善

BD13861號　大般涅槃經（北本　思溪本）卷二八　　（28–14）

人明當服蘓今已患臭若言乳中定有酪性
亦復如是善男子譬如有人有筆紙墨和合
成字而是紙中本无有字以本无故假緣而
成若本有者何須衆緣譬如青黃合成緑色
當知是二本无緑性若本有者何須合成善
男子譬如衆生因食得命而此食中實无有
命若本有命未食之時食應是命善男子一
切諸法本无有性以是義故我說是偈
本无今有　本有今无　三世有法　无有是處
善男子一切諸法因緣故生因緣故滅善男
子若衆生內有佛性者一切衆生應有佛身
如我今也衆生佛性不破不壞不牽不捉不
繫不縛如衆生中所有虛空一切衆生悉有
虛空无罣㝵故各不自見有此虛空若使衆
生无虛空者則无去來行住坐卧不生不長
以是義故我經中說一切衆生有虛空界虛
空界者是名虛空衆生佛性亦復如是十住
菩薩少能見之如金剛珠善男子衆生佛性
諸佛境界非是聲聞緣覺所知一切衆生不
見佛性是故常為煩惱繫縛流轉生死見佛
性故諸結煩惱所不能繫解脫生死得大涅
槃師子吼菩薩言世尊一切衆生有佛性性
如乳中酪性若乳无酪性云何佛說有二種
因一者正因二者緣因緣因者一醪二煖虛
空无性故无緣因佛言善男子若使乳中定有
酪性者何須緣因師子吼菩薩言世尊以有

BD13861號　大般涅槃經（北本　思溪本）卷二八　（28–15）

槃師子吼菩薩言世尊一切衆生有佛性性
如乳中酪性若乳无酪性云何佛說有二種
因一者正因二者緣因緣因者一醪二煖虛
空无性故无緣因佛言善男子若使乳中定有
酪性者何須緣因師子吼菩薩言世尊以有
性故故須緣因何以故欲明見故緣因者即
是了因世尊譬如闇中先有諸物為欲見故
以燈照了若本无者燈何所照如土中有瓶
故須人水輪繩杖等而為了因如尼拘陁子
須地水糞而作了因乳中醪煖亦復如是須
作了因是故雖先有性要假了因然後得見
以是義故定知乳中先有酪性善男子若使
乳中定有酪性者即是了因若是了因復何
須了善男子若是了因性是了者常應自了
若自不了何能了他若言了因有二種性一
者自了二者了他是義不然何以故了因一法
云何有二若有二者乳亦應二若使乳中无
二相者云何了因而獨有二師子吼言世尊
如世人言我共八人了因亦尒自了了他佛
言善男子了因若尒則非了因何以故數者
能數自色他色故得言八而此色性自无了
相无了相故要須智性乃數自他是故了因
不能自了亦不了他善男子一切衆生有佛
性者何故脩集无量功德若言脩集是了因
者已同酪壞若言因中定有果者戒定智慧
則无增長我見世人本无禁戒禪定智慧從

BD13861號　大般涅槃經（北本　思溪本）卷二八　（28–16）

相无了相故要須智性乃觀自他是故了因
不能自了亦不了他善男子一切衆生有佛
性者何故脩集无量功徳若言脩集是了因
者已同酪壞若言因中定有果者戒定智慧
則无增長我見世人本无禅定智慧從
師受已漸漸增長若言師教是了因者當師
教時受者未有戒定智慧若是了者應了未
有云何乃了戒定智慧令得增長師子吼菩
薩言世尊若了因无者云何得名有乳有酪
善男子世間荅難凡有三種一者轉荅如先
所説何故名戒以不悔故乃至爲得大涅槃
故二者默然荅如有梵志来問我言我是常
耶我時默然三者疑荅如此經中若了因有
二乳中何故不得有二善男子我今轉荅如
世人言有乳酪者以定得故是故得名有乳
有酪佛性亦尒有衆生有佛性以當見故
師子吼言世尊如佛所説是義不然過去已
滅未来未到云何名有若言當有名爲有者
是義不然如世間人見无兒息便言无兒一
切衆生无佛性者云何説言一切衆生悉有
佛性佛言善男子過去名有譬如種橘牙生
子滅牙亦甘甜乃至生菓味亦如是熟已乃酢
善男子而是酢味子牙乃至生菓悉无随本
熟時形色相貌則生酢味而是酢味本无今有
雖本无今有非不因本如是本子雖復過
去故得名有以是義故過去名有云何復名

BD13861號　大般涅槃經（北本　思溪本）卷二八　（28–17）

子滅牙亦甘甜乃至生菓味亦如是熟已乃酢
善男子而是酢味子牙乃至生菓悉无随本
熟時形色相貌則生酢味而是酢味本无今有
雖本无今有非不因本如是本子雖復過
去故得名有以是義故過去名有云何復名
未来爲有譬如有人種殖胡麻有人問言何
故種此荅言有油實未有油胡麻熟已收子
熬了擣押然後乃得出油當知是人非虚妄
也以是義故名未来有云何復名過去有也
善男子譬如有人私屏罵王逕歷年歲王乃
聞之聞已即問何故見罵荅言大王我不罵
也何以故罵者已滅王言罵者我身二俱存
在云何言滅以是因緣喪失身命善男子是
二實无而果不滅是名過去有云何復名未
来有也譬如有人往陶師所問有瓶不荅言
有瓶而是陶師實未有瓶以有泥故故言有
瓶當知是人非妄語也乳中有酪衆生佛性
亦復如是欲見佛性應當觀察時節形色是
故我説一切衆生悉有佛性實不虚妄
師子吼言一切衆生无有佛性者云何而得
阿耨多羅三藐三菩提以正因故故令衆生
得阿耨多羅三藐三菩提何等正因所謂佛
性世尊若尼拘陁子无尼拘陁樹者何故名
爲尼拘陁子而不名爲佉陁羅子世尊如瞿
曇性不得稱爲阿坻耶姓阿坻耶姓亦復不
得稱瞿曇姓尼拘陁子亦復如是不得稱爲

BD13861號　大般涅槃經（北本　思溪本）卷二八　（28–18）

得阿耨多羅三藐三菩提何等正因所謂佛
性世尊若尼拘陁子无尼拘陁樹者何故名
為尼拘陁子而不名為佉陁羅子世尊如瞿
曇性不得稱為阿坂耶姓阿坂耶姓亦復不
得稱瞿曇姓尼拘陁子亦復如是不得稱為
佉陁羅子佉陁羅子不得稱為尼拘陁子猶
如世尊不得捨離瞿曇種姓衆生佛性亦復
如是以是義故當知衆生悉有佛性佛言善
男子若言子中有尼拘陁者是義不然如其
有者何故不見善男子如世間物有因緣故不
可得見云何因緣謂遠不可見如空中鳥
跡近不可見如人眼睫壞故不見如根敗者乱
想故不見如心不專一細故不見如小微塵鄣
故不見如雲表星多故不見如稻聚中麻相
似故不見如豆在豆聚尼拘陁樹不同如是
八種因緣如其有者何故不見若言細鄣
故不見者是義不然何以故樹相麁故若言
性細云何增長若言鄣故不可見者常應不
見本无麁相今則見麁當知是麁本无其
性本无見性今則可見當知是見亦本无性子
亦如是本无有樹今則有之當有何咎師子
吼言如佛所說有二種因一者正因二者了
因尼拘陁子以地水糞作了因故令細得麁
佛言善男子若本有者何須了因若本无性
了何所了若尼拘陁中本无麁相以了因故
生麁相何故不生佉陁羅樹二俱无故善男

因尼拘陁子以地水糞作了因故令細得麁
佛言善男子若本有者何須了因若本无性
了何所了若尼拘陁中本无麁相以了因故
生麁相何故不生佉陁羅樹二俱无故善男
子若細不見者麁應可見譬如一塵則不
可見多塵和合則應可見如是子中麁應
可見何以故是中已有牙莖葉葉一一葉中有
无量子一一子中有无量樹是故名麁有是
麁故故應可見善男子若尼拘陁子有尼拘
陁性而生樹者眼見是子為火所燒如是燒
性亦應本有若本有者樹不應生若一切法
本有生滅何故先生後滅不一時耶以是義
故當知无性師子吼菩薩言世尊若尼拘陁
子本无樹性而生樹者是子何故不出於油
二俱无故善男子如是子中亦能出油雖无
本性因緣故有師子吼言何故不名胡麻油
耶善男子非胡麻故善男子如火緣生火水
緣生水雖俱從緣不能相有尼拘陁子及胡
麻油亦復如是雖俱從緣各不相生尼拘陁
子性能治冷胡麻油者性能治風善男子譬
如甘蔗因緣故生石蜜黑蜜雖俱一緣色
各異石蜜治熱黑蜜治冷
師子吼菩薩言世尊如其乳中无有酪性麻
无油性尼拘陁子亦无樹性泥亦无瓶性一切
衆生无佛性者如佛先說一切衆生悉有佛
性是故應得阿耨多羅三藐三菩提者是

泥亦无瓶性一切
衆生无佛性者如佛先說一切衆生悉有佛
性是故應得阿耨多羅三藐三菩提者是
義不然何以故人无无性以无性故人可作天
天可作人以業因緣不以性故菩薩摩訶薩
以業緣故得阿耨多羅三藐三菩提若諸
衆生有佛性者何因緣故一闡提等斷壞善
根墮於地獄若菩提心是佛性者一闡提等不
應能斷若可斷者云何得言佛性是常若非
常者不名佛性若諸衆生有佛性者何故
名爲初發心耶云何而言是毗跋致阿毗跋致
毗跋致者當知是人无有佛性世尊菩薩摩
訶薩一心趣向阿耨多羅三藐三菩提大慈
大悲見生老死煩惱過患觀大涅槃无生老
死煩惱諸過信於三寶及業果報受持禁戒
如是等法名爲佛性若離是法有佛性者何
須是法而作因緣世尊如乳不假緣必當成
酪生蘇不尒要待因緣所謂人功水瓶鑽繩
衆生亦尒有佛性者應離因緣得阿耨多羅
三藐三菩提若定有者行人何故見三惡苦
生老病死而生退心亦不須脩六波羅蜜即
應得成阿耨多羅三藐三菩提如乳非緣而
得成酪然非不因六波羅蜜而得成於阿耨
多羅三藐三菩提以是義故當知衆生悉无
佛性如佛先說僧寶是常如其常者則非无
常非无常者云何而得阿耨多羅三藐三菩

BD13861號　大般涅槃經（北本　思溪本）卷二八　（28–21）

得成酪然非不因六波羅蜜而得成於阿耨
多羅三藐三菩提以是義故當知衆生悉无
佛性如佛先說僧寶是常如其常者則非无
常非无常者云何而得阿耨多羅三藐三菩
提僧若常者云何復言一切衆生悉有佛性
世尊若使衆生從本已來无菩提心亦无阿
耨多羅三藐三菩提心後方有者衆生佛性
亦應如是本无後有以是義故一切衆生應
无佛性佛言善哉善哉善男子汝已久知佛
性之義爲衆生故作如是問一切衆生實有佛
性汝言衆生若有佛性不應而有初發心者
善男子心非佛性何以故心是无常佛性常
故汝言何故有退心者實无退心心若有退
終不能得阿耨多羅三藐三菩提以遲得故
名之爲退此菩提心實非佛性何以故一闡提
等斷於善根墮地獄故若菩提心是佛性
者一闡提輩則不得名一闡提也菩提之心
亦不得名爲无常也是故定知菩提之心實
非佛性善男子汝言衆生若有佛性不應假
緣如乳成酪者是義不然何以故若言五緣
成於生蘇當知佛性亦復如是譬如衆石有
金有銀有銅有鐵俱稟四大一名一實而其
所出各各不同要假衆因緣衆生福德鑪冶
人功然後出生是故當知本无金性衆生佛
性不名爲佛以諸功德因緣和合得見佛性
然後得佛汝言衆生悉有佛性何故不見者
是義不然何以故以諸因緣未和合故善男

BD13861號　大般涅槃經（北本　思溪本）卷二八　（28–22）

[illegible]
人切然後出生是故當知本无金性衆生佛
性不名爲佛以諸功德因緣和合得見佛性
然後得佛汝言衆生悉有佛性何故不見者
是義不然何以故以諸因緣未和合故善男
子以是義故我說二因正因緣因正因者名
爲佛性緣因者發菩提心以二因緣得阿耨
多羅三藐三菩提如石出金善男子汝言僧
常一切衆生无佛性者善男子僧名和合和
合有二一有世和合二者第一義和合世和
合者名聲聞僧義和合者名菩薩僧世僧无
常佛性是常如佛性常義僧亦尒復次有僧
謂法和合法和合者謂十二部經十二部經
常是故我說法僧是常善男子僧名和合和
合者名十二因緣十二緣中亦有佛性十二
緣常佛性亦尒是故我說僧有佛性有復僧
者謂佛和合是故我說僧有佛性
善男子汝言衆生若有佛性云何有退有不
退者諦聽諦聽我當爲汝分別解說善男子
菩薩摩訶薩有十三法則便退轉何等十三
一者心不信二者不作心三者疑心四者悋惜
身財五者於涅槃中生大怖畏云何乃令衆
生永滅六者心不堪忍七者心不調柔八者
愁惱九者不樂十者放逸十一者自輕己身
十二者自見煩惱无能壞者十三者不樂進
趣菩提之法善男子是名十三法令諸菩
薩退轉菩提復有六法壞菩提心何等爲六

BD13861 號　大般涅槃經（北本　思溪本）卷二八　（28–23）

生永滅六者心不堪忍七者心不調柔八者
愁惱九者不樂十者放逸十一者自輕己身
十二者自見煩惱无能壞者十三者不樂進
趣菩提之法善男子是名十三法令諸菩
薩退轉菩提復有六法壞菩提心何等爲六
一者悋法二者於諸衆生起不善心三者親
近惡友四者不懃精進五者自大憍慢六者
營務世業如是六法則能破壞菩提之心善
男子有人得聞諸佛世尊是人天師於衆生
中最上无比勝於聲聞辟支佛等法眼明了
見法无㝵能度衆生於大苦海聞已即復發
大誓願如其世間有如是人我亦當得以是
因緣發阿耨多羅三藐三菩提心或復爲他
之所教誨發菩提心或聞菩薩阿僧祇劫脩
行苦行然後乃得阿耨多羅三藐三菩提聞
已思惟我今不堪如是苦行云何能行是故
有退善男子復有五法退菩提心何等爲五
一者樂在外道出家二者不脩大慈之心三
者好求法師過罪四者常樂處在生死五者
不憙受持讀誦書寫解說十二部經是名五
法退菩提心復有二法退菩提心何等爲二
一者貪樂五欲二者不能恭敬尊重三寶以
如是等衆因緣故退菩提心云何復名不退
之心有人聞佛能度衆生生老病死不從師
諮自然脩集得阿耨多羅三藐三菩提若菩
提道是可得者我當脩集必令得之以是因緣
發菩提心所作功德若多若少悉以迴向阿

BD13861 號　大般涅槃經（北本　思溪本）卷二八　（28–24）

如是等衆因緣故退菩提心云何復名不退
之心有人聞佛能度衆生生老病死不從師
諮自然脩集得阿耨多羅三藐三菩提若菩
提道是可得者我當脩集必令得之以是因緣
發菩提心所作功德若多若少悉以迴向阿
耨多羅三藐三菩提作是誓願願我常得
親近諸佛及佛弟子常聞深法五情完具若
遇苦難不失是心復願諸佛及諸弟子常於
我所生歡喜心具五善根若諸衆生斫伐我
身斬截手足頭目支節當於是人生大慈心
深自欣慶如是諸人為我增長菩提因緣若
无是者我當何緣而得成就阿耨多羅三藐
三菩提復發是願莫令我得无根二根女人
之身不繫屬人不遭惡主不屬惡王不生惡國
若得好身種姓真正多饒財寶不生憍慢
令我常聞十二部經受持讀誦書寫解說若
為衆生有所演說願令受者敬信无疑常於
我所不生惡心寧當少聞多解義味不願多
聞於義不了願作心師不師於心身口意業
不與惡交能施一切衆生安樂身戒心慧不動
如山為欲受持无上正法於身命財不生慳
悋不淨之物不為福業正命自活心无邪諂
受恩常念小恩大報善知世中所有事藝
善解衆生方俗之言讀誦書寫十二部經不
生懈怠懶墯之心若諸衆生不樂聽聞方便
引接令彼樂聞言常柔濡口不宣惡不和合

BD13861號　大般涅槃經（北本　思溪本）卷二八　（28–25）

悋不淨之物不為福業正命自活心无邪諂
受恩常念小恩大報善知世中所有事藝
善解衆生方俗之言讀誦書寫十二部經不
生懈怠懶墯之心若諸衆生不樂聽聞方便
引接令彼樂聞言常柔濡口不宣惡不和合
衆能令和合有憂怖者令離憂怖飢饉之世
令得豐足疫病之世作大醫王病藥所須財
寶自在令疾病者悉得除愈刀兵之劫有大
力勢斷其殘害令无遺餘能斷衆生種種怖
畏所謂若死閑繫打擲水火王賊貧窮破戒
惡名惡道如是等畏悉當斷之父母師長深
生恭敬怨憎之中生大慈心常脩六念空三昧
門十二因緣生滅等觀出息入息天行梵行
及以聖行金剛三昧首楞嚴定无三寶處令
我自得寂靜之心若其身心受大苦時莫
失无上菩提之心莫以聲聞辟支佛心而生
知足无三寶處常在外道法中出家為破邪
見不習其道得法自在得心自在於有為法
了了見過令我怖畏二乘道果如惜命者怖
畏捨身為衆生故樂處三惡如諸衆生樂忉
利天為一一人於无量劫受地獄苦心不生悔
悔見他得利不生妬心常生歡喜如自得樂若
值三寶常以衣服飲食卧具房舍醫藥燈
明華香伎樂幡蓋七寶供養若受佛戒堅固
護持終不生於毀犯之想若聞菩薩難行苦
行其心歡喜不生悔恨自識往世宿命之事
終不造作貪瞋癡業不為果報而集因緣於

BD13861號　大般涅槃經（北本　思溪本）卷二八　（28–26）

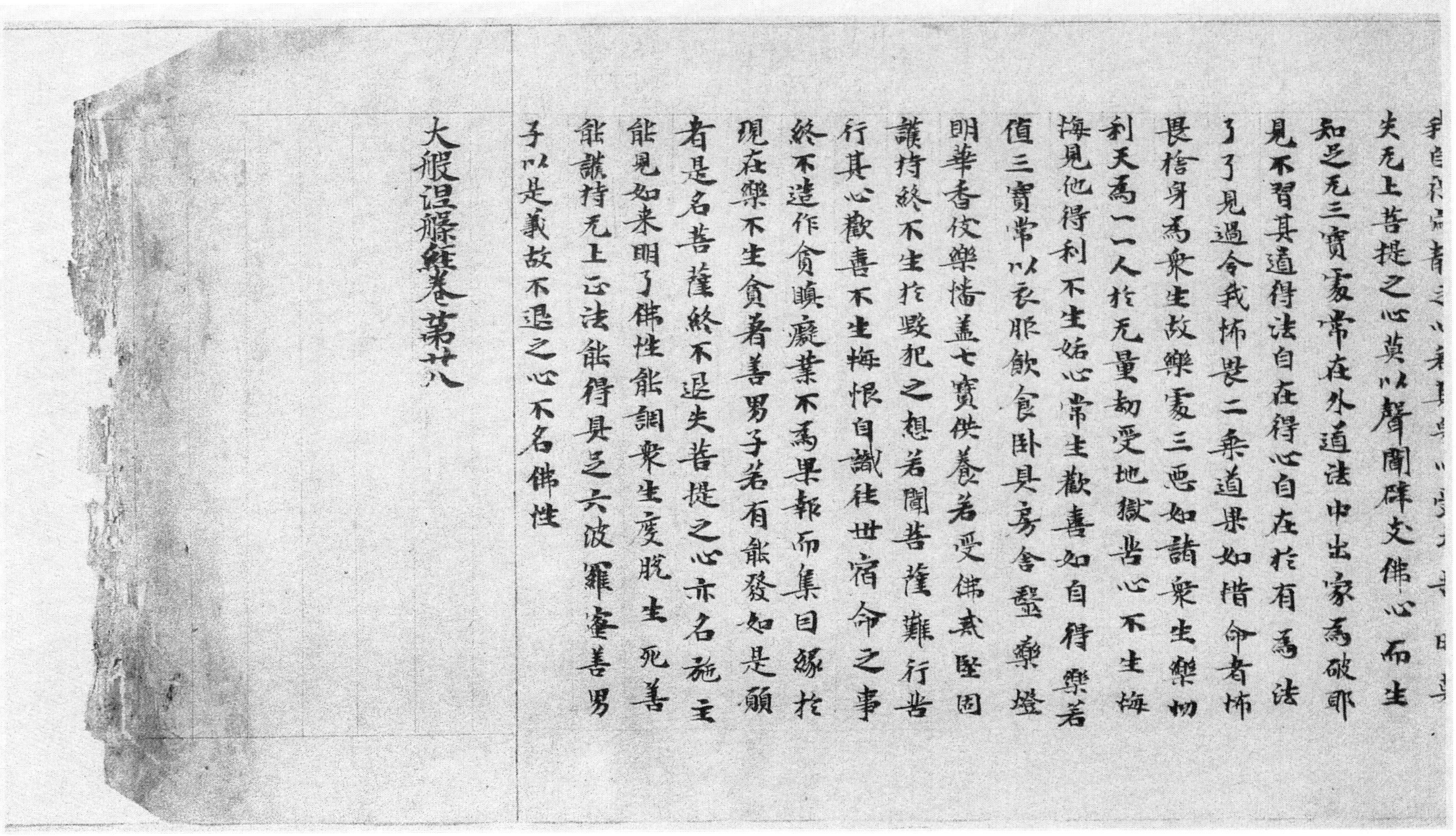

我自[illegible]者之以[illegible]
失无上菩提之心莫以聲聞辟支佛心而生
知足无三寶處常在外道法中出家爲破耶
見不習其道得法自在得心自在於有爲法
了了見過令我怖畏二乘道果如惜命者怖
畏捨身爲衆生故樂處三惡如諸衆生樂忉
利天爲一一人於无量劫受地獄苦心不生悔
悔見他得利不生妬心常生歡喜如自得樂若
值三寶常以衣服飲食卧具房舍醫藥燈
明華香伎樂幡蓋七寶供養若受佛戒堅固
護持終不生於毀犯之想若聞菩薩難行苦
行其心歡喜不生悔恨自識往世宿命之事
終不造作貪瞋癡業不爲果報而集因緣於
現在樂不生貪着善男子若有能發如是願
者是名菩薩終不退失菩提之心亦名施主
能見如來明了佛性能調衆生度脫生死善
能護持无上正法能得具足六波羅蜜善男
子以是義故不退之心不名佛性

大般涅槃經卷第廿八

BD13861 號　大般涅槃經（北本　思溪本）卷二八　（28–27）

終不造作貪瞋癡業不爲果報而集因緣於
現在樂不生貪着善男子若有能發如是願
者是名菩薩終不退失菩提之心亦名施主
能見如來明了佛性能調衆生度脫生死善
能護持无上正法能得具足六波羅蜜善男
子以是義故不退之心不名佛性

大般涅槃經卷第廿八

BD13861 號　大般涅槃經（北本　思溪本）卷二八　（28–28）

BD13862 號背　現代護首　　　　（1–1）

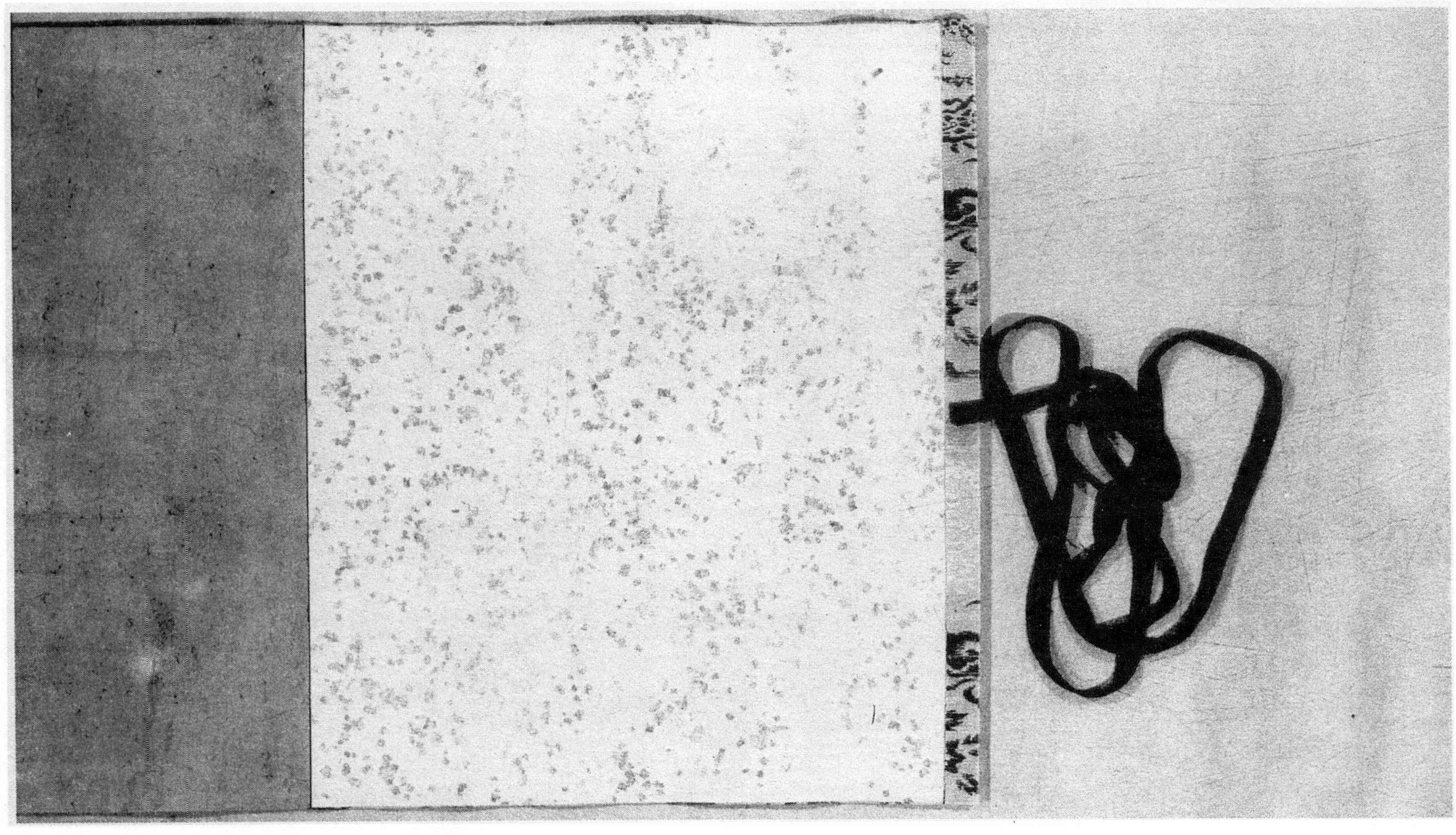

BD13862 號　大般涅槃經（北本　思溪本）卷二九　　　　（27–1）

大般涅槃經卷第廿九

秋　顯

大般涅槃經師子吼菩薩品之三　　二十九
善男子汝不可以有退心故言諸衆生无有
佛性譬如二人俱聞他方有七寶山山有清
泉其味甘美有能到者永斷貧窮服其水者
增壽万歲唯路懸遠嶮岨多難時彼二人俱
欲共往一人莊嚴種種行具一則空往无所
齎持相與前進路值一人多齎寶貨七珎具
足二人便前問言仁者彼土實有七寶山耶
其人答言實有不虛我已獲寶飲服其水唯
患路嶮多有盜賊沙鹵蕀刺乏於水草往者
千万達者甚少聞是語已一人即悔尋作是

BD13862號　大般涅槃經（北本　思溪本）卷二九　　（27–2）

欲共往一人莊嚴種種行具一則空往无所
齎持相與前進路值一人多齎寶貨七珎具
足二人便前問言仁者彼土實有七寶山耶
其人答言實有不虛我已獲寶飲服其水唯
患路嶮多有盜賊沙鹵蕀刺之於水草往者
千万達者甚少聞是語已一人即悔尋作是
言路既懸遠多難非一往者无量達者无幾
而我云何當能到彼我今產業粗自供足若
涉斯路或失身命不全長壽安在一人
復言有人能過我亦當過若得過達則得如
願採取珎寶飲服甘水如其不達以死為期
是時二人一則悔還一則前進到後山所多
獲珎寶如願服水多齎所有還其所止奉養
父母供給宗親時悔還者見是事已心復生
熱彼去已還我何為住即便莊嚴涉路而去
七寶山者喻大涅槃甘味之水喻於佛性其
二人者喻二菩薩初發心者嶮惡道者喻於
生死所逢人者喻佛世尊有盜賊者喻於四
魔沙鹵蕀刺喻諸煩惱无水草者喻不脩集
菩提之道一人還者喻退轉菩薩其直往者
喻不退菩薩善男子衆生佛性常住不變猶
彼嶮道不可說言人悔還故令道无常佛性
亦尒善男子菩提道中終无退者善男子如
向悔者見其先伴獲寶而還勢力自在供養
父母給足宗親多受安樂見是事已心中生
熱即復莊嚴復道還去不惜身命堪忍衆難
遂便到彼七寶山中退轉菩薩亦復如是善

BD13862號　大般涅槃經（北本　思溪本）卷二九　　（27–3）

[illegible]
向悔者見其免伴穫寶而還勢力自在供養
父母給足宗親多受安樂見是事已心中生
熱即復莊嚴復道還去不惜身命堪忍衆難
遂便到彼七寶山中退轉菩薩亦復如是善
男子一切衆生定當得成阿耨多羅三藐三
菩提以是義故我經中說一切衆生乃至五
逆犯四重禁及一闡提悉有佛性師子吼言
世尊云何菩薩有退不退善男子若有菩薩
脩集如來三十二相業因緣者得名不退得
名菩薩摩訶薩也名不動轉名爲憐愍一切衆
生名勝一切聲聞緣覺名阿毗跋致善男子
若菩薩摩訶薩持戒不動施心不移安住實
語如須弥山以是業緣得足下平如奩底相
若菩薩摩訶薩於父母所和上師長乃至畜
生以如法財供養供給以是業緣得成足下
千輻輪相若菩薩摩訶薩不煞不盜於父母
師長常生歡喜以是業緣得成三相一者手
指纖長二者足跟長三者其身方直如是三
相同一業緣若菩薩摩訶薩脩四攝法攝取
衆生以是業緣得網縵指如白鵝王若菩薩
摩訶薩父母師長若病苦時自手洗拭捉持
按摩以是業緣得手足濡若菩薩摩訶薩持
戒聞法惠施无猒以是業緣得節踝臃滿身
毛上靡若菩薩摩訶薩專心聽法演說正教
以是業緣得鹿王蹲若菩薩摩訶薩於諸衆
生不生害心飲食知足常樂惠施瞻病給藥

BD13862號　大般涅槃經（北本　思溪本）卷二九　（27–4）

戒聞法惠施无猒以是業緣得節踝臃滿身
毛上靡若菩薩摩訶薩專心聽法演說正教
以是業緣得鹿王蹲若菩薩摩訶薩於諸衆
生不生害心飲食知足常樂惠施瞻病給藥
以是業緣其身圓滿如尼拘陁樹立手過膝
頂有肉髻无見頂相若菩薩摩訶薩見怖畏
者爲作救護見裸跣者施與衣服以是業緣
得陰藏相若菩薩摩訶薩親近智者遠離愚
人善憙問答掃治行路以是業緣皮膚細濡
身毛右旋若菩薩摩訶薩常以衣服飲食卧
具醫藥香華燈明施人以是業緣得身金色
常光明曜若菩薩摩訶薩行施之時所珎之
物能捨不悋不觀福田及非福田以是業緣得
七處滿相若菩薩摩訶薩布施之時心不
生疑以是業緣得柔軟聲若菩薩摩訶薩如
法求財以用布施以是業緣得缺骨充滿師
子上身髀肘臑纖若菩薩摩訶薩遠離兩舌
惡口恚心以是業緣得四十齒白淨齊密若
菩薩摩訶薩於諸衆生脩大慈悲以是業緣
得二牙相若菩薩摩訶薩常作是願有來求
者隨意給與以是業緣得師子頰若菩薩摩
訶薩隨諸衆生所須之食悉皆與之以業緣
故得味中上味若菩薩摩訶薩自脩十善兼
以化人以是業緣得廣長舌若菩薩摩訶薩
不訟彼短不謗正法以是業緣得梵音聲若菩
薩摩訶薩見諸怨憎生於喜心以是業緣得
目睫紺色若菩薩摩訶薩不隱他德稱揚其

BD13862號　大般涅槃經（北本　思溪本）卷二九　（27–5）

故得味中上味若菩薩摩訶薩自脩十善兼
以化人以是業緣得廣長舌若菩薩摩訶薩
不訟彼短不謗正法以是業緣得梵音聲若菩
薩摩訶薩見諸怨增生於喜心以是業緣得
目睫紺色若菩薩摩訶薩不隱他德稱揚其
善以是業緣得白豪相善男子若菩薩摩訶
薩脩集如是三十二相業因緣時則得不退菩
提之心善男子一切衆生不可思議諸佛境
界業果佛性亦不可思議何以故如是四法
皆悉是常以是常故不可思議一切衆生煩
惱覆鄣故名為常斷常煩惱故名无常若言
一切衆生常者何故脩集八聖道分為斷衆苦
衆苦若斷則名无常所受之樂則名為常是
故我言一切衆生煩惱覆鄣不見佛性以不
見故不得涅槃師子吼言世尊如佛所說一
切諸法有二種因一者正因二者緣因以是
二因應无縛解是五陰者念念生滅如其生
滅誰有縛解世尊因此五陰生後五陰此陰
自滅不至彼陰雖不至彼能生彼陰如因子
生牙子不至牙雖不至牙而能生牙衆生亦
尒云何縛解善男子諦聽許聽我當為汝分
別解說善男子如人捨命受苦之時宗親圍
遶號哭懊惱其人惶怖莫知依救雖有五情
无所知覺支節戰動不能自持身體虛冷煗
氣欲盡見先所脩善惡報相善男子如日垂
沒山陵塠阜影現東移理无西逝衆生業果
亦復如是此陰滅時彼陰續生如燈生闇滅

BD13862號　大般涅槃經（北本　思溪本）卷二九　（27–6）

別解說善男子如人捨命受苦之時宗親圍
遶號哭懊惱其人惶怖莫知依救雖有五情
无所知覺支節戰動不能自持身體虛冷煗
氣欲盡見先所脩善惡報相善男子如日垂
沒山陵塠阜影現東移理无西逝衆生業果
亦復如是此陰滅時彼陰續生如燈生闇滅
燈滅闇生善男子如臈印印泥印與泥合印
滅文成而是臈印不變在泥文非泥出不餘
處來以印因緣而生是文現在陰滅中陰陰
生是現在陰終不變為中陰五陰中陰五陰
亦非自生不從餘來因現陰故生中陰陰如
印印泥印壞文成名雖不差而時節各異是
故我說中陰五陰非肉眼見天眼所見是中
陰中有三種食一者思食二者觸食三者意
食中陰二種一善業果二惡業果因善業故
得善覺觀因惡業故得惡覺觀父母交會斬
合之時隨業因緣向受生處於母生愛於父
生瞋父精出時謂是己有見已心悅而生歡
喜以是三種煩惱因緣中陰陰壞生後五陰
如印印泥印壞文成生時諸根有具不具具
者見色則生於貪生於貪故則名為愛狂故
生貪是名无明貪愛无明二因緣故所見境界
皆悉顛倒无常見常无我見我无樂見樂无
淨見淨以四倒故作善惡行煩惱作業業作
煩惱是名繫縛以是義故名五陰生是人若
得親近於佛及佛弟子諸善知識便得聞受

BD13862號　大般涅槃經（北本　思溪本）卷二九　（27–7）

皆悉顛倒无常見常无我見我无樂見樂无
淨見淨以四倒故作善惡行煩惱作業業作
煩惱是名繫縛以是義故名五陰生是人若
得親近於佛及佛弟子諸善知識便得聞受
十二部經以聞法故觀善境界觀善境界故
得大智慧大智慧者名正知見得知見故於
生死中而生悔心生悔心故不生歡樂不生
歡樂故能破貪心破貪心故脩八聖道脩八聖
道故得无生无生死故名得解脫如火不
過新名之為滅滅生死故名為滅度以是義
故名五陰滅師子吼言空中无刺云何言柭
陰无繫者云何繫縛佛言善男子以煩惱璅
繫縛五陰離五陰已无別煩惱離煩惱已无
別五陰善男子如柱持屋離屋无柱離柱无
屋眾生五陰亦復如是有煩惱故名為繫縛
无煩惱故名為解脫善男子如捲合掌繫
結等三合散生滅更无別法眾生五陰亦復
如是有煩惱故名為繫縛无煩惱故名為解
脫善男子如說名色繫縛眾生名色若滅則
无眾生離名色已无別眾生離眾生已无別
名色亦名名色繫縛眾生亦名眾生繫縛名
色師子吼言世尊如眼不自見指不自單刀
不自割受不自受云何如來說言名色繫縛名
色何以故言名色者即是眾生言眾生者即
是名色若言名色繫縛眾生即是名色繫縛
名色佛言善男子如二手合時更无異法而
來合也名之與色亦復如是以是義故我言

BD13862號　大般涅槃經（北本　思溪本）卷二九　（27-8）

色何以故言名色者即是眾生言眾生者即
是名色若言名色繫縛眾生即是名色繫縛
名色佛言善男子如二手合時更无異法而
來合也名之與色亦復如是以是義故我言
名色繫縛眾生若離名色則得解脫是故
我言眾生解脫師子吼言世尊若有名色是
繫縛者諸阿羅漢未離名色亦應繫縛善男
子解脫二種一者子斷二者果斷言子斷者
名斷煩惱阿羅漢等已斷煩惱眾結爛壞是
故子結不能繫縛未斷果故名果繫縛諸阿
羅漢不見佛性以不見故不得阿耨多羅三
藐三菩提以是義故可言果繫不得說言名
色繫縛善男子辟如燃燈油未盡時明則不滅
滅若油盡者滅則无疑善男子所言油者喻
諸煩惱燈喻眾生一切眾生煩惱油故不入
涅槃若得斷者則入涅槃師子吼言世尊燈
之與油二性各異眾生煩惱則不如是眾生
即是煩惱煩惱即是眾生眾生名五陰五陰
名眾生五陰名煩惱煩惱名五陰云何如來喻
喻之於燈佛言善男子喻有八種一者順喻
二者逆喻三者現喻四者非喻五者先喻六者
者後喻七者先後喻八者遍喻云何順喻如
經中說天降大雨溝瀆皆滿溝瀆滿故小坑
滿小坑滿故大坑滿大坑滿故小泉滿小泉
滿故大泉滿大泉滿故小池滿小池滿故大
池滿大池滿故小河滿小河滿故大河滿大
河滿故大海滿如來法雨亦復如是眾生戒

BD13862號　大般涅槃經（北本　思溪本）卷二九　（27-9）

經中說天降大雨溝瀆皆滿溝瀆滿故小坑
滿小坑滿故大坑滿大坑滿故小泉滿小泉
滿故大泉滿大泉滿故小池滿小池滿故大
池滿大池滿故小河滿小河滿故大河滿大
河滿故大海滿如來法雨亦復如是衆生戒
滿戒滿是故不悔心滿不悔心滿故歡喜滿
歡喜滿故遠離滿遠離滿故安隱滿安隱滿
故三昧滿三昧滿故正知見滿正知見滿故
猒離滿猒離滿故呵嘖滿呵嘖滿故解脫滿
解脫滿故涅槃滿是名順喻云何逆喻大海
有本所謂大河大河有本所謂小河小河有
本所謂大池大池有本所謂小池小池有本
所謂大泉大泉有本所謂小泉小泉有本所
謂大坑大坑有本所謂小坑小坑有本所謂
溝瀆溝瀆有本所謂大雨涅槃有本所謂解
脫解脫有本所謂呵嘖呵嘖有本所謂猒離
猒離有本所謂正知見正知見有本所謂三
昧三昧有本所謂安隱安隱有本所謂遠離
遠離有本所謂喜心喜心有本所謂不悔不
悔有本所謂持戒持戒有本所謂法雨是名
逆喻云何現喻如經中說衆生心性猶如獼
猴獼猴之性捨一取一衆生心性亦復如是
取著色聲香味觸法无暫住時是名現喻云
何非喻如我昔告波斯匿王大王有親信人
從四方來各作是言大王有四大山從四方
來欲害人民王若聞者當設何計王言世尊

BD13862號　大般涅槃經（北本　思溪本）卷二九　（27-10）

猴獼猴之性捨一取一衆生心性亦復如是
取著色聲香味觸法无暫住時是名現喻云
何非喻如我昔告波斯匿王大王有親信人
從四方來各作是言大王有四大山從四方
來欲害人民王若聞者當設何計王言世尊
設有此來无逃避處唯當專心持戒布施我
即讚言善哉大王我說四山即是衆生生老
病死生老病死常來切人云何大王不脩戒
施王言世尊持戒布施得何等果我言大王
於人天中多受快樂王言世尊尼拘陁樹持
戒布施亦於人天受安隱耶我言大王尼拘
陁樹不能持戒脩行布施如其能者則受无
異是名非喻云何先喻我經中說譬如有人
貪著妙華採取之時爲水所漂衆生亦尒貪
受五欲爲生老病死之所漂沒是名先喻云
何後喻如法句經說
莫輕小罪　以爲无殃　水渧雖微　漸盈大器
是名後喻云何先後喻譬如芭蕉生菓則死
愚人得養亦復如是如騾懷任命不久全云
何遍喻如經中說三十三天有波利質多樹
其根入地深五由延高百由延枝葉四布五
十由延葉熟則黃諸天見已心生歡喜是葉
不久必當隨落其葉既落復生歡喜是枝不
久必當變色枝既變色復生歡喜是色不久
必當生皰見已復喜是皰不久必當生嘴見
已復喜是嘴不久必當開剖開剖之時香氣
周遍五十由延光明遠照八十由延尒時諸

BD13862號　大般涅槃經（北本　思溪本）卷二九　（27-11）

久必當變色枝既變色復生歡喜色不久
必當生皰見已復喜是皰不久必當生嘴見
已復喜是嘴不久必當開剖開剖之時香氣
周遍五十由延光明遠照八十由延尒時諸
天夏三月時在下受樂善男子我諸弟子亦
復如是葉色黃者喻我弟子念欲出家其葉
落者喻我弟子剃除鬚髮其色變者喻我弟
子白四羯磨受具足戒初生皰者喻我弟子
發阿耨多羅三藐三菩提心嘴者喻於十住
菩薩得見佛性開剖者喻於菩薩得阿耨
多羅三藐三菩提香者喻於十方无量衆生
受持禁戒光者喻於如來名号无㝵周遍十
方夏三月者喻三三昧三十三天受快樂者喻
於諸佛在大涅槃得常樂我淨是名遍喻善
男子凡所引喻不必盡取或取少分或取多
分或復全取如言如來面如滿月是名少分
善男子譬如有人初不見乳轉問他言乳為
何類彼人荅言如水蜜貝水則濕相蜜則甜
相貝則色相雖引三喻未即乳實善男子我
言燈喻喻於衆生亦復如是善男子離水无
河衆生亦尒離五陰已无別衆生善男子如離
箱轂輪軸輻輞更无別車衆生亦尒善男子若
欲得合彼燈喻者諦聽諦聽我今當說炷者
喻於二十五有油者喻愛明喻智慧除破黑
闇喻破无明煗喻聖道如燈油盡明亦則滅
衆生愛盡則見佛性雖有名色不能繫縛雖

BD13862號　大般涅槃經（北本　思溪本）卷二九　（27–12）

欲得合彼燈喻者諦聽諦聽我今當說炷者
喻於二十五有油者喻愛明喻智慧除破黑
闇喻破无明煗喻聖道如燈油盡明亦則滅
衆生愛盡則見佛性雖有名色不能繫縛雖
復處在二十五有不為諸有之所汙染師子吼
言世尊衆生五陰空无所有誰有受教脩
集道者佛言善男子一切衆生皆有念心慧
心發心懃精進心信心定心如是等法雖念
念生滅猶故相似相續不斷故名脩道師子吼
言世尊如是等法皆念念滅是念念滅中亦
相似相續云何脩集佛言善男子如燈雖念
念滅而有光明除破闇冥念等諸法亦復如是
善男子如衆生食雖念念滅亦令飢者而得
飽滿譬如上藥雖念念滅亦能愈病日月光
明雖念念滅亦能增長樹林草木善男子汝
言念念滅云何增長者心不斷故名為增長
善男子如人誦書所誦字句不得一時前不
至中中不至後人之與字及以心想俱念念
滅以久脩故而得通利善男子譬如金師從
初習作至于晧首雖念念滅前不至後以積
習故所作遂妙是故得名善好金師讀誦經
書亦復如是善男子譬如種子地亦不教汝
當生牙以法性故牙則自生乃至華菓亦復
不教汝當作菓以法性故而菓自生衆生脩
道亦復如是善男子譬如數法一不至二二不
至三雖念念滅而至千万衆生脩道亦復如是

BD13862號　大般涅槃經（北本　思溪本）卷二九　（27–13）

當生牙以法性故牙則自生乃至華菓亦復
不教汝當作菓以法性故而菓自生衆生脩
道亦復如是善男子辟如數法一不至二二不
至三雖念念滅而至千万衆生脩道亦復如是
善男子如燈念念滅初滅之炎不教後炎我
滅汝生當破諸闇善男子辟如犢子生便求
乳求乳之智實无人教雖念念滅而初飢後
飽是故當知不應相似若相似者不應異生
衆生脩道亦復如是初雖未增以久脩故則
能破壞一切煩惱師子吼言世尊如佛所說
須陁洹人得果證已雖生惡國猶故持戒不
煞盜婬兩舌飲酒須陁洹陰即此處滅不至
惡國脩道亦尒不至惡國若相似者何故不
生淨妙國土若惡國陰非須陁洹陰云何而
得不作惡業佛言善男子須陁洹者雖生惡
國終不失於須陁洹名陰不相似是故我引
犢子為喻須陁洹人雖生惡國以道力故不
作惡業善男子辟如香山有師子王是故一切
飛鳥走獸絶跡此山无敢近者有時是王至
雪山中一切鳥獸猶故不住須陁洹人亦復
如是雖不脩道以道力故不作諸惡善男子
辟如有人服食甘露甘露雖滅以其力勢能
令是人不生不死善男子如須弥山有上妙
藥名欝伽利有人服之雖念念滅以藥力故
不遇患苦善男子如轉輪王所坐之處王雖
不在无人敢近何以故王威力故須陁洹人

BD13862號　大般涅槃經（北本　思溪本）卷二九　（27-14）

令是人不生不死善男子如須弥山有上妙
藥名欝伽利有人服之雖念念滅以藥力故
不遇患苦善男子如轉輪王所坐之處王雖
不在无人敢近何以故王威力故須陁洹人
亦復如是雖生惡國不脩集道以道力故不
作惡業善男子須陁洹陰於此而滅雖生異
陰猶故不失須陁洹陰善男子辟如衆生為
菓實故於種子中多役作業畫治溉灌未得
菓實而子復滅亦復名為因子得菓須陁洹
陰亦復如是善男子辟如有人資生巨富唯
有一子先已終沒其子有子復在他土其人
忽然奄便終亡孫聞是已還收產業雖知財
貨非其所作然其收取无遮護者何以故以
姓一故須陁洹陰亦復如是師子吼言如佛說
偈
比丘若脩集　戒定及智慧　當知是不退　親近大涅槃
世尊云何脩戒云何脩定云何脩慧佛言善
男子若有人能受持禁戒但為自利人天受樂
不為度脱一切衆生不為擁護无上正法但
為利養畏三惡道為命色力安无㝵辯畏懼
王法惡名譏毀為世事業如是護戒則不得
名脩集戒也善男子云何名為真脩集戒受
持戒時若為度脱一切衆生為護正法度不
度故解未解故歸未歸故未入涅槃令得入
故如是脩時不見戒不見戒相不見持者不
見果報不觀毀犯善男子若能如是是則名

BD13862號　大般涅槃經（北本　思溪本）卷二九　（27-15）

名脩集戒也善男子云何名為真脩集戒受
持戒時若為度脫一切衆生為護正法度不
度故解未解故歸未歸故未入涅槃令得入
故如是脩時不見戒不見戒相不見持者不
見果報不亂毀犯善男子若能如是是則名
為脩集戒也云何復名脩集三昧脩三昧時
為自度脫為於利養不為衆生不為護法為
見貪欲饑食等過男女等根九孔不淨鬪訟
打剌手相殺害若為此事脩三昧者是則不
名脩集三昧善男子云何復名真脩三昧若
為衆生脩集三昧於衆生中得平等心為令
衆生得不退法為令衆生得聖心故為令衆
生得大乘故為欲護持无上法故為令衆生
不退菩提心故為令衆生得首楞嚴三昧故
為令衆生得金剛三昧故為令衆生得陁羅
尼故為令衆生得四无㝵故為令衆生見佛
性故作是行時不見三昧不見三昧相不見
脩者不見果報善男子若能如是是則名為
脩集三昧云何復名脩於智慧若有脩者作
是思惟我若脩集如是智慧則得解脫度三惡
道誰能利益一切衆生誰能度人於生死道
佛出世難如優曇華我今能斷諸煩惱結得
解脫果是故我當勤脩智慧速斷煩惱早得度
脫如是脩者不得名為脩集智慧云何名為
真脩集者智者若觀生死老苦一切衆生无明
所覆不知脩集无上正道願我此身悉代衆
生受大苦惱衆生所有貧窮下賤破戒之心

BD13862 號　大般涅槃經（北本　思溪本）卷二九　　（27–16）

脫如是脩者不得名為脩集智慧云何名為
真脩集者智者若觀生死老苦一切衆生无明
所覆不知脩集无上正道願我此身悉代衆
生受大苦惱衆生所有貧窮下賤破戒之心
貪瞋癡業願皆悉來集于我身願諸衆生不
生貪取不為名色之所繫縛願諸衆生早度
生死令我一身處之不猒願令一切皆得阿耨
多羅三藐三菩提如是脩時不見智慧不見
智慧相不見脩者不見果報是則名為脩集
智慧善男子脩集如是戒定智慧是名菩薩不
能如是脩戒定慧是名聲聞復次善男子云
何復名脩集於戒若能破壞一切衆生十六
惡律儀何等十六一者為利餧養羔羊肥已
轉賣二者為利買已屠煞三者為利餧養賭
豚肥已轉賣四者為利買已屠煞五者為利
餧養牛犢肥已轉賣六者為利買已屠煞七
者為利養鷄令肥肥已轉賣八者為利買已
屠煞九者釣魚十者獵師十一者劫竊十二
者魁膾十三者網捕飛鳥十四者兩舌十五
者獄卒十六者呪龍能為衆生永斷如是十
六惡業是名脩戒云何脩定能斷一切世間三
昧所謂无身三昧能令衆生生顛倒心謂
是涅槃有无邊心三昧淨聚三昧世邊三昧世
斷三昧世性三昧世丈夫三昧非想非非想
三昧如是等定能令衆生生顛倒心謂是涅
槃若能永斷如是三昧是則名為脩集三昧

BD13862 號　大般涅槃經（北本　思溪本）卷二九　　（27–17）

昧所謂无身三昧能令衆生生顛倒心謂
是涅槃有无邊心三昧淨聚三昧世邊三昧世
斷三昧世性三昧世丈夫三昧悲想非非想
三昧如是等定能令衆生生顛倒心謂是涅
槃若能永斷如是三昧是則名為脩集三昧
云何復名脩集智慧能破世間所有惡見一
切衆生悉有惡見所謂色即是我亦是我所
色中有我我中有色乃至識亦如是常即是
我色滅我存色即是我色滅我滅復有人言
作者名我受者名色復有人言作者名色受
者名我復有人言无作无受自生自滅悉非
因緣復有人言无作无受悉是自在之所造
作復有人言无有作者无有受者一切悉是
時節所作復有人言作者受者悉无所有地
等五大名為衆生善男子若能破壞一切衆
生如是惡見是則名為脩智慧也善男子脩
集戒者為身寂靜脩集三昧為心寂靜脩集
智慧為壞疑心壞疑心者為脩集道脩集道
者為見佛性見佛性者為得阿耨多羅三藐
三菩提故得阿耨多羅三藐三菩提者為得
无上大涅槃故得大涅槃為斷衆生一切生
死一切煩惱一切諸有一切諸界一切諸諦
故斷於生死乃至斷諦為得常樂我淨法故
師子吼言世尊如佛所說若不生滅名大涅
槃生亦如是不生不滅何故不得名為涅槃
善男子如是如是如汝所言是生雖復不生
不滅而有始終世尊是生死法亦无始終若

BD13862號　大般涅槃經（北本　思溪本）卷二九　　（27–18）

故斷於生死乃至斷諦為得常樂我淨法故
師子吼言世尊如佛所說若不生滅名大涅
槃生亦如是不生不滅何故不得名為涅槃
善男子如是如是如汝所言是生雖復不生
不滅而有始終世尊是生死法亦无始終若
无始終則名為常常即涅槃何故不名生死為
涅槃耶善男子是生死法悉有因果有因果
故不得名之為涅槃也何以故涅槃之體无
因果故師子吼言世尊夫涅槃者亦有因果
如佛所說
從因故生天　從因墮惡道　從因故涅槃　是故皆有因
如佛往昔告諸比丘我今當說沙門道果言
沙門者謂能具脩戒定智慧道者謂八聖道
沙門果者所謂涅槃世尊涅槃如是豈非果
耶云何說言涅槃之體无因无果佛言善男
子我所宣說涅槃因者所謂佛性佛性之性
不生涅槃是故我言涅槃无因能破煩惱故
名大果不從道生故名无果是故涅槃无因
无果師子吼言世尊衆生佛性為悉共有為
各各有若共有者一人得阿耨多羅三藐三
菩提一切衆生亦應同得世尊如二十人同
有一怨若一人能除餘十九人皆亦同除佛性
若尒一人得時餘亦應得若各各有則是无
常何以故可筭數故然佛所說衆生佛性不
一不二若各各有不應說言諸佛平等亦不
應說佛性如空佛言善男子衆生佛性不一
不二諸佛平等猶如虛空一切衆生同共有
之若有能脩八聖道者當知是人則得明見

BD13862號　大般涅槃經（北本　思溪本）卷二九　　（27–19）

[illegible]何以故[illegible]然佛所說衆生佛性不
一不二若各各有不應說言說佛平等亦不
應說佛性如空佛言善男子衆生佛性不一
不二諸佛平等猶如虛空一切衆生同共有
之若有能脩八聖道者當知是人則得明見
善男子雪山有草名曰忍辱牛若食之則成
醍醐衆生佛性亦復如是師子吼言如佛所
說忍辱草者一耶多耶如其一者牛食則盡
如其多者云何而言衆生佛性亦如是耶如
佛所說若有脩集八聖道者則見佛性是義
不然何以故道若一者如忍辱草則應有盡
如其有盡一人脩已餘則无分道若多者云何
得言具足脩集亦不得名爲薩婆若智佛言善
男子如平坦路一切衆生悉於中行无鄣㝵
者中路有樹其蔭清涼行人在下憩駕止息
然其樹蔭常住不異亦不消壞无持去者路
喻聖道蔭喻佛性善男子辟如大城唯有一
門雖有多人遊由入出都无有能作鄣㝵者
亦復无人破壞燒落而賫持去善男子辟如
橋梁行人所由亦无有人遮止鄣㝵毁壞持
去善男子辟如良醫遍療衆病亦无有能遮
止是醫治此捨彼聖道佛性亦復如是師子
吼言世尊所引諸喻義不如是何以故先者
在路於後則妨云何而言无有鄣㝵餘亦皆
尒聖道佛性若如是者一人脩時應妨餘者
佛言善男子如汝所說義不相應我所喻道
是少分喻非一切也善男子世間道者則有
鄣㝵此彼之異无有平等无漏道者則不如

BD13862號　大般涅槃經（北本　思溪本）卷二九　（27–20）

尒聖道佛性若如是者一人脩時應妨餘者
佛言善男子如汝所說義不相應我所喻道
是少分喻非一切也善男子世間道者則有
鄣㝵此彼之異无有平等无漏道者則不如
是能令衆生无有鄣㝵平等无二无有妨處
此彼之異如是正道能爲一切衆生佛性而
作了因不作生因猶如明燈照了於物善男
子一切衆生皆同无明因緣於行不可說言一
人无明因緣行已其餘應无一切衆生悉有
有无明因緣於行是故說言十二因緣一切
平等衆生所脩无漏正道亦復如是等斷衆
生煩惱四生諸界有道以是義故名爲平等
其有證者彼此知見无有鄣㝵是故得名薩
婆若智師子吼言一切衆生身不一種或有
天身或有人身畜生餓鬼地獄之身如是多
身差別非一云何而言佛性爲一佛言善男
子辟如有人置毒乳中乃至醍醐皆悉有毒
乳不名酪酪不名乳乃至醍醐亦復如是名字
雖變毒性不失遍五味中皆悉如是若服
醍醐亦能煞人實不置毒於醍醐中衆生佛
性亦復如是雖處五道受別異身而是佛性
常一无變師子吼言世尊十六大國有六大
城所謂舍婆提城婆枳多城瞻婆城毗舍離
城波羅㮈城王舍城如是六城世中最大何
故如來捨之在此邊地弊惡極陋小拘尸
那城入般涅槃善男子汝不應言拘尸那城
邊地弊惡庳陋亦應言是城微妙功德之
所莊嚴何以故諸佛菩薩所行處故善男子

BD13862號　大般涅槃經（北本　思溪本）卷二九　（27–21）

城波羅捺城王舍城如是六城世中最大何
故如來捨之在此邊地弊惡極陋隘小拘尸
那城入般涅槃善男子汝不應言拘尸那城
邊地弊惡最陋隘小應言是城微妙功德之
所莊嚴何以故諸佛菩薩所行處故善男子
如賤人舍王若過者則應讚嘆是舍嚴麗福
德成就乃令大王迴駕臨顧善男子如人重
病服穢弊藥服以病愈即應歡喜讚歎是藥
最上最妙能愈我病善男子如人乘船在大
海中其船卒壞无所依倚因倚死屍得到彼
岸到彼岸已應大歡喜讚歎是屍我賴相遇
而得安隱拘尸那城亦復如是乃是諸佛菩
薩所行處云何而言邊地弊惡陋隘小城善男
子我念往昔過恒沙劫名善覺時有聖王
姓憍尸迦七寶成就千子具足其王始初造
立此城周迊縱廣十二由延七寶莊嚴土多
有河其水清淨柔濡甘美所謂尼連禪河伊
羅跋提河凞連禪河伊搜未坻河毗婆舍那
河如是等河其數五百河此彼岸樹木繁茂
華菓鮮潔尒時人民壽命无量時轉輪聖王
過百年已作是唱言如佛所說一切諸法皆
悉无常若能脩集十善法者能斷如是无常
大苦人民聞已咸共奉脩十善之法我於尒
時聞佛名号受持十善思惟脩集初發阿耨
多羅三藐三菩提心發是心已復以是法轉
教无量无邊衆生言一切法无常變壞是故
我今續於此處亦說諸法无常變壞唯說佛
身是常住法我憶往昔所行因緣是故今來

BD13862號　大般涅槃經（北本　思溪本）卷二九　（27-22）

時聞佛名号受持十善思惟脩集初發阿耨
多羅三藐三菩提心發是心已復以是法轉
教无量无邊衆生言一切法无常變壞是故
我今續於此處亦說諸法无常變壞唯說佛
身是常住法我憶往昔所行因緣是故今來
在此涅槃亦欲酬報此地往恩以是義故我經
中說我眷屬者受恩能報復次善男子往昔
衆生壽无量劫尒時此城名拘舍跋提周迊
縱廣五十由延時閻浮提居民隣接鷄飛相
及有轉輪王名曰善見七寶成就千子具足
王四天下第一太子思惟正法得辟支佛時
轉輪王見其太子成辟支佛威儀詳序神通
希有見是事已即捨王位如棄涕唾出家在
此娑羅樹閒八万歲中脩集慈心悲憙捨心
谷八万歲善男子欲知尒時善見聖王則我
身是是故我今常樂遊止如是四法是四法
者名為三昧善男子以是義故如來之身常
樂我淨善男子以是因緣令來在此拘尸那
城娑羅樹閒三昧正受善男子我念往昔過
无量劫此城尒時名加毗羅衛其城有王名
曰白淨其王夫人名曰摩耶王有一子名悉達
多尒時王子不由師教自然思惟得阿耨多
羅三藐三菩提有二弟子一名舍利弗二名大
目揵連給侍弟子名曰阿難尒時世尊在雙
樹閒演說如是大涅槃經我時在會得聞斯
事聞諸衆生悉有佛性聞是事已即於菩提
得不退轉尋自發願願未來世成佛之時父
母國土名字弟子侍使之人說法教化如今

BD13862號　大般涅槃經（北本　思溪本）卷二九　（27-23）

目揵連給侍弟子名曰阿難尒時世尊在雙
樹間演說如是大涅槃經我時在會得豫斯
事聞諸衆生悉有佛性聞是事已即於菩提
得不退轉尋自發願願未來世成佛之時父
母國土名字弟子侍使之人說法教化如今
世尊等无有異以是因緣今來在此敷楊演
說大涅槃經善男子我初出家未得阿耨多
羅三藐三菩提時頻婆娑羅王遣使而言悉
達太子若為聖王我當臣屬若不樂家得阿
耨多羅三藐三菩提者願先來至此王舍城
說法度人受我供養我時默然已受彼請善
男子我初得阿耨多羅三藐三菩提已向竭
閻國時伊連禪河有婆羅門姓迦葉氏與五
百弟子在彼河側求无上道我為是人故往
說法迦葉言瞿曇我今年邁已百二十摩伽
陁國所有人民及其大王頻婆娑羅咸謂我已
證羅漢果我今若當在於汝前聽受法者一切
人民或生倒心大德迦葉非羅漢耶幸願瞿曇
速往餘處若此人民定知瞿曇功德勝我我
等无由復得供養我時答言迦葉汝若於我
不生殺重大瞋恨者見容一宿明當早去迦
葉言瞿曇我心无他深相愛重但我住處有
一毒龍其性暴急恐相危害我言迦葉毒中
之毒不過三毒我今已斷世間之毒我所不
畏迦葉復言苟能不畏善哉聽住善男子我
於尒時故為迦葉現十八變如經中說尒時
迦葉及其眷屬五百等輩見聞是已證羅漢
果是時迦葉復有二弟一名伽耶迦葉二名

BD13862 號　大般涅槃經（北本　思溪本）卷二九　（27–24）

之毒不過三毒我今已斷世間之毒我所不
畏迦葉復言苟能不畏善哉聽住善男子我
於尒時故為迦葉現十八變如經中說尒時
迦葉及其眷屬五百等輩見聞是已證羅漢
果是時迦葉復有二弟一名伽耶迦葉二名
那提迦葉師徒眷屬復有五百亦皆證得阿
羅漢果時王舍城六師之徒聞是事已即於
我所生大惡心我時赴信受彼王請詣王舍
城未至中路王與无量百千之衆悉來奉迎
我為說法時聞法已欲界諸天八万六千發
阿耨多羅三藐三菩提心頻婆娑羅王所將
營從十二万人得須陁洹果无量衆生成就
忍心既入城已度舍利弗大目揵連及其眷
屬二百五十人令捨本心出家學道我即住
彼受王供養外道六師相與集聚詣舍衛城時
彼城中有一長者名須達多為兒娉婦詣王
舍城既達彼城寄止長者珊檀那舍時此長
者中夜而起告諸眷屬仁者可起速共莊嚴
掃治宅舍辦具餚饍須達聞已尋自思惟將
非欲請摩伽王耶為有婚姻歡樂會乎思惟
是已尋前問言大王欲請摩伽陁王頻婆娑
羅耶為有婚姻歡樂會乎悤務不安乃如是
耶長者答言不也居士我明請佛无上法王
須達長者初聞佛名身毛皆竪尋復問言何
等名佛長者答言汝不聞耶迦毗羅城有釋
種子字悉達多姓瞿曇氏父名曰淨飯其生未
久相師占之定當得作轉輪聖王如菴羅菓
已在手中心不願樂捨之出家无師自覺得

BD13862 號　大般涅槃經（北本　思溪本）卷二九　（27–25）

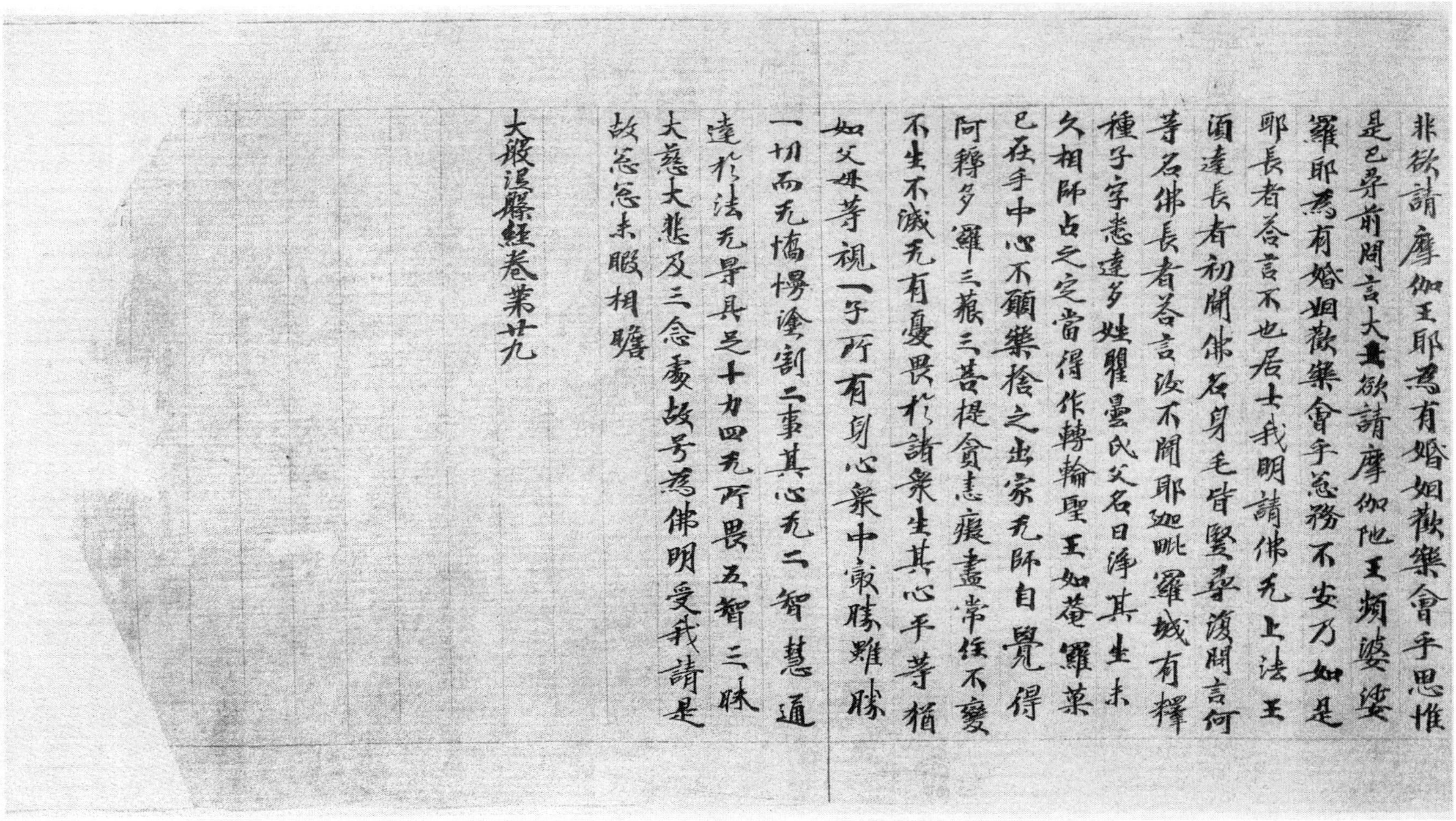
非欲請摩伽王耶為有婚姻歡樂會乎思惟
是已尋前問言大臣欲請摩伽陀王頻婆娑
羅耶為有婚姻歡樂會乎悤務不安乃如是
耶長者答言不也居士我明請佛无上法王
須達長者初聞佛名身毛皆豎尋復問言何
等名佛長者答言汝不聞耶迦毗羅城有釋
種子字悉達多姓瞿曇氏父名曰淨其生未
久相師占之定當得作轉輪聖王如菴羅菓
已在手中心不願樂捨之出家无師自覺得
阿耨多羅三藐三菩提貪恚癡盡常住不變
不生不滅无有憂畏於諸衆生其心平等猶
如父母等視一子所有身心衆中最勝雖勝
一切而无憍慢塗割二事其心无二智慧通
達於法无㝵具足十力四无所畏五智三昧
大慈大悲及三念處故号為佛明受我請是
故悤悤未暇相瞻
大般涅槃經卷第廿九

BD13862號　大般涅槃經（北本　思溪本）卷二九　（27–26）

達於
大慈大悲及三念處故号為佛明受我請是
故悤悤未暇相瞻
大般涅槃經卷第廿九

BD13862號　大般涅槃經（北本　思溪本）卷二九　（27–27）

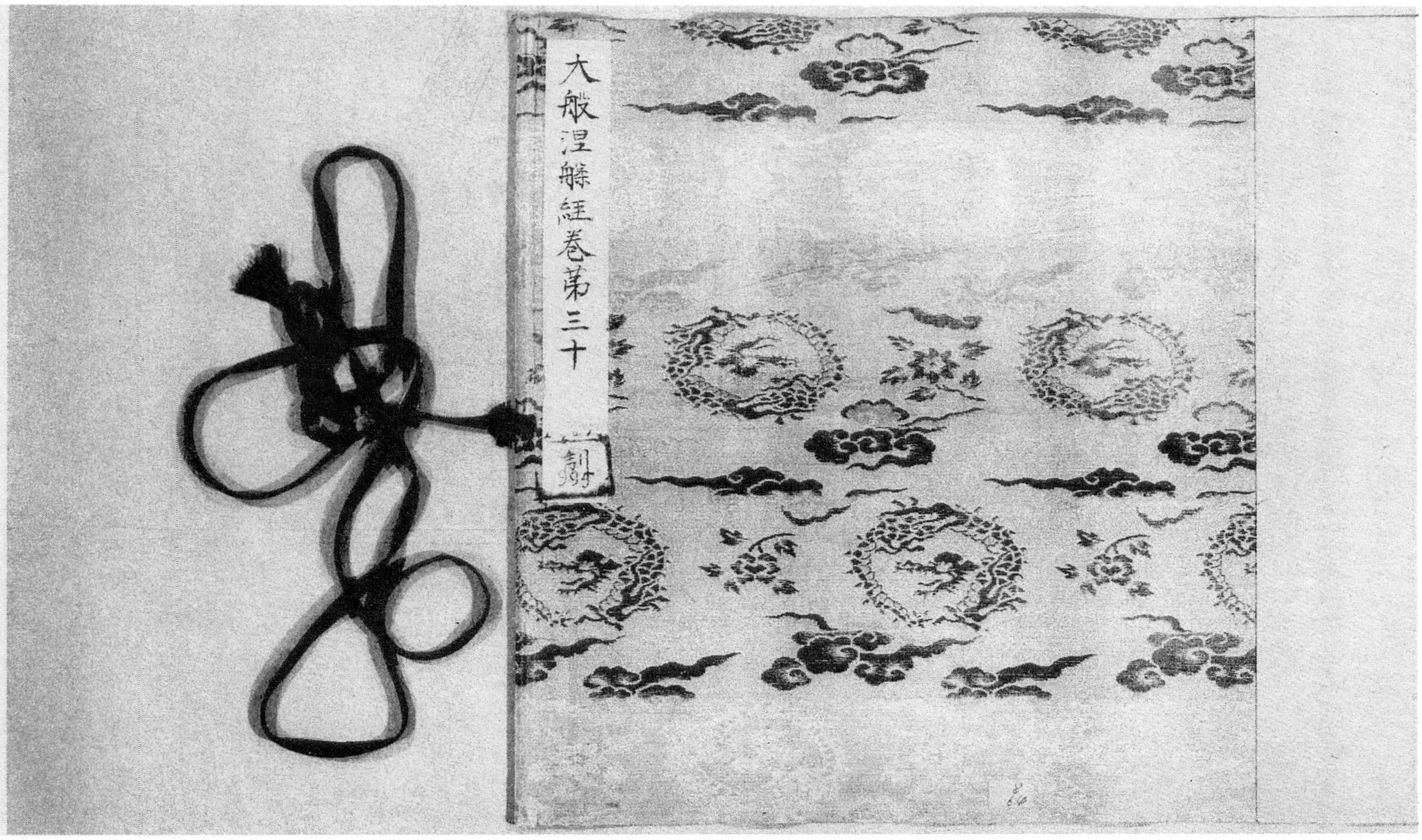

BD13863號背　現代護首　　　　　　　　　　　　　　　　　　　　　　　　（1–1）

BD13863號　大般涅槃經（北本　思溪本）卷三〇　　　　　　　　　　　　　　（26–1）

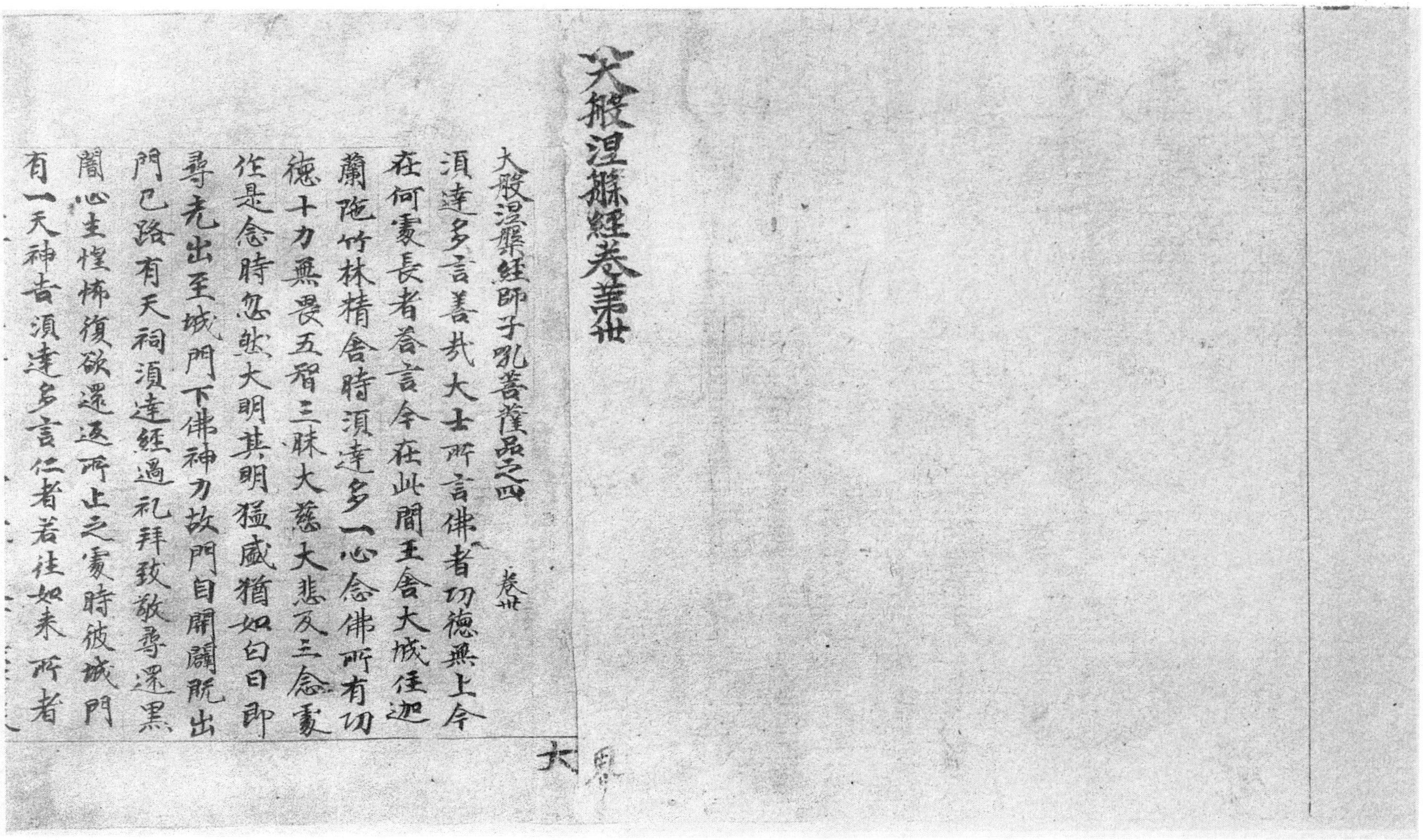

大般涅槃經卷第卅

大般涅槃經師子吼菩薩品之四　卷卅
須達多言善哉大士所言佛者功德無上今
在何處長者答言今在此間王舍大城住迦
蘭陀竹林精舍時須達多一心念佛所有功
德十力無畏五智三昧大慈大悲及三念處
作是念時忽然大明其明猛盛猶如白日即
尋光出至城門下佛神力故門自開闢既出
門已路有天祠須達經過禮拜致敬尋還黑
闇心生恇怖復欲還返所止之處時彼城門
有一天神告須達多言仁者若往如來所者

大

BD13863號　大般涅槃經（北本　思溪本）卷三〇　（26–2）

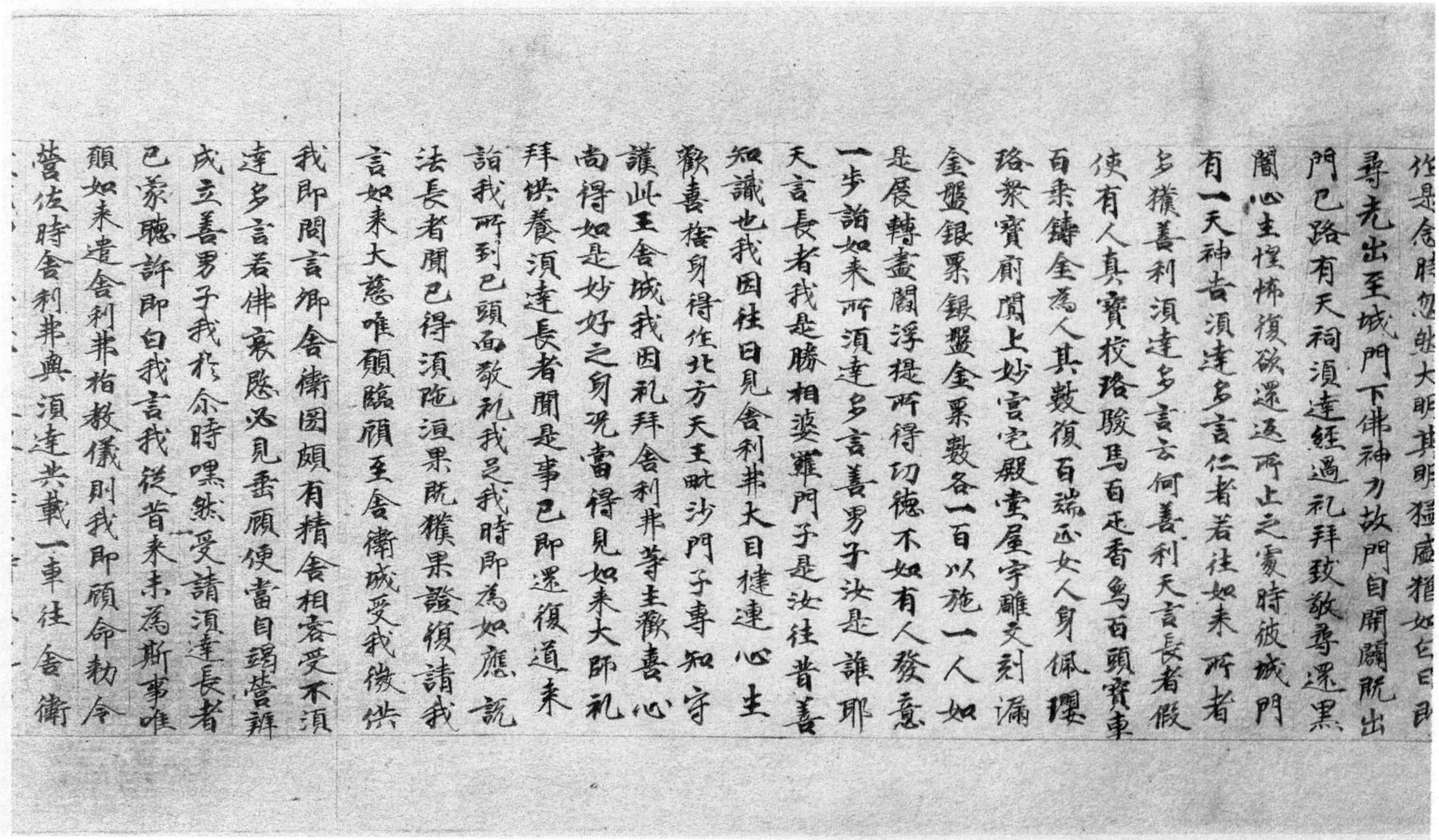

作是念時忽然大明其明猛盛猶如白日即
尋光出至城門下佛神力故門自開闢既出
門已路有天祠須達經過禮拜致敬尋還黑
闇心生恇怖復欲還返所止之處時彼城門
有一天神告須達多言仁者若往如來所者
多獲善利須達多言云何善利天言長者假
使有人真寶校絡駿馬百匹香象百頭寶車
百乘鑄金為人其數復百端正女人身佩瓔
珞衆寶廁填上妙宮宅殿堂屋宇雕文刻鏤
金盤銀粟銀盤金粟數各一百以施一人如
是展轉盡閻浮提所得功德不如有人發意
一步詣如來所須達多言善男子汝是誰耶
天言長者我是勝相婆羅門子是汝往昔善
知識也我因往日見舍利弗大目揵連心生
歡喜捨身得作北方天王毗沙門子專知守
護此王舍城我因禮拜舍利弗等生歡喜心
尚得如是妙好之身況當得見如來大師禮
拜供養須達長者聞是事已即還復道來
詣我所到已頭面敬禮我足我時即為如應說
法長者聞已得須陀洹果既獲果證復請我
言如來大慈唯願臨顧至舍衛城受我微供
我即問言卿舍衛國頗有精舍相容受不須
達多言若佛哀愍必見垂顧便當自竭營辦
成立善男子我於爾時嘿然受請須達長者
已蒙聽許即白我言我從昔來未為斯事唯
願如來遣舍利弗指教儀則我即顧命勅令
營佐時舍利弗與須達共載一車往舍衛

BD13863號　大般涅槃經（北本　思溪本）卷三〇　（26–3）

達多言若佛哀愍必見垂顧便當自竭營辨
成立善男子我於尒時嘿然受請須達長者
已蒙聽許即白我言我從昔來未爲斯事唯
願如來遣舍利弗栢教儀則我即顧命勅令
營佐時舍利弗與須達共載一車往舍衛
城我神力故經一日夜便到所止時須達多
白舍利弗大德此大城外何處有地不近不
遠多饒泉池有好林樹花菓欝茂清淨閑豫
我當於中爲佛世尊及比丘僧造立精舍舍
利弗言祇陁園林不近不遠清淨寂漠多有
泉流樹木花菓隨時而有此處最勝可立精
舍時須達多聞是語已即往祇陁大長者所
吉祇陁言我今欲爲無上法王造立僧坊唯
仁園地可以造立吾今欲買能見與不祇陁
荅言設以真金遍布其地猶不相與須達多
言善哉祇陁林地屬我汝便取金祇陁荅言
我園不賣云何取金須達多言若意不了當共
往詣斷事人所時二長者即共俱往斷事
者言園屬須達祇陁取金須達長者即時使
人車馬載負隨集布地一日之中唯五百步
金未周遍祇陁言曰長者若悔隨意聽止須
達多言吾不悔也自念當出何藏金足祇陁
念言如來法王真實無上所說妙法清淨無
染故使斯人輕寶乃尒即語須達餘未遍者
不復須金請以見與我自爲佛造立門樓常
使如來經由入出祇陁長者自造門坊須達
長者七日之中成立大房足三百口禪坊靜

BD13863號　大般涅槃經（北本　思溪本）卷三〇　（26–4）

染故使斯人輕寶乃尒即語須達餘未遍者
不復須金請以見與我自爲佛造立門樓常
使如來經由入出祇陁長者自造門坊須達
長者七日之中成立大房足三百口禪坊靜
處六十三所冬屋夏堂各各別異厨坊浴室
洗脚之處大小圊廁無不備足所設已訖即
執香爐向王舍城遥作是言所設已辦唯願
如來慈哀憐愍爲諸衆生受是住處我時去
知是長者心即與大衆發王舍城譬如壯士
屈申臂頃至舍衛城祇陁園林須達精舍我
既到已須達長者以其所設奉施於我我時
受已即住其中時諸六師心生嫉妬恚共集
詣波斯匿王作如是言大王當知王之土境
清夷閑靜真是出家住止之處是故我等爲
斯事故而來至此大王以正法治爲民除患
沙門瞿曇年既幼稚學日又淺道術無施此
國先有耆舊宿德自恃王種不生恭敬若是
王種法應治民如其出家應敬宿德大王善
聽沙門瞿曇真實不生王種之中瞿曇沙門
若有父母何由劫奪他之父母大王我經中
說過千歲已有一妖祥幻化物出所謂沙門
瞿曇是也是故當知沙門瞿曇無父無母若
有父母云何說言諸法無常苦空無我無作
無受以幻術故誑惑衆生愚者信受智者捨
之大王夫人王者天下父母如稱如地如風
如火如道如河如橋如燈如日如月如法斷
事不擇怨親沙門瞿曇不聽我法隨我去處

BD13863號　大般涅槃經（北本　思溪本）卷三〇　（26–5）

有父母云何說言諸法無常苦空無我無作
無受以幻術故誑惑衆生愚者信受智者捨
之大王夫人王者天下父母如稱如地如風
如火如道如河如橋如燈如日如月如法斷
事不擇怨親沙門瞿曇不聽我法隨我去處
退逐不捨唯願大王聽我等輩與彼瞿曇捔
其道力若彼勝我我當屬彼我若勝彼彼當
屬我王言大德汝等各各自有行法止住之
處亦各不同我今定知如來世尊於汝無妨
六師答言云何無妨沙門瞿曇以幻術法誘
誑諸人及婆羅門歸伏已盡王若聽我與捔
道力王之善名流布八方如其不者惡聲盈
路王言大德汝以未知如來道力威神巍巍
故求捔試若定知者恐不能也大王汝今已
受瞿曇幻耶唯願大王留神聽察莫輕我等
捔之虛言不如驗之以實王言善哉善哉六
師之徒歡喜而出時波斯匿王即勅嚴駕來
至我所頭面敬禮右遶三帀退坐一面而白我
言世尊六師向來求捔道力我不量度敢
已許之佛言大王善哉善哉但當更於此國
處處造立僧坊何以故我若與彼捔其神力
彼衆之中受化者多此處狹小云何容受善
男子我於尒時爲六師故從初一日至十五
日現大希有神通變化當是時也無量衆生
發阿耨多羅三藐三菩提心無量衆生於三
寶所生信不疑六師徒衆其數無量破耶見
心正法出家無量衆生於菩提中得不退心

BD13863號　大般涅槃經（北本　思溪本）卷三〇　（26–6）

日現大希有神通變化當是時也無量衆生
發阿耨多羅三藐三菩提心無量衆生於三
寶所生信不疑六師徒衆其數無量破耶見
心正法出家無量衆生於菩提中得不退心
無量衆生得陁羅尼諸三昧門無量衆生得
須陁洹果至阿羅漢果尒時六師內心慚愧
相與圍遶至婆枳多城教彼人民信受耶法
瞿曇沙門但說空事善男子我時爲母處忉
利天波利質多樹安居說法是時六師心大
歡喜唱言善哉瞿曇幻術今已滅沒復教
量無數衆生增長邪見
尒時頻婆娑羅王波斯匿王及四部衆白目
連言大德此閻浮提邪見增長衆生可愍行
大黑闇唯願大德至彼天上稽首世尊如我
言曰譬如犢子其生未久若不得乳必死無
疑我等衆生亦復如是唯願如來哀愍衆生
還來住此時目揵連嘿然而許如大力士屈
申臂頃往彼天上至世尊所白佛言閻浮提
中所有四衆渴仰如來思見聞法頻婆娑羅
王波斯匿王及四衆等稽首足下此閻浮提
所有衆生邪見增長行大黑闇甚可憐愍譬
如犢子其生未久若不得乳必死不疑我等
亦尒唯願如來爲衆生故還來在此閻浮提
中佛告目連汝今速還至閻浮提告諸國王
及四部衆却後七日我當還下爲六師故復
當至彼婆枳多城過七日已我與釋天梵天
魔天無量天子及首陁會一切天人前後圍

BD13863號　大般涅槃經（北本　思溪本）卷三〇　（26–7）

亦尒唯願如來為衆生故還來在此閻浮提
中佛告目連汝今速還至閻浮提告諸國王
及四部衆却後七日我當還下為六師故復
當至彼婆枳多城過七日已我與釋天梵天
魔天無量天子及首陁會一切天人前後圍
遶至婆枳多城大師子吼作如是言唯我法
中獨有沙門及婆羅門一切諸法無常無我
涅槃寂靜離諸過惡若言他法亦有沙門及
婆羅門有常有我有涅槃者無有是處尒時
無量無邊衆生發阿耨多羅三藐三菩提心
是時六師各相謂言若我法中實無沙門婆
羅門者云何而得世間供養於是六師復相
集聚詣毗舍離善男子我於一時住毗舍離
菴羅林間時菴羅女知我在中欲來我所我
於尒時告諸比丘當觀念處善修智慧隨所
修習心莫放逸云何名為觀於念處若有比
丘觀察內身不見於我及以我所觀察外身
及內外身不見於我及以我所觀受心法亦
復如是是名念處云何名為修習智慧若有
比丘真實而見苦集滅道是名比丘修習智
慧云何名為心不放逸若有比丘念佛念法
念僧念戒念捨念天是名比丘心不放逸時
菴羅女即至我所頭面作礼右遶三帀修敬
已畢却坐一面善男子我於尒時為菴羅女
如應說法是女聞已發阿耨多羅三藐三菩
提心時彼城中有梨車子其數五百來至我
所頭面作礼右遶三帀修敬已畢却坐一面

BD13863號　大般涅槃經（北本　思溪本）卷三〇　（26–8）

念僧念戒念捨念天是名比丘心不放逸時
菴羅女即至我所頭面作礼右遶三帀修敬
已畢却坐一面善男子我於尒時為菴羅女
如應說法是女聞已發阿耨多羅三藐三菩
提心時彼城中有梨車子其數五百來至我
所頭面作礼右遶三帀修敬已畢却坐一面
我時復為諸梨車子如應說法諸善男子夫
放逸者有五事果何等為五一者不得自在
財利二者惡名流布於外三者不樂惠施窮
乏四者不樂見於四衆五者不得諸天之身
諸善男子因不放逸能生世法出世間法若
有欲得阿耨多羅三藐三菩提者應當勤修
不放逸法夫放逸者復有十三果報何等十
三一者樂為世間作業二者樂說無益之言
三者常樂久寢睡眠四者樂說世間之事五
者常樂親近惡友六者懈怠嬾惰七者常為
他人所輕八者雖有所聞尋復忘失九者樂
處邊地十者不能調伏諸根十一者食不知
足十二者不樂空寂十三者所見不正是名
十三善男子夫放逸者雖得近佛及佛弟子
猶故為遠諸梨車言我等自知是放逸人何
以故如其我等不放逸者如來法王當出我
土時大會中有婆羅門子名曰無勝語諸梨
車善哉善哉如汝所言頻婆娑羅王以獲大
利如來世尊出其國土猶如大池生妙蓮花
雖生在水水不能污諸梨車子佛亦如是雖
出彼國不為世法之所滞礙諸佛世尊無出

BD13863號　大般涅槃經（北本　思溪本）卷三〇　（26–9）

主時大會中有婆羅門子名曰無勝語諸梨
車善哉善哉如汝所言頻婆娑羅王以獲大
利如來世尊出其國土猶如大池生妙蓮花
雖生在水水不能污諸梨車子佛亦如是雖
出彼國不為世法之所滯礙諸佛世尊無出
無入為眾生故出現於世不為世法之所滯
礙仁等自迷耽荒五欲不知親近往如來所
是故名為放逸之人非佛出於摩伽陁國名
放逸也何以故如來世尊猶彼日月非為一
人二人出世時諸梨車聞是語已尋發阿耨
多羅三藐三菩提心復作是言善哉善哉無
勝童子快說如是善妙之言時諸梨車各各
脫身所著一衣以施無勝無勝受已轉以奉
我復作是言世尊我從梨車得是衣物唯願
如來哀愍眾生受我所獻我於尒時愍彼無
勝即為納受時諸梨車同時合掌作如是言
唯願如來於此土地一時安居受我微供我
時嘿然受梨車請是時六師聞是事已師宗
相與詣波羅柰城尒時我復往波羅柰住波
羅河邊時波羅柰有長者子名曰寶稱耽荒
五欲不知非常以我到故自然而得白骨觀
法見其殿舍宮人婇女悉為白骨心生怖懼
如刀毒蛇如賊如火即出其舍來詣我所隨
路並言瞿曇沙門我今如為賊所追逐甚大
怖懼願見救濟佛言善男子佛法眾僧安隱
無懼長者子言若三寶中無所畏者我今亦
當得無所畏我即聽其出家為道時長者子

BD13863號　大般涅槃經（北本　思溪本）卷三〇　　（26–10）

如刀毒蛇如賊如火即出其舍來詣我所隨
路並言瞿曇沙門我今如為賊所追逐甚大
怖懼願見救濟佛言善男子佛法眾僧安隱
無懼長者子言若三寶中無所畏者我今亦
當得無所畏我即聽其出家為道時長者子
復有同友其數五十還聞寶稱厭離出家即
共和順相與出家六師聞已展轉復詣瞻婆
大城時瞻婆國一切人民悉共奉事六師之
徒初未曾聞佛法僧名多有諸人作極惡業
我於尒時為眾生故往瞻婆城時彼城中有
大長者無有繼嗣供事六師以求子息其後
不久婦則懷姙長者知已往六師所歡喜而
言我婦姙身男耶女耶六師荅言生必是女
長者聞已心生愁惱復有知識來謂長者何
故愁惱乃如是耶長者荅言我婦懷姙未知
男女故問六師六師見語如我相法生必是
女我聞是語自惟年老財富無量如其非男
無所付囑是故我愁知識復言汝無智慧先
不聞耶優樓頻螺迦葉兄弟為誰弟子佛耶
六師耶六師若是一切智者迦葉何故捨之
不事為佛弟子又舍利弗目揵連等及諸國
王頻婆娑羅等諸王夫人末利夫人等諸國
長者須達多等如是諸人非佛弟子耶彊野
鬼神阿闍世王護財醉象鴦崛魔羅惡心熾
盛欲害其母如是等輩斯非如來所調伏耶
長者如來世尊於一切法知見無礙故名為
佛發言無二故名如來斷煩惱故名阿羅呵
世尊所說終無有二六師不尒云何可信如

BD13863號　大般涅槃經（北本　思溪本）卷三〇　　（26–11）

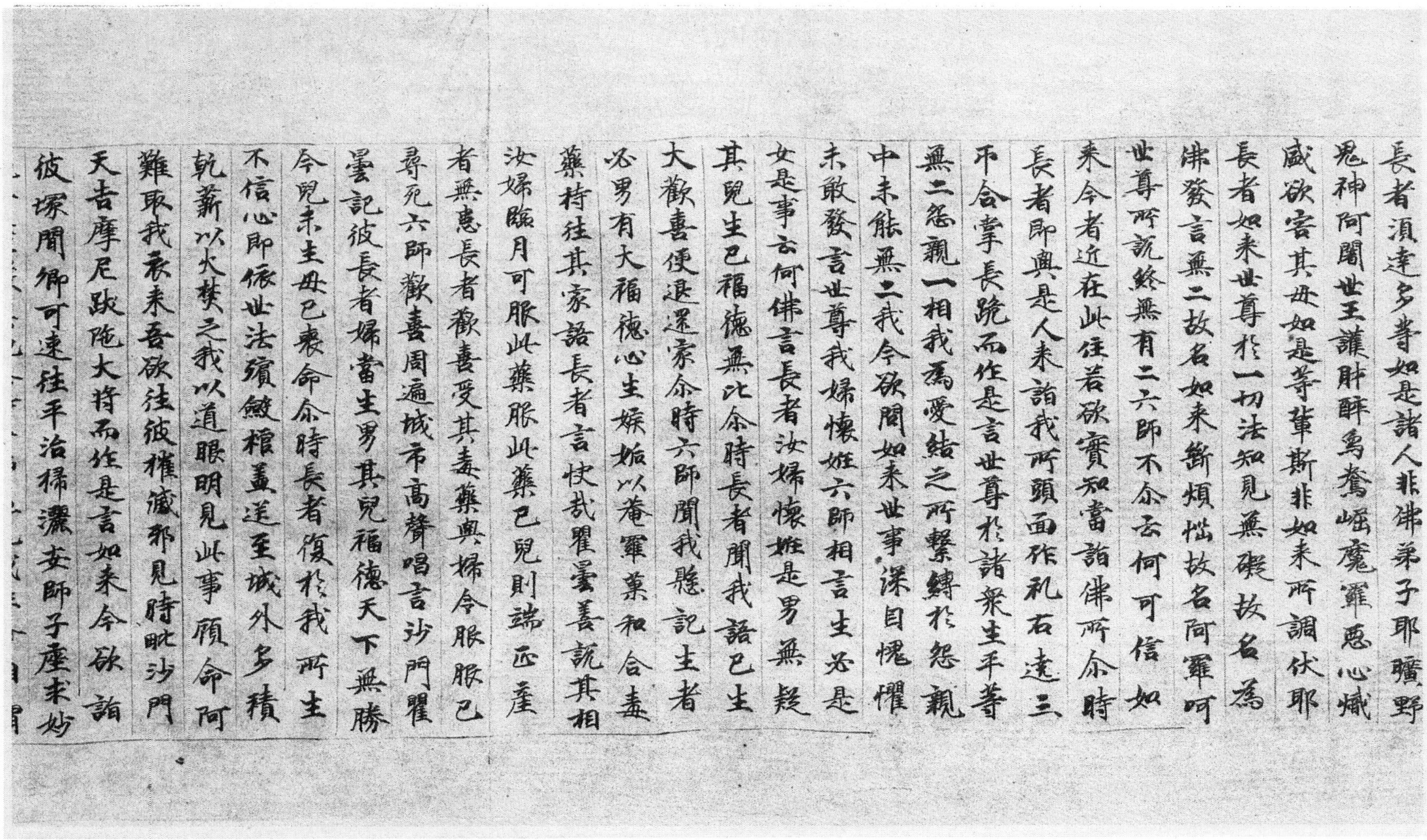

長者須達多等如是諸人非佛弟子耶曠野
鬼神阿闍世王護財醉象鴦崛魔羅惡心熾
盛欲害其母如是等輩斯非如來所調伏耶
長者如來世尊於一切法知見無礙故名為
佛發言無二故名如來斷煩惱故名阿羅呵
世尊所說終無有二六師不尒云何可信如
來今者近在此住若欲實知當詣佛所尒時
長者即與是人來詣我所頭面作礼右遶三
帀合掌長跪而作是言世尊於諸衆生平等
無二怨親一相我為愛結之所繫縛於怨親
中未能無二我今欲問如來世事深自愧懼
未敢發言世尊我婦懷妊六師相言生必是
女是事云何佛言長者汝婦懷妊是男無疑
其兒生已福德無比尒時長者聞我語已生
大歡喜便退還家尒時六師聞我懸記生者
必男有大福德心生嫉妬以菴羅菓和合毒
藥持往其家語長者言快哉瞿曇善說其相
汝婦臨月可服此藥服此藥已兒則端正產
者無患長者歡喜受其毒藥與婦令服服已
尋死六師歡喜周遍城市高聲唱言沙門瞿
曇記彼長者婦當生男其兒福德天下無勝
今兒未生母已喪命尒時長者復於我所生
不信心即依世法殯斂棺盖送至城外多積
乾薪以火焚之我以道眼明見此事顧命阿
難取我衣來吾欲往彼摧滅邪見時毗沙門
天王摩尼跋陁大將而作是言如來今欲詣
彼塚間卿可速往平治掃灑安師子座求妙

BD13863號　大般涅槃經（北本　思溪本）卷三〇　（26–12）

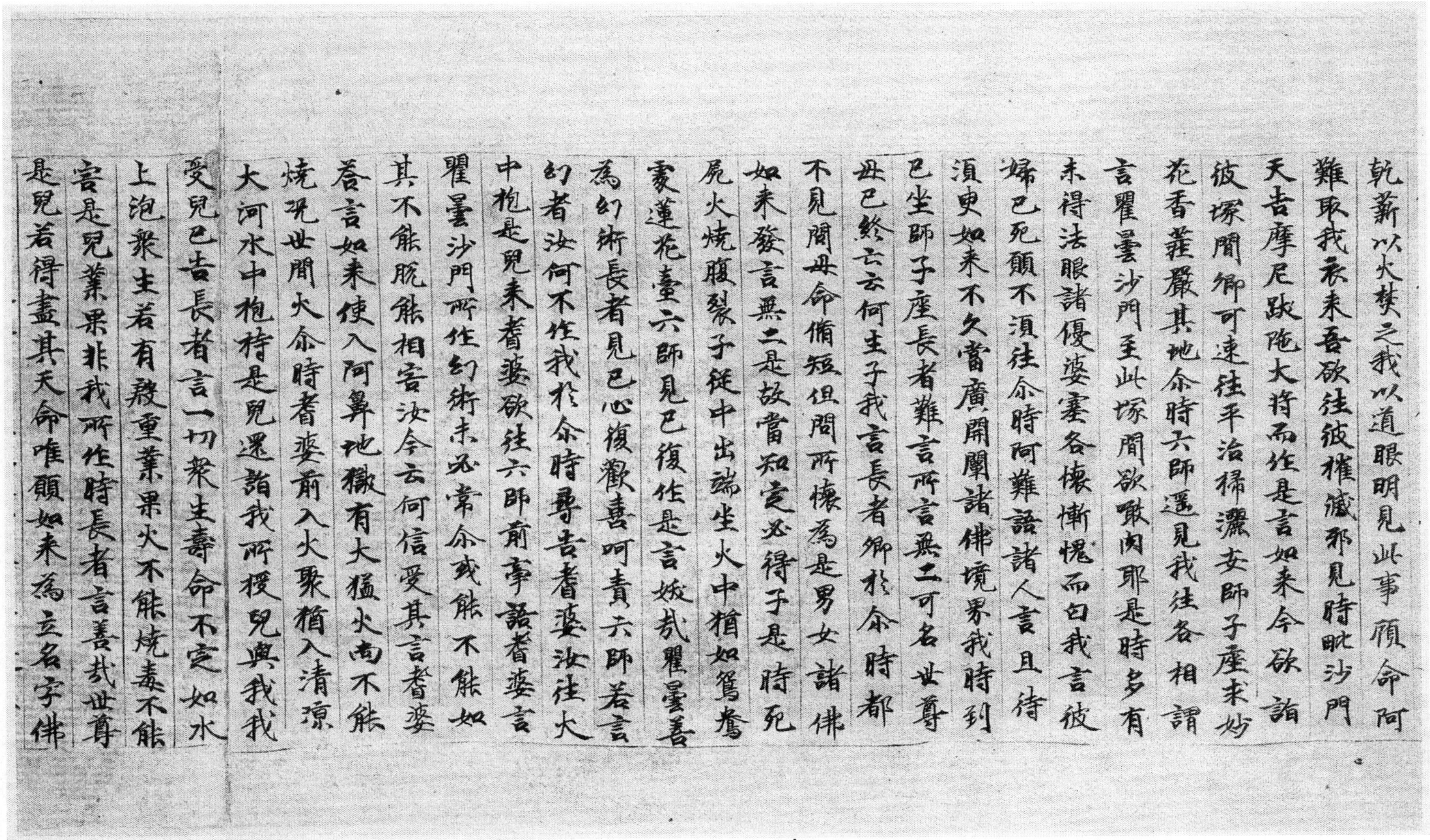

乾薪以火焚之我以道眼明見此事顧命阿
難取我衣來吾欲往彼摧滅邪見時毗沙門
天王摩尼跋陁大將而作是言如來今欲詣
彼塚間卿可速往平治掃灑安師子座求妙
花香莊嚴其地尒時六師遥見我往各相謂
言瞿曇沙門至此塚間欲噉肉耶是時多有
未得法眼諸優婆塞各懷慚愧而白我言彼
婦已死願不須往尒時阿難語諸人言且待
須臾如來不久當廣開闡諸佛境界我時到
已坐師子座長者難言所言無二可名世尊
母已終亡云何生子我言長者卿於尒時都
不見聞母命脩短但問所懷為是男女諸佛
如來發言無二是故當知定必得子是時死
屍火燒腹裂子從中出端坐火中猶如鴛鴦
處蓮花臺六師見已復作是言嫉哉瞿曇善
為幻術長者見已心復歡喜呵責六師若言
幻者汝何不作我於尒時尋告耆婆汝往火
中抱是兒來耆婆欲往六師前事語耆婆言
瞿曇沙門所作幻術未必常尒或能不能如
其不能脫能相害汝今云何信受其言耆婆
答言如來使入阿鼻地獄有大猛火尚不能
燒況世間火尒時耆婆前入火聚猶入清凉
大河水中抱持是兒還詣我所授兒與我我
受兒已告長者言一切衆生壽命不定如水
上泡衆生若有殺重業業果火不能燒毒不能
害是兒業果非我所作時長者言善哉世尊
是兒若得盡其天命唯願如來為立名字佛

BD13863號　大般涅槃經（北本　思溪本）卷三〇　（26–13）

受兒已告長者言一切衆生壽命不定如水
上泡衆生若有殺重業果火不能燒毒不能
害是兒業果非我所作時長者言善哉世尊
是兒若得盡其天命唯願如來為立名字佛
言長者是兒生於猛火之中火名樹提應名
樹提尒時會中見我神化無量衆生發阿耨
多羅三藐三菩提心尒時六師周遍六城不
得停足慚愧低頭復來至此拘尸那城既至
此已唱如是言諸人當知沙門瞿曇是大幻
師誑惑天下遍六大城譬如幻師幻作四兵
所謂車兵馬兵象兵步兵又復幻作種種瓔
珞城郭宮宅河池樹木沙門瞿曇亦復如是
幻作王身為說法故或沙門身婆羅門身男
身女身小身大身或作畜生鬼神之身或說
無常或說有常或時說苦或復說樂或說有
我或說無我或說有淨或說無淨或時說有
或時說無所為虛妄故名為幻譬如因子隨
子得果瞿曇沙門亦復如是摩耶所生母既
是幻子不得非幻沙門瞿曇無實知見諸婆羅
門經年積歲修習苦行護持禁戒尚言未有
真實知見何況瞿曇年少學淺不修苦行云
何而有真實知見若能具滿七年苦行見猶
不多況所修習不滿六年愚人無智信受其
教如大幻師誑惑愚者沙門瞿曇亦復如是
善男子如是六師於此城中大為衆生增長
邪見善男子我見是事心生憐愍以其神力
請召十方諸大菩薩運集此林周帀孫滿四

BD13863號　大般涅槃經（北本　思溪本）卷三〇　　（26–14）

不多況所修習不滿六年愚人無智信受其
教如大幻師誑惑愚者沙門瞿曇亦復如是
善男子如是六師於此城中大為衆生增長
邪見善男子我見是事心生憐愍以其神力
請召十方諸大菩薩運集此林周帀孫滿四
千由延今於此中大師子吼善男子雖於空
處多有所說則不得名師子吼也於此智人
大衆之中真得名為大師子吼師子吼者說
一切法悉無常苦無我不淨唯說如來常樂
我淨尒時六師復作是言若瞿曇有我我亦
有我所言我者見者名我瞿曇譬如有人嚮
中見物我亦如是嚮喻於眼見者喻我佛告
六師若言見者名我是義不然何以故汝所
引喻因嚮見者人在一向六根俱用若定有
我因眼見者何不如彼一根之中俱伺諸塵
若一根中不能一時聞見六塵當知無我所
引嚮喻雖經百年見者因之所見無異眼根
若尒年邁根熟亦應無異人嚮異故見內見
外眼根若尒亦應內外一時俱見若不見者
云何有我六師復言瞿曇若無我者誰能見
耶佛言有色有明有心有眼是四和合故名
為見是中實無見者受者衆生顛倒言有見
者及以受者以是義故一切衆生所見顛倒
諸佛菩薩所見真實六師若言色是我者是
亦不然何以故色實非我色若是我不應而
得醜陋形貌何故復有四姓差別悉不一種
婆羅門耶何故屬地不得自在諸根缺漏生
不具足何故不作諸天之身而受地獄畜生

BD13863號　大般涅槃經（北本　思溪本）卷三〇　　（26–15）

者及以受者以是義故一切衆生所見顛倒
諸佛菩薩所見真實六師若言色是我者是
亦不然何以故色實非我色若是我不應而
得醜陋形貌何故復有四姓差别悉不一種
婆羅門耶何故屬他不得自在諸根缺漏生
不具足何故不作諸天之身而受地獄畜生
餓鬼種種諸身若不能得隨意作者當知必
定無有我也以無我故名爲無常無常故苦
苦故爲空空故顛倒以顛倒故一切衆生輪
轉生死受想行識亦復如是六師如來世尊
永斷色縛乃至識縛是故名爲常樂我淨復
次色者即是因緣若因緣者則名無我若無我
者名爲苦空如來之身非是因緣非因緣故
則名有我若有我者即常樂淨六師復言
瞿曇色亦非我乃至識亦非我我者遍一切
處猶如虚空佛言若遍有者則不應言我初
不見若初不見則知是見本無今有若本無
今有是名無常若無常者云何言遍若遍有
者五道之中應具有身若有身者應各受報
若各受報云何而言轉受人天汝言遍者一
耶多耶我若一者則無父子怨親中人我若
多者一切衆生所有五根悉應平等所有業
慧亦應如是若如是者云何說言根有具足
不具足者善業惡業愚智差别瞿曇衆生我
者無有邊際法與非法則有分齊衆生修法
則得好身若行非法則得惡身以是義故衆
生業果不得無差佛言善男子法與非法若
如是者我則不遍我若遍者則應悉到如其

BD13863號　大般涅槃經（北本　思溪本）卷三〇　（26–16）

不具足者善業惡業愚智差别瞿曇衆生我
者無有邊際法與非法則有分齊衆生修法
則得好身若行非法則得惡身以是義故衆
生業果不得無差佛言善男子法與非法若
如是者我則不遍我若遍者則應悉到如其
到者修善之人亦應有惡行惡之人亦應有
善若不尒者云何言遍瞿曇譬如一室然百
千燈各各自明不相妨礙衆生我者亦復如
是修善行惡不相雜合善男子我如燈者是
義不然何以故彼燈之明從緣而有燈增長
明亦增長衆生我者則不如是明從燈出住
在異處衆生我者不得如是從身而出住在
異處彼燈光明與闇共住何以故如闇室
中然一燈時照則不了乃至多燈乃得明了
若初燈破闇則不須後燈若須後燈當知初
明與闇共住瞿曇若無我者誰作善惡佛言
若我作者云何名常如其常者云何而得有
時作善有時作惡若言有時作善惡者云何
復得言我無邊若我作者何故而復習行惡
法如其我是作者知者何故生疑衆生無我
以是義故外道法中定無有我若言我者則
是如來何以故身無邊故無疑網故不作不
受故名爲常不生不滅故名爲樂無煩惱垢
故名爲淨無有十相故名爲空是故如來常
樂我淨空無諸相諸外道言若言如來常樂
我淨無相故空當知瞿曇所說之法則非空
也是故我今當頂戴受持尒時外道其數無
量於佛法中信心出家善男子以是因緣故

BD13863號　大般涅槃經（北本　思溪本）卷三〇　（26–17）

故名為淨無有十相故名為空是故如來常
樂我淨空無諸相諸外道言若言如來常樂
我淨無相故空當知瞿曇所說之法則非空
也是故我今當頂戴受持尒時外道其數無
量於佛法中信心出家善男子以是因緣故
我於此娑羅雙樹大師子吼師子吼者名大
涅槃善男子東方雙者破於無常獲得於常
乃至北方雙者破於不淨而得於淨善男子
此中眾生為雙樹故護娑羅林不令外人取
其枝葉斫截破壞我亦如是為四法故令諸
弟子護持佛法何等名四常樂我淨此四雙
樹四王典掌我為四王護持我法是故於中
而般涅槃善男子娑羅雙樹花菓常茂常能
利益無量眾生我亦如是常能利益聲聞緣
覺花者喻我菓者喻樂以是義故我於此間
娑羅雙樹入大寂定大寂定者名大涅槃師
子吼言世尊如來何故二月涅槃善男子二
月名春春陽之月万物生長種植根栽花菓
敷榮江河盈滿百獸孚乳是時眾生多生常
想為破眾生如是常心說一切法悉是無常
唯說如來常住不變善男子於六時中孟冬
枯悴眾不愛樂陽春和液人所貪愛為破眾
生世間樂故演說常樂我淨亦尒如來為破
世我世淨故說如來真實我淨言二月者喻
於如來二種法身冬不樂者智者不樂如來
無常入於涅槃二月樂者喻於智者愛樂如
來常樂我淨種植者喻諸眾生聞法歡喜發
阿耨多羅三藐三菩提心種諸善根善男子

BD13863號　大般涅槃經（北本　思溪本）卷三〇　（26–18）

世我世淨故說如來真實我淨言二月者喻
於如來二種法身冬不樂者智者不樂如來
無常入於涅槃二月樂者喻於智者愛樂如
來常樂我淨種植者喻諸眾生聞法歡喜發
阿耨多羅三藐三菩提心種諸善根善男子
河者喻於十方諸大菩薩來詣我所諮受如
是大涅槃典百獸孚乳者喻我弟子生諸善
根花喻七覺菓喻四果以是義故我於二月
入大涅槃師子吼言如來初生出家成道轉
妙法輪皆以八日何故涅槃獨十五日佛言
善哉善哉善男子如十五日月無虧盈諸佛
如來亦復如是入大涅槃無有虧盈以是義
故以十五日入般涅槃善男子如十五日月
盛滿時有十一事何等十一一能破闇二令
眾生見道非道三令眾生見道邪正四除欝
烝得清涼樂五能破壞螢火高心六息一切
賊盜之想七除眾生畏惡獸心八能開敷優
鉢羅花九合蓮花十發行人進路之心十一
令諸眾生樂受五欲多獲快樂善男子如來
滿月亦復如是一者破壞無明大闇二者演
說正道邪道三者開示生死邪嶮涅槃平正
四者令人遠離貪欲瞋恚癡熱五者破壞外
道無明六者破壞煩惱結賊七者除滅畏五
蓋心八者開敷眾生種善根心九者覆蓋眾
生五欲之心十者發起眾生進修趣向大涅
槃行十一者令諸眾生樂修解脫以是義故
於十五日入大涅槃而我真實不入涅槃我
弟子中愚癡惡人定謂如來入於涅槃辟如

BD13863號　大般涅槃經（北本　思溪本）卷三〇　（26–19）

蓋心八者開發衆生種善根心九者讚蓋衆
生五欲之心十者發起衆生進修趣向大涅
槃行十一者令諸衆生樂修解脫以是義故
於十五日入大涅槃而我真實不入涅槃我
弟子中愚癡惡人定謂如來入於涅槃辟如
母人多有諸子其母捨行至他國去未還之
頃諸子各言我母已死而是母人實不死也
師子吼菩薩言世尊何等比丘能莊嚴此娑
羅雙樹善男子若有比丘受持讀誦十二部
經正其文句通達深義為人解說初中後善
為欲利益無量衆生演說梵行如是比丘則
能莊嚴娑羅雙樹師子吼菩薩言世尊如我
解佛所說義者阿難比丘即其人也何以故
阿難比丘受持讀誦十二部經為人開說正
語正義猶如寫水置之異器阿難比丘亦復
如是從佛所聞如聞轉說善男子若有比丘
得淨天眼見於十方三千大千世界所有如
觀掌中菴摩勒菓如是比丘亦能莊嚴娑羅
雙樹師子吼言世尊若如是者阿尼樓馱比
丘即其人也何以故阿尼樓馱天眼見於三
千大千世界所有乃至中陰悉能明了無障
礙故善男子若有比丘少欲知足心樂寂靜
勤行精進念定慧解如是比丘則能莊嚴娑
羅雙樹師子吼言世尊若如是者迦葉比丘
即其人也何以故迦葉比丘善修少欲知足
等法善男子若有比丘為益衆生不為利養
脩習通達無諍三昧聖行空行如是比丘則
能莊嚴娑羅雙樹師子吼言世尊若如是者

BD13863號　大般涅槃經（北本　思溪本）卷三〇　（26–20）

羅雙樹師子吼言世尊若如是者迦葉比丘
即其人也何以故迦葉比丘善修少欲知足
等法善男子若有比丘為益衆生不為利養
脩習通達無諍三昧聖行空行如是比丘則
能莊嚴娑羅雙樹師子吼言世尊若如是者
須菩提比丘即其人也何以故須菩提者善
修無諍聖行空行故善男子若有比丘善修
神通一念之中能作種種神通變化一心一
定能作二果所謂火水如是比丘則能莊嚴
娑羅雙樹師子吼言世尊若如是者目連比
丘即其人也何以故目揵連者善修神通無
量變化故善男子若有比丘修習大智利智
疾智解脫智甚深智廣智無邊智無勝智實
智具足成就如是慧根於怨親中心無差別
若聞如來涅槃無常心不憂慼若聞常住不
入涅槃不生欣慶如是比丘則能莊嚴娑羅
雙樹師子吼言世尊若如是者舍利弗比丘
即其人也何以故舍利弗者善能成就具足
如是大智慧故善男子若有比丘能說衆生
悉有佛性得金剛身無有邊際常樂我淨身
心無礙得八自在如是比丘則能莊嚴娑羅
雙樹師子吼言世尊若如是者唯有如來即
其人也何以故如來之身金剛無邊常樂我
淨身心無礙具八自在故世尊唯有如來乃
能莊嚴娑羅雙樹如其無者則不端嚴唯願
大慈為莊嚴故常住於此娑羅林中佛言善
男子一切諸法性無住住汝云何言願如來
住善男子凡言住者名為色法從因緣生故

BD13863號　大般涅槃經（北本　思溪本）卷三〇　（26–21）

淨身心無礙具八自在故世尊唯有如来乃
能莊嚴娑羅雙樹如其無者則不端嚴唯願
大慈爲莊嚴故常住於此娑羅林中佛言善
男子一切諸法性無住住汝云何言願如来
住善男子凡言住者名爲色法從因緣生故
名爲住因緣無處故名不住住如来已斷一
切色縛云何當言如来住耶受想行識亦復
如是善男子住名憍慢以憍慢故不得解脱
不得解脱故名爲住誰有憍慢從何處来是
故得名爲無住住如来永斷一切憍慢云何
而言願如来住住者名有爲法如来已斷有
爲之法是故不住住名空法如来已斷如是
空法是故獲得常樂我淨云何而言願如来
住住者名爲二十五有如来已斷二十五有
云何而言願如来住住者即是一切凡夫諸
聖無去無来無住如来已斷去来住相云何
言住夫無住者名無邊身身無邊故云何而
言唯願如来住娑羅林若住此林則是有邊
身若有邊則是無常如来是常云何言住夫
無住者名曰虛空如来之性同於虛空云何
言住又無住者名金剛三昧金剛三昧壞一
切住金剛三昧即是如来云何言住又無住
者則名爲幻如来同幻云何言住又無住者
名無始終如来之性無有始終云何言住又
無住者名無邊法界無邊法界即是如来云
何言住又無住者名首楞嚴三昧首楞嚴三
昧知一切法而無所著以無著故名首楞嚴
如来具足首楞嚴定云何言住又無住者名

BD13863號　大般涅槃經（北本　思溪本）卷三〇　（26–22）

無住者名無邊法界無邊法界即是如来云
何言住又無住者名首楞嚴三昧首楞嚴三
昧知一切法而無所著以無著故名首楞嚴
如来具足首楞嚴定云何言住又無住者名
處非處力如来成就處非處力云何言住又
無住者名檀波羅蜜檀波羅蜜若有住者則
不得至尸波羅蜜乃至般若波羅蜜以是義
故檀波羅蜜名爲無住如来乃至不住般若
波羅蜜云何願言如来常住娑羅樹林又無
住者名脩四念處如来若住四念處者則不
能得阿耨多羅三藐三菩提是名不住住又
無住者名無邊衆生界如来悉到一切衆生
無邊界分而無所住又無住者名無屋宅無
屋宅者名爲無有無有者名爲無生無生者
名爲無死無死者名爲無相無相者名爲無
繫無繫者名爲無著無著者名爲無漏無漏
即善善即無爲無爲者即大涅槃常大涅槃
常者即我我者即淨淨者即樂常樂我淨
即是如来善男子譬如虛空不住東方南西
北方四維上下如来亦尒不住東方南西北方
四維上下善男子若有說言身口意惡得善
果者無有是處身口意善得惡果者亦無是
處若言凡夫得見佛性十住菩薩不得見者
亦無是處一闡提犯五逆罪謗方等經毀
四重禁得阿耨多羅三藐三菩提者亦無是
處六住菩薩煩惱因緣墮三惡道亦無是處
菩薩摩訶薩以真女身得阿耨多羅三藐三
菩提者亦無是處一闡提常三寶無常亦無

BD13863號　大般涅槃經（北本　思溪本）卷三〇　（26–23）

處若言凡夫得見佛性十住菩薩不得見者
亦無是處一闡提犯五逆罪謗方等經毀
四重禁得阿耨多羅三藐三菩提者亦無是
處六住菩薩煩惱因緣墮三惡道亦無是處
菩薩摩訶薩以真女身得阿耨多羅三藐三
菩提者亦無是處一闡提常三寶無常亦無
是處如來住於拘尸那城亦無是處善男子
如來今於此拘尸那城入大三昧深禪定窟
衆不見故名大涅槃師子吼言如來何故入
禪定窟善男子爲欲度脫諸衆生故未種善
根令得種故以種善根者得增長故善果未
熟令得熟故爲已熟者說趣阿耨多羅三藐
三菩提故輕賤善法者令生尊貴故諸有放
逸者令離放逸故爲與文殊師利等諸大香
象共論義故爲欲教化樂讚誦者深愛禪定
故爲以聖行梵行天行教化衆生故爲觀不
共深法藏故爲欲呵責放逸弟子故如來常
說猶尚樂定況汝等輩煩惱未盡而生放逸
爲欲呵責諸惡比丘受畜八種不淨之物及
不少欲不知足故爲令衆生尊重所聞禪定
法故以是因緣入禪定窟師子吼言世尊無
相定者名大涅槃是故涅槃名爲無相以何
因緣名爲無相善男子無十相故何等爲十
所謂色相聲相香相味相觸相生住壞相男
相女相是名十相無如是相故名無相善男
子夫著相者則能生癡癡故生愛愛故生繫
縛繫縛故受生生故有死死故無常不著相
者則不生癡不生癡故則無有愛無有愛故

BD13863號　大般涅槃經（北本　思溪本）卷三〇　（26–24）

相女相是名十相無如是相故名無相善男
子夫著相者則能生癡癡故生愛愛故生繫
縛繫縛故受生生故有死死故無常不著相
者則不生癡不生癡故則無有愛無有愛故
則無繫縛無繫縛故則不受生不受生故則
無有死無有死故則名爲常以是義故涅槃
名常師子吼言世尊何等比丘能斷十相佛
言善男子若有比丘時時修習三種相者則
斷十相時時修習三昧定相時時修習智慧
之相時時修習捨相是名三相師子吼言世
尊云何名爲定慧捨相定是三昧者一切衆
生皆有三昧云何方言修習三昧若心在一
境則名三昧若更餘緣則不名三昧如其不
定非一切智非一切智云何名定若以一行
得三昧者其餘諸行亦非三昧若非三昧則
非一切智若非一切智云何名三昧慧　捨二相
亦復如是

大般涅槃經卷第卅

BD13863號　大般涅槃經（北本　思溪本）卷三〇　（26–25）

非一切智若非非一切智云何名三昧慧捨二相
亦復如是
大般涅槃經卷第卅

BD13863 號　大般涅槃經（北本　思溪本）卷三〇　　　　　　　　　　（26–26）

BD13864 號背　現代護首　　　　　　　　　　（1–1）

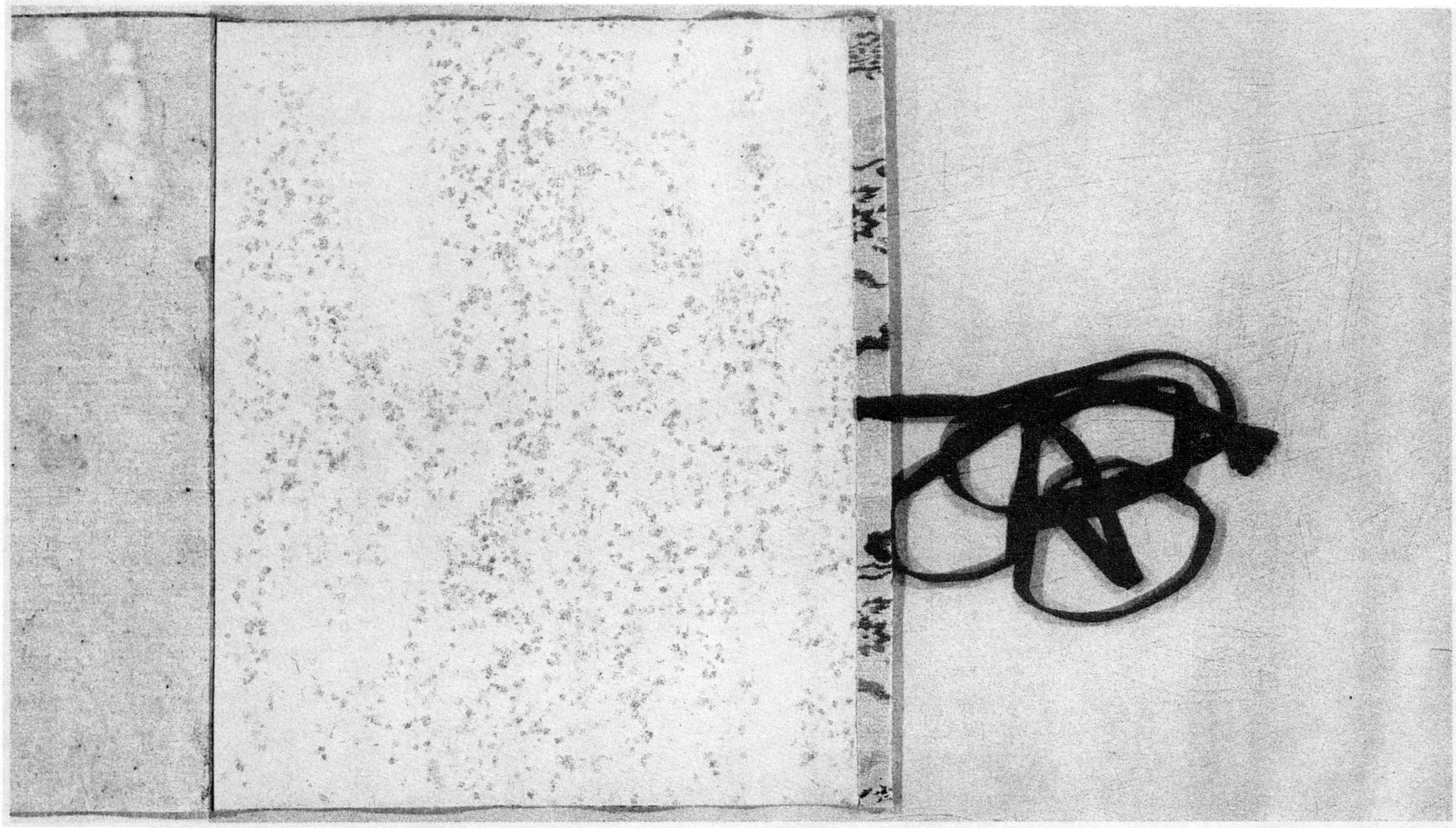

BD13864號　大般涅槃經（北本　思溪本）卷三一　　（23–1）

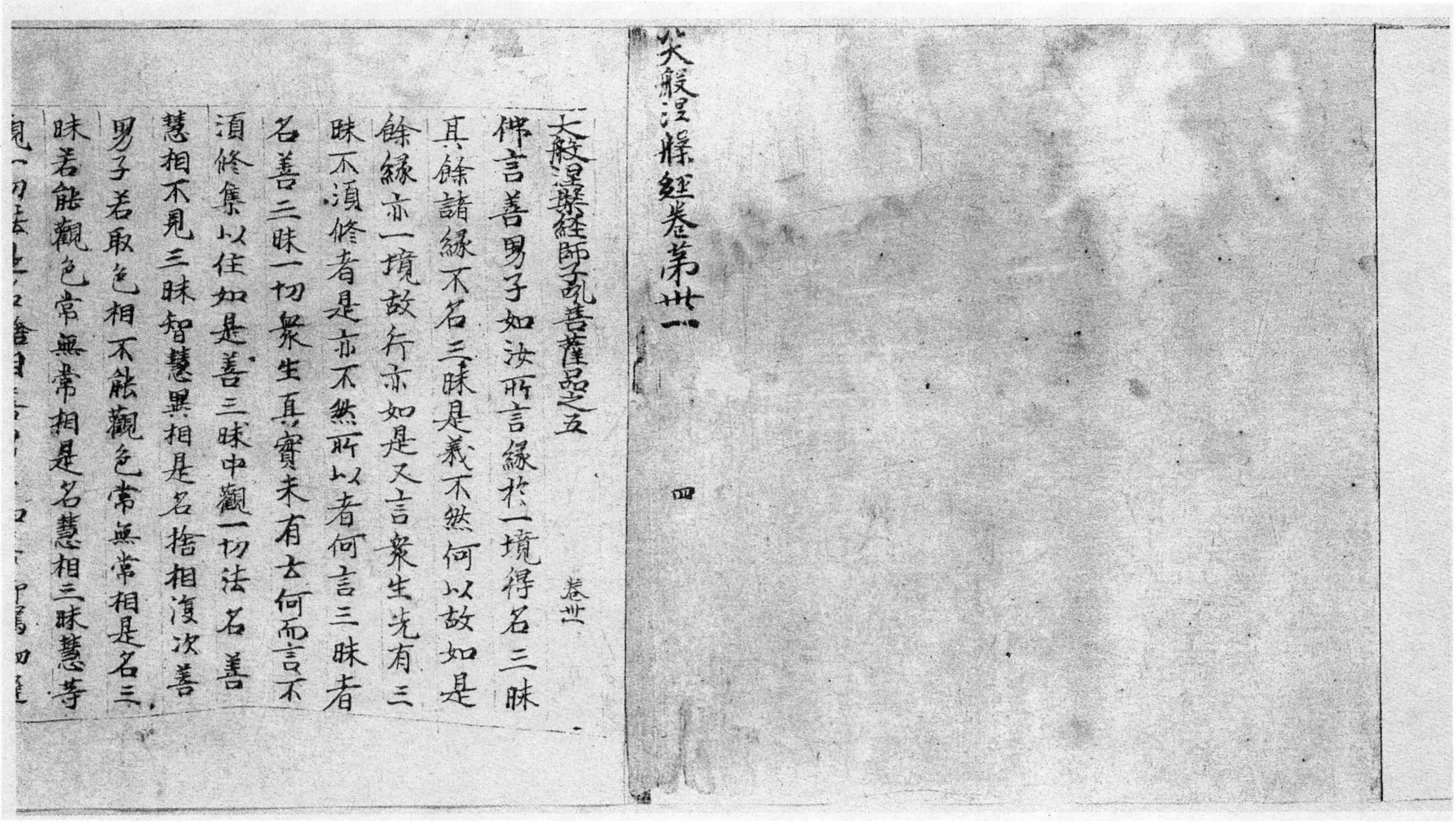

大般涅槃經卷第卅一

四

大般涅槃經師子吼菩薩品之五　卷卅

佛言善男子如汝所言緣於一境得名三昧
其餘諸緣不名三昧是義不然何以故如是
餘緣亦一境故行亦如是又言衆生先有三
昧不須修者是亦不然所以者何言三昧者
名善三昧一切衆生真實未有云何而言不
須修集以住如是善三昧中觀一切法名善
慧相不見三昧智慧異相是名捨相復次善
男子若取色相不能觀色常無常相是名三
昧若能觀色常無常相是名慧相三昧慧等
見一切法

BD13864號　大般涅槃經（北本　思溪本）卷三一　　（23–2）

須修集以住如是善三昧中觀一切法名善
慧相不見三昧智慧異相是名捨相復次善
男子若取色相不能觀色常無常相是名三
昧若能觀色常無常相是名慧相三昧慧等
觀一切法是名捨相善男子如善御駕駟遲
疾得所遲疾得所故名捨相菩薩亦尒若三
昧多者則修集慧若慧多者則修集三昧三
昧慧等則名為捨善男子十住菩薩智慧力
多三昧力少是故不得明見佛性聲聞緣覺
三昧力多智慧力少以是因緣不見佛性諸佛
世尊定慧等故明見佛性了了無礙如觀掌
中菴摩勒菓見佛性者名為捨相奢摩他
者名為能滅能滅一切煩惱結故又奢摩他
者名曰能調能調諸根惡不善故又奢摩他
者名曰寂靜能令三業成寂靜故又奢摩他
者名曰遠離能令衆生離五欲故又奢摩他
者名曰能清能清貪欲瞋恚愚癡三濁法故
以是義故故名定相毗婆舍那名為正見亦名
了見名為能見名曰遍見名次第見名別
相見是名為慧憂畢叉者名曰平等亦名不
諍又名不觀亦名不行是名為捨善男子奢
摩他者有二種一者世間二者出世間復有
二種一者成就二者不成就成就者所謂諸佛
菩薩不成就者所謂聲聞辟支佛等復有三
種謂下中上下者謂諸凡夫中者聲聞緣覺
上者諸佛菩薩復有四種一者退二者住三

BD13864號　大般涅槃經（北本　思溪本）卷三一　　（23–3）

摩他者有二種一者世間二者出世間復有
二種一者成就二者不成就成就者所謂諸佛
菩薩不成就者所謂聲聞辟支佛等復有三
種謂下中上下者謂諸凡夫中者聲聞緣覺
上者諸佛菩薩復有四種一者退二者住三
者進四者能大利益復有五種所謂五智三
昧何等為五一者無食三昧二者無過三昧
三者身意清淨一心三昧四者因果俱樂三
昧五者常念三昧復有六種一者觀骨三昧
二者慈三昧三者觀十二因緣三昧四者阿
那波那三昧五者念覺觀三昧六者觀生滅
三昧復有七種所謂七覺分一者念覺分二
者擇法覺分三者精進覺分四者喜覺分五
者除覺分六者定覺分七者捨覺分復有七
種一者須陀洹三昧二者斯陀含三昧三者阿
那含三昧四者阿羅漢三昧五者辟支佛
三昧六者菩薩三昧七者如來三昧復有八
種謂八解脫三昧一者色觀色解脫三昧二
者內無色相外觀色解脫三昧三者淨解脫
身證三昧四者空處解脫三昧五者識處解
脫三昧六者無所有處解脫三昧七者非有
想非無想處解脫三昧八者滅盡處解脫三
昧復有九種所謂九次第定四禪四空及滅
盡定三昧復有十種所謂十一切處三昧何
等十一者地一切處三昧二者水一切處三
昧三者風一切處三昧四者青一切處三昧

BD13864號　大般涅槃經（北本　思溪本）卷三一　　（23–4）

想非無想處解脫三昧八者滅盡處解脫三
昧復有九種所謂九次第定四禪四空及滅
盡定三昧復有十種所謂十一切處三昧何
等十一者地一切處三昧二者水一切處三
昧三者風一切處三昧四者青一切處　三昧
五者黃一切處三昧六者赤一切處三昧七
者白一切處三昧八者空一切處三昧九者
識一切處三昧十者無所有一切處三昧復
有無數種所謂諸佛菩薩善男子是名三昧
相善男子慧有二種一者世間二者出世間
復有三種一者般若二者毗婆舍那三者闍
那般若者名一切眾生毗婆舍那者一切聖
人闍那者諸佛菩薩又般若者名為別相毗
婆舍那名為捴相闍那者名為破相復有四
種所謂觀四真諦善男子為三事故修奢摩
他何等為三一者不放逸故二者莊嚴大智
故三者得自在故復次為三事故修毗婆舍
那何等為三一者為觀生死惡果報故二者
為欲增長諸善根故三者為破一切諸煩惱
故師子吼言世尊如經中說若毗婆舍那能
破煩惱何故復修奢摩他耶佛言善男子汝
言毗婆舍那破煩惱者是義不然何以故有
智慧時則無煩惱有煩惱時則無智慧云何
而言毗婆舍那能破煩惱善男子辟如明時
無闇闇時無明若有說言明能破闇無有是
處善男子誰有智慧誰有煩惱而言智慧能

BD13864號　大般涅槃經（北本　思溪本）卷三一　（23–5）

而言毗婆舍那能破煩惱善男子辟如明時
無闇闇時無明若有說言明能破闇無有是
處善男子誰有智慧誰有煩惱而言智慧能
破煩惱如其無者則無所破善男子若言智
慧能破煩惱為到故破不到故破若不到破
者凡夫眾生則應能破若到故破者初念應
破若初念不破後亦不破若初到便破是則
不到云何說言智慧能破若言到與不到而
能破者是義不然復次毗婆舍那破煩惱者
為獨能破為伴故破若獨能破菩薩何故修
八正道若伴故破當知獨則不能破也若獨
不能伴亦不能如一盲人不能見色雖伴眾
盲亦不能見毗婆舍那亦復如是善男子如
地堅性火熱性水濕性風動性而地堅性乃
至風性非因緣作其性自尒如四大性煩惱
亦尒性自是斷若是斷者云何而言智慧能
斷以是義故毗婆舍那決定不能破諸煩惱
善男子如鹽性鹹令異物鹹蜜本性甘令異
物甘水本性濕令異物濕智慧性滅令法滅
者是義不然何以故若法無滅云何智慧強
能令滅若言鹽鹹令異物鹹智慧亦然令異
法滅者是亦不然何以故智慧之性念念滅
故若念念滅云何而言能滅他法以是義故
智慧之性不破煩惱善男子一切諸法有二

BD13864號　大般涅槃經（北本　思溪本）卷三一　（23–6）

能令滅若言壞滅令異物滅慧滅亦然令異
法滅者是亦不然何以故智慧之性念念滅
故若念念滅云何而言能滅他法以是義故
智慧之性不破煩惱善男子一切諸法有二
種滅一者性滅二畢竟滅若性滅者云何而
言智慧能滅若言智慧能燒煩惱如火燒物
是義不然何以故如火焚物則有遺燼智慧
若尒應有餘燼如斧斫樹斫處可見智慧若
尒有何可見慧若能令煩惱離者如是煩惱
應餘處現如諸外道離六大城拘尸那現若
是煩惱不餘處現則知智慧不能令離善男
子一切諸法性各自空誰能令生誰能令滅
異生異滅無造作者善男子若修集定則得
如是正知正見以是義故我經中說若有比
丘修集定者能見五陰出家之相善男子若
不修定世間之事尚不能了況於出世若無
定者平處顛墜心緣異法口宣異言耳聞異
語心解異義欲造異字手書異文欲行異路
身涉異徑若有修集三昧定者則大利益乃
至阿耨多羅三藐三菩提善男子菩薩摩訶
薩具足二法能大利益一者定二者智善男
子如刈菅草執急則斷菩薩摩訶薩修是二
法亦復如是善男子如拔堅木先以手動後
則易出菩薩定慧亦復如是先以定動後以
智拔善男子如浣垢衣先以灰汁後以清水

BD13864 號　大般涅槃經（北本　思溪本）卷三一　（23–7）

子如刈菅草執急則斷菩薩摩訶薩修是二
法亦復如是善男子如拔堅木先以手動後
則易出菩薩定慧亦復如是先以定動後以
智拔善男子如浣垢衣先以灰汁後以清水
衣則鮮潔菩薩定慧亦復如是善男子如先
讀誦後則解義菩薩定慧亦復如是善男子
譬如勇人先以鎧仗牢自莊嚴然後御陣能
壞怨賊菩薩定慧亦復如是善男子譬如工
巧甘鑷咸金自在隨意托攬融消菩薩定慧
亦復如是善男子譬如明鏡照了面像菩薩
定慧亦復如是善男子如先平地然後下種
先從師受後思惟義菩薩定慧亦復如是以
是義故菩薩摩訶薩修是二法能大利益善
男子菩薩摩訶薩修是二法調攝五根堪忍
衆苦所謂飢渴寒熱打擲罵辱惡獸所齧蚊
蝱所螫常攝其心不令放逸不為利養行於
非法客塵煩惱所不能污不為諸邪異見所
惑常能遠離諸惡覺觀不久成就阿耨多羅
三藐三菩提為欲成就利衆生故善男子菩
薩摩訶薩修是二法四倒暴風不能吹動如
須弥山雖為四風之所吹鼓不能令動不為
外道邪師所拔如帝釋幢不可移轉衆邪異
術不能誑惑常受微妙第一安樂能解如来
深秘密義受樂不欣遭苦不慼諸天世人恭
敬讚歎明見生死及非生死善能了知法界

BD13864 號　大般涅槃經（北本　思溪本）卷三一　（23–8）

須弥山雖爲四風之所吹皷不能令動　不爲
外道邪師所拔如帝釋幢不可移轉衆邪異
術不能誑惑常受微妙第一安樂能解如来
深秘密義受樂不欣逢苦不慼諸天世人恭
敬讃歎明見生死及非生死善能了知法界
法性身有常樂我淨之法是則名爲大般涅
槃善男子定相者名空三昧慧相者名無願
三昧捨相者名無相三昧善男子若有菩薩
摩訶薩善知定時慧時捨時及知非時是名
菩薩摩訶薩行菩提道
師子吼言世尊云何菩薩知時非時善男子
菩薩摩訶薩因於受樂生大憍慢或因說法
而生憍慢或因精勤而生憍慢或因解義善
問答時而生憍慢或因親近惡知識故而生
憍慢或因布施所重之物而生憍慢或因世
間善法功德而生憍慢或因世間豪貴之人
所恭敬故而生憍慢當知尒時不宜修智宜
應修定是名菩薩知時非時若有菩薩勤修
精進未得利益涅槃之樂以不得故生於悔
心以鈍根故不能調伏五情諸根諸垢煩惱
勢力盛故自起戒律有羸損故當知尒時不
宜修定宜應修智是名菩薩知時非時善男
子若有菩薩定慧二法不平等者當知尒時
不宜修捨二法若等則宜修之是名菩薩知
時非時善男子若有菩薩修集定慧起煩惱
者當知尒時不宜修捨宜應讀誦書寫解說

BD13864號　大般涅槃經（北本　思溪本）卷三一　（23–9）

子若有菩薩定慧二法不平等者當知尒時
不宜修捨二法若等則宜修之是名菩薩知
時非時善男子若有菩薩修集定慧起煩惱
者當知尒時不宜修捨宜應讀誦書寫解說
十二部經念佛念法念僧念戒念天念捨是
名修捨善男子若有菩薩修集如是三法相
者以是因緣得無相涅槃師子吼言世尊無
十相故名大涅槃爲無相者復以何緣名爲
無生無出無作屋宅洲歸安隱滅度涅槃寂
靜無諸病苦無所有耶佛言善男子無因緣
故故名無生以無生故故名無出無造業故
故名無作不入五見故名屋宅離四暴水故
名爲洲調衆生故故名歸依壞結賊故名曰
安穩諸結火滅故名滅度離覺觀故名曰涅
槃遠憒丙故名曰寂靜永斷死故名無病
一切無故名無所有善男子若菩薩摩訶薩
作是觀時即得明了見於佛性師子吼言世
尊菩薩摩訶薩成就幾法能見如是無相涅
槃至無所有佛言善男子菩薩摩訶薩成就
十法則能明見涅槃無相至無所有何等爲
十一者信心具足云何名爲信心具足深信
佛法衆僧是常十方諸佛方便示現一切衆
生及一闡提悉有佛性不信如来生老病死
及修苦行提婆達多真實破僧出佛身血如
来畢竟入於涅槃正法滅盡是名菩薩信心

BD13864號　大般涅槃經（北本　思溪本）卷三一　（23–10）

佛法衆僧是常十方諸佛方便示現一切衆
生及一闡提悉有佛性不信如來生老病死
及修苦行提婆達多真實破僧出佛身血如
來畢竟入於涅槃正法滅盡是名菩薩信心
具足二者淨戒具足云何名為淨戒具足善
男子若有菩薩自言戒淨雖不與彼女人和
合見女時或共嘲調言語戲笑如是菩薩
成就欲法毀破淨戒污辱梵行令戒雜穢不
得名為淨戒具足復有菩薩自言戒淨雖不
與彼女人身合嘲調戲笑於壁障外遙聞女
人瓔珞環釧種種諸聲心生愛著如是菩薩
成就欲法毀破淨戒污辱梵行令戒雜穢不
得名為淨戒具足復有菩薩自言戒淨雖復
不與女人和合言語嘲調聽其音聲然見男
子隨逐女時或見女人隨逐男時便生貪著
如是菩薩成就欲法毀破淨戒污辱梵行令
戒雜穢不得名為淨戒具足復有菩薩自言
戒淨雖復不與女人和合言語嘲調聽其音
聲見男女相隨然為生天受五欲樂如是菩
薩成就欲法毀破淨戒污辱梵行令戒雜穢
不得名為淨戒具足善男子若有菩薩清淨
持戒而不為戒不為尸羅波羅蜜不為衆生
不為利養不為菩提不為涅槃不為聲聞辟
支佛唯為最上第一義故護持禁戒善男子
是名菩薩淨戒具足三者親近善知識善知
識者若有能說信戒多聞布施智慧令人受

BD13864號　大般涅槃經（北本　思溪本）卷三一　　（23-11）

持戒而不為戒不為尸羅波羅蜜不為衆生
不為利養不為菩提不為涅槃不為聲聞辟
支佛唯為最上第一義故護持禁戒善男子
是名菩薩淨戒具足三者親近善知識善知
識者若有能說信戒多聞布施智慧令人受
行是名菩薩善知識也四者樂於寂靜寂靜
者所謂身心寂靜觀察諸法甚深法界是名
寂靜五者精進精進者所謂繫心觀四聖諦
設頭火然終不放捨是名精進六者念具足
念具足者所謂念佛念法念僧念戒念天念
捨是名念具足七者軟語軟語者所謂實語
妙語先意問訊時語真語是名軟語八者護
法護法者所謂愛樂正法常樂演說讀誦書
寫思惟其義廣宣敷揚令其流布若見有人
書寫解說讀誦讚歎思惟義者為求資生而
供養之所謂衣服飲食臥具醫藥為護法故
不惜身命是名護法九者菩薩摩訶薩見有
同學同戒有所乏少轉從他乞熏鉢深衣瞻
病所須衣服飲食臥具房舍而供給之十者
具足智慧智慧者所謂觀於如來常樂我淨一
切衆生悉有佛性觀法二相所謂空不空常無
常樂無樂我無我淨不淨異法可斷異法不
可斷異法從緣生異法從緣滅異法從緣果
異法非緣果是名具足智慧善男子是名菩
薩具足十法則能明見涅槃無相師子吼言
世尊如佛先告純陀汝今已得見於佛性得

BD13864號　大般涅槃經（北本　思溪本）卷三一　　（23-12）

常樂無樂我無我淨不淨異法可斷異法不
可斷異法從緣生異法從緣滅異法從緣果
異法非緣果是名具足智慧善男子是名菩
薩具足十法則能明見涅槃無相師子吼言
世尊如佛先告純陁汝今已得見於佛性得
大涅槃成阿耨多羅三藐三菩提是義云何
世尊如經中說若施畜生得百倍報施一闡
提得千倍報施持戒者百千倍報若施外道
斷煩惱者得無量報奉施四向及以四果至
辟支佛得無量報施不退菩薩及最後身諸
大菩薩如來世尊所得福報無量無邊不可
稱計不可思議純陁大士若受如是無量報
者是報無盡何時當得阿耨多羅三藐三菩
提世尊經中復說若人重心造善惡業必得
果報若現世受若次生受若後世受純陁善
業殷重心作當知是業必定受報若定受報
云何得成阿耨多羅三藐三菩提云何復得
見於佛性世尊經中復說施三種人果報無
盡一者病人二者父母三者如來世尊經中
復說佛告阿難一切眾生如期無有欲界業
者即得阿耨多羅三藐三菩提色無色業亦
復如是世尊如法句偈非空非海中非入山
石間無有地方所脫之不受業又阿尼樓䭾
言世尊我憶往昔以一食施八万劫中不墮
三惡世尊一食之施尚得是報何況純陁信
心施佛具足成就檀波羅蜜世尊若善果報

BD13864號　大般涅槃經（北本　思溪本）卷三一　（23–13）

石間無有地方所脫之不受業又阿尼樓䭾
言世尊我憶往昔以一食施八万劫中不墮
三惡世尊一食之施尚得是報何況純陁信
心施佛具足成就檀波羅蜜世尊若善果報
不可盡者謗方等經犯五逆罪毀四重禁一
闡提罪云何可盡若不可盡云何能得見於
佛性成阿耨多羅三藐三菩提佛言善哉善
哉善男子唯有二人能得無量無邊功德不
可稱計不可宣說能竭生死瀏流暴河降魔
怨敵摧魔勝幢能轉如來無上法輪一者善
問二者善荅善男子佛十力中業力甚深善
男子有諸眾生於業緣中心輕不信為度彼
故作如是說善男子一切作業有輕有重輕
重二業復各有二一者決定二者不定善男
子或有人言惡業無果若言惡業定有果者
云何氣噓旃陁羅而得生天鴦崛摩羅得解
脫果以是義故當知作業有定得果不定得
果我為除斷如是邪見故於經中說如是語
一切作業無不得果善男子或有重業可得
作輕或有輕業可得作重非一切人唯有愚
智是故當知非一切業悉定得果雖不定得
亦非不得善男子一切眾生凡有二種一者
智人二者愚人有智之人以智慧力能令地
獄極重之業現世輕受愚癡之人現世輕業
地獄重受師子吼言世尊若如是者則不應

BD13864號　大般涅槃經（北本　思溪本）卷三一　（23–14）

智是故當知非一切業悉定得果雖不定得
亦非不得善男子一切衆生凡有二種一者
智人二者愚人有智之人以智慧力能令地
獄極重之業現世輕受愚癡之人現世輕業
地獄重受師子吼言世尊若如是者則不應
求清淨梵行及解脫果佛言善男子若一切
業定得果者則不應求梵行解脫以不定故
則修梵行及解脫果善男子若能遠離一切
惡業則得善果若遠善業則得惡果若一切
業定得果者則不應求修集聖道若不修道
則無解脫一切聖人所以修道為壞定業得
輕報故不定之業無果報故若一切業定得
果者則不應求修集聖道若人遠離修集聖
道得解脫者無有是處不得解脫得涅槃者
亦無是處善男子若一切業定得果者一世
所作純善之業應當永已常受安樂一世所
作殺重惡業亦應永已受大苦惱業果若尒
則無修道解脫涅槃人作人受婆羅門作婆
羅門受若如是者則不應有下姓下有人應
常人婆羅門應常婆羅門小時作業應小時
受不應中年及老時受老時作惡生地獄中
地獄初身不應便受應待老時然後乃受若
老時不煞不應壯年得壽若無壯壽云何至
老業無失故業若無失云何而有修道涅槃
善男子業有二種定以不定定業有二一者
報定二者時定或有報定而時不定緣合則

BD13864號　大般涅槃經（北本　思溪本）卷三一　（23–15）

受不應中年及老時受老時作惡生地獄中
地獄初身不應便受應待老時然後乃受若
老時不煞不應壯年得壽若無壯壽云何至
老業無失故業若無失云何而有修道涅槃
善男子業有二種定以不定定業有二一者
報定二者時定或有報定而時不定緣合則
受或三時受所謂現受生受後受善男子
若定心作善惡等業作已深生信心歡喜若
發誓願供養三寶是名定業善男子智者善
根深固難動是故能令重業為輕愚癡之人
不善深厚能令輕業而作重報以是義故一
切諸業不名決定菩薩摩訶薩無地獄業為
衆生故發大誓願生地獄中善男子往昔衆
生壽百年時恒沙衆生受地獄報我見是已
即發大願受地獄身菩薩尒時實無是業為
衆生故受地獄果我於尒時在地獄中逕無
量歲為諸罪人廣開分別十二部經諸人聞
已壞惡果報令地獄空除一闡提是名菩薩
摩訶薩非現生後受是惡業復次善男子是
賢劫中無量衆生墮畜生中受惡業果我見
是已復發誓願為欲說法度衆生故或作獐
鹿羆鴿獼猴龍烏金翅魚鱉兔虵牛馬之身
善男子菩薩摩訶薩實無如是畜生惡業以
大願力為衆生故現受是身是名菩薩摩訶
薩非現生後受是惡業復次善男子是賢劫
中復有無量無邊衆生生餓鬼中或食吐汁

BD13864號　大般涅槃經（北本　思溪本）卷三一　（23–16）

善男子菩薩摩訶薩實無如是畜生惡業以
大願力為衆生故現受是身是名菩薩摩訶
薩非現生後受是惡業復次善男子是賢劫
中復有無量無邊衆生生餓鬼中或食吐汁
脂肉膿血屎尿涕唾壽命無量百千万歲初
不曾聞漿水之名況復眼見而得飲耶設遥
見水生意往趣到則變成猛火膿血或時不
變則有多人手執鉾矟遮護捉持不令得前
或復降雨至身成火是名惡業果報善男子
菩薩摩訶薩實無如是諸惡業果為化衆生
令得解脫故發誓願受如是身是名菩薩摩
訶薩非現生後受是惡業善男子我於賢劫
生屠膾家畜養鷄猪牛羊擸獵羅網魚捕旃
陁羅舍作賊劫盜菩薩實無如是惡業為化
衆生令得解脫以大願力受如是身是名菩
薩摩訶薩非現生後受是惡業善男子是賢
劫中復生邊地多作貪欲瞋恚愚癡習行非
法不信三寶後世果報不能恭敬父母親老
耆舊長宿善男子菩薩尒時實無是業為令
衆生得解脫故以大願力而生其中是名菩
薩　摩訶薩非現生後受是惡業善男子是
賢劫中復受女身惡身貪身瞋身癡身妬身慳
身幻身誑身纏蓋之身善男子菩薩尒時亦
無是業但為衆生得解脫故以大願力願生
其中是名菩薩摩訶薩非現生後受是惡業
善男子我於賢劫受黃門身無根二根及不

BD13864號　大般涅槃經（北本　思溪本）卷三一　　（23–17）

賢劫中復受女身惡身貪身瞋身癡身妬身慳
身幻身誑身纏蓋之身善男子菩薩尒時亦
無是業但為衆生得解脫故以大願力願生
其中是名菩薩摩訶薩非現生後受是惡業
善男子我於賢劫受黃門身無根二根及不
定根善男子菩薩摩訶薩實無如是諸惡身
業為令衆生得解脫故以大願力願生其中
是名菩薩摩訶薩非現生後受是惡業善男
子我於賢劫中復習外道尼乾子法信受其
法無施無祠無施祠報無善惡業無善惡報
無現在世及未來世無此無彼無有聖人無
變化身無道涅槃善男子菩薩實無如是惡業
但為衆生令得解脫以大願力受是邪法是
名菩薩摩訶薩非現生後受是惡業善男子
我念往昔與提婆達多俱為賈主各各自有
五百賈人為利益故至大海中採取珎寶惡
業緣故路遇暴風吹壞舩舫伴黨死盡尒時
我及提婆達多不煞果報長壽緣故為風所
吹俱至陸地時提婆達多貪惜寶貨生大憂
苦發聲啼哭我時語言提婆達多不須啼哭
提婆達多即語我言諦聽諦聽譬如有人貧
窮困苦至冢墓間手捉死屍而作是言願汝
今者施我死樂我當施汝貧窮壽命尒時
死屍即便起坐語貧人言善男子貧窮壽命
汝自受之我今甚樂如是死樂實不欲汝貧
窮而生然我今日既無死樂無復貧窮云何

BD13864號　大般涅槃經（北本　思溪本）卷三一　　（23–18）

令者施我死樂我當施汝貧窮壽命尒時
死屍即便起坐語貧人言善男子貧窮壽命
汝自受之我今甚樂如是死樂實不欲汝貧
窮而生然我今日既無死樂兼復貧窮云何
而得不啼哭耶我復慰喻汝且莫愁今有二
珠價直無數當尒一枚以相惠施我即分與
復語之言有命之人能得此寶如其無命誰
能得耶我時疲懈詣一樹下止息眠臥提婆
達多貪心熾盛爲餘一珠即生惡心刺壞我
目劫奪我珠我時患瘡發聲呻號時有一女
來至我所而問我言仁者何故呻號如是我
即爲其廣說本事女人聞已復重問我汝名
字何我即答言名爲實語女言云何知汝爲
實語耶我即立誓若我今於提婆達多有
惡心者目當如是永爲盲瞽如其無者當還得
眼言已其目平復如故善男子是名菩薩摩
訶薩說現世報善男子我念往昔生南天竺
富單那城婆羅門家是時有王名迦羅富其
性暴惡憍慢自大年壯色美耽著五欲我於
尒時爲度衆生在彼城外寂嘿禪思尒時彼
王春末花敷與其眷屬宮人婇女出城遊觀
至樹林下五欲自娛其諸婇女捨王遊戲遂
至我所我時欲爲斷彼貪故而爲說法時王
尋來即見我時便生惡心而問我言汝今已
得阿羅漢果耶我言不得復言獲得不還果耶
我言不得復生是言汝今若未得是二果者

BD13864號　大般涅槃經（北本　思溪本）卷三一　（23–19）

至我所我時欲爲斷彼貪故而爲說法時王
尋來即見我時便生惡心而問我言汝今已
得阿羅漢果耶我言不得復言獲得不還果耶
我言不得復作是言汝今若未得是二果者
則爲具足貪欲煩惱云何自恣觀我女人我
即答言大王當知我今雖未斷於貪結然其
內心實無貪著王言癡人世有諸仙服氣食
菓見色猶貪況汝盛年未斷貪欲云何見色
而當不著我言大王見色不著實不因於服
氣食菓皆由繫心無常不淨王言若有輕他
而生誹謗云何得名修持淨戒我言大王若
有妬心則有誹謗我無妬心云何言謗王言
大德云何名戒大王忍名爲戒王言若忍是
戒者當截汝耳若能忍者知汝持戒即截其
耳時我被截顏容不變時王羣臣見是事已
即諫王言如是大士不應加害王告諸臣汝
等云何知是大士諸臣答言見受苦時容色
不變王復語言我當更試知變不變即劓其
鼻則其手足尒時菩薩已於無量無邊世中
修集慈悲愍苦衆生時四天王心懷瞋忿雨
沙礫石王見是已心大怖畏復至我所長跪
而言唯願哀愍聽我懺悔我言大王我心無
瞋亦復無貪王言大德云何得知心無瞋恨
我即立誓我若真實無瞋恨者令我此身平
復如故發是願已身即平復是名菩薩摩訶
薩說現世報善男子善業生報後報及不善

BD13864號　大般涅槃經（北本　思溪本）卷三一　（23–20）

而言唯願哀愍聽我懺悔我言大王我心無
瞋亦復無貪王言大德云何得知心無瞋恨
我即立誓我若真實無瞋恨者今我此身平
復如故發是願已身即平復是名菩薩摩訶
薩說現世報善男子善業生報後報及不善
業亦復如是菩薩摩訶薩得阿耨多羅三藐
三菩提時一切諸業悉得現報不善惡業得
現報者如王作惡天降惡雨又如有人亦獵
師羆處及寶色鹿其手墮落是名惡業現受
果報生報者如一闡提犯四重禁及五逆罪
後報者如持戒人深發誓願未來世常得
如是淨戒之身若有衆生壽百年時八十年
時於中當作轉輪聖王教化衆生善男子若
業定得現世報者則不能得生報後報菩薩
摩訶薩修三十二大人相業則不能得現世
報也若業不得三種報者是名不定善男子
若言諸業定得報者則不得有修集梵行解
脫涅槃當知是人非我弟子是魔眷屬若言
諸業有定不定定者現報生報後報不定者
緣合則受不合不受以是義故應有梵行解
脫涅槃當知是人真我弟子非魔眷屬善男
子一切衆生不定業多決定業少以是義故
有修集道修集道故決定重業可使輕受不
定之業非生後受善男子有二種人一者不
定作定報現報作生報輕報作重報應人中

有修集道修集道故決定重業可使輕受不
定之業非生後受善男子有二種人一者不
定作定報現報作生報輕報作重報應人中
受在地獄受二者定作不定應生受者迴為
現受重報作輕應地獄受人中輕受如是二
人一愚二智智者為輕愚者令重善男子譬
如二人於王有罪眷屬多者其罪則輕眷屬
少者應輕更重愚智之人亦復如是智者善
業多故重則輕受愚者善業少故輕則重受
善男子譬如二人一則肥壯一則羸瘦俱沒
深泥肥壯能出羸者則沒善男子譬如二人
俱共服毒一有呪力及阿伽陁一則無有藥
呪藥者毒不能傷其無呪藥服時即死善男
子譬如二人俱多飲漿一火勢盛一則微弱
火勢多者則能消化火勢弱者則為其患善
男子譬如二人為王所繫一者智慧一則愚
癡其有智者則能得脫愚癡之人無有脫期
善男子譬如二人俱涉嶮路一則有目一則
盲瞽有目之人直過無患盲者墮落墮深坑
嶮善男子譬如二人俱共飲酒一則多食一
則少食其多食者飲則無苦其少食者飲則
成患善男子譬如二人俱敵怨陣一則鎧仗
具足莊嚴一則白身其有仗者能破怨敵其
白身者不能自免復有二人真穢汙衣一覺
尋浣一覺不浣其尋浣者衣則淨潔其不浣

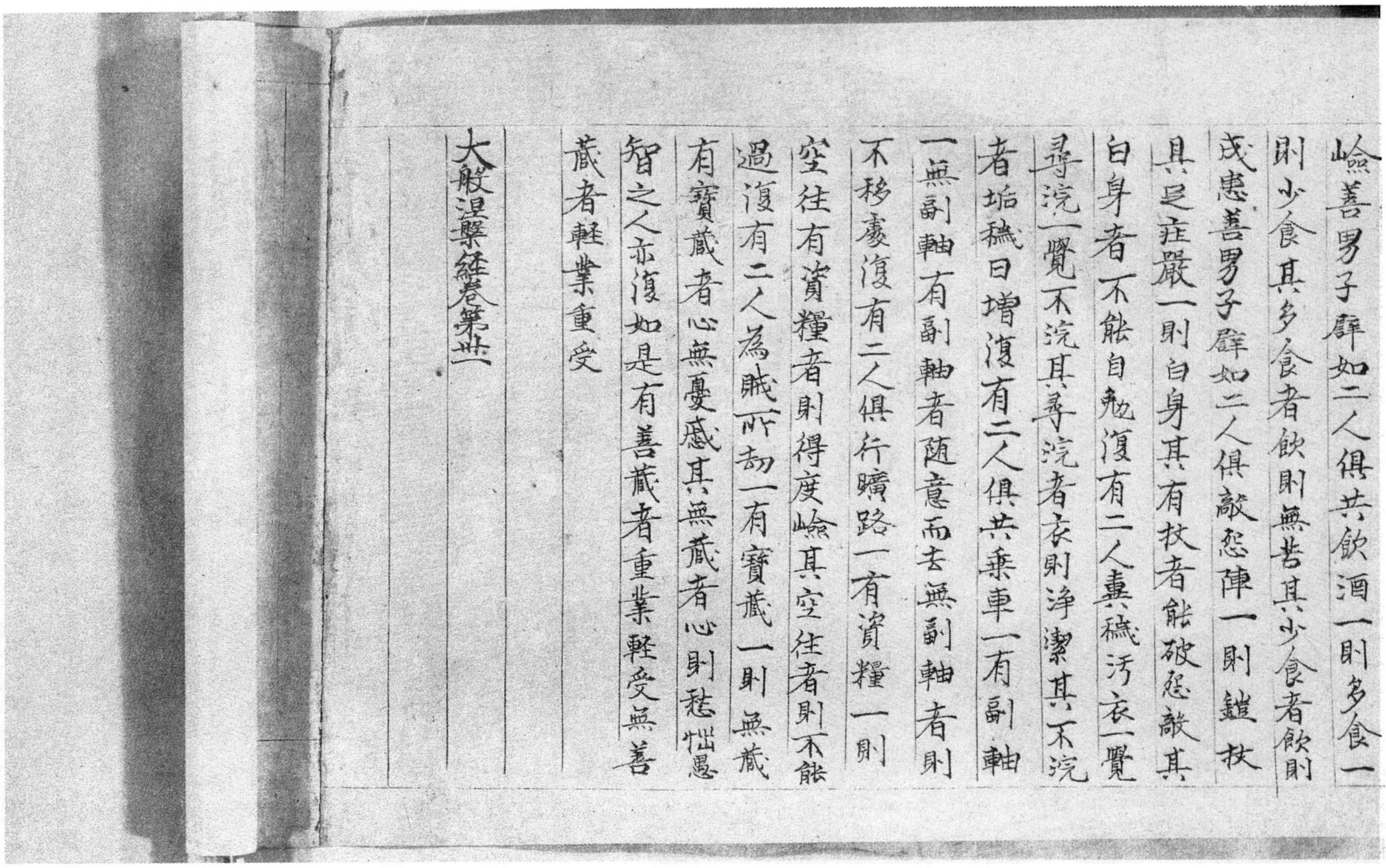

嶮善男子辟如二人俱共飲酒一則多食一
則少食其多食者飲則無苦其少食者飲則
戍患善男子辟如二人俱敵怨陣一則鎧杖
具足莊嚴一則白身其有杖者能破怨敵其
白身者不能自勉復有二人真穢汚衣一覺
尋浣一覺不浣其尋浣者衣則淨潔其不浣
者垢穢日增復有二人俱共乘車一有副軸
一無副軸有副軸者隨意而去無副軸者則
不移處復有二人俱行曠路一有資糧一則
空往有資糧者則得度嶮其空往者則不能
過復有二人為賊所劫一有寶藏一則無藏
有寶藏者心無憂慼其無藏者心則愁惱愚
智之人亦復如是有善藏者重業輕受無善
藏者輕業重受

大般涅槃經卷第卅一

BD13864 號　大般涅槃經（北本　思溪本）卷三一　（23–23）

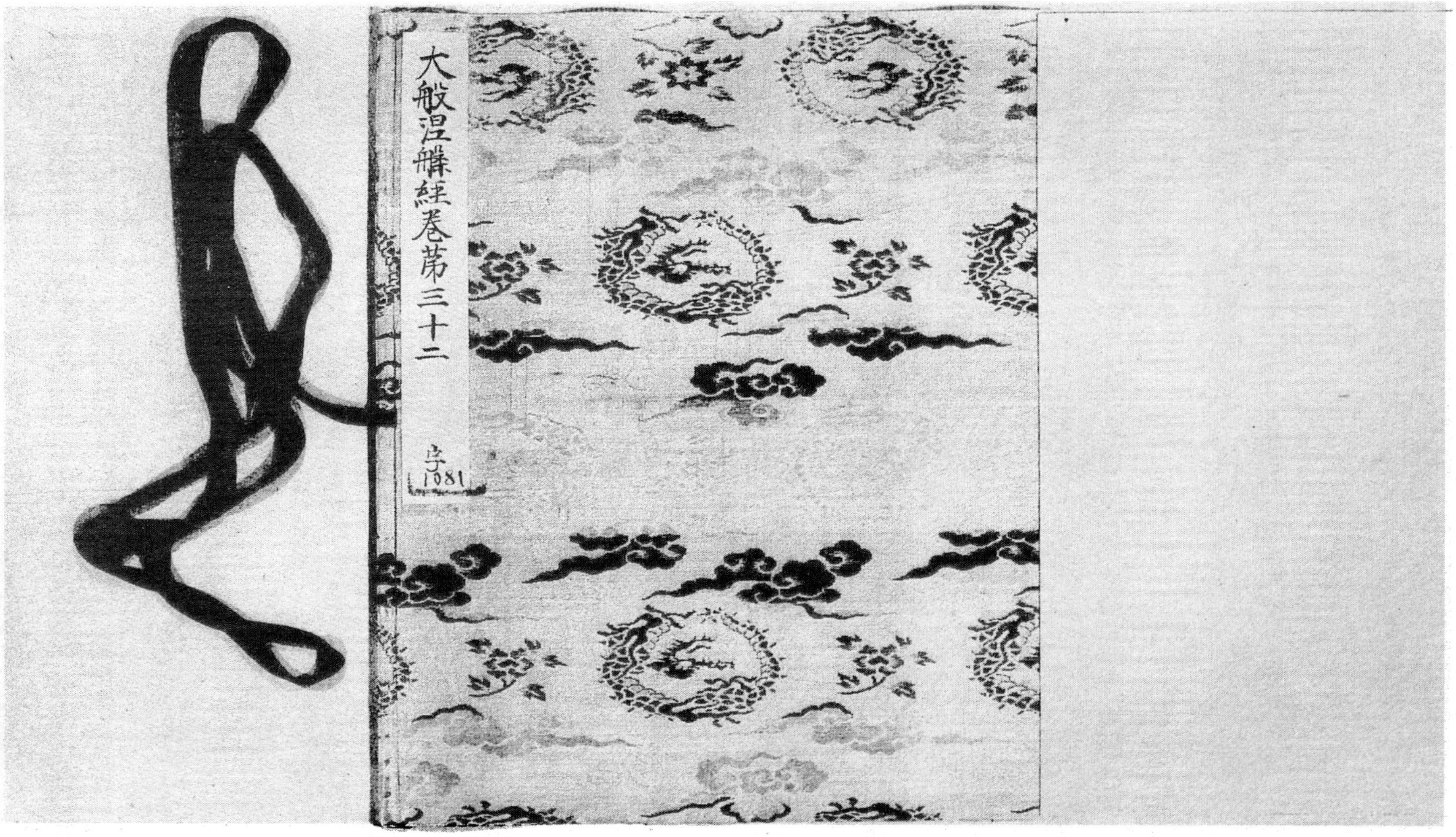

BD13865 號背　現代護首　（1–1）

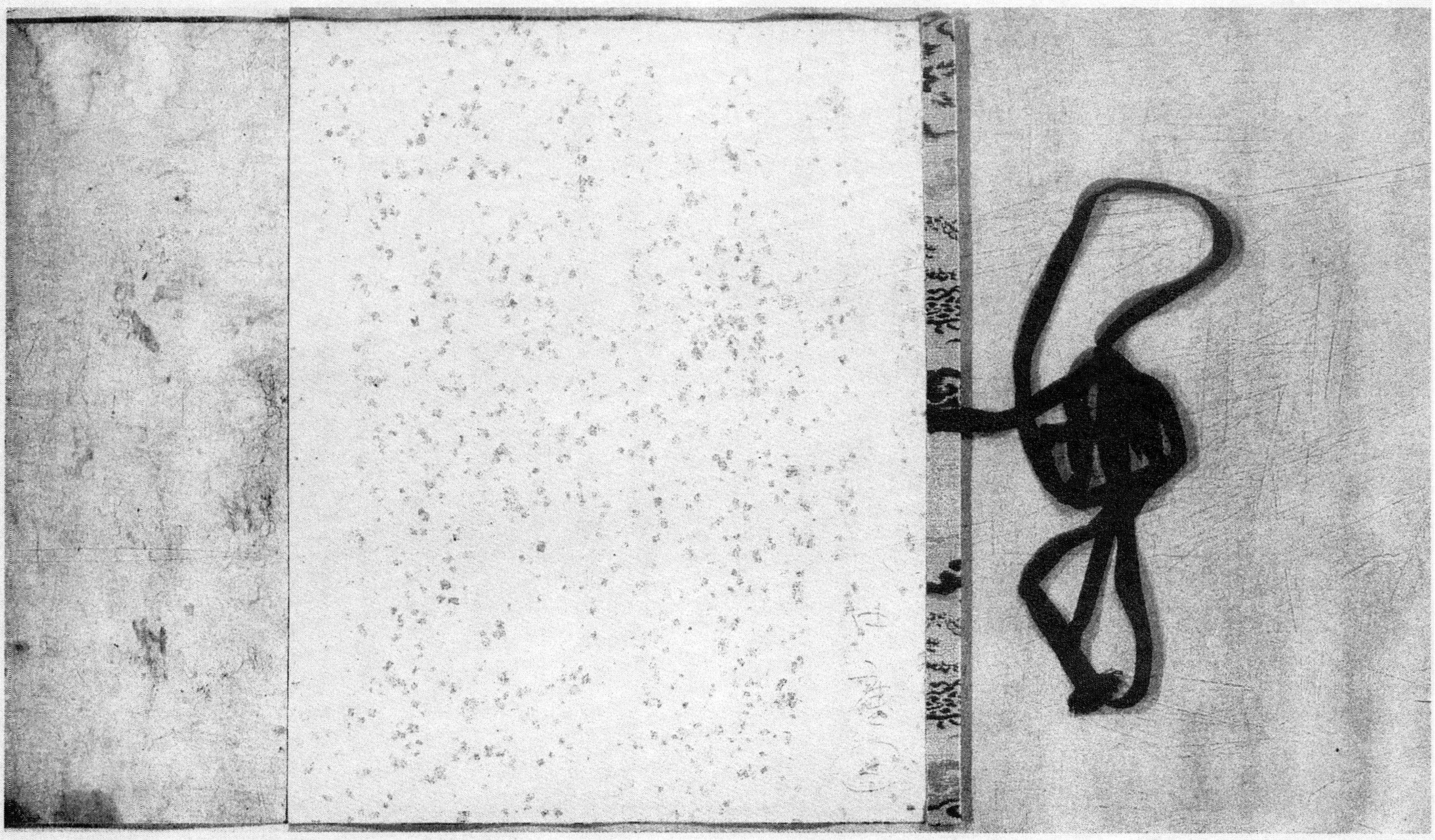

BD13865號　大般涅槃經（北本　宮本）卷三二　（23–1）

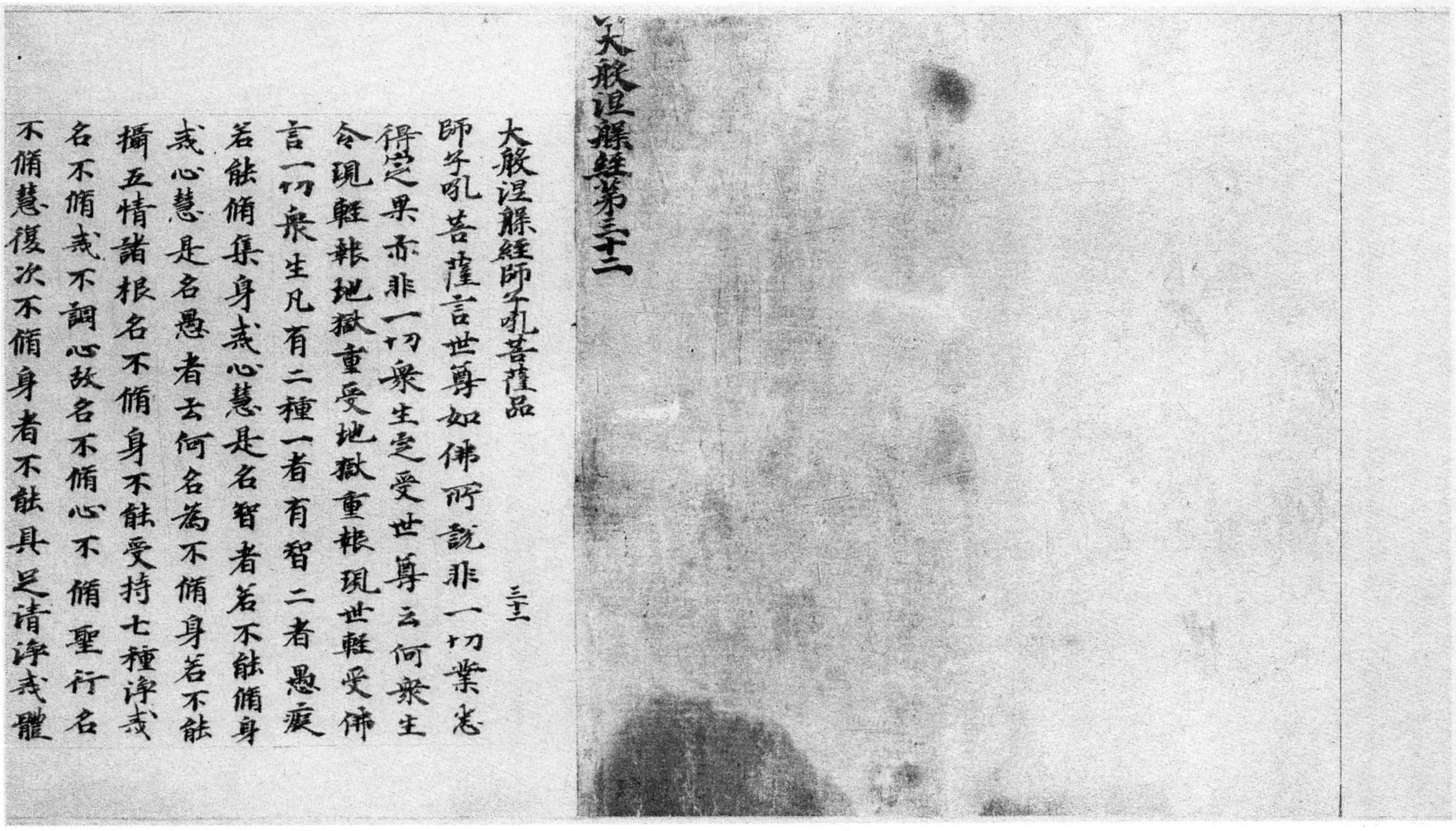

大般涅槃經第三十二

大般涅槃經師子吼菩薩品　三十二
師子吼菩薩言世尊如佛所說非一切業定
得定果亦非一切衆生定受世尊云何衆生
令現輕報地獄重受地獄重報現世輕受佛
言一切衆生凡有二種一者有智二者愚癡
若能脩集身戒心慧是名智者若不能脩身
戒心慧是名愚者云何名為不脩身若不能
攝五情諸根名不脩身不能受持七種淨戒
名不脩戒不調心故名不脩心不脩聖行名
不脩慧復次不脩身者不能具足清淨戒體

BD13865號　大般涅槃經（北本　宮本）卷三二　（23–2）

戒心慧是名愚者云何名為不脩身若不能
攝五情諸根名不脩身不能受持七種淨戒
名不脩戒不調心故名不脩心不脩聖行名
不脩慧復次不脩身者不能具足清淨戒體
不脩戒者受畜八種不淨之物不脩心者不
能脩集三種相故不脩慧者不脩梵行故復
次不脩身者不能觀身不能觀色及觀色相
不觀身相不知身數不知是身從此到於
非身中而生身相於非色中而作色相是故
貪著我身身數名不脩身不脩戒者若受下
戒不名脩戒受持邊戒為自利戒為自調戒
不能普為安樂眾生非為護持无上正法為生
天上受五欲樂不名脩戒不脩心者若心散
亂不能專一自守境界自境界者謂四念處
他境界者謂五欲也若不能脩四念處者名
不脩心於惡業中不善護心名不脩慧復次不
脩身者不能深觀是身无常无住危脆念念
滅壞是魔境界不脩戒者不能具足尸波羅
蜜不脩心者不能具足禪波羅蜜不脩慧者不
能具足般若波羅蜜復次不脩身者貪著我
身及我所身我身常恒无有變易不脩戒者
為自身故作十惡業不脩心者於惡業中不
能攝心不脩慧者以不攝心不能分別善惡
等法復次不脩身者不斷我見不脩戒者不
斷我取不脩心者作貪瞋業趣向地獄不脩
慧者不斷疑心復次不脩身者不能觀身雖

BD13865號　大般涅槃經（北本　宮本）卷三二　　（23–3）

為自身故作十惡業不脩心者於惡業中不
能攝心不脩慧者以不攝心不能分別善惡
等法復次不脩身者不斷我見不脩戒者不
斷我取不脩心者作貪瞋業趣向地獄不脩
慧者不斷疑心復次不脩身者不能觀身雖
无過咎而常是怨善男子譬如男子有怨常
逐伺求其便智者覺已繫心慎護若不慎護
則為其害一切眾生身亦如是常以飲食冷
暖將養若不如是將護即當散壞善男
子如婆羅門奉事火天常以香華讚嘆礼拜
供養承事期滿百年若一旦時尋燒人手是
火雖得如是供養終无一念報事者恩一切
眾生身亦如是雖於多年以好香華瓔珞衣
服飲食臥具病瘦醫藥而供給之若遇內外
諸惡因緣即時滅壞都不憶念往日供給衣
食之恩善男子譬如有王畜四毒蛇置之一
篋以付一人仰令瞻養是四蛇中設一生瞋
則能害人是人恐怖常求飲食隨時守護一
切眾生四大毒蛇亦復如是若一大瞋則能
壞身善男子如人久病應當至心求醫療治
若不勤救必死不疑一切眾生身亦如是常
應攝心不令放逸若放逸者則便滅壞善男
子譬如坏瓶不耐風雨打擲搥押一切眾生
身亦如是不耐飢渴寒熱風雨打繫惡罵善
男子如癰未熟常當善護不令人觸設有觸
者則大苦痛一切眾生身亦如是善男子如
騾懷妊自害其軀一切眾生身亦如是內有

BD13865號　大般涅槃經（北本　宮本）卷三二　　（23–4）

子辟如坏瓶不耐風雨打擲推押一切衆生
身亦如是不耐飢渇寒熱風雨打擊惡罵善
男子如癰未熟常當善護不令人觸設有觸
者則大苦痛一切衆生身亦如是善男子如
騾懐任自害其軀一切衆生身亦如是內有
風冷身則受害善男子辟如芭蕉生實則枯
一切衆生身亦如是善男子辟如芭蕉內无
堅實一切衆生身亦如是善男子如虵鼠狼各
各相於常生怨心衆生四大亦復如是善男
子辟如鵝王不樂冢墓菩薩亦尒於身冢墓
亦不貪樂善男子如旃陁羅七世相繼不舍
其業是故為人所輕賤是身種子亦復如
是種子精血究竟不淨以不淨故諸佛菩薩
之所輕呵善男子是身不如摩羅耶山生於
栴檀亦不能生優鉢羅華分陁利華瞻婆華
摩利迦華婆師迦華九孔常流膿血不淨生
處臭穢醜陋可惡常與諸虫共在一處善男
子辟如世間雖有上妙清淨園林死屍至中
則為不淨衆共捨之不生愛著色界亦尒雖
復淨妙以有身故諸佛菩薩悉共捨之善男
子若有不能作如是觀不名脩身不脩戒者
善男子若不能觀戒是一切善法梯隥亦是一
切善法根本如地悉是一切樹木所生之、
本是諸善根之導首也如彼商主導諸商人
戒是一切善法勝幢如天帝釋所立勝幢戒
能永斷一切惡業及三惡道能療惡病猶如藥

BD13865號　大般涅槃經（北本　宮本）卷三二　（23–5）

善男子若不能觀戒是一切善法梯隥亦是一
切善法根本如地悉是一切樹木所生之、
本是諸善根之導首也如彼商主導諸商人
戒是一切善法勝幢如天帝釋所立勝幢戒
能永斷一切惡業及三惡道能療惡病猶如藥
樹戒是生死嶮道資粮戒是摧結惡賊鎧仗
戒是滅結毒虵良呪戒是度惡業行橋梁若
有不能如是觀者名不脩戒不脩心者不能
觀心輕躁動轉難捉難調馳騁奔逸如大惡
象念念迅速如彼電光跳躑不住猶如獼猴
如幻如炎乃是一切諸惡根本五欲難滿如
火獲薪亦如大海吞受衆流如漫陁山草木
滋多不能觀察生死虛妄耽惑致患如魚吞
鉤常先引導諸業隨從猶如貝母引導諸子
貪著五欲不樂涅槃如駝食蜜乃至於死不
顧嫌草深著現樂不觀後過如牛貪苗不懼
杖捶馳騁周遍二十五有猶如疾風吹兜羅
毦所不應求求无厭足如无智人求无熱火常
樂生死不樂解脫如蛭婆虫樂蛭婆樹迷惑
愛著生死臭穢猶如獄囚樂獄卒女亦如廁
豬樂處不淨若有不能如是觀者名不脩心
不脩慧者不觀智慧有大勢力如金翅鳥能
壞惡業壞无明闇猶如日光能拔陰樹如水
漂物焚燒邪見猶如猛火慧是一切善法根
本佛菩薩母之種子也若有不能如是觀者
不名脩慧善男子第一義中若見身身相身
因身果身聚身一身兩身彼身身滅身等

BD13865號　大般涅槃經（北本　宮本）卷三二　（23–6）

壞惡業壞无明闇猶如日光能拔陰樹如水
漂物焚燒耶見猶如猛火慧是一切善法根
本佛菩薩母之種子也若有不能如是觀者
不名脩慧善男子第一義中若見身身相身
因身果身身聚身一身二身彼身身滅身等
身脩脩者若有如是見者名不脩身善男子
若見戒戒相戒因戒果上戒下戒戒聚戒一
戒二此戒彼戒戒滅戒等戒脩脩者戒波羅
蜜若有如是見者名不脩戒若見心心相心因
心果心聚心及心數心一心二此心彼心心滅
心等心脩脩者上中下心善心惡心若有如
是見者名不脩心善男子若見慧慧相慧
因慧果慧聚慧一慧二此慧彼慧慧滅慧等
上中下慧鈍慧利慧慧脩脩者若有如是見
者名不脩慧善男子若有不脩身戒心慧如
是之人於小惡業得大惡報以怨怖故常生
是念我屬地獄作地獄行雖聞智者說地獄
苦常作是念如鐵打鐵石還打石木自打木
火自燒火地獄之身還似地獄若以地獄有
何苦事譬如蒼蠅為唾所黏不能自出是人
亦尒於小罪中不能自出初无悔不能脩
善覆藏瑕疵雖有過去一切善業悉為其罪
之所垢汙是人所有現受輕報轉為地獄極
重惡果善男子如小器水置鹽一升其味鹹
苦難可得飲是人罪業亦復如是善男子譬
如有人負他一錢不能得償故身被繫縛多
受衆苦是人罪業亦復如是

BD13865號　大般涅槃經（北本　宮本）卷三二　（23-7）

之所垢汙是人所有現受輕報轉為地獄極
重惡果善男子如小器水置鹽一升其味鹹
苦難可得飲是人罪業亦復如是善男子譬
如有人負他一錢不能得償故身被繫縛多
受衆苦是人罪業亦復如是
師子吼菩薩言世尊是人何故令世輕報轉
地獄受佛言善男子一切衆生若具五事令
現輕報轉地獄受何等為五一者愚癡故二
者善根微少故三者惡業深重故四者不懺悔
故五者不脩本善業故復有五事一者脩集惡
業故二者无戒財故三者遠離善根故四者不
脩身戒心慧故五者親近惡知識故善男子
是故能令現世輕報地獄重受師子吼言世
尊何等人能轉地獄報現世輕受善男子若
有脩集身戒心慧如光所說能觀諸法同如
虛空不見智慧不見智者不見愚癡不見愚
者不見脩集及脩集者是名智者如是之人
則能脩集身戒心慧是人能令地獄果報現
世輕受是人設作極重惡業思惟觀察能令
輕微作是念言我業雖重不如善業譬如疊
華雖復百斤終不能敵真金一兩如恒河中投
一升鹽水无鹹味飲者不覺如巨富者雖多負
人千万寶物无能繫縛令其受苦如大香象
能壞鐵鏁自在而去智慧之人亦復如是常思
惟言我善力多惡業羸弱我能發露懺悔除惡
能脩智惠智惠力多无明力少如是念已親近
善友脩集正見受持讀誦書寫解說十二部

BD13865號　大般涅槃經（北本　宮本）卷三二　（23-8）

人千万寶物无能繫縛令其受苦如大香象
能壞鐵鏁自在而去智慧之人亦復如是常思
惟言我善力多惡業羸弱我能發露懺悔除惡
能修智慧智慧力多无明力少如是念已親近
善友修集正見受持讀誦書寫解說十二部
經見有受持讀誦書寫解說之者心生恭敬兼
以衣食房舍卧具病藥華香而供養之讚歎尊
重所至到處稱說其善不說其短供養三寶
敬信方等大涅槃經如來常恒无有變易
一切衆生悉有佛性是人能令地獄重報現
世輕受善男子以是義故非一切業悉有定果
亦非一切衆生定受師子吼菩薩言世尊若一
切業不定得果一切衆生悉有佛性應當修集八
聖道者何因緣故一切衆生悉不得是大般涅
槃世尊若一切衆生有佛性者即當定得阿
耨多羅三藐三菩提何須修集八聖道耶世
尊如此經中說有病人若得醫藥及瞻病
人隨病飲食若使不得皆悉除差一切衆生
亦復如是若遇聲聞及辟支佛諸佛菩薩諸
善知識若聞說法修集聖道若不遇不聞不
修集道悉當得成阿耨多羅三藐三菩提何
以故以佛性故世尊譬如日月无有能遮令不
能得至頞多山邊四大河水不至大海一闡
提等不至地獄一切衆生亦復如是无有能
遮令不得至阿耨多羅三藐三菩提何以
故以佛性故世尊以是義故一切衆生不修

BD13865號　大般涅槃經（北本　宮本）卷三二　（23–9）

能得至頞多山邊四大河水不至大海一闡
提等不至地獄一切衆生亦復如是无有能
遮令不得至阿耨多羅三藐三菩提何以
故以佛性故世尊以是義故一切衆生不修
集道以佛性力故應得阿耨多羅三藐三菩
提不以修集聖道力故世尊若一闡提犯四
重禁五逆罪等不得阿耨多羅三藐三菩提
者應須修集以因佛性定當得故非因修集
然後得也世尊譬如慈石去鐵雖遠以其力
故鐵則隨著衆生佛性亦復如是是故不須
懃修集道佛言善哉善哉善男子如恒河邊
有七種人若爲洗浴恐怖寇賊或爲採華則
入河中第一人者入水則沉何以故羸无勢
力不習浮故第二人者雖沉還出出已復沉
何以故身力大故則能還出不習浮故出已
還沉第三人者沉已即出出更不沉何以故
身重故沉力大故出先習浮故出已即住第
四人者入已便沉沉已還出出已即住遍觀
四方何以故重故則沉力大故還出習浮則
住不知出處故觀四方第五人者入已即沉
沉已還出出已即住住已觀方觀已即去何
以故爲怖畏故第六人者入已即去淺處則
住何以故觀賊近遠故第七人者既至彼岸
登上大山无復恐怖離諸怨賊受大快樂善
男子生死大河亦復如是有七種人畏煩惱
賊故發意欲度生死大河出家剃髮身被法

BD13865號　大般涅槃經（北本　宮本）卷三二　（23–10）

住何以故觀賊近遠故第七人者既至彼岸
登上大山无復恐怖離諸怨賊受大快樂善
男子生死大河亦復如是有七種人畏煩惱
賊故發意欲度生死大河出家剃髮身被法
服既出家已親近惡友隨順其教聽受邪法
所謂眾生身者即是五陰五陰者即名五大
眾生若死永斷五大斷五大故何須脩集善
惡諸業是故當知无有善惡及善惡報如是
則名一闡提也一闡提者名斷善根斷善根
故沒生死河不能得出何以故惡業重故无
信力故如恒河邊第一人也善男子一闡提
輩有六因緣沒三惡道不能得出何等為六一
惡心熾盛故二不見後世故三樂習煩惱故四
遠離善根故五惡業鄣隔故六親近惡知
識故復有五事沒三惡道何等為五一於比
丘邊作非法故二比丘尼邊作非法故三自
在用僧鬘物故四母邊作非法故五於五部
僧互生是非故復有五事沒三惡道何等為
五一常說无善惡果故二煞發菩提心眾生故
三喜說法師過失故四法說非法非法說
法故五為求法過而聽受故復有三事沒三
惡道何等為三一謂如來无常永滅二謂正
法无常遷變三謂僧寶可滅壞故是故常沒
三惡道中第二人者發意欲度生死大河斷
善根故沒不能出所言出者親近善友則得
信心信心者信施施果信善善果信惡惡果
信生死苦无常敗壞是名為信以得信心脩

BD13865號　大般涅槃經（北本　宮本）卷三二　　（23–11）

三惡道中第二人者發意欲度生死大河斷
善根故沒不能出所言出者親近善友則得
信心信心者信施施果信善善果信惡惡果
信生死苦无常敗壞是名為信以得信心脩
集淨戒受持讀誦書寫解說常行惠施善
脩智惠以鈍根故復遇惡友不能脩集身戒
心惠聽受邪法或值惡時處惡國土斷諸善
根斷善根故常沒生死如恒河邊第二人也第
三人者發意欲度生死大河斷善根故於中
流沒親近善友得名為出信於如來是一切智
常恒无變為眾生故說无上道一切眾生悉
有佛性如來非滅法僧亦尒无有滅壞一闡
提等不斷其法終不能得阿耨多羅三藐三
菩提要當遠離然後乃得以信心故脩集淨
戒脩淨戒已受持讀誦書寫解說十二部經
為諸眾生廣宣流布樂於惠施脩集智慧以
利根故堅住信惠心无退轉如恒河邊第三
人也第四人者發意欲度生死大河斷善根
故於中流沒親近善友故得信心是名為出
得信心故受持讀誦書寫解說十二部經為眾
生故廣宣流布樂於惠施脩集智惠以利根
故堅住信惠心无退轉遍觀四方觀四方者
四沙門果如恒河邊第四人也第五人者發意
欲度生死大河斷善根故於中流沒親近善
友故得信心是名為出以信心故受持讀誦書
寫解說十二部經為眾生故廣宣流布樂
於惠施脩集智慧以利根故堅住信慧心无

BD13865號　大般涅槃經（北本　宮本）卷三二　　（23–12）

四沙門果如恒河邊第四人也第五人者發意
欲度生死大河斷善根故於中沉沒親近善
友故得信心是名為出以信心故受持讀誦書
寫解說十二部經為衆生故廣宣流布樂
於慧施脩集智慧以利根故堅住信慧心无
退轉无退轉已即便前進前進者謂辟支佛
雖能自度不及衆生是名為出如恒河邊第
五人也第六人者發意欲度生死大河斷善
根故於中沉沒親近善友獲得信心得信心故
名之為出以信心故受持讀誦書寫解說十
二部經為衆生故廣宣流布樂於惠施脩集
智慧以利根故堅住信惠心无退轉无退轉
已即復前進進到淺處到淺處已即住不去
住不去者所謂菩薩欲為度脫諸衆生故住
觀煩惱如恒河邊第六人也第七人者發意
欲度生死大河斷善根故於中沉沒親近善
友獲得信心得信心已是名為出以信心故
受持讀誦書寫解說十二部經為衆生故
廣宣流布樂於惠施脩集智慧以利根故堅
住信惠心无退轉无退轉已即便前進既前
進已得到彼岸登涉高山離諸恐怖多受安
樂善男子彼岸山者喻於如来受安樂者喻
佛常住大高山者喻大般涅槃善男子是恒
河邊如是諸人悉具手足而不能度一切衆
生亦復如是實有佛寶法寶僧寶如来常
說諸法要義有八聖道大般涅槃而諸衆生悉
不能得此非我咎亦非聖道衆生等過當知
悉是煩惱過惡以是義故一切衆生不得涅

BD13865號　大般涅槃經（北本　宮本）卷三二　（23-13）

河邊如是諸人悉具手足而不能度一切衆
生亦復如是實有佛寶法寶僧寶如来常
說諸法要義有八聖道大般涅槃而諸衆生悉
不能得此非我咎亦非聖道衆生等過當知
悉是煩惱過惡以是義故一切衆生不得涅
槃善男子譬如良醫知病說藥病者不服非
醫咎也善男子若有施主以其所有施一切人
有不受者非施主咎也善男子譬如日出幽
冥皆明盲瞽之人不見道路非日過也善
男子如恒河水能除渴乏渴者不飲非水咎
也善男子譬如大地普生菓實平等无二農
夫不種非地過也善男子如来普為一切衆
生廣開分別十二部經衆生不受非如来
咎善男子若脩道者即得阿耨多羅三藐三
菩提善男子汝言衆生悉有佛性得阿耨多
羅三藐三菩提如慈石者善哉善哉以有佛
性因緣力故得阿耨多羅三藐三菩提若
言不須脩聖道者是義不然善男子譬如有
人行於曠野渴乏遇井其井極深雖不見水
當知必有是人方便求覓罐綆汲取則見佛
性亦尒一切衆生雖復有之要須脩集无漏
聖道然後得見善男子如有胡麻則得見油
離諸方便則不得見甘蔗亦尒善男子如三
十三天北欝單日雖是有法若无善業神通
道力則不能見地中草根及地下水以地覆、
故衆生不見佛性亦尒不脩聖道故不得見善
男子如汝所說世有病人若遇瞻病良醫好

BD13865號　大般涅槃經（北本　宮本）卷三二　（23-14）

離諸方便耳不得見七寶亦尒善男子如三
十三天北欝單曰雖是有法若无善業神通
道力則不能見地中草根及地下水以地覆、
故衆生不見佛性亦尒不脩聖道故不得見善
男子如汝所說世有病人若遇瞻病良醫好
藥隨病飲食及以不遇悉得差者善男子我
爲六住諸菩薩等說如是義善男子譬如虛
空於諸衆生非內非外非內外故亦无罣㝵
衆生佛性亦復如是善男子譬如有人財在
異方雖不現前隨意受用有人問之則言我
許何以故以定有故衆生佛性亦復如是非
此非彼以定得故言一切有善男子譬如衆
生造作諸業若善若惡非內非外如是業性
非有非无亦復非是本无今有非无因生非
此作此受此作彼受彼作彼受无作无受時
節和合而得果報衆生佛性亦復如是亦復
非是本无今有非內非外非有非无非此非、
彼非餘處來非无因緣亦非一切衆生不見有
諸菩薩時節因緣和合得見時節者所謂
十住菩薩摩訶薩脩八聖道於諸衆生得平
等心尒時得見不名爲作善男子汝言如慈
石者是義不然何以故石不吸鐵所以者何无
心業故善男子異法有法異法出生異法无
故異法滅壞无有作者无有壞者善男子
猶如猛火不能焚薪火出薪壞名爲焚薪善
男子譬如𦬁藿隨日而轉而是𦬁藿亦无敬心
无識无業異法性故而自迴轉善男子如芭

BD13865號　大般涅槃經（北本　宮本）卷三二　（23–15）

心業故善男子異法有法異法出生異法无
故異法滅壞无有作者无有壞者善男子
猶如猛火不能焚薪火出薪壞名爲焚薪善
男子譬如𦬁藿隨日而轉而是𦬁藿亦无敬心
无識无業異法性故而自迴轉善男子如芭
蕉樹因雷增長是樹无耳无心意識異法有
故異法增長異法无故異法滅壞善男子如
阿叔迦樹女人摩觸華爲之出是樹无心亦
无覺觸異法有故異法出生異法无故異法滅
壞善男子如橘得屍糞則滋多而是橘樹无
心无觸異法有故異法滋多異法无故異法
滅壞善男子如安石留塼骨糞故菓實繁茂
安石留樹亦无心觸異法有故異法出生異
法无故異法滅壞善男子慈石吸鐵亦復如
是異法有故異法出生異法无故異法滅壞
衆生佛性亦復如是不能吸得阿耨多羅三
藐三菩提善男子无明不能吸取諸行行亦
不能吸取識也亦得名爲无明緣行行緣於
識有佛无佛法界常住善男子若言佛性住
衆生中者善男子常法无住若有住處即是
无常善男子如十二因緣无定住處若有住
處十二因緣不得名常如來法身亦无住處
法界法入法陰虛空悉无住處佛性亦尒都
无住處善男子譬如四大力雖均等有堅有熱
有濕有動有輕有重有赤有白有黃有黑
而是四大亦无有業異法界故各不相似佛性
亦尒異法界故時至則見

BD13865號　大般涅槃經（北本　宮本）卷三二　（23–16）

法界法入法陰盖空悉无住處佛性亦尒都
无住處善男子譬如四大力雖均等有堅有熱
有濕有動有輕有重有赤有白有黃有黑
而是四大亦无有業異法界故各不相似佛性
亦尒異法界故時王則見
善男子一切衆生不退佛性故名之爲有阿
毗跋致故以當有故決定得故定當見故是
故名爲一切衆生悉有佛性善男子譬如有
王告一大臣汝牽一象以示盲者尒時大臣
受王勑已多集衆盲以象示之時彼衆盲各
以手觸大臣即還而白王言臣已示竟尒時
大王即喚衆盲各各問言汝見象耶衆盲各
言我已得見王言象爲何類其觸牙者即
言象形如蘿菔根其觸耳者言象如箕其觸
頭者言象如石其觸鼻者言象如杵其觸脚
者言象如木臼其觸脊者言象如床其觸
腹者言象如甕其觸尾者言象如繩善男子如
彼衆盲不說象體亦非不說若是衆相悉非
象者離是之外更无別象善男子王喻如來正
遍知也臣喻方等大涅槃經象喻佛性盲喻
一切无明衆生是諸衆生聞佛說已或作是
言色是佛性何以故是色雖滅次第相續是
故獲得无上如來三十二相如來色常如來色者
常不斷故是故說色名爲佛性譬如真金質雖遷
變色常不異或時作釧作鐺然其黃色初无改易
衆生佛性亦復如是質雖无常而色是常以是
故說色爲佛性或有說言受是佛性何以故受因緣

BD13865號　大般涅槃經（北本　宮本）卷三二　（23-17）

故獲得无上如來三十二相如來色常如來色者
常不斷故是故說色名爲佛性譬如真金質雖遷
變色常不異或時作釧作鐺然其黃色初无改易
衆生佛性亦復如是質雖无常而色是常以是
故說色爲佛性或有說言受是佛性何以故受因緣
故獲得如來真實之樂如來受者謂畢竟受第
一義受衆生受性雖復无常然其次第相續不
斷是故獲得如來常受譬如有人姓憍尸迦人
雖无常而姓是常經千万世无有改易衆生佛
性亦復如是以是義故說受爲佛性又有說言
想是佛性何以故想因緣故獲得如來真實之想
如來想者名无想想无想想者非衆生想非男
女想亦非色受想行識想非想斷想衆生之
想雖復无常以想次第相續不斷故得如
來常恒之想善男子譬如衆生十二因緣衆
生雖滅而因緣常衆生佛性亦復如是以是
故說想爲佛性又有說言行爲佛性何以故
行名壽命壽因緣故獲得如來常住壽命衆
生壽命雖復无常而壽次第相續不斷故得如
來真實常壽善男子譬如十二部經聽者說
者雖復无常而是經典常存不變衆生佛
性亦復如是以是故說行爲佛性又有說言
識爲佛性識因緣故獲得如來平等之心衆
生意識雖復无常而識次第相續不斷故得
如來真實常心如火熱性火雖无常熱非无常
衆生佛性亦復如是以是故說識爲佛性
又有說言離陰有我我是佛性何以故我因

BD13865號　大般涅槃經（北本　宮本）卷三二　（23-18）

生意識雖復无常而識次第相續不斷故得
如來真實常心如大熱性火雖无常熱非无常
衆生佛性亦復如是以是故說識為佛性
又有說言離陰有我我是佛性何以故我因
緣故獲得如來八自在我有諸外道說言去
來見聞悲喜語說為我如是我相雖復无
常而如來我真實是常善男子如陰入界雖
復无常而名是常衆生佛性亦復如是善男
子如彼盲人各各說象雖不得實非不說象
說佛性者亦復如是非即六法不離六法善男
子是故我說衆生佛性非色不離色乃至非
我不離我善男子有諸外道雖說有我而
實无我衆生我者即是五陰離陰之外更无別
我善男子譬如莖葉鬚臺合為蓮華離是之
外更无別華衆生我者亦復如是善男子譬
如墻壁草木和合名之為舍離是之外更无
別舍如佉陀羅樹波羅奢樹尼拘陀樹欝
曇鉢樹和合為林離是之外更无別林譬如
車兵象馬步兵和合為軍離是之外更无別
軍譬如五色綖和合名之為綺離是之外
更无別綺如四姓和合名為大衆離是之外
更无別衆衆生我者亦復如是離五陰外更
无別我善男子如來常住則名為我如來法身
无邊无㝵不生不滅得八自在是名為我衆生
真實无如是我及以我所但以畢定當得畢竟
第一義空故名佛性善男子大慈大悲名為

更无別衆衆生我者亦復如是離五陰外更
无別我善男子如來常住則名為我如來法身
无邊无㝵不生不滅得八自在是名為我衆生
真實无如是我及以我所但以畢定當得畢竟
第一義空故名佛性善男子大慈大悲名為
佛性何以故大慈大悲常隨菩薩如影隨形
一切衆生畢定當得大慈大悲是故說言一
切衆生悉有佛性大慈大悲者名為佛性佛
性者名為如來大喜大捨名為佛性何以故
菩薩摩訶薩若不能捨廿五有則不能得阿
耨多羅三藐三菩提以諸衆生畢當得故是
故說言一切衆生悉有佛性大喜大捨者即
是佛性佛性者即是如來佛性者名大信
心何以故以信心故菩薩摩訶薩則能具足
檀波羅蜜乃至般若波羅蜜一切衆生畢定
當得大信心故是故說言一切衆生悉有佛
性大信心者即是佛性佛性者即是如來佛
性者名一子地何以故以一子地因緣故菩薩
則於一切衆生得平等心一切衆生畢定
當得一子地故是故說言一切衆生悉有佛
性一子地者即是佛性佛性者即是如來佛
性者名第四力何以故以第四力因緣故菩
薩則能教化衆生一切衆生畢定當得第四
力故是故說言一切衆生悉有佛性第四力
者即是佛性佛性者即是如來佛性者名十二
因緣何以故以因緣故如來常住一切衆生

性者名第四力何以故以第四力因緣故菩
薩則能教化衆生一切衆生畢定當得第四
力故是故說言一切衆生悉有佛性第四力
者即是佛性佛性者即是如來佛性名十二
因緣何以故以因緣故如來常住一切衆生
定有如是十二因緣是故說言一切衆生悉
有佛性十二因緣即是佛性佛性者即是如
來佛性者名四无㝵智以四无㝵因緣故說
字義无㝵字義无㝵故能化衆生四无㝵者
即是佛性佛性者即是如來佛性者名頂三
昧以脩如是頂三昧故則能惣攝一切佛法
是故說言頂三昧者名為佛性十住菩薩脩
是三昧未得具足雖見佛性而不明了一切
衆生畢定得故是故說言一切衆生悉有佛
性善男子如上所說種種諸法一切衆生定
當得故是故說言一切衆生悉有佛性善男
子我若說色是佛性者衆生聞已則生耶倒
以耶倒故命終則生阿鼻地獄如來說法為
斷地獄是故不說色是佛性乃至說識亦復
如是善男子若諸衆生了佛性者則不脩道
十住菩薩脩八聖道少見佛性況不脩者而
得見耶善男子如文殊師利諸菩薩等以无
量世脩集聖道了知佛性云何聲聞辟支佛
等能知佛性若諸衆生欲得了了知佛性、
者應當一心受持讀誦書寫解說供養恭敬
尊重讚歎是涅槃經見有受持乃至讚嘆如
是經者應當以好房舍衣服飲食卧具病瘦

BD13865號　大般涅槃經（北本　宮本）卷三二　（23-21）

量世脩集聖道了知佛性云何聲聞辟支佛
等能知佛性若諸衆生欲得了了知佛性、
者應當一心受持讀誦書寫解說供養恭敬
尊重讚歎是涅槃經見有受持乃至讚嘆如
是經者應當以好房舍衣服飲食卧具病瘦
醫藥而供給之然復讚歎礼拜問訊善男子
若有已於過去无量无邊世中親覲供養无
量諸佛深種善根然後乃得聞是經名善男
子佛性不可思議佛法僧寶亦不可思議一
切衆生悉有佛性而不能知是亦不可思議
如來常樂我淨之法亦不可思議一切衆生
能信如是大涅槃經亦不可思議師子吼菩
薩言世尊如佛所說一切衆生能信如是大
涅槃經不可思議者世尊是大衆中有八万
五千億人於是經中不生信心是故有能信
是經者名不可思議善男子如是諸人於未
來世亦當定得信是經典見於佛性得阿耨
多羅三藐三菩提

大般涅槃經卷第三十二

BD13865號　大般涅槃經（北本　宮本）卷三二　（23-22）

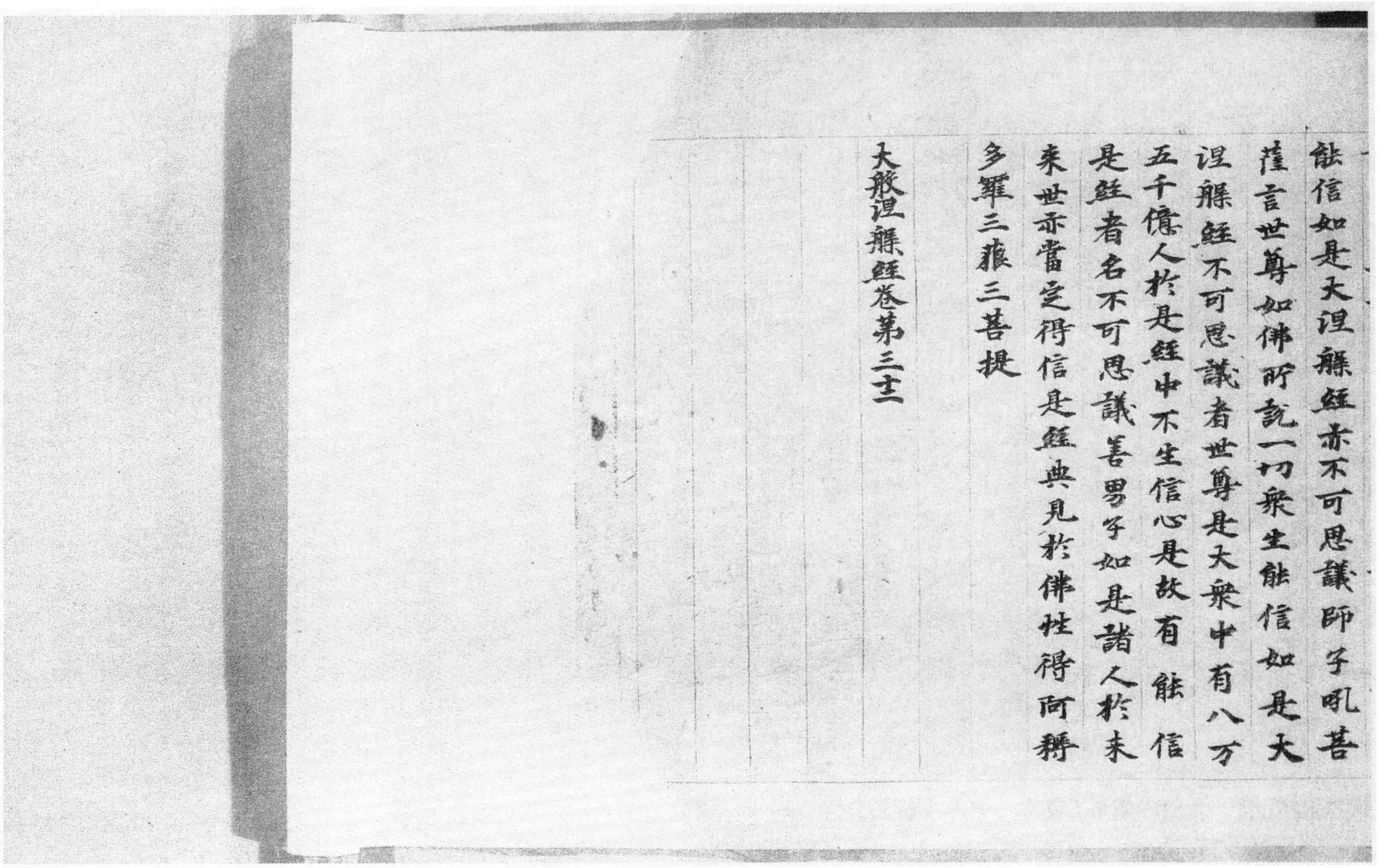
能信如是大涅槃經亦不可思議師子吼菩
薩言世尊如佛所說一切衆生能信如是大
涅槃經不可思議者世尊是大衆中有八万
五千億人於是經中不生信心是故有能信
是經者名不可思議善男子如是諸人於未
來世亦當定得信是經典見於佛性得阿耨
多羅三藐三菩提

大般涅槃經卷第三十二

BD13865 號　大般涅槃經（北本　宮本）卷三二　　（23–23）

BD13866 號背　現代護首　　（1–1）

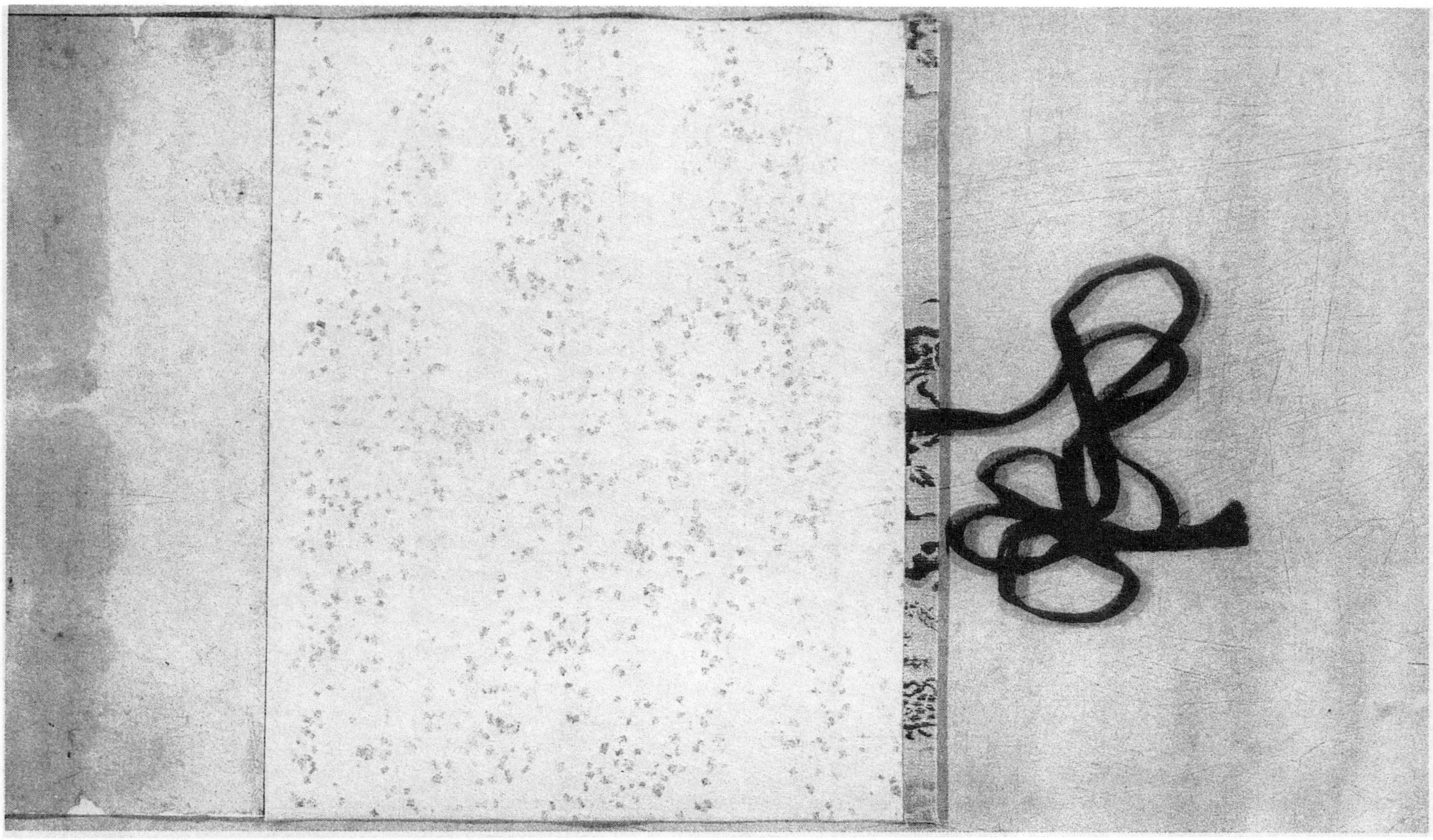

BD13866號　大般涅槃經（北本　宮本）卷三三　（23–1）

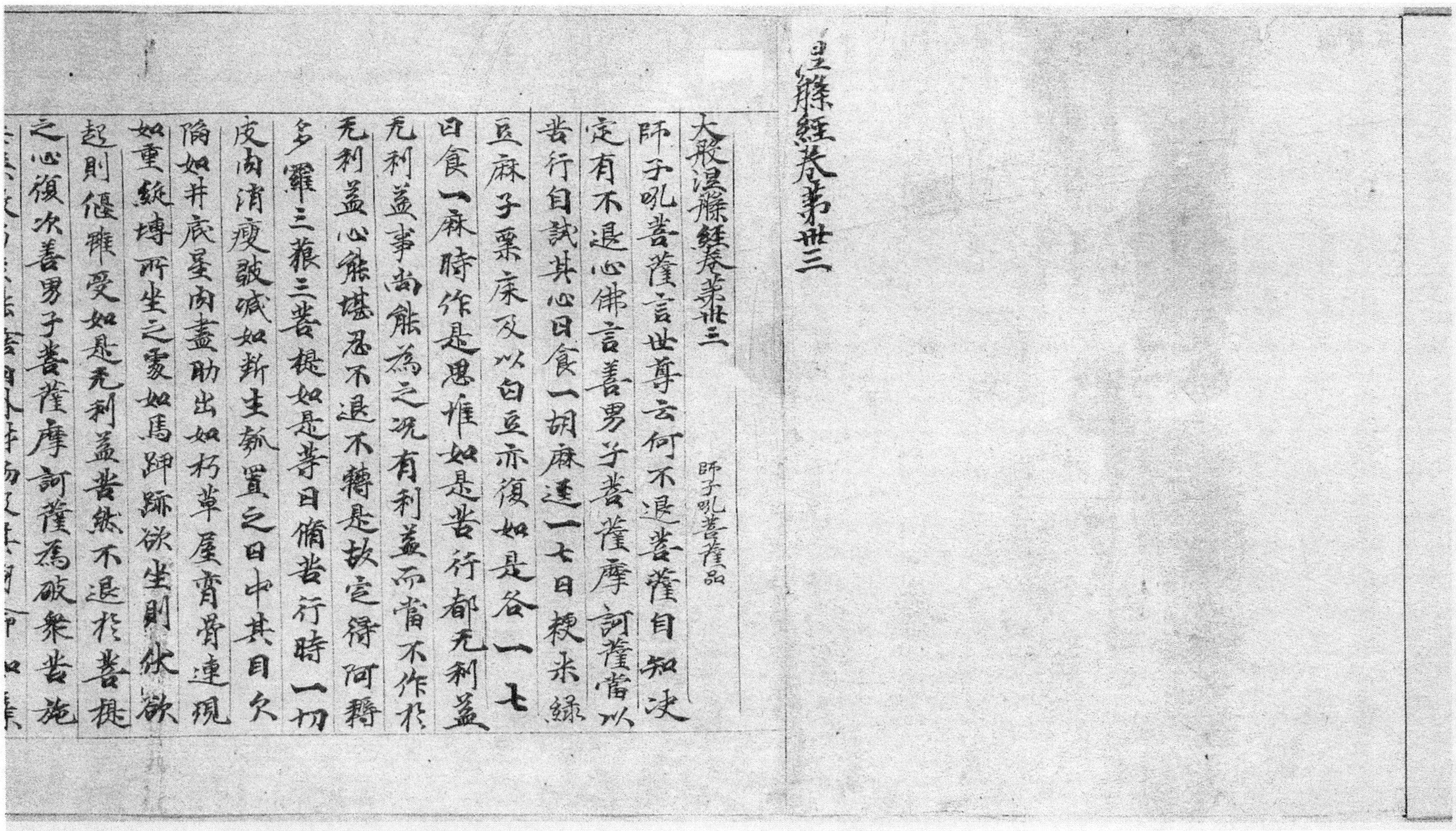

涅槃經卷第卅三

大般涅槃經卷第卅三

師子吼菩薩品

師子吼菩薩言世尊云何不退菩薩自知決

定有不退心佛言善男子菩薩摩訶薩當以

苦行自試其心日食一胡麻逕一七日粳米綠

豆麻子粟床及以白豆亦復如是各一七

日食一麻時作是思惟如是苦行都无利益

无利益事尚能為之況有利益而當不作於

无利益心能堪忍不退不轉是故定得阿耨

多羅三藐三菩提如是等日脩苦行時一切

皮肉消瘦皺減如斷生瓠置之日中其目欠

陷如井底星肉盡肋出如朽草屋脊骨連現

如重綖塼所坐之處如馬蹄跡欲坐則伏欲

起則僵雖受如是无利益苦然不退於菩提

之心復次善男子菩薩摩訶薩為破衆苦施

BD13866號　大般涅槃經（北本　宮本）卷三三　（23–2）

皮肉消瘦皺減如斷生瓠置之日中其目欠
陷如井底星肉盡肋出如朽草屋脊骨連現
如重綖塼所坐之處如馬蹄跡欲坐則伏欲
起則偃雖受如是无利益苦然不退於菩提
之心復次善男子菩薩摩訶薩為破衆苦施
安樂故乃至能捨內外財物及其身命如棄
萎草若能不惜是身命者如是菩薩自知必
定有不退心我定當得阿耨多羅三藐三菩
提復次菩薩為法因緣剜身為燈疊纏皮肉
蘇油灌之燒以為炷菩薩尒時受是大苦自
呵其心而作是言如是苦者於地獄苦百千
万分未是一分汝於无量百千劫中受大苦
惱都无利益汝若不能受是輕苦云何而能
於地獄中救苦衆生菩薩摩訶薩作是觀時
身不覺苦其心不退不動不轉菩薩尒時應
深自知我定當得阿耨多羅三藐三菩提善
男子菩薩尒時具足煩惱未有斷者為法因
緣能以頭目髓腦手足血肉施人以釘釘身
投巖赴火菩薩尒時雖受如是无量衆苦若
心不退不轉不動菩薩當知我今定有不退
之心當得阿耨多羅三藐三菩提善男子菩
薩摩訶薩為破一切衆生苦惱願作麁大畜
生之身以身血肉施於衆生衆生取時復生
憐愍菩薩尒時閉氣不喘示作死相令彼取
者不生煞害疑肉之想菩薩雖受畜生之身
終不造作畜生之業何以故善男子菩薩既
得不退心已終不造作三惡道業菩薩摩訶
薩若未來世有微塵等惡業果報不定受者

憐愍菩薩尒時閉氣不喘示作死相令彼取
者不生煞害疑肉之想菩薩雖受畜生之身
終不造作畜生之業何以故善男子菩薩既
得不退心已終不造作三惡道業菩薩摩訶
薩若未來世有微塵等惡業果報不定受者
以大願力為衆生故而悉受之辟如病人為鬼
所著藏隱身中以呪力故即時相現或語或
喜或瞋或罵或啼或哭菩薩摩訶薩未來
之世三惡道業亦復如是菩薩摩訶薩受羆
身時常為衆生演說正法或受迦賓闍羅鳥
身為諸衆生說正法故受瞿陁身鹿身兔身
象身羖羊獼猴白鴿金翅鳥龍蛇之身受如是
等畜生身時終不造作畜生惡業常為其餘
畜生衆生演說正法令彼聞法速得轉離畜
生身故菩薩尒時雖作畜生不作惡業當知
必定有不退心菩薩摩訶薩於飢饉世見飢
衆生作龜魚身无量由旬復作是願願諸衆
生取我肉時隨取隨生因食我肉離飢渴苦
一切悉發阿耨多羅三藐三菩提心菩薩發
願若有因我離飢渴者未來之世速得遠離
二十五有飢渴之患菩薩摩訶薩受如是苦心
不退者當知必定得阿耨多羅三藐三菩提
復次菩薩於疾疫世見病苦者作是思惟如
藥樹王若有病者取根取莖取枝取葉取華
取果取皮取膚悉得愈病願我此身亦復如
是若有病者聞聲觸身服食血肉乃至骨髓
病悉除愈願諸衆生食我肉時不生惡心如
食子肉我治病已常為說法願彼信受思惟

取果取皮取膚悉得愈病願我此身亦復如
是若有病者聞聲觸身服食血肉乃至骨髓
病悉除愈願諸衆生食我肉時不生惡心如
食子肉我治病已常為說法願彼信受思惟
轉教復次善男子菩薩具足煩惱雖受身苦
其心不退不動不轉當知必定得不退心成
阿耨多羅三藐三菩提復次善男子若有衆
生為鬼所病菩薩見已即作是言願作鬼身
大身健身多眷屬身使彼聞見病得除愈菩
薩摩訶薩為衆生故勤脩苦行雖有煩惱不
汙其心復次善男子菩薩摩訶薩雖復脩行
六波羅蜜亦不求於六波羅蜜果脩行无上
六波羅蜜時作是願言我今以此六波羅蜜
施一衆生一一衆生受我施已悉令得阿耨
多羅三藐三菩提我亦自為六波羅蜜勤脩
苦行受諸苦惱當受苦時願我不退菩提
之心善男子菩薩摩訶薩作是想時是名不
退菩提之想復次善男子菩薩摩訶薩不可
思議何以故菩薩摩訶薩深知生死多諸過
患觀大涅槃有大功德為諸衆生處在生死
受種種苦心不退轉是名菩薩不可思議復
次善男子菩薩摩訶薩无有因緣而生憐愍
實不受恩而常施恩雖施於恩而不求報是
故復名不可思議復次善男子或有衆生為
自利益脩諸苦行菩薩摩訶薩為利他故脩
行苦行是名自利是故復名不可思議復次
菩薩具足煩惱為壞怨親所受諸苦脩平等

BD13866號　大般涅槃經（北本　宮本）卷三三　　（23–5）

故復名不可思議復次善男子或有衆生為
自利益脩諸苦行菩薩摩訶薩為利他故脩
行苦行是名自利是故復名不可思議復次
菩薩具足煩惱為壞怨親所受諸苦脩平等
心是故復名不可思議復次菩薩若見諸惡
不善衆生若呵責若軟語若駈儐若捨之有
惡性者現為軟語有憍慢者現為大慢而其
內心實无憍慢是名菩薩方便不可思議復
次善男子菩薩具足煩惱少財物時而求者
多心不迮小是名菩薩不可思議復次菩薩
於佛出時知佛功德為衆生故於无佛處受
邊地身如瘖如聾如跛如癖是名菩薩不可
思議復次菩薩深知衆生所有罪過為度脫
故常与共行雖隨其意罪垢不汙是故復名
不可思議復次菩薩了了知見无衆生相无
煩惱汙无脩習道離煩惱者雖為菩提无菩
提行亦无成就菩提行者无有受苦及破苦
者而亦能為衆生壞苦行菩提行是故復名
不可思議復有菩薩受後邊身處兜率天是
亦名為不可思議何以故兜率陁天欲界中
勝在下天者其心放逸在上天者諸根闇鈍
是故名勝脩施脩戒得上下身脩施戒定得
兜率天一切菩薩毀呰諸有破壞諸有終不
造作兜率天業受彼天身何以故菩薩若處
其餘諸有亦能教化成就衆生實无欲心而
生欲界是故復名不可思議菩薩摩訶薩生
兜率天有三事勝一者命二者色三者名菩

BD13866號　大般涅槃經（北本　宮本）卷三三　　（23–6）

兜率天一切菩薩毀呰諸有破壞諸有終不
造作兜率天業受彼天身何以故菩薩若處
其餘諸有亦能教化成就衆生實无欲心而
生欲界是故復名不可思議菩薩摩訶薩生
兜率天有三事勝一者命二者色三者名菩
薩摩訶薩實不求於命色名稱雖无求心而
所得勝菩薩摩訶薩深樂涅槃然有因亦勝
是故復名不可思議菩薩摩訶薩如是三事
雖勝諸天而諸天等於菩薩所終不生於瞋
心妬心憍慢之心常生喜心菩薩於天亦不
憍慢是故復名不可思議菩薩摩訶薩不造
命業而於彼天畢竟壽命是名命勝亦无色
業而妙色身光明遍滿是名色勝菩薩摩訶
薩處彼天宮不樂五欲唯為法事是故名稱
充滿十方是名名勝是故復名不可思議菩
薩摩訶薩下兜率天是時大地六種振動是
故復名不可思議何以故菩薩下時欲色諸
天悉來侍送發大音聲讚嘆菩薩以口風氣
故令地動復有菩薩人中象王人中象王名
為龍王龍王初入胎時有諸龍王在此地下
或怖或悟是故大地六種振動是故復名不
可思議菩薩摩訶薩知入胎時住時出時知
父知母不淨不汙如帝釋髻青色寶珠是故
復名不可思議善男子大涅槃經亦復如是
不可思議善男子譬如大海有八不可思議何
等為八一者漸漸轉深二者深難得底三
者同一醎味四者潮不過限五者有種種寶
藏六者大身衆生在中居住七者不宿死屍

BD13866號　大般涅槃經（北本　宮本）卷三三　（23-7）

父知母不[illegible]
復名不可思議善男子大涅槃經亦復如是
不可思議善男子譬如大海有八不可思議何
等為八一者漸漸轉深二者深難得底三
者同一醎味四者潮不過限五者有種種寶
藏六者大身衆生在中居住七者不宿死屍
八者一切万流大雨投之不增不減善男子
漸漸轉深有三事何等為三一者衆生福力
二者順風而行三者河水入故乃至不增不
減亦各有三是大涅槃微妙經典亦復如是
有八不思議一者漸漸深所謂優婆塞戒沙弥
戒比丘戒菩薩戒須陁洹果斯陁含果阿那
含果阿羅漢果辟支佛果菩薩果阿耨多羅
三藐三菩提果是涅槃經說如是等法是名
漸深是故此經名漸漸深二者深難得底如
來世尊不生不滅不得阿耨多羅三藐三菩
提不轉法輪不食不受不行惠施是故名為
常樂我淨一切衆生悉有佛性佛性非色不
離於色非受想行識乃至不離於識是常可
見了因非作因須陁洹乃至辟支佛當得阿
耨多羅三藐三菩提亦无煩惱亦无住處雖
无煩惱不名為常是故名深須有甚深於是
經中或時說我或說无我或時說常或說无
常或時說淨或說不淨或時說樂或時說苦
或時說空或說不空或說一切有或說一切
无或說三乘或說一乘或說五陰即是佛性
金剛三昧及以中道首楞嚴三昧十二因緣
第一義空慈悲平等於諸衆生頂智信心知
者根力一切法中无罣㝵智雖有佛性不說

BD13866號　大般涅槃經（北本　宮本）卷三三　（23-8）

常或時說淨[illegible]
或時說空或說不空或說一切有或說一切
无或說三乘或說一乘或說五陰即是佛性
金剛三昧及以中道首楞嚴三昧十二因緣
第一義空慈悲平等於諸衆生頂智信心知
諸根力一切法中无罣㝵智雖有佛性不說
决定是故名深三者一味一切衆生同有佛
性皆同一乘同一解脫一因一果同一甘露
一切當得常樂我淨是名一味四者潮不過
限如是經中制諸比丘不得受畜八不淨物
若我弟子有能受持讀誦書寫解說分別是
大涅槃微妙經典寧失身命終不犯之是名
潮不過限五者種種寶藏是經即是无量寶
藏所言寶者謂四念處四正勤四如意足五
根五力七覺分八聖道分嬰兒行聖行梵行
天行諸善方便衆生佛性菩薩功德諸佛功
德聲聞功德緣覺功德六波羅蜜无量三昧
无量智慧是名寶藏六者大身衆生所居住
處大衆生者謂佛菩薩大智慧故名大衆生
大身故大心故大莊嚴故大調伏故大方便
故大說法故大勢力故大徒衆故大神通故
大慈悲故常不變故一切衆生无罣㝵故容
受一切諸衆生故是名大衆生所居住處七
者不宿死屍死屍者謂一闡提犯四重禁五
无間罪誹謗方等非法說法法說非法受畜
八種不淨之物佛物僧物隨意而用或於比
丘比丘尼所作非法事是名死屍是涅槃經
離如是等是故名爲不宿死屍八者不增不

BD13866號　大般涅槃經（北本　宮本）卷三三　（23-9）

者不宿死屍死屍者謂一闡提犯四重禁五
无間罪誹謗方等非法說法法說非法受畜
八種不淨之物佛物僧物隨意而用或於比
丘比丘尼所作非法事是名死屍是涅槃經
離如是等是故名爲不宿死屍八者不增不
減无邊際故无終始故非色故非作故常住
故不生滅故一切衆生悉平等故一切佛性
同一性故是名无增无減是故此經如彼大
海有八不思議師子吼言世尊若言如來不
生不滅名爲深者一切衆生有四種生卵生
胎生濕生化生是四種生人中具有如施婆
羅比丘優婆施婆羅比丘彌迦羅長者母尼
拘陁長者母半闍羅長者母各五百子同於
卵生當知人中則有卵生濕生者如佛所說
我於往昔作頂生王及手生王如今所說菴
羅樹女迦不多樹女當知人中則有濕生劫
初之時一切衆生皆悉化生如來世尊得八
自在何因緣故不化生耶佛言善男子一切
衆生四生所生得聖法已不得如本卵生濕
生善男子劫初衆生皆悉化生當尒之時佛
不出世善男子若有衆生遇病苦時須醫須
藥劫初之時衆生化生雖有煩惱其病未發
是故如來不出於世劫初衆生身心非器是
故如來不出其世善男子如來世尊所有事
業勝諸衆生所有種姓眷屬父母以殊勝故
凡所說法人皆信受是故如來不受化生善
男子一切衆生父作子業子作父業如來世
尊若受化身則无父母若无父母云何能令

BD13866號　大般涅槃經（北本　宮本）卷三三　（23-10）

故如來不出其世善男子如來世尊所有事
業勝諸眾生所有種姓眷屬父母以殊勝故
凡所說法人皆信受是故如來不受化生善
男子一切眾生父作子業子作父業如來世
尊若受化身則无父母若无父母云何能令
一切眾生作諸善業是故如來不受化身善
男子佛正法中有二種護一者內二者外內
護者所謂禁戒外護者族親眷屬若佛如來
受化身者則无外護是故如來不受化身善
男子有人恃姓而生憍慢如來為破如是慢
故生在貴姓不受化身善男子如來世尊有
真父母父名淨飯母名摩耶而諸眾生猶言
是幻云何當受化生之身若受化身云何當
有碎身舍利如來為益眾生福德故碎其身
而令供養是故如來不受化身一切諸佛悉无
化生云何獨令我受化身尒時師子吼菩薩
長跪合掌右膝著地以偈讚佛

如來无量功德聚　我今不能廣宣說
今為眾生演一分　唯願哀愍聽我說
眾生无明闇中行　具受无邊百種苦
世尊能令遠離之　是故世稱為大悲
眾生往反生死繩　放逸迷荒无安樂
如來能施眾生樂　是故永斷生死繩
佛能施眾安樂故　自於己樂不貪樂
為諸眾生脩苦行　是故世間興供養
見他受苦身戰動　處在地獄不覺痛
為諸眾生受大苦　是故无勝无有量

BD13866號　大般涅槃經（北本　宮本）卷三三　（23–11）

如來能施眾生樂　是故永斷生死繩
佛能施眾安樂故　自於己樂不貪樂
為諸眾生脩苦行　是故世間興供養
見他受苦身戰動　處在地獄不覺痛
為諸眾生受大苦　是故无勝无有量
如來為眾脩苦行　成就具足脩六度
心處邪風不傾動　是故能勝世大士
眾生常欲得安樂　而不知脩安樂因
如來能教令脩習　猶如慈父愛一子
佛見眾生煩惱患　心苦如母念病子
常思離病諸方便　是故此身繫屬他
一切眾生行諸苦　其心顛倒以為樂
如來演說真苦樂　是故稱號為大悲
世間皆處无明㲉　无有智嘴能破之
如來智嘴能破壞　是故名為最大子
不為三世所攝持　无有名字及假号
覺知涅槃甚深義　是故稱佛為大覺
有河迴復沒眾生　无明所盲不知出
如來自度能度彼　是故稱佛大船師
能知一切諸因果　亦復通達盡滅道
常施眾生病苦藥　是故世稱大醫王
外道邪見說苦行　因是能得无上樂
如來演說真樂行　能令眾生受快樂
如來世尊破邪道　開示眾生正真路
行是道者得安樂　是故稱佛為導師
非自非他之所作　亦非共作无因作
如來所說苦受事　能於一切諸外道

BD13866號　大般涅槃經（北本　宮本）卷三三　（23–12）

如来世尊破邪道 開示衆生正真路
行是道者得安樂 是故稱佛為導師
非自非他之所作 亦非共作无因作
如来所說苦受事 能於一切諸外道
成就具足戒定慧 亦以此法化衆生
以法施時无忮妬 是故稱佛无緣悲
无所造作无因緣 獲得无因无果報
是故一切諸智者 稱說如来不求報
常共世間放逸行 而身不為放逸汙
是故名為不思議 世間八法所不汙
如来世尊无怨親 是故其心常平等
我師子吼讚大悲 能吼无量師子吼

大般涅槃經迦葉菩薩品第十二

迦葉菩薩白佛言世尊如来憐愍一切衆生
不調能調不淨能淨无歸依者能作歸依未
解脫者能令解脫得八自在為大醫師作大
藥王善星比丘是佛菩薩時子出家之後受
持讀誦分別解說十二部經壞欲界結獲得
四禪云何如来記說善星是一闡提斯下之
人地獄劫住不可治人如来何故不先為其廣
說正法後為菩薩如来世尊若不能救善
星比丘云何得名有大慈悲有大方便佛言
善男子譬如父母唯有三子其一子者有信
信順心恭敬父母利根智慧於世間事能悉了
知其第二子不敬父母无信順心利根智慧
於世間事能悉了知其第三子不敬父母无
有信心鈍根无智父母若欲教告之時應先
教誰先親愛誰當先教誰知世間事迦葉菩

BD13866號　大般涅槃經（北本　宮本）卷三三　　（23–13）

信順心恭敬父母利根智慧於世間事能悉了
知其第二子不敬父母无信順心利根智慧
於世間事能悉了知其第三子不敬父母无
有信心鈍根无智父母若欲教告之時應先
教誰先親愛誰當先教誰知世間事迦葉菩
薩白佛言世尊應先教授有信順心恭敬父
母利根智慧知世事者其次第二乃及第三
而彼二子雖无信心恭敬之心為慈念故次
復教之善男子如来亦尒其三子者初喻菩
薩中喻聲聞後喻一闡提如十二部經脩多
羅中微妙之義我先已為諸菩薩說淺近之
義為聲聞說世間之義為一闡提五逆罪說
現在世中雖无利益以憐愍故為生後世諸
善種子善男子如三種田一者渠流便易无
諸沙鹵凡石棘刺種一得百二者雖无沙鹵
凡石棘刺渠流難嶮收實減半三者渠流嶮
難多諸沙鹵凡石棘刺種一得一為稾草故
善男子農夫春月先種何田世尊先種初田
次第二田後及第三初喻菩薩中喻聲聞後
喻一闡提善男子譬如三器一者完二者漏
三者破若欲盛置乳酪水漿先用何者世尊
應用完者次用漏者後及破者其完淨者喻
菩薩僧漏喻聲聞破喻一闡提善男子如三
病人俱至醫所一者易治二者難治三者不
可治善男子醫若治者當先治誰世尊應先
治易次及第二後及第三何以故為親屬故
其易治者喻菩薩僧其難治者喻聲聞僧不
可治者喻一闡提現在世中雖无善果以憐

BD13866號　大般涅槃經（北本　宮本）卷三三　　（23–14）

病人俱至醫所一者易治二者難治三者不
可治善男子醫若治者當先治誰世尊應先
治易次及苐二後及苐三何以故爲親屬故
其易治者喻菩薩僧其難治者喻聲聞僧不
可治者喻一闡提現在世中雖无善果以憐
愍故爲種後世諸善子故善男子譬如大王
有三種馬一者調壯大力二者不調齒壯大
力三者不調羸老无力王若乘者當先乘誰
世尊應先乘用調壯大力次用苐二後及苐
三善男子調壯大力喻菩薩僧其苐二者喻
聲聞僧其苐三者喻一闡提現在世中雖无
利益以憐愍故爲種後世諸善種子善男子
如大施時有三人來一者貴族聰明持戒二者
中姓鈍根持戒三者下姓鈍根毀戒善男子
是大施主應先施誰世尊應先施於貴姓
之子利根持戒次及苐二後及苐三其苐一
者喻菩薩僧其苐二者喻聲聞僧其苐三者
喻一闡提善男子如大師子煞香象時皆盡
其力煞兔亦尒不生輕想諸佛如來亦復如
是爲諸菩薩及一闡提演說法時功用无二
善男子我於一時住王舍城善星比丘爲我
給使我於初夜爲天帝釋演說法要弟子法
應後師眠卧尒時善星以我久坐心生惡念
時王舍城小男小女若啼不止父母則語汝
若不止當將汝付薄俱羅鬼尒時善星反被
枸執而語我言速入禪室薄枸羅來我言癡
人汝常不聞如來世尊无所畏也尒時帝釋
即語我言世尊如是人輩亦復得入佛法中

BD13866號　大般涅槃經（北本　宮本）卷三三　（23–15）

時王舍城小男小女若啼不止父母則語汝
若不止當將汝付薄俱羅鬼尒時善星反被
枸執而語我言速入禪室薄枸羅來我言癡
人汝常不聞如來世尊无所畏也尒時帝釋
即語我言世尊如是人輩亦復得入佛法中
耶我即語言憍尸迦如是人者得入佛法亦
有佛性當得阿耨多羅三藐三菩提我雖爲是
善星說法而彼都无信受之心善男子我於
一時在迦尸國尸婆富羅城善星比丘爲我
給使我時欲入彼城乞食无量衆生虛心
渴仰欲見我跡善星比丘尋隨我後而毀滅之
既不能滅而令衆生生不善心我入城已於酒
家舍見一尼乾捲弃蹲地飡食酒糟善星
比丘見已而言世尊世間若有阿羅漢者是
人最勝何以故是人所說无因无果我言癡
人汝常不聞阿羅漢者不飲酒不害人不欺
誑不偷盜不婬泆是人煞害父母食噉酒糟
云何而言是阿羅漢是人捨身必定當墮阿
鼻地獄阿羅漢者永斷三惡云何而言是阿
羅漢善星即言四大之性猶可轉易欲令是
人必墮阿鼻无有是處我言癡人汝常不聞
諸佛如來誠言无二我雖爲是善星說法而
彼絕无信受之心善男子我於一時与善星
比丘住王舍城尒時城中有一尼乾名曰苦
得常作是言衆生煩惱无因无緣衆生解脫
亦无因緣善星比丘復作是言世尊世間若
有阿羅漢者苦得爲上我言癡人苦得尼乾
實非羅漢不能解了阿羅漢道善星復言何

BD13866號　大般涅槃經（北本　宮本）卷三三　（23–16）

比丘住王舍城尒時城中有一尼乾名曰苦
得常作是言衆生煩惱无因无緣衆生解脫
亦无因緣善星比丘復作是言世尊世間若
有阿羅漢者苦得為上我言癡人苦得尼乾
實非羅漢不能解了阿羅漢道善星復言何
故羅漢於阿羅漢而生嫉妬我言癡人我於
羅漢不生嫉妬而汝自生惡耶見耳若言苦
得是羅漢者却後七日當患宿食腹痛而死
死已生於食吐鬼中其同學輩當轝其屍置
寒林中尒時善星即往苦得尼乾子所語言
長老汝今知不瞿曇沙門記汝七日當患宿
食腹痛而死死已生於食吐鬼中同學同師
當轝汝屍置寒林中長老好善思惟作諸方
便當令瞿曇墮妄語中尒時苦得聞是語已
即便斷食從初一日乃至六日滿七日已便
食黑蜜食黑蜜已復飲冷水飲冷已腹痛
而終終已同學轝其屍喪置寒林中即受
食吐餓鬼之形在其屍邊善星比丘聞是事已
至寒林中見苦得身受食吐鬼形在其屍邊
棱脊蹲地善星語言大德死也苦得荅言我
已死矣云何死耶荅言因腹痛死誰出汝屍
荅言同學出置何處荅言癡人汝今不識是
寒林也得何等身荅言我得食吐鬼身善星
諦聽如来善語真語時語義語法語善星如
来口出如是實語汝於尒時云何不信若有
衆生不信如来真實言者彼亦當受如我此
身尒時善星即還我所作如是言世尊苦得
尼乾命終之後生三十三天我言癡人阿羅

BD13866號　大般涅槃經（北本　宮本）卷三三　　（23–17）

諦聽如来善語真語時語義語法語善星如
来口出如是實語汝於尒時云何不信若有
衆生不信如来真實言者彼亦當受如我此
身尒時善星即還我所作如是言世尊苦得
尼乾命終之後生三十三天我言癡人阿羅
漢者无有生處云何而言苦得生於卅三天三
世尊實如所言苦得尼乾實不生於卅三天
今受食吐餓鬼之身我言癡人諸佛如来誠
言无二若言如来有二言者无有是處善星
即言如来尒時雖作是說我於是事都不生
信善男子我亦常為善星比丘說真實法而
彼絕无信受之心善男子善星比丘雖復讀
誦十二部經獲得四禪乃至不解一句一偈一
字之義親近惡友退失四禪退禪定已生
惡耶見作如是說无佛无法无有涅槃沙門
瞿曇善知相法是故能得知他人心我於尒
時告善星言我所說法初中後善其言巧妙
字義真正所說无雜具足成就清淨梵行善
星比丘復作是言如来雖復為我說法而我
真實謂无因果善男子汝若不信如是事者
善星比丘今者近在尼連禪河可共往問尒
時如来即与迦葉往善星所善星比丘遙見
我来見已即生惡耶之心以惡心故生身陷
入阿鼻地獄善男子善星比丘雖入佛法无
量寶聚空无所獲乃至不得一法之利以放
逸故惡知識故譬如有人雖入大海多見衆
寶而无所得以放逸故又如入海雖見寶聚
自刎而死或為羅剎惡鬼所殺善星比丘亦

BD13866號　大般涅槃經（北本　宮本）卷三三　　（23–18）

入阿鼻地獄善男子善星比丘雖入佛法无
量寶聚空无所獲乃至不得一法之利以放
逸故惡知識故譬如有人雖入大海多見衆
寶而无所得以放逸故又如入海雖見寶聚
自㓟而死或為羅剎惡鬼所煞善星比丘亦
復如是入佛法已為惡知識羅剎大鬼之所
煞害善男子是故如來以憐愍故常說善
星多諸放逸善男子若本貧窮於是人所雖生
憐愍其心則薄若本巨富後失財物於是人
所生於憐愍其心則厚善星比丘亦復如是
受持讀誦十二部經獲得四禪然後退失甚
可憐愍是故我說善星比丘多諸放逸多放
逸故斷諸善根我諸弟子有見聞者於是人
所无不生於重憐愍心如初巨富後失財者
我於多年常与善星共相隨逐而彼自生惡
耶之心以惡耶故不捨惡見善男子我從昔
來見是善星少有善根如毛髮時終不記彼
斷絕善根是一闡提廝下之人地獄劫住以
其宣說无因无果无有作業尒乃記彼永斷
善根是一闡提廝下之人地獄劫住善男子
譬如有人沒清廁中有善知識以手撓之若
得首髮便欲拔出久求不得尒乃息意我亦
如是求覓善星微少善根便欲拔濟終日求
之乃至不得如毛髮許是故不得拔濟地獄
迦葉菩薩言世尊如來何故記彼當墮阿鼻
地獄善男子善星比丘多有眷屬皆謂善星
是阿羅漢是得道果我欲壞彼惡耶心故記
彼善星以放逸故墮於地獄善男子汝今當

BD13866號　大般涅槃經（北本　宮本）卷三三　（23–19）

如是求覓善星微少善根便欲拔濟終日求
之乃至不得如毛髮許是故不得拔濟地獄
迦葉菩薩言世尊如來何故記彼當墮阿鼻
地獄善男子善星比丘多有眷屬皆謂善星
是阿羅漢是得道果我欲壞彼惡耶心故記
彼善星以放逸故墮於地獄善男子汝今當
知如來所說真實无二何以故若佛所記當
墮地獄若不到者无有是處聲聞緣覺所記
別者則有二種或虛或實如目揵連在摩伽
陀國遍告諸人却後七日天當降雨時竟不
雨復記特牛當生白犢及其產時乃生駮犢
記生男者後乃生女善男子善星比丘常為
无量諸衆生等宣說一切无善惡果尒時永
斷一切善根乃至无有如毛髮許善男子我
久知是善星比丘當斷善根猶故共住滿廿
年畜養共行我若遠棄不近左右是人當教
无量衆生造作惡業是名如來第五解力世
尊一闡提輩以何因緣无有善法善男子一
闡提輩斷善根故衆生悉有信等五根而一
闡提輩永斷滅故以是義故煞害蟻子猶得
煞罪煞一闡提无有煞罪世尊一闡提者終
无善法是故名為一闡提耶佛言如是如是
世尊一切衆生有三種善所謂過去未來現
在一闡提輩亦不能斷未來善法云何說言
斷諸善法名一闡提也善男子斷有二種一
者現在滅二者現在障於未來世一闡提輩
具足二斷是故我言斷諸善根善男子譬如
有人沒清廁中唯有一髮毛頭未沒雖復一

BD13866號　大般涅槃經（北本　宮本）卷三三　（23–20）

在一闡提輩亦不能斷未來善法云何說言
斷諸善法名一闡提也善男子斷有二種一
者現在滅二者現在障於未來世一闡提輩
具足二斷是故我言斷諸善根善男子譬如
有人沒清廁中唯有一髮毛頭未沒雖復一
髮毛頭未沒而一毛頭不能勝身一闡提輩
亦復如是雖未來世當有善根而不能救地
獄之苦未來之世雖可救拔現在之世无如
之何是故名為不可救濟以佛性因緣則可
得濟佛性者非過去非未來非現在是故佛
性不可得斷如朽敗子不能生牙一闡提輩
亦復如是世尊一闡提輩不斷佛性佛性亦
善云何說言斷一切善男善子若諸眾生現
在世中有佛性者則不得名一闡提也如世
間中眾生我性佛性是常三世不攝三世若
攝名為无常佛性未來以當見故故言眾生
悉有佛性以是義故十住菩薩具足莊嚴乃
得少見迦葉菩薩言世尊佛性者常猶如虛
空何故如來說言未來如來若言一闡提輩
无善法者一闡提輩於其同學同師父母親
族妻子豈當不生愛念心耶如其生者非是
善乎佛言善哉善哉善男子快發斯問佛
性者猶如虛空非過去非未來非現在一切眾
生有三種身所謂過去未來現在眾生未來
具足莊嚴清淨之身得見佛性是故我言佛
性未來善男子我為眾生或時說因為果或
時說果為因是故經中說命為食見色名觸
[illegible]身淨故說佛性世尊如佛所說義如是

BD13866號　大般涅槃經（北本　宮本）卷三三　（23–21）

攝名為无常佛性未來以當見故故言眾生
悉有佛性以是義故十住菩薩具足莊嚴乃
得少見迦葉菩薩言世尊佛性者常猶如虛
空何故如來說言未來如來若言一闡提輩
无善法者一闡提輩於其同學同師父母親
族妻子豈當不生愛念心耶如其生者非是
善乎佛言善哉善哉善男子快發斯問佛
性者猶如虛空非過去非未來非現在一切眾
生有三種身所謂過去未來現在眾生未來
具足莊嚴清淨之身得見佛性是故我言佛
性未來善男子我為眾生或時說因為果或
時說果為因是故經中說命為食見色名觸
未來身淨故說佛性世尊如佛所說義如是
者何故說言一切眾生悉有佛性善男子眾
生佛性雖現在无不可言无如虛空性雖无
現在不得言无一切眾生雖復无常而是佛
性常住无變是故我於此經中說眾生佛性
非內非外猶如虛空非內非外如其虛空有
內外者虛空不名為一為常亦不得言一切
處有虛空雖復非內非外而諸眾生悉皆有
之眾生佛性亦復如是如汝所言一闡提輩有
善法者是義不然何以故一闡提輩若有
身業口業意業取業求業施業解業如是等
業悉是耶業何以故不求因果故善男子如
呵梨勒果根莖枝葉華實悉苦一闡提業
亦復如是

大般涅槃經卷第卅三

BD13866號　大般涅槃經（北本　宮本）卷三三　（23–22）

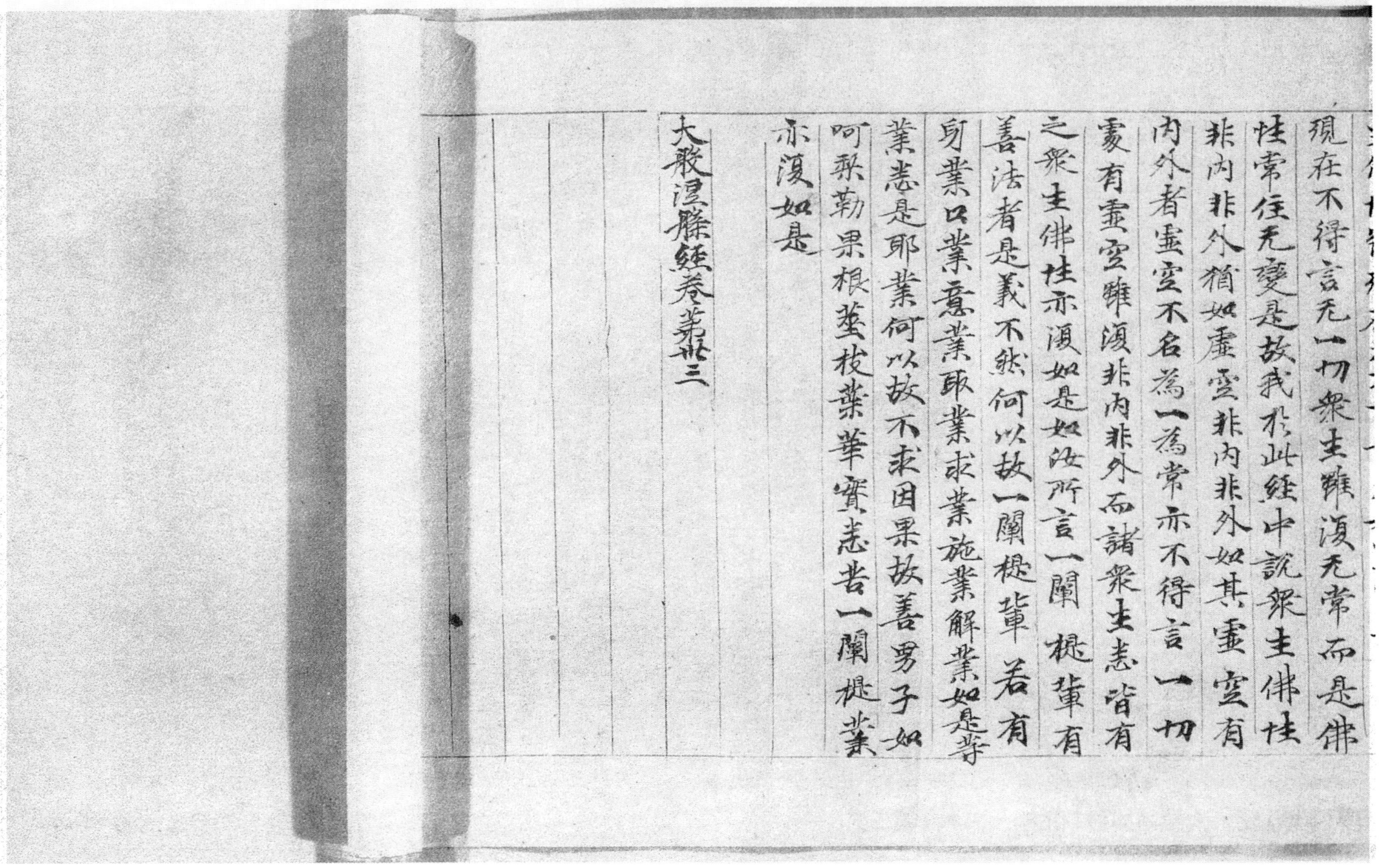

現在不得言无一切衆生雖復无常而是佛
性常住无變是故我於此經中說衆生佛性
非内非外猶如虛空非内非外如其虛空有
内外者虛空不名為一為常亦不得言一切
處有虛空雖復非内非外而諸衆生悉皆有
之衆生佛性亦復如是如汝所言一闡提輩有
善法者是義不然何以故一闡提輩若有
身業口業意業取業求業施業解業如是等
業悉是邪業何以故不求因果故善男子如
呵梨勒果根莖枝葉華實悉苦一闡提業
亦復如是

大般涅槃經卷第卅三

BD13866號　大般涅槃經（北本　宮本）卷三三　（23–23）

BD13867號背　現代護首　（1–1）

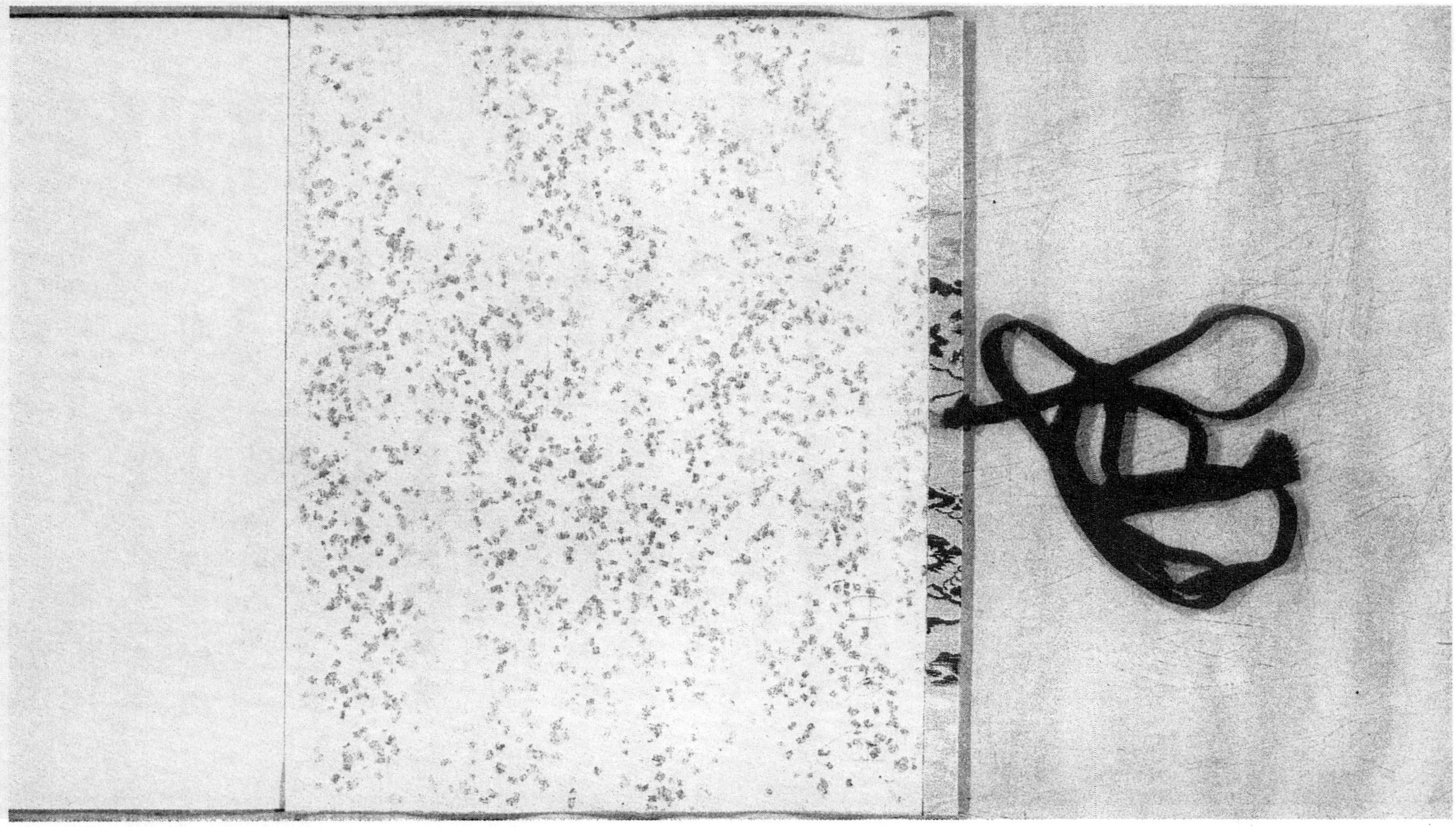

BD13867 號　大般涅槃經（北本　宮本）卷三四　　　　（26–1）

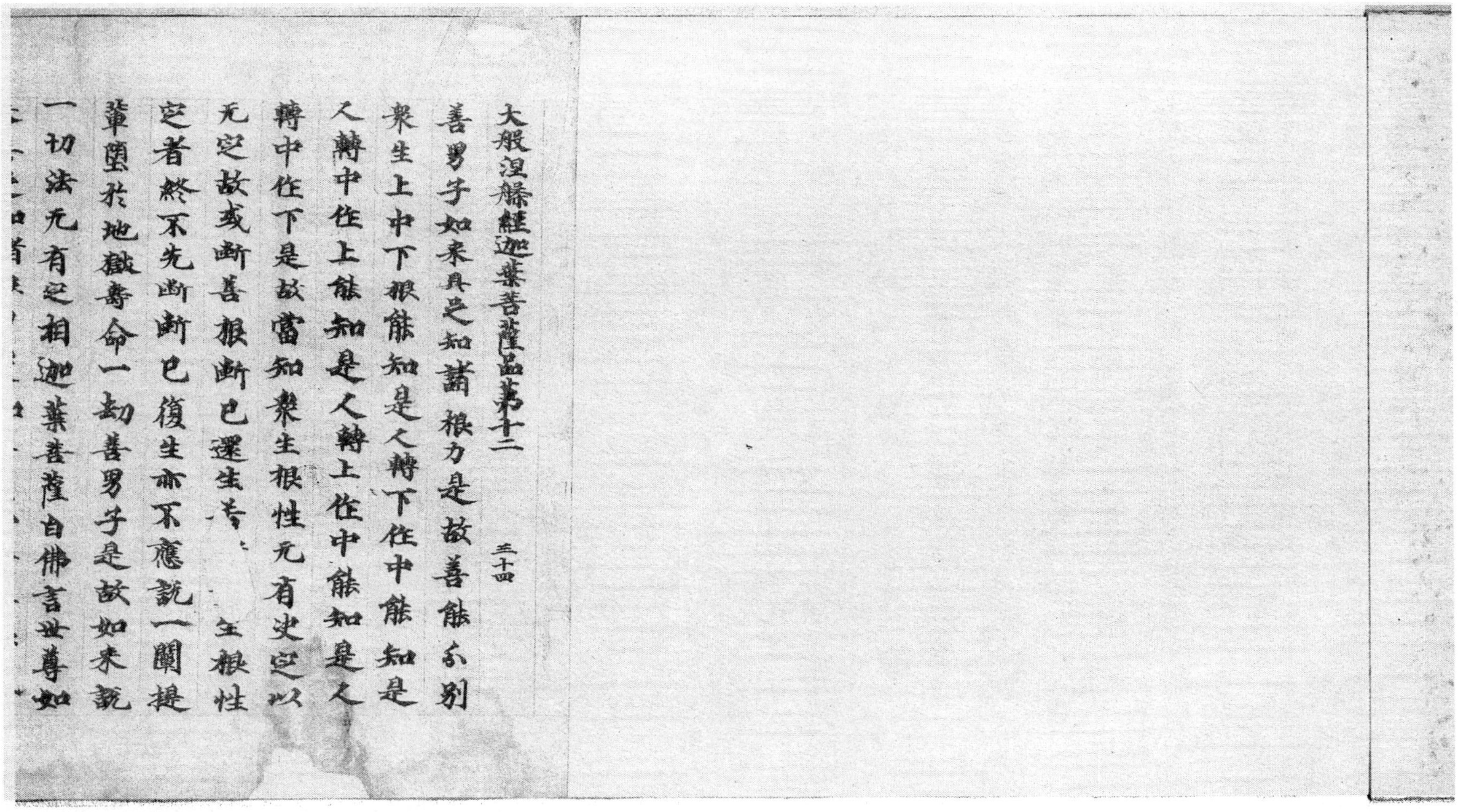

大般涅槃經迦葉菩薩品第十二　　三十四

善男子如來具足知諸根力是故善能分別

衆生上中下根能知是人轉下作中能知是

人轉中作上能知是人轉上作中能知是人

轉中作下是故當知衆生根性无有決定以

无定故或斷善根斷已還生若[illegible]生根性

定者終不先斷斷已復生亦不應說一闡提

輩墮於地獄壽命一劫善男子是故如來說

一切法无有定相迦葉菩薩白佛言世尊如

BD13867 號　大般涅槃經（北本　宮本）卷三四　　　　（26–2）

无定故或斷善根斷已還生　生根性
定者終不先斷斷已復生亦不應說一闡提
輩墮於地獄壽命一劫善男子是故如來說
一切法无有定相迦葉菩薩白佛言世尊如
來具足知諸根力定知善星當斷善根以何
因緣聽其出家佛言善男子我於往昔初出
家時吾弟難陀從弟阿難調婆達多子羅睺
羅如是等輩皆悉隨我出家脩　若不聽
善星出家其人次當得紹王位其力自在當
壞佛法以是因緣我便聽其出家脩道善男
子善星比丘若不出家亦斷善根於无量世
都无利益今出家已雖斷善根能受持戒供
養恭敬耆舊長者有德之人脩集初禪乃至
四禪是名善因如是善因能生善法善法既
生能脩集道既脩集道當得阿耨多羅三藐
三菩提是故我聽善星出家善男子若我不
聽善星比丘出家受戒則不得稱我為如來
具足十力善男子佛觀眾生具足善法及不
善法是人雖具如是二法不久能斷一切善
根具不善根何以故如是眾生不親善友不
聽正法不善思惟不如法行以是因緣能斷
善根具不善根善男子如來復知是人現世
若未來世少壯老時當近善友聽受正法苦
集滅道尒時則能還生善根善男子譬如
有泉去村不遠其水甘美具八功德有人熱

BD13867號　大般涅槃經（北本　宮本）卷三四　　（26–3）

善根具不善根善男子如來復知是人現世
若未來世少壯老時當近善友聽受正法苦
集滅道尒時則能還生善根善男子譬如
有泉去村不遠其水甘美具八功德有人熱
渴欲往泉所邊有智者觀是渴人必定无
疑當至水所何以故无異路故如來世尊觀諸眾
生亦復如是是故如來名為具足知諸根力
尒時世尊取地少土置之抓上告迦葉言是
土多耶十方世界地土多乎迦葉菩薩白佛
言世尊抓上土者不比十方所有土也善男
子有人捨身還得人身捨三惡身得受人身
諸根完具生於中國具足正信能脩集道脩
集道已能脩正道脩正道已能得解脫得解
脫已能入涅槃如抓上土捨人身已得三惡
身捨三惡身得三惡身身根不具生於邊地
信耶倒見脩集耶道不得解脫常樂涅槃如
十方世界所有地土善男子護持禁戒精勤
不懈不犯四重不作五逆不用僧鬘物不作
一闡提不斷善根信如是等涅槃經典如抓
上土毀戒懈怠犯四重禁作五逆罪用僧鬘
物作一闡提斷諸善根不信是經如十方界
所有地土善男子如來善知眾生如是上中
下根是故稱佛具知根力迦葉菩薩白佛言
世尊如來具足是知根力是故能知一切眾

BD13867號　大般涅槃經（北本　宮本）卷三四　　（26–4）

物作一闡提斷諸善根不信是經如十方界
所有地土善男子如來善知衆生如是上中
下根是故稱佛具知根力迦葉菩薩白佛言
世尊如來具足是知根力是故能知一切衆
生上中下根利鈍差別知現在世衆生諸根
亦知未來衆生諸根如是衆生於佛滅後作
如是說如來畢竟入於涅槃或不畢竟入於
涅槃或說有我或說无我或有中陰或无中
陰或說有退或說无退或說如來身是有為
或言如來身是无為或有說言十二因緣是有
為法或說因緣是无為法或說心是有常或
說心是无常或有說言受五欲樂能鄣聖道或
說不遮或說世第一法唯是欲界或說三界或
說布施唯是意業或有說言即是五陰或有
說言有三无為或有說言无三无為復有說
言或有造色或有說言无造色或有說言
有无作色或有說言无无作色或有說言有
心數法或有說言无心數法或有說言有五
種有或有說言有六種有或有說言八戒齋
法優婆塞戒具足受得或有說言不具受得
或說比丘犯四重已比丘戒在或說不在或
有說言須陁洹人斯陁含人阿那含人阿羅
漢人皆得佛道或言不得或說佛性即衆
生有或說佛性離衆生有或有說言犯四重
禁作五逆罪一闡提等皆有佛性或說言

BD13867號　大般涅槃經（北本　宮本）卷三四　（26–5）

或說比丘犯四重已比丘戒在或說不在或
有說言須陁洹人斯陁含人阿那含人阿羅
漢人皆得佛道或言不得或說佛性即衆
生有或說佛性離衆生有或有說言犯四重
禁作五逆罪一闡提等皆有佛性或說言
无或有說言有十方佛或有說言无十方佛
如其如來具足成就知根力者何故今日不决
定說佛告迦葉菩薩善男子如是之義非眼
識知乃至非意識知乃是智慧之所能知若
有智者我於是人終不作二是亦謂我不作二
說於无智者作不定說而是无智亦復謂我
作不定說善男子如來所有一切善行悉為
調伏諸衆生故譬如醫王所有醫方悉為療
治一切病苦善男子如來世尊為國土故為
時節故為他語故為人說故為衆根故於一
法中作二種說於一名法說无量名於一義
中說无量名於无量義說无量名云何一名
說无量名猶如涅槃亦名涅槃亦名无生亦
名无出亦名无作亦名无為亦名歸依亦名
窟宅亦名解脫亦名光明亦名燈明亦名彼
岸亦名无畏亦名无退亦名安處亦名寂靜
亦名无相亦名无二亦名一行亦名清涼亦
名无闇亦名无导亦名无諍亦名无濁亦名
廣大亦名甘露亦名吉祥是名一名作无量
名云何一義說无量名猶如帝釋亦名帝

BD13867號　大般涅槃經（北本　宮本）卷三四　（26–6）

岸亦名无畏亦名无退亦名安處亦名寂靜
亦名无相亦名无二亦名一行亦名清涼亦
名无闇亦名无㝵亦名无諍亦名无濁亦名
廣大亦名甘露亦名吉祥是名一名作无量
名云何一義說无量名猶如帝釋亦名帝
釋亦名憍尸迦亦名婆蹉婆亦名富蘭陁羅
亦名娑伽婆亦名因陁羅亦名千眼亦名舍
脂夫亦名金剛亦名寶頂亦名寶幢是名一
義說无量名云何於无量義說无量名如佛
如來亦名如來義異名異亦名阿羅呵義異
名異亦名三藐三佛陁義異名異亦名舩師
亦名導師亦名正覺亦名明行足亦名大師
子王亦名沙門亦名婆羅門亦名寂靜亦名
施主亦名到彼岸亦名大醫王亦名大象王
亦名大龍王亦名施眼亦名大力士亦名大
无畏亦名寶聚亦名商主亦名得脫亦名大
丈夫亦名天人師亦名大分陁利亦名獨无
等侶亦名大福田亦名大智慧海亦名无相亦
名具足八智如是一切義異名異善男子
是名无量義中說无量名復有一義說无量
名所謂如陰亦名為陰亦名顛倒亦名為諦
亦名四念處亦名四食亦名四識住處亦名
為有亦名為道亦名為時亦名衆生亦名為
世亦名第一義亦名三脩謂身戒心亦名因
果亦名煩惱亦名解脫亦名十二因緣亦名

BD13867號　大般涅槃經（北本　宮本）卷三四　（26–7）

亦名四念處亦名四食亦名四識住處亦名
為有亦名為道亦名為時亦名衆生亦名為
世亦名第一義亦名三脩謂身戒心亦名因
果亦名煩惱亦名解脫亦名十二因緣亦名
聲聞辟支佛佛亦名地獄餓鬼畜生人天亦
名過去現在未來是名一義說无量名善男子
如來世尊為衆生故廣中說略略中說廣第
一義諦說為世諦說世諦法為第一義諦
云何名為廣中說略如告比丘我今宣說十
二因緣云何名為十二因緣所謂因果云何
名為略中說廣如告比丘我今宣說苦集滅
道苦者所謂无量諸苦集者所謂无量煩惱
滅者所謂无量解脫道者所謂无量方便云
何名為第一義諦說為世諦如告比丘吾今
此身有老病死云何名為世諦說為第一義
諦如告憍陳如汝得法故名阿若憍陳如是
故隨人隨意隨時故名如來知諸根力善男
子我若當於如是等義作定說者則不得稱
我為如來具知根力善男子有智之人當知
香象所負非驢所勝一切衆生所行无量是故
如來種種為說无量之法何以故衆生多有
諸煩惱故若使如來說於一行不名如來具
足成就知諸根力是故我於餘經中說五種
衆生不應還為說五種法為不信者不讚正
信為毀禁者不讚持戒為慳貪者不讚布施

BD13867號　大般涅槃經（北本　宮本）卷三四　（26–8）

如来種種為說无量之法何以故衆生多有
諸煩惱故若使如来說於一行不名如来具
足成就知諸根力是故我於餘經中說五種
衆生不應還為說五種法為不信者不讚正
信為毀禁者不讚持戒為慳貪者不讚布施
為懈怠者不讚多聞為愚癡者不讚智慧何
以故智者若為是五種人說是五事當知說
者不得具足知諸根力亦不得名憐愍衆生
何以故是五種人聞是事已生不信心惡心瞋
心以是因緣於无量世受苦果報是故不名
憐愍衆生具足知諸根力是故我先於餘經
中告舍利弗汝慎莫為利根之人廣說法
語鈍根之人略說法也舍利弗言世尊我但
為憐愍故說非是具足根力故說善男子廣
略說法是佛境界非諸聲聞緣覺所知善男
子如汝所言佛涅槃後諸弟子等各異說者
是人皆以顛倒因緣不得正見是故不能自
利利他善男子是諸衆生非唯一性一行一根
一種國土一善知識是故如来為彼種種宣說
法要以是因緣十方三世諸佛如来為衆生
故開示演說十二部經善男子如来說是十
二部經非為自利但為利他是故如来第五
力者名為解力是二力故如来深知是人現
在能斷善根是人後世能斷善根是人現在
能得解脫是人後世能得解脫是故如来名

BD13867 號　大般涅槃經（北本　宮本）卷三四　（26–9）

故開示演說十二部經善男子如来說是十
二部經非為自利但為利他是故如来第五
力者名為解力是二力故如来深知是人現
在能斷善根是人後世能斷善根是人現在
能得解脫是人後世能得解脫是故如来名
无上力士善男子若言如来畢竟涅槃不畢竟
涅槃是人不解如来意故作如是說善男子
是香山中有諸仙人五万三千皆於過去迦
葉佛所修諸功德未得正道親近諸佛聽受
正法如来欲為如是人故告阿難言過三月
已吾當涅槃諸天聞已其聲展轉乃至香山
諸仙聞已即生悔心作如是言云何我等得
生人中不親近佛諸佛如来出世甚難如優
曇華我今當往至世尊所聽受正法善男子
尒時五万三千諸仙即来我所我時即為如
應說法諸大仙士色是无常何以故色之因
緣是无常故无常因生色云何常乃至識亦如
是尒時諸仙聞是法已即時獲得阿羅漢果
善男子拘尸那竭有諸力士三十万人无所
繫屬自恃憍恣色力命財狂醉亂心善男子
我為調伏諸力士故告目連言汝當調伏如是
力士時目揵連敬順我教於五年中種種教
化乃至不能令一力士受法調伏是故我復
為彼力士告阿難言過三月已吾當涅槃善
男子時諸力士聞是語已相與集聚平治道
路過三月已我時便從毗舍離國至向[illegible]那

BD13867 號　大般涅槃經（北本　宮本）卷三四　（26–10）

我為調伏諸力士故告目連言汝當調伏如是
力士時目揵連敬順我教於五年中種種教
化乃至不能令一力士受法調伏是故我復
為彼力士告阿難言過三月已吾當涅槃善
男子時諸力士聞是語已相與集聚平治道
路過三月已我時便從毗舍離國至拘尸那
城中路遙見諸力士輩即自化身為沙門像
往力士所作如是言諸童子作何事耶力士
聞已皆生瞋恨作如是言沙門汝今云何謂我
等輩為童子耶我時語言汝等大衆三十
万人盡其身力不能移此微末小石云何不名
為童子乎諸力士言汝若謂我為童子者當
知汝即是大人也善男子我於尒時以足二
指擿出此石是諸力士見是事已即於已身
生輕劣想復作是言沙門汝今復能移徙此
石令出道不我言童子何因緣故嚴治此道
諸力士言沙門汝不知耶釋迦如來當由此
路至娑羅林入於涅槃以是因緣我等平治
我時讚言善哉童子汝等已發如是善心吾
當為汝除去此石我時以手舉擲高至阿迦
尼吒時諸力士見石在空皆生驚怖尋欲四散
我復告言諸力士等汝今不應生恐怖心各
欲散去諸力士言沙門若能救護我者我
當〻安住尒時我復以手接石置之右掌力士
見已心生歡喜復作是言沙門是石常耶是

我復告言諸力士等汝今不應生恐怖心各
欲散去諸力士言沙門若能救護我者我
當〻安住尒時我復以手接石置之右掌力士
見已心生歡喜復作是言沙門是石常耶是
无常乎我於尒時以口吹之石即散壞猶如
微塵力士見已唱言沙門是石无常即生愧
心而自考責云何我等恃怙自在色力命財
而生憍慢我知其心即捨化身還復本形而
為說法力士見已一切皆發菩提之心善男
子拘尸那竭有一工巧名曰純陁是人先於迦
葉佛所發大誓願釋迦如來入涅槃時我
當冣後奉施飲食是故我於毗舍離國顧
命比丘憂波摩那善男子過三月已吾當於
彼拘尸那竭娑羅雙樹入般涅槃汝可往告
純陁令知善男子王舍城中有五通仙名須
跋陁年百二十常自稱是一切智人生大憍
慢已於過去无量佛所種諸善根我亦為欲
調伏彼故告阿難言過三月已吾當涅槃須
跋聞已當來我所生信敬心我當為彼說種
種法其人聞已當得盡漏善男子羅閱耆
王頻婆娑羅其王太子名曰善見業因緣故生
惡逆心欲害其父而不得便尒時惡人提婆
達多亦因過去業因緣故復於我所生不善
心欲害於我我即脩五通不久獲得與善見太子

王頻婆娑羅其王太子名曰善見業因緣故生
惡逆心欲害其父而不得便尒時惡人提婆
達多亦因過去業因緣故復於我所生不善
心欲害於我即脩五通不久獲得與善見太子
共為親厚為太子故現作種種神通之事從
非門出從門而入從門而出非門而入或時示
現象馬牛羊男女之身善見太子見已即
生愛心喜心敬信之心為是事故嚴設種種
供養之具而供養之又復白言大師聖人我
今欲見曼陀羅華時提婆達多即便往至
三十三天從彼天人而求索之其福盡故都无
與者既不得華作是思惟曼陀羅樹无我我
所我若自取當有何罪即前欲取便失神通
還見己身在王舍城心生慚愧不能復見善
見太子復作是念我今當往至如來所求索
大眾佛若聽者我當隨意教詔勅使舍利弗等
尒時提婆達多便來我所作如是言唯願如
來以此大眾付囑於我我當種種說法教化
令其調伏我言癡人舍利弗等聰明大智世
所信伏我猶不以大眾付囑況汝癡人食唾
者乎時提婆達多復於我所倍生惡心作如是言
瞿曇汝今雖復調伏大眾勢亦不久當見磨
滅作是語已大地即時六反震動提婆達多
尋時躃地於其身邊出大暴風吹諸塵土而
汙坌之提婆達多見惡相已復作是言若我

瞿曇汝今雖復調伏大眾勢亦不久當見磨
滅作是語已大地即時六反震動提婆達多
尋時躃地於其身邊出大暴風吹諸塵土而
汙坌之提婆達多見惡相已復作是言若我
此身現世必入阿鼻地獄我要當報如是大
怨時提婆達多尋起往至善見太子所善見
見已即問聖人何故顏容憔悴有憂色耶提
婆達言我常如是汝不知乎善見答曰願說
其意何因緣尒提婆達言我今與汝極成親
愛外人罵汝以為非理我聞是事豈得不憂
善見太子復作是言國人云何罵辱於我提
婆達言國人罵汝為未生怨善見復言何故
名我為未生怨誰作此名提婆達言汝未生
時一切相師皆作是言是兒生已當煞其父是
故外人皆悉号汝為未生怨一切內人護汝心
故謂為善見毗提夫人聞是語已既生汝身
於高樓上棄之於地壞汝一指以是因緣人
復号汝為婆羅留枝我聞是已心生愁憤而
復不能向汝說之提婆達多以如是等種種
惡事教令煞父若汝父死我亦能煞瞿曇沙
門善見太子問一大臣名曰雨行大臣大王
何故為我立字作未生怨大臣即為說其
本末如提婆達所說无異善見聞已即與大
臣收其父王閉之城外以四種兵而守衛之毗
提夫人聞是事已即至王所守王之人遮不

惡事教令煞父若汝父死我亦能煞瞿曇沙
門善見太子問一大臣名日雨行大臣大王
何故為我立字作未生怨大臣即為說其
本末如提婆達所說无異善見聞已即與大
臣收其父王閉之城外以四種兵而守衛之毗
提夫人聞是事已即至王所所守王人遮不
聽入尒時夫人生瞋恚心便呵罵之時諸守
人即告太子大王夫人欲得往見父王不審
聽不善見聞已復生瞋嫉即往母所前挐
母髮拔刀欲斫尒時耆婆白言大王有國以
來罪雖極重不及女人况所生母善見太子
聞是語已為耆婆故即便放捨遮斷父王衣
服卧具飲食湯藥過七日已王命便終善見
太子見父喪已方生悔心雨行大臣復以種
種惡耶之法而為說之大王一切業行都无
有罪何故今者而生悔心耆婆復言大王當
知如是業者罪兼二重一者煞父王二者煞
須陁洹如是罪者除佛更无能除滅者善
見王言如來清淨无有穢濁我等罪人云何
得見善男子我知是事故告阿難過三月已
吾當涅槃善見聞已即來我所我為說法重
罪得薄獲无根信善男子我諸弟子聞是說
已不解我意故作是言如來定說畢竟涅槃
善男子菩薩二種一者實義二者假名假名
菩薩聞我三月當入涅槃皆生退心而作是言

BD13867號　大般涅槃經（北本　宮本）卷三四　（26–15）

吾當涅槃善見聞已即來我所我為說法重
罪得薄獲无根信善男子我諸弟子聞是說
已不解我意故作是言如來定說畢竟涅槃
善男子菩薩二種一者實義二者假名假名
菩薩聞我三月當入涅槃皆生退心而作是言
如其如來无常不住我等何為為是事故无
量世中受大苦惱如來世尊成就具足无
量功德尚不能壞如是死魔况我等輩當能
壞耶善男子是故我為如是菩薩而作是言
如來常住无有變易善男子我諸弟子聞是
說已不解我意定言如來終不畢竟入於涅
槃善男子有諸衆生生於斷見作如是言一切
衆生身滅之後善惡之業无有受者我為是
人作如是言善惡果報實有受者云何知有
善男子過去之世拘尸那竭有王名曰善見
作童子時逕八万四千歲作太子時八万四千
歲及登王位亦八万四千歲於獨處坐作是
思惟衆生薄福壽命短促常有四怨而隨
逐之不自覺知猶故放逸是故我當出家脩
道斷絶四怨生老病死即勅有司於其城外
作七寶堂作已便告羣臣百官宮內如后諸
子眷屬汝等當知我欲出家能見聽不尒時
大臣及其眷屬各作是言善哉大王今正是
時時善見王將一使人獨住堂上復經八万
四千年中脩集慈心是慈因緣於後八万四

BD13867號　大般涅槃經（北本　宮本）卷三四　（26–16）

子眷屬汝等當知我欲出家能見聽不尒時
大臣及其眷屬各作是言善哉大王今正是
時時善見王捋一使人獨住堂上復經八万
四千年中脩集慈心是慈因緣於後八万四
千世中次第得作轉輪聖王三十世中作釋
提桓因无量世中作諸小王善男子尒時善
見豈異人乎莫作斯觀即我身是善男子我
諸弟子聞是說已不解我意唱言如來定說
有我及有我所又我一時為諸衆生說言我者
即是性也所謂內外因緣十二因緣衆生五
陰心界世間功德業行自在天世即名為我我
諸弟子聞是說已不解我意唱言如來定
說有我善男子復於異時有一比丘來至我
所作如是言世尊云何名我誰是我耶何緣
故我我時即為比丘說言比丘无我我所眼
者即是本无今有已有還无其生之時无所
從來及其滅時亦无所至雖有業果无有作
者无有捨陰及受陰者如汝所問云何我者
我即期也誰是我者即是業也何緣我者即
是愛也比丘譬如二手相柏聲出其中我亦
如是衆生業愛三因緣故名之為我比丘一
切衆生色不是我我中无色色中无我乃至
識亦如是比丘諸外道輩雖說有我終不離
陰若說離陰別有我者无有是處一切衆生
行如幻化熱時之炎比丘五陰皆是无常无

BD13867號　大般涅槃經（北本　宮本）卷三四　（26–17）

如是衆生業愛三因緣故名之為我比丘一
切衆生色不是我我中无色色中无我乃至
識亦如是比丘諸外道輩雖說有我終不離
陰若說離陰別有我者无有是處一切衆生
行如幻化熱時之炎比丘五陰皆是无常无
樂无我无淨善男子尒時多有无量比丘觀
此五陰无我我所得阿羅漢果善男子我諸
諸弟子聞是說已不解我意唱言如來定說
无我善男子我於經中復作是言三事和合
得受是身一父二母三者中陰是三和合得受
是身我時復說阿那含人現般涅槃或於中
陰入般涅槃或復說言中陰身根具足明了
皆因往業如淨提醐善男子我時或說弊惡
衆生所受中陰如世間中麁澀氀褐純善衆
生所受中陰如波羅㮈所出白疊我諸弟子
聞是說已不解我意唱言如來說有中陰善男
子我復為彼逆罪衆生而作是言造五逆罪
捨身直入阿鼻地獄我復說言曇摩留枝
比丘捨身直入阿鼻地獄於其中間无心宿
處我復為彼犢子梵志說言梵志若有中陰
則有六有我復說言无色衆生无有中陰善
男子我諸弟子聞是說已不解我意唱言佛
說定无中陰善男子我於經中復說有退何
以故因於无量懈怠懶惰諸比丘等不脩道
故說退五種一者樂於多事二者樂說世事

BD13867號　大般涅槃經（北本　宮本）卷三四　（26–18）

則有六有我復說言无色衆生无有中陰善
男子我諸弟子聞是說已不解我意唱言佛
說定无中陰善男子我於經中復說有退何
以故曰於无量懈怠懶墮諸比丘等不脩道
故說退五種一者樂於多事二者樂說世事
三者樂於睡眠四者樂近在家五者樂多遊
行以是因緣令比丘退說退因緣復有二種
一內二外阿羅漢人雖離內因不離外因以
外因緣故生煩惱生煩惱故則便退失復有
比丘名曰瞿伍六反退失退已慚愧復更進
脩第七即得得已恐失以刀自害我復或說
有時解脫或說六種阿羅漢等我諸弟子聞
是說已不解我意唱言如來定說有退善男
子經中復說譬如燋炭不還為木亦如瓶壞
更无瓶用煩惱亦尒阿羅漢斷終不還生亦說
衆生生煩惱因凡有三種一者未斷煩惱二
者不斷煩惱因緣三者不善思惟而阿羅漢
无二因緣謂斷煩惱无不善思惟善男子我
諸弟子聞是說已不解我意唱言如來定說
无退善男子我於經中說如來身凡有二種
一者生身二者法身言生身者即是方便應
化之身如是身者可得言是生老病死長短
黑白是此是彼是學无學我諸弟子聞是說
已不解我意唱言如來定說佛身是有為法
法身即是常樂我淨永離一切生老病死非白

BD13867號　大般涅槃經（北本　宮本）卷三四　（26–19）

黑白是此是彼是學无學我諸弟子聞是說
已不解我意唱言如來定說佛身是有為法
法身即是常樂我淨永離一切生老病死非白
非黑非長非短非此非彼非學无學若佛出
世及不出世常住不動无有變易善男子我
諸弟子聞是說已不解我意唱言如來定說
佛身是无為法善男子我經中說云何名為
十二因緣從无明生行從行生識從識生名
色從名色生六入從六入生觸從觸生受從
受生愛從愛生取從取生有從有生生從生
則有老死憂悲善男子我諸弟子聞是語已
不解我意唱言如來說十二因緣定是有為我
又一時告喻比丘而作是言十二因緣有佛
无佛性相常住善男子有十二緣不從緣生
有從緣生非十二緣有從緣生亦十二緣有
非緣生非十二緣有十二緣非緣生者謂未
來世十二支也有從緣生非十二緣者謂阿羅
漢所有五陰有從緣生名十二緣者謂凡
夫人所有五陰十二因緣有非緣生非十二緣
者謂虛空涅槃善男子我諸弟子聞是說
已不解我意唱言如來說十二緣定是无為
善男子我經中說一切衆生作善惡業捨身
之時四大於此即時散壞純善業者心即上
行純惡業者心即下行善男子我諸弟子

BD13867號　大般涅槃經（北本　宮本）卷三四　（26–20）

善男子我經中說一切衆生作善惡業捨身
之時四大於此即時散壞純善業者心即上
行純惡業者心即下行善男子我諸弟子
聞是說已不解我意唱言如來說心定常善
男子我於一時爲頻婆娑羅王而作是言大王
當知色是无常何以故從无常因而得生故
是色若從无常因生智者云何說言是常若
色是常不應壞滅生諸苦惱今見是色散滅
破壞是故當知色是无常乃至識亦如是善
男子我諸弟子聞是說已不解我意唱言如
來說心定斷善男子我經中說有諸弟子
受諸香華金銀寶物妻子奴婢八不淨物獲
得正道得正道已亦不捨離我諸弟子聞是
說已不解我意定言如來說受五欲不妨聖
道又我一時復作是說在家之人得正道者无
有是處善男子我諸弟子聞是說已不解我
意唱言如來說受五欲定遮正道善男子我
經中說遠離煩惱未得解脫猶如欲界脩集世
間第一法也善男子我諸弟子聞作是說不
解我意唱言如來說第一法唯是欲界又復
我說暖法頂法忍法世第一法在於初禪至
第四禪我諸弟子聞是說已不解我意故
言如來說如是法在於色界又復我說諸外
道等先已得斷四禪煩惱脩集暖法頂法忍

BD13867號　大般涅槃經（北本　宮本）卷三四　（26–21）

我說暖法頂法忍法世第一法在於初禪至
第四禪我諸弟子聞是說已不解我意故
言如來說如是法在於色界又復我說諸外
道等先已得斷四禪煩惱脩集暖法頂法忍
法世第一法觀四真諦得阿那含果我諸弟
子聞是說已不解我意唱言如來說第一法
在无色界善男子我經中說四種施中有三
種淨一者施主信因信果信施受者不信
果與施二者受者信因果施施主不信因果及
施三者施主受者二俱有信四者施主受
者二俱不信是四種施初三種淨我諸弟子
聞是說已不解我意唱言如來說施唯意善
男子我於一時復作是說施者施時以五事
施何等爲五一者施色二者施力三者施安
四者施命五者施辯以是因緣施主還得五
事果報我諸弟子聞是說已不解我意唱言
佛說施即五陰善男子我於一時宣說涅槃
即是遠離煩惱永盡滅无遺餘猶如燈滅更
无法生涅槃亦尒言虛空者即无所有譬如
世間无所有故名爲虛空非智緣滅即无所
有如其有者應有因緣有因緣故應有盡滅
以其无故无有盡滅我諸弟子聞是說已不
解我意唱言佛說无三无爲善男子我於一
時爲目揵連而作是言目連夫涅槃者即是

BD13867號　大般涅槃經（北本　宮本）卷三四　（26–22）

以其无故无有盡滅我諸弟子聞是說已不
解我意唱言佛說无三无為善男子我於一
時為目揵連而作是言目連夫涅槃者即是
章句即是足跡是畢竟處是无所畏即是大
師即是大果是畢竟智即是大忍无导三昧
是大法界是甘露味即是難見目連若說无
涅槃者云何有人生誹謗者墮於地獄善男
子我諸弟子聞是說已不解我意唱言如來
說有涅槃復於一時我為目連而作是說目
連眼不牢固至身亦尒皆不牢固不牢固故
名為虛空食下迴轉消化之處一切音聲皆
名虛空我諸弟子聞是說已不解我意唱言
如來決定說有虛空无為復於一時為目連
說目連有人未得須陁洹果住忍法時斷於
无量三惡道報當知不從智緣而滅我諸弟
子聞是說已不解我意唱言如來決定說有
非智緣滅善男子我又一時為跋波比丘說
跋波若比丘觀色若過去若未來若現在若
近若遠若麁若細如是等色非我我所若有
比丘如是觀已能斷色愛跋波又言云何名
色四大名色四陰名名我諸弟子聞是說已
不解我意唱言如來決定說言色是四大善
男子我復說言譬如因鏡則有像現色亦如
是因四大造所謂麁細澁滑青黃赤白長短
方圓耶角輕重寒熱飢渴烟雲塵霧是名造

BD13867號　大般涅槃經（北本　宮本）卷三四　（26–23）

不解我意唱言如來決定說言色是四大善
男子我復說言譬如因鏡則有像現色亦如
是因四大造所謂麁細澁滑青黃赤白長短
方圓耶角輕重寒熱飢渴烟雲塵霧是名造
色猶如觸像我諸弟子聞是說已不解我意
唱言如來說有四大則有造色或有四大无
有造色善男子往昔一時菩提王子作如是
言若有比丘護持禁戒若發惡心當知是時
失比丘戒我時語言菩提王子戒有七種從
於身口有无作色以是无作色因緣故其心雖
在惡无記中不名失戒猶名持戒以何因緣
名无作色非異色因不作異色因果善男子
我諸弟子聞是說已不解我意唱言佛說有
无作色善男子我於餘經作如是言戒者
即是遮制惡法若不作惡是名持戒我諸弟
子聞是說已不解我意唱言如來決定宣說
无无作色善男子我於經中作如是說聖人
色陰乃至識陰皆是无明因緣所出一切凡夫
亦復如是從无明生愛當知是愛即是无明
從愛生取當知是取即无明愛從取生有當
知是有即是无明愛取從有生受當知是受
即行是有從受因緣生於名色无明愛取有行
受觸識六入等是故受者即十二枝善男子我
諸弟子聞是說已不解我意唱言如來說无心
數善男子我於經中作如是說從眼色明惡欲

BD13867號　大般涅槃經（北本　宮本）卷三四　（26–24）

即行是有從受因緣生於名色无明愛取有行
受身識六入等是故受者即十二枝善男子我
諸弟子聞是說已不解我意唱言如来說无心
數善男子我於經中作如是說從眼色明惡欲
等四則生眼識言惡欲者即是无明欲性
求時即名爲愛愛因緣取取名爲業業因緣
識識緣名色名色緣六入六入緣觸觸緣想
受愛信精進定慧如是等法因身而生然非
是身善男子我諸弟子聞是說已不解我意
唱言如来說有心數善男子我或時說唯有
一有或說二三四五六七八九至二十五有我
諸弟子聞是說已不解我意唱言如来說
有五有或言六有善男子我往一時住迦毗
羅衛尼拘陁林時釋摩男来至我所作如是
言云何名爲優婆塞也我即爲說若有善男
子善女人諸根完具受三歸依是則名爲優
婆塞也釋摩男言世尊云何名爲一分優婆
塞我言摩男若受三歸及受一戒是名一分
優婆塞也我諸弟子聞是說已不解我意唱
言如来說優婆塞戒不具受得善男子我於
一時住恒河邊尒時迦旃延来至我所作如是
言世尊我教衆生令受齋法或一日或一夜
或一時或一念如是之人成齋不耶我言比
丘是人得善不名得齋我諸弟子聞是說

BD13867號　大般涅槃經（北本　宮本）卷三四　（26–25）

優婆塞也我諸弟子聞是說已不解我意唱
言如来說優婆塞戒不具受得善男子我於
一時住恒河邊尒時迦旃延来至我所作如是
言世尊我教衆生令受齋法或一日或一夜
或一時或一念如是之人成齋不耶我言比
丘是人得善不名得齋我諸弟子聞是說
已不解我意唱言如来說八戒齋具受乃得

大般涅槃經卷第三十四

BD13867號　大般涅槃經（北本　宮本）卷三四　（26–26）

BD13868 號背　現代護首　　（1–1）

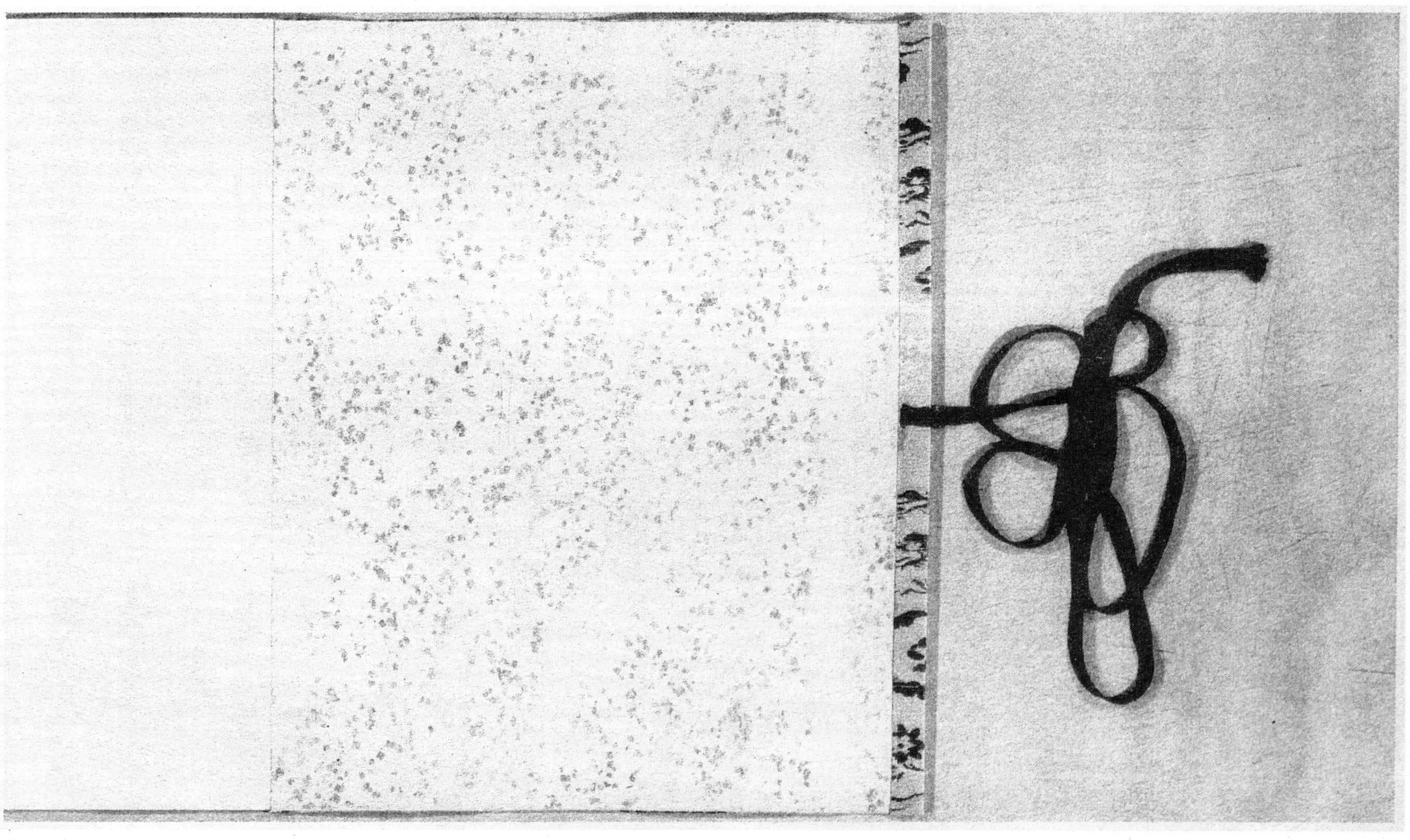

BD13868 號　大般涅槃經（北本　宮本）卷三五　　（27–1）

大般涅槃經迦葉菩薩品　三十五
善男子我於經中作如是說若有比丘犯四
重已不名比丘名破比丘亡失比丘不復能
生善牙種子譬如焦種不生果實如多羅樹
頭若斷壞則不生菓犯重比丘亦復如是我
諸弟子聞是說已不解我意唱言如來說諸
比丘犯重禁已失比丘戒善男子我於經中
為純陀說四種比丘一者畢竟到道二者示
道三者受道四者汙道犯四重者即是汙道
[illegible]

BD13868號　大般涅槃經（北本　宮本）卷三五　（27–2）

[illegible]
諸弟子聞是說已不解我意唱言如來說諸
比丘犯重禁已失比丘戒善男子我於經中
為純陀說四種比丘一者畢竟到道二者示
道三者受道四者汙道犯四重者即是汙道
我諸弟子聞是說已不解我意唱言如來說
諸比丘犯四重已不失禁戒善男子我於經
中告諸比丘一乘一道一行一緣如是一乘乃
至一緣能為衆生作大寂靜永斷一切繫
縛愁苦苦及苦因令一切衆生到於一有我
諸弟子聞是說已不解我意唱言如來說須
陀洹乃至阿羅漢人皆得佛道善男子我於
經中說須陀洹人間天上七反往來便般涅
槃斯陀含人一受人天便般涅槃阿那含人
凡有五種或有中間般涅槃者乃至上流般
涅槃者阿羅漢人凡有二種一者現在二者
未來現在亦斷煩惱五陰未來亦斷煩惱五
陰我諸弟子聞是說已不解我意唱言如來
說須陀洹至阿羅漢不得佛道善男子我於
此經說言佛性具有六事一常二實三真四
善五淨六可見我諸弟子聞是說已不解我
意唱言佛說衆生佛性離衆生有善男子我
又說言衆生佛性猶如虛空虛空者非過去
非未來非現在非內非外非是色聲香味觸
攝佛性亦尒我諸弟子聞是說已不解我意
唱言佛說衆生佛性離衆生有善男子我又
[illegible]

BD13868號　大般涅槃經（北本　宮本）卷三五　（27–3）

意唱言佛說衆生佛性離衆生有善男子我
又說言衆生佛性猶如虛空虛空者非過去
非未來非現在非内非外非是色聲香味觸
攝佛性亦尒我諸弟子聞是說已不解我意
唱言佛說衆生佛性離衆生有善男子我又
復說衆生佛性猶如貧女宅中寶藏力士額
上金剛寶珠轉輪聖王甘露之泉我諸弟子
聞是說已不解我意唱言佛說衆生佛性離
衆生有善男子我又復說犯四重禁一闡提
人謗方等經作五逆罪皆有佛性如是衆生
都无善法佛性是善我諸弟子聞是說已不
解我意唱言佛說衆生佛性離衆生有善男
子我又復說衆生者即是佛性何以故若離
衆生不得阿耨多羅三藐三菩提是故我與
波斯匿王說於象喻如盲說象雖不得象然
不離象衆生說色乃至說識是佛性者亦復
如是雖非佛性非不佛性如我為王說箜篌
喻佛性亦尒善男子我諸弟子聞是說已不
解我意作種種說如盲問乳佛性亦尒以是
因緣或有說言犯四重禁謗方等經作五逆
罪一闡提等悉有佛性或說言无善男子我
於處處經中說言一人出世多人利益一國
土中二轉輪王一世界中二佛出世无有是
處一四天下八四天王乃至二他化自在天
亦无是處然我乃說從閻浮提阿鼻地獄上
至阿迦膩吒天我諸弟子聞是說已不解我

BD13868號　大般涅槃經（北本　宮本）卷三五　（27-4）

土中二轉輪王一世界中二佛出世无有是
處一四天下八四天王乃至二他化自在天
亦无是處然我乃說從閻浮提阿鼻地獄上
至阿迦膩吒天我諸弟子聞是說已不解我
意唱言佛說无十方佛我亦於諸大乘經中
說有十方佛善男子如是諍訟是佛境界非
諸聲聞緣覺所知若人於是生疑心者猶能
摧壞无量煩惱如須弥山若於是中生决定
者是名執著迦葉菩薩白佛言世尊云何執
著佛言善男子如是之人若從他聞若自尋
經若他故教於所著事不能放捨是名執著
迦葉復言世尊如是執著為是善耶是不善
乎善男子如是執著不名為善何以故不能
摧壞諸疑网故迦葉復言世尊如是人者本
自不疑云何說言不壞疑网善男子夫不疑
者即是疑也世尊若有人謂須陁洹人不墮
三惡是人亦當名著名疑善男子是可名定
不得名疑何以故善男子譬如有人先見人
樹後時夜行遙見杌根便生疑相人耶樹耶
善男子如人先見比丘梵志後時於路遙見
比丘即生疑想是沙門耶是梵志乎善男子
如人先見牛與水牛後遙見牛便生疑想彼
是牛耶是水牛乎善男子一切衆生先見二
物後便生疑何以故心不了故我亦不說須
陁洹人有墮三惡不墮三惡是人何故生於
疑心迦葉言世尊如佛所說要先見已然後

BD13868號　大般涅槃經（北本　宮本）卷三五　（27-5）

比丘即生疑想是沙門耶是梵志乎善男子
如人先見牛與水牛後遙見牛便生疑想彼
是牛耶是水牛乎善男子一切衆生先見二
物後便生疑何以故心不了故我亦不說須
陁洹人有墮三惡不墮三惡是人何故生於
疑心迦葉言世尊如佛所說要先見已然後
疑者有人未見二種物時亦復生疑何等是
耶所謂涅槃世尊譬如有人路遇濁水然未
曾見而亦生疑如是水者深耶淺耶是人未
見云何生疑善男子夫涅槃者即是斷苦非
涅槃者即是苦也一切衆生見有二種見苦
非苦苦非苦者即是飢渴寒熱瞋喜病瘦安
隱老壯生死繫縛解脫恩愛別離怨憎聚會
衆生見已即便生疑當有畢竟遠離如是苦
惱事不是故衆生於涅槃中而生疑也汝意
若謂是人先來未見濁水云何疑者是義不
然何以故是人先於餘處見已是故於此未
曾到處而復生疑世尊是人先見深淺處時
已不生疑於今何故而復生疑佛言善男子
本未行故所以生疑是故我言不了故疑迦
葉菩薩白佛言世尊如佛所說疑即是著著
即是疑為是誰耶善男子斷善根者迦葉言
世尊何等人輩能斷善根善男子若有聰明
黠慧利根能善分別遠離善友不聽正法不
善思惟不如法住如是之人能斷善根離是
四事心自思惟无有施物何以故施者即是

BD13868號　大般涅槃經（北本　宮本）卷三五　（27–6）

即是疑為是誰耶善男子斷善根者迦葉言
世尊何等人輩能斷善根善男子若有聰明
黠慧利根能善分別遠離善友不聽正法不
善思惟不如法住如是之人能斷善根離是
四事心自思惟无有施物何以故施者即是
捨於財物若施有報當知施主常應貧窮何
以故子果相似故是故說言无因无果若如
是說无因无果是則名為斷善根也復作是
念施主受者及以財物三事无常无有停住
若无停住云何說言此是施主受者財物若
无受者云何得果以是義故无因无果若如
是說无因无果當知是人能斷善根復作是
念施主施時有五事施受者受已或時作善
或作不善而是施主亦復不得善不善果如
世間法從子生果果還作子因即施主果即
受者而是受者不能以此善不善法令施主
得以是義故无因无果若如是說无因无果當
知是人能斷善根復作是念无有施物何
以故施物无記若是无記云何而得善果報
耶无善惡果即是无記財若无記當知則无
善惡果報是故无施无因无果若如是說无
因无果當知是人能斷善根復作是念施者
即意若如意者无見无對非是色法若非是
色云何可施是故无施无因无果若如是說
无因无果當知是人能斷善根復作是念施
主若為佛像天像命過父母而行施者則无
受者若无受者應无果報若无果報是為

BD13868號　大般涅槃經（北本　宮本）卷三五　（27–7）

因无果當知是人能斷善根復作是念施者
即意若如意者无見无對非是色法若非是
色云何可施是故无施无因无果若如是說
无因无果當知是人能斷善根復作是念施
主若為佛像天像命過父母而行施者則无
受者若无受者應无果報若无果報是為
无因若无因者是為无果若如是說无因无
果當知是人能斷善根復作是念无父无母
若言父母是衆生因生衆生者理應常生无
有斷絶何以故因常有故然不常生是故當
知无有父母復作是念无父无母何以故若
衆生身因父母有一人應具男女二根然无
具者當知衆生非因父母復作是念非因父
母而生衆生何以故眼見衆生不似父母謂
身色心威儀進止是故父母非衆生因復作
是念一切世間有四種无一者未生名无如
埿團時未有瓶用二者滅已名无如瓶壞已
是名為无三者各異互无如牛中无馬馬中
无牛四者畢竟名无如兔角龜毛衆生父母
亦復如是同此四无若言父母衆生因者父
母死時子不必死是故父母非衆生因復作
是念若言父母衆生因者應因父母常生衆
生然而復有化生濕生是故當知非因父母
生衆生也復作是念自有衆生非因父母而
得生長譬如孔雀聞雷震聲而便得身又如
青雀飲雄雀淚而便得身如命鳥見雄者

BD13868號　大般涅槃經（北本　宮本）卷三五　（27–8）

是念若言父母衆生因者應因父母常生衆
生然而復有化生濕生是故當知非因父母
生衆生也復作是念自有衆生非因父母而
得生長譬如孔雀聞雷震聲而便得身又如
青雀飲雄雀淚而便得身如命鳥見雄者
儛即便得身作是念時如其不遇善知識者
當知是人能斷善根復作是念一切世間无
善惡果何以故有諸衆生具十善法樂行慧
施懃脩功德是人亦復疹病集身中年夭喪
財物損失多諸憂苦有行十惡慳貪嫉妬嬾
惰懈怠不脩諸善身安无病終保年壽多
饒財寶无諸愁苦是故當知无善惡果復作是
念我亦曾聞諸聖人說有人脩善命終多墮
三惡道中有人行惡命終生於人天之中是
故當知无善惡果復作是念一切聖人有二
種說或說煞生得善果報或說煞生得惡果
報是故當知聖說不定聖若不定我云何定
是故當知无善惡果復作是念一切世間无
有聖人何以故若言聖人應得正道一切衆
生具煩惱時脩正道者當知是人正道煩惱
一時俱有若一時有當知正道不能破結若
无煩惱而脩道者如是正道為何所作是故
具煩惱者道不能壞不具煩惱道則无用是
故當知一切世間无有聖人復作是念无明
緣行乃至生緣老死是十二因緣一切衆生
等共有之八聖道者其性平等亦應如是一

BD13868號　大般涅槃經（北本　宮本）卷三五　（27–9）

一時俱有者一時有當知[illegible]
无煩惱而脩道者如是正道為何所作是故
具煩惱者道不能壞不具煩惱道則无用是
故當知一切世間无有聖人復作是念无明
緣行乃至生緣老死是十二因緣一切衆生
等共有之八聖道者其性平等亦應如是一
人得時一切應得一人脩時應一切苦滅何
以故煩惱等故而今不得是故當知无有正
道復作是念聖人皆有同凡夫法所謂飲食
行住坐卧睡眠喜咲飢渴寒熱愁憂恐怖若
同凡夫如是事者當知聖人不得聖道若得聖道
應當永斷如是等事如是等事如其不斷當知无
道復作是念聖人有身受五欲樂亦復罵辱
撾打於人嫉妬憍慢受於苦樂作善惡業是
因緣故知无聖人若有道者應斷是事是事
不斷當知无道復作是念多憐愍者名為聖
人何因緣故名為聖人道因緣故名為聖人若
道性憐愍便應愍念一切衆生不待脩已
然後方得如其无愍何故聖人因得聖道
能憐愍耶是故當知世无聖道復作是念一
切四大不從因生衆生等有是四大性不觀
衆生是邊應到彼不應到若有聖道性應如
是然今不尒是故當知世无聖人復作是念
若諸聖人有一涅槃當知是則无有聖人何
以故不可得故常住之法理不可得不可取
捨若諸聖人涅槃多者是則无常何以故可
數法故涅槃若一一人得時一切應得涅槃

BD13868號　大般涅槃經（北本　宮本）卷三五　（27–10）

是然今不尒是故當知世无聖人復作是念
若諸聖人有一涅槃當知是則无有聖人何
以故不可得故常住之法理不可得不可取
捨若諸聖人涅槃多者是則无常何以故可
數法故涅槃若一一人得時一切應得涅槃
若多是則有邊如其有邊云何名常若有說
言涅槃體一解脫是多如蓋是一者舌是多
是義不然何以故一一所得非一切得然有
邊故是應无常若无常者云何得名為涅槃
耶涅槃若无誰為聖人是故當知无有聖人
復作是念聖人之道非因緣得若聖人道非
因緣得何故一切不作聖人若一切人非聖人
者當知是則无有聖人及以聖道復作是
念聖說正見有二因緣一者從他聞法二者
內自思惟是二因緣若從緣生所從者生復
從緣生如是展轉有无窮過若是二事不從
緣生一切衆生何故不得作是觀時能斷善
根善男子若有衆生深見如是无因无果是
人能斷信等五根善男子斷善根者非是下
劣愚鈍之人亦非天中及三惡道破僧之尒
迦葉菩薩白佛言世尊如是之人何時當能
還生善根佛言善男子是人二時還生善
根初入地獄出地獄時善男子善有三種過
去現在未來若過去者其性自滅因雖滅盡
果報未熟是故不名斷過去果斷三世因故
[illegible]菩薩白佛言世尊若斷三世因

BD13868號　大般涅槃經（北本　宮本）卷三五　（27–11）

還生善根佛言善男子是人二時還生善
根初入地獄出地獄時善男子善有三種過
去現在未來若過去者其性自滅因雖滅盡
果報未熟是故不名斷過去果斷三世因故
名為斷迦葉菩薩白佛言世尊若斷三世因
名斷善根斷善根人即有佛性如是佛性為
是過去為是現在為是未來為遍三世若過
去者云何名常佛性亦常是故當知非過去
也若未來者云何名常何故佛說一切衆生
必定當得若必定得云何言斷若現在者復
云何常何故復言必定可見如來亦說佛性
有六一常二真三實四善五淨六可見若斷
善根有佛性者則不得名斷善根也若无佛
性云何復言一切衆生悉有佛性若言佛性
亦有亦斷云何如來復說是常佛言善男子
如來世尊為衆生故有四種答一者定答二
者分別答三者隨問答四者置答善男子云
何定答若問惡業得善果耶不善果乎是應
定答得不善果善亦如是若問如來一切智
不是應定答是一切智若問佛法是清淨不
是應定答必定清淨若問如來弟子如法住
不是應定答有如法住是名定答云何分別
答如我所說四真諦法云何為四苦集滅道
何謂苦諦有八苦故名曰苦諦云何集諦五
陰因故名為集諦云何滅諦貪欲瞋癡畢竟
盡故名為滅諦云何道諦三十七助道法名

BD13868號　大般涅槃經（北本　宮本）卷三五　（27–12）

不是應定答有如法住是名定答云何分別
答如我所說四真諦法云何為四苦集滅道
何謂苦諦有八苦故名曰苦諦云何集諦五
陰因故名為集諦云何滅諦貪欲瞋癡畢竟
盡故名為滅諦云何道諦三十七助道法名
為道諦是名分別答云何隨問答如我所說
一切法无常復有問言如來世尊為何法故說
於无常答言如來為有為法故說无常无我
亦尒如我所說一切法燒他又問言如來世
尊為何法故說一切燒答言如來為貪瞋癡
說一切燒善男子如來十力四无所畏大悲
大慈三念處首楞嚴等八万億諸三昧門三
十二相八十種好五智印等三万五千諸三
昧門金剛定等四千二百諸三昧門方便三
昧无量无邊如是等法是佛佛性如是佛性
則有七事一常二我三樂四淨五真六實七
善是名分別答善男子後身菩薩佛性有六
一常二淨三真四實五善六少見是名分別答
如汝先問斷善根人有佛性者是人亦有如來
佛性亦有後身佛性是二佛性鄣未來故得
名為无畢定得故得名為有是名分別答如
來佛性非過去非現在非未來後身佛性現
在未來少可見故得名現在未具見故名為
未來如來未得阿耨多羅三藐三菩提時佛
性因故亦是過去現在未來果則不尒有是
三世有非三世後身菩薩佛性因故亦是過

BD13868號　大般涅槃經（北本　宮本）卷三五　（27–13）

在未来少可見故得名現在未具見故名為
未来如来未得阿耨多羅三藐三菩提時佛
性因故亦是過去現在未来果則不尒有是
三世有非三世後身菩薩佛性因故亦是過
去現在未来果亦如是是名分別荅九住菩
薩佛性六種一常二善三真四實五淨六可
見佛性因故亦是過去現在未来果亦如是
是名分別荅八住菩薩下至六住佛性五事
過去現在未来果亦如是是名分別荅五住
一真二實三淨四善五可見佛性因故亦是
菩薩下至初住佛性五事一真二實三淨　四
可見五善不善善男子是五種佛性六種佛
性七種佛性斷善根人必當得故故得言　有
是名分別荅若有說言斷善根者定有佛性
定无佛性是名置荅迦葉菩薩言世尊我聞
不荅乃名置荅如来今者何因緣荅而名置
荅善男子我亦不說置而不荅乃說置荅
善男子如是置荅復有二種一者遮止二者莫
著以是義故得名置荅迦葉菩薩白佛言世
尊如佛所說云何名因亦是過去現在未来
果亦過去現在未来非是過去現在未来佛
言善男子五陰二種一者因二者果是因五陰
是過去現在未来是果五陰亦是過去現
在未来亦非過去現在未来善男子一切无
明煩惱等結悉是佛性何以故佛性因故從
无明行及諸煩惱得善五陰是名佛性從善

言善男子五陰二種一者因二者果是因五陰
是過去現在未来是果五陰亦是過去現
在未来亦非過去現在未来善男子一切无
明煩惱等結悉是佛性何以故佛性因故從
无明行及諸煩惱得善五陰是名佛性從善
五陰乃至獲得阿耨多羅三藐三菩提是故
我於經中先說衆生佛性如雜血乳血者即
是无明行等一切煩惱乳者即是善五陰也
是故我說從諸煩惱及善五陰得阿耨多羅
三藐三菩提如衆生身皆從精血而得成就
佛性亦尒須陁洹人斯陁含人斷少煩惱佛
性如乳阿那含人佛性猶如酪阿羅漢人猶
如生蘇從辟支佛至十住菩薩猶如熟蘇如
来佛性猶如提湖善男子現在煩惱為作郭
故令諸衆生不得覩見如香山中有忍辱草非
一切牛皆能得食佛性亦尒是名分別荅迦
葉菩薩白佛言世尊五種六種七種佛性若
未来有者云何說言斷善根人有佛性耶佛
言善男子如諸衆生有過去業因是業故衆
生現在得受果報有未来業以未生故終不
生果有現在煩惱若无煩惱一切衆生應當
了了現見佛性是故斷善根人以現在世煩
惱因緣能斷善根未来佛性力因緣故還生
善根迦葉言世尊未来云何能生善根善男
子猶如燈日雖復未生亦能破闇未来之生

了了現見佛性是故斷善根人以現在世煩
惱因緣能斷善根未來佛性力因緣故還生
善根迦葉言世尊未來云何能生善根善男
子猶如燈日雖復未生亦能破闇未來之生
能生衆生未來佛性亦復如是是名分别荅
迦葉菩薩白佛言世尊若言五陰是佛性者
云何說言衆生佛性非内非外佛言善男子
何因緣故如是失意我先不說衆生佛性是
中道耶迦葉言世尊我實不失意直以衆生
於此中道不能解故故發斯問善男子衆生
不解即是中道或時有解或有不解善男子
我爲衆生得開解故說言佛性非内非外何
以故凡夫衆生或言佛性住五陰中如器中有
菓或言離陰而有猶如虚空是故如来說
於中道衆生佛性非内六入非外六入内外
合故名爲中道是故如来宣說佛性即是中
道非内非外故名中道是名分别荅復次善
男子云何名爲非内非外善男子或言佛性
即是外道何以故菩薩摩訶薩於无量劫在
外道中斷諸煩惱調伏其心教化衆生然後
乃得阿耨多羅三藐三菩提是故佛性即是
外道或言佛性即是内道何以故菩薩雖於
无量劫中脩集外道若離内道則不能得阿
耨多羅三藐三菩提是以佛性即是内道是
故如来遮此二邊說言佛性非内非外亦名
内外是名中道是名分别荅復次善男子或

BD13868號　大般涅槃經（北本　宮本）卷三五　（27–16）

外道或言佛性即是内道何以故菩薩雖於
无量劫中脩集外道若離内道則不能得阿
耨多羅三藐三菩提是以佛性即是内道是
故如来遮此二邊說言佛性非内非外亦名
内外是名中道是名分别荅復次善男子或
言佛性即是如来金剛之身三十二相八十種
好何以故不虚誑故或言佛性即是十力四
无所畏大慈大悲及三念處首楞嚴等一切
三昧何以故因是三昧生金剛身三十二相八
十種好故是故如来遮此二邊說言佛性非内非
外亦名内外是名中道是名分别荅復次善男子
或有說言佛性即是内善思惟何以故離善思
惟則不能得阿耨多羅三藐三菩提故是故
佛性即是内善思惟或有說言佛性即是從
他聞法何以故從他聞法則能内善思惟若
不聞法則无思惟是以佛性即是從他聞法
是故如来遮此二邊說言佛性非内非外亦
名内外是名中道復次善男子復有說言佛
性是外謂檀波羅蜜從檀波羅蜜得阿耨多
羅三藐三菩提是以說言檀波羅蜜即是佛
性或有說言佛性是内謂五波羅蜜何以故
離是五事當知則无佛性因果以是說言五
波羅蜜即是佛性是故如来遮此二邊說言
佛性非内非外亦内亦外是名中道復次善
男子或有說言佛性在内譬如力士額上寶
珠何以故常樂我淨如寶珠故是以說言佛

BD13868號　大般涅槃經（北本　宮本）卷三五　（27–17）

離是五事當知則无佛性因果以是說言五
波羅蜜即是佛性是故如來遮此二邊說言
佛性非内非外亦内亦外是名中道復次善
男子或有說言佛性在内譬如力士額上寶
珠何以故常樂我淨如寶珠故是以說言佛
性在内或有說言佛性在外如貧寶藏何以
故方便見故佛性亦尒在衆生外以方便故而
得見之是故如來遮此二邊說言佛性非内
非外亦内亦外是名中道善男子衆生佛性
非有非无所以者何佛性雖有非如虛空何
以故世間虛空雖以无量善巧方便不可得
見佛性可見是故雖有非如虛空佛性雖无
不同兔角何以故龜毛兔角雖以无量善巧
方便不可得生佛性可生是故雖无不同兔
角是故佛性非有非无亦有亦无云何名有
一切悉有是諸衆生不斷不滅猶如燈炎乃
至得阿耨多羅三藐三菩提是故名有云何
名无一切衆生現在未有一切佛法常樂我
淨是故名无有无合故即是中道是故佛說
衆生佛性非有非无善男子如有人問是種
子中有果无耶應定答言亦有亦无何以故
離子之外不能生果是故名有子未出牙是
故名无以是義故亦有亦无所以者何時節
有異其體是一衆生佛性亦復如是若言衆
生中別有佛性者是義不然何以故衆生即
佛性佛性即衆生直以時異[illegible]

BD13868號　大般涅槃經（北本　宮本）卷三五　　（27–18）

離子之外不能生果是故名有子未出牙是
故名无以是義故亦有亦无所以者何時節
有異其體是一衆生佛性亦復如是若言衆
生中別有佛性者是義不然何以故衆生即
佛性佛性即衆生直以時異有淨不淨善男
子若有問言是子能生果不是果能生子不
應定答言亦生不生世尊如世人說乳中有酪
是義云何善男子若有說言乳中有酪是名
執著若言无酪是名虛妄離是二事應定說
言亦有亦无何故名有從乳生酪因即是乳
果即是酪是名爲有云何名无色味各異服
用不同熱病服乳下病服酪乳生冷病酪生
熱病善男子若言乳中有酪性者乳即是酪
酪即是乳其性是一何因緣故乳在先出酪
不先生若有因緣一切世人何故不說若无
因緣何故酪不先出若酪不先出誰作次第
乳酪生蘇熟蘇醍醐是故知酪先无今有若
先无今有是无常法善男子若有說言乳有
酪性能生於酪水无酪性故不生酪是義不
然何以故水草亦有乳酪之性所以者何因於
水草則出乳酪若言乳中定有酪性水草无
者是名虛妄何以故心不等故故名虛妄善
男子若言乳中定有酪者酪中亦應定有乳性
何因緣故乳中出酪酪不出乳若无因緣當
知是酪本无今有是故智者應言乳中非有
酪性非无酪性善男子是故如來於是經中

BD13868號　大般涅槃經（北本　宮本）卷三五　　（27–19）

者是名虛妄何以故心不等故故名虛妄善
男子若言乳中定有酪者酪中亦應定有乳性
何因緣故乳中出酪酪不出乳若无因緣當
知是酪本无今有是故智者應言乳中非有
酪性非无酪性善男子是故如來於是經中
說如是言一切衆生定有佛性是名爲著若
无佛性是名虛妄智者應說衆生佛性亦有
亦无善男子四事和合生於眼識何等爲四
眼色明欲是眼識性非眼非色非明非欲從
和合故便得出生如是眼識本无今有已有
還无是故當知无有本性乳中酪性亦復如
是若有說言水无酪性故不出酪是故乳中
定有酪性是義不然何以故善男子一切諸
法異因異果亦非一因生一切果非一切果
從一因生善男子如從四事生於眼識不可
復說從此四事應生耳識善男子離於方便
乳中得酪酪出生蘇不得如是要須方便善
男子智者不可見離方便從乳得酪謂得生
蘇亦應如是離方便得善男子是故我於是
經中說因生故法有因滅故法无善男子如
塩性醎能令非醎使醎若非醎物先有醎性
世人何故更求塩耶若先无者當知先无今
有以餘緣故而得醎也若言一切不醎之物
皆有醎性微故不知由此微性塩能令醎若
本无性雖復有塩不能令醎譬如種子自有
四大緣外四大而得增長牙莖枝葉塩性亦

BD13868號　大般涅槃經（北本　宮本）卷三五　（27-20）

有以餘緣故而得醎也若言一切不醎之物
皆有醎性微故不知由此微性塩能令醎若
本无性雖復有塩不能令醎譬如種子自有
四大緣外四大而得增長牙莖枝葉塩性亦
尒者是義不然何以故不醎之物先有醎性
者塩亦應有微不醎性是塩若有如是二性
何因緣故離不醎物不可獨用是故知塩本
无二性如塩一切不醎之物亦復如是若言
外四大種力能增長内四大者是義不然何
以故次第說故不從方便乳中得酪生蘇乃
至一切諸法皆不如是非方便得增外四大
亦復如是若說從外四大增内四大不見從
内四大增外四大如尸利沙菓先无形質見
昴星時菓則出生足長五寸如是菓者實不
因於外四大增善男子如我所說十二部經或
隨自意說或隨他意說或隨自他意說云
何名爲隨自意說如五百比丘問舍利弗大
德佛說身因何者是耶舍利弗言諸大德汝
等亦各得正解脫自應識之何緣方作如是
問耶有比丘言大德我未獲得正解脫時意
謂无明即是身因作是觀時得阿羅漢果復
有說言大德我未獲得正解脫時謂愛无明
即是身因作是觀時得阿羅漢果或有說言行識
名色六入觸受愛取有生飲食五欲即是身
因尒時五百比丘各各自說已所解已共往
佛所稽首佛足右遶三匝礼拜畢已却坐一

BD13868號　大般涅槃經（北本　宮本）卷三五　（27-21）

有說言大德我未獲得正解脫時謂愛无明
即是身因作是觀時得阿羅漢果或有說言行識
名色六入觸受愛取有生飲食五欲即是身
因尒時五百比丘各各自說已所解已共往
佛所稽首佛足右遶三匝礼拜畢已却坐一
面各以如上已所解義向佛說之舍利弗白
佛言世尊如是諸人誰是正說誰不正說佛
告舍利弗善哉善哉一一比丘无非正說舍
利弗言世尊佛意云何佛言舍利弗我為
欲界衆生說言父母即是身因如是等經名
隨自意說云何名為隨他意說如把吒羅長者
来至我所作如是言瞿曇汝知幻不若知幻
者即大幻人若不知者非一切智我言長者
知幻之人名幻人耶長者言善哉善哉知幻
之人即是幻人佛言長者舍衛國内波斯匿
王有栴陀羅名曰氣嘘汝不知耶長者荅言
瞿曇我久知之佛言汝久者可得即是栴
陀羅不長者言瞿曇我雖知彼是栴陀羅
然我此身非栴陀羅佛言長者汝得是義知栴
陀羅非栴陀羅我今何故不得知幻而非幻
乎長者我實知幻知幻人知幻果報知幻伎
術我知煞知煞人知煞果報知煞解脫乃至
知耶見知耶見人知耶見果報知耶見解脫
長者若說非幻之人名為幻人非耶見人說
耶見人得无量罪長者言瞿曇如汝所說我
得大罪我今所有悉以相上幸莫令彼波斯

BD13868號　大般涅槃經（北本　宮本）卷三五　（27–22）

術我知煞知煞人知煞果報知煞解脫乃至
知耶見知耶見人知耶見果報知耶見解脫
長者若說非幻之人名為幻人非耶見人說
耶見人得无量罪長者言瞿曇如汝所說我
得大罪我今所有悉以相上幸莫令彼波斯
匿王知我此事佛言長者是罪因緣不必失
財乃當因是墮三惡道是時長者聞惡道名
心生恐怖白佛言聖人我今失意獲得大罪
聖人今者是一切智亦應當知獲得解脫我當
云何得脫地獄餓鬼畜生尒時我為說四
真諦長者聞已得須陁洹果心生慚愧向佛
懺悔我本愚癡佛非幻人而言是幻我從今
日歸依三寶佛言善哉善哉長者是名隨他
意說云何名為隨自他說如我所說如一切
世間智者說有我亦說有智人說无我亦說
无世間智人說五欲樂有无常苦无我可斷
我亦說有世間智人說五欲樂有常樂我淨
无有是處我亦如是說无是處是名隨自他
說善男子如我所說十住菩薩少見佛性是
名隨他意說何故名少見十住菩薩得首楞
嚴等三昧三千法門是故了了自知當得阿
耨多羅三藐三菩提不見一切衆生定得阿耨
多羅三藐三菩提是故我說十住菩薩少
分見佛性善男子我常宣說一切衆生悉有
佛性是名隨自意說一切衆生不斷不滅乃
至得阿耨多羅三藐三菩提是故我今隨自

BD13868號　大般涅槃經（北本　宮本）卷三五　（27–23）

厭等三昧三千法門是故了了自知當得阿
耨多羅三藐三菩提不見一切衆生定得阿耨
多羅三藐三菩提是故我說十住菩薩少
分見佛性善男子我常宣說一切衆生悉有
佛性是名隨自意說一切衆生不斷不滅乃
至得阿耨多羅三藐三菩提是故我今隨自
意說一切衆生悉有佛性煩惱覆故不能得
見我說如是汝說亦尒是名隨自他意說善
男子如来或時為一法故說无量法如經中
說一切梵行因善知識一切梵行因雖无量
說善知識則已攝盡如我所說一切惡行耶
見為因一切惡行因雖无量若說耶見則已
攝盡或說阿耨多羅三藐三菩提信心為因
是菩提因雖復无量若說信心則已攝盡善
男子如来雖說无量諸法以為佛性然不離
於陰入界也善男子如来說法為衆生故有
七種語一者因語二者果語三者因果語四者
喻語五者不應說語六者世流布語七者如
意語云何名因語現在因中說未来果如
我所說善男子汝見衆生樂煞乃至樂行耶
見當觀是人即地獄人善男子若有衆生不
樂煞生乃至耶見當觀是人即是天人是名
因語云何果語現在果中說過去因如經中
說善男子如汝所見貧窮衆生顏貌醜陋不
得自在當知是人定有破戒妬心瞋心无慚
愧心若見衆生多財巨富諸根見具威德自

BD13868號　大般涅槃經（北本　宮本）卷三五　（27-24）

見當觀是人即地獄人善男子若有衆生不
樂煞生乃至耶見當觀是人即是天人是名
因語云何果語現在果中說過去因如經中
說善男子如汝所見貧窮衆生顏貌醜陋不
得自在當知是人定有破戒妬心瞋心无慚
愧心若見衆生多財巨富諸根見具威德自
在當知是人定有戒施精進慚愧无有妬瞋
是名果語云何因果語如經中說善男子衆
生現在六入阜因是名過去業果如来亦說
名之為業是業因緣得未来果是名因果語
云何喻語如說師子王者即喻我身大象王
大龍王波利質多樹七寶聚大海須弥山大
地大雨舩師導師調御丈夫力士牛王婆羅
門沙門大城多羅樹如是喻經名為喻語云
何不應語我經中說天地可合河不入海如
為波斯匿王說四方山来如為鹿母優婆夷
說若娑羅樹能受八戒則得受於人天之樂
如說十住菩薩有退轉心不說如来有二種
語寧說須陁洹人墮三惡道不說十住有退
轉心是名不應語云何世流布語如佛所說
男女大小去来坐卧車乘房舍瓶衣衆生常
樂我淨軍林城邑增幻合散是名世流布語
云何如意語如我呵嘖毀禁之人令彼自嘖
護持禁戒如我讚嘆須陁洹人令諸凡夫生
於善心讚嘆菩薩為令衆生發菩提心說三
惡道所有苦惱為令[illegible]

BD13868號　大般涅槃經（北本　宮本）卷三五　（27-25）

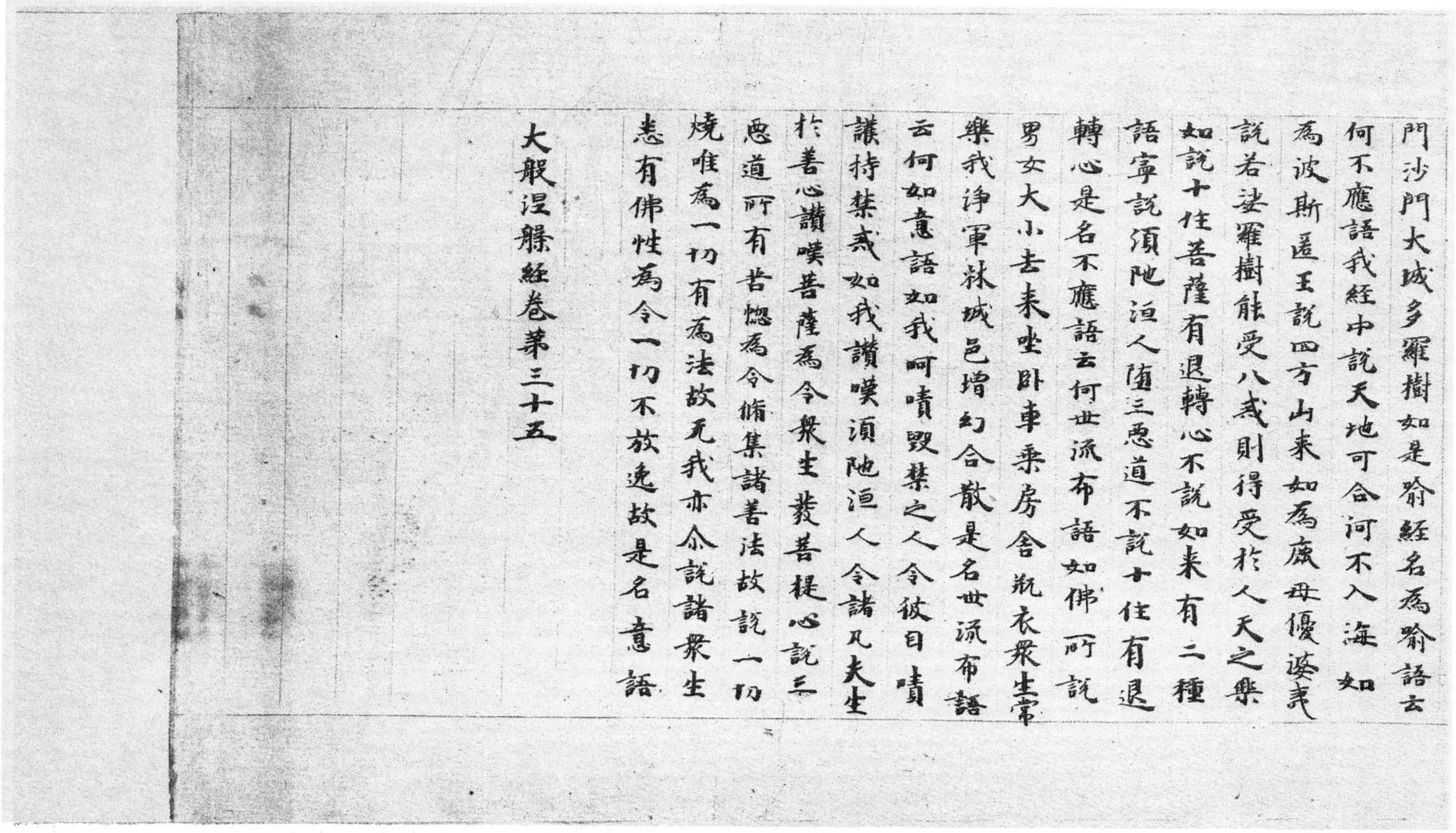

門沙門大城多羅樹如是喻經名爲喻語云
何不應語我經中說天地可合河不入海如
爲波斯匿王說四方山來如爲鹿母優婆夷
說若娑羅樹能受八戒則得受於人天之樂
如說十住菩薩有退轉心不說如來有二種
語寧說須陁洹人墮三惡道不說十住有退
轉心是名不應語云何世流布語如佛所說
男女大小去來坐卧車乘房舍瓶衣衆生常
樂我淨軍林城邑增幻合散是名世流布語
云何如意語如我呵嘖毀禁之人令彼自嘖
護持禁戒如我讚嘆須陁洹人令諸凡夫生
於善心讚嘆菩薩爲令衆生發菩提心說三
惡道所有苦惱爲令脩集諸善法故說一切
燒唯爲一切有爲法故无我亦尒說諸衆生
悉有佛性爲令一切不放逸故是名意語

大般涅槃經卷第三十五

BD13868號　大般涅槃經（北本　宮本）卷三五　（27–26）

燒唯爲一切有爲法故无我亦尒說諸衆生
悉有佛性爲令一切不放逸故是名意語

大般涅槃經卷第三十五

BD13868號　大般涅槃經（北本　宮本）卷三五　（27–27）

著 錄 凡 例

本目錄採用條目式著錄法。諸條目意義如下：

1.1　著錄編號。用漢語拼音首字“BD”表示，意為“北京圖書館藏敦煌遺書”，簡稱“北敦號”。文獻寫在背面者，標註為“背”。一件遺書上抄有多個文獻者，用數字1、2、3等標示小號。一號中包括幾件遺書，且遺書形態各自獨立者，用字母A、B、C等區別。

1.2　著錄分類號。本條記目錄暫不分類，該項空缺。

1.3　著錄文獻的名稱、卷本、卷次。

1.4　著錄千字文編號。

1.5　著錄縮微膠卷號。

2.1　著錄遺書的總體數據。包括長度、寬度、紙數、正面抄寫總行數與每行字數、背面抄寫總行數與每行字數。如該遺書首尾有殘破，則對殘破部分單獨度量，用加號加在總長度上。凡屬這種情況，長度用括弧標註。

2.2　著錄每紙數據。包括每紙長度及抄寫行數或界欄數。

2.3　著錄遺書的外觀。包括：（1）裝幀形式。（2）首尾存況。（3）護首、軸、軸頭、天竿、縹帶，經名是書寫還是貼簽，有無經名號，扉頁、扉畫。（4）卷面殘破情況及其位置。（5）尾部情況。（6）有無附加物（蟲繭、油污、線繩及其他）。（7）有無裱補及其年代。（8）界欄。（9）修整。（10）其他需要交待的問題。

2.4　著錄一件遺書抄寫多個文獻的情況。

3.1　著錄文獻首部文字與對照本核對的結果。

3.2　著錄文獻尾部文字與對照本核對的結果。

3.3　著錄錄文。

3.4　著錄對文獻的說明。

4.1　著錄文獻首題。

4.2　著錄文獻尾題。

5　著錄本文獻與對照本的不同之處。

6.1　著錄本遺書首部可與另一遺書綴接的編號。

6.2　著錄本遺書尾部可與另一遺書綴接的編號。

7.1　著錄題記、題名、勘記等。

7.2　著錄印章。

7.3　著錄雜寫。

7.4　著錄護首及扉頁的內容。

8　著錄年代。

9.1　著錄字體。如有武周新字、合體字、避諱字等，予以說明。

9.2　著錄卷面二次加工的情況。包括句讀、點標、科分、間隔號、行間加行、行間加字、硃筆、墨塗、倒乙、刪除、兌廢等。

10　著錄敦煌遺書發現後，近現代人所加內容，裝裱、題記、印章等。

11　備註。著錄揭裱互見、圖版本出處及其他需要說明的問題。

上述諸條，有則著錄，無則空缺。

為避文繁，上述著錄中出現的各種參考、對照文獻，暫且不列版本說明。全目結束時，將統一編制本條記目錄出現的各種參考書目。

本條記目錄為農曆年份標註其公曆紀年時，未進行歲頭年末之換算，請讀者使用時注意自行換算。

條　記　目　錄

BD13834—BD13868

1.1　BD13834 號

1.3　妙法蓮華經卷六

1.4　新 0034

2.1　（3.5＋849.5）×26 厘米；18 紙；518 行，行 17 字。

2.2

01：47.5，29；	02：47.5，29；	03：47.5，29；
04：47.5，29；	05：47.5，29；	06：47.5，29；
07：47.5，29；	08：47.5，29；	09：47.5，29；
10：47.5，29；	11：47.5，29；	12：47.5，29；
13：47.5，29；	14：47.5，29；	15：47.5，29；
16：47.5，29；	17：47.5，29；	18：45.5，25。

2.3　卷軸裝。首殘尾全。有古代裱補。有烏絲欄。近代已托裱。

3.1　首 2 行上殘→大正 0262，09/0047C11～12。

3.2　尾全→大正 0262，09/0055A09。

4.2　妙法蓮華經卷第六（尾）。

5　與《大正藏》本對照，本號卷尾有“凡一萬三百七十四言”1 行及音義 3 行。

8　7 世紀。唐寫本。

9.1　楷書。

10　此件原為日本大谷探險隊所得並托裱。護首為黄底雲龍織錦。卷端有題簽“妙法蓮華經卷第六”。並鈐有藍色長方形印章，2.4×3.4 厘米；印文為“圖書臺帳＼登錄番號 955”，數字係手寫。有千字文編號“玉”。尾有軸，人工水晶軸頭。下軸頭粘有紙簽，上書“類別 8，番號 34”。

1.1　BD13835 號

1.3　妙法蓮華經卷六

1.4　新 0035

2.1　（6.5＋606.5）×25.7 厘米；14 紙；352 行，行 17 字。

2.2

01：38.0；26；	02：48.5，28；	03：48.5，28；
04：48.5，28；	05：49.5，28；	06：49.0，28；
07：49.0，28；	08：49.0，28；	09：48.5，28；
10：40.0，23；	11：39.5，24；	12：39.5，24；
13：39.5，24；	14：26.0，08。	

2.3　卷軸裝。首殘尾全。紙張規格不一致。有烏絲欄。近代已托裱。

3.1　首 3 行上殘→大正 0262，09/0050B23～25。

3.2　尾全→大正 0262，09/0055A09。

4.2　妙法蓮華經卷第六（尾）。

8　7～8 世紀。唐寫本。

9.1　楷書。

10　此件原為日本大谷探險隊所得並托裱。護首為黄底雲龍織錦。卷端有題簽“妙法蓮華經卷第六”。並鈐有藍色長方形印章，2.4×3.4 厘米；印文為“圖書臺帳＼登錄番號 859（倒寫）”，數字係手寫。有千字文編號“出”。尾有軸，人工水晶軸頭。軸頭粘有紙簽，上書“類別 8，番號 95”。

1.1　BD13836 號

1.3　妙法蓮華經卷六

1.4　新 0036

2.1　（3.5＋744.5）×26.5 厘米；18 紙；458 行，行 17 字。

2.2

01：25.5，15；	02：42.0，26；	03：42.5，27；
04：42.5，27；	05：42.5，27；	06：42.5，27；
07：42.5，27；	08：42.5，27；	09：42.5，27；
10：42.5，27；	11：42.5，27；	12：43.0，27；
13：42.5，27；	14：42.5，27；	15：42.5，27；
16：42.5，27；	17：42.5，27；	18：42.5，13。

2.3　卷軸裝。首殘尾全。有烏絲欄。近代已托裱。

3.1　首行上殘→大正 0262，09/0048C06～07。

3.2　尾全→大正 0262，09/0055A09。

4.2　妙法蓮華經卷第六（尾）。

7.1　尾題後有題記：“寶應元年九月廿六日弟子楊大朂為亡姈寫/《法華經》一部，尹巖書。/”

8　762 年。唐寫本。

9.1　楷書。

10　此件原為日本大谷探險隊所得並托裱。護首為黄底雲龍織錦。卷端有題簽“妙法蓮華經卷第六”。並鈐有藍色長方形印章，

2.4×3.4 厘米；印文為“圖書臺帳\ 登錄番號 867”，數字係手寫。有千字文編號“崑”。尾有軸，人工水晶軸頭。軸頭粘有紙簽，上書“類別 8，番號 36”。

1.1　BD13837 號
1.3　妙法蓮華經（八卷本）卷七
1.4　新 0037
2.1　829.3×25.8 厘米；17 紙；452 行，行 17 字。
2.2　01：50.8，28；　02：50.8，28；　03：50.8，28；
04：50.8，28；　05：50.8，28；　06：50.8，28；
07：50.8，28；　08：50.8，28；　09：50.8，28；
10：50.8，28；　11：50.8，28；　12：50.8，28；
13：50.8，28；　14：50.8，28；　15：50.8，28；
16：50.8，28；　17：16.5，04。
2.3　卷軸裝。首脫尾全。有烏絲欄。近代已托裱。
3.1　首殘→大正 0262，09/0050C22。
3.2　尾全→大正 0262，09/0056C01。
4.2　妙法蓮華經卷第七（尾）。
5　與《大正藏》本對照，本卷經文分卷不同。屬於八卷本。
8　7～8 世紀。唐寫本。
9.1　楷書。
9.2　有硃筆塗改。
10　此件原為日本大谷探險隊所得並托裱。護首為黃底雲龍織錦。卷端有題簽“妙法蓮華經卷第七”。並鈐有藍色長方形印章，2.4×3.4 厘米；印文為“圖書臺帳\ 登錄番號 856”，數字係手寫。有千字文編號“劍”。尾有軸，人工水晶軸頭。

1.1　BD13838 號
1.3　妙法蓮華經（八卷本）卷八
1.4　新 0038
2.1　(6+510)×25.9 厘米；11 紙；279 行，行 17 字。
2.2　01：50.0，28；　02：50.0，28；　03：50.0，28；
04：49.5，28；　05：49.5，28；　06：49.5，28；
07：51.0，28；　08：51.0，28；　09：50.5，28；
10：49.0，26；　11：16.0，01。
2.3　卷軸裝。首殘尾全。紙張規格不一致。有烏絲欄。近代已托裱。
3.1　首 3 行上殘→大正 0262，09/0058B23～25。
3.2　尾全→大正 0262，09/0062A29。
4.2　妙法蓮華經卷第八（尾）。
5　與《大正藏》本對照，本卷經文分卷不同。屬於八卷本。
8　7～8 世紀。唐寫本。
9.1　楷書。
10　此件原為日本大谷探險隊所得並托裱。護首為黃底雲龍織錦。卷端有題簽“妙法蓮華經卷第八”。並鈐有藍色長方形印章，2.4×3.4 厘米；印文為“圖書臺帳\ 登錄番號 869”，數字係手寫。有千字文編號“號”。尾有軸，人工水晶軸頭。現代護首下端粘有紙簽，上書“類別 8，番號 38”。

1.1　BD13839 號
1.3　妙法蓮華經度量天地品
1.4　新 0039
2.1　482.4×24.8 厘米；10 紙；275 行，行 17 字。
2.2　01：48.5，27；　02：48.0，28；　03：48.2，28；
04：48.5，28；　05：48.0，28；　06：48.5，28；
07：48.2，28；　08：48.5，28；　09：48.0，28；
10：48.0，24。
2.3　卷軸裝。首尾均全。有烏絲欄。近代已托裱。
3.4　説明：
本文獻為疑僞經，未為我國歷代大藏經所收。日本《大正藏》依據敦煌遺書斯 01298 號收入，為一殘本，内容相當於本件 1～30 行。本遺書所抄首尾完整，字跡清晰，甚可寶貴。
4.1　妙法蓮華經度量天地品第廿九（首）。
4.2　妙法蓮華經卷第九（尾）。
8　9～10 世紀。歸義軍時期寫本。
9.1　楷書。
10　此件原為日本大谷探險隊所得並托裱。護首為黃底雲龍織錦。卷端有題簽“妙法蓮華經度量天地品第二十九”。並鈐有藍色長方形印章，2.4×3.4 厘米；印文為“圖書臺帳\ 登錄番號 857”，數字係手寫。有千字文編號“巨”。尾有軸，人工水晶軸頭。下軸頭粘有紙簽，上書“類別 8，番號 39”。

1.1　BD13840 號
1.3　大般涅槃經（北本）卷一
1.4　新 0040
2.1　907×26.6 厘米；20 紙；517 行，行 17 字。
2.2　01：14.5，00；　02：46.4，26；　03：48.0，28；
04：47.8，28；　05：47.8，28；　06：47.8，28；
07：47.8，28；　08：47.9，28；　09：47.9，28；
10：47.8，28；　11：47.9，28；　12：47.8，28；
13：47.8，28；　14：47.6，28；　15：48.0，28；
16：47.8，28；　17：47.8，28；　18：48.0，28；
19：48.0，28；　20：32.6，15。
2.3　卷軸裝。首尾均全。原卷有護首。有烏絲欄。近代已托裱。
3.1　首全→大正 0374，12/0365C02。
3.2　尾全→大正 0374，12/0371C08。
4.1　大般涅槃經壽命品第一（首）。
4.2　大般涅槃經卷第一（尾）。
8　8～9 世紀。吐蕃統治時期寫本。
9.1　楷書。
10　此件原為日本大谷探險隊所得並托裱。護首為黃底雲龍織錦。卷端有題簽“大般涅槃經卷第一”。並鈐有藍色長方形印章，2.4×3.4 厘米；印文為“圖書臺帳\ 登錄番號 998”，數字係手寫。有千字文編號“珠”。尾有軸，人工水晶軸頭。下軸頭粘有

紙簽，上書“類別 8，番號 40”。

1.1　BD13841 號 1
1.3　大般涅槃經（北本）卷一
1.4　新 0041
2.1　1890.7×27.1 厘米；39 紙；1480 行，行 30～33 字。
2.2　01：25.2，01；　02：48.0，39；　03：49.5，40；
04：49.9，40；　05：49.9，40；　06：49.5，40；
07：49.5，40；　08：49.8，40；　09：49.5，40；
10：46.8，38；　11：11.2，08；　12：50.7，38；
13：50.1，38；　14：50.6，38；　15：50.3，38；
16：50.3，38；　17：50.7，38；　18：50.7，38；
19：50.5，38；　20：50.2，38；　21：50.2，38；
22：50.2，38；　23：50.1，38；　24：50.4，38；
25：50.2，38；　26：50.7，38；　27：50.6，38；
28：50.4，38；　29：50.8，38；　30：50.6，38；
31：50.3，38；　32：50.3，38；　33：50.7，38；
34：50.4，38；　35：50.7，38；　36：50.3，38；
37：50.4，38；　38：50.8，38；　39：49.7，20。
2.3　卷軸裝。首尾均全。原卷有護首，近代托裱時改裝為扉頁。卷面有倒印墨迹，係他紙抄寫後墨迹未乾，面對面疊放，倒印所致。有烏絲欄。近代已托裱。
2.4　本遺書包括 5 個文獻：（一）《大般涅槃經》卷一，278 行，今編為 BD13841 號 1。（二）《大般涅槃經》卷二，318 行，今編為 BD13841 號 2。（三）《大般涅槃經》卷三，283 行，今編為 BD13841 號 3。（四）《大般涅槃經》卷四，301 行，今編為 BD13841 號 4。（五）《大般涅槃經》卷五，300 行，今編為 BD13841 號 5。
3.1　首全→大正 0374，12/0365C02。
3.2　尾全→大正 0374，12/0371C08。
4.1　大般涅槃經卷第一，壽命品（首）。
4.2　卷第一（尾）。
7.1　卷尾有題記：“《大般涅槃經》第一、第二、第三、第四、第五，已上五卷共成一卷。/”
7.4　近代裝裱時，將原護首改裝為扉頁，上有經名“涅槃經袟”，經名上有經名號，下署“張家鎮宅”。
8　9～10 世紀。歸義軍時期寫本。
9.1　楷書。
9.2　第 6 紙有 1 處硃筆校改。有行間校加字。
10　此件原為日本大谷探險隊所得並托裱。護首為黄底雲龍織錦。卷端有題簽“大般涅槃經卷第一～五”。並鈐有藍色長方形印章，2.4×3.4 厘米；印文為“圖書臺帳 \ 登録番號 898”，數字係手寫。有千字文編號“稱”。尾有軸，人工水晶軸頭。下軸頭粘有紙簽，上書“類別 8，番號 41”。

1.1　BD13841 號 2
1.3　大般涅槃經（北本）卷二
1.4　新 0041
2.4　本遺書由 5 個文獻組成，本文獻為第 2 個，318 行，餘參見 BD13841 號 1 第 2 項及第 7 項。
3.1　首全→大正 0374，12/0371C10。
3.2　尾全→大正 0374，12/0379A06。
4.1　大般涅槃經卷第二（首）。
4.2　卷第二（尾）。
8　9～10 世紀。歸義軍時期寫本。
9.1　楷書。
9.2　有行間校加字。

1.1　BD13841 號 3
1.3　大般涅槃經（北本）卷三
1.4　新 0041
2.4　本遺書由 5 個文獻組成，本文獻為第 3 個，283 行，餘參見 BD13841 號 1 第 2 項及第 7 項。
3.1　首全→大正 0374，12/0379A09。
3.2　尾全→大正 0374，12/0385B06。
4.1　大般涅槃經卷第三（首）。
4.2　卷第三（尾）。
8　9～10 世紀。歸義軍時期寫本。
9.1　楷書。
9.2　有行間校加字。

1.1　BD13841 號 4
1.3　大般涅槃經（北本）卷四
1.4　新 0041
2.4　本遺書由 5 個文獻組成，本文獻為第 4 個，301 行，餘參見 BD13841 號 1 第 2 項第 7 項。
3.1　首全→大正 0374，12/0385B09。
3.2　尾全→大正 0374，12/0390B07。
4.1　大般涅槃經如來性品卷第四（首）。
8　9～10 世紀。歸義軍時期寫本。
9.1　楷書。
9.2　有行間校加字。

1.1　BD13841 號 5
1.3　大般涅槃經（北本）卷五
1.4　新 0041
2.4　本遺書由 5 個文獻組成，本文獻為第 5 個，300 行，餘參見 BD13841 號 1 第 2 項及第 7 項。
3.1　首全→大正 0374，12/0390B11。
3.2　尾全→大正 0374，12/0396C11。
4.1　大般涅槃經卷第五（首）。
4.2　卷第六（五）（尾）。
8　9～10 世紀。歸義軍時期寫本。
9.1　楷書。

9.2　首題經名下有錯寫刮去痕迹。

1.1　BD13842 號
1.3　大般涅槃經（北本）卷三
1.4　新 0042
2.1　939.7×26.6 厘米；20 紙；530 行，行 17 字。
2.2　01：48.7，26；　02：48.8，28；　03：48.6，28；
04：49.1，28；　05：48.8，28；　06：48.7，28；
07：48.7，28；　08：48.7，28；　09：48.6，28；
10：48.9，28；　11：48.5，27；　12：48.6，28；
13：48.6，28；　14：48.8，28；　15：48.7，28；
16：48.8，28；　17：48.7，28；　18：48.3，28；
19：49.0，28；　20：14.1，01。
2.3　卷軸裝。首尾均全。有烏絲欄。近代已托裱。
3.1　首全→大正 0374，12/0379A09。
3.2　尾全→大正 0374，12/0385B06。
4.1　大般涅槃經壽命品之三（首）。
4.2　大般涅槃經卷第三（尾）。
8　8～9 世紀。吐蕃統治時期寫本。
9.1　楷書。
10　此件原為日本大谷探險隊所得並托裱。護首為黄底雲龍織錦。卷端有題簽"大般涅槃經卷第三"。並鈐有藍色長方形印章，2.4×3.4 厘米；印文為"圖書臺帳＼登錄番號 833"，數字係手寫。有千字文編號"夜"。尾有軸，人工水晶軸頭。下軸頭粘有紙簽，上書"類別 8，番號 42"。

1.1　BD13843 號
1.3　大般涅槃經（北本）卷四
1.4　新 0043
2.1　723.3×25.2 厘米；18 紙；420 行，行 17 字。
2.2　01：45.1，26；　02：17.3，10；　03：30.1，18；
04：47.5，28；　05：47.4，28；　06：17.3，10；
07：30.1，18；　08：47.7，28；　09：47.5，28；
10：47.6，28；　11：47.7，28；　12：47.5，28；
13：47.6，28；　14：47.8，28；　15：47.7，28；
16：47.6，28；　17：47.8，28；　18：12.0，02。
2.3　卷軸裝。首尾均全。有烏絲欄。近代已托裱。
3.1　首全→大正 0374，12/0385B09。
3.2　尾全→大正 0374，12/0390B08。
4.1　大般涅槃經如來性品卷第四（首）。
4.2　大般涅槃經卷第四（尾）。
8　9～10 世紀。歸義軍時期寫本。
9.1　楷書。
10　此件原為日本大谷探險隊所得並托裱。護首為黄底雲龍織錦。卷端有題簽"大般涅槃經卷第四"。並鈐有藍色長方形印章，2.4×3.4 厘米；印文為"圖書臺帳＼登錄番號 950"，數字係手寫。有千字文編號"光"。尾有軸，人工水晶軸頭。下軸頭粘有紙簽，上書"類別 8，番號 43"。

1.1　BD13844 號
1.3　大般涅槃經（北本）卷六
1.4　新 0044
2.1　843.1×24.8 厘米；17 紙；463 行，行 17 字。
2.2　01：35.9，20；　02：50.5，28；　03：50.4，28；
04：50.3，28；　05：50.2，28；　06：50.5，28；
07：50.2，28；　08：50.3，28；　09：50.4，28；
10：50.2，28；　11：50.6，28；　12：50.6，28；
13：50.3，28；　14：50.6，28；　15：50.7，28；
16：50.6，28；　17：50.8，28。
2.3　卷軸裝。首脱尾全。原卷 1～6 紙多處燒損，古代曾在諸燒損殘破處以另紙粘貼綴補，並補抄所殘缺的經文，抄補字迹與原卷字迹不同，所劃烏絲欄亦不合，第 7、第 8 紙亦有多處燒損，但僅兩處殘破較甚者綴補，其餘因字迹尚可辨認，故未予綴補。有烏絲欄。近代已托裱。
3.1　首殘→大正 0374，12/0397A24。
3.2　尾全→大正 0374，12/0402C11。
4.2　大般涅槃經卷第六（尾）。
8　8～9 世紀。吐蕃統治時期寫本。
9.1　楷書。
10　此件原為日本大谷探險隊所得並托裱。護首為黄底雲龍織錦。卷端有題簽"大般涅槃經卷第六"。並鈐有藍色長方形印章，2.4×3.4 厘米；印文為"圖書臺帳＼登錄番號 1017"，數字係手寫。有千字文編號"珍"。尾有軸，人工水晶軸頭。下軸頭粘有紙簽，上書"類別 8，番號 44"。

1.1　BD13845 號
1.3　大般涅槃經（北本　異卷）卷七
1.4　新 0045
2.1　947.5×25.1 厘米；19 紙；520 行，行 17 字。
2.2　01：20.8，01；　02：49.5，29；　03：51.7，29；
04：51.5，29；　05：52.8，30；　06：52.8，30；
07：52.6，31；　08：52.4，31；　09：52.9，30；
10：52.7，30；　11：53.0，30；　12：52.8，30；
13：52.8，30；　14：51.0，29；　15：47.9，27；
16：51.1，28；　17：51.2，29；　18：51.6，29；
19：46.4，18。
2.3　卷軸裝。首尾均全。原卷有護首，近代托裱時改裝為扉頁。第 17、18 紙接縫處下開裂。有烏絲欄。近代已托裱。
3.1　首全→大正 0374，12/0404B01。
3.2　尾全→大正 0374，12/0411A06。
4.1　大般涅槃經如來性品第四，卷七（首）。
4.2　大般涅槃經卷第七（尾）。
5　與《大正藏》本對照，分卷不同。經文相當於卷七後半部與卷八前半部。

7.4　近代裝裱時，將原護首改裝為扉頁，上有經名“大般涅槃經卷第七”，經名上有經名號。

8　7～8世紀。唐寫本。

9.1　楷書。

10　此件原為日本大谷探險隊所得並托裱。護首為黄底雲龍織錦。卷端有題簽“大般涅槃經卷第七”。並鈐有藍色長方形印章，2.4×3.4厘米；印文為“圖書臺帳\登録番號953”，數字係手寫。有千字文編號“李”。尾有軸，人工水晶軸頭。下軸頭粘有紙簽，上書“類別8，番號45”。

1.1　BD13846號

1.3　大般涅槃經（北本　異卷）卷八

1.4　新0046

2.1　925.1×24.8厘米；19紙；524行，行17字。

2.2　01：47.8，26；　02：48.7，28；　03：48.8，28；
04：48.8，28；　05：48.5，28；　06：48.9，28；
07：48.7，28；　08：48.5，28；　09：49.2，28；
10：48.8，28；　11：48.7，28；　12：48.6，28；
13：48.8，28；　14：48.7，28；　15：48.8，28；
16：49.2，28；　17：48.4，28；　18：48.9，28；
19：48.3，22。

2.3　卷軸裝。首尾均全。有烏絲欄。近代已托裱。

3.1　首全→大正0374，12/0411A07。

3.2　尾全→大正0374，12/0417B13。

4.1　大般涅槃經卷第八（首）。

4.2　大般涅槃經卷第八（尾）。

5　與《大正藏》本對照，分卷不同。經文相當於卷八大半部與卷九前部。

8　8～9世紀。吐蕃統治時期寫本。

9.1　楷書。

9.2　有行間校加字。

10　此件原為日本大谷探險隊所得並托裱。護首為黄底雲龍織錦。卷端有題簽“大般涅槃經卷第八”。並鈐有藍色長方形印章，2.4×3.4厘米；印文為“圖書臺帳\登録番號946”，數字係手寫。有千字文編號“奈”。尾有軸，人工水晶軸頭。下軸頭粘有紙簽，上書“類別8，番號46”。

1.1　BD13847號

1.3　大般涅槃經（北本　異卷）卷九

1.4　新0047

2.1　786.9×26.1厘米；18紙；422行，行17字。

2.2　01：41.5，22；　02：43.3，24；　03：43.8，24；
04：43.6，24；　05：43.7，24；　06：43.8，24；
07：43.8，24；　08：44.0，24；　09：44.1，24；
10：43.9，24；　11：44.0，24；　12：44.1，24；
13：43.8，24；　14：43.7，24；　15：44.0，24；
16：44.0，24；　17：43.9，24；　18：43.9，16。

2.3　卷軸裝。首尾均全。有烏絲欄。近代已托裱。

3.1　首全→大正0374，12/0417C01。

3.2　尾全→大正0374，12/0422B28。

4.1　大般涅槃經卷第九（首）。

4.2　大般涅槃經第九（尾）。

5　與《大正藏》本對照，分卷不同，且經文不分品，相當於卷九後半部。

8　8世紀。唐寫本。

9.1　楷書。

9.2　有行間校加字。

10　此件原為日本大谷探險隊所得並托裱。護首為黄底雲龍織錦。卷端有題簽“大般涅槃經卷第九”。並鈐有藍色長方形印章，2.4×3.4厘米；印文為“圖書臺帳\登録番號987”，數字係手寫。有千字文編號“菜”。尾有軸，人工水晶軸頭。軸頭粘有紙簽，上書“類別8，番號47”。

1.1　BD13848號

1.3　大般涅槃經（北本）卷一〇

1.4　新0048

2.1　825.5×26.6厘米；18紙；455行，行17字。

2.2　01：21.8，01；　02：48.2，26；　03：48.6，28；
04：48.7，28；　05：49.0，28；　06：48.9，28；
07：48.8，28；　08：49.1，28；　09：48.8，28；
10：48.9，28；　11：48.9，28；　12：48.8，28；
13：48.7，28；　14：48.6，28；　15：48.7，28；
16：48.7，28；　17：48.7，28；　18：23.6，08。

2.3　卷軸裝。首尾均全。原卷有護首，近代托裱時改裝為扉頁。有烏絲欄。近代已托裱。

3.1　首全→大正0374，12/0422C02。

3.2　尾全→大正0374，12/0428B13。

4.1　大般涅槃經卷第十（首）。

4.2　大般涅槃經卷第十（尾）。

7.4　近代裝裱時，將原護首改裝為扉頁，上有經名“大般涅槃經卷第十，春，顯”，經名上有經名號。

“春”爲敦煌遺書《大般涅槃經》特有的袟號，“顯”為本經收藏寺院顯德寺的簡稱。

8　9～10世紀。歸義軍時期寫本。

9.1　楷書。有武周新字“正”、“臣”、“國”，使用周遍，但所書“人”字非武周新字。

10　此件原為日本大谷探險隊所得並托裱。護首為黄底雲龍織錦。卷端有題簽“大般涅槃經卷第十”。並鈐有藍色長方形印章，2.4×3.4厘米；印文為“圖書臺帳\登録番號1022”，數字係手寫。有千字文編號“重”。尾有軸，人工水晶軸頭。軸頭粘有紙簽，上書“類別8，番號48”。

1.1　BD13849號

1.3　大般涅槃經（北本）卷一三

1.4　新0049
2.1　（7.6+735.9）×25.2厘米；15紙；407行，行17字。
2.2　01：51.3，28；　02：51.2，28；　03：51.1，28；
04：50.9，28；　05：50.7，28；　06：50.9，28；
07：50.8，28；　08：51.2，28；　09：51.1，28；
10：50.8，28；　11：50.0，28；　12：50.0，28；
13：49.9，28；　14：49.8，28；　15：33.8，15。
2.3　卷軸裝。首殘尾全。前數紙上有等距殘洞；首紙地脚有殘損。有烏絲欄。近代已托裱。
3.1　首4行上下殘→大正0374，12/0440C16～20。
3.2　尾全→大正0374，12/0445B20。
4.2　大般涅槃經卷第十三（尾）。
8　7～8世紀。唐寫本。
9.1　楷書。
10　此件原為日本大谷探險隊所得並托裱。護首為黄底雲龍織錦。卷端有題簽“大般涅槃經卷第十三”。並鈐有藍色長方形印章，2.4×3.4厘米；印文為“圖書臺帳\登錄番號837”，數字係手寫。有千字文編號“海”。尾有軸，人工水晶軸頭。軸頭粘有紙簽，上書“類別8，番號50”。

1.1　BD13850號
1.3　大般涅槃經（北本　宮本）卷一四
1.4　新0050
2.1　894.5×24.9厘米；26紙；505行，行17字。
2.2　01：21.6，01；　02：33.0，19；　03：35.7，21；
04：35.9，21；　05：36.2，21；　06：35.8，21；
07：36.0，21；　08：35.2，21；　09：36.1，21；
10：36.4，21；　11：35.8，21；　12：36.1，21；
13：36.0，21；　14：37.4，22；　15：37.4，22；
16：37.3，22；　17：37.2，22；　18：37.3，22；
19：37.4，22；　20：37.4，22；　21：37.2，22；
22：37.3，22；　23：37.2，22；　24：27.4，16；
25：36.8，18；　26：07.4，00。
2.3　卷軸裝。首尾均全。原卷有護首，近代托裱時改裝為扉頁。有烏絲欄。近代已托裱。
3.1　首全→大正0374，12/0446B15。
3.2　尾全→大正0374，12/0452B27。
4.1　大般涅槃經卷第十四（首）。
4.2　大般涅槃經卷第十四（尾）。
5　與《大正藏》本對照，分卷不同。且經文不分品，相當於卷一四後部至卷一五前部。與日本宫内寮本分卷相同。
7.4　近代裝裱時，將原護首改裝為扉頁，上有經名“大般涅槃經卷第十四，二”，經名上有經名號。
8　5～6世紀。南北朝或隋寫本。
9.1　楷書。
10　此件原為日本大谷探險隊所得並托裱。護首為黄底雲龍織錦。卷端有題簽“大般涅槃經卷第十四”。並鈐有藍色長方形印章，2.4×3.4厘米；印文為“圖書臺帳\登錄番號906”，數字係手寫。有千字文編號“鹹”。尾有軸，人工水晶軸頭。軸頭粘有紙簽，上書“類別8，番號51”。

1.1　BD13851號
1.3　大般涅槃經（北本　異卷）卷一五
1.4　新0051
2.1　852.8×24.5厘米；24紙；501行，行17字。
2.2　01：23.1，護首；　02：16.5，07；　03：29.3，17；
04：45.4，28；　05：45.2，28；　06：20.6，13；
07：24.7，15；　08：45.1，28；　09：45.3，28；
10：45.0，28；　11：45.6，28；　12：09.3，06；
13：35.3，22；　14：45.2，28；　15：45.1，28；
16：45.2，28；　17：45.5，28；　18：24.1，15；
19：20.8，13；　20：45.2，28；　21：45.4，28；
22：45.0，28；　23：45.4，28；　24：15.6，01。
2.3　卷軸裝。首尾均全。有護首。首紙係後補，字迹與其後不類。第2紙前部有2行空行。有烏絲欄。近代已托裱。
3.1　首缺→大正0374，12/0451B14。
3.2　尾全→大正0374，12/0457B19。
4.2　大般涅槃經卷第十五（尾）。
5　與《大正藏》本對照，分卷不同。經文相當於卷一五及卷一六前部。
8　7～8世紀。唐寫本。
9.1　楷書。
10　此件原為日本大谷探險隊所得並托裱。護首為黄底雲龍織錦。卷端有題簽“大般涅槃經卷第十五”。並鈐有藍色長方形印章，2.4×3.4厘米；印文為“圖書臺帳\登錄番號996”，數字係手寫。有千字文編號“河”。尾有軸，人工水晶軸頭，下軸頭粘有紙簽，上書“類別8，番號52”。
13　此遺書個別紙規格殊異。

1.1　BD13852號
1.3　大般涅槃經（北本）卷一七
1.4　新0052
2.1　768.1×25.1厘米；16紙；441行，行17字。
2.2　01：47.0，27；　02：48.1，28；　03：48.1，28；
04：47.9，28；　05：48.2，28；　06：48.2，28；
07：48.4，28；　08：48.0，28；　09：47.9，28；
10：48.1，28；　11：48.0，28；　12：48.0，28；
13：48.2，28；　14：47.7，28；　15：48.2，28；
16：48.1，22。
2.3　卷軸裝。首尾均全。有烏絲欄。近代已托裱。
3.1　首全→大正0374，12/0462C18。
3.2　尾全→大正0374，12/0468A06。
4.1　大般涅槃經梵行品之三，十七（首）。
4.2　大般涅槃經卷第十七（尾）。

8　8～9 世紀。吐蕃統治時期寫本。
9.1　楷書。
10　此件原為日本大谷探險隊所得並托裱。護首為黄底雲龍織錦，卷端有題簽“大般涅槃經卷第十七”。並鈐有藍色長方形印章，2.4×3.4 厘米；印文為“圖書臺帳＼登錄番號 1029”，數字係手寫。有千字文編號“鱗”。尾有軸，人工水晶軸頭。軸頭粘有紙簽，上書“類別 8，番號 53”。

1.1　BD13853 號
1.3　大般涅槃經（北本　普寧本）卷一八
1.4　新 0053
2.1　816.5×25.8 厘米；18 紙；455 行，行 17 字。
2.2　01：20.0，扉頁；　02：48.0，27；　03：48.3，28；
04：48.5，28；　05：48.4，28；　06：48.6，28；
07：48.5，28；　08：48.4，28；　09：48.6，28；
10：48.5，28；　11：48.4，28；　12：48.6，28；
13：48.2，28；　14：47.9，28；　15：47.7，28；
16：47.9，28；　17：48.1，28；　18：23.9，09。
2.3　卷軸裝。首尾均全。有護首。有烏絲欄。近代已托裱。
3.1　首全→大正 0374，12/0468C26。
3.2　尾全→大正 0374，12/0474A20。
4.1　大般涅槃經卷第十八梵行品之四（首）。
4.2　大般涅槃經卷第十八（尾）。
5　與《大正藏》本對照，分卷不同。與元刻《普寧藏》本分卷相同。
8　9～10 世紀。歸義軍時期寫本。
9.1　楷書。
9.2　第 2 紙前方有 1 處加行；第 12 紙尾部有 1 空行。
10　此件原為日本大谷探險隊所得並托裱。護首為黄底雲龍織錦。卷端有題簽“大般涅槃經卷第十八”。並鈐有藍色長方形印章，2.4×3.4 厘米；印文為“圖書臺帳＼登錄番號 1014”，數字係手寫。有千字文編號“潛”。尾有軸，人工水晶軸頭。軸頭粘有紙簽，上書“類別 8，番號 54”。

1.1　BD13854 號
1.3　大般涅槃經（北本）卷一九
1.4　新 0054
2.1　957.3×25.1 厘米；23 紙；546 行，行 17 字。
2.2　01：04.8，01；　02：47.5，27；　03：15.4，09；
04：32.4，19；　05：48.0，28；　06：48.1，28；
07：35.5，21；　08：12.3，07；　09：48.0，28；
10：48.0，28；　11：47.9，28；　12：48.1，28；
13：48.0，28；　14：48.1，28；　15：48.0，28；
16：48.0，28；　17：48.1，28；　18：48.1，28；
19：48.0，28；　20：48.1，28；　21：47.7，27；
22：48.0，28；　23：41.2，15。
2.3　卷軸裝。首尾均全。有護首，已殘，近代托裱時改裝為扉頁。第 2 紙内有等距離殘洞。有烏絲欄。近代已托裱。
3.1　首全→大正 0374，12/0474A23。
3.2　尾全→大正 0374，12/0480B22。
4.1　大般涅槃經梵行品之五，十九（首）。
4.2　大般涅槃經卷第十九（尾）。
7.4　近代裝裱時，將原護首改裝為扉頁，上有經名“大般涅槃經卷第十九”，經名上有經名號。
8　8～9 世紀。吐蕃統治時期寫本。
9.1　楷書。
9.2　有行間校加字。上邊有硃筆字多個，均為提示本行錯抄需校改字。
10　此件原為日本大谷探險隊所得並托裱。護首為黄底雲龍織錦。卷端有題簽“大般涅槃經卷第十九”。並鈐有藍色長方形印章，2.4×3.4 厘米；印文為“圖書臺帳＼登錄番號 1002”，數字係手寫。有千字文編號“羽”。尾有軸，人工水晶軸頭。軸頭粘有紙簽，上書“類別 8，番號 55”。
13　此遺書個別紙規格殊異。
第 21 紙尾部有 1 空行，該紙係抄錯兑廢，故第 22 紙經文與第 20 紙相銜接。

1.1　BD13855 號
1.3　大般涅槃經（北本）卷二〇
1.4　新 0055
2.1　827.7×26.3 厘米；19 紙；453 行，行 17 字。
2.2　01：41.9，22；　02：43.8，24；　03：43.7，24；
04：43.6，24；　05：43.7，24；　06：43.7，24；
07：43.6，24；　08：43.9，24；　09：43.8，24；
10：43.4，24；　11：43.7，24；　12：43.8，24；
13：43.9，24；　14：43.7，24；　15：43.7，24；
16：43.7，24；　17：44.1，24；　18：43.8，24；
19：42.2，23。
2.3　卷軸裝。首尾均全。有烏絲欄。近代已托裱。
3.1　首全→大正 0374，12/0480B25。
3.2　尾全→大正 0374，12/0486A13。
4.1　大般涅槃經卷第廿，廿（首）。
4.2　大般涅槃經卷第廿（尾）。
8　7～8 世紀。唐寫本。
9.1　楷書。
9.2　有硃筆校改。有行間校加字。
10　此件原為日本大谷探險隊所得並托裱。護首為黄底雲龍織錦。卷端有題簽“大般涅槃經卷第二十”。並鈐有藍色長方形印章，2.4×3.4 厘米；印文為“圖書臺帳＼登錄番號 1016”，數字係手寫。有千字文編號“翔”。尾有軸，人工水晶軸頭。軸頭粘有紙簽，上書“類別 8，番號 56”。

1.1　BD13856 號
1.3　大般涅槃經（北本　宮本）卷二一

1.4　新 0056
2.1　878×26.2 厘米；22 紙；479 行，行 17 字。
2.2　01：20.2，01；　02：37.9，22；　03：42.3，24；
04：42.1，24；　05：42.1，24；　06：42.4，24；
07：42.4，24；　08：42.5，24；　09：42.4，24；
10：42.3，24；　11：42.0，24；　12：43.9，24；
13：43.3，24；　14：42.8，24；　15：43.0，24；
16：42.8，24；　17：42.8，24；　18：42.7，24；
19：42.4，24；　20：43.0，24；　21：43.2，24；
22：09.5，00。
2.3　卷軸裝。首尾均全。原卷有護首，近代托裱時改裝為扉頁。有烏絲欄。近代已托裱。
3.1　首全→大正 0374，12/0487A03。
3.2　尾全→大正 0374，12/0492C10。
4.1　大般涅槃經光明遍照高貴德王菩薩品第廿二、廿一（首）。
4.2　大般涅槃經卷第廿一（尾）。
5　與《大正藏》本對照，分卷不同，而與宋元明本及日本宫内寮本分卷相同。
7.4　近代裝裱時，將原護首改裝為扉頁，上有經名“大般涅槃經卷第廿一”，經名上有經名號。
8　7～8 世紀。唐寫本。
9.1　楷書。
10　此件原為日本大谷探險隊所得並托裱。護首為黄底雲龍織錦。卷端有題簽“大般涅槃經卷第二十一”。並鈐有藍色長方形印章，2.4×3.4 厘米；印文為“圖書臺帳＼登錄番號 986”，數字係手寫。有千字文編號“龍”。尾有軸，人工水晶軸頭。軸頭粘有紙簽，上書“類別 8，番號 57”。

1.1　BD13857 號
1.3　大般涅槃經（北本　宫本）卷二二
1.4　新 0057
2.1　803.4×25.7 厘米；17 紙；469 行，行 17 字。
2.2　01：44.8，26；　02：47.9，28；　03：47.7，28；
04：47.5，28；　05：47.6，28；　06：47.4，28；
07：47.3，28；　08：47.5，28；　09：47.6，28；
10：47.1，28；　11：47.6，28；　12：47.2，28；
13：47.3，28；　14：47.3，28；　15：47.3，28；
16：47.0，28；　17：47.3，23。
2.3　卷軸裝。首尾均全。有烏絲欄。近代已托裱。
3.1　首全→大正 0374，12/0492C11。
3.2　尾全→大正 0374，12/0498A29。
4.1　大般涅槃經光明遍照高貴德王菩薩品，二十二（首）。
4.2　大般涅槃經卷第二十二（尾）。
5　與《大正藏》本對照，分卷不同。經文相當於卷二一後部與卷二二全部。與日本宫内寮本分卷相同。
8　8～9 世紀。吐蕃統治時期寫本。
9.1　楷書。
10　此件原為日本大谷探險隊所得並托裱。護首為黄底雲龍織錦。卷端有題簽“大般涅槃經卷第二十二”。並鈐有藍色長方形印章，2.4×3.4 厘米；印文為“圖書臺帳＼登錄番號 1039”，數字係手寫。有千字文編號“師”。尾有軸，人工水晶軸頭。上軸頭粘有紙簽，上書“類別 8，番號 58”。下軸頭已脱落。

1.1　BD13858 號
1.3　大般涅槃經（北本）卷二四
1.4　新 0058
2.1　911.7×25.2 厘米；20 紙；534 行，行 17 字。
2.2　01：48.9，27；　02：49.7，28；　03：49.7，28；
04：49.7，28；　05：49.7，28；　06：49.6，28；
07：49.6，28；　08：49.6，28；　09：49.5，28；
10：49.7，28；　11：49.7，28；　12：49.6，28；
13：49.7，28；　14：49.7，28；　15：49.8，28；
16：49.7，28；　17：49.9，28；　18：49.7，28；
19：49.7，28；　20：18.5，03。
2.3　卷軸裝。首尾均全。有烏絲欄。近代已托裱。
3.1　首全→大正 0374，12/0504A03。
3.2　尾全→大正 0374，12/0510B06。
4.1　大般涅槃經高貴德王菩薩品之四，第廿四（首）。
4.2　大般涅槃經卷第廿四（尾）。
8　8～9 世紀。吐蕃統治時期寫本。
9.1　楷書。
10　此件原為日本大谷探險隊所得並托裱。護首為黄底雲龍織錦。卷端有題簽“大般涅槃經卷第二十四”。並鈐有藍色長方形印章，2.4×3.4 厘米；印文為“圖書臺帳＼登錄番號 1080”，數字係手寫。有千字文編號“帝”。尾有軸，人工水晶軸頭。軸頭粘有紙簽，上書“類別 8，番號 59”。

1.1　BD13859 號
1.3　大般涅槃經（北本　宫本）卷二五
1.4　新 0059
2.1　814×26.2 厘米；19 紙；472 行，行 17 字。
2.2　01：12.4，01；　02：46.5，27；　03：47.6，28；
04：47.6，28；　05：47.2，28；　06：47.7，28；
07：47.6，28；　08：47.6，28；　09：47.3，28；
10：47.2，28；　11：47.0，28；　12：47.3，28；
13：47.2，28；　14：47.2，28；　15：47.3，28；
16：47.3，28；　17：47.2，28；　18：45.8，24；
19：04.0，00。
2.3　卷軸裝。首尾均全。原卷有護首，近代托裱時改裝為扉頁。有烏絲欄。近代已托裱。
3.1　首全→大正 0374，12/0510B10。
3.2　尾全→大正 0374，12/0516A06。
4.1　大般涅槃經卷第廿五（首）。
4.2　大般涅槃經卷第廿五（尾）。

5　與《大正藏》本對照，分卷不同。且此卷經文不分品，相當於卷二五首部至該卷後半部。與日本宫内寮本分卷相同。

7.4　近代裝裱時，將原護首改裝為扉頁，上有經名“涅槃經卷第廿五”，經名上有經名號。

8　7～8世紀。唐寫本。

9.1　楷書。

10　此件原為日本大谷探險隊所得並托裱。護首為黄底雲龍織錦。卷端有題簽“大般涅槃經卷第二十五”。並鈐有藍色長方形印章，2.4×3.4厘米；印文為“圖書臺帳＼登錄番號928”，數字係手寫。有千字文編號“鳥”。尾有軸，人工水晶軸頭。軸頭粘有紙簽，上書“類別8，番號60”。

1.1　BD13860號

1.3　大般涅槃經（北本　思溪本）卷二七

1.4　新0060

2.1　850.9×25.2厘米；18紙；483行，行17字。

2.2　01：48.1，27；　02：48.7，28；　03：48.8，28；
04：49.0，28；　05：48.9，28；　06：48.7，28；
07：47.9，28；　08：48.1，28；　09：48.3，28；
10：48.3，28；　11：48.4，28；　12：48.2，28；
13：48.1，28；　14：48.3，28；　15：48.7，28；
16：48.1，28；　17：48.5，28；　18：27.8，08。

2.3　卷軸裝。首尾均全。有烏絲欄。近代已托裱。

3.1　首全→大正0374，12/0522B02。

3.2　尾全→大正0374，12/0528A04。

4.1　大般涅槃經師子吼菩薩品第十一、二十七（首）。

4.2　大般涅槃經卷第二十七（尾）。

5　與《大正藏》本對照，分卷不同。此卷經文相當於卷二七首部至該卷後半部。與宋刻《思溪藏》本分卷相同。

8　10世紀。歸義軍時期寫本。

9.1　楷書。

10　此件原為日本大谷探險隊所得並托裱。護首為黄底雲龍織錦。卷端有題簽“大般涅槃經卷第二十七”。並鈐有藍色長方形印章，2.4×3.4厘米；印文為“圖書臺帳＼登錄番號839”，數字係手寫。有千字文編號“人”。尾有軸，人工水晶軸頭。軸頭粘有紙簽，上書“類別8，番號61”。

13　與BD13870號為同一人所書。

1.1　BD13861號

1.3　大般涅槃經（北本　思溪本）卷二八

1.4　新0061

2.1　936.4×25.7厘米；20紙；531行，行17字。

2.2　01：46.2，26；　02：48.9，28；　03：49.1，28；
04：49.0，28；　05：49.0，28；　06：49.0，28；
07：49.1，28；　08：49.3，28；　09：49.0，28；
10：49.1，28；　11：49.0，28；　12：49.0，28；
13：48.9，28；　14：49.0，28；　15：47.8，28；
16：47.8，28；　17：47.9，28；　18：47.8，28；
19：47.5，28；　20：14.0，01。

2.3　卷軸裝。首尾均全。有烏絲欄。近代已托裱。

3.1　首全→大正0374，12/0528A05。

3.2　尾全→大正0374，12/0534B10。

4.1　大般涅槃經師子吼菩薩品，二十八（首）。

4.2　大般涅槃經卷第廿八（尾）。

5　與《大正藏》本對照，分卷不同。相當於卷二七後部與卷二八前半部。據《大正藏》校記，與宋刻《思溪藏》本分卷相同。

8　7～8世紀。唐寫本。

9.1　楷書。

10　此件原為日本大谷探險隊所得並托裱。護首為黄底雲龍織錦。卷端有題簽“大般涅槃經卷第二十八”。並鈐有藍色長方形印章，2.4×3.4厘米；印文為“圖書臺帳＼登錄番號933”，數字係手寫。有千字文編號“皇”。尾有軸，人工水晶軸頭。軸頭粘有紙簽，上書“類別8，番號62”。

1.1　BD13862號

1.3　大般涅槃經（北本　思溪本）卷二九

1.4　新0062

2.1　932.5×25.1厘米；21紙；533行，行17字。

2.2　01：22.6，01；　02：45.9，26；　03：48.2，28；
04：47.8，28；　05：47.7，28；　06：47.8，28；
07：47.8，28；　08：47.9，28；　09：47.9，28；
10：47.9，28；　11：47.5，28；　12：47.4，28；
13：47.8，28；　14：47.5，28；　15：45.4，28；
16：45.5，28；　17：45.6，28。　18：42.2，26；
19：43.0，27；　20：45.4，28；　21：23.7，05。

2.3　卷軸裝。首尾均全。原卷有護首，近代托裱時改裝為扉頁。有烏絲欄。近代已托裱。

3.1　首全→大正0374，12/0534B11。

3.2　尾全→大正0374，12/0540C14。

4.1　大般涅槃經師子吼菩薩品之三，二十九（首）。

4.2　大般涅槃經卷第廿九（尾）。

5　與《大正藏》本對照，卷品開合不同。經文相當於卷二八後部與卷二九多半部。據《大正藏》校記，與宋刻《思溪藏》本分卷相同。

7.4　近代裝裱時，將原護首改裝為扉頁，上有經名“大般涅槃經卷第廿九，秋，顯”，經名上有經名號。

“秋”爲敦煌遺書《大般涅槃經》特有的袟號。“顯”為本經收藏寺院顯德寺的簡稱。

8　9～10世紀。歸義軍時期寫本。

9.1　楷書。

10　此件原為日本大谷探險隊所得並托裱。護首為黄底雲龍織錦。卷端有題簽“大般涅槃經卷二十九”。並鈐有藍色長方形印章，2.4×3.4厘米；印文為“圖書臺帳＼登錄番號1045”，數字

係手寫。有千字文編號“始”。尾有軸，人工水晶軸頭。軸頭粘有紙簽，上書“類別 8，番號 63”。

1.1　BD13863 號

1.3　大般涅槃經（北本　思溪本）卷三〇

1.4　新 0063

2.1　899.7×26.6 厘米；20 紙；521 行，行 17 字。

2.2　01：23.6，01；　02：45.3，26；　03：47.0，28；
04：46.9，28；　05：46.8，28；　06：46.8，28；
07：46.6，28；　08：46.6，28；　09：46.6，28；
10：46.4，28；　11：46.3，28；　12：45.7，28；
13：45.4，28；　14：45.3，28；　15：45.7，28；
16：45.4，28；　17：45.8，28；　18：45.7，28；
19：45.9，28；　20：45.9，18。

2.3　卷軸裝。首尾均全。原卷有護首，近代托裱時改裝為扉頁。有烏絲欄。近代已托裱。

3.1　首全→大正 0374，12/0540C14。

3.2　尾全→大正 0374，12/0546C28。

4.1　大般涅槃經師子吼菩薩品之四，卷卅（首）。

4.2　大般涅槃經卷第卅（尾）。

5　與《大正藏》本對照，卷品開合不同。經文相當於卷二九後部與卷三〇多半部。據《大正藏》校記，與宋刻《思溪藏》本分卷相同。

7.3　第 2 紙前端下方有雜寫“大”字。

7.4　近代裝裱時，將原護首改裝為扉頁，上有經名“大般涅槃經卷第卅，界”，經名上有經名號。

8　9～10 世紀。歸義軍時期寫本。

9.1　楷書。

10　此件原為日本大谷探險隊所得並托裱。護首為黄底雲龍織錦。卷端有題簽“大般涅槃經卷第三十”。並鈐有藍色長方形印章，2.4×3.4 厘米；印文為“圖書臺帳\登錄番號 995”，數字係手寫。有千字文編號“制”。尾有軸，人工水晶軸頭。軸頭粘有紙簽，上書“類別 8，番號 64”。

1.1　BD13864 號

1.3　大般涅槃經（北本　思溪本）卷三一

1.4　新 0064

2.1　819.1×25.2 厘米；18 紙；444 行，行 17 字。

2.2　01：24.0，01；　02：46.6，26；　03：49.9，28；
04：49.7，28；　05：49.8，28；　06：49.6，28；
07：49.8，28；　08：49.8，28；　09：50.1，28；
10：49.5，28；　11：50.1，28；　12：49.4，28；
13：49.8，28；　14：49.8，28；　15：49.6，28；
16：49.7，28；　17：49.9，25；　18：02.0，拖尾。

2.3　卷軸裝。首尾均全。原卷有護首，近代托裱時改裝為扉頁。有烏絲欄。近代已托裱。

3.1　首全→大正 0374，12/0546C29。

3.2　尾全→大正 0374，12/0552A20。

4.1　大般涅槃經師子吼菩薩品之五，卷卅一（首）。

4.2　大般涅槃經卷第卅一（尾）。

5　與《大正藏》本對照，卷品開合不同。經文相當於卷三〇後部與卷三一多半部。據《大正藏》校記，與宋刻《思溪藏》本分卷相同。

7.4　近代裝裱時，將原護首改裝為扉頁，上有經名“大般涅槃經卷第卅一，四”，經名上有經名號。

8　9～10 世紀。歸義軍時期寫本。

9.1　楷書。

10　此件原為日本大谷探險隊所得並托裱。護首為黄底雲龍織錦。卷端有題簽“大般涅槃經卷第三十一”。並鈐有藍色長方形印章，2.4×3.4 厘米；印文為“圖書臺帳\登錄番號 930”，數字係手寫。有千字文編號“文”。尾有軸，人工水晶軸頭。軸頭粘有紙簽，上書“類別 8，番號 65”。

1.1　BD13865 號

1.3　大般涅槃經（北本　宮本）卷三二

1.4　新 0065

2.1　793.6×25.8 厘米；17 紙；442 行，行 17 字。

2.2　01：24.2，01；　02：47.6，27；　03：48.2，28；
04：48.2，28；　05：48.4，28；　06：48.0，28；
07：48.2，28；　08：47.8，28；　09：48.0，28；
10：48.3，28；　11：47.8，28；　12：48.3，28；
13：48.3，28；　14：47.9，28；　15：48.5，28；
16：48.1，28；　17：47.8，22。

2.3　卷軸裝。首尾均全。原卷有護首，近代托裱時改裝為扉頁。有烏絲欄。近代已托裱。

3.1　首全→大正 0374，12/0552A21。

3.2　尾全→大正 0374，12/0557B12。

4.1　大般涅槃經師子吼菩薩品，三十二（首）。

4.2　大般涅槃經卷第三十二（尾）。

5　與《大正藏》本對照，分卷不同。經文相當於卷三一後部與卷三二之前部。據《大正藏》校記，分卷與宮内省圖書寮本同。

7.4　近代裝裱時，將原護首改裝為扉頁，上有經名“大般涅槃經第三十二”，經名上有經名號。

8　9～10 世紀。歸義軍時期寫本。

9.1　楷書。

9.2　第 10 紙有 1 處行間加行。

10　此件原為日本大谷探險隊所得並托裱。護首為黄底雲龍織錦。卷端有題簽“大般涅槃經卷第三十二”。並鈐有藍色長方形印章，2.4×3.4 厘米；印文為“圖書臺帳\登錄番號 1081”，數字係手寫。有千字文編號“字”。尾有軸，人工水晶軸頭。軸頭粘有紙簽，上書“類別 8，番號 66”。

1.1　BD13866 號

1.3　大般涅槃經（北本　宮本）卷三三

1.4　新0066

2.1　788.4×25.7厘米；19紙；436行，行17字。

2.2　01：19.6，01；　02：45.2，27；　03：46.1，28；
04：46.3，28；　05：45.5，28；　06：45.5，28；
07：46.3，28；　08：21.4，13；　09：45.2，27；
10：46.9，28；　11：23.3，14；　12：45.4，28；
13：46.0，28；　14：45.9，28；　15：46.1，28；
16：45.4，28；　17：45.7，28；　18：46.0，28；
19：36.6，17。

2.3　卷軸裝。首尾均全。原卷有護首。近代托裱時改裝為扉頁。有烏絲欄。近代已托裱。

3.1　首全→大正0374，12/0557B13。

3.2　尾全→大正0374，12/0562C20。

4.1　大般涅槃經卷第卅三，師子吼菩薩品（首）。

4.2　大般涅槃經卷第卅三（尾）。

5　與《大正藏》本對照，分卷不同。經文相當於卷三二後半部與卷三三前半部。據《大正藏》校記，分卷與宮內省圖書寮本同。

7.4　近代裝裱時，將原護首改裝為扉頁，上有經名“涅槃經卷第卅三”，經名上有經名號。

8　8~9世紀。吐蕃統治時期寫本。

9.1　楷書。

10　此件原為日本大谷探險隊所得並托裱。護首為黃底雲龍織錦。卷端有題簽“大般涅槃經卷第三十三”。並鈐有藍色長方形印章，2.4×3.4厘米；印文為“圖書臺帳\登錄番號1053”，數字係手寫。有千字文編號“乃”。尾有軸，人工水晶軸頭。軸頭粘有紙簽，上書“類別8，番號67”。

1.1　BD13867號

1.3　大般涅槃經（北本　宮本）卷三四

1.4　新0067

2.1　886.2×25.2厘米；18紙；481行，行17字。

2.2　01：50.2，27；　02：51.1，28；　03：51.0，28；
04：51.3，28；　05：51.2，28；　06：51.2，28；
07：51.0，28；　08：51.4，28；　09：50.9，28；
10：51.1，28；　11：51.2，28；　12：50.9，28；
13：51.1，28；　14：51.0，28；　15：51.1，28；
16：51.2，28；　17：51.1，28；　18：18.2，06。

2.3　卷軸裝。首尾均全。首紙有2殘洞；前2紙地腳有等距離殘損；第10、11紙有殘洞。有烏絲欄。近代已托裱。

3.1　首全→大正0374，12/0562C21。

3.2　尾全→大正0374，12/0568B21。

4.1　大般涅槃經迦葉菩薩品第十二，三十四（首）。

4.2　大般涅槃經卷第三十四（尾）。

5　與《大正藏》本對照，卷品開合不同。相當於卷三十三後半部與卷第三十四多半部。據《大正藏》校記，分卷與宮內省圖書寮本同。

8　7~8世紀。唐寫本。

9.1　楷書。

10　此件原為日本大谷探險隊所得並托裱。護首為黃底雲龍織錦。卷端有題簽“大般涅槃經卷第三十四”。並鈐有藍色長方形印章，2.4×3.4厘米；印文為“圖書臺帳\登錄番號1077”，數字係手寫。有千字文編號“服”。尾有軸，人工水晶軸頭。軸頭粘有紙簽，上書“類別8，番號68”。

1.1　BD13868號

1.3　大般涅槃經（北本　宮本）卷三五

1.4　新0068

2.1　886.2×26.2厘米；18紙；495行，行17字。

2.2　01：48.5，26；　02：49.0，28；　03：49.5，28；
04：48.9，28；　05：49.3，28；　06：49.1，28；
07：49.3，28；　08：49.2，28；　09：49.6，28；
10：49.4，28；　11：49.2，28；　12：49.6，28；
13：49.4，28；　14：48.8，28；　15：49.4，28；
16：49.4，28；　17：49.1，28；　18：49.5，21。

2.3　卷軸裝。首尾均全。有烏絲欄。近代已托裱。

3.1　首全→大正0374，12/0568B22。

3.2　尾全→大正0374，12/0574B07。

4.1　大般涅槃經迦葉菩薩品，三十五（首）。

4.2　大般涅槃經卷第三十五（尾）。

5　與《大正藏》本對照，分卷不同。經文相當於卷第三四後部與卷三五全部。據《大正藏》校記，分卷與宮內省圖書寮本同。

8　7~8世紀。唐寫本。

9.1　楷書。

10　此件原為日本大谷探險隊所得並托裱。護首為黃底雲龍織錦。卷端有題簽“大般涅槃經卷第三十五”。並鈐有藍色長方形印章，2.4×3.4厘米；印文為“圖書臺帳\登錄番號904”，數字係手寫。有千字文編號“衣”。尾有軸，人工水晶軸頭。軸頭粘有紙簽，上書“類別8，番號69”。

新舊編號對照表

新字頭號與北敦號對照表

新字頭號	北敦號
新 0034	BD13834 號
新 0035	BD13835 號
新 0036	BD13836 號
新 0037	BD13837 號
新 0038	BD13838 號
新 0039	BD13839 號
新 0040	BD13840 號
新 0041	BD13841 號 1
新 0041	BD13841 號 2
新 0041	BD13841 號 3
新 0041	BD13841 號 4
新 0041	BD13841 號 5
新 0042	BD13842 號
新 0043	BD13843 號
新 0044	BD13844 號
新 0045	BD13845 號
新 0046	BD13846 號
新 0047	BD13847 號
新 0048	BD13848 號
新 0049	BD13849 號
新 0050	BD13850 號
新 0051	BD13851 號
新 0052	BD13852 號
新 0053	BD13853 號
新 0054	BD13854 號
新 0055	BD13855 號
新 0056	BD13856 號
新 0057	BD13857 號
新 0058	BD13858 號
新 0059	BD13859 號
新 0060	BD13860 號
新 0061	BD13861 號
新 0062	BD13862 號
新 0063	BD13863 號
新 0064	BD13864 號
新 0065	BD13865 號
新 0066	BD13866 號
新 0067	BD13867 號
新 0068	BD13868 號